Lutz Röhrich
Lexikon der sprichwörtlichen Redensarten

HERDER / SPEKTRUM
Band 4400

Das Buch

„Wenn man zwei Tage lang in Röhrichs Lexikon herumgeblättert, querbeet-gelesen, sich festgebissen...gespannt, verblüfft...lachend gesucht hat, so möchte man am liebsten sich ein Bündel Redensarten heraussuchen, die höchstes Gelingen einer Arbeit bezeichnen... und dem Leser...noch ein vergnügt beschwörendes ‚Nimm und lies!' zurufen..." (Süddeutsche Zeitung). „Es ist unmöglich, vom ‚Röhrich' nicht gefesselt zu sein – oder der Rezensent frißt einen Besen" (Kölner Stadt-Anzeiger).
Lutz Röhrich und seine Mitarbeiter schauten dem Volk aufs Maul und ging unzähligen Hinweisen und Vorschlägen nach. Das Ergebnis ihrer Bemühungen: Ca. 15 000 Redensarten aus Vergangenheit und Gegenwart werden ebenso leichtverständlich wie wissenschaftlich exakt in ihrer Bedeutung, Herkunft und Anwendung erklärt. Rund 1 000 Abbildungen aus zeitgenössischen Quellen illustrieren die Herkunft vieler sprichwörtlicher Redensarten und bieten darin ein reiches Anschauungsmaterial von kulturhistorischer Bedeutung. Ein „Muß" für alle, für die Sprache mehr ist als ein bloßes Mittel der Kommunikation.

Der Autor

Lutz Röhrich, geb. 1922, em. ordentlicher Professor für Volkskunde und Germanische Philologie an der Universität Freiburg i. Br., bis 1991 Direktor des Instituts für Volkskunde und des Deutschen Volksliedarchivs. Mehrere Aufenthalte als Gastprofessor in den USA. Mitglied der Österr. Akad. d. Wiss. und der Königl. Gustaf-Adolfs-Akad. in Uppsala. Mehrfacher Preisträger: 1. Chicago Folklore Prize (1974); Oberrheinischer Kulturpreis, Univ. Basel (1984); Brüder-Grimm-Preis, Univ. Marburg (1985); Internationaler Preis Pitré (Sigilo d'oro), Palermo (1985); Europäischer Märchenpreis, Wetzlar (1991).
Zahlreiche Publikationen auf dem Gebiet der Volksprosa (Märchen, Sage, Witz, Sprichwort) und des Volksliedes sowie weitere wissenschaftliche Publikationen. Herausgeber von: Motive. Freiburger Folkloristische Forschungen (München 1971 ff.); Artes Populares. Studia Ethnographica et Folkloristica (Bern 1976 ff.). Mitherausgeber von: Handbuch des Volksliedes (München 1973 und 1975); Enzyklopädie des Märchens (Berlin/New York 1977 ff.)

Lutz Röhrich

Lexikon der sprichwörtlichen Redensarten

Band 4
Oben – Spielverderber

Herder
Freiburg · Basel · Wien

Alle Rechte vorbehalten – Printed in Germany
© der deutschen Originalausgabe Verlag Herder 1991
© der Taschenbuchausgabe Verlag Herder 1994
Herstellung: Freiburger Graphische Betriebe 1994
Umschlaggestaltung: Joseph Pölzelbauer
Umschlagmotiv: „Sich an die eigene Nase fassen" – „Vogel
Selbsterkenntnis". Barockes Tafelbild, Tiroler Volkskundemuseum,
Innsbruck. (S. 1078–1084 in diesem Lexikon)
ISBN 3-451-4400-5

O

oben. *Etw. kommt von oben:* umg., vor allem im Berufsleben, für den Vorgesetzten. Z.B.: eine Anordnung kommt von oben, von höherer Stelle. Ein Kollege, der seinem Chef gegenüber freundlich oder schön tut, um befördert zu werden, seinen Mitarbeitern aber das Leben schwermacht, ist *einer, der nach oben buckelt, nach unten tritt.*

Hierher gehört auch das – oft zum parodistischen Widerspruch reizende – Sprw.: ‚Alles Gute kommt von oben‘. Meist wird es scherzhaft angewandt, z.B. wenn ein Vorhaben durch einen starken Regen unmöglich gemacht wird oder ein Vogel seine Exkremente fallen läßt.

Jem. ist oben hui und unten pfui (vgl. ‚außen hui und innen pfui‘): jem. macht auf den ersten Blick einen ordentlichen Eindruck, der sich jedoch bei näherem Hinsehen in sein Gegenteil verkehrt; früher sagte man auch: ‚oben fix un' unnen nix‘.

Oberförster. *Ja, ja, sagte der alte Oberförster und seine Frau, die Grete, saß am Fenster und nähte:* Nonsens-Wellerismus. Eine Variante lautet:

„Ach ja, sagte der alte Oberförster, Hugo war sein Name, und der Schalk blitzte ihm aus den Augenwinkeln. Und seine Tochter Grete saß am Fenster und nähte. Und da stach sie sich in den Finger, und da floß das rote, rote Blut. Ach ja, sagte der Oberförster". Prototyp einer endlosen Geschichte. Rdal. wird oft nur die erste Zeile zitiert, wenn jemand eine altbekannte Geschichte wieder und wieder auftischt.

Oberhand. *Die Oberhand gewinnen:* sich als der Stärkere erweisen, den Sieg davontragen (ebenso engl. ‚to have, to get the upper hand‘; ndl. ‚de bovenhand krijgen, nemen, hebben‘; frz. ‚avoir le dessus‘, auch: ‚garder la haute main‘; ‚die Oberhand behalten‘; ↗ Hand.

Die Rda. begegnet bereits im ‚Talmud‘, Baba Mezia IV,2. Sie stammt aus der Sprache der Ringer: wer die Hand über seinen Gegner bringen und ihn mit der Hand niederhalten kann, ist Sieger. Schon im ‚Iwein‘ Hartmanns von Aue (V. 1537) wird die Wndg. bildl. verstanden: „vrou Minne nam die obern hant". Vgl. *obenauf sein:* gesund, vergnügt, erfolgreich, Herr der Lage sein.

Oberkante. *Jem. steht mir bis (zur) Oberkante Unterlippe:* jem. ist mir unangenehm, zuwider; ↗ Hals.

Oberste. *Das Oberste zuunterst kehren:* ein großes Durcheinander anrichten, die Ordnung zerstören, auch: alles durchsuchen. Lit. bei Schiller: „Glaubt ihr wohl, Gott werde zugeben, daß ein einziger Mensch in seiner Welt wie ein Wüterich hause und das Oberste zuunterst kehre?" (Räuber V,1).

Oberstübchen. *Nicht recht im Oberstübchen sein:* nicht ganz bei Verstand sein, verdreht, verrückt, auch: betrunken sein. Ebenso: *Es ist bei ihm im Oberstübchen nicht richtig* (auch: ‚bei dem fehlt's im oberen Stübchen‘ oder ‚der hat's im oberen Stockwerk nicht recht‘; ‚er hat im Oberstübchen [zu stark] eingeheizt‘; ‚es rappelt bei ihm im Oberstübchen‘): er ist etw. verdreht im Kopf, wobei Oberstübchen scherzhaft für ‚Kopf‘ steht; lit. gebraucht seit 1741 bei norddt. Schriftstellern. Das Werk ‚Hartensteins Reise‘ (1780) von C. W. Kindleben machte die Umschreibung populär: „im Oberstübchen nicht richtig" (S. 161). In Österreich sagt man: ‚Dir fehlt's im oberen Stock‘; vgl. die landschaftlich gebrauchten Wndgn.: ‚Es wird hell im Oberstübchen‘, es geht ihm ein Licht auf; ‚einem das Oberstübchen fegen‘, ihm Klarheit schaffen. Auch der thür. Ausdr. ‚Kröpelstöcken‘, d.i. ein halbes Stockwerk als Aufbau zum unteren, wird scherzhaft für ‚Gehirnkasten‘ gebraucht (↗ Dach); beruht auf der Gleichsetzung von Mensch und Haus.

Oberwasser. *Oberwasser haben (bekommen):* im Vorteil sein, in Vorteil kommen. Mit Oberwasser bez. man das oberhalb der Mühle durch das Wehr gestaute Wasser, das das Mühlrad antreibt, im Gegensatz zum ‚Unterwasser‘, das unterhalb der Mühle wegfließt. Die aus dem Mühlenbetrieb stammende Rda. ist vor allem mdt. und ndd. sehr verbreitet. Im 19. Jh. drang sie in die Schriftsprache vor: „Das gab Reichardten Oberwasser" schreibt der Berliner Musiker Karl Friedrich Zelter 1831 an Goethe. Vgl. ‚Wasser auf seine Mühle‘ (↗ Wasser).
Man spricht von ‚oberschlächtigen Mühlrädern‘, wenn herabfallendes Wasser das Mühlrad antreibt.

Obligo. *Jem. hat sich ins Obligo begeben:* jem. hat sich für etw. verpflichtet, hat fest versprochen, daß er etw. tun wird. *Jem. ins Obligo nehmen:* ihn verpflichten.
Der Begriff ‚Obligo‘ (lat. obligare) kommt aus dem Ital. und ist der Handels- und Wirtschaftssprache entnommen; auch hier bedeutet er: ‚Verpflichtung übernehmen‘. Ist jem. der Verantwortung enthoben, so sagt man: *Er ist außer Obligo.* Seit Anfang der 80er Jahre bes. häufig in der Sprache der Politik.

Obolus. *Seinen Obolus entrichten:* einen kleinen Beitrag zahlen, eine erwartete Opfergabe darbringen, etw. spenden, heute auch scherzhaft für: Eintritt zahlen, oft in der Form: *seinen Obolus bereits entrichtet haben.*
Das seit dem 18./19. Jh. im Dt. gebräuchl. Fremdwort beruht auf dem griech. Münznamen ‚obolós‘ (etwa 12 Pfennige), der seinerseits eine Dialektform von griech. ‚obelós‘ ist in der Bdtg. von Bratspieß (vgl. ‚Obelisk‘). Die Bez. der kleinen griech. Münze gelangte über das gleichbedeutende lat. ‚obolus‘ nach Dtl., wo es in der Rda. tradiert wird.
Die Wndg. geht auf die umfangreiche Hadesschilderung in einem der frühen griech. Epen zurück, der nur fragmentarisch überlieferten ‚Minyas‘ (7./6. Jh.

v. Chr.), die von Prodikos von Phokis stammen soll. Darin wird berichtet, daß die Toten, denen man einen Obolos, die kleinste griech. Münze, als Fährlohn in den Mund legte, vom Fährmann Charon mit seinem Kahn über den Unterweltsstrom Acheron gebracht wurden.

Obst. *Danke für Obst (Backobst) und (andere) Südfrüchte!:* Ausdr. der Abweisung und Ablehnung; bezieht sich urspr. auf die Äußerung eines Gesättigten, der auf den Nachtisch dankend verzichtet; ↗ Birne. Im Riesengebirge bedeutet die Wndg. ‚Wir danken für Obst und sonstige Früchte‘ einen verhüllten Glückwunsch, wenn man eine Schwangerschaft vermutet.

Obst in fremden Gärten lesen: euphemist. Umschreibung für verbotene sexuelle Beziehungen zu einem verheirateten Partner. Ähnl. Bdtg. hat die Rda. *verboten(es) Obst gegessen haben,* bei der eine gedankliche Verbindung zum Sündenfall besteht; vgl. frz. ‚avoir mangé du fruit défendu‘.

Lit.: *Marotzke:* Das Obst im Volksmunde, in: Monatsbl. d. Kolberger Ver. f. Heimatkunde, 6 (1929), Nr. 10.

Obstbaum. *Pflanz dir Obstbäume, dann kannst du heiraten!* sagte man früher in Tarnowitz. Dazu berichtet die mdl. Volksüberlieferung: „Wenn ein junges Paar früher heiraten wollte, dann mußten sie erst sechs Obstbäume pflanzen, die auch angehen. Dann durften sie erst heiraten und zum Standesamt gehen. Das wollte der Alte Fritz so. Das war Zwang. Das war so toll, daß die Leute heute noch sagen: Pflanz dir Obstbäume, dann kannst du heiraten!" (ZA. 118331.)
Dieser Brauch ist auch anderwärtig bezeugt. Die Äbtissin Josephe Zandt von Merle hat am 6. Hornung (Februar) 1787 in einer Verordnung für die Gemeinde Geislar folgenden Paragraphen erlassen: „7tens. Solle künftig jedes Ehepaar, welches im Dorf gebürtig ist, für Nachbargeld 1 rthlr. spc. an den Baumeister zahlen und zwey gute tägliche Obstbäume auf anweisung des Baumeisters auf den gemeinen grund pflanzen und selbige zwey jahr auf seine gefahr dergestalt pflegen,

1108

daß, falls sie in dieser Zeit abhängig werden, von ihnen zwei neue Obstbäume auf die nemliche art gepflanzet und unterhalten werden sollen". (Abgedruckt in: G. H. Chr. Maaßen: Geschichte der Pfarreien des Dekanats Königswinter [Köln 1890]), ↗ Baum.

Lit.: *L. Röhrich:* Der Baum in der Volksliteratur, in: Märchen, Mythen und Riten, in: Germanistik aus interkultureller Perspektive ... Hommage à G.-L. Fink (Strasbourg 1988), S. 9–26.

Ochse. *Die Ochsen hinter den Pflug spannen,* auch in der Form: *den Pflug vor die Ochsen spannen:* eine Sache verkehrt anfangen; gleichbedeutend ist frz. ‚mettre la charrue devant les bœufs'.
Er steht da wie der Ochse am Berg (ebenso: ‚wie die ↗ Kuh vor dem neuen Scheunentor'): er steht ratlos vor einer Schwierigkeit; schon von Luther öfters gebraucht. Ähnl. sagt man obersächs. ‚Der versteht von der Sache soviel wie der Ochse vom Sonntag'. *Vom Ochsen auf den Esel kommen:* rückwärts, von einem höheren sozialen Ansehen absinken (ebenso ndl. ‚hij springt van den os op den ezel'), auch in der Bdtg. ‚vom Hundertsten ins Tausendste', ‚vom Hölzchen aufs Stöckchen kommen', Die ndl. Rdaa.-Bilderbogen haben diese Rda. festgehalten, sie findet sich als Detail auch auf Bruegels Rdaa.-Bild.

‚Vom Ochsen auf den Esel kommen'

Einen Ochsen melken wollen: etw. Vergebliches tun; ebenso: ‚einen Ochsen in die Apotheke schicken'.
Dem Ochsen ins Horn pfetzen: jem. etw. erklären wollen, obwohl dieser unfähig ist, den Sachverhalt zu verstehen; so sagen manche Lehrer zu ihren Schülern: ‚Bei euch ist es so, als ob man einem Ochsen ins Horn pfetzt', ↗ Horn.
Einen Ochsen auf der Zunge haben: Hemmungen haben, etw. zu sagen.
Die Ochsen kälbern ihm: er hat unwahrscheinliches Glück; so auch in Thomas Manns ‚Buddenbrooks' (II. Teil, Kap. 5): „Großvater sagte von Heinrich Hagenström: ‚Dem kalbt der Ochse', das waren seine Worte ..."
Ostfries. ‚De swarte Oss het er al up den Fôt treten', sie ist ein Pechvogel; ↗ Kuh.
Die Ochsentour machen (reisen): einen beschwerlichen Weg einschlagen, mühevolle Arbeit leisten, die übliche Reiseroute absolvieren, übertr.: die Beamtenlaufbahn, Offizierslaufbahn einschlagen, den vorgeschriebenen Dienstweg einhalten. Vgl. frz. ‚travailler comme un bœuf'.

‚Die Ochsentour machen'

‚Paß auf, daß dich nicht der Ochse stößt' sagt man in Westf., wenn jem. die Butter zu dick aufs Brot streicht.
Schwarzer Ochse ↗ Kuh.
Im südd. Raum sagt man, um auszudrücken, daß man zufrieden sein soll mit dem, was man hat, oder mit dem, was einer leistet, was seinen (geringen) Fähigkeiten und Begabungen entspricht: ‚Von e'me Ochse ka ma net meh verlange als e gut's Stück Rindfleisch'.
Von einem dummen jungen Menschen heißt es: ‚Was en Ochs were will, hörnt sich bald'.
Aus der Schüler- und Studentensprache kommt der Ausdr. *ochsen müssen* für: schwer begreifbare Dinge lernen, mechanisch lernen; er ist dem älteren ‚büffeln' nachgebildet und wird von Kluge-Götze seit 1813 in der Studentensprache nachgewiesen.

1109

Jem. ochseln ist heute nicht mehr gebräuchl. und bedeutete früher: jem. zum
Narren halten.

Lit.: *A. Beets:* Van den os op den ezel dalen, in:
Tijdschrift voor Nederlands Taal- en Letterkunde 13
(1894), S. 72; *A. de Laborde:* Origine de la mort che-
vauchant un bœuf, in: Comptes rendus des sécauses de
l'académie des inscriptions et belles lettres (Paris
1923), S. 100–113; *J. Cornelissen:* Den os is vet, in: Eigen Volk 1 (1929), S. 322; *J. N. Tidwell:* Adam's off ox:
A study in the exactness of the inexact, in: Journal of
American Folklore 66 (1953), S. 291–294; *C. Kruys-
kamp:* Van den os op den ezel, in: Tijdschrift voor Nederlands Taal- en Letterkunde 81 (1965), S. 85–93;
A. B. Rooth: Döden och den svarta oxen. Symbolsprak
och värderingar (= studia ethnologica upsalensia,
Bd. 15) (Stockholm 1985).

Oder. Die Oder spielt in verschiedenen älteren schles. Rdaa. eine Rolle. Mit der
rdal. Frage ‚Kimmste meite aibr de Audr?‘
forderte man urspr. auf, zu einem Tanz-
vergnügen mitzugehen, später auch in
dem Sinne: Wollen wir nicht mal leichtsinnig sein, mal einen Streich spielen,
‚über den ↗Zapfen hauen‘, irgendeine
Dummheit anstellen? Nach dem Verblas-
sen dieser Bdtgn. wird die Rda. nur noch
aufgesagt, um jem. wegen seiner Mda. zu
necken, weil in der genannten rdal. Formulierung der gesamte Vokalismus von
der Hochsprache abweicht.

Das ist zum Oder zuschütten sagt man
schles., wenn man das Vorhandensein
eines großen Vorrates von irgendeiner Sache bezeichnen will; auch in der Form
einer Aufforderung: *Schütt's in die alte
Oder!* Die Rda. dürfte wohl aus der Mitte
des 19. Jh. stammen, als mit zunehmender
Bevölkerungszahl und entspr. Bauplatz-
mangel alte Oderarme zugeschüttet werden mußten, um Land zu gewinnen.

Die Oder ist nicht weit wird gesagt, wenn
man in einem Gasthaus sehr dünnes Bier
findet.

Lit.: *K. Rother:* Die schles. Sprww. und Rdaa. (Breslau
1928, Ndr., Darmstadt o. J.).

Ofen. *Der Ofen will einfallen:* die Schwangere wird bald gebären; *der Ofen ist einge-
fallen:* die Frau hat entbunden. Man hat
hier wohl an den ↗Backofen zu denken,
dessen älteste Form ein mit einem runden
oder ovalen tönernen Gewölbe umspann-
ter Herd war. Diese alte Rda. ist mdal.
weit verbreitet. Unklar ist, ob und wie damit die z. B. aus dem Erzgebirge und aus

Bayern bezeugte Rda. zusammenhängt:
‚Da möchte man ja gleich den Ofen ein-
schmeißen!‘, die man vor Erstaunen über
einen unerwarteten Besuch anwendet;
vgl. auch sächs. ‚aus der hintersten Ofen-
kachel stammen‘, weitläufig verwandt
sein.

In Nachbars Ofen backen: sexuelle Beziehungen zur Nachbarin haben.

In einem Ofen gebacken sein: vom selben
Schlag, Stamm sein; vgl. frz. ‚être de la
même fournée". In Schillers ‚Räubern'
heißt es: „Das ist dein Bruder! Das ist ver-
dolmetscht: Er ist eben aus dem Ofen geschossen worden, aus dem du geschossen
bist" (II, 26).

In einen kalten Ofen blasen: unnützes
Zeug treiben, etw. an der falschen Stelle
versuchen, sich erfolglos bemühen, auch:
Kinder mit einer frigiden, unfruchtbaren
Frau zeugen wollen.

Jetzt ist der Ofen heiß: die Gelegenheit ist
günstig.

Der Ofen ist nicht für ihn geheizt: es geschieht nicht seinetwegen.

Geht es einem Unternehmen finanziell
gut, so *raucht der Ofen;* ↗Schornstein.

Ist eine Person anwesend, die das gerade
geführte Gespräch nicht hören soll, so
sagt man zur Information der anderen: *Es
ist ein Ofen im Zimmer.*

Er hat erst aus einem Ofen Brot gegessen:
er ist noch nicht von zu Hause fortgekom-
men.

Von einem Harmlosen sagt man rheinhess. ‚Er beißt keine Ofenschrauben ab‘.

Dem Ofen sein Leid klagen, ‚etw. Geheimes dem Ofen sagen‘, ‚den Ofen um etw.
bitten‘, ndd. ‚dem Ofen vertellen‘. Diese
Wndgn. beziehen sich auf den Brauch der
Ofenbeichte; sie sind darüber hinaus im
Märchen (z. B. KHM. 89 u. 91) konkretisiert. Nach einer Luzerner Sage (DS. 519)
rettet ein durch einen Schwur gebundener
Junge die Stadt vor den verschworenen
oesterr. Gesinnten, indem er den Ofen in
der Metzgerstube anredete:

O Ofen, Ofen, ich muß dir klagen,
  Ich darf es keinem Menschen sagen …

W. Baumgartner sieht den ältesten Beleg
für die Ofenbeichte in der 11. Tafel des
Gilgamesch-Epos, wo ein Geheimnis, das
niemand erzählt werden darf, einer Wand
anvertraut wird; der Plauderer durch-

1110

kreuzt so bewußt einen geheimen Plan der Götter, denn er weiß, daß hinter der Rohrstockwand sein Schützling liegt und den Hinweis versteht. (Vgl. Ungnad-Graßmann: Das Gilgameschepos, 1911, S. 53 und S. 192).

Den Ofen anbeten: noch um 1860 betete man bei Sonnenfinsternis in der Oberpfalz und in Böhmen dem Ofen zugewandt und warf Tannenzweige und Brosamen ins Feuer (HdA. VI, Sp. 1192). Das scherzhaft gemeinte Gebet einer Heiratslustigen lautet: ‚Lieber Ofen, i bet di a, du brauchst Holz und i en Ma‘. In Sachsen heißt der Spruch: ‚Lieber Ofen, ich bet’ dich an, du hast keine Frau und ich kein’n Mann‘.

Eine Shakespearesche Redewndg. ist bei Annette von Droste-Hülshoff in ‚Bei uns zu Lande auf dem Lande‘ (Sämtl. Werke, hg. von E. Arens, Leipzig o. J., 5, S. 77) zu finden: „Diese junge Rheinländerin stiftet überhaupt einen greulichen Brand im Schlosse an: die westfälischen Herzen seufzen ihretwegen wie Öfen“.

Denn in Shakespeares ‚As you like it‘, Akt II, 7, beinhaltet der berühmte Monolog „All the world’s a stage, And all the men and women merely playes“ dieselbe Rda.: „And then the lover, sighing like furnace …“ To ‚sigh‘ bedeutet seufzen, einen langgezogenen Ton von sich geben und wird auch für das Geräusch angewandt, das grüne Scheiter im glühenden Ofen verursachen. Im Dt. steht dafür jedoch ‚singen‘.

Damit lockt man keinen Hund vom Ofen ↗ Hund.

Gegen den Ofen gähnen ↗ Backofen.

Der Ofen ist aus: die Geduld ist zu Ende; die Lage ist nicht mehr zu retten; Ausdr. der Ablehnung (sold. seit 1939).

Umg. heißt ein leistungsstarkes Motorrad ‚heißer Ofen‘.

Lit.: *R. Sprenger:* Eine Shakespearesche Redewndg. bei Annette von Droste-Hülshoff: Seufzen wie Öfen, in: Archiv für das Studium der neueren Sprachen und Lit. 115 (1905), S. 176–177; *W. Baumgartner:* Antworten und Nachträge: Ofenbeichte, in: Schweiz. Vkde. 15 (1925), S. 38; *V. v. Geramb:* Art. ‚Ofen‘, in: HdA. VI, Sp. 1186–1199; *C. I. Onions:* Gaping against an oven, in: Medium Aevum 9 (1940), S. 86–87.

Offenbarungseid. *Den Offenbarungseid leisten (müssen):* seine katastrophale Finanzlage offenlegen und bestätigen, daß keinerlei Rücklagen und Vermögenswerte mehr vorhanden sind, um die Schulden zu tilgen; seine Zahlungsunfähigkeit zugeben.

Der ‚Offenbarungseid‘ ist im juristischen Sinne ein Eid, mit dem der Schuldner (auf Verlangen des Gläubigers) vor Gericht erklärt, seine Vermögensverhältnisse wahrheitsgemäß dargelegt zu haben und nicht in der Lage zu sein, seiner Zahlungspflicht nachzukommen.

Jem. zum Offenbarungseid zwingen: ihn dazu bringen, seine aussichtslose Lage darzulegen und sein Unvermögen einzugestehen.

Einem Offenbarungseid gleichkommen: seine Schuld und Unfähigkeit auch ohne Einschaltung des offiziellen Gerichts bekennen. Alle Wndgn. werden auch in übertr. Bdtg. gebraucht und auch auf den geistigen Bereich bezogen, z. B. i. S. v.: sein Unvermögen bekennen (müssen); eine bestimmte Aufgabe (ein Forschungsvorhaben) nicht erfüllen können, gescheitert sein.

Die Rdaa. werden heute auch gern auf die Politik bezogen, wenn z. B. eine Regierung (Partei) zugeben muß, mit ihrer Politik am Ende zu sein, und dies nur unter dem Druck der Öffentlichkeit oder der Opposition.

Ohmfaß. *Ins Ohmfaß fallen:* in Ohnmacht fallen. Von Studenten und Schülern seit etwa der Mitte des 19. Jh. wortspielerisch, wohl auch beschönigend aus ‚Ohnmacht‘ entstellt, wobei zugleich an ‚Ohm‘ als Hohl- und Flüssigkeitsmaß gedacht ist.

ohne. *Das ist nicht (ganz) ohne:* das ist nicht übel, es ist etw. daran. In dieser elliptischen Rda. ist das von der Präposition ohne abhängige Subst. (‚Grund‘, ‚Nutzen‘, ‚Zweck‘, ‚ein Körnchen Wahrheit‘, ‚ein Schein von Recht‘, oder was sonst zu ergänzen sein könnte) eingespart. Die Wndg. findet sich seit frühnhd. Zeit. Im ältesten bis jetzt bekannten Beleg aus dem Jahre 1603 in den ‚Ordnungen und Lectiones in den Stadtschulen 1603‘ (hg. v. Philipp Keiper als Gymn.-Programm Zweibrücken 1902) wird über die Fabeln Äsops u. a. gesagt: „… Fürs Ander unndt obschon nit ohn, dass darin viell herrliche Lehren begriffen, so ist doch am Tag, dass es allegoriae unndt lauter verblumte reden seindt..." ‚Nicht ohne' also hier i. S. v. ‚obschon es nicht grundlos ist' oder ‚obschon nicht zu leugnen ist', ‚obschon etw. daran ist'. Die Rda. wurde also schon im Anfang des 17. Jh. ganz in demselben Sinne gebraucht wie heutzutage. In Seb. Francks Sprww.-Sammlung: „Es ist nit gar on, was sagt herr iederman"; bei Grimmelshausen heißt es im ‚Simplicissimus' (IV, 39): „Es ist nicht ohn, daß kein Mensch glauben kann, wie jämmerlich einen die Liebe peinigt, der es selbt noch nicht erfahren"; später z.B. bei Ludwig Tieck in der Erzählung ‚Vittoria Accorombona' (1840, Buch 2, Kap. 5): „Die Sache, wie Ihr sie da vorstellt, ist nicht ohne". *Jem. ist ganz oben ohne:* ohne Verstand, ohne Gehirn, dumm, eine Rda. neuesten Datums, die in Anlehnung an die busenfreie Badekleidung geprägt wurde, die man als ‚Oben-ohne-Mode' bez.

Lit.: *P. Keiper:* ‚Es ist nicht ohne', in: Zs. f.d.U. 17 (1903), S. 655f.

Ohnmacht. *Seine eigene Ohnmacht fühlen:* sich hilflos ausgeliefert sehen, nicht rettend eingreifen können, eine höhere Macht spüren, auch: dem Schicksal nicht entgehen können. Ähnl.: *ohnmächtig zusehen müssen,* z.B. bei Unfällen, tödlich verlaufenden Krankheiten, Naturgewalten, Katastrophen, Krieg und Gefahr. *Beinahe in Ohnmacht fallen (vor Schreck, Scham):* einer Aufregung kaum gewachsen sein. Bes. Damen aus der besseren Gesellschaft fielen früher (18./19. Jh.) häufiger in Ohnmacht, um von einer Peinlichkeit, einer für sie höchst unangenehmen Situation abzulenken, aber auch, um die Ritterlichkeit des Mannes (des Liebhabers, Partners), um Teilnahme und liebevolle Besorgnis durch gespielte Schwäche herauszufordern (vgl. ‚schwaches Geschlecht'). Andererseits lag das damalige Schwinden der Sinne auch an der Blutarmut der jungen Mädchen und Frauen, vor allem aber an der Mode mit ihren Schnürmiedern, die den Leib und den Brustkorb unnatürlich einengten und die Atmungsorgane sogar regelrecht verkümmern ließen, da auch Heranwachsende diese den Körper verändernde Kleidung ertragen mußten, ↗Wespentaille. Dies führte zu akutem Sauerstoffmangel und hatte manchmal eine Ohnmacht zur Folge.
Eine Ohnmacht nahen fühlen: noch rechtzeitig den Schwächeanfall spüren und sich dagegen zu schützen suchen. Das Schwinden der Sinne konnte auch ein Zeichen einer beginnenden Schwangerschaft sein. Goethe gestaltet bes. eindringlich die Gedanken Gretchens vor ihrer Ohnmacht im Dom über ihre Sünde und Schuld und die damit verbundenen Beklemmungsgefühle (Faust I, Dom):

Wär ich hier weg!
Mir ist, als ob die Orgel mir
Den Atem versetzte,
Gesang mein Herz
Im Tiefsten löste ...
Mir wird so eng!
Die Mauerpfeiler
Befangen mich!
Das Gewölbe
Drängt mich! – Luft! –
„Nachbarin! Euer Fläschchen!"
(Sie fällt in Ohnmacht)

Der Hilferuf Gretchens weist auf den Brauch der Frauen hin, immer für Notfälle ein Fläschchen mit ätherischem Öl, meist von Rosmarin, bei sich zu tragen, um bei einer Ohnmacht durch den starken

‚In Ohnmacht fallen'

Geruch der Kräuter wieder zu sich zu kommen.

Von einer Ohnmacht in die andere (nächste) fallen: sich ständig neu aufregen müssen, immer neue Schreckensnachrichten erhalten.

Ohr. Das Ohr spielt in Sprww. und Rdaa. eine größere Rolle als das ↗Auge.

Bis über die (oder *beide*) *Ohren:* ganz und gar. In Wirklichkeit kann man bis über die Ohren etwa im Bett stecken; im rdal. Gebrauch der Wndg. kann man aber auch ‚bis über die Ohren in Schulden stecken', auch ‚bis über die Ohren in Arbeit stecken', mit Arbeit überhäuft sein, oder – noch komischer – ‚bis über beide Ohren verliebt sein', was vor allem durch das Schlagerlied ‚Ich hab' mein Herz in Heidelberg verloren' allg. verbreitet worden ist. Der urspr. Realbereich der Rda. geht wahrscheinl. von einem Ertrinkenden oder im Sumpf Versinkenden aus. Die Rda. findet sich schon um 1500 bei dem Prediger Geiler von Kaysersberg: „Er aber in sünde, schand und laster steckt bis über die ohren". Im Elsaß wird die Frage ‚Wo ist er?' scherzhaft beantwortet: ‚in der Hut bis üwr d'Ohrn, wenn er nit dort is, is er verlorn'. Vgl. engl. ‚over head and ears'.

Einen übers Ohr hauen: ihn arg übervorteilen; eigentl. bloß: ihm einen derben Streich versetzen; die Wndg. stammt aus der Fechtersprache. Die Abb. aus einem Fechtbuch verdeutlicht dies: Vorn greift der linke Fechter mit einem ‚Oberhau' an, indes der rechte nach links ‚austritt' und mit der Fläche gegen seines Widerparts rechtes Ohr schlägt.

Jem. etw. um die Ohren hauen (wollen): eine schlechte Arbeit tadeln; urspr. wörtlich zu nehmen.

Er ist noch nicht trocken (*er ist noch naß*) *hinter den Ohren:* er ist ein naseweiser Bursche, der noch gar nicht mitreden kann; eigentl.: ein neugeborenes Kind. Die Rda. ist über ganz Dtl. verbreitet, auch mdal., z. B. ostfries. ‚bist ja noch heel neet drög achter de Ohren!'. Lit. bei Schiller (‚Räuber' I, 2), wo Karl Moor ergrimmt ruft: „Feuchtohrige Buben fischen Phrases aus der Schlacht bei Cannä".

Es (faustdick) hinter den Ohren haben: verschmitzt, durchtrieben sein und doch gar nicht danach aussehen. Die Rda. ist eine Kurzform aus der älteren Vollform: ‚den ↗Schalk hinter den Ohren haben'. Thomas Murner schreibt 1512 in der ‚Narrenbeschwörung':

Das hat er ründt in jungen joren,
Wie ein schalck sy hindern oren.

Barth. Ringwaldt schreibt 1588 in dem Lehrgedicht ‚Christliche Warnung' (K 8b): „und hat den jecken (Narren) hinderm ohr"; 1639 heißt es bei Lehmann (‚Gleißnerey' 37, S. 334): „Der Schalck schläfft offt hinter den Ohren, wenn er erwacht, so läst er sich erst sehen". Dann spielt aber eine Art volkstümlicher Schädellehre herein, wonach der Sinn der Verschlagenheit hinter den Ohren liegt und dort desto größere Wülste hervorbringt, je stärker er entwickelt ist. Daher: *es dick, faustdick, knüppeldick hinter den Ohren haben*. Andere Varianten z. T. in den Mdaa., z. B. els. ‚er het Knepf hänger de Ohre'; obersächs. ‚der hat's hintern Ohren wie die Ziege den Speck, wie die Schweine die Leise'.

Jem. an den Ohren erkennen: jem. trotz angeberischen Wesens erkennen, durchschauen: die Eselsohren verraten den Esel in der Löwenhaut. Ovid erzählt in den ‚Metamorphosen' (11) die Geschichte

‚Übers Ohr hauen'

des Königs Midas von Lydien. Dieser widerspricht dem Urteil eines Richters, welches Apollo zum Sieger eines musikalischen Wettstreites gegen Pan erklärt. Apollo bestraft Midas für seinen Ungehorsam nun gerade an den Ohren, indem er ihm Eselsohren wachsen läßt. Obwohl Midas diesen Makel mit Hilfe einer Kopfbedeckung zu verbergen sucht, bemerkt ein Diener beim Haareschneiden die langen Ohren. Der Diener ist unfähig, das

Geheimnis für sich zu behalten und vertraut es der Erde an. An derselben Stelle wächst nach einem Jahr ein Gebüsch von Schilfrohr, das durch sein Geflüster das Geheimnis von den Ohren des Königs Midas verrät.

Lange Ohren machen: schnell davonlaufen, wie ein Angsthase, aber auch: etw. erlauschen wollen.

Einen bei den Ohren nehmen: ihn tüchtig vornehmen, hart tadeln. 1639 bei Lehmann („Beschwerden' 24, S. 81): „Wer mit Beschwernüssen geplagt wird, von dem wird gesagt: man hat jhn beym Ohr".

Sich etw. hinter die Ohren schreiben: sich etw. merken. 1649 bucht Gerlingius (Nr. 142): „Manet alta mente repostum. Ich wil mirs wol hinter ein Oehrigen schreiben". Lit. u.a. auch in Schillers ‚Räubern' (II,3): „Ich will mir diese Lektion mit goldnen Ziffern auf meine Hirntafel schreiben". Die Rda. erinnert an einen alten Rechtsbrauch. Die Zeugen werden, wie man umg. sagt, ‚zugezogen'. Das muß man für die Frühzeit ziemlich wörtl. nehmen. Man pflegte beim Abschluß eines Vertrages, bei der Festsetzung von Grenzzeichen u. dgl., Knaben als Zeugen zuzuziehen, sie zur Erinnerung in die Ohren zu kneipen bzw. am Ohr zu ziehen und ihnen das Bedeutsame der Handlung überdies noch durch Ohrfeigen bemerkbar zu machen. Schon in den Gesetzen der ripuarischen Franken ist dieser Rechtsbrauch belegt, und er soll in Bayern noch bis ins 18. Jh. hinein ausgeübt worden sein. Auch das alem. Volksrecht des 7. bis 8. Jh. spricht von den „testes per aures tracti", d. h. von den an den Ohren gezupften Zeugen. Noch im 19. Jh. nahm man in Schwaben bei der alljährlich stattfindenden dörflichen Feldbegehung zur Feststellung der Gemeindegrenzen Knaben mit, denen man an den wichtigen Grenzpunkten Ohrfeigen verabreichte, damit sie sich noch im Alter des Ortes entsännen. Dermaßen wurde es ihnen hinter die Ohren geschrieben; schwäb. als Drohung: ‚Dem sollte man's hinter die Ohren schreiben'.

Eine andere Erklärung für diese Rda. gibt Christian Thomasius 1690 in den ‚Freimüthigen, lustigen und Ernsthafften, jedoch Vernunfft- und Gesetz-Mässigen Gedanken oder Monats-Gespräche über allerhand, fürnehmlich aber Neue Bücher durch alle zwölff Monate des 1688 und 1689 Jahres' (S. 633 ff.): er habe bei einem ‚Anatomico' gelesen, „daß die Ohrläpgen mit einer subtilen Narwe an das Hertze, oder vielmehr das Hertze dadurch an das Ohrläpgen befestigt sey. Zu geschweigen, daß der ehrliche Altvater Hippocrates und der Experientissimus Avicenna der beständigen Meinung sind, daß wenn man einem hinter den Ohren zur Ader liesse, er sey männlichen oder weiblichen Geschlechts, so würde er unfruchtbar, weil zwey Adern von den Ohren noch weiter herunter über das Hertze giengen, die dieses verursachten. Und daher ist das teutsche Sprichwort kommen: sich etwas hinter die Ohren schreiben, weil die Leute, denen man hinter denen Ohren zur Ader gelassen, solches die Zeit ihres Le-

‚Sich etwas hinter die Ohren schreiben'

bens nicht vergessen, indem sie dadurch ihrer Ehre gleichsam beraubt werden".

Jem. eine Ohrfeige geben: jem. einen Schlag auf die Wange geben; in übertr. Bdtg.: ihn demütigen, empfindlich strafen. Solche Schläge galten jedoch im Volksglauben früher auch als übelabwehrend und heilkräftig. Man sprach ihnen erlösende und krankheitsbannende Wirkung zu, bes. dann, wenn sie ein mit göttlicher Gnade und Kraft erfüllter Herrscher einem Kranken verabfolgte, der darum gebeten hatte.

Die ‚Ohrfeige' hat mit der Feigenfrucht nichts zu tun. Früher hieß das Wort: Ohrfeg, Ohrfeeg und kam von ‚Veeg': Streich, Hieb, das auch in dem Wort ‚Fegfeuer', ‚fegen' noch nachklingt.

Die Ohren spitzen: genau auf etw. horchen, achtgeben. Schon bei Thomas Murner findet sich ein Frühbeleg dieser Rda., ähnl. *die Ohren steif halten:* wach sein; vgl. frz. ‚dresser l'oreille'; vom Tier, bes. von Pferd und Hund, auf den Menschen übertr., der freilich seine Ohren nicht spitz in die Höhe richten kann. Ja sogar auf Wesen, die überhaupt nicht mit leiblichen Ohren zu denken sind, wird die Rda. angewendet; so beginnt ein Klagelied auf die schlechte Zeit aus dem Jahre 1649:

Merk auf, du Gotts vergeßne Welt,
Hör zu und spitz dein Ohren!

Das steife Ohr ist der Gegensatz zum ‚geneigten Ohr' und ‚geneigten Gehör'.

‚Die Ohren steifhalten'

Einem sein Ohr leihen: einer Bitte, einem Anliegen zuhören und sich der Sache annehmen. *Ein offenes Ohr finden:* Aufmerksamkeit finden. *Ganz Ohr sein:* sehr aufmerksam zuhören.

Etw. mit eigenen Ohren gehört haben ist eine Bestätigungsformel und will eine Aussage glaubhafter machen.

Die Ohren aufsperren, scherzhaft: *aufknöpfen,* vom Auge auf das Ohr übertr.

Dünne Ohren haben: ein feines Gehör haben. Das Gegenteil ist: *dicke (harte) Ohren haben:* nicht hören wollen (z. B. bei Luther); auch *auf den Ohren sitzen;* derb: *Dreck in den Ohren haben.*

Etw. zu einem Ohr herein- und zum andern hinauslassen: sofort wieder vergessen, was einem soeben gesagt worden ist. Schon in mhd. Zeit üblich; Wolfram von Eschenbach erklärt in seinem ‚Parzival' (241,21 ff.), „sîn maere" vom Parzival nicht für Leute gesungen zu haben, für die es eine Qual wäre, es aufmerksam zu fassen:

wan daz hât dâ ninder stat
und vil gerûmeclîchen pfat,
zeinem ôren în, zem andern für.

Ähnl. heißt es in dem Artusroman ‚Wigalois' des Wirnt von Grafenberg (8, 12 f.):

er lât ez durch diu ôren gar
zem einen în, zem andern ûz.

1529 bei Joh. Agricola (Nr. 152): „Es gehet dir zu einem ohr eyn, zum andern wider aus". Vgl. frz. ‚rentrer par une oreille et sortir par l'autre'.

Die Ohren auf Durchfahrt stellen: eine Mahnung nicht beherzigen; vom Eisenbahnwesen hergenommen (seit 1930); rheinisch. auch: ‚Die Ohren auf Durchzug stellen'.

Tauben Ohren predigen: vergeblich mahnen; früher häufiger: *tauben Ohren singen.* Noch anders in der ‚Zimmerischen Chronik' (III, 141): „Aber er sagt hiemit aim dauben ain merlin, wie man sprücht". Schon lat. ist sprw.: „ad surdas aures canere" (tauben Ohren singen) bei Ovid, „surdo asello narrare fabulam" (einem tauben Esel eine Geschichte erzählen) bei Horaz, „surdis auribus dicere" bei Livius III, 70,7 u. ö. Diese lat. Frühfassungen haben sicher auf die Ausformung unserer Rda. mit eingewirkt; vgl. frz. ‚prêcher à des sourds'.

Einem die Ohren kitzeln: ihm eine Schmeichelei sagen; älter: *jem. die Ohren melken:* schmeicheln; meist passivisch gewendet: *sich die Ohren melken lassen:* zum Opfer der Schmeichler werden. Unverhohlen wird hier durch das ‚Melken' gleich der für den Schmeichler herausspringende Gewinn gekennzeichnet. Die Wndg.

Die oren lassen melken

‚Die Ohren melken'

stammt aus lat. ‚aures mulcere'; die dt. Übers. ‚melken' beruht auf Verwechslung mit ‚mulgere'. Thomas Murner überschreibt das 12. Kap. seiner ‚Schelmenzunft' mit den Worten „Die oren lassen melken" und führt dazu aus:

Wer myr frindtlich melkt eyn or
Und sagt myr das ich hab schon hor
Und sagt myr alß das ich gern her,
Der kan der oren melker ler.
So brist im nuet den nur den lon
Von dem rad zum galgen gon.

Obersächs. ist bezeugt: *einem das Ohr pinseln*: ihm schmeicheln.

Einem in die Ohren blasen ist ebenfalls ein rdal. Ausdr. für den Schmeichler, der einem beständig mit etw. ‚in den Ohren liegt', wie man heute eher sagen würde. Hans Weiditz hat diese Rda. ins Bild gesetzt: Rechts von der Hauptfigur stehen zwei ‚Ohrenbläser', deren einer mit einem großen Blasebalg hantiert (vgl. ‚Narrenschiff' Kap. 100). Links fauchen ihm zwei andere Schmeichler Dampfwolken entgegen. Dieses Gebläse der Schmarotzer hängt jedenfalls mit jener im ‚Narrenschiff' gebrauchten Rda. zusammen:

Wer tuon will das eym yeden gfalt
der muoß han ottem warm und kalt.

Die Ohrenbläserei war indes urspr. keine Metapher, sondern hängt aufs engste mit altem Volksglauben und Brauch zusammen. Durch das Hineinsprechen ins Ohr will man die größtmögliche Sicherheit haben, daß die gesprochenen Worte den Ge-

meinten auch wirklich treffen und wunschgemäß beeinflussen. „Wer blies dir das Wort ein?" ruft Karl Moor seinem Kumpanen Schwarz in Schillers ‚Räubern' (I, 2) zu. In diesem Ausdr. wird nicht nur ein bloßes Sprechen, sondern eine vollkommene Gedanken- und Wesensübertr. gekennzeichnet. ‚Das hat ihm der Teufel eingeblasen' sagt man auch, wenn man eine teuflische Eingebung schildern will. Dämonische Wesen, die im menschlichen oder tierischen Körper hausen, werden durch ins Ohr gesagte Beschwörungen vertrieben. Heute bedeutet *einem etw. (in die Ohren) einblasen* nur noch: ihm etw. vorsagen (in der Schule); vgl. frz. ‚souffler quelque chose à (l'oreille de) quelqu'un'.

Jem. mit etw. die Ohren vollblasen: jem. eindringlich zu etw. zureden, ihn überreden wollen, immer von derselben Sache sprechen (16. Jh.); gleichbedeutend: ‚jem. in den Ohren liegen'; vgl. frz. ‚rebattre les oreilles de quelqu'un de quelque chose' (wörtl.: jem. mit etw. die Ohren vollschlagen).

Von oren blosen.

Der ist eyn narr/der vaßt inns Houbt
Vnd lichtlich yedes schwätzen gloubt
Das ist eyn anzeig zů eym toren
Wann eyner dünn/vnd witt/hat oren

‚Ohrenbläser'

‚In die Ohren blasen'

Jem. etw. ins Ohr sagen: ganz leise jem. etw. zuflüstern.

Die Ohren klingen mir sagt man bei plötzlichem leisen inneren Ertönen der Ohren und glaubt dabei wohl, daß Abwesende von einem reden. Hinterher sagt man auch: *Die Ohren hätten dir davon klingen müssen* (weil wir von dir geredet haben). Dabei gilt auch hier der alte Glaube an die günstige Bdtg. alles dessen, was rechts, an die ungünstige dessen, was links von einem geschieht: Klingt das rechte Ohr, so wird Gutes von einem gesprochen, klingt das linke, glaubt man an üble Nachrede. Man sagt aber auch: ‚Links klingt's, rechts was Schlecht's' oder ‚Recht Ohr – schlecht Ohr'; ‚link' Ohr – Klingohr'; vgl. engl. ‚my ears tingle with it', ndl. ‚zijn oren zullen tuiten', frz. ‚les oreilles me cornent'.

Die Ohren jucken einem: er ist neugierig; so schon bei Luther (Jenaer Ausg. V, 326a): „Es jucken inen die ohren so fast und sind so lüstern zu hören", ⁊ Fell.

Jem. die Ohren vom Kopf essen: sehr viel essen.

Sich aufs Ohr hauen: sich schlafen legen; vergröberte Parallelbildung zu: ‚sich aufs Ohr legen'.

Mit den Ohren schlackern: etw. erstaunlich finden, auch ängstlich sein, ‚schlakkern' gehört zu ‚schlagen' und meint das Hinundherschlagen, das Baumeln; denn der Mutlose läßt ‚die Ohren hängen'. *Sich die Zeit um die Ohren schlagen:* die Zeit (nutzlos) verbringen; Parallelbildung zu: ‚die Zeit totschlagen'.

Sich ins Ohrläppchen beißen können: scherzhaft übertreibende Wndg. für: einen sehr breiten Mund haben. ‚Beiß dir nicht die Ohren ab!' sagt man im Schwäb. zu einem, der breit lacht.

Die Ohren bekommen Besuch: jem. lacht so stark, daß die Mundwinkel fast die Ohren erreichen.

Er hat einen im (am) Ohr: er ist betrunken; *einen kleinen Mann im Ohr haben:* verrückt sein (⁊ Mann).

Jem. einen Floh ins Ohr setzen ⁊ Floh.

‚Ohren des Herzens' ist eine altchristl. Metapher und eine Analogiebildung zu ‚Augen des Herzens'. Dem äußeren Menschen des Leibes wird der innere Mensch der Seele zugesellt; beide zusammen ergeben den ganzen Menschen.

Lit.: *J. Grimm:* Dt. Rechtsaltertümer I, S. 198f.; *H. Schrader:* Das Ohr in sprachlichen Bildern und Gleichnissen, in: Zs. f. dt. Sprache 7 (Hamburg 1893/94), S. 401–408, 441–450; *J. Schmied-Kowarzik* u. *H. Kufahl:* Fechtbüchlein (Leipzig o.J. 2 [1894]); *D. C. Hesseling:* Iemand de oren wassen, in: Tijdschrift voor Nederlandse Taal- en Letterkunde 26 (1907), S. 66–69; *K. Windel:* Zur Erklärung der Rda. ‚sich etw. hinter die Ohren schreiben', in: Zs. f. d. U. 24 (1910), S. 330; *R. Lehmann-Nitsche:* König Midas hat Eselsohren, in:

Zs. f. Ethnologie 68 (1936), S. 281 ff.; *H. Bächtold-Stäubli:* Art. ‚Ohr‘, in: HdA. VI, Sp. 1204–1217; *A. Otto:* Die Sprww. der Römer, S. 47, Nr. 212; HdA. VI, 1204 ff.; *L. Schmidt:* Der Männerohrring im Volksschmuck und Volksglauben (Wien 1947); *Ö. Beke:* Füle botját se moz ditja (l'expression: il ne montre pas le bout de l'oreille), in: Magyar Nyelv 57 (1961), S. 215–216; *M. Bambeck:* Zur altchristl. Vorgeschichte der Metapher ‚Ohren des Herzens‘ im Margues de Rome und in der Sainte L'Eocade des Gautier de Coincy, in: Zs. f. franz. Sprache und Lit. 77 (1967), S. 23–29; *M. Bošković-Stulli:* Zusammenfassung: König Midas hat Eselsohren, in: dies.: Narodna Predaja o vladarevoj Tajni (Zagreb 1967), S. 301–341; *M. Bambeck:* Das Sprichwort im Bild ‚Der Wald hat Ohren, das Feld hat Augen‘. In einer Zeichnung von Hieronymus Bosch (o. O. 1987).

Ohrwurm. *Ein (richtiger) Ohrwurm:* eine eingängige, beliebte Melodie, die man zwar immer wieder gern hört, die einem aber mitunter den ganzen Tag nicht mehr aus dem Kopf geht, was die Konzentration bei der Arbeit stören und wie ein lästiges Insekt geradezu quälen kann.

Urspr. gab es einen Zusammenhang mit antiken und volkstümlichen Krankheitsvorstellungen. Die frühesten dt. Belege für den ‚Ohrwurm‘ (Forficula auricularis) stammen aus dem 14. Jh., altengl. Quellen gehen bis ins 8. Jh. zurück; vgl. neuengl. ‚earwig‘ u. frz. ‚perce-oreille‘.

In der Spätantike wurde der ‚Ohrwurm‘ getrocknet und zerstoßen als Heilmittel gegen Ohrenerkrankungen verwendet. Die Bez. wurde später nicht mehr verstanden und deshalb mit den angeblich krankheitsverursachenden Ohrwürmern der antiken Medizin identifiziert. Daraus entstand der Volksglaube, der ‚Ohrwurm‘, auch ‚Ohrenkriecher‘, ‚Ohrmützel‘ u. ‚Ohrling‘ genannt, solle im Ohre verschiedene Krankheiten, besonders bohrende und stechende Schmerzen verursachen und manchmal sogar bis in das Gehirn kriechen.

Das Ohrenweh wurde bes. Kindern gegenüber mit dem vermeintlichen Hineinkriechen des Ohrwurms erklärt, vor dem man die Ohren schützen müsse, vor allem, wenn man im Grase schlafe. Der Ohrwurm suche nämlich das Ohr als dunkles Versteck u. zerkneife dann das Trommelfell.

Der ‚Ohrwurm‘ dient sogar als Bild für menschl. Verhalten. Im Ndd. heißt es: ‚He krümt sik as en Ôrworm‘: er weiß sich mit

viel Freundlichkeit oder Unterwürfigkeit einzuschleichen.

Lit.: *O. v. Hovorka* u. *A. Kronfeld:* Vergleichende Volksmedizin, Bd. II (Stuttgart 1909), S. 811 u. 817; *F. Kluge:* Etymol. Wb. d. dt. Sprache (Berlin, New York [22]1989), S. 515; *R. Riegeler:* Art., ‚Ohrwurm‘, in: HdA. VI, Sp. 1219–1223; *E. Werz:* Der Ohrwurm (Diss. Marburg).

Okay. *Etw. ist okay:* eine Sache ist in Ordnung, findet Zustimmung, auch: etw. ist zur Zufriedenheit erledigt worden, ist erfolgreich beendet. Der Ausruf: *Alles okay!* dient der Bestätigung und meint: Alles ist bereit; es kann losgehen! *Sein Okay für (zu) etw. geben:* in etw. einwilligen, die Erlaubnis u. sein Einverständnis, sein ‚placet‘ zu etw. geben.

Jem. ist okay: er ist vertrauenswürdig, zuverlässig, integer, aber auch: er ist unverletzt geblieben, er ist (wieder) gesund. Die Wndg. begegnet oft in der besorgten Frage: ‚Bist du auch wirklich (wieder) okay?‘ Dagegen meint die Rda. *noch nicht ganz okay sein:* noch krank, noch nicht wieder im Vollbesitz seiner Kraft (Lebensfreude) sein, sich noch ‚angeschlagen‘ fühlen, seinen Kummer (Schmerz) nicht völlig überwunden haben. Bei Okay, international abgekürzt auch als o. k., handelt es sich „um den erfolgreichsten aller Amerikanismen“ (Mieder). Die Erklärungen für die Entstehung sind ebenso zahlreich wie spekulativ. Über 30 Möglichkeiten der Herkunft sind mittlerweile schon benannt worden. Für die Verstümmelung der Kürzel a. c. für all correct in o. k. sind schon verantwortlich gemacht worden: General von Steuben, ein ehem. preußischer Offizier des Unabhängigkeitskrieges; Präsident A. Jackson (1829–37), der, da er in der amerikanischen Orthographie ziemlich unsicher war, alles mit ‚oll korrekt‘ statt mit ‚all correct‘ abgezeichnet haben soll. Weiterhin soll okay von dem 1840 in New York gegründeten Okay-Club herstammen, welcher die Wiederwahl des demokratischen Präsidenten Martin van Buren (1782–1862) propagierte, dessen Spitzname nach seinem Geburtsort ‚Old Kinderhook‘ war. Auch andere Sprachen sind für die Entstehung von ‚okay‘ verantwortlich gemacht worden: so das Französische ‚aux quais‘, das Finnische ‚oikea‘ oder das Schottische

‚och aye'. Am wahrscheinlichsten klingt folgende Erklärung: die Mandingosprache kennt das Wort ‚o ke' für ‚in Ordnung': durch Negersklaven Westafrikas kann dieses Wort nach Amerika gekommen sein.

Mehrere Forscher glauben jedoch, daß ‚okay' griech. Ursprungs ist und schon in der Antike gebräuchl. war. Griech. Lehrer sollen Schularbeiten mit o. (=ὀλά [ola]: alles) k. (=καλά [kalla]: gut) bewertet haben (Weber, Pound, Rife). Dt. Erklärungen gibt es allerdings auch: o. k. soll für ‚ohne Korrektur' stehen, oder ein deutschstämmiger amer. Fabrikant namens Otto Kaiser soll alle seine Produkte mit seinen Initialen O. K. signiert haben.

Keine der Erklärungen überzeugt. Die tatsächliche Etymologie des Wortes ‚okay' wäre noch zu entdecken.

Lit.: *W. S. Wyman:* O. K., in: Magazine of American History 14 (1885); *W. B. Wait:* Richardsons O. K. of 1815, in: American Speech 16 (1941), S. 85–88; *R. Weber:* A. Greek O. K., in: American Speech 17 (1942), S. 127–128; *L. Pound:* O. K. Redivivus, in: American Speech 17 (1942), S. 249–250; *A. W. Read:* The First Stage in History of O. K., in: American Speech 38 (1963), S. 5–27; *A. W. Read:* The Second Stage in History of O. K., in: American Speech 38 (1963), S. 83–102; *H. van Hoof:* Une abréviation universelle: O. K., in: Lebende Sprachen, Zs. f. fremde Sprachen in Wissenschaft und Praxis 9 (Heft 3) (1964), S. 65–66; *J. M. Rife:* The Early Spread of O. K. to Greek Schools, in: American Speech 41 (1966), S. 238; *W. Mieder:* Eine bibliographische Skizze zum Ursprung vom O. K. (okay), in: Der Sprachspiegel 5 (1975); dort auch weiterführende Lit.; *W. Mieder:* Sprichwort, Redensart, Zitat. Tradierte Formelsprache in der Moderne (Bern – Frankfurt/M. 1985), S. 109 ff.

Öl. *Öl ins Feuer* (oder *in die Flammen*) *gießen:* das Übel ärger machen, die flammenden Leidenschaften noch mehr anfachen. In der ‚Namenlosen Sammlung' von 1532 steht der Rat: „Laß den Hund schlaffen, schüt nit öhl ins fewr, richt keinen bader an, erzürne keinen bösen". Auch bei Horaz (gest. 8. v. Chr.) findet sich schon das gleiche Bild (‚Satiren' Liber 2, Satira 3, V. 321): „Oleum addere camino"; vgl. engl. ‚to add fuel to the fire'; ndl. ‚Olie in het vuur gieten' u. frz. ‚jeter de l'huile sur le feu'.

Bismarck sagte einmal iron. mildernd von Windthorst (‚Reden' XI, 311): „Ich bin überzeugt, daß der Herr Vorredner mit der Absicht, aus dieser Flasche wieder Öl auf die Lampe des Kulturkampfes zu gießen, bei unsrer öffentlichen Meinung doch nicht durchkommen wird".

Öl auf die Wogen gießen: die Leidenschaften besänftigen. Die Tatsache, daß die Oberfläche der See durch Daraufgießen von Öl geglättet wird, war schon im Altertum bekannt. Plinius schreibt in seiner Naturgeschichte: „Quem fallit omne mare oleo tranquillari, et ob id urinantes ore spargere quoniam mitiget naturam asperam lucemque deportet?"

Nach Luk. 10, 34 wird rdal. gebraucht: *Öl in die Wunden gießen;* vgl. frz. ‚un baume (Balsam) pour les blessures'.

Es rinnt ihm wie Öl durch die Kehle: es geht ihm leicht ein, er hört es gerne; auch: *Es geht (jem.) hinunter wie Öl:* ein Lob, ein Kompliment wird (von jedem) gerne gehört.

Öl auf die Lampe gießen: einen Schnaps trinken, zechen; 19. Jh.; in der Form ‚Öl auf die Ampel gießen' schon 1812/13 für Berlin gebucht. Vgl. engl. ‚He is oiled'; ndl. ‚in de olie zijn'.

Die Rda. *Öl am Hut haben:* zuviel getrunken haben, bes. im Alem. gebräuchl., ist die binnenländische Umformung von ‚einen Aal haben', ↗ Aal.

Kein Öl und kein Docht haben: gar nichts besitzen; ‚er hat nicht mehr viel Öl in der Lampe', es geht mit seinen Kräften zu Ende; ‚er hat wenig Öl im Kopf', es fehlt ihm an Ausdauer; vgl. ndl. ‚et is geen olie

‚Öl ins Feuer gießen'

1119

meer in de lamp'; frz. ‚il n'y a plus d'huile dans la lampe'; engl. ‚the light is out'. Els. ‚bi einem 's Öl verschütt han', bei ihm in Ungnade gefallen sein; umg. in gekürzter Form: *es bei* (oder *mit*) *ihm verschüttet haben:* seine Gunst verloren haben; ⟋ Fettnäpfchen.

Rheinhess. sagt man bei großer Anstrengung: ‚Ich bin so müde, als ob ich den Ölberg abgetragen hätte'.

Lit.: *Anon.:* To pour oil on the troubled waters, in: Classical Review 1 (1887), S. 245; *Zepf:* Art. ‚Öl', in: HdA. VI, Sp. 1238–1245; *J. Stave:* Öl in die Wogen, in: Wörter und Leute (Mannheim 1968), S. 168–169; *E. Lasky:* To pour oil on fire, in: Classical Philology 68 (1973), S. 219.

Ölgötze. *Dastehen* (oder *dasitzen*) *wie ein Ölgötze:* steif und stumm dastehen, sich regungslos verhalten. Der noch heute ganz geläufige rdal. Vergleich begegnet zuerst 1520 bei Luther: „wen wyr ynn der kirchen seyn unter der meß, da stehn wir wie die öl götzen, wissen nichts auff zcu bringenn" (Weimarer Ausg. IX, 266). Urspr. sollen mit den ‚Öl(berg)götzen' die während Christi Gebet im Garten Gethsemani am Ölberg schlafenden Jünger gemeint sein (Matth. 26, 43), eine Szene, die seit dem 15. Jh in Baldachinhäuschen an oder neben Kirchen (z. B. an der Sebalduskirche in Nürnberg) gern im Bilde dargestellt wurde. Allein die Herleitung des Ausdr. Ölgötze von Öl(berg)götze ist ziemlich fraglich; während das Dt. Wb. und das HdA. den Urspr. des Ausdr. in Frage stellen, gibt allein das Schwäb. Wb. von 1920 diese fragwürdige Erklärung. Vor dem 16. Jh. ist diese Bez. nicht nachweisbar, sondern wird erst in der Reformationszeit als Spottwort gegen die Holzbilder der Katholiken oder auch gegen die mit Öl gesalbten Priester gebraucht (bes. von Zwingli). Im August 1520 wendet Luther den Spottausdr. auf die mit heiligem Öl gesalbten röm. Priester an: „das aber der Bapst odder Bischoff salbet ... mag eynen gleysner vnd ölgötzen machen" (Weimarer Ausg. VI, 407). In den Kämpfen der Reformationszeit wird das Schlagwort häufig gebraucht. So ist 1522 aus Augsburg bezeugt: „Dann es stat manicher ölgötz auff die Cantzel vnd den Luther mit seinen guten buchern außrichten". Thomas Murner sagt im gleichen

Jahr in seinem Streitgedicht ‚Vom großen Lutherischen Narren':

Sein es bischöff vnd prelaten,
So nennen sie's Apostaten,
Die priester esel vnd ölgötzen.

1529 in Joh. Agricolas ‚Sprichwörtern' (Nr. 186) ist der Urspr. des Ausdr. bereits nicht mehr verstanden: „Ein stock vnd ein holtz, das geferbet ist, vnd ölgetrencket, auff daz die farbe bleibe vnd vom regen nicht abgewaschen werd, ist ein ölgötze. Götze kompt von Gott, vnd ist etwas das ein bildtnis hat on leben, on seele, darumb ist ein ölgötze ein mensch, der nyrgent zu nütze ist, da wedder verstandt noch witze bey ist". Seb. Franck (‚Sprichwörter' II, 51) schreibt 1541: „ut Bagas stas, du stehst wie ein Klotz, Ölgötze, Tielmann (Dillemann, Mann mit einer Dille), Leuchter". Hans Sachs meint mit ‚den Ölgötzen tragen': demütigste Dienste (im Hause) verrichten müssen. Ihm ist die Herkunft des Wortes noch bewußt, wenn er (z. B. 1533 in einem Fastnachtsspiel IV, 477) sagt:

Hewer will ich unverheyrat bleyben,
Das ich mich nit thu vberweyben,
Müst auch den ölgötzen tragen,

denn bei Prozessionen wurden mit den Kirchenheiligen auch die Gestalten der Apostel vom Ölberg im Zug mitgeführt. Diese Ölgötzen, die wohl keine bes. klugen oder willensstarken Gesichter aufwiesen (denn sie waren ja schlafend dargestellt!), waren auch als Laternen- oder Lichterträger dargestellt. Daher dürfte es kommen, wenn für Ölgötz in den Mdaa. z. T. die Bdtg. ‚hölzerner Pfosten, an dem die Öllampe hängt' erscheint; ebenso ‚Paule' (= Paulus) im Kärntischen: Leuchterknecht, Leuchteruntersatz. In Niederdtl. sagt man dafür auch: ‚Hei steit as en Lüchterpiep', ‚as en Pickpahl (Pechpfahl)', ‚as en Trangötze'; vgl. auch Stieler, Sprachschatz, S. 687: „Ölgötze statua ex ligno, lapide vel aere facta, qualis est Petri, Johannis in monte olivarum dormientis"; ⟋ Maulaffe.

Einen ähnl. Bedeutungswandel wie das heutige ‚Öl(berg)götze' machte die schwäb. Rda. ‚dastehen wie ein Bildstock' (bei Gottfr. Keller: ‚wie ein Opferstock') durch sowie siebenb. ‚et es en hölzera Johannes', er ist steif und plump. In anderer

Kürzung ist vom Ölberg auch der in älterer Studentensprache bezeugte Scheltname ‚Ölberger' für ‚Häscher', ‚Stadtsoldat' abgeleitet.

Lit.: *Webinger:* Art. ‚Ölgötz', in: HdA. VI., Sp. 1247–1249; *K. Baumann:* Art. ‚Götzenbild', in: EM. VI., Sp. 37–42.

Olim. *Zu Olims Zeiten:* vor langer Zeit; ein Scherzausdr. des gelehrten Schulunterrichts, der weithin in die Volkssprache gedrungen ist: Aus lat. ‚olim' (einst, vor alters) hat man den erfundenen Eigennamen Olim zurechtgestutzt. Die Wndg. ist zum erstenmal 1618 in Martin Rinckarts ‚Jubelkomödie' (169) belegt, dann öfters, z. B. 1738 bei J. Chr. Günther (‚Curieuse Lebensbeschreibung' 165, 24): „Du weißt, ich bin dein Freund aus alter Olims-Zeit"; ähnl. sagt Chr. F. Henrici (Picander) einmal zu einem alten Studienfreund von vor zwanzig Jahren:

Freund von denselben alten Tagen,
Da Olim uns studieren ließ.

Die seit 1691 von Stieler in ‚der Teutschen Sprache Stammbaum' (S. 37) vorgebrachte Deutung aus ndd. ‚öling' (Ableitung von ‚alt') ist irrig; vgl. die sprw. Wndg. ‚zu Noahs Zeiten', in uralten Zeiten, die gleichfalls einen Eigennamen verwendet (vgl. auch ↗ Anno).

Ölsardine. *Wie die Ölsardinen:* sehr beengt in einem kleinen Raum; vgl. frz. ‚dans une boite de sardine' (umg.), ↗ wie.

Olymp. *Auf dem (hohen) Olymp sitzen:* eine zu hohe Meinung von sich haben; durch die eigene Überschätzung sehr arrogant und herablassend anderen gegenüber sein; niemanden an sich herankommen lassen.

Der Olymp (griech. ‚Ὄλυμπος' = Berg) ist der Name für die Wohnung der Götter in der griech. Mythologie. Man erannnte den höchsten Berg Griechenlands, der durch seine überragende Höhe von 2900 Metern einen gewaltigen Eindruck macht, schon früh zum Göttersitz; das Gebirgsmassiv aus Marmor und Schiefer liegt im Norden Thessaliens. Bei den späteren Dichtern (z. B. Aristophanes und Vergil) heißt dann auch das Himmelsgewölbe, auf dem die Götter wohnen, ‚Olymp'.

Heute meint man damit scherzhaft die obersten Sitzreihen eines Theaters.

Bis heute unvergessen geblieben ist der 1943/45 gedrehte frz. Film ‚Kinder des Olymp', dessen Titel an die antike Vorstellung erinnert.

Nicht zuletzt wegen seiner Ruhe, Ausgeglichenheit und zurückgezogenen Lebensweise im Alter, heißt J. W. v. Goethe ‚der Olympier'.

Lit.: Art. ‚Olympos', in: Der kleine Pauly IV (1972), Sp. 291–295

Onkel. *Über den (großen) Onkel laufen (gehen):* mit einwärts gerichteten Füßen gehen. Die berl. und sächs. Rda. beruht wohl auf einer Mißdeutung von frz. ‚ongle' = Fußnagel: entspr. ‚onkeln', mit einwärts gerichteten Füßen gehen, über die große Zehe gehen.

Eine Onkelehe führen meint die Hausgemeinschaft eines Mannes mit einer Witwe, die ihn nicht heiratet, um ihren Pensionsanspruch nicht zu verlieren; der Mann wird von der Witwe als Onkel ausgegeben; auf dem Katholikentag 1954 als ‚Rentenkonkubinat' bez.

Oper. *Eine Oper reden (quatschen):* umständlich, überflüssig, wortreich sprechen; auch: *Opern erzählen:* sich weitschweifig über uninteressante oder unsinnige Dinge auslassen. Das Wort ‚Oper' kam mit der Sache im 17. Jh. aus Italien. Die Rda. bezieht sich auf die darin üblichen ‚Da capo-Arien', die die Aufführungen bes. in die Länge zogen.

Als grobe Aufforderung, sich kurz zu fassen oder keinen Unsinn zu erzählen, heißt es umg., meist negativ imperativisch: ‚Quatsch keine Oper!' Die erst im 20. Jh. aufgekommene Rda. bezieht sich auf die Spieldauer von Opern; überhaupt gilt die Oper in volkstümlicher Auffassung sinnbildl. für Unnatürlichkeit.

Opfer, opfern. *Ein Opfer bringen:* etw. darbringen, spenden, schenken, das man selbst entbehren, schmerzlich vermissen muß, wobei man auch bereit ist, eigene Bedürfnisse einzuschränken. Bei einem echten Opfer handelt es sich also nicht nur um einen unbedeutenden Teil eines Überflusses, den man bereitwillig hingibt. Urspr. wurden einer Gottheit aus Dank oder der Hoffnung auf Hilfe und Gnade Opfer dargebracht. Dies konnten Menschen, Tiere, Früchte und andere kostbare Gaben sein. Auch den Elementen, bes. dem Wasser, oder Dämonen wie den ↗ Drachen mußten zu bestimmten Zeiten Opfer gebracht werden, um sie zu besänftigen.

Ein Opfer sein (für jem.): gequält, ausgenutzt werden, auch zur Zielscheibe des Spottes dienen, in jem. Gewalt geraten, hilflos leiden müssen, gefoltert, ermordet werden.

Etw. zum Opfer fallen: dahingerafft werden, sterben müssen, z. B. durch Hungersnöte, Kriege, Seuchen, heute auch durch den Verkehr, durch Drogen.

Viele Opfer zu beklagen haben: viele Tote betrauern müssen, vor allem bei Katastrophen, Überfällen und Unfällen.

Ein Opfer seiner Begierden werden: sich nicht mehr in der Gewalt haben.

Ein Opfer der Justiz sein: einem Fehlurteil unterliegen, unschuldig büßen müssen.

Ein Opfer der Politik werden: aus Staatsoder Parteiinteressen zum Rücktritt bewegt werden, seine wichtige Position aufgeben müssen, stellvertretend für einen Mächtigeren zum ↗ Sündenbock abgestempelt werden.

Ein Opfer der Wissenschaft werden: sein Leben ganz in ihren Dienst stellen, sich ihr voll und ganz verschreiben, auch: sich durch Experimente und Selbstversuche gefährden wie namhafte Ärzte und Naturwissenschaftler der Vergangenheit, wie Astronauten, aber auch wie falsch behandelte Patienten oder gar Tiere in heutigen Versuchslabors. Bereits 1863 nannte Siegmund Schlesinger ein Lustspiel: ‚Ein Opfer der Wissenschaft' – ein Hinweis auf die Beliebtheit dieser Wndg.

Ein Opferlamm sein: sich klaglos in sein Geschick fügen, sich willig töten lassen. Die Rda. bezieht sich auf den Opfertod Christi am Kreuz, der deshalb auch als ‚Lamm Gottes' (vgl. Joh. 1,29) bez. wird. Einen prophetischen Hinweis auf den Tod Jesu gab schon Jesajas: „Da er gestraft und gemartert ward, tat er seinen Mund nicht auf wie ein Lamm, das zur

Schlachtbank geführt wird" (Jes. 53,7). *Sich opfern lassen:* sich nicht zur Wehr setzen, auch: für andere einstehen.

Sein Leben für andere (fürs Vaterland) opfern: unter Einsatz seines Lebens andere um jeden Preis retten wollen (im Kampf um seine Heimat sein Blut vergießen).

Etw. für einen guten Zweck opfern: einer guten Sache dienen, Bedürftigen etw. zukommen lassen.

Zeit und Geld für etw. (jem.) opfern: unter Hintanstellung eigener Interessen mit Rat und Tat Hilfe leisten.

Scherzhaft übertr. Bdtg. besitzen die Rdaa: *Dem Bacchus opfern:* viel Wein trinken und: *Dem Neptun opfern:* seekrank werden und sich an der Reling erbrechen müssen.

Lit.: *B. Götz:* Die Bedeutung des Opfers bei den Völkern (Leipzig 1933); *E. O. James:* Origins of Sacrifice (London 1937); *K. Beth:* Art. ‚Opfer', in: HDA. IX (Nachträge), Sp. 19–54; *R. Rendtorff:* Studien zur Geschichte des Opfers im alten Israel (Göttingen 1953); *A. Vorbichler:* Das Opfer auf den uns heute nóch erreichbaren ältesten Stufen der Menschheitsgeschichte (Mödling bei Wien 1956); *G. Schmitt:* Das Menschenopfer in der Spätüberlieferung der dt. Volksdichtung (Diss. Mainz 1959); *A. Schimmel u. a.:* Art. ‚Opfer', in: RGG. IV (³1960), Sp. 1637–1658.

Opium. *Etw. ist Opium für das Volk:* gemeint ist hier eine Ideologie o. ä., die dafür sorgt, daß die Bevölkerung zwar nicht die Wahrheit erkennt, sich aber ruhig verhält und sich dabei wohl fühlt. Der Ausdr. geht auf Karl Marx zurück. In dem Aufsatz ‚Zur Kritik der Hegelschen Rechtsphilosophie' (ersch. in den Dt.-franz. Jbb., Paris 1844) schreibt er: „Die Religion ist der Seufzer der bedrängten Kreatur, das Gemüt einer herzlosen Welt, wie sie der Geist geistloser Zustände ist. Sie ist das Opium des Volkes". Schon vor Marx wird Opium in poetischen Bildern verwendet, aber i. S. v. einem gefühlsverstärkenden Mittel: „Sie stehen auf dem Verdeck und schaun; und jede neue Scene ist Opium für ihren Liebesdrang" (Wieland: ‚Oberon' 6,13).

Optik. *Einen Knick in der Optik haben:* leicht geistesgestört sein, auch: schielen, ↗ dumm, ↗ verrückt.

Ora et labora (lat.). Diese alte christl. Maxime heißt ‚bete und arbeite' und wurde vor allem von den Benediktinermönchen betont.

In heutiger Jugendsprache und bes. sold. wird sie abgewandelt zu ‚ora et deflora'.

Orakel. *Wie ein Orakel reden:* dunkle, rätselhafte Vermutungen und Andeutungen von Zukünftigem machen; auch: *orakeln.* Es gibt im Volksglauben höchst unterschiedliche Arten von Orakeln, wie z. B. die Zukunftserforschung durch Andreasoder Barbarazweige, das Apfelorakel; ferner magische Praktiken wie Schuhwerfen, Zettelgreifen, Lichterschwemmen, Bleigießen, Wachsgießen, Kranzwerfen, Halmmessen, Kugelwerfen, Federblasen, Topfraten, Baumklopfen, Ofenschauen, Kartenschlagen, Bettstatt-Treten, Bachschauen, Brunnenhorchen, Münzwerfen, Pantoffelwerfen. Manche Orakelhandlungen werden auch rdal. erwähnt, wie z. B. das Knopfzählen: ‚Sich etw. an den Knöpfen abzählen', ↗ Knopf.

Lit.: *L. Herold:* Art. ‚Orakel', in: HdA. VI, Sp. 1255–1294; *E. Stemplinger:* Antiker Volksglaube (Stuttgart 1948); *A. Dihle:* Art. ‚Orakel', in: RGG. IV (³1960), Sp. 1664–1666; Art. ‚Orakel', in: Der Kleine Pauly 4 (1972), Sp. 323–328.

organisieren. *Etw. organisieren:* etw. planmäßig ordnen, gut vorbereiten, leiten, sich um eine Angelegenheit kümmern, für einen reibungslosen Ablauf sorgen.

Das seit dem 18. Jh. belegte Fremdwort ist von frz. ‚organiser': einrichten, anordnen, gestalten entlehnt, das auch ‚etw. zu einem lebensfähigen Ganzen zusammenfügen' bedeuten kann. Die Rda. ‚etw. organisieren' dient auch als verhüllende Umschreibung für: sich etw. (auf nicht ganz rechtmäßige Weise) beschaffen, besorgen, auch: stehlen. In der Soldatensprache ist damit gemeint: etw. Eßbares (Wertvolles) aufstöbern, Beschlagnahmen von lebensnotwendigen Dingen.

Sich organisieren: sich zu Verbänden zusammenschließen, gemeinsame Ziele verfolgen.

Orgel. Vorehelicher Geschlechtsverkehr wird rdal. umschrieben und verhüllt: *er hat die Orgel vor der Messe gespielt.* Vgl. ndl. ‚het orgel spelen voor de mis'.

In Norddtl. heißt es: ‚Solange die Orgel noch speelt, solang is de Kark noch nich

ut'.; d. h. in übertr. Bdtg.: eine Schwangerschaft ist immer noch möglich.

Auch das Verb ‚orgeln' hat eine sexuelle Bdtg.: es wird als Umschreibung für ‚Koitieren' gebraucht (Borneman 24.1, 25.1, 26.25, 54.8); z. B. in der Rda. *Er hat georgelt, bevor die Kirche angegangen ist.* Wenn jem. auf alles eine Antwort weiß, so sagt man im Schwäb.: ‚ein Kerl wie e Orgel sein, er pfeift, wo ma 'natupft'; wobei sich die Wndg. direkt auf die leichte Spielbarkeit dieses Instruments bezieht.

Orgelpfeife. *Dastehen wie die Orgelpfeifen:* nach der Größe aufgestellt sein. Man sagt so z. B. von einer Reihe von Geschwistern, wenn sie, der Größe nach abgestuft, nebeneinanderstehen. Das Bild ist schon 1575 Joh. Fischart geläufig (‚Geschichtklitterung' 68 a): „Da stellen sie (nämlich die Weiber ihre Kinder) jre zucht vmb den Tisch staffelsweis wie die Orgelpfeyffen, die kan der Vatter mit der Ruten pfeiffen machen, wann er will on blaßbälg tretten".

orientieren, Orientierung. *Sich (erst einmal) orientieren:* sich in einer neuen Umgebung zurechtfinden, sich einen Überblick verschaffen, die Richtung bestimmen. ‚Orientieren' ist entlehnt aus dem gleichbedeutenden frz. ‚orienter' bzw. ‚s'orienter': sich zurechtfinden.

Sich nicht (mehr) orientieren können: die Richtung verloren haben (auch in weltanschaulicher Hinsicht), sich nicht mehr auskennen. Ähnl.: *Völlig die Orientierung verlieren:* nicht wissen, welchen Weg man einschlagen soll, in übertr. Bdtg. auch: den geistigen Überblick, den moralischen Halt verlieren, ziellos werden. *Sich neu orientieren müssen:* eine neue Richtung einschlagen, sich den Gegebenheiten anpassen müssen, z. B. im Beruf, in der Politik, in der Wissenschaft und Forschung; sich in einem neuen Beruf (Betrieb) erst einmal umsehen, um das am besten geeignete Arbeitsgebiet u. Aufstiegschancen für sich ausfindig zu machen. Eigentl. meint das Wort ‚orientieren' sich nach Osten, nach Sonnenaufgang, auch: nach Jerusalem richten, da von dort das Heil erwartet wurde und die Klarheit des Lichtes, ↗ Licht.

Orkus. *Jem. in den Orkus schicken (stoßen, befördern):* jem. umbringen. Orkus hieß in der röm. Mythologie der Gott des Todes; sein Name übertrug sich dann auch auf das Reich der Toten, die Unterwelt. Die Schlußworte von Schillers Gedicht ‚Nänie'(1799): „Klanglos zum Orkus hinab", sind zum geflügelten Wort geworden; es bez. sich auf die Situation des Dahinschwindens, z. B. wenn ein ehemals bekanntes Werk in Vergessenheit gerät, fährt es klanglos zum Orkus hinab.

Etw. im Orkus verschwinden lassen, scherzhaft für: etw. im WC hinunterspülen.

Ort. *Den gewissen Ort aufsuchen:* auf die Toilette gehen; auch: *das gewisse (stille, verschwiegene) Örtchen aufsuchen.*
Neben ‚Ort' ist auch die lat. Übers. „Locus" eine verhüllende Umschreibung für die Toilette; sie dient als Wortspielerei in dem folgenden Wellerismus: ‚Alles an seinen Ort, sagte Jerns, das Aug' ins Fenster, den Arsch in die Brill'. Weitere Umschreibungen sind: ‚in die heiligen ↗ Hallen gehen', ‚die keramischen ↗ Anstalten besuchen', ‚um die große (kleine) ↗ Ecke gehen' und ‚dahin müssen, wo auch der ↗ Kaiser zu Fuß geht'; vgl. auch engl. ‚powder-room' und ‚mens-restroom' und die allg. übliche Abkürzung: W. C. oder 00.

Vor Ort sein: an vorderster Front sein, dort sein, wo sich das entscheidende Geschehen abspielt. Diese Rda., die heute häufig in der Journalistensprache anzutreffen ist, stammt urspr. aus dem Fachwortschatz der Bergleute. Und zwar bedeutet hier ‚der Ort' das Ende eines Stollens, die Stelle, an der weitergegraben werden muß. Leibniz schreibt in seinen Werken (Bd. I, S. 468): „... man sagt Ort und Ende ... die Ursache wissen wenig, allein man versteht es aus der Sprache der Bergleute; bei denen ist Ort so viel als Ende, so weit nemlich der Stollen, der Schacht oder die Grube getrieben".

Lit.: *H. Wolf:* Studien zur dt. Bergmannssprache des 16.–20. Jh. (Tübingen 1958).

Orwell. *Im Orwell-Jahr leben:* Im Jahr 1984 leben. George Orwell ist der Schriftstellername des Engländers Eric Blair (1903–50); sein Roman ‚Nineteen-eighty-four' (1949) (dt.: 1984) ist eine Zukunftsvision, in der er die Freiheit der Menschen bedroht und verloren sieht durch eine totalitäre Staatsform; der einzelne wird beobachtet, verwaltet und beherrscht von einer ihm unerreichbaren Macht.

Lit.: *B.-P. Lange:* George Orwell „1984" (München 1982); *W. Erzgräber u. a.:* Plus Minus 1984: George Orwells Vision in heutiger Sicht (Freiburg 1983).

Oskar. *So frech wie Oskar* ↗ frech.

Osterhase. *Der (Oster-) Has(e) hat g(e)legt.* Mit diesen Worten wird am Ostermorgen den Kindern die Suche nach den versteckten Ostergeschenken und insbes. nach den bunt bemalten Ostereiern freigegeben. Die Kinderfabel von dem Eier legenden Osterhasen schaltet – ähnl. wie bei anderen Brauchfiguren (Nikolaus, Christkind, Julklapp, Knecht Ruprecht) – zwischen dem Beschenkten und dem Geber noch eine Mittelsperson ein, die unerkannt bleibt. Es handelt sich um eine Scherzfiktion, um einen ‚Brauch ohne Glaube', und natürlich glaubt kein Kind im Ernst, daß ein Hase Eier legen könne. Der Osterhase hat sich erst in der 2. Hälfte des 19. Jh. durchgesetzt, obwohl die Frühbelege weiter zurückreichen. Das erste lit. Zeugnis für den Eier legenden Hasen findet sich in einer Schrift des Heidelberger Arztes Georg Frank von 1682, worin er sich über die häufigen Erkrankungen nach dem reichlichen Genuß von ‚Haseneiern' äußert. Sein Anliegen ist ein medizinisches. So berichtet Frank von verschiedenen Fällen, in denen der übermäßige Genuß hartgekochter Ostereier bei Jung und Alt schwere Magen- und Darmstörungen hervorrief: Da büßte ein Franzis-

‚Ostereier suchen'

1/2 ‚Osterhase'

kaner auf Ostern an den von ihm gesammelten Ostereiern das Leben ein. Ein anderer hatte „zur österlichen Zeit ein rothes Ey gantz wollen hineinschlucken, es ist aber das Ey zu gross und sein Halß zu klein gewesen, dass er alsobald daran ersticket". Und in diesem Zusammenhang kommt der Arzt auch auf den Osterhasen zu sprechen. Er schreibt u.a.: „Man macht dabei einfältigen Leuten und kleinen Kindern weis, daß der Osterhase diese Eier ausbrüte und sie im Garten verstecke".

Wenn auch heute der Osterhase in Dtl. allg. bekannt ist, so ist das nicht immer so gewesen. In Tirol spricht man daneben von der Ostereier legenden ‚Osterhenne'. In Oberbayern, Österreich, Thüringen und Schleswig-Holstein war es der Hahn, in Hannover der Fuchs, an der holländischen Grenze der Ostervogel oder Kranich. Daneben heißt es in Thüringen auch, der Storch sei es gewesen. In manchen Gegenden der Schweiz bringt der Kuckuck die Ostereier. In Oberbayern wurde auch vereinzelt das Osterlamm als Eierbringer bezeichnet. In den Vogesen wie auch in Kärnten sagt man: Wenn die Glocken am Gründonnerstag verstummen, sie seien nach Rom geflogen, um die Ostereier zu holen. Wenn sie dann am Karsamstag zurückkehren, werfen sie die Eier beim Vorüberfliegen ins Gras, wo die Kinder sie suchen müssen. Interessanterweise findet man in Italien keinen Osterhasen.

Auch dort, wo zu Ostern bestimmte Gebäcke hergestellt werden, ist der Osterhase ungemein beliebt: Brote und Kuchen in Gestalt eines Hasen, wobei dem Hasen häufig ein Osterei in das Hinterteil eingebacken wird. Ebenso häufig ist daneben das Osterlamm als geformtes Backwerk. Und vielleicht ist der Osterhase überhaupt erst als ein Mißverständnis aus der Osterlammdarstellung hervorgegangen. Dies läßt sich allerdings nicht mit Sicherheit beweisen. Vielleicht sind mit Osterhase und Osterei auch unbewußt einfach zwei Fruchtbarkeitssymbole – Ei und ↗ Hase – zusammengebracht worden. Mythische Vorbilder des Osterhasen sind jedenfalls nicht anzunehmen. Dagegen beziehen viele Witze, Karikaturen, insbes. aber auch Ostergruß-Bild-Postkarten ihre Komik aus dem fiktiven Dreiecksverhältnis Hahn–Huhn–Hase, wobei der Henne aufgrund der bemalten oder gefärbten Eier ein ehebrecherisches Verhältnis zum Osterhasen unterstellt wird. So gewinnen die Erwachsenen der scheinbar eher harmlosen Kinderfabel noch eine erotische, manchmal auch skatologische Perspektive ab. Erwähnt sei etwa der Freiburger Maler und Illustrator Wilhelm Wohlgemut (1870–1942), der zeigt, wie Menschen in Hasengestalt sich verhalten müßten, wenn sie Eier legen wollten. Schon ein launiges Gedicht von Eduard Mörike beschreibt das Verhältnis von Osterei und Osterhase:

Die Sophisten und die Pfaffen
Stritten sich mit viel Geschrei:
Was hat Gott zuerst erschaffen,
Wohl die Henne? Wohl das Ei?

Wäre das so schwer zu lösen?
Erstlich ward ein Ei erdacht:
Doch weil noch kein Huhn gewesen,
Schatz, so hat's der Has' gebracht.

Lit.: *H. Hepding:* Ostereier und Osterhase, in: Hess. Bl. f. Vkde. 26 (1927), S. 127–147; *A. Becker:* Osterei und Osterhase (Jena 1937); *V. Newall:* An Egg at Easter. A Folklore Study (London 1971); *A. Dundes:* The Crowing Hen and the Easter Bunny. Male Chauvinism in American Folklore, in: Interpreting Folklore (Bloomington/Ind. 1980), S. 160–175; *K. Göbel:* Das Summenformel-Spiel. Zur Stellung eines Wettspiels zwischen Osterbrauch und Rechenbuchillustration (Kulturhistorische Forschungen 8) (München 1987).

Ostern. Ein Sprichwort der Sammlung von Sebastian Franck (2,124) lautet: „Zwischen Ostern und Pfingsten heiraten die Unseligen", ↗ Pfingsten (Niemalsformeln).

Ein Osterbad nehmen: schön werden wollen; zugrunde liegt aber auch ein abergläubischer Brauch zum Schutz gegen Otterbisse: Man muß bei Sonnenaufgang am Ostermorgen in das Bad gehen und dabei dreimal wiederholen: „Wurm, Wurm, geh' in dein Nest, ich bin im Osterbad gewest". Dann bleibt man im folgenden Jahr von dem Biß der Otter verschont.
Ein Osterfeuer abbrennen: einen Holzstoß am Vorabend des Osterfestes oder in der Nacht zwischen den Feiertagen abbrennen. Die Praxis des Osterfeuers ist schon 751 in einem Brief des Papstes Zacharias an Bonifatius bezeugt; aus dem 8. Jh. stammt auch die in der kath. Liturgie der Osternacht bis heute geübte Weihe des Osterfeuers. Im 15. Jh. wurde das Osterfeuer zur festen Tradition, verlor jedoch an Bedeutung zugunsten des Fastenfeuers.

Der Osterhase hat gelegt, sagt man zu Kindern am Ostersonntag, wenn man (Schokoladen-)Eier für sie im Freien versteckt hat, die die Kinder nun suchen sollen; schwäbisch: ‚Gag gag, gag gag, der Has' hat glegt'. Daß der Osterhase die Eier legt, ist erstmals im Saarland und im Neckargebiet im 17. Jahrhundert bezeugt. Aus dem 12. Jahrhundert gibt es Quellen für den Ostereierbrauch; zum Beispiel ist ein Beleg für das schwäb. Gebiet in Freidanks ‚Bescheidenheit'. Da der Genuß von Eiern in der Fastenzeit verboten war, hat die Kirche im 12. Jahrhundert die ‚geweihten Eier' eingeführt und ihren Verzehr auf den Tag der Auferstehung Jesu festgelegt. Das Ei gilt seither als Symbol der Auferstehung; ↗ Ei.
Wenn Weihnachten und Ostern auf einen Tag fällt ↗ Weihnachten.

Lit.: *H. Hepding:* Ostereier und Osterhase, in: Hess. Bl. f. Vkde. 26 (1927), S. 127–141; *H. Freudenthal:* Das Feuer im dt. Glauben und Brauch (Berlin – Leipzig 1931), S. 248–266; *P. Sartori:* Art. ‚Osterfeuer', ‚Ostern', in: HdA VI, Sp. 1333–1336 u. 1341–1352; *A. Becker:* Osterei und Osterhase (Jena 1937); *R. Wildhaber:* Ostereier und Ostergebäck in Europa (Basel 1957); *H. Moser:* Ostereier und Ostergebäck, in: Bayer. Jb. f. Vkde. (1957), S. 67–89; *V. Newall:* An Egg at easter: A Folklore Study (London 1971); *R. Wolfram:* Die Jahresfeuer (Wien 1972), S. 14–20; *A. Dundes:* The Crowing Hen and the Easter Bunny, in: Interpreting Folklore (Bloomington 1980), S. 160–175; *K. Göbel:* Der Osterbrauch als Rechenexempel. Zur Stellung eines Wettspieles zwischen Brauchtermin und Rechenbuchillustration (Diss. Freiburg i. Br. 1986).

Otto. Der früher sehr häufige, jetzt aber wesentlich seltener gewordene Vorname Otto gilt, wohl gerade wegen seiner Häufigkeit, als rdal. Bez. eines Durchschnittsmannes, z. B. ‚Otto Normalverbraucher', der nur die einfache, ‚normale' Lebensmittelkarte bekam; Durchschnittsverbraucher von Nahrungsmitteln; Durchschnittsgenießer von Kunst- und Literaturwerken; männliches Gegenstück zu ‚Lieschen Müller'; in dem um 1947 spielenden Film ‚Berliner Ballade' dargestellt von Gerd Froebe. ‚Gruß an Onkel Otto', Winken von Leuten aus der Menge zur Fernsehkamera (seit 1958). ‚Jem. zum Otto machen', ihn heftig ausschimpfen (etwa seit 1930). ‚Von wegen Otto!',

Ausdr. der Verneinung; vielleicht weil man einen Menschen mit dem Allerweltsnamen Otto anredet, der einen ganz anderen Vornamen hat. ‚Otto‘ (oder: ‚Otto-Otto‘), irgendeine, nicht näher bezeichnete Sache. ‚Otto-Otto!‘ aber auch anspornender Zuruf; Ausdr. höchsten Lobes. Die Wndg. soll von dem Filmschauspieler Hans Albers stammen: mit ‚Otto, Otto!‘ spornte er den volkstümlichsten Jockei Otto Schmidt im Hoppegarten an (1920 ff.).

Die ndd. Wndg. *Der soll Otto heißen* kennzeichnet einen tüchtigen Kerl, übertr. auch auf Sachen angewendet: z. B. ‚Ik will Füer anboten, dat schall Otto heten‘.

Einen flotten Otto haben: Durchfall haben, seit dem Anfang des 20. Jh. gebraucht.

Otto Bellmann ↗ Bellmann.

P

P. *Da will ich ein (großes) P vorschreiben:*
das will ich verhindern. ‚Vorschreiben‘
meint hier: vor die betreffende Sache
schreiben, die einer angreifen will, aber
nicht soll. Die Wndg. stammt aus der Zeit
der Pest oder der nicht minder gefährlichen schwarzen Pocken und bezieht sich
darauf, daß an das verseuchte Haus ein P
geschrieben wurde. Schon 1541 steht bei
Seb. Franck: „Ich will ein P für das hauß
schreiben“. Ein alter Haussspruch lautet:
Ich schrieb ein P vor mein Haus:
Bleib du da drauß!

Paar. *Zu Paaren treiben:* in die Flucht
schlagen, in die Enge treiben, zum Gehorsam zwingen, auch: zur Ruhe bringen.
Die urspr. Form dieser Rda. ist: ‚zum
bar(e)n bringen‘. Hans Sach schreibt 1535
in einem Fastnachtsspiel (9,53 Ndr.):
„Darmit ich Pawren bracht zum paren“.
Man hat dieses Wort ‚bar(e)n‘ aus mhd.
‚barn‘ = Futterkrippe herleiten wollen;
die richtige Deutung gibt aber schon 1539
Tappius in seinen ‚Adagia‘ (207b): „zum
baren bringen, in casses inducere, est arte
sic concludere quemquam, ut iam nullum
sit effugium“ = ins Jagdnetz treiben, d.h.
jem. geschickt so einschließen, daß keine
Flucht mehr möglich ist. Auch Gerlingius
erklärt 1649 (Nr. 123): „In laqueum (Fall-
strick, Schlinge) inducere. Zum barren
bringen“. Danach läge mhd. ‚bêr(e)‘
= sackförmiges Fischnetz zugrunde, das
seinerseits aus lat. ‚pera‘ = Beutel entlehnt ist. In solche Netze wurden die auf-
gestörten Fische mit Stangen hineingetrie-
ben. Im 18. Jh., als das alte Wort nicht
mehr lebendig war und die Wndg. in ihrem urspr. Sinn nicht mehr verstanden
wurde, gestaltete man sie unter Anlehnung an Paar = Zweizahl um zu der Form
‚zu Paaren treiben‘. So bucht sie 1734 der
Schlesier Steinbach in seinem ‚Vollständi-
gen deutschen Wörterbuch‘: „zu Paaren
treiben, in ordinem cogere“. Erst im

18. Jh. setzt sich also die falsche, mißver-
ständliche Schreibung durch. Hippel bildet die neue Form einmal weiter: „Nachdem sie ihre zu Paaren getriebenen Ideen
wieder zu Hauff gebracht hatte, entwarf
sie einen neuen Operationsplan“. Die Anlehnung an Paar bewirkte, daß seit dem
19. Jh. die Rda. nur noch von einer Vielheit gebraucht wird: „Die Mordbauern
sind zu Paaren getrieben“ (C. F. Meyer,
‚Die Versuchung des Pescara‘, 1889).
Das sind zwei Paar Stiefel, sagt man, um
einen Unterschied zwischen zwei Dingen
zu betonen. Die Wndg. spielt mit den
Wörtern ein ‚paar‘ (mehrere, ungleiche
Stiefel) und ein ‚Paar‘ Stiefel (zwei gleich-
beschaffene, für den rechten und linken
Fuß geschaffene Stiefel). Überhaupt wird
die Fußbekleidung auch in anderen rdal.
Vergleichen für das Bild des Doppelten,
Zweifachen, verwendet: z.B. ‚Paarweis
kommen die Strümpf‘; ↗Schuh.

Lit.: *L. Röhrich* u. *G. Meinel*: Rdaa. aus dem Bereich
der Jagd u. der Vogelstellerei, S. 315.

Päckchen. *Sein Päckchen zu tragen haben:*
kein leichtes Schicksal, viele Sorgen haben. Entspr. der hochsprachl. Vorstellung
sieht auch die Umgangssprache Leid und
Sorge unter dem naheliegenden Bild einer
Last; vgl. frz. ‚porter son fardeau‘.

Palaver. *Ein Palaver abhalten, palavern:*
lange sinnloses Zeug reden; Gerede. Der
Ausdr. entstand nach griech.-lat. ‚para-
bola‘ (Bericht) im Portugiesischen. Portu-
giesisch ‚palavra‘ bedeutet urspr. Verhandlung mit Eingeborenen; das Wort,
das portugiesische Händler an die afrika-
nische Küste brachten, führten engl. Seeleute 1771 ihrer Sprache zu. Über das
Engl. gelangte der Ausdr. ins Deutsche.

Palletti. *Alles palletti:* es ist alles in Ordnung; etw. ist erledigt, u. zwar mit Erfolg.
Die Herkunft des ital. klingenden Wortes

‚palletti' ist, ähnl. wie bei ⁊okay noch nicht endgültig geklärt. Obwohl lautgeschichtlich das Wort ‚Palette' (auch ‚Pallette' geschrieben) naheliegt, führt eine neuere Spur auf eine hebr. Wurzel: hebr. plṭ soll der Wortstamm sein; die Grundbdtg. von plṭ ist: ‚in Sicherheit bringen, davonbringen, retten'. Im 2. Jh. n. Chr. wurde im Hebr. palleṭ i. S. v. ‚gerettet, bewahrt' für Personen und Sachen verwendet. Auch im modernen Hebr. wird ‚pallet' i. S. v. ‚Rettung' benutzt. Jüd. Kaufleute sollen dieses gebraucht haben, wenn sie bei einer ⁊Pleite (auch dieses Wort ist dem Wortstamm plṭ zuzuordnen) ihr Gut noch haben retten können. Umg. wurde später die Bdtg. von ‚Alles palletti' verallgemeinert und ausgedehnt in Richtung auf ‚in Ordnung, o. k!' ⁊Okay.

Lit.: *L. Koehler, W. Baumgartner:* Hebr. und aramäisches Lexikon zum Alten Testament (Leiden ³1983). *H. Stegemann:* Alles palletti – hebräisch?, in: Der Sprachdienst 28 (1984), S. 143–144; *W. Magaß:* Alles palletti – hebräisch?, in: Der Sprachdienst 28 (1984), S. 144–145.

Palme. *Jem. auf die Palme bringen:* ihn erbosen, erzürnen; *auf der Palme sein:* erzürnt, zornig sein. Die Rda. beruht auf der Grundvorstellung des ‚Hochgehens' des Zornigen, die hier nur konkretisiert und bildl. weiter ausgeschmückt erscheint. Noch mehr erweitert: ‚Das treibt den stärksten Neger auf die Palme' (20. Jh.). *Von der Palme wieder herunterkommen:* sich langsam wieder beruhigen. Anders dagegen: *die Palme erringen:* den Sieg davontragen, wobei auf die Siegespalme, den Lorbeerkranz des Siegers angespielt wird (entspr. engl. ‚to bear, to win the palm'; frz. ‚remporter la palme', ndl. ‚de palm wegdragen').

Nicht ungestraft unter Palmen wandeln: nicht ungestraft in der Region der Ideale leben. Die Wndg. ist urspr. ein Zitat aus Goethes ‚Wahlverwandtschaften' (2,7) und steht dort in Ottiliens Tagebuch. Später wurde die Wndg. auf die Politik übertragen, wie z. B. eine Karikatur auf den militärischen Schutz des dt. Kolonialbesitzes in Afrika zeigt.

Palmesel. *Er ist aufgeputzt wie ein Palmesel* sagt man von einem, der sich allzuviel auf seine Schönheit einbildet und sich schmückt und ziert. Der rdal. Vergleich geht zurück auf den religiösen Volksbrauch, in der Palmsonntagsprozession den Einzug Jesu in Jerusalem, wie er Matth. 21 geschildert wird, zu spielen, indem man einen Esel, geschmückt mit Grün und den frühen Blumen dieser Jah-

‚Man wandelt nicht ungestraft unter Palmen'

‚Aufgeputzt wie ein Palmesel'

‚Palmesel'

reszeit, mitführte. Auf dem Palmesel mußte dabei ein junger Kleriker oder Pilger als Darsteller Jesu reiten und ‚in Jerusalem einziehen'. Den Beteiligten kam es immer mehr auf den weltlichen Prunk eines echten Barockschauspiels und die eigene Zurschaustellung als auf eine demütige Nachfolge Jesu in der Prozession an, wie der rdal. Vergleich zeigt, der übertriebenen Schmuck verurteilt. Der lebendige Esel wurde schon früh durch einen holzgeschnitzten ersetzt, wie er noch in verschiedenen Museen zu sehen ist. Palmesel als Liturgierequisiten sind schon seit dem 10. Jh. bezeugt.

Jedoch wurden wahrscheinl. zuerst Reliefdarstellungen von Jesus auf dem Esel bei Prozessionen mitgeführt; der Gebrauch von Plastiken wird frühestens um 1200 vermutet. Der Ausdruck der Christusfigur schwankt bei den ältesten Plastiken zwischen herrschaftlicher Kaiserdarstellung (München) – was der Rda. am ehesten entspricht – und leidvollem Aussehen (Zürich, Berlin).

Bei den acht aus dem 14. Jh. erhaltenen Skulpturen herrscht der königliche Typus vor. In den folgenden Jhh. werden berühmte Künstler mit Schnitzarbeiten beauftragt, um die Figur so prunkvoll wie möglich zu gestalten. Im 19. Jh. wurden wenige, fast nur die historisch überlieferten Modelle wiederholende Palmesel verfertigt.

Mißbräuche mit dieser Figur führten seit der Reformation und noch mehr in der Zeit der Aufklärung zu scharfer Kritik. Der Schriftsteller Johann Georg Jacobi (1740–1814) beschrieb den Brauch der Ministranten in Baden, an einer bestimm-

ten Stelle der feierlichen Prozession ihre Meßgewänder über den Kopf zu ziehen und sie auf den Weg des Palmesels zu legen. Derjenige, der zuletzt damit fertig wurde, wurde ein ganzes Jahr lang ‚Palmesel' genannt.

In der Ggwt. ist der Palmesel fast völlig aus dem Kirchenbrauch verschwunden, nur die Rda. erinnert noch an den vergessenen alten Sinnbezug.

Ein rechter Palmesel sein: ein tölpischer Mensch sein, der sich wie der hölzerne Palmesel – bildlich gesprochen – überall herumziehen läßt und nicht bemerkt, was um ihn herum passiert (Wander III, Sp. 1169). Ein Palmesel ist aber auch derjenige, der am Palmsonntag zu spät kommt, der verschlafen hat oder der zuletzt mit seinen Palmen zur Weihe kommt.

Lit.: *A. Mitterwieser:* Der Palmesel und die Palmprozession in Bayern, in: Bair. Heimatschutz 30 (1934), S. 67–69; *L. Kretzenbacher:* ‚Aufputzt wie ein Palmesel ...', in: Heimat im Volksbarock (Klagenfurt 1961), S. 81–84; *J. A. v. Adelmann:* Christus auf dem Esel, in: Zs. f. dt. Vkde. 63 (1967), S. 182–200; *E. Lipsmeyer:* Jahreslaufbrauchtum. Palmsonntag – Christus und Palmesel, in: Volkskunst 12 (1989) Heft 1, S. 50–58.

Pan. *Es (jetzt) ist die Stunde des (großen) Pan:* es herrscht lautlose Mittagsstille. Diese poetische Umschreibung, lit. und umg. bezeugt ist, beruht auf der antiken Vorstellung von einem arkadischen Gott der Hirten und Beschützer der Herden. Er durchstreift am Tage mit den Nymphen Berg und Tal, pflegt jedoch in der ihm heiligen Mittagsstunde zu schlafen. Diese Zeit, die ‚Stunde des Pan', in der auch Mensch und Tier ruhen sollen, darf durch keine Geräusche mutwillig gestört werden, deshalb kann die Wndg. außer der bloßen Feststellung auch eine Mahnung enthalten, die Mittagsruhe zu achten.

Der große Pan ist tot: ein bedeutender Mensch ist gestorben, ein großer Geist hat die Erde verlassen. Heinrich Heine gebrauchte die Wndg. in diesem heutigen Sinne 1840 lit. in seiner Schrift ‚Über Ludwig Börne'. Das sprachl. Bild ist jedoch viel älter. Es steht mit dem antiken Bericht vom Tod des Gottes Pan in Zusammenhang, den Plutarch († um 120 n. Chr.) überliefert hat. Mit ihm stimmen auch die späteren Sagen von der Todesbotschaft eines übernatürlichen Wesens überein, von denen es zahlreiche Varianten in Dtl., Engl. und Skandinavien gibt: Ein Wanderer hört unterwegs eine Todesnachricht, und es wird ihm von einem Unsichtbaren aufgetragen, diese Botschaft an jem. weiterzugeben, dessen Namen er aber noch nie gehört hat. Als er ratlos zu Hause davon erzählt, beginnt plötzlich eine Magd um den Verlust ihres Verwandten zu klagen und eilt für immer davon. Erst dadurch wird offenbar, daß sie ebenfalls elbischen Charakter besessen hat. Die Wndg. ist bereits 1581 in Joh. Fischarts ‚Dämonomania' (51) bezeugt: „solt er zu wissen thun, das der Grose Pan gestorben sei ... darum deiten den Pan vil auff Christum" (157). Auch in diesem Beleg bei Fischart ist noch der urspr. wichtige Zug erhalten, daß ein unsichtbares Naturwesen einem Menschen aufträgt, die Todesbotschaft zu überbringen, obwohl hier schon eine Umdeutung ins Christliche anklingt. Christoph Martin Wieland hat in seinem ‚Oberon' (2, 18) die beiden antiken Vorstellungen von der Stunde und dem Tod des großen Pan vermischt, denn er schreibt: „Es ist so stille hier, als sei der große Pan gestorben".

Eine Zeitschrift der Jahrhundertwende, deren bedeutendster Redakteur Richard Dehmel war, hieß ‚Pan'. Das Titelblatt entwarf Franz Stuck.

Lit.: *G. A. Gerhard:* Der Tod des großen Pan (1915; *A. Taylor:* Northern Parallels to the Death of Pan (Washington 1922); *Inger M. Boberg:* Sägnet om de Store Pans Død (Diss. Kopenhagen 1934); *H. Schulz* u. *O. Basler:* Dt. Fremdwb. II (Berlin 1942), S. 298 f.; *R. Herbig:* Pan, der griech. Bocksgott (1949); *D. Grau:* Das Mittagsgespenst (Quellen und Studien zur Vkde. 9) Siegburg 1966; *P. Merivale:* Pan the Goat-God; his Myth in modern times (Cambridge [Mass.] 1969); *L. Röhrich:* Sage (Stuttgart ²1971), S. 43.

Panier. *Etw. auf sein Panier schreiben:* ein Ziel unbeirrt verfolgen, gemäß dem Wahlspruch oder Motto, dem man sich verpflichtet hat.

Im Kriegswesen des MA.s wurden auf die ‚baniere' (von frz. ‚bannière') die Zeichen aufgesetzt, die diejenige Sache verbildlichen sollten, für die man kämpfte; so trugen die Kreuzritter auf ihrem Panier das Kreuz als Zeichen.

Panik, panisch. *In Panik geraten:* durch grundlose Angst, Verwirrung und Entsetzen plötzlich unüberlegt handeln und schwerwiegende Fehler begehen (vgl. Torschlußpanik, ↗ Tor), kopflos fliehen. Das Subst. Panik ist erst um die Mitte des 19. Jh. von der ebenfalls jungen frz. Bildung ‚panique' entlehnt, das auf lat. ‚panicus' und griech. πανικός = dem Pan eigen, von Pan ausgehend beruht. Es bez.

‚Pan'

vor allem die plötzlich auftretende grundlose Furcht, die die Masse bei einem Kurssturz oder Konkurs ergreifen kann, und hat sich durch die Kaufmannssprache verbreitet. Von daher erklären sich auch unsere Rdaa. *jem. in Panik versetzen* und *Panik erzeugen (hervorrufen):* anderen bewußt Furcht einjagen und sie zu kopflosem Verhalten bringen, um selbst Vorteile daraus zu ziehen. Der Begriff der modernen Massenpsychologie kann jedoch ebenfalls auf die Antike zurückgeführt werden. Der von den Griechen verehrte Gott Pan, ein Sohn des Hermes, wurde als Walddämon mit struppigem Haar, Hörnern und Bocksfüßen dargestellt und hat unsere Teufelsvorstellung weitgehend bis heute beeinflußt. Seine plötzliche und unsichtbare Nähe hielt man für die Ursache des bei Mensch und Tier zu beobachtenden Fluchtverhaltens, das rücksichtslos alles mitriß, obwohl es aus einer nur unerklärlichen Furcht entsprang. Außerdem galt Pan als Erfinder der Syrinx, einer Hirtenflöte aus 7 oder 9 Rohrpfeifen, die er abends vor seiner Grotte spielte. Ihr plötzliches Ertönen wurde auch als ein Anlaß für den *panischen Schrecken* angegeben. Auch als Traumgott war Pan bekannt, er konnte die menschliche Seele mit wunderbaren Bildern erfüllen, aber auch mit Entsetzen. So erklärten Griechen und Römer sich die nächtlichen heillosen Verwirrungen in den Heerlagern durch blinden Alarm und die wie ansteckend wirkende Massenangst vor einer nur eingebildeten Gefahr. So heißt es z. B. in der 11. orphischen Hymne von Pan in V.7:

Bringer der Schreckphantasien,
Erreger der menschlichen Ängste,
und in V.23:
Bis zu den Grenzen der Erd'
entsendend das panische Rasen.

Auch die antiken Geschichtsschreiber berichten davon, z. B. schreibt Xenophon darüber, und bei Pausanias (X,23) heißt es über die von den Mazedoniern geschlagenen Gallier: „In der Nacht befiel sie ein panischer Schrecken (φόβος Πανικός)..., sie glaubten Pferdegetrappel zu hören und den Feind zu sehen und huben an, sich in ihrer Verblendung untereinander anzugreifen und zu töten". Cicero verwendet den Ausdr. nur in der griech.

Form und versteht darunter die Schreckensgerüchte wie auch die Kriegsschrecken selbst.

Im Dt. begegnet das Adj. in der Verbindung ‚panischer Schrecken' als Übers. des lat. ‚panicus terror', das die griech. πανικὸν δεῖμα, πανικὸς φόβος wiedergibt, bereits seit dem 16. Jh. Auch andere bis heute gültige Fügungen, wie *panische Angst, panisches Entsetzen,* sind bereits damals entstanden. Für die Rda. *(nur) ein panischer Schrecken sein* gibt Joh. Fischart 1575 im ‚Gargantua' (409) einen lit. Erstbeleg: „Also flohen diese Leut, als ob sie vnsinnig weren, vnnd nichts von sich selbs wüssten, noch wer sie jaget, dann es nichts als ein Panischer Laubplattrauschender schrecken war, den sie jhnen so steif einbildeten, als ob jhnen der Hencker auff dem Rucken wer". Im 18. Jh. wird die Wndg. bes. häufig in der Lit. gebraucht, z. B. auch von Schiller in seinen ‚Räubern' (II,3): „Ein panischer Schreck schmeißt alle zu Boden".

Böcklin hat den panischen Schrecken sogar bildl. dargestellt.

Lit.: *H. Schulz* u. *O. Basler:* Dt. Fremdwb. II (Berlin 1942), S. 298 f.; (*Kluge-Götze* (Berlin ¹⁶1953), S. 544; *Büchmann;* weitere Lit. ↗Pan.

Panne. *Eine Panne haben:* wegen eines unvorhersehbaren Zwischenfalls in irgendeiner Weise nicht mehr weiterkönnen; vgl. frz. ‚tomber en panne'. *Eine Panne befürchten (erleben):* mit einem möglichen Mißgeschick rechnen, nicht weiter wissen, z. B. bei einem öffentlichen Auftritt, bei einer Rede. *Eine Panne beheben:* etw. in Ordnung bringen, reparieren.

Pant, lat. pannus = Lappen; Schimmelbelag auf Wein, namentlich in nicht vollgefüllten Weinfässern. Die Rda. *Der Wein zieht Pant* wird an der Mosel scherzhaft auch von Trinkern gesagt, die plötzlich das Trinken einstellen und dadurch krank werden.

Pantinen. *Das haut einen aus den Pantinen:* etw. bringt einen außer Fassung. Obgleich die Pantine, ein grober Schuh aus Leder mit einer Holzsohle schon seit 1400 in Gebrauch ist, ist die Rda. erst seit 1900

nachgewiesen; entspr. ndd. ‚Das haut einen aus den Puschen'.
Aus den Pantinen kippen: ohnmächtig werden, tot umfallen, ↗zeitlich.

Pantoffel. *Unter dem Pantoffel stehen, ein Pantoffelheld sein, unter den Pantoffel kommen, jem. unter den Pantoffel bringen, den Pantoffel schwingen:* Diese Rdaa. bezeichnen die Abhängigkeit des Ehemanns von seiner herrschsüchtigen Ehefrau. Pantoffeln sind ein häusliches Kleidungsstück; man trägt sie bequemlichkeitshalber zu Hause. Deshalb gilt der Pantoffel als ein Zeichen der Hausfrau u. ist vorzugsweise auch ein weibliches Kleidungsstück. Die Frau hat den Pantoffel wohl auch des öfteren als Waffe benutzt (zumal eine Frau sonst keine Waffen trug) wie später das Nudelholz. Wenn es sich um einen Holzpantoffel handelte, wie das die ndl. Malerei gelegentlich darstellt, war das auch eine Schmerzen verursachende Waffe. So gilt der Pantoffel als Symbol der Frauenherrschaft.

‚Unter dem Pantoffel stehen'

‚Ein Pantoffelheld sein'

Daß eine Frau ihren Mann schlug, galt als Inbegriff einer männlichen Unterlassungssünde, weil dieses Recht innerhalb der Ehe nur einem Mann zustand. Das hängt mit dem traditionellen Geschlechterrollen-Verständnis zusammen (wie beim Streit um die ↗Hose). Es gab zahlreiche Ehrenstrafen für den ‚Pantoffelhelden' (wie Dachabdecken, Charivari).
Nach älterer, gelehrter Deutung (seit Grimm) sollen die Rdaa. von dem Brauch stammen, daß der Sieger dem Besiegten zum Ausdr. völliger Niederwerfung den beschuhten Fuß auf den Nacken setzte. Bei der Eheschließung wurde dieser Brauch in der Form nachgeahmt, daß es für jeden der beiden Gatten galt, dem anderen womöglich zuerst auf den Fuß zu treten; welchem Teil das gelang, dem, so glaubte man, sei die Herrschaft in der Ehe zeit seines Lebens gesichert. Man pflegt in diesem Zusammenhang auf die Dichtung ‚Meier Helmbrecht' von Wernher dem Gartenaere (um 1270) zu verweisen, wo es am Schluß einer Trauung heißt (V. 1534):

si sungen alle an der stat,
ûf den fuoz er ir trat.

Der in der älteren Lit. und auch sonst bezeugte Rechtsbrauch des Besitzergreifens durch das Treten auf den Fuß gilt vielfach bis in die Ggwt. 1865 wird aus dem gleichen Innviertel, aus dem die Dichtung vom ‚Meier Helmbrecht' stammt, berichtet: „Es ist hier noch jetzt eine allgemeine Unsitte, daß die am Altar stehenden Brautleute, sowie der Priester den ehelichen Bund eingesegnet hat, einander auf den Fuß oder ein Kleidungsstück zu treten suchen. Sie verbinden damit die abergläubische Meinung, daß der zuerst getretene Teil zeitlebens unter dem Pantoffel stehen werde". Hier ist dann auch an die zweite Str. des Volksliedes ‚Wenn alle Brünnlein fließen' zu denken (E. B. II, 247ff., Nr. 429):

Ja winken mit den Äugelein
Und treten auf den Fuß:
's ist eine in der Stube drin,
Die meine werden muß.

Diese Deutung der Rda. ‚unter dem Pantoffel stehen' und der von dieser abgeleiteten übrigen Redewendungen ist weit verbreitet. Sie setzt jedoch nicht nur ein hohes Maß an Abstraktion für ihre Entstehung voraus, sondern gibt auch keine un-

1133

‚Pantoffelherrschaft'

mittelbare Erklärung für den Begriff des ‚Pantoffelhelden', der mit der Rda. in Zusammenhang steht. Eine neue Erklärung versucht D. R. Moser (‚Schwänke um Pantoffelhelden') aus folgendem Sachverhalt abzuleiten:

An den Stadttoren der meisten dt. Städte hing seit dem MA., z. T. bis in das 19. Jh. hinein, eine Keule als sichtbares Zeichen der Gerichtsbarkeit. Belege dafür sind aus Wien, Müncheberg, Jüterbog, Woldenberg, Sternberg, Treuenbrietzen, Krossen, Königswusterhausen, Guben, Wendisch-Buchholtz, Stargard, Sorau und Frankfurt a. d. O. bekannt. Als der Sinn dieser Keule im Bewußtsein der städtischen Bevölkerung unklar geworden war, fing man an, eine Erklärung für den merkwürdigen Gegenstand zu suchen, und fand sie in einem alten Schwankmotiv. Man sagte, es sei ein Schinken, ein Pachen, als Preis für den Mann ausgesetzt, der sagen könne, daß er der Herr in seinem Haus sei und von seiner Ehefrau nicht beherrscht werde. So erzählt man sich heute noch in Wien die Sage vom Schinken am Rotenturm-Tor,

einem der vielen Stadttore, das Ende des
18. Jh. abgerissen wurde. An diesem Tor
hingen nach dem Zeugnis Jacob Sturms
(1659) „die Nachbildung eines Schin-
kens" und zwei Tafeln mit Inschriften.
Die erste lautete:

Befind sich irgendhir ein Mann,
Der mit der Wahrheit sprechen kann:
Daß ihm sein Heirat nicht geräen
              (= gereue),
Und fürcht sich nicht für seiner
      ehrlichen (= ehelichen) Frauen,
Der mag diesen Pachen herunder
                  hauen.

Die andere fuhr fort:

Welche Frau ihren Mann oft reuft
             und schlägt,
Und ihm mit solcher kalten Laugen
             zweckt,
Der soll den Pachen lassen henckhen.
Ihr ist ein ander Kirchtag zu
             schencken.

Hieran knüpft sich nun die Erzählung,
daß mehr als hundert Jahre vorübergehen
mußten, ehe es ein Mann wagte, seine Ansprüche auf den Schinken geltend zu machen. Wie diesem aber eine Leiter an das
Stadttor gelehnt wurde, damit er sich die
Trophäe herabholen könnte, trat er ängstlich zurück, um seine Kleidung nicht zu
verderben. Unter dem Gelächter der Zuschauer mußte er wieder abziehen.
Die Erzählung, daß sich erst nach hundert
Jahren ein Mann als der Held angegeben
habe, der nicht von seiner Frau beherrscht
werde, dann aber beschämt abziehen
mußte, gehört zu dem Schwanktyp
‚Search for Husband in command' (AaTh.
1366 A*). Er findet sich in drei Ausprä-
gungen, von denen mindestens eine in jeder der bekannten Schwank- und Face-
tiae-Sammlungen vertreten ist. Die erste
Version ist die vom Schinken am Stadttor,
die zweite, eine Übertr. eines orientalischen Schwankes, lautet so:
Ein großer Bauer, dem es eines Tages zuviel wird, immer von seiner Frau beherrscht zu werden, schickt seinen Knecht
mit hundert Hühnern und zwei Pferden
auf die Suche nach dem Mann, der zu
Hause das Regiment führt. Dort, wo die
Frau alles bestimmt, soll ein Huhn hingeben, ein Pferd aber da, wo der Mann
Herr im Haus ist. Der Knecht fährt von

Dorf zu Dorf, findet jedoch überall nur
herrschsüchtige Frauen. Schließlich
kommt er mit den beiden Pferden und
dem letzten ihm verbliebenen Huhn zu
einem Wirt, der vorgibt, Herr in seinem
Haus zu sein. Als dieser sich nun eines der
Pferde auswählen soll, redet ihm seine
Frau dazwischen, und so geht er des Preises verlustig. Diese Fassung ist auch auf
einem Bilderbogen des 17. Jh. überliefert;
sie war offenbar sehr verbreitet.
Die dritte und letzte, in mehr als zwei Dutzend Aufzeichnungen überlieferte Fassung führt zur Deutung der in Frage
stehenden Rdaa. In ihr geht es um die
Stiefel, die als Preis für den Herrn im
Haus ausgesetzt werden (vgl. z. B. Joh.
Pauli, Schimpf und Ernst, 1545, Bl. 24 a,
Nr. 753). Hier heißt es, daß die Stiefel
lange vergeblich feilgeboten werden, bis
schließlich ein Mann kommt, der seine
Frau nicht zu fürchten meint, und den
Preis für sich fordert. Als er aber die Stie-
fel einstecken soll, fürchtet er sich, seine
Kleidung zu beschmutzen, und erweist
damit die Unglaubwürdigkeit seines Hel-
dentums. Er erhält die Stiefel nicht.
Die Ähnlichkeit dieses Motivs mit dem als
Preis ausgesetzten ‚Schinken' am Stadttor
ließ beide Schwänke miteinander ver-
schmelzen. In Julius Wilhelm Zincgrefs
und Joh. Leonh. Weidners ‚Deutschen
Apophthegmata', Amsterdam 1653 (III,
S. 317 c), wird gesagt, daß die Stiefel neben „der seiten Speck" am Stadttor als
Preis für den Helden hängen, der von seiner Frau nicht beherrscht wird:
„Einmal ward gefragt, welches die älteste
Monarchia oder Regierung were. Nach
vielen reden sagt ein lustige Fraw: Der
Weiber Regiment. Dann die hat ihren anfang im Paradeiß bekommen, da Eva gesagt Adam, dahero biß auff diese stund
der Mann aus Holland mit den sechs
Kutschpferden herumb fehrt, vnd nirgend
ein Mann finden kan, der in seinem Hauß
Meister, dem er dieselbige verehren
möchte, wiewol er etliche grosse Schiff
mit Eyern geladen, von deren er jedem ein
par gibt, der nicht absolut Meister in seinem Hauß, ausgeladen, vnd die Eyer verschluckt, vnd bleiben die Stiffel mit der
seiten Speck zu N. vor der Pfordten noch
hangen, weil niemand zu finden, der mit

guten gewissen sagen könte, daß er Meister in seinem Hauß". Der ‚Pantoffelheld' war also jener Angeber, der sich am Stadttor um die neben der Keule hängenden Stiefel bewarb, der sich als Held antrug, obwohl er in Wahrheit von seiner Frau beherrscht wurde. Moser folgert nun daraus, daß dieser Mann ‚unter den Stiefeln' oder, mit einem nach 1500 eingebürgerten Modewort, ‚unter den Pantoffeln', jenen Fußbekleidungsstücken aus Kork (vgl. griechisch παντόφελλος), die heute noch als Symbol der Frauenherrschaft gelten, gestanden habe, geht also von dem realen Vorgang aus. Er verweist auf die frz. umg. Bez. ‚pantouflard' und das engl. Wort ‚hen-pecked husband' für den Pantoffelhelden, das sich offenbar auf die 2. Version des Schwankes bezieht.

Die Gleichsetzung von Stiefeln und Pantoffeln, die Moser im Zusammenhang mit dem dargestellten Schwankmotiv von den Stiefeln am Stadttor vornimmt, um damit die Entstehung der Rda. zu erklären, ist aus mehreren Gründen nicht ganz überzeugend, vor allem werden ‚Pantoffeln' in keinem seiner Belege genannt. Bei einem Vergleich der Schwankvarianten wird deutlich, daß der ausgesetzte Preis für den Helden, der sich nicht von seiner Frau beherrschen läßt, als Siegestrophäe gedacht ist. Stiefel oder Pferd gehören zur Ausrüstung des Mannes und sind daher als Symbole echter Kraft und Männlichkeit zu verstehen. Wären nun Stiefel und Pantoffeln austauschbare Ausdrücke, würde der Schwank seines Hauptmotives beraubt. Der unterjochte Ehemann erhält nämlich gerade wegen seines feigen und weibischen Verhaltens ein Huhn oder Eier, d. h. solche Dinge, die normalerweise der Hausfrau unterstehen. Das Geschenk, das ihm zuteil wird, ist daher das sichtbare Zeichen für den Rollentausch der Geschlechter, der verächtlich gemacht und verspottet werden soll. Pantoffeln statt der Stiefel am Stadttor, die als Lohn ausgesetzt waren, sind in diesem Zusammenhang undenkbar, denn sie bedeuten ja gerade das Gegenteil. Bereits 1494 wurden sie von Seb. Brant im ‚Narrenschiff' (4,18) als Modetorheit des aufgeputzten weibischen Mannes u. a. verspottet. Nach 1500 verschwanden sie wieder aus der

Männertracht und wurden zu einem Charakteristikum der modischen Frauenkleidung.

Weiterhin ist zu beachten, daß bei allen in Frage kommenden Rdaa. der Pantoffel nur im Singular benutzt wird, so daß auch von diesem sprachl. Befund her eine Ableitung von dem Schwank kaum möglich erscheint, in dem es um ein Paar Stiefel geht. Vermutlich beruhen diese Rdaa. daher nur auf dem auch sonst üblichen Sprachgebrauch, ein wichtiges und kennzeichnendes Kleidungsstück mit seinem Träger gleichzusetzen. Ähnl. wie die Schürze galt der Pantoffel pars pro toto als Bez. der weibl. Person. Die Ausdrücke ‚Schürzenjäger' und ‚Pantoffelheld' sind deshalb ihrer Bildung nach durchaus vergleichbar, außerdem sind beide iron.-scherzhaft gemeint.

Der Pantoffel spielt auch in manchen Volksbräuchen eine Rolle (Pantoffelbälle, Pantoffelwerfen als Heiratsorakel u. Pantoffelverstecken im Hochzeitsbrauch).

Darüber hinaus erhielt der Pantoffel wie Schuh und Strumpf spezifisch erotische Bdtg. und diente zur verhüllenden Bez. der weibl. Genitalien. Aigremont (Fuß- und Schuhsymbolik und -Erotik) verweist zur Erklärung auf alte Volksrätsel und -lieder: diese Fußbekleidungen haben eine Öffnung für den Fuß, die oft mit Pelz umsäumt ist. Das Hineinstecken des Fußes in seine Bekleidung erinnert an den Geschlechtsakt. Um erotische Anspielungen handelt es sich auch in dem bekannten Lied ‚Zu Lauterbach' (E. B. Nr. 1009) und in dem ‚Pantoffellied' (E. B. 120ᵈ), das eine Umbildung des Liedes von dem verlorenen Schuh ist. In seiner 6. Strophe, die den Verlust der Jungfräulichkeit umschreibt, heißt es:

Es hat ein schwarzbraun Mägdelein
Pantöffelein verlorn,
Sie kanns nicht wiederum finden.

Vgl. auch das Wunderhornlied vom ‚Straßburger Mädchen', in dem es heißt:

Bald hat das schwarzbraun Mädelein
Verloren ihr Pantöffelein,
Sie kanns nicht wiederfinden.
Sie suchet hin, sie suchet her,
Verliere nicht den andern mehr,
noch unter dieser Linde!

‚Den Pantoffel verlieren'

Die Beschäftigung des Handwerkers mit dem Schuh oder dem Pantoffel und die entsprechende Berufsbez. wird im erotischen Lied gern verwendet, wobei mit der Zweideutigkeit bewußt gespielt wird. Der ‚Pantoffelflicker' als Bez. des Liebhabers ist dem ‚Pfannenflicker' durchaus vergleichbar. Lit. ist dieser Ausdr. sogar früher als der ‚Pantoffelheld' belegt. Friedrich Müller gebraucht ihn 1778 in ‚Fausts Leben dramatisiert' (109, 21, Ndr.): „Der Königin von Arragonien Pantoffelflicker möcht er gerne sein!"

Neben der Gleichsetzung des Pantoffels mit den weiblichen Genitalien, der Jungfräulichkeit und der Frau selbst erfolgte seine Erhebung zum Herrschaftssymbol der Frau in Liebe und Ehe. Die Ursprünge dafür lassen sich bis zur Antike zurückführen, in der die weibl. Sandale die entspr. Rolle spielte. Lucian berichtet z. B. in seinen ‚Göttergesprächen' (13), daß die lydische Königin Omphale eine Sandale als Zeichen ihrer Macht über Herakles führte und den Heroen sogar damit geschlagen habe. Eine Statue der Venus mit dem aufgehobenen Schuh bezieht sich wohl auf das gleiche Herrschaftsmotiv. Die Rda. ist übrigens nicht auf das Weiberregiment in der Ehe beschränkt; vgl. Schillers ‚Räuber' (I, 1): „In der Tat, sehr lobenswürdige Anstalten, die Narren im Respekt und den Pöbel unter dem Pantoffel zu halten".

Zu erwähnen ist auch die Traumdeutung *vom Pantoffel träumen:* einen gutmütigen Mann bekommen. Als Zeichen äußerster Unterwerfung war auch der ‚Pantoffelkuß' üblich, der den Fußkuß ablöste. Griechen und Römer ehrten damit die Götterstatuen, nach Luk. 7, 38 küßte eine Sünderin die Füße Christi, der Papst ließ sich ebenfalls die mit einem Kreuz bestickten Pantoffeln küssen. Von daher übertrug sich der Fußkuß in den weltlichen Bereich als Zeichen höchster Dankbarkeit und Bewunderung der Geliebten, der sich der Mann zu eigen gab. Um 1210 bereits heißt es im ‚Wigalois' (V. 4228) des Wirnt von Grafenberg:

Der meide kußte er an den fuoz
Vor freuden und ergab sich ir.

Die Rda. *jem. den Pantoffel küssen:* ihm unterwürfig sein, wird auch heute noch gern verwendet, wenn man in übertr. Sinne ein Eheverhältnis charakterisieren möchte, in dem der Mann sich sogar erniedrigen würde, um seiner Frau zu gefallen.

‚Unter dem Pantoffel stehen'

Daß die Frau den Pantoffel offenbar tatsächlich auch zum Schlagen des Ehemanns benutzt hat, zeigen unsere Rdaa. *den Pantoffel schwingen* und *jem. pantoffeln* in der doppelten Bdtg.: den Ehemann mit dem Pantoffel bearbeiten und das Regiment im Hause führen, nachdem der Streit, wer die Hosen anhat, bereits zugunsten der Frau entschieden worden ist. Bei Siegfried von Lindenberg findet sich 1782, (3,131) dafür auch ein lit. Beleg: „'s kam mir auch spansch vor, dasz 'n Mann kurasig genug hat 'n Bullen zu Leibe zu gehen, und läszt sich von 'n Frauensmensch seine drei Buchstaben pantoffeln".

Wolf berichtet eine hess. Sage. Ein Arbeitsmann wurde jede Nacht von einem Alb heimgesucht. Endlich war er es leid und versuchte mutig, den Alb während einer Erscheinung zu packen. Er hatte schließlich einen Pantoffel in der Hand. „Gut", sprach er, ‚du sollst mich nicht wieder pantoffeln', nahm Hammer und Nägel und nagelte den Pantoffel an die Thür und als er morgens aufstand, was fand er? – Seine Frau, die mit einem Ohr an der Thür festgenagelt hing. Da wuszt er, wo der Has im Pfeffer lag" (S. 58, Nr. 91). Von der Unterordnung des Mannes, der es auf eine Auseinandersetzung nicht ankommen lassen will, berichtet auch der Dichter Christian Friedrich Daniel Schubart (Briefe 2, 392), wenn er einen Bekannten wie folgt charakterisiert: „Ihr Mann ist duldsam, den Winken des Pantöffeleins gehorsam".

Die Begriffe ‚Pantoffelherrschaft', ‚Pantoffelregiment' und ‚Pantoffelheld' sind erst seit dem 18. Jh. bezeugt und besitzen alle abwertende Bdtg. Die allzu offensichtliche Herrschaft der Hausfrau, die dem Ansehen ihres Mannes schadet, wird dadurch verurteilt. Holtei erwähnt 1853 lobend in ‚Christian Lammfell' (1,191) das Verhalten der Frau: „Sie machte so mäßigen Gebrauch von der Pantoffelherrschaft". Offenbar war also der ‚Pantoffelheld' eine alltägliche Erscheinung. Bei der Deutung dieses Wortes ist zu beachten, daß der Ausdr. ‚Held' keine Steigerung mehr erfahren kann und daß deshalb fast alle Zusammensetzungen einen abwertenden oder völlig negativen Sinn erhalten, wenn man z. B. die Begriffe ‚Messerheld', ‚Weiberheld' und ‚Pantoffelheld' zum Vergleich nebeneinanderstellt. Es ergeben sich die Abstufungen von widerwilliger Anerkennung, moralischer Verurtei-

lung und Verkehrung des Grundwortes Held ins Gegenteil durch das beigefügte Bestimmungswort. Dieser Vorgang ist rdal. ebenfalls durch ein hinzugesetztes Adj. möglich, denn wenn jem. sagt: ‚Du bist mir der rechte Held' oder ‚Das ist ein wahrer Held', kann er durchaus den Untauglichen, den Feigling damit meinen. *Ins Pantoffelkino gehen:* zu Hause bleiben und fernsehen.

Lit.: *Anon.:* Das Pantoffelregiment oder gründliche Anweisung, wie Mädchen und Frauen sich der Herrschaft des Pantoffels versichern und das häusliche Scepter mit Kraft und Anstand führen sollen, Auf Erfahrung gegründet und hg. von einer Hausregentin 1829 (Neudr. Zürich 1979); *J. W. Wolf:* Hess. Sagen (Leipzig 1853); *J. Crombie:* Shoe-throwing at weddings, in: Folk-lore 6, 7 (1895, 1896); *J. Bolte:* Setz deinen Fuß auf meinen, in: Zs. f. Vkde. 6 (1896), S. 204–208; *A. Bock:* Hochzeitsbräuche in Hessen und Nassau, in: Zs. f. Vkde. 13 (1903), S. 287–294; *Aigremont:* Fuß- und Schuh-Symbolik und -Erotik (Darmstadt o.J.); *W. Wöhrle:* Der Schuh, das Symbol der Untertänigkeit, in: Heimat und Volkstum 10 (1932), S. 46–59; *A. v. Avanzin:* Treten auf den linken Fuß, in: Der Schlern 35 (1961), S. 45–46; *D. R. Moser:* Schwänke um Pantoffelhelden oder die Suche nach dem Herrn im Haus, in: Fabula 13, H. 3 (1972), S. 205–292.

Panzer. *Stur wie ein Panzer sein:* unerbittlich, unnachgiebig sein; immer seinen eigenen Willen durchsetzen. Die Rda. übernimmt die Vorstellung vom Panzerwagen, der alles überwalzt. Früher bezog sich das Wort Panzer auf die Rüstung; zunächst auf diejenige der Brust, dann verallgemeinert auf die ganze Rüstung. In poet. Bildern spielt der Panzer eine Rolle als Metapher der Härte und Stärke: A. W. v. Schlegel übers. in Shakespeares ‚Romeo und Julia' (I,1): „Umsonst hat ihren Panzer keuscher Sitten der Liebe kindisches Geschoß bestritten".

Papier. *Etw. zu Papier bringen:* etw. niederschreiben, ein Protokoll führen, einen Vertrag, ein Testament aufsetzen, aber auch: einen Brief, ein Gedicht, einen Aufsatz, ein Manuskript vollenden und sich mit der entsprechenden Formulierung bes. abmühen. Dagegen: *Etw. aufs Papier werfen:* etw. schnell zeichnen, nur flüchtig skizzieren, seinen Eindruck, einen Sachverhalt schriftlich festhalten, sich Notizen machen.
Papier ist geduldig (und errötet nicht) heißt es beruhigend: man kann dem Papier al-

‚Papiertiger'

les anvertrauen, selbst das, was man sich auszusprechen scheuen würde, aber auch: es wird viel geschrieben, was nicht stimmt, ↗ Lüge. Ähnl. heißt es schon in Ciceros Briefen, ‚Ad familiares' (V,12,1): „Epistola non erubescit" (Ein Brief errötet nicht).

Nur auf dem Papier stehen: nur in der Planung existieren, ein Vorhaben sein, das zwar schriftlich fixiert ist, von dem aber anzunehmen ist, daß es nie in die Realität umgesetzt wird (werden kann), auch: Maßnahmen ankündigen, die keinerlei Wirkung zeigen.

Das Papier nicht wert sein, auf dem etw. steht: hinfällig, völlig sinnlos sein, Makulatur werden.

Seine Papiere bekommen (kriegen): entlassen werden; dagegen: *seine Papiere einreichen:* sich mit allen erforderlichen Unterlagen bewerben.

Papieren sein: dem Ausdr. nach gehobenen, oft geschraubten Schriftsprache zugehören, dem Stil nach dem Deutsch alter Chroniken entsprechen, Natürlichkeit und Lebendigkeit der Sprache vermissen lassen.

Ein Papierheiliger sein: ein Heiliger, den es so nie gegeben hat. Durch die Kombination verschiedener Legendenversionen und der Lebensgeschichten von Personen gleichen Namens entstanden durch das Schrifttum neue Heilige, die verehrt wurden, obwohl ihre Vita Züge enthält, die von anderen Heiligen auf sie übertragen wurden. Gute Beispiele für solche ‚Papierheilige' sind Felix, Fidelis oder auch Valentin, u.a., so daß sogar von einem ganzen „Chor der Heiligen auf dem Papier" gesprochen werden kann.

Einen (unnötigen) Papierkrieg betreiben (führen): viele Formulare, Gesuche, Verfügungen für nötig erachten, ausgedehnten Briefwechsel führen, bürokratische Maßnahmen verlangen, die unsinnig, langwierig und zwecklos erscheinen, wie z. B. das Ausfüllen von ausführlichen Fragebögen und das wiederholte Vorlegen von immer anderen Bescheinigungen.

Ein Papiertiger (-drache) sein: nur den Anschein erwecken wollen, bes. gefährlich zu sein, eine Abschreckung, Verunsicherung versuchen, sich jedoch als völlig harmlos erweisen (vgl. ‚Gummilöwe'), ↗ Drache.

Etw. auf dem Papierwege verbreiten, auch: *auf dem Papierwege kommen:* Anordnungen, wichtige Hinweise, Akten, Nachrichten zusenden oder in den Umlauf geben.

Lit.: *Chr. Pieske:* Das ABC des Luxuspapiers. Herstellung, Verarbeitung und Gebrauch 1860–1930. Unter Mitarbeit von K. Vanja u. a. (Berlin 1983); *G. Bayerl* u. *K. Pichol:* Papier. Produkt aus Lumpen, Holz und Wasser (rororo Sachbuch 7727), Dt. Museum (Reinbek bei Hamburg 1986); *H. Kühn* u. *L. Michel:* Papier. Katalog der Ausstellung. Dt. Museum (München 1986); *K. Kunze:* Papierheilige. Zum Verhältnis von Heiligenkult und Legendenüberlieferung um 1400, in: Jb. d. Oswald von Wolkenstein Gesellschaft, hg. v. H.-D. Mück u. U. Müller, Bd. 4 (1986/87), S. 53–65.

Papierkragen. *Ihm platzt der Papierkragen:* er braust auf; moderne scherzhaftverstärkende Parallelbildung zu ‚ihm platzt der ↗ Kragen'.

Wirf (schon) mal den Papierkragen herunter: mach dich auf das Schlimmste gefaßt! Diese scherzhafte Aufforderung erhält die Frau in Sachsen, wenn der Mann kurz heimkehrt, um sich mit dem Nötigsten zu versorgen, weil ihm eine Verhaftung droht, oft wegen Zahlungsunfähigkeit. Der Papierkragen – einen besseren kann er sich nicht leisten – dient dazu, vor Gericht ordentlich gekleidet zu erscheinen.

Pappe, pappen. Pappe bedeutet urspr. ‚Kinderbrei' und ist ein Lallwort, das in den Formen ‚Papp' oder ‚Papps' mdal. weit verbreitet ist; die Bdtg. ‚dickes Papier', ‚Karton' ist erst später entstanden und stammt von den dicken Kleisterschichten her, die die einzelnen Papierlagen der anfangs im Handbetrieb hergestellten Pappe miteinander verbanden. In diesem Sinne heißt es auch: *pappen bleiben:* klebenbleiben. Auf die ältere Bdtg. ‚Brei' gehen zurück die Rdaa.: *etw. satt haben wie kalten Papps:* einer Sache überdrüssig sein; *nicht mehr papp sagen kön-*

nen: völlig gesättigt sein. *Der Junge, das Mädel ist nicht von Pappe:* kernig, kräftig; eigentl.: nicht mit Kinderbrei genährt, auch auf Sachen u. Situationen übertr.: *Das ist nicht von Pappe:* ordentlich, solid; sogar: ‚Die Hitze, der Stoß war nicht von Pappe‘; kräftig, stark; dagegen frz. ‚... en cartonpâte‘: aus Pappe, i. S. v.: künstlich, unecht. ferner: *einem Pappe ums Maul schmieren:* ihm zureden, schmeicheln (↗ Brei); obersächs. ‚Er redet, als hätte er Pappe im Maule‘, schwerfällig, mit ungelenker Zunge.

Pappenheimer. Wallensteins anerkennende Worte an die Kürassierabordnung des Pappenheimschen Regiments (Schiller ‚Wallensteins Tod‘ III, 15): „Daran erkenn' ich meine Pappenheimer", sind volkstümlich geworden in der entstellten Form: *Ich kenne meine Pappenheimer:* ich weiß genau, mit wem ich es zu tun habe, ich habe dich durchschaut, ich weiß besser Bescheid als du, z. T. bis in die Mdaa. vorgedrungen. Die Wndg. wird im Gegensatz zu ihrem Zitaturspr. heute meist in abschätzigem Sinne gebraucht.
Den hist. Hintergrund für das Zitat aus Schillers ‚Wallenstein‘ bilden die Kämpfe um die Stadt Magdeburg. Der kaiserliche Feldherr Tilly besetzte im April 1631 die äußeren Befestigungsmauern der Stadt; er forderte die Stadt auf, sich zu ergeben, was jedoch immer wieder hinausgezögert wurde. Der ungestüme Gottfried Heinrich Graf von Pappenheim drängte seinen Feldherrn zur Erstürmung Magdeburgs; schweren Herzens gab Tilly den Befehl zum Angriff. Am 19. Mai um 7 Uhr morgens drangen die Pappenheimer in die Stadt ein und wüteten grausam. (G. Mann: Wallenstein [Frankfurt/M. 1971] S. 862 ff.)
Als Appellativ ist ‚Pappenheimer‘ in Nürnberg schon seit dem 14. Jh. gebräuchl. *Jem. schläft stehend wie ein Pappenheimersgaul* ist ein veralteter Nürnberger rdal. Vergleich.

Pappenstiel. *Das ist doch kein Pappenstiel:* das ist keine Kleinigkeit; vgl. frz. ‚Une paille‘ (Strohhalm).
Etw. für einen Pappenstiel kaufen (hergeben): sehr billig u. dgl. ‚Pappenstiel‘ hat in diesen Rdaa. nichts mit ‚Pappe‘ zu tun, sondern ist eine Klammerform für ‚Pappenblumenstiel‘ d. i. der Stiel des Löwenzahns (ndd. ‚Pâpenblôme‘, obd. Pfaffenröhrlein, aus griech.-lat. ‚pappus‘ = ‚Samen-, Federkrone‘ umgedeutet). Der Pappenblumenstiel, den die Kinder zu allerlei Spielereien verwenden können, wurde zum Sinnbild des Wertlosen und hat sich in einen ‚Pappenstiel‘ verwandelt. Dieser Sinn des Wortes ist seit 1691 durch K. Stieler in ‚Der Teutschen Sprache Stammbaum‘ (2163) bezeugt: „Nicht ein Pappenstiel / ne hilum quidem". Auch aus älterem ‚Pappelstiel‘ (Malvenstiel) ist die Rda. erklärt worden, ‚Pappelstiel‘ heißt es z. B. in Hans Kirchhoffs ‚Wendunmuth‘ (194b); in einem hist. Volkslied aus dem Jahre 1502 (Liliencron 2,480) steht dafür ‚Pfifferstiel‘, d. h. Stiel des Pfifferlings. Der Sinn ist derselbe.
Hans Dittrich (‚Pappenstiel‘, in: Zs. Muttersprache, Jg. 62, 1. Heft, S. 25) lehnt die bisherigen Deutungen ab und verweist auf die Dissimilation, einen häufiger zu beobachtenden lautlichen Wechsel, an der Wortnaht von l zu n. Er setzt deshalb als Ausgangsform ‚Pappelstiel‘ an. Dabei stützt er sich auf die Stelle im ‚Wendunmuth‘ von 1503 und auf eine Angabe im Dt. Wb., Bd. VII, Sp. 1447, wo es unter dem Stichwort ‚Pappenstiel‘ heißt: „im Sinne des älteren pappelstiel und vielleicht daraus verderbt". Dittrich deutet nun aber den ‚Pappelstiel‘ nicht wie Weigand (Dt. Wb. 6. Aufl.) als Stiel der Malve, sondern, von praktischen Überlegungen ausgehend, überzeugender als ‚Stiel aus Pappelholz‘. Bei Handwerkern und Bauern, die Werkzeuge benutzen, ist allg. bekannt, daß sich ein Stiel aus Pappelholz wenig eignet. Das Pappelholz ist zu weich und deshalb brüchig. Eschenoder Akazienholz werden für Stiele verwendet. Ist ein Werkzeug nur mit einem Pappelholzstiel versehen, ist es also wertlos und darum sehr billig. Zu dieser Erklärung kann man auch noch die Rdaa. *(Nur) einen Pappenstiel kosten:* fast nichts, nur so wenig wie ein Stiel aus Pappelholz kosten, und *keinen Pappenstiel wert sein:* unbrauchbar, nichts wert sein, heranziehen.

Lit.: *H. Dittrich:* Pappenstiel, in: Muttersprache 62, 1, S. 25.

Pappkamerad. *Auf Pappkameraden schießen:* auf eine der menschl. Figur nachgebildete Attrappe schießen; bes. bei Militär und Polizei zu Übungszwecken; der Ausdruck meint auch allgem. einen unzuverlässigen, untreuen Kameraden.

Papst. *Den Papst nach Rom führen:* jem. dahin bringen, wo er hingehört und unumstrittener Herrscher ist.
In einem ital. Schwank des 15. Jh. wird diese Wndg. als Metapher für sexuelle Handlungen gebraucht: „Der Pfarrer antwortete nicht und warf die Frau des Zimmermanns ohne ein weiteres Wort auf die Wandbank. Dann legte er die Hand an seine Lanze und rief: ‚Der Papst zieht in Rom ein!' worauf er sie kunstgerecht in das für sie geschaffene Ziel versenkte".
‚Habemus papam' sind die Worte bei der Verkündung der Papstwahl (‚Wir haben einen Papst'); übertr. sagt man dies auch, wenn der rechte Mann für eine Aufgabe gefunden wurde.
‚Der Papst lebt herrlich auf der Welt' ist der Anfang eines früher oft gesungenen Studentenliedes von Ch. L. Noack (1789); heute will man damit auf das gute Leben, das jem. führt, anspielen. *Den Papst zum Vetter haben:* die Unterstützung einer einflußreichen Person genießen.
Päpstlicher als der Papst sein: übertrieben unerbittlich sein, eine bestimmte Richtung mehr als notwendig vertreten. Die Wndg. steht wohl in Zusammenhang mit der heftig angefeindeten Unfehlbarkeitserklärung des Papstes (1870) und ist vermutl. durch eine Äußerung Bismarcks mit beeinflußt worden, der am 21. April 1887 in seiner Antwort auf den Freisinnigen Eugen Richter sagte: „Katholischer als der Papst?" (Bismarck, Ges. W., 2. Aufl., Bd. XIII, S. 293). Das Vorbild der Bismarckschen Wndg. seinerseits ist vermutl. das Wort „Il ne faut pas être plus royaliste que le roi" (Man muß nicht königstreuer gesinnt sein als der König). Nach Chateaubriand (‚La monarchie selon la Charte', Paris 1816, S. 94) wurde unter Ludwig XVI. (regierte 1774–93) dieses Wort geprägt. Ein Witz nimmt diese Rda. wörtlich (L. Röhrich: Der Witz [München 1980], S. 207).

Parabel bedeutet in der Studentensprache des 18. Jh. scherzhaft die Perücke; daher obersächs.-thür. gelegentl. in der Bdtg. ‚Kopf', ‚Gesicht', z. B. *einen bei der Parabel kriegen;* ihn beim Schopfe packen; *die Parabel voll haben;* schlechte Laune haben.

Parade bez. in der Fechtersprache die abwehrende Stellung oder Deckung, vgl. den ebenfalls bildl. Ausdr. ‚einen Hieb parieren', einen Hieb abwehren, ihn zurückweisen. Daher die Rda. *einem in die Parade fahren;* ihm ‚einen ↗ Strich durch die Rechnung machen', ihn treffend zurückweisen, eigentl.: seine Abwehr durchbrechen und einen erfolgreichen Stoß gegen ihn führen.

‚In die Parade fahren'

Mit etw. Parade machen: mit einer Sache Aufsehen erregen, angeben. Gegen Ende des 17. Jh. kam das Wort aus frz. ‚la parade' (Schau, Prunk). In vielen Komposita, wie ‚Paradebett', ‚Paradepferd' u. ä. bez. ‚Parade' das Ausstellungswürdige des Gegenstandes. Gerade Paradebetten als Repräsentationsmöbel waren seit dem ausgehenden MA. bei fürstlichen Hochzeiten sehr beliebt; diese Betten dienten mehr der Zurschaustellung als dem Gebrauch.

Paradies. *Das Paradies auf Erden haben;* sehr gut leben können. Eigentl. wird das bibl. Paradies auch als Gebiet auf der Erde angesehen; vornehmlich gilt das Quellgebiet von Euphrat und Tigris als ehemaliges Paradies. ‚Paradies' ist ein Lehnwort aus dem Altiranischen (pairidaēza: Umwallung, umzäumter Park);

griech. παράδεισος meint zunächst die Parks der persischen Könige (Xenophon); im N.T. bedeutet das Paradies schon den himmlischen Sitz Verstorbener, bes. Seliger. In 1. Mos. 2–3 wird von den ersten Menschen Adam und Eva die Geschichte erzählt, wie sie aus dem Paradies vertrieben wurden. Sie verloren mit dieser Vertreibung, die die Folge des Ungehorsams der Menschen gegenüber ihrem Schöpfer war, neben dem unbeschwerten, glücklichen Leben auch ihre leibliche Unsterblichkeit.

‚Das verlorene Paradies' ist der dt. Titel des Epos, ‚The paradise lost' von J. Milton (1667). In seinem Roman ‚Die unsichtbare Loge' (1793) schreibt Jean Paul: „Die Erinnerung ist das einzige Paradies, woraus wir nicht vertrieben werden können". In Märchen und Schwänken (↗ Schlaraffenland) spielt das Paradies als Ort ungestörten Glücks eine große Rolle. Die Möglichkeit, in diese Gegend zu gelangen, wird demjenigen zuteil, der ein bes. Geheimnis löst, oder auch demjenigen, der wie der ‚Bruder Lustig' der Grimmschen Märchen (KHM. 81) mit List und Tücke sich Eingang in das Paradies verschaffen kann.

‚Ein Leben wie im Paradies' ist die erste Zeile eines 1775 verfaßten Trinkliedes von L. H. Ch. Hölty.

Lit.: *Winkler;* Art. ‚Paradies', in: HdA. VI, Sp. 1400–1458. *L. Röhrich:* Adam und Eva. Das erste Menschenpaar in Volkskunst und Volksdichtung (Stuttgart 1968).

Paragraph. *Im Gestrüpp der Paragraphen ertrinken, sich im Paragraphengestrüpp verirren:* durch die Vielzahl der Gesetzesparagraphen derart verwirrt werden, daß man die gültige Rechtsauffassung nicht finden kann. Das aus dem Griech. stammende Wort bedeutet eigentl. ‚Randzeichen' und kommt aus der altgriech. Theatertradition: mit dem Zeichen Π, Paragraph genannt, wurden die verschiedenen Dramenrollen gekennzeichnet.

Mit ‚Paragraphenhengst' meint man einen pedantischen Rechtsgelehrten, der – ohne menschl. Mitgefühl – nur nach Paragraphen die einzelnen Fälle beurteilt.

Pardon. *Kein Pardon geben:* nichts entschuldigen, keine Gnade walten lassen.

Wilhelm II. prägte das harte Wort: ‚Pardon wird nicht gegeben'. ‚Pardon' kommt aus dem Frz. und bedeutete – bes. im Kriegswesen – Gnade walten lassen. Heute ist es eine allg. Entschuldigungsfloskel.

Parfüm. *Bei mir Parfüm!:* ich gehe fort, fliehe. Der Sinn der Rda. hängt mit ‚verduften' zusammen (20. Jh.). *Da hört das Parfüm auf zu riechen!:* Ausdr. starker Verwunderung, Mitte des 20. Jh.

Lit.: *A. Corbin:* Pesthauch und Blütenduft. Eine Geschichte des Geruchs (Berlin 1984).

Parkinsonsches Gesetz. *Nach dem Parkinsonschen Gesetz die Arbeit verteilen:* die bürokratische Arbeit in Behörden und Unternehmen so lange ausdehnen, bis sie die zur Verfügung stehende Zeit ausfüllt; unrationell arbeiten. Dieses iron. gemeinte ‚Gesetz' des engl. Historikers und Journalisten Cyril Northcote Parkinson (geb. 1909) ist eine Kritik an der Arbeitsorganisation bürokratischer Einrichtungen, wo manche Verordnungen den Eindruck erwecken können, sie seien nur zur Arbeitsbeschaffung erlassen.

Lit.: *C. N. Parkinson:* Parkinsons Gesetz und andere Untersuchungen über die Verwaltung (Düsseldorf 1958).

Paroli. *Einem (ein) Paroli bieten* (auch *biegen*): ihm in überbietender Weise entgegentreten, es ihm mit derber Münze heimzahlen (↗ heim), ihm ,die ↗ Spitze bieten'. Paroli, über das Frz. im 18. Jh. aus dem Ital. entlehnt, ist urspr. ein Fachausdr. des Pharospiels, eines Kartenglücksspieles; es bez. eine Verdoppelung des ersten Einsatzes, wobei ein Ohr in die betreffende Karte geknifft wurde (deshalb die Nebenform ‚biegen'). Die Rda. ist in übertr. Anwendung seit dem Anfang des 19. Jh. bezeugt.

Partie. *Eine gute (schlechte) Partie machen (sein):* sich – vom materiellen Aspekt her – gut verheiraten (oder schlecht); (k)einen finanziellen Anreiz bieten, um geheiratet zu werden.

Mit von der Partie sein: bei einer geselligen Veranstaltung mitmachen, dabeisein.

Paß, über das Frz. aus lat. passus = Schritt, Gang entlehnt, bedeutet ‚Durchgang(sweg)‘; daher die aus der Soldatensprache stammende Wndg.: *einem den Paß verlegen:* ihm den Durchgang verwehren, in übertr. Sinne: ihn an etw. hindern. So in Grimmelshausens ‚Simplicissimus‘ (I, 365): „daß das Weinen dem Singen den Paß verlegen wollte". Vgl. frz. ‚barrer le passage à quelqu'un‘. *Den Paß unter die Füße nehmen:* fliehen, sich schnell davonmachen.
Der Paß als Ausweis, Reisepapier für die Grenze ist in den folgenden Rdaa. gemeint: *einem den Paß geben:* ihn entlassen (vgl. Laufpaß); *doppelte Pässe führen:* Freibriefe für beide Seiten führen, meist von einem gesagt, dem man nicht traut; *seinen Paß zerreißen:* sich die Mittel zum Fortkommen selbst nehmen; *jem. die Pässe zustellen:* Diplomaten zur Abreise veranlassen; *einen Paß für die Ewigkeit gekauft haben:* euphemist. Umschreibung für gestorben sein, ↗zeitlich.
Vom Mndl. (‚te pas zijn‘) über das Mnd. (‚to passe sîn‘) gehen die im Hd. seit dem 16. Jh. bezeugten Wndgn. *zu passe sein, zu passe kommen:* recht sein, gelegen kommen, aus, denen Paß in der Bdtg. ‚(rechtes) Maß‘, ‚Angemessenheit‘ zugrunde liegt; 1618 ist belegt „ubel zu paß oder krank", neundl. ‚goed van pas‘, ‚ferner nhd., ‚unpaß‘, ‚unpäßlich‘.

Passau. *Er versteht die Passauer Kunst:* er vermag sich hieb-, stich- und kugelfest zu machen; er ist gegen jedes Unglück gefeit. Die Rda. war früher sehr verbreitet, ist aber heute weithin verschollen. In übertr. Anwendung findet sie sich noch 1802 bei Jean Paul im ‚Titan‘ (90. Zykel): „Schöne Kunst und nichts als Kunst war für die Fürstin die Passauer-Kunst gegen Hof- und Lebenswunden".
‚Passauer Kunst‘ ist das im Dreißigjährigen Krieg sehr verbreitete Verfahren, sich durch Zettel, die auf dem Leibe getragen wurden, gegen Verwundung ‚fest‘ zu machen. Zur Erklärung des Namens wird gesagt: Die Soldaten wandten sich an Zauberkundige, die sich bes. unter fahrendem Volk fanden. Solche professionelle Zauberkundige hießen in der Studentensprache ‚Pessulanten‘. Das Wort

wäre dann in die Soldatensprache übergegangen und zu ‚Passauer‘ entstellt worden. Die ‚Passauer Kunst‘ galt als teuflisch. Grimmelshausen erwähnt dies im ‚Simplicissimus‘ (IV, 186): „Mußte es auch, wie sehr und eygentlich du dich dem Teufel obligiret hattest, ordentlicher Weis verbrieft seyn, welches durch die Zettel geschehen, die du vor die Festigkeit bey dir getragen oder gar in Leib gefressen, maßen die Zettel der Passauer Kunst (welche den Namen darvon hat, daß sie ein Student zu Passau erfunden) keinen andern Inhalt haben, die viele darbey stehende Creutz-Zeichen ohnangesehen, als diesen erschröcklichen, den nimmermehr kein Christ wegen seiner Greulichkeit vor sein Maul, geschweige auff das Papier kommen lassen solte:

Teuffel hilff mir,

Leib und Seele gib ich dir".

Eine andere Erklärung besagt, daß der Name ‚Passauer Kunst‘ einen geschichtl. Urspr. habe. Als der spätere Kaiser Matthias 1611 bei Passau ein Heer sammelte, benutzte der Henker Caspar Neithardt aus Passau die Gelegenheit, um den Soldaten mit Figuren und anderen Zeichen bemalte Zettel als Schutzmittel zu verkaufen (so Anhorn, ‚Magio logia‘ 837 f.). Nach dem ‚Simplizianischen Vogelnest‘ (II, 25) war ein Student Christian Eisenreiter aus Passau der Erfinder. Die Zettel wurden als Amulette von den Soldaten getragen, nach Anhorn auch gegessen (‚Schluckzettel‘).
Der Zettel machte gegen Schuß, Hieb und Stich fest. Der Glaube an ihre Wirkungskraft wurde dadurch befestigt, daß die unzufriedenen Soldaten Rudolfs II. den Truppen des Erzherzogs Matthias keinen Widerstand leisteten (HdA. VI, Sp. 1460 f.). Mit geringerer Wahrscheinlichkeit hat man auch an den Ausdr. ‚passen‘, nicht mittun beim Kartenspiel, nicht drankommen beim Stechen, gedacht.

Lit.: *A. Spamer:* Romanusbüchlein (Veröffentlichungen des Instituts für dt. Vkde. 17), (Berlin 1958); *L. Röhrich:* Art. ‚Zauberbücher‘ und ‚Zaubersprüche‘, in: RGG. VI (³1962), Sp. 1869–1871 und Sp. 1873–1875.

passen. Als Vergleich für Nicht-Zusammenpassendes hat die Volkssprache eine Fülle von Sprachbildern parat, wie z. B.:

Das paßt nicht in seinen Kram; das paßt ‚wie das fünfte Rad am Wagen‘, ‚wie der Kirchturm zum Mantel‘, ‚wie der Mönch zur Nonne‘, ‚wie ein Deckel auf eine Kanne‘, ‚wie ein Strumpf zu einer Gewürzbüchse‘, ‚wie eine Maus auf einen Elefanten‘, ‚wie eine Sonnenuhr in einen Sarg‘, ‚wie Honig auf Neujahrsabend‘, ‚wie Tag und Nacht‘, ‚wie der Geier ins Taubenhaus‘, ‚wie die Katze auf die Maus‘, ‚wie der Esel zum Lautenschlagen‘ (↗ Esel), ‚wie dem Ochsen ein Sattel‘, ‚wie ein alt Weib zur Hasenjagd‘, ‚wie ein schwarzer Wolf zur weißen Ziege‘, ‚wie Haare in die Suppe‘, ‚wie „Heil dir im Siegerkranz" zu einer Leichenpredigt‘, ‚wie Rotz auf den Ärmel‘. *Es paßt ihm wie einem Esel die Stiefeln.* Im Ndd. sagt man mdal.: ‚Dat paßt as en dänsk Uniform‘, ‚as Knüppl op'n Kopp‘, ‚as Snodder (Rotz) up de Mau (Hemdärmel)‘, ‚wie Pint op Gret‘.

Vgl. frz. z. B. ‚Cela lui va comme un manteau à la lune‘; dieser Vergleich geht zurück auf eine von Plutarch überlieferte Geschichte: Der Mond bat seine Mutter, ihm einen passenden Mantel anzufertigen. Doch die Mutter ruft aus: ‚Wie könnte ich das, da du jede Woche deine Gestalt änderst?" (W. Gottschalk, S. 4), ↗ Mond.

Etw. paßt nicht in die Landschaft: etw. ist unzeitgemäß, eine lokale Metapher für einen zeitlichen Vorgang.

Passen wie die Faust aufs Auge ↗ Faust.

Passen müssen: nicht mithalten können, etw. nicht wissen, keine Auskunft geben können. Die Wndg. meint urspr.: bei einem Spiel eine Runde aussetzen müssen, wenn die Karten oder die gewürfelte Zahl nicht entsprechen.

Lit.: *Wander* III, Sp. 1188–1191; *A. de Cock:* Overeenkomen lijk Manten en Kalle, in: Vkde. 8 (1895–96), S. 140.

Pastete wird ähnl. scherzhaft gebraucht wie ↗ Bescherung: *Da haben wir die Pa-* *stete! Da liegt die ganze Pastete:* das Unangenehme ist, wie erwartet, eingetroffen. Schon 1783 bei J. T. Plant („Akademische Liebe" S. 162). „Das wär' 'ne schöne Pastete", das wäre eine schöne Geschichte; Schiller in ‚Kabale und Liebe‘ (I, 1): „Gleich muß die Pastete auf den Herd", sofort muß die Sache abgemacht werden; wien. ‚a schöne Pasteten‘, eine nette Bescherung; tir. ‚einem Pasteten versprechen‘, leere Versprechungen machen.

Pastorentöchter. *(Wir sind ja) unter uns Pastorentöchtern (oder Pastorstöchtern, Pfarrerstöchtern):* unter uns gesagt, nur nicht zimperlich, von gleich zu gleich, unter Eingeweihten. Die Rda. ist am Ausgang des 19. Jh. aufgekommen; sie ist eine umg., leicht iron. Rda., mit der man eine freie Aussprache oder einen derben Ausdr. entschuldigt. Zuweilen wird die Rda. noch parodistisch erweitert: ‚unter uns kath. Pfarrerstöchtern‘.

Pate. Obersächs.-thür. *einem die Paten sagen:* ihm die Wahrheit sagen, ihn ausschelten; ähnl. wie: ‚ihm die ↗ Leviten lesen‘. Die Herleitung von Pate = Taufzeuge ist unsicher, denn seine Paten sollte eigentl. jedermann kennen, so daß er sie nicht gesagt zu kriegen brauchte; Müller-Fraureuth (Wb. der obersächs. Mdaa. I, 69) vermutet unter Hinweis auf die Form ‚einem die Paten stecken‘ einen Zusammenhang mit Pate = Setzling, Pflänzling, Pfropfreis (aus mittellat. inpotus). *Bei einer Sache Pate gestanden haben (nicht Pate stehen wollen).* am Anfang mitgewirkt haben (mit etw. nichts zu haben wollen).

Lit.: *Anon.:* Jem. die Paten stecken, in: Muttersprache 40 (1925) Sp. 61.

Pater peccavi (lat.). *Das Pater peccavi sagen:* flehentlich um Verzeihung bitten; wörtl. übers., ‚Vater, ich habe gesündigt‘. Das Schuldbekenntnis (nach Luk. 15, 18 und 15, 21) ist als Entschuldigungsfloskel oft eine scherzhafte Übertreibung.

Patsche, üble, bedrängte Lage, Verlegenheit, kommt vor in den Wndgn. *jem. in die Patsche bringen:* ihn in eine üble Lage versetzen; vgl. frz. ,mettre quelqu'un dans le pétrin' (Hefeteig).

Patsche in der Bdtg. von ,Verlegenheit' ist seit dem 17. Jh. lit. belegt. Das Wort ist aus der lautmalenden Interjektion ,patsch' abgeleitet.

Jem. aus der Patsche helfen: ihm aus der Verlegenheit helfen; auch ,jem. aus der Patsche ziehen'; vgl. frz. ,sortir quelqu'un du pétrin'; *in die Patsche kommen:* in eine üble Lage geraten; *in der Patsche sitzen:* in übler Lage sein, ↗ Tinte; vgl. frz. ,être dans le pétrin'.

Patt. *Im Patt:* unentschieden. Der Ausdr. stammt aus der Fachsprache der Schachspieler und geht auf das Ital. zurück; entspr. ist auch von einer ,Patt-Situation' die Rede.

Pauke, pauken. *Auf die Pauke hauen:* sich gewaltsam Gehör verschaffen, prahlerisch erzählen. Die Rda. beruht auf der Vorstellung, daß der Paukenschläger in der Militärkapelle nicht zu überhören ist; er gibt den Takt des Marschierens an. *Aus einem eine Pauke machen:* ihn ständig mißhandeln.

Der Pauke ein Loch machen: eine Sache vereiteln, zum Aufhören bringen. So Lessing: „Ich muß der Pauke nur ein Loch machen, damit ich weiß, woran ich bin".

Er steht bei der Wahrheit wie der Has' bei der Pauke: er muß die Wahrheit fürchten und fliehen.

Das Alter der Zwillingsformel *mit Pauken und Trompeten* zeigt sich daran, daß die Prägung nicht umgestellt werden kann. Bes. gebräuchl. ist die Rda. bei einer ergebnislosen Prüfung: ,Er ist durchgefallen mit Pauken und Trompeten', er hat völlig versagt. In dieser Rda. wird der negative Ausgang einer Prüfung euphemist. umschrieben, da ,Pauken und Trompeten' eigentl. einen festlichen Anlaß kennzeichnen (lit. 1853 bei Kügelgen). Gemünzt auf heuchlerisches, scheinheiliges Gehabe sind die Verse:

Mit Pauken und Trompeten,

Das ist die Art, wie sie beten.

Einem etw. einpauken: einem etw. durch ständige Wiederholung eintrichtern. *Einen herauspauken:* einem aus einer Verlegenheit heraushelfen. Pauken kommt

von mhd. ,puken', was darauf lostrommeln bedeutet. In der Sprache der Studentenverbindungen heißt ,pauken' = fechten.

Lit.: *E. Seemann:* Art. ,Pauke, pauken', in: HdA. VI, Sp. 1462–1463; *M. Willberg:* Die Musik im Sprachgebrauch ..., in: Muttersprache (1963), S. 201 ff.; *Anon.:* Mit Pauken und Trompeten, in: Sprachpflege 18 (1969), S. 90.

Paulus. *Darauf losgehen wie Paulus auf die Korinther* ist ein bes. in ndd. Mdaa. bezeugter rdal. Vergleich, der wohl darauf zurückgeht, daß der Apostel Paulus in seinen beiden Briefen an die Korinther, namentlich im ersten, diesen strafende Vorhaltungen macht; ostfries. ,He geit drup los as Paulus up de Korinther'; rhein. ,Du schlehs (häus) dren wie Paulus en de Korenther', du übertreibst.

Davon hat Paulus nichts geschrieben: dafür gibt es keine Vorschrift, davon ist keine Rede, ↗ Saulus.

Pech, Pechvogel. *Pech haben:* Unglück haben. Die Wndg. stammt aus der Vogelstellerei: Der an der Leimrute klebende Vogel hat Pech (an den Federn) und geht daran zugrunde (↗ Leim). In einer Hs. aus dem Jahre 1479 schreibt ein vom Unglück verfolgter schles. Edelmann: „Ich bin so weit in das pech gesaczt, das ichsz nyme achte". Auch Mäuse müssen früher mit Pech gefangen worden sein; vgl. 1541 Seb. Franck: „Die maus hat das bech, der vogel den leim versucht. Die maus weiß nit was bech, noch der Vogel was leim ist, bis sies versuchen, etwa drob gefangen werden und schwerlich davon kommen". Die Wndg. ist bes. durch die Studentensprache weiterverbreitet worden, wo sie seit 1795 nachweisbar ist. Vgl. frz. ,avoir de la déveine' oder: ,... de la malchance'.

Doch hat man, freilich mit geringer Wahrscheinlichkeit, zur Erklärung auch an andere Rdaa. gedacht, z. B. *Pech an den Hosen haben:* sich nicht entschließen können, aufzustehen und zu gehen, was bereits im 17. Jh. geläufig ist; daraus könnte ,Pech haben' gekürzt sein. Obd. ,Pech kaufen' (auch ,Pech geben'), fliehen, erinnert an ,Fersengeld geben'. An die Herkunft vom Vogelfang klingt auch der Ausdr. ,Pechvogel', vom Unglück verfolgter

1145

Mensch, an, der gleichfalls zufrühst in student. Kreisen bezeugt ist.

Die Vorstellung der Hölle wird immer mit Pech, Schwefel und Feuer in Verbindung gebracht. Pech ist das Böse, Schwarze. Im Märchen fällt Pech von den Bäumen auf den Bösen herab; der ‚Pechvogel' heißt hier ‚Vogel Kleban'. Vgl. auch die faule ‚Pechmarie' in KHM. 24 (‚Frau Holle').

Pech und Schwefel (eigentl. ‚Feuer und Schwefel') ist in dieser Verbindung geläufig aus 1. Mos. 19,24: „Da ließ der Herr Schwefel und Feuer regnen von dem Herrn vom Himmel herab auf Sodom und Gomorra ..."

Sir. 13,1 steht: „Wer Pech angreift, besudelt sich". Das Sprw. läßt verschiedene Deutungsmöglichkeiten zu: einmal kann es heißen, daß der Umgang mit schlechten Menschen schädlich ist, dann trifft es zu, wenn sich jem. durch Beteiligung an Verbrechen selbst strafbar macht und drittens kann es auf Menschen bezogen sein, die gerne von schmutzigen, gemeinen Dingen erzählen und so Rückschlüsse auf ihr Wesen zulassen (Fr. Seiler; Dt. Sprww.kunde, S. 309).

Im Volksglauben ist das ‚Pechmännlein' der Sandmann, der den Kindern Sand in die Augen streut und sie gut schlafen läßt. *Bis in die Pechhütte sitzen* ist wohl eine Entstellung aus ‚Pechhitze'; in der Umgebung von Braunschweig sagt man zu heißem Sommerwetter ‚Pechhitze', ↗ aschgrau.

Pechsträhne ↗ Scheiße, *Pechvogel* ↗ Rabe. Von einem Dieb heißt es, er habe *Pech an den Fingern*.

Lit.: *O. Schütte:* Bis in die Pechhütte, in: Zs. f. d. U. 14 (1900), S. 730; *Webinger:* Art. ‚Pech', in: HdA. VI, Sp. 1466–1468; *W. Lehnemann:* Standessprache und Gemeinschaftssprache, in: Deutschunterricht Jg. 15, H. 1. Febr. 1963, S. 51 ff.; *L. Röhrich* u. *G. Meinel:* Rdaa. aus dem Bereich der Jagd u. der Vogelstellerei, S. 316 f.

Pechstiefel. Nach einer wohl mehr scherzhaften als ernsten naturgeschichtl. Überlieferung fängt man gewisse Affenarten, indem man ihnen innen mit Pech angestrichene Stiefel hinsetzt. Daher ist wohl die Rda. entstanden, es lasse sich *jem. in Pechstiefeln fangen,* d. h. er sei so dumm wie ein Affe und lasse sich aufs ärgste täuschen. In der Mitte des 19. Jh. ist es eine durchaus geläufige Rda.: ‚jenseits der Oder, wo se de Bauern mit Pechstiebeln fangen' (Uckermark, jetzt nicht mehr gebräuchl.).

Vaerst erzählt (1836) von einem Pariser Abenteurer, der sich nach vielem Herumstreichen als angeblicher Waldmensch in Südamerika habe einfangen lassen, um dann in Paris als eine Art Wundertier Geld zu verdienen: „Lässt sich der Kerl, der sich in seinen Urwäldern nicht mehr nähren kann, pfiffigerweise in Pechstiefeln einfangen, nach Paris schleppen, um hier rohe Hühner, wahrscheinlich seine Lieblingsspeise, gegen Entree zu fressen". Wander (III, Sp. 1202) führt aus der Breslauer Zeitung vom 31. März 1864 (S. 841) an: „Wenn dem so wäre, so hätte Preussen sich im eigenen Pechstiefel gefangen".

Pedal. *In die Pedale treten, sich in die Pedale werfen:* sich körperlich oder geistig sehr anstrengen. Die Rda. kommt aus dem Radrennsport.

Pegasus. *Den Pegasus besteigen:* dichten. Der Pegasus ist nach der griech. Sage das Musenroß; vgl. Hesiod (‚Theogonie' 284): Πήγασος ἵππος (das Pferd Pegasus) und Ovid (‚Metamorphosen' V, 257): „Dura Medusaei quem praepetis ungula rupit" (Die Quelle, die der harte Huf des geflügelten Medusenrosses erschloß). Das aus dem Rumpf der Medusa entsprungene Flügelroß wurde von Bellerophon gezähmt. Als er sich auf ihm zum Himmel schwingen wollte, warf es ihn ab, stieg selbst zum Himmel auf und wurde ein Sternbild. Auf dem Helikon soll sein Hufschlag die den Musen geweihte Quelle ‚Hippokrene' hervorgebracht ha-

‚Pegasus'

ben. Wer aus dem Wasser dieses ‚Roß-
quells' trank, wurde ein Dichter. Vgl.
Persius („Satiren', Prolog): „Nec fonte la-
bra prolui caballino" (und ich benetzte
die Lippen nicht mit dem Roßquell). Die
Pegasus-Vorstellung geht auf alexandrini-
sche Dichter zurück.

Joh. Fischart läßt Eulenspiegel in dem
Prolog zu ‚Eulenspiegel reimensweiß'
(1572) sagen:

Nun hab ich guter Eulenspiegel
Bekommen auch poetisch Flügel,
Wie Pegasus, welchs war ein Pferd,
Soviel ist auch mein Esel wert.
So wag ichs nun, ich Eulenspiegel.
Flieg zu, Esel, ohn' Zaum und Zügel!

Vom *Pegasus im Joche* sprechen wir, wenn
ein Dichter durch Brotsorgen genötigt
wird, irgendeiner ihm nicht gemäßen Er-
werbsarbeit nachzugehen, oder wenn die
Dichtkunst dazu mißbraucht wird, einem
unkünstlerischen, politischen und allzu
profanen Zweck zu dienen. Im ‚Musenalmanach für das Jahr 1796' war das Schil-
ler-Gedicht, aus dem dieses Zitat stammt,
noch mit ‚Pegasus in der Dienstbarkeit'
überschrieben (Büchmann).

Lit.: *F. Hannig:* De Pegaso (Diss. Breslau 1902);
L. Malten in: Jb. des Dt. Archäolog. Instituts 40
(1925); *ders.* in: Hermes 79, 1/2 (1944); *P. Kretschmer*
in: Glotta 31 (1951); *F. Schachermeyr:* Poseidon und
die Entstehung des griech. Göttverglaubens (1950).

Pelle, lat. pellis = Haut, meint dt. eigentl.:
die dünne Haut oder die Schale, auch: die
Kleidung. Im 12. Jh. wurde dieses Wort
von ndl. Siedlern nach Norddtl. getragen.
Dem entsprechen die Rdaa.: *aus der Pelle
fahren* als Parallelbildung zu: ‚aus der
↗ Haut fahren'; *jem. nicht von der Pelle gehen, jem. auf der Pelle sitzen:* ihn ständig
begleiten, ihn durch ständiges Begleiten
belästigen (‚das Kind geht der Mutter
nicht von der Pelle'); vgl. frz. ‚ne pas quitter les jupes de sa mère': seiner Mutter
nicht vom Rock gehen; *jem. auf die Pelle
rücken:* ihm energisch zusetzen, als Parallelbildung zu: ‚zu Leibe rücken'.

Pelz wird ähnlich wie ↗ Fell und ↗ Pelle
gern für die menschliche Haut gebraucht:
sich die Sonne auf den Pelz scheinen lassen:
sich sonnen (19. Jh.); *einem auf den Pelz
kommen* (oder *rücken*): dringlich mit
einer Angelegenheit an ihn herantreten,

jem. bedrängen; *jem. eins auf den Pelz geben:* ihn prügeln; *jem. eins auf den Pelz
brennen:* auf ihn schießen, der Jägersprache entlehnt; aber auch bildl. auf den
Menschen übertr.: *einem auf den Pelz
schießen:* seine Fehler und schwachen
Seiten angreifen. Abraham a Sancta Clara
berichtet eine Anekdote (‚Abrahamisches
Bescheidessen' 282): „Ein Fürst sagte zu
seinem Hofprediger, der durch Gleich-
nisse die Fehler und Laster desselben ge-
rügt hatte, über Tische: ‚Ihr habt mich
heut' ziemlich auf den Pelz geschossen,
Herr Hofprediger'; worauf dieser erwi-
derte: ‚Das thut mir leid, ich hatte aufs
Herz gezielt'." *Einem den Pelz waschen:*
ihm derb zusetzen (schon um 1500 bei
dem Prediger Geiler von Kaysersberg). In
Thomas Murners ‚Schelmenzunft' findet
sich die Sentenz:

Ye me man wescht ein beltz fürwar,
Ye mer vnd mer bschyst er das har.

‚Wasch mir den Pelz, aber mach ihn mir
nicht naß!' sagt man, wenn man bei Tadel
doch sanft behandelt werden möchte oder
wenn jem. ein Vorhaben ankündigt, aber
viel zu schwache Mittel anwendet.
Vgl. dazu die 30. Historie des Eulenspiegelvolksbuches, wo Eulenspiegel in Thüringen den leichtgläubigen Frauen die
Pelze neu waschen wollte: Von seiner
neuen Wirtin nach seinem Handwerk befragt, antwortet Eulenspiegel: „Ich bin
kein Handwerksgesell, sondern ich pflege
die Wahrheit zu sagen...", was er auch sogleich tut, indem er die schielende Wirtin
zweimal mit „schielende Frau' anredet.
Die Frau ist darüber entsetzt: ‚Ach, daß
dir nimmer Gutes geschehe. All mein Lebtag hat mir niemand vorgeworfen, daß ich
schiele." Doch als Eulenspiegel ihr von
seiner Fähigkeit erzählt, alte Pelze neu
waschen zu können, vertraut sie (und etliche andere Frauen) ihm alte Pelze an, die
er in warmer Milch kocht; während die
Frauen im Wald junges Lindenholz auf
Eulenspiegels Geheiß suchen, macht er
sich auf und davon. (H. Bote: Till Eulenspiegel [Frankfurt/M. 1978], S. 92–94).
Einem eine Laus in den Pelz setzen ↗ Laus;
einem den Pelz lausen: einen heimsuchen;
die Rda. spielt eine Rolle in der 30. Historie des Eulenspiegelvolksbuches, wo Eulenspiegel den Frauen ‚die Pelze waschen'

1147

will; wie häufig in den Eulenspiegelschwänken gibt es dabei eine Verknüpfung von Metapher und wörtl. Auslegung.
Der Pelz ist ihm zu enge: er ängstigt sich, hat Furcht vor Strafe; lit. schon bei A. Gryphius („Geliebte Dornrose'): „O wie enge war mir der Pelz!"
Man hat etw. zu Freiburg im faulen Pelz erlernt: man hat etw. im Wirtshaus ‚gelernt'. „So z. B. sagte man, daß Murner seine Kunst zu Freiburg im faulen Pelz erschnappt habe, d. h. in einer Kneipe; wie denn auch heutzutage noch in Heidelberg eine Brauerei zum faulen Pelze ist, wo man allerlei profane Kunst erlernen mag" (Eiselein, Sprww. und Sinnreden der Deutschen, S. 182).

Perle *(Die) Perlen vor die Säue werfen:* Edles, Gutes und Schönes dem bieten, der es nicht zu würdigen versteht. Die Rda. ist bibl. Urspr.: „Ihr sollt das Heiligtum nicht den Hunden geben, und eure Perlen sollt ihr nicht vor die Säue werfen, auf daß sie dieselbigen nicht zertreten mit ihren Füßen und sich wenden und euch zerreißen" (Matth. 7,6; Vulgata: „Neque mittatis margaritas vestras ante porcos, ne forte conculcent pedibus suis").
Bei ihrer Interpretation der Bibelstelle fragen H. und R. Kahane nach der Bdtg. der Perlen in diesem Zusammenhang und verweisen auf eine Tradition der byzantinischen Kirche, wo das geheiligte Brot, als kleine Brocken zerkrümelt, μαργαριτας (griech.) genannt wurde und das Neugriech. Perlen und Brotkrümel immer noch mit demselben Begriff bez. So wäre die Bibelstelle sinngemäß zu übertr.:

STROYT ROSEN VOOR D VERCKENS

‚Perlen (Rosen) vor die Säue streuen'

‚Wirf nicht den Hunden das geheiligte Fleisch und den Schweinen das geheiligte Brot vor'. Besonderes Gewicht gewinnt diese Interpretation, wenn man bedenkt, daß im jüd. Glauben die Tiere Symbole der Unreinheit sind, während Heiligem die absolute Reinheit anhaftet.
Das rdal. Bild ist schon vor der Lutherischen Bibelübers. im Dt. geläufig. Es findet sich z. B. in der altbair. Predigtsammlung ‚Speculum ecclesiae' aus dem 12. Jh.: „man sol diu mergriezer (Perlen) vur diu swîn niht giezzen"; die Wndg. erscheint ferner um 1230 in Freidanks Lehrgedicht ‚Bescheidenheit' (123, 6):
   Swer berlîn schüttet für die swîn,
   Diu mugen niht langer reine sîn.
Vollkommen frei schaltet Hugo von Trimberg in seinem Lehrgedicht ‚Renner' (V. 6302 ff.) mit der überlieferten Formel; er klagt:
   daz zuht, scham, kunst und witze
   fleischlichem gelust entwîchen müezen
   und under der gîtekeit (Gier) füezen
   ligen als vor swînen edel gesteine.
In ndd. Form bucht 1513 Tunnicius die sprw. Rda.: „Men sal de perlen nicht vor die swyne werpen". Auch dem Engl. und dem Frz. ist sie geläufig (‚to throw pearls before swine"; ‚donner des perles aux porcs' u. ‚jeter ses perles aux pourceaux'). Ndl. heißt es außer ‚paarlen voor de zwijnen werpen' auch synonym: ‚rozen voor de varkens strooien'. Die Szene ist auch oft von den ndl. Bildschnitzern dargestellt worden, z. B. in Aerschot, Hoogstraeten, Dordrecht und anderorts. Auf allen ndl.-fläm. Skulpturen dieser Rda. und ebenso auf dem späteren Bilderbogen werden nicht Perlen, sondern Blumen den Schweinen vorgeworfen, wobei wahrscheinl. eine Verwechslung von lat. ‚margarita' = Perle und frz. ‚marguérite' = Gänseblümchen, die Margarite, vorliegt. Hier zeigt sich ein deutlicher Übersetzungsunterschied zwischen ndl. und dt. Tradition aufgrund derselben bibl.-lat. Quelle. Wo die Szene mit Blumen auf dt. Chorgestühlen vorkommt, wie z. B. in Kempen am Niederrh., da ist die Mitarbeit oder das unmittelbare Vorbild fläm. Künstler anzunehmen. – Parodistisch: ‚falsche Perlen vor echte Säue werfen'.
Er sitzt drin wie die Perle im Golde sagt.

1–3 ‚Perlen (Rosen) vor die Säue werfen'

man scherzhaft von einem Herrn, der zwischen mehreren Damen sitzt. *Ihm fällt eine Perle aus der Krone:* er vergibt sich etw.; Parallelbildung zu ‚ihm fällt ein Stein aus der ↗ Krone'.
Das dt. Wort ‚Perle' leitet sich von lat. ‚pirula' ab, was ‚kleine Birne' bedeutet. Als ‚Perle' wird auch die Zugehfrau, die Hausdame oder manchmal auch die Hausfrau bez., wie z. B. in einem Sprw.: ‚Ein kluges Weib ist eine Perl' im Hause'. Ein verbr. Aberglaube sieht in den Perlen, von denen man träumt, Vorboten kommenden Leids: ‚Perlen bedeuten Tränen'. Lit. zuerst bei Lessing, ‚Emilia Galotti' (1772) (II, 7, 8).
Es ist nicht so wie Perlen anfädeln: die Sache ist schwerer, als sie anfänglich erscheint. Den entspr. rdal. Vergleich gibt es auch frz.: ‚Ce n'est pas pour enfiler des perles'.
Dagegen meint die Rda.: *Etw. ist doch kein Perlenstück:* eine Sache ist nicht so schwierig, wie sie zu sein scheint. Diese Rda. wird gesagt, um einen Unentschlossenen oder Unmutigen zu ermuntern; sie entstand in Anlehnung an ‚Meisterstück', ‚Heldenstück', hat jedoch mit dem Wort ‚Stück' urspr. nichts zu tun, sondern kommt von der heute ausgestorbenen Handarbeitskunst des Perlenstickens. Im Laufe der Zeit ist der Bezug zum Ursprung nicht mehr nachvollziehbar gewesen. Die Rda. wurde – um wieder sinnvoll zu erscheinen – einer anderen lautlich angeglichen. 1611 sagt ein Prediger in den

1149

,acta colloquiorum reverendi ministerii Brunsvicensis' (Stadtbibliothek in Braunschweig) zu einem Mädchen: „Was sie nicht wüßte, könnte sie lernen, es wäre ja kein Perlensticken".

Lit.: *V. Loveling:* Eene parel op het oog, in: Vkde. 13 (1900/01), S. 14–19; *O. Schütte:* Das ist doch kein Perlenstück, in: Zs. f. d. U. 18 (1904), S. 65; *D. McGillivray:* Pearls before swine (Matthew VII, 6), in: Expository Times 27 (1915/16), S. 46; *A. M. Perry:* Pearls before swine, in: Expository Times 46 (1934/35), S. 381–382; *Singer* III, 83; *G. Castellini:* Struttura letteraria di Mt. 7, 6, in: Rivista biblica 2 (1954), S. 310–317; *T. F. Glasson:* Chiasmus in St. Matthew VII. 6, in: Expository Times 68 (1956/57), S. 302; *L. Röhrich:* Sprw. Rdaa. in bild. Zeugnissen; *H. u. R. Kahane:* Pearls before swine? A reinterpretation of Matthew 7, 6, in: Traditio 13 (1957), S. 421–424.

Perlicka, Perlacka. So lautet eine verstümmelte Zauberformel aus dem Bereich der Hamburgischen Handpuppen- und Kasperlespiele; nicht nur hier, sondern auch im Volksschauspiel vom Doktor Faust, erscheint der Teufel bei dem Ruf ,Perlicka', bei ,Perlocka' (oder: ,Perlacka') verschwindet er wieder. Die Herkunft der ,Per-lac'-Formel wird in einem ma. Segen gesehen: „Conjuro te per lac genitricis dei, beatae virginis Sanctae Mariae" (Ich beschwöre dich bei der Milch der Gottesgebärerin, der seligen Jungfrau, der Heiligen Maria). Der Schwur ,per lac' – auf die Milch der Mutter Gottes – oder auch die Beschwörung gehören zur Gattung der vulgären Beschwörungsworte, wie auch ↗Hokuspokus (aus: Hoc est corpus meum).

Lit.: *E. Grohne:* Perlicka, Perlacka!, in: Zs. f. Vkde. 54 (1958), S. 117–120.

perplex. *Perplex sein:* sprachlos, verwirrt sein. Das Wort ist ein Lehnwort aus mlat. ,perplexus': verlegen, verwirrt, verblüfft.

Persilschein. *Den Persilschein geschickt kriegen:* den Gestellungsbefehl erhalten; während des 2. Weltkriegs aufgekommen. Die Rda. knüpft an die Gepflogenheit der Wehrpflichtigen an, beim Einrücken in die Kasernen ihre Wäsche in Kartons mitzubringen, in denen die Einzelhändler das Waschmittel Persil bezogen hatten. Nach 1945 gebrauchte man den Ausdr. Persilschein im Zusammenhang mit der Entnazifizierung für die schriftliche Bestätigung

einer makellosen politischen Vergangenheit; wie durch ein Waschmittel wurde der tatsächlich oder vermeintlich Belastete gewissermaßen weiß gewaschen, deshalb die Wndgn.: *einen Persilschein erhalten* und *jem. einen Persilschein ausstellen.* Wer einen Persilschein hatte, der hatte wieder eine ,weiße ↗Weste'.

Auch heute wird die Floskel im politischen Fachjargon verwendet, vor allem als Umschreibung für Vetterleswirtschaft oder auch Heuchelei (↗Vetter).

Der Name ,Persil' setzt sich aus den Anfangssilben der beiden Hauptbestandteile des Waschpulvers, nämlich aus *Per*borat und *Sil*ikat, zusammen.

Der sprw. gewordene Werbeslogan ,Persil bleibt Persil' stammt von Elli Heuss-Knapp, der Gattin des ersten Bundespräsidenten.

Persona. *In Persona erscheinen:* selbst erscheinen. Die Etymologie des Wortes Persona ist umstritten. Naheliegend ist es, lat. ,per' und ,sonare' in der Bdtg. ,hindurchklingen', anzunehmen, denn Persona hatte zuerst die Bdtg. ,Theatermaske'. Doch ist der Quantitätsunterschied des ,o' von persōnare und persōna ein Grund, diese Erklärung zu bezweifeln. Heute spricht man von jem. abwertend, wenn man ihn als eine ,Person' bez.

Eine ,Persona ingrata' ist ein nicht gern gesehener, unwillkommener Mensch, im Gegensatz zur ,Persona grata'. Diese Begriffe gehören urspr. zum Bischofswahlrecht und entstanden im 19. Jh. Heute werden auch politische Vertreter und Diplomaten als Persona grata oder ingrata bez.

Lit.: Art. ,Persona', in: Pauly, Sp. 657; *H. Rheinfelder:* Das Wort ,Persona': Geschichte seiner Bdtgn. mit bes. Berücksichtigung des frz. und ital. MA. (Beih. zur Zs. für roman. Philologie, 77), (Halle 1928).

Perücke wird in ndd. und mdt. Rdaa. bildl. gebraucht und steht dann für den Begriff der Unechtheit, der Unnatürlichkeit und des Scheins von Ansehen, das sich einer gibt: *einem in die Perücke fahren:* seine Überheblichkeit, Heuchelei aufdecken; ndd. ,Ik fohr em in'e P(a)rück', ich fuhr ihn an; rhein. ,He het de P(e)rück verkeahrt stohn', er ist schlecht gelaunt.

Lit.: *M. Jedding-Gesterling (u. a. Hg.):* Die Frisur. Eine Kulturgeschichte der Haarmode von der Antike bis zur Gegenwart (Hamburg 1990).

Pest. Der noch heute ganz geläufige rdal. Vergleich *einen fürchten wie die Pest* ist lit. schon u. a. bei Grimmelshausen im ‚Simplicissimus' (II. Kap. 30, S. 195) belegt: „davon wurde ich gefürchtet wie die pest"; vgl. frz. ‚craindre quelqu'un comme la peste'; daneben ist *stinken wie die Pest* geläufig. Das Ndl. kennt darüber hinaus ‚gierig als de pest' insofern, als die Pest viele Opfer verlangt. Der alte Fluch ‚Daß du die Pest kriegst!' ist heute ausgestorben.

Jem. die Pest an den Hals wünschen: jem. Unglück wünschen. Als erstes sichtbares Symptom der Pestkrankheit galten die Pestbeulen am Hals; obwohl sich die Drüsen am ganzen Körper entzündeten, sagte man gewöhnlich über einen von der Pest Befallenen: ‚Er hat die Pest am Halse'. Der Volksmund bez. jede andere, sich rasch ausbreitende, ansteckende und bösartig verlaufende Seuche als Pest (lat. ‚pestis': Seuche). Im Volksglauben entsteht die Pest durch böse Leute, die mit dem Teufel im Bunde stehen oder aber die Pest geht in Tiergestalt umher. (Die wahre Ursache der Pestübertragung, nämlich der Rattenfloh, wurde erst 1894 entdeckt.) Auch dachte man sich die Pest als blaues Flämmchen mit übelriechendem ↗ Dunst, das bald hier, bald da in Erscheinung trat. Viele Bräuche beruhen auf Praktiken der Pestbekämpfung: so z. B. die Oberammergauer Passionsspiele, die auf ein Gelübde von 1633/34 zurückgehen, welches die Oberammergauer vor der Pest bewahren sollte; auch die Totentänze, die Pestaltäre, Pestsäulen und -kapellen entstanden zur Zeit der grausamen Epidemien, die vor allem vom 15. bis zum 18. Jh. viele Opfer forderten, ja ganze Landstriche entvölkerten.

Die Pestilenz mit Franzosen heilen wollen: meint, genau den falschen Weg beschreiten, um etw. zu verbessern; den ↗ Bock zum Gärtner machen.

Das Gedicht von Hermann Lingg: ‚Der schwarze Tod' (1854) beginnt mit der Zeile: „Erzittre Welt, ich bin die Pest".

Lit.: *W. Wehle.* Punisches Sprw. bei Augustin: ‚unum nummum quaerit pestilentia', in: Rhein. Museum f. Philologie 17 (1862), S. 638; *P. Heitz:* Pestblätter des 15. Jahrhunderts (Straßburg 1918); *J. Nohl:* Der schwarze Tod. Eine Chronik der Pest 1348–1720 (Potsdam 1924); *P. Sartori:* Art. ‚Pest', in: HdA. VI, Sp. 1497–1522; *L. Honko:* Krankheitsprojektile (FFC. 178), (Helsinki 1959); *A. Corbin:* Pesthauch u. Blütenduft (Berlin 1984); *W. Hartinger* u. *W. Helm:* Die laidige Sucht der Pestilentz. Kleine Kulturgeschichte der Pest in Europa. Begleitheft zu den Ausstellungen in Dingolfing (Stadthalle, 23.6. – 4.7.1986) u. Passau (Sparkasse, 7.7. – 25.7.1986).

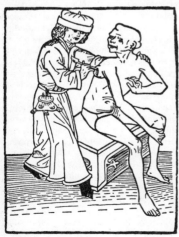

‚Eine Pestbeule aufschneiden'

Peter, Petrus. *Dem Peter nehmen und dem Paul geben:* es dem einen nehmen und dem andern geben; von dem einen etw. leihen, um den andern damit zu bezahlen. Diese ältere Rda. ist heute kaum noch üblich (vgl. engl. ‚to rob Peter to pay Paul'; frz. ‚dépouiller saint Pierre pour habiller saint Paul' oder: ‚découvrir Pierre pour recouvrir Paul'). Die Zusammenstellung der beiden stabreimenden Hauptapostelnamen ist sehr gebräuchl.; heißt doch auch ein Kalendertag, der 29. Juni, nach ihnen gemeinsam. Die Rda. erklärt sich aus dem einst nicht seltenen Vorkommnis, daß aus einer Kirche Gegenstände der Verehrung und des Schmuckes, die dort reichlich vorhanden waren, genommen wurden, um sie an neue Kirchen zu geben, denen diese Dinge noch fehlten. Handelte

1151

man doch dabei sogar in Übereinstimmung mit Paulus, der 2. Kor. 11,8 schreibt: „... und habe andere Gemeinden beraubt und Sold von ihnen genommen, daß ich euch predigte". So mag es denn vorgekommen sein, daß man dem heiligen Petrus den Rock nahm, um ihn dem heiligen Paul anzuziehen (vgl. die oben erwähnte frz. Rda.); denn es war da durchaus üblich, den Statuen der Heiligen wirkliche Gewänder anzulegen. Nach Quittard („Études littéraires et morales sur les proverbes français', 1860, S. 305) findet sich die Rda. lit. schon zur Zeit des Frankenkönigs Dagobert, der zur Gründung der Abtei Saint-Denis verschiedene Kirchen zu den erwähnten Schenkungen nötigte. So mußte unter anderen die Martinskirche in Tours ihre eisernen Türen an die Dionysius-Abtei abtreten; schon damals wurde sprw. geklagt: „Non est spoliandus Petrus, ut vestiatur Paulus'. Friedrich der Große am 1. August 1786: „Man mus nicht Petern ausziehen, vmb Paulen zu bekleiden" (Stadelmann, Aus der Regierungszeit Friedrichs des Großen, Halle 1890, S. 95).

Petrus gilt als Wetterregent. Bei schönem Wetter sagt man: ‚Petrus meint es gut mit uns'. Wenn weiße Wölkchen am Himmel stehen, sagt man: ‚Der heilige Petrus weidet Schäfchen oder Lämmel' oder ‚backt Brot'; wenn es regnet, sagt man: ‚Petrus schließt den Himmel auf'; wenn es schneit: ‚Petrus hat ein Loch aufgemacht und kann es nicht wieder zustopfen'. Bei Gewitter ‚fährt Petrus Unsere Liebe Frau in einem Wagen spazieren' (vgl. HdA. VI, Sp. 1536 ff.); weitere Wetter-Rdaa. mit Petrus: ‚Petrus blinzelt', es wetterleuchtet; ‚jetzt ist Petrus der Sack geplatzt', Blitz, Donnerschlag und Wolkenbruch ereignen sich gleichzeitig: ‚Petrus kegelt', es donnert; ‚Petrus läßt Wasser', es regnet: ‚Petrus rückt Schränke', es donnert verhalten in der Ferne; ‚Petrus hat gefurzt (geschissen)', es donnert heftig; ‚Petrus schifft', es regnet heftig; ‚Petrus zieht um', es donnert heftig.

Auf Petrus als Himmelspförtner beziehen sich sold.-euphemist.-verhüllende Rdaa. für ‚sterben', wie z. B. ‚bei Petrus anklopfen'; ‚sich mit Petrus bekannt machen'; ‚gen Petrus fliegen', bei einer Explosion in die Luft fliegen. ‚Sei bloß ruhig, oder hast du eine Verabredung mit Petrus?' ist eine hamb. Drohung. ‚Mit Petrus Sechsundsechzig spielen', ↗zeitlich.

Jem. den Peter Puff singen: jem. schlagen (heute veraltet); z. B. in den Fastnachtsspielen von Hans Sachs (4,3,19): „ich wil ir (der Frau) den Peter Puff singen, thu ich sie heim zu Hause bringen".

Peter friß, 's sind Linsen: tu es nur, die Folgen werden schon nicht so schlimm sein; heiße das Unangenehme gut; pomm. ‚frett Peter, 't sünd Lünsen', das stecke ein, es ist auf dich gemünzt. Die Rda. hat ihren Ursprungsbereich in der Sprache der Kartenspieler; sie ist durch ihre Verwendung in Fritz Reuters ‚Stromtid' (II, Kap. 22) lit. geflügelt geworden.

Peterle auf allen Suppen sein ↗Petersilie. Eine Zigarre, 1945–48 eine Zigarette aus selbstgezogenem Tabak (‚Eigenbau') ‚Marke Petrus', ist minderwertig mit Anspielung auf Luk. 22,62: „Er ging hinaus und weinte bitterlich".

Den schwarzen Peter in der Tasche haben: der Schuldige, der Letztverantwortliche sein. Die Rda. leitet sich von dem Kinderkartenspiel her, bei dem der Besitz des ‚Schwarzen Peters' Unterlegenheit bedeutet und andererseits die Gewinner zu vorher vereinbartem Mutwillen berechtigt; ebenso: *den schwarzen Peter zurückgeben:* die Verantwortung auf den eigentl. Verantwortlichen abwälzen; *jem. den schwarzen Peter zuschieben:* jem. die Schuld, die Verantwortung aufbürden, ↗schwarz. Der Scharfrichter hieß früher – neben vielen anderen Namen – euphemist. oft ‚Meister Peter'. ‚Petrus ins Credo' kommt in Hugo von Hofmannsthals ‚Rosenkavalier' (III. Akt) vor, ↗Pilatus.

Einen Peterskopf haben: eigensinnig sein. Die bibl. Erzählung von der Fußwaschung, wo Petrus erst nicht dulden wollte, daß Christus ihm die Füße wusch, dann aber, von seinem Herrn belehrt, auch noch Haupt und Hände gewaschen haben wollte, gilt als Grundlage der Bez. Peterskopf. Nigrinus sagt: „als wolte vnd musst ers nirgends machen, nach des Herrn sinn, sondern nach seinem eygensinnigen kopff, darauss ein sprichwort entstanden ist in der Welt, das man ein eygensinnigen ein Peterskopff nennet"; so auch bei Luther, Thom. Murner, Joh. Fischart.

Neben der Fußwaschungsszene rechtfertigt auch die jähzornige Art, mit der Petrus bei der Gefangennahme Jesu dem Malchus ein Ohr abschlägt, den Hintergrund der Rda.: ‚einen Peterskopf haben'. Sie ist bes. im 16. Jh. sehr gebräuchl.; schon in den Mysterienspielen des MA.s tritt Petrus als komischer Held auf. Joh. Fischart spielt in seiner ‚Flöhhatz' (V. 344 ff.) auf den Peterskopf im Sinne der wunderlichen, hitzigen Art von Petrus an:

> Gleich wie man von Sant Peter saget,
> Der, als er Herr Gott war ein Tag
> Und Garn sah stehlen eine Magd,
> Warf er ihr gleich ein Stuhl zum Schopf,
> Erwies also sein Peterskopf.
> Hätts solcher Gstalt er lang getrieben,
> Es wär kein Stuhl im Himmel blieben.

Im 15. bis 17. Jh. galt die Regel, daß alle Männer, die Petrus heißen, wunderlich seien: ‚omnes petri sunt mirabiles'. In Erfurt durfte im 15. Jh. kein Mann namens Petrus zum Bürgermeister gewählt werden. In Nürnberg und Umgebung werden Glatzenträger als Peter(s)köpfe bez. 1612 schrieb der Nürnberger Patrizier Behaim an seine Braut: „Zu wünschen wäre, daß Ihr Eure schöne Haar auf meinen platten Peterkopf hättet setzen und machen können".

In der dt. Kunst wird seit der 1. H. d. 15. Jh. Petrus mit Glatze und Stirnlocke (Rest der Kranztonsur) dargestellt, bes. bei Dürer. Hans Sachs gibt in einem Meistergesang von 1551 dafür eine Erklärung. Eine Bäuerin rauft Petrus die Haare aus, weil er verschlafen hat:

> Darumb malt man noch ueberal
> Sant Petter gar glaczet vnd kal,
> Seit die pewrin in also ruepft.

In einer ndl. Erzählung (Mont en Cock, Vlaamsche Vertelsels, S. 129) dagegen soll Petrus vor dem Herrn unter seinem Hut einen heißen Kuchen verborgen haben, der ihm die Haare wegbrannte.

Lit.: *R. Köhler:* Aufsätze über Märchen und Volkslieder (Berlin 1894), S. 67–69; *J. van Vlierberghe:* Ons Heer wilt door St.-Pieter niet uit 't water gehaald worden. St.-Pieter op ons Heer leggen, in: Vlaamsche Zanten 2 (1900), S. 15; *O. Dähnhardt:* Natursagen I (Leipzig–Berlin 1907), S. 172 f.; *Bolte-Polívka* I, S. 344 f.; Mot. 774 J.; *T. Zwölfer:* Sankt Peter, Apostelfürst und Himmelspförtner (Stuttgart 1929); *Werkbie:* Pietjes, pierkes en pieters; De naam Pieter in Spreekwoorden en volksuitdrukkingen, in: Biekorf 36 (1930), S. 270–273; *H. Brinkmann:* Die Darstellung des Apostels Petrus (Diss. Erlangen 1936); Schwänke aus mündl. Überlieferung: authentische Tonaufzeichnungen 1952–1970 v. J. Künzig u. W. Werner, Kommentare *H. Lixfeld* (Freiburg 1973), S. 75–76.

Petersilie. *Petersilie auf allen Suppen sein:* überall dabeisein müssen, bei allen Gelegenheiten obenauf und vorne dran sein wollen; vorwiegend südwestdt., in schwäb. und alem. Mda. in der Form *Peterling* (oder *Peterle*) *auf allen Suppen*. Die Rda. ist schon bei dem Prediger Geiler von Kaysersberg (1445–1510) bezeugt. Bei Jakob Heerbrand (‚Ausklopfung', 1588, S. 2) heißt es: „Der überall vornen daran, Hans in allen Gassen, Peterling auf allen Suppen sein will".

Einem die Petersilie verhageln: iron. moderne Verstärkung für: ‚ihm die ↗ Suppe versalzen'; *ihm ist die Petersilie verhagelt:* er ist niedergeschlagen, blickt mißmutig drein. Auch regional begrenzte mdal. Wndgn. sind bezeugt, z. B. sagt man im Bergischen ‚de Peterzellich kriegen', wenn man sich langweilt (vielleicht weil das Kraut lange zum Aufgehen braucht).

Petersilie pflücken: als Mädchen bei einer Tanzveranstaltung keinen Tänzer finden, lange auf eine Aufforderung warten müs-

‚Einen Peterskopf haben'

sen, bes. in Mecklenburg geläufige Wndg. Wahrscheinl. hängt diese Rda. mit dem Volksglauben zusammen, Petersilie sei wegen ihres starken Aromas als Aphrodisiakum zu verwenden. Bis heute genießt sie diesen Ruf, worauf auch der Spruch anspielt:

Petersilie hilft dem Mann aufs Pferd,
der Frau aber unter die Erd'.

Aus der röm. Gartenkultur kam sie als Arzneipflanze in den Norden.
In einem alten Bauerntanzlied steht sie verhüllend für den Penis: ‚Nachbar Brosius' (um 1600):

Die Petersilie die ist gut,
Brosius steckts auf seinen Hut.
Da wackelt ihm sein Federbusch,
es daucht ihm leiden gut.
(Aus: Danckert, S. 1223).

Lit.: *W. Danckert:* Symbol, Metapher, Allegorie im Lied der Völker. Teil 3: Pflanzen (Bonn 1978), S. 1223–1226.

Petitesse. *Sich mit Petitessen aufhalten:* seine Zeit mit Nebensächlichkeiten verbringen. Nach der Bundestagswahl von 1976 antwortete Willy Brandt auf die Frage eines Reporters, wie sich die SPD der Probleme Jugendlicher annehmen wolle, man solle sich doch jetzt nicht ‚mit solchen Petitessen' aufhalten. Von den Medien wurde Brandt daraufhin als Schöpfer eines neuen Wortes gefeiert; doch er ist nicht der Erfinder von ‚Petitesse'. Im Frz. heißt ‚la petitesse': Kleinigkeit, Geringfügigkeit und existierte in dieser Bdtg. schon im 18. Jh. in der dt. Sprache. So in Speranders (= F. Gladow) Werk: ‚A la Mode-Sprach der Teutschen' (1727) oder bei Moses Mendelssohn (Briefe, die Neueste Lit. betreffend, vom 1. Mai 1760): „Unsere Petitessen mochten noch so tief unter ihrer Majestät sein ..." über die norwegische Sprache ist dann das ausgestorbene Wort wieder ins Dt. gelangt.

Lit.: *H. Walther:* Kein brand(t)neues Wort: Petitesse, in: Der Sprachdienst 20 (1976), S. 188–190.

petto. *Etw. in petto haben:* etw. vorhaben, im Sinn, in Bereitschaft, zur Verfügung haben. Die Rda. entspricht einer im 18. Jh. aus dem Ital. übernommenen Wndg., die bis in die südd. Mdaa. vorgedrungen ist; ital. ‚in petto' = in der Brust,

verschlossen, unerörtert; nur gedacht (lat. ‚in pectore'). Was man ‚in petto' hat, verwahrt man als Geheimnis noch in der Brust.
Wenn der Papst jem. zum Kardinal ‚in petto' erhebt, wird sein Name nicht genannt; wirklich Kardinal wird er erst mit dessen Veröff., die Kardinalatsjahre aber zählen dann von der Kreierung an.
Das Herz und im übertr. Sinn der Thorax gelten als pars pro toto für das Wesen des Menschen überhaupt, für sein Denken und Fühlen, für sein Trachten und für sein Gewissen. Diese Vorstellung beruht noch auf dem ma. Glauben, wo man das Herz als Sitz der Gedanken ansah.

Lit.: *R. Schenda:* Art. ‚Brust', in: EM. II (1979), Sp. 957–963.

petzen. *Jem. (ver-)petzen:* jem. verraten, verpfeifen, denunzieren. Das Wort ‚Petze' (Verräter) gelangte im 18. Jh. durch die Theologiestudenten des Hallischen Waisenhauses in die Studentensprache, bleibt jedoch bis ins 19. Jh. auf Halle beschränkt und ersch. erst ab 1825 in anderen dt. Städten; der Ausdr. ist wohl aus rotw./ hebr. ‚pāzäh (den Mund aufreißen) herzuleiten (Kluge-Götze, S. 555).
Für ein Kind gibt es kaum etw. Schlimmeres, als als ‚Petze' erkannt und bez. zu werden. Es wird damit gleichsam ins Abseits gestellt und von den Spielgefährten oder Mitschülern gemieden. Oft geben auch die Erwachsenen nicht viel auf die ‚Petzerei' und weisen das Kind damit ab. Ein Kinderspottvers aus Sachsen spielt darauf an:

Petze, Petze ging in'n Laden,
kauft für'n Dreier Käsemaden.
Käsemaden gibt es nicht,
Petze, Petze ärgert sich.

Pfad. *Auf krummen Pfaden wandeln:* etw. Unrechtes tun, ↗ Weg.
Die ausgetretenen Pfade verlassen: neue Einfälle und Ideen haben, im Denken und Handeln vom alten Schema abweichen.
Auf den steilen Pfad der Tugend zurückkehren: eine sorglose, verantwortungslose Lebensführung eintauschen gegen ein arbeitsvolles, moralisch einwandfreies Leben. Die Vorstellung vom ehrlichen Leben als beschwerlich zu gehenden Weg ist

wohl an Hesiods (700 v. Chr.) Lehrgedicht ‚Werke und Tage', V. 289 angelehnt: „Tugend kennt erst den Schweiß, so wollen's die unsterblichen Götter, lang ist und steil der Weg hinan bis zum Gipfel".

Pfaffe. Pfarrer. ‚Pfaffe' (lat. Papa; vgl. Pope) war urspr. der Ehrenname jedes Geistlichen (‚Pfaffe Lambrecht', ‚Pfaffe Âmîs' usw.). Erst seit dem ausgehenden MA. und der Reformationszeit bekommt ‚Pfaffe' einen negativen Beigeschmack: ‚Pfaffengezänk', ‚Pfaffenschwank' usw. In vielen Sprww. wird der Pfaffe verhöhnt als selbstsüchtiger und gieriger Mensch. „Er rafft zusammen, was er kriegen kann, preist deswegen sein Heiligthum als bes. segensvoll und gibt sowenig wie der Wolf wieder heraus, wie er hat: ‚Pfaffen' segnen sich zuerst" (Fr. Seiler, S. 342). Nach den Zeugnissen der Goethezeit ist der Pfarrer im Ansehen tief gesunken, z. T. hat hier Lessings Kampf gegen Pastor Goeze nachhaltig gewirkt. Wagner sagt in der ersten Studierzimmerszene im Faust I: „Ich hab' es öfters rühmen hören: ein Komödiant könnt einen Pfarrer lehren".

Das schwäb. Sprichwort ‚In jedem Pfäffle steckt a Päpstle' kritisiert die überhebliche und rechthaberische Art eines Menschen allg. Die Schwankliteratur bes. hat das Pfaffentum hart kritisiert; z. T. lag die Feindseligkeit gegenüber dem Pfarrer in dessen Privilegien begründet: er war von Abgaben und Diensten befreit.

Lit.: *P. Drews:* Der evangelische Geistliche (Leipzig 1905); *H. Werdermann:* Der evangelische Pfarrer in Geschichte und Gegenwart (Leipzig 1925); *J. H. V.:* De duiven van de paster van Lombartsijde, in: Biekorf 59 (1958), S. 126; *G. Laukens:* Als de pastoor (van Wenduine) zijn duiven loslaat, in: Biekorf 59 (1958), S. 146; *G. Holtz:* Art. ‚Pfarrer', in: RGG V (³1961), Sp. 273–280.

Pfahl. *In seinen vier Pfählen:* innerhalb des Hauses, in der eigenen Wohnung. Die Rda. ist eigentl. eine alte Rechtsformel, die sich wohl weniger auf die Eckpfosten des Hauses, als auf die Eckpfähle der Hofumfriedung bezieht. Im ‚Sachsenspiegel' wenigstens ist mit der Wndg. ‚Haus und Hof' gemeint: „binnen sînem hûse unde hove, dat is binnen sînen veer pâlen" (Glosse zu 2,66). Hans Pfriem, der Held von Hayneccius' gleichnamiger Komödie aus dem Jahre 1582, klagt (V. 1586):

Ist dan heut aller fried dahin,
Das ich kein stund nicht sicher bin
In meinen vier pfelen, erbarm es Gott.

Auf seinem Kopf kann man Pfähle anspitzen: er ist unempfindlich, er ist dumm; die Rda. greift einen bes. harten Fall von Dickschädeligkeit heraus.

Ein Pfahl im Fleisch: ein peinigendes körperliches oder seelisches Leiden, eine Wunde am eigenen Leib. Die Wndg. ist bibl. Urspr.: „Auf daß ich mich nicht der hohen Offenbarung überhebe, ist mir gegeben ein Pfahl ins Fleisch, nämlich des Satans Engel, der mich mit Fäusten schlage, auf daß ich mich nicht überhebe" (2. Kor. 12,7): entspr. auch in anderen Sprachen (frz. ‚c'est une épine au pied'; engl. ‚a thorn in the flesh'; ndl. ‚een doorn in het vlees zijn'), ↗ Dorn.

Pfandhaus. *Die Uhr geht nach dem Pfandhaus:* die Uhr geht falsch. Wahrscheinl. ist sie so lange im Pfandhaus gewesen, daß sie abgelaufen und beim Abholen lediglich aufgezogen, aber nicht gestellt worden ist; die Rda. ist ungefähr seit 1900 geläufig.

Pfanne. *Einen in die Pfanne hauen:* ihn gänzlich vernichten; auch: ihn im Wortgefecht gründlich besiegen. Pfanne ist hier die Koch- oder Bratpfanne, auf der man ein Ei zerschlägt oder in die man ein Stück Fleisch zerkleinert hineinwirft; vgl. auch ‚einen zur ↗ Bank hauen' und die im 18. Jh. häufige Rda. ‚einen in Kochstücke zerhauen', ihn jämmerlich verprügeln. Als bloße Drohung ist ‚in die Pfanne hauen' auch 1687 in einem Lied auf die Schlacht bei Patras von den Türken gesagt:

Also er zweimal stürmet an,
Uns in die Pfann zu hauen.

Sämmtliche Feinde werden in die Pfanne gehauen.

‚Jem. in die Pfanne hauen'

Lit. noch bei Thomas Mann (‚Tristan‘, Reclam-Ausg. S. 55): „... und ich würde Sie in die Pfanne hauen ..., wenn das nicht verboten wäre" (vgl. engl. ‚to cut to pieces‘; ndl. ‚in de pan hakken‘; frz. ‚tailler des croupières à l'ennemi en taillant l'armée en pièces‘).

Einen vor die Pfanne kriegen: Prügel beziehen, ins Gesicht geschlagen werden.

In die Pfanne treten: einen Fehltritt begehen; vgl. ‚ins ↗ Fettnäpfchen treten‘; lit. bei Grimmelshausen im ‚Simplicissimus‘ (IV, Kap. 18, S. 360): „... und verließ seine alte Wittib samt deren einziger Tochter, die kürzlich in ein Pfann getreten" (d.h. ihre Jungfernschaft verloren hatte); vgl. els. ‚sie het eins uf dr Pann‘, sie ist schwanger (Pfanne hier im Sinne von vagina).

Gut in der Pfanne liegen: in jem. Gunst stehen; etwa seit 1910 üblich.

Etw. einmal über die Pfanne rollen: es schnell, oberflächlich erledigen. Auch bei dieser Rda. ist an die Koch- und Bratpfanne gedacht: das gebratene Stück Fleisch, nur einmal kurz über die Pfanne gerollt, erhält äußerlich eine leichte Kruste, bleibt aber im Innern blutig-roh (seit Anfang des 20. Jh. bezeugt).

Etw. auf der Pfanne haben: Besonderes leisten können, in Bereitschaft oder in Arbeit haben, vorhaben. Hier bedeutet Pfanne die kleine Mulde, in die man bei den alten Lunten- und Steinschloßgewehren das Zündpulver schüttete. Die Rda. bedeutet also urspr.: gleich losschießen können (↗ abblitzen). Übertr. meint ‚einen auf der Pfanne haben‘ auch: betrunken sein, sich einen schlimmen Plan ausgedacht haben; sold. auch: einen Darmwind zurückhalten. *Nicht auf die Pfanne kommen:* nicht berücksichtigt werden; *keinen Ton auf der Pfanne haben:* unmusikalisch singen.

Die ‚Pfanne‘ ist auch Umschreibung für die weiblichen Geschlechtsteile. So z.B. in dem weitverbr. Lied vom ‚Pfannenflicker‘. Mit ‚Pfannenflicken‘ wird Koitieren umschrieben. In dem Lied zeigt eine Jungfrau dem Pfannenflicker

ein Pfännlein klein,
das war bedeckt mit Ruß.
Darinnen war ein Löchlein klein
wie eine Haselnuß.

„Ach Pfannenflicker, nimm dich in
acht,
daß du das Löchlein klein
nicht größer machst!"
Und als der Pfannenflicker fertig war,
die Pfanne war geflickt,
da hat sie ihm ein Silberstück
wohl in die Hand gedrückt.
Der Pfannenflicker schwingt seinen
Hut.
„Leb wohl, mein lieber Gesell,
der Flick war gut."

Die letzte Str. wird nur manchmal gesungen:

Und als dreiviertel Jahr um warn,
die Pfanne war zerplatzt,
der Pfannen Pfannenflicker war
schon lange ausgekratzt.
Der Pfannenflick flick flick war nicht
mehr da,
er war schon lang, lang, lang
in Amerika.

In Schwaben sagt man über eine Frau, die kurz vor der Niederkunft steht: ‚Da wird mer bald's Pfännle schärre müsse‘. Veraltete Rdaa. sind weiter: ‚Jem. etw. an der Pfanne kleben lassen‘: jem. etw. schenken. (So bei Murner: „Ich will euch nichtz an der Pfannen kleben lassen". ‚Luth. Narr‘ 3574); und: ‚die Kelle nicht an der Pfanne kleben lassen‘ i.S.v. schnell arbeiten (lit. belegt z.B. bei J. Gotthelf: ‚Der Schuldenbauer‘, 1852, S. 82).

Lit.: *H. Rausch:* Etw. auf der Pfanne haben, in: Sprachfreund 4, Heft 7 (1955), S. 2–3; *R. W. Brednich:* Erotische Lieder aus 500 Jahren (Frankfurt 1979), S. 116–117.

Pfannkuchen. Der Pfannkuchen (i.S.v. Omelett) spielt in einigen rdal. Vergleichen eine Rolle: *ein Gesicht wie ein Pfannkuchen:* plattes, rundes, ausdrucksloses Gesicht; *platt wie ein Pfannkuchen:* sehr überrascht (↗ platt); *aufgehen wie ein Pfannkuchen:* dick werden. Rdal. ist ferner: *Pfannkuchen machen:* mit dem Flugzeug abstürzen und auf dem Erdboden aufprallen (sold. seit dem 2. Weltkrieg); *aus jem. Pfannkuchen machen:* ihn platt schlagen, ihn niederwalzen. Als rdal. Ausdr. für ‚niemals‘ kennt man in Hessen die Wndg. ‚wenn's Pfannkuche schneit und Buttermilch regnet‘. In Holst. sagt der Pechvogel resignierend:

1156

‚Wenn 't Pankoken regnet, so is min Vatt umstülpt', selbst wenn das Glück vom Himmel fiele, ich ginge leer aus.
Mit Pfannkuchen eingedeckt sein: ein auskömmliches Leben führen.
Fast alle Rdaa. und Sprww., in denen der Pfannkuchen eine Rolle spielt, kommen aus Norddtl. Hier einige Beispiele: ‚Ik wull, ik leeg in't Bett un weer mit Pannkoken todeckt'. Kindern gegenüber droht man scherzhaft: ‚Du schaßt barfoot to Bett un mit Pannkoken todeckt warrn'. Ein ndd. Wellerismus lautet: ‚Man mut allens eten lihren, sä de Jung, do smeer he sick Botter op den Pannkoken'. Ein ndd. Sprw.: ‚Noot lett beden – un Hunger Pannkoken eten'.
Das dt. Sprw. Lexikon von Wander (III, Sp. 1249, Nr. 7) weiß bereits: ‚Wer Pfannkuchen essen will, muß Eier schlagen'.
In Sachsen heißt eine kleine, dicke Frau ‚Pfannkuchen mit Been'; hier werden aber die Berliner [Ballen] als Pfannkuchen bez.

Lit.: *F. Eckstein:* Art. ‚Pfannkuchen', in: HdA. VI, Sp. 1552–1565.

Pfau. *Etw. ist wie ein Pfau ohne Schwanz:* etw. ist nichts wert.
Dem Schwanz des Pfauen galt schon in frühester Zeit das Interesse der Völker: in seinem Herkunftsland Indien sieht man im radschlagenden Pfau ein Abbild des gestirnten Firmaments. In Griechenland war der durch sein Federkrönchen ausgezeichnete königliche Pfau als ein dem Luftraum zugehöriges Tier der Himmelskönigin Hera heilig. Die ersten Christen nahmen sich die Pfauenvorstellungen der Römer zum Vorbild, die Jenseitsvorstellungen vom Paradies entsprachen den Luxusgärten der dekorativen römischen Wandmalerei mit Pfauen und Brunnen. Der Pfau wurde zum Sinnbild des ewigen Lebens, der erlösten Seele und der Wiedergeburt. Letztere Vorstellung beruht vor allem auf einem Bericht des Plinius (‚Naturgeschichte' Bd. 20, Kap. 20): im Frühling gewinne der Pfau sein Gefieder und die Schwanzfedern wieder.
War der Pfau in der frühchristl. Zeit ein positives Symbol der Reinheit (Augustinus berichtet, Pfauenfleisch sei unverweslich. ‚De Civitate Dei' XXI, 4) und Erlösung, so wurde er in späterer Zeit ein Sinnbild des Hochmuts und der Eitelkeit. In der christl. Symbolik war der Pfau vor allem ein Bild für die ‚superbia' und hatte deshalb in den bildl. Darstellungen der Todsünden eine ikonographisch festgelegte Bdtg.
Ganz anders bei Walther von der Vogelweide (19,32): „dô gienc ich slîchent als ein pfâwe". Hier ist der Pfau nach alter kirchlicher Überlieferung das Bild der Demut.
Der rdal. Vergleich *sich spreizen wie ein Pfau* ist höchst anschaulich und ohne weiteres verständlich: ‚sie gênt als die pfawen' heißt es schon im späten MA. von solchen, die sich prunksüchtig zeigen.
Hugo von Trimberg führt im Lehrgedicht ‚Der Renner' (V. 1733 ff.) den Vergleich an einem stolzen Krähenmännchen näher aus:

er gienc stolzieren hin und her
rechte als er ein phâwe wêr;
er nam im mangen tummen ganc
und tet ouch mangen ümmeswanc
mit den vedern swâ er gienc.

Bei Hans Sachs bieten sich dem Fuchs, der auf die Wallfahrt gehen will, allerlei Tiere zu Gefährten an, auch der Pfau:

Der fuechs sprach: ‚Ich nem dich
                            nit on,
Weil du durch dein vergülten schwanz
Dich heltst rumreich und prechtig ganz,
Hoffart und Hochmut stecz nach-
                          trachst,
Alle ander neben dir veracht'.

‚Stolz wie ein Pfau'

1/2 ‚Stolz wie ein Pfau'

Vgl. auch die Wndg. *stolz wie ein Pfau sein;* schon Ovid bestätigte dem Pfau die ‚superbia' in den ‚Metamorphosen' (XIII, 802), wo er die spröde Galathea ‚superbior pavone' (stolzer als ein Pfau) nennt.

Das ‚Pfauenauge', das mit dem bösen Blick in Verbindung gebracht wurde, diente u. a. im kirchlichen und liturgischen Dienst als magisches Schutzmittel, ↗ Argusaugen.

Der ‚Pavane' (Pfauentanz) der höfischen Kultur war ein Prachttanz, langsam und zierlich, bei dem man sich in prunkenden Gewändern zeigte. In Bayern sagt man noch heute über jem., der großtuerisch auftritt und einen schlechten Charakter besitzt: ‚Außen wie a Pfau, innen wia a Sau'.

Der berühmte ‚Pfauenthron' des ehemaligen persischen Monarchen stammt aus Indien; bis 1739 stand er in Delhi. Er wurde aus 27 000 Smaragden, Diamanten und Rubinen gefertigt und seine Rückenlehne dem Pfauenrad nachgebildet.

Lit.: *Anon.:* De Pauwen komen in het Land met de Waels, op Thorouts feeste, in: Vlaamsch Museum 1 (1855), S. 214; *O. Keller:* Antike Tierwelt 2 (Leipzig 1913), S. 148; *E. Ingersoll:* Birds in Legend, Fable and Folklore (New York 1923), S. 141–147; *H. Lother:* Der Pfau in der altchristl. Kunst (Leipzig 1929); *Schneeweis:* Art. ‚Pfau', in: HdA. VI, Sp. 1568–1770; *Th. W. Danzel:* Symbole, Dämonen und heilige Tiere (Hamburg 1950) *E. Th. Reimbold:* Der Vogel, ein Bild der Seele in Mythen und Märchen, in: Miszellen (1977), S. 153; *E. Th. Reimbold:* Der Pfau, Mythologie und Symbolik (München 1983); *J. Leibbrand:* Speculum Bestialitatis. Die Tiergestalten der Fastnacht u. des Karnevals im Kontext christl. Allegorese (Diss. Freiburg i. Br. 1986), S. 126 ff.; *E. u. L. Gattiker:* Die Vögel im Volksglauben (Wiesbaden 1989), S. 553–559.

Pfeffer. Zum erstenmal wird der Pfeffer in Europa, und zwar als Heilmittel, bei Hippokrates (‚Morb. mulier'. 1,81) erwähnt, und sogar noch in moderner Zeit wird er als Mittel der Volksmedizin gebraucht (vgl. HdA. VI, Sp. 1570), wie auch einige Sprww. zeigen, z. B. ‚Der Pfeffer hilft dem Mann aufs Roß, dem Weib ins Grab' (schwäb.); ‚peper helpt de mannen te paard, en de vrouwen onder de aarde' (ndl.). Im MA. war Pfeffer dann das Hauptgewürz, so daß die Gewürze allg. Pfeffer und die Gewürzhändler ‚piperarii' genannt wurden. Von hier aus erklärt sich der Schimpfname ‚Pfeffersack' für den Kaufmann (insbes. für den holl. Kaufmann oder überhaupt für den Holländer, aber auch für den Nürnberger Kaufmann) sowie der dän. Spitzname ‚Pebersvend', der seit dem 16. Jh. die allg. Bdtg. ‚Junggeselle' bekommen hat.

Schon früh kommt der Pfeffer in sprw. Rdaa. vor. Das älteste Beisp. dafür bietet Petronius 44 (‚Safinius'): „piper non homo. Is quacumque ibat, terram adurebat. Sed rectus, sed certus, amicus amico ... nec schemas loquebatur sed directum". Im Alexanderroman (hg. v. F. Pfister, Heidelberg 1913, 1,41) fragt Darius seine Gesandten, was Alexander mit den ihm zugeschickten Mohnkörnern getan habe, und sie erzählen: „apprehendit et memordit et despiciendo dixit: ‚multi sunt, sed molles'. Accepto itaque Dario piper mittens in os suum mandens atque dixit cum lacrimis: ‚pauci sunt, sed duriores'." Im

PFEFFER

Dt. wird genau derselbe Gedanke durch das Sprw. ‚Ein Pfefferkorn überbeißt hundert Mohnkörner‘ ausgedrückt. Ähnl. Bdtg. hat auch die von beißender Rede und Witz gebrauchte Verbindung *Pfeffer und Salz* (vgl. ital. ‚è tutto pepe e sale, tutta pepe e sale‘; dän. ‚peber og salt‘; ndl. ‚peper en zout‘; schwed. ‚peppar och salt‘). – ‚Pfeffer und Salz‘ (frz. ‚poivre et sel‘) nennt man auch eine aus Schwarz und Weiß gemischte Farbe von Kleiderstoffen, einen grauen Schnauzer dementspr. einen ‚Pfeffer-und-Salz-Schnauzer‘.
Nach der beißenden Wirkung des Pfeffers spricht man von ‚pfeffern‘ (‚hineinpfeffern‘, ‚draufpfeffern‘), heftig auf etw. einwirken, durch Schlagen, Schießen u. ä. Von der starken Wirkung des Gewürzes übertr. sind auch folgende Rdaa.: *Das ist starker Pfeffer:* das ist ein starkes Stück, eine unverfrorene Rede; *einen gepfefferten Brief schreiben;* vgl. frz. ‚écrire une lettre salée‘ (einen gesalzenen Brief) ↗ *Salz.*
Mit Pfeffer wird auch der Ärger des Menschen bildhaft bez., z. B. ‚Mein Pfeffer ist so gut wie dein Safran‘, meine derbe Rede macht soviel Eindruck wie deine glatte; engl. ‚grow pepper‘, span. ‚comer pimienta‘, dän. ‚vaere (blive) saa ond som peber‘.
Im Pfeffer sitzen: in Verlegenheit sein; *in den Pfeffer geraten:* in Unannehmlichkeiten kommen (ähnl. ‚in die Brühe‘, ‚in die ↗ Patsche geraten‘).
Wegen seines kräftigen, beißenden Geschmackes und seines teuren Preises ist das winzige, schwarze Pfefferkorn ein Sinnbild dafür, daß man die Dinge nicht nach ihrem Aussehen beurteilen darf. Rückert sagt in ‚Die Weisheit des Brahmanen‘:

> Das kleine Pfefferkorn sieh für
> gering nicht an.
> Versuch es nur und sieh, wie
> scharf es beißen kann.

Dieser Gedanke begegnet auch in den Sprww. verschiedener Sprachen, z. B. ‚Der Pfeffer ist schwarz, und doch will jeder davon haben‘; engl. ‚though pepper be blek yt hath a gode smeck‘ (vom Jahre 1530); frz. ‚le poivre est noir et si chacun en veut avoir‘.
Andere Rdaa. beziehen sich auf den hohen Wert und Preis dieses weither impor-

tierten Gewürzes. Schon Plinius (‚Nat. hist.‘ 12,7,28) schreibt von den hohen Preisen des Pfeffers: „emitur ut aurum vel argentum“. *Eine gepfefferte Rechnung* ist eine bes. hohe Rechnung; vgl. span. ‚tiene mucha pimienta‘; frz. ‚cela est cher comme poivre‘, ‚rendre bon poivre‘ = bezahlen; auch: ‚une note salée‘ (eine gesalzene Rechnung); dän. ‚det koster peber‘. Viel Pfeffer zu haben ist ein sicheres Zeichen des Reichtums: lat. ‚qui piperi abundat, oleribus miscet piper‘; ital. ‚chi ha molto pepe non concisce anche gli erbaggi‘; engl. ‚who has plenty of pepper, will pepper his cabbage‘; so auch Seb. Franck in seinen Sprww. vom Jahre 1565 (98): ‚Wer Pfeffer genug hat, der pfeffert auch seinen Brei‘; im heutigen Sprw.: ‚Wo Geld genug ist, tut man den Pfeffer an die Suppe‘; ndl. ‚wie pepers te veel heeft, die pepert sijne boonen‘.
Als Gegenstück des teueren Peffers wird in einigen dt. Rdaa. der Dreck genannt, z. B. bei Fischart: ‚Was er scheißt, sieht man gleich für Pfeffer an‘. Bes. werden die Streber und Emporkömmlinge gegeißelt: *Er will immer unter dem Pfeffer sein;* er ist Pfeffer uff allen Suppe‘ (els.); ‚der ist wütig, wenn der Dreck zu Pfeffer wird‘ (schwäb.); ‚Gott tröst, wenn Kohschiet Peper ward‘ (schlesw.-holst.); ‚der Müsdreck möcht gern Pfeffer sin‘ (schweiz.). In den germ. Sprachen begegnet eine Rda., die sich auf die Heimat des Pfeffers bezieht: *jem. ins Pfefferland wünschen* oder *jem. hinschicken (hinwünschen), wo der Pfeffer wächst:* weit fort. ‚Ich wollte, er wäre, wo der Pfeffer wächst!‘; schweizerdt. ‚ich wett du wärist, wo der Pfeffer wachst!‘; bzw. ‚wenn d’ nur im Pfefferland wärist!‘; ndl. ‚iemand naar het Peperland wenschen‘. Das ‚Pfefferland‘ ist aber nicht, wie viele Autoren behauptet haben, Guayana, die Heimat des Cayenne-Pfeffers, das ein für den Europäer mörderisches Klima hat und früher von der frz. Regierung als Verbannungsort verwendet wurde. Diese Erklärung ist sicher nicht richtig. Die Rda. kommt nämlich schon im Jahre 1512 in der ‚Narrenbeschwörung‘ von Thomas Murner vor (Ndr. 77,64):

> Ach, werents an derselben statt,
> Do der pfeffer gewachsen hat!

1159

Und im selben Werk (55,21):

Ach gott wer der in pfefferland
Der das spil zum ersten erfand.

Ungefähr gleichzeitig (1515) begegnet die Rda. in lat. Form in den ‚Epistolae obscurorum virorum' (1,25,55): „utinam omnes poetae essent ubi piper crescit". Tatsächlich wurde Guayana im Jahre 1500 von Spaniern entdeckt und erst 1581 von Holländern und 1604 von Franzosen kolonisiert. Es ist aber ausgeschlossen, daß sein gefährliches Klima schon in zwölf Jahren unter den Dt. sprw. geworden wäre. Andererseits hat man von jeher gewußt, daß der Pfeffer in Indien wächst; so schon in dem ersten Beleg bei Hippokrates (s.o.). In Grimmelshausens ‚Simplicissimus' (III, Kap. 20, S. 282) heißt es: „Bis du mit deinen Beweistümern fertig bist, so bin ich vielleicht wo der Pfeffer wächst". Von dem ägyptischen Kaufmann und Seefahrer Kosmas Indikopleustes (um 525) wurde zuerst von der Westküste Südindiens als von einem Land gesprochen, ‚wo der Pfeffer wächst', eine Beschreibung, die ganz real gemeint ist. Indien als Heimat des Pfeffers wird auch von den Persern gemeint, wenn sie das sprw. ‚Pfeffer nach Hindustan tragen', im selben Sinne anwenden, wie wenn Europäer sagen: ‚Eulen nach Athen tragen' bzw. ‚coals to Newcastle'. Daß die traditionelle Auffassung von der indischen Heimat des Pfeffers diese in das äußerste Ende der bekannten Welt verlegte, wird auch durch den Plan von Kolumbus, westwärts zu fahren, um in das gewürzreiche Indien zu kommen, bestätigt. Wenn man also eine unangenehme Person dahin wünscht, wo der Pfeffer wächst, will man sie nach dem entlegensten Ort in der Welt schicken (vgl. frz. ‚Je voudrais que cet homme fût aux antipodes', auch ‚envoyer au Mississippi'; engl. ‚go to Jericho!', ‚to wish somebody at Jericho!'). Die Wndg. kommt, auf Indien gemünzt, ma. auch ohne Pfeffer vor. In Ottokars oesterr. ‚Reimchronik' heißt es V. 54 279 ff. von einem Bischof, den die Salzburger nicht leiden mögen:

Des wunschten im die Salzpurgaere
Daz er bî priester Johan waere
Datz sant Thomas in India
Unde daz er waer aldâ
Primas oder patriarch.

Da liegt der Hase im Pfeffer ⁊ Hase.
Jem. *Pfeffer in den Arsch blasen* (oder *streuen)*: ihn antreiben, ermuntern, streng behandeln. Die Rda. ist möglicherweise der Pferdehändlerpraxis entnommen: zum Verkauf vorgeführte Pferde werden vorübergehend feurig, wenn man ihnen Pfeffer in den After gibt; entspr. *Pfeffer im Arsch haben:* ungeduldig stehen, temperamentvoll sein; abgewandelt: *jem. Pfeffer unter das Hemd blasen:* ihn antreiben. *Pfeffer reiben:* beim Radfahren wegen Kurzbeinigkeit auf dem Sattel hin- und herrutschen.

Der hat seinen Pfeffer: dem hat es viel gekostet. Die Rda. aus Rottenburg (Schwaben) bezieht sich auf den Hochzeitsschmaus, der nach einem Einzelgericht als Pfeffer bez. wurde. Den Sängern, die das Hochzeitspaar ehrten, wurde immer der ‚Pfeffer', eine Speise aus Schweineblut und schwarzem Pfeffer, aufgetischt, wenn sie das ‚Pfefferlied' vortrugen.
Bereits Fischart erwähnte im 16. Jh. in ‚Aller Praktik Großmutter' (578) diese Speise:

so kompt ihr gnug auf die hochzeit⸗
früe,
Daß man euch schenk die pfeffer
brüe.

‚Des wird sein Pfeffer koschte!' Das wird teuer werden! Diese Pforzheimer Rda. hängt wohl auch mit dem Pfeffer als dem teuren Hochzeitsschmaus zusammen.
Der Name des beliebten Gerichtes ‚Pfeffer' (auch: ‚Hasenpfeffer') gilt aber im Obd. gleichzeitig auch als scherzhaft makabre Bez. für ein Kruzifix, dessen Korpus nur andeutungsweise aus Herz, Händen und Füßen des Gekreuzigten besteht.
Die Rdaa. *etw. auf die Pfefferwaage legen* und ‚etw. auf die Goldwaage legen' sind gleichbedeutend: etw. sehr genau nehmen, prüfen, ⁊ Goldwaage.
Jem. eine pfeffern: jem. kräftig ohrfeigen.

Lit.: J. Künzig: „Der Pfeffer", ein Hochzeitslied im Fränkischen, in: Obd. Zs. f. Vkde., I (1927), S. 20–23; P. Aalto: ‚Wo der Pfeffer wächst', in: Neuphilolog. Mitteilungen. Bulletin de la société néophilologique de Helsinki, 50 (1949), S. 13–23; H. Küster: Wo der Pfeffer wächst. Ein Lexikon zur Kulturgeschichte der Gewürze (München 1987).

Pfeife. *Sein Pfeifchen schneiden* (oder *schnitzen).* die Gelegenheit ausnützen, seinen Vorteil wahrnehmen. Die günstige Gelegenheit besteht im Bilde darin, daß der Pfeifenschneider mitten im Rohr sitzt und hier bei der reichen Auswahl bequemes Arbeiten hat. Luther verzeichnet die Rda. in seiner Sprww.-Sammlung. Eine Erklärung findet sie erstmals bei Gerlingius (Nr. 102): „Wer in den roren sitzet, der mag jhm pfeiffen schneiden, wo er will"; lit. z. B. in Rückerts Lehrgedicht ‚Die Weisheit des Brahmanen' (11. Buch, 17): „Das Sprichwort auch ist wahr: Wer sitzet in dem Röhricht und keine Pfeife sich da schneidet, der ist töricht".

Die Pfeife im Sack halten: schweigen, kleinlaut sein; *die Pfeife in den Sack stecken, die Pfeife einziehen:* kleinlaut werden, das Spiel aufgeben. Die Rda. ist von der Sackpfeife, dem Dudelsack, genommen. In einem Volkslied des Dreißigjährigen Krieges (J. W. v. Ditfurth, Nr. 62, Str. 72) heißt es:

Der Hans hat es gemerket wol,
Die Pfeif' hübsch eingezogen.

Bei Grimmelshausen im ‚Simplicissimus' (I, S. 239): „So hätte ich die Pfeiffe wol im Sacke müssen stecken lassen"; ähnl. im 2. Bd. (S. 35): „Die Pfeiffe fiel mir bald in Dreck", es ging mir schlecht.

Nach jem. Pfeife tanzen müssen: sich nach ihm richten, ihm gehorchen müssen (vgl. Geige). Die Rda. geht auf die Äsopsche Fabel vom flöteblasenden Fischer zurück: Ein Fischer versucht, zunächst vergeblich, durch Flötenspiel die Fische an sich zu locken. Schließlich greift er zum Netz und sagt dann zu den gefangenen und vor ihm auf dem Strand zappelnden Fischen: „O ihr schlechtes Getier, als ich flötete, wolltet ihr nicht tanzen, nun ich aber aufgehört habe, tut ihr's". Die Nutzanwendung dieser Fabel von Cyrus berichtet Herodot I, 141 (Büchmann).

Es wurde allerdings beobachtet, daß die äsopische Geschichte kaum das in der Bibel bei Matth. (11, 17) stehende Gleichnis beeinflußt haben kann (D. Zeller, S. 253). Denn die Aussagen sind jeweils grundverschieden: Durch das Verhalten der Fische bei Äsop wird folgende Weisheit vermittelt: was man nicht freiwillig tut, kann, in einer Zwangslage getan, wertlos werden. Die Bibelstelle lautet (Matth. 11, 16–17): „Wem soll ich aber dies Geschlecht vergleichen? Es ist den Kindlein gleich, die an dem Markte sitzen und rufen gegen ihre Gesellen und sprechen: Wir haben euch gepfiffen, und ihr wolltet nicht tanzen; wir haben euch geklagt und ihr wolltet nicht weinen". Das bibl. Gleichnis steht für die Verstocktheit der Menschen, ähnl. dem Sprw. ‚Pfeife oder weine, so wird doch nichts daraus' (Wander III, Sp. 1261, Nr. 15). Als Quelle für Matth. 11,16 f. wird ein rabbinischer Text herangezogen (D. Zeller, S. 256): „Welchen Gesang auch immer einer singt, er geht nicht ein in die Ohren der Tanzenden, welchen Gesang auch immer einer singt, der verstockte Sohn hört es nicht".

Abraham a Sancta Clara verwendet die Rda. in seinem 1721–23 in Wien u. Nürnberg gedruckten Werk ‚Abrahamische Lauberhütt' (Bd. III, S. 280): ‚Tantze, wie dir Gott pfeifft' (aus: Fr. Lauchert: Sprww. u. sprw. Rdaa. bei Abraham a Sancta Clara, S. 27), ↗ Friedenspfeife.

‚Nach jem. Pfeife tanzen müssen'

Das reichste Leben entfaltet diese Rda. in den Totentänzen seit dem Ende des 15. Jh. Sie stellen in Bildern und Versen dar, wie der Tod als Musikant die Menschen zu seinem Tanze abholt und jedem Stand mit einem besonderen Instrument aufspielt. Bei dem Maler und Dichter Nikolaus Manuel (1484–1530) z. B. schlägt er dem Bischof die Laute, vor dem Priester bläst er in ein Horn, dem Bettler flötet er, die Königin folgt seinem Fiedelbogen, der Dirne bläst er auf der Sackpfeife vor, und die Witwe führt er mit Pfeife und Trommel. Ein ndd. Sprw., 1768 im ‚Bremisch-niedersächs. Wb.‘ (III, 320) gebucht, lautet: ‚Fleuten sunt holle Pipen‘, leere Versprechungen; darauf geht wohl die nordd. Wndg. *Det is mir pipe:* gleichgültig, zurück. Eine ähnl. Wndg. muß einst freilich auch obd. bekannt gewesen sein, denn schon bei dem Prediger Geiler von Kaysersberg heißt es: „... gaben ein Edelgestein, das viel Königreich wert ist, umb ein Pfeiffen"; auch ‚ein Roß um ein Sackpfeife geben‘. Gerade die Sackpfeife muß schon um 1500 als bes. minderwertig gegolten haben. Auf dem Holzschnitt zum 54. Kapitel von Seb. Brants ‚Narrenschiff‘ bläst ein Narr wohlgefällig auf einem Dudelsack, während Harfe und Gitarre zu seinen Füßen liegen. Darüber stehen die Verse:

Wem sackpfiffen freüd, kurtzwil gytt
Vnd acht der harpff vnd luten nytt,
Der gehört wol vff den narren schlytt.

Die Pfeife galt früher als Rauchgerät der armen Leute. Bismarck hat am 21. Mai 1869 in einer Rede die Wndg. vom ‚Pfeifchen des armen Mannes‘ geprägt: „Und wenn ich mich darauf einlassen wollte, davon zu reden, wie grausam es wäre, dem armen Mann sein Pfeifchen Tabak oder den stärkenden Trank zu verkümmern..." (Büchmann). ‚Ja, Pfeifendeckel!‘ sagt man im Schwäb., um seine große Ablehnung einer Sache gegenüber deutlich zu machen, oder auch bei einer Enttäuschung, ähnl. wie rhein. ↗ Pustekuchen, ↗ Flötekies.

Neben diesen älteren Rdaa. sind im 20. Jh. mehrere neue Rdaa. aufgekommen, die Pfeife im Sinne von Raucherpfeife oder bildl. für ‚Versager‘, verhüllend für ‚penis‘ gebrauchen; z.B. ‚dein Kopf auf einer Pfeife, und man kann vor Lachen nicht ziehen‘ (zur Bez. eines Dummen); ‚dabei kann einem die Pfeife ausgehen‘, das dauert mir zu lange; ‚ihm geht die Pfeife aus‘, er bekommt keine Atemluft mehr, er ist impotent geworden, er liegt im Sterben; ‚die Pfeife ausklopfen‘, coire; ‚sich die Pfeife verbrennen‘, sich

eine Geschlechtskrankheit zuziehen; ‚halt die Pfeife!‘, schweige!; ‚das haut einem die Pfeife aus der Schnauze‘, Ausdr. großer Erschütterung (Küpper; Bornemann, Sex im Volksmund).

Lit.: *D. Zeller:* Die Bildlogik des Gleichnisses Matth. 11, 16f. / Luk. 7, 31 f., in: Zs. für neutestamentliche Wissenschaft 68 (1977), S. 252–257.

pfeifen. *Der pfeift nicht mehr lange:* der lebt nicht mehr lang; in verwandtem Sinne: *er pfeift auf dem letzten Loch* (↗ Loch).
Einen pfeifen: einen Branntwein trinken. Die Wndg. ist vorwiegend in niederen gesellschaftlichen Kreisen üblich und rührt von dem alten Brauch her, daß man, wie es noch heute ab und zu geschieht, am Rande der Flasche mit dem Mund einen pfeifenden Ton hervorbringt, ehe man aus ihr trinkt. In Thomas Murners ‚Narrenbeschwörung‘ (18, 57) heißt es: „Noch wendt sy uß der fleschen pfyffen". Das Pfeifen hatte auch einen praktischen Zweck: wenn die Flasche aus undurchsichtigem Material bestand, konnte man aus der Höhe des Pfeiftons schließen, wie weit die Flasche noch gefüllt war. Da der, der pfiff, auch trank, ist der Begriff pfeifen in den des Trinkens selbst übergegangen.
Neben dieser Umschreibung für Trinken, Saufen sind auch fast alle anderen Wndgn. aus dem Musikbereich genommen: z.B. sagt man auch: ‚einen blasen‘, ‚einen schmettern‘, oder ndd. ‚tüten‘, was auch: ‚ins Horn blasen‘ heißt; vgl. engl. ‚to wet one's whistle‘: einen heben.
Einem etw. pfeifen: nicht tun, was er wünscht; dazu: *auf jem. (auf etw.) pfeifen:* darauf verzichten; lit. z.B. in Freys ‚Gartengesellschaft‘ (46): „ein pfeiff geb ich euch, lieben Herrn, umb alle eure gedult und geistlichkeit". Aus dieser Stelle läßt sich schließen, daß die Grundbdtg. der Rda. ist: eine ↗ Pfeife, d.h. etw. Wertloses, für eine Sache geben.
In einem obd. Volkslied heißt es:

I pfeif' auf mei Jungfernschaft,
i pfeif auf mei Leb'n,
Der Bu', der mir's g'nomme hat,
der kann mir 's nimmer geb'n.

Sich eins pfeifen: den Gleichgültigen spielen.

Da hilft kein Maulspitzen, es muß gepfiffen werden: hier muß gehandelt werden.
Dieser Satz ist die Pointe einer weitverbreiteten, in vielen Varianten auftretenden Sage, in der der Gehenkte beim Anziehen des Stricks durch Pfeifen auf seinen Schmerz aufmerksam machen soll, es aber nur noch bis zum Mundspitzen schafft. Es handelt sich um die Sage von den Knaben, die Hängens spielen. Als sie statt des verabredeten Zeichens nur ein Mundzucken bei dem (im Spiel) Gehenkten sehen – ohne zu begreifen, daß es sich um die letzten Zuckungen des Erwürgten handelt – rufen sie ihm zu: „Maulspitzen gilt nicht, es muß gepfiffen sein!" Später verselbständigt sich diese Mahnung u. kehrt mit verändertem Sinn, nämlich als Schlußfolgerung daraus, im Sprw. wieder in der Bdtg.: ‚Jetzt muß etw. geschehen'.
Wenn in dieser Rda. das Pfeifen als selbstverständliches Mittel der Kommunikation begegnet, dann nur, weil es sich hier um spielende Jungen handelt. Bei Mädchen hingegen galt das Pfeifen von jeher als Einbruch in die männliche Domäne, den es mit abschreckender Härte zu bekämpfen galt; daher heißt es warnend: ‚Mädchen, die pfeifen, und Hühnern, die krähn, soll man beizeiten die Hälse umdrehn', ↗ Mädchen.

Jem. zurückpfeifen: einen mit einer Sache Beauftragten wiederum zu sich rufen, um ihm neue Anweisungen zu geben.

Nord- und mitteldt. *Bei dir piept's wohl?:* Du bist wohl nicht recht bei Verstand?, auch: *er hat einen Piepmatz, einen Vogel (im Kopfe).*

Lit.: *J. Grimm:* Hängens Spielen, in: Kleinere Schriften (Berlin 1871, Nachdr. Darmstadt 1965) VII, S. 259; *O. Glöde:* Einen pfeifen, in: Zs. f. d. U. 5 (1891), S. 776; *R. Becker:* Einen pfeifen, in: Zs. f. d. U. 5 (1891), S. 645; 7 (1893), S. 137; *M. Willberg:* Die Musik im Sprachgebrauch ..., in: Muttersprache (1963), S. 201 ff.; *St. Odlivak:* Whistling in the dark, in: American Notes and Queries 9 (1970–71), S. 24; *M. E. Barrick:* Whistling in the dark, in: American Notes and Queries 9 (1970–71), S. 89; *A. Dundes:* The Crowing Hen and the Easter Bunny, in: A. Dundes: Interpreting Folklore (Bloomington/Indiana 1980), S. 160–175; *L. Röhrich:* Die Welt der alemann. Sprww., in: Einheit in der Vielfalt, FS f. P. Lang (Bern 1988 u. a.), S. 447; *R. W. Brednich:* Hängen spielen, in: EM. VI, Sp. 481–485.

Pfeifer. *Wie ein Pfeifer dastehen:* kläglich, wie ein begossener ↗ Pudel dastehen. Dieser Rdal. Vergleich ist heute nicht mehr gebräuchl., war aber im 16. Jh. ganz geläufig. Dürer stellt z. B. im Bilde einen hilflosen Pfeifer dar, dem eine Bremse um die Nase schwirrt, der aber die Musik trotzdem nicht unterbrechen darf. Eine Steigerung der Rda. ist: ‚dastehen wie ein Pfeifer, der den Tanz verdorben hat', d. h. der falsch geblasen, die Tänzer in Verwirrung gebracht hat und nun allg. Schelten über sich ergehen lassen muß. Beide Formen der Rda. finden sich bei Hans Sachs, als Eulenspiegel einen Pfaffen verführt hat, in Kot zu greifen:

Der pfaff sich segent unde
Recht wie ein pfeuffer stunde;

und als die als Apostel verkleideten Spitzbuben den Müller um sein Erspartes gebracht haben:

Der miller verdattert halb dot,
Stünd als ein pfeiffer an der stet,
Der einen dancz verderbet hat.

Wegen ihres erbärmlichen, ohrenzerreißenden Spiels wurden ungeübte Musikanten sogar an den Pranger gestellt und der öffentlichen Verspottung preisgegeben. Dabei wurde ihnen eine ‚Schandflöte' mit einem eisernen Band um den Hals gebunden, wie sie das Kriminalmuseum in Rothenburg o. d. T. zeigt.

Pfeil. *Einen Pfeil nach dem anderen senden:* mit unzulänglichen Mitteln eine Sache betreiben, etw. Unsinniges tun (vgl. ndl. ‚den een pijl na den anderen schieten'). Die Rda. hat P. Bruegel nicht nur in seinem großen Rdaa.-Bild, sondern auch

‚Einen Pfeil nach dem anderen senden'

in einem selbständigen Rundbild dargestellt. Zum selben Rdaa.-Feld gehören: ‚Er hat mehr Pfeile in seinem Köcher‘ (ndl. ‚hij heeft meer pijlen in zijn koker), er hat noch nicht alle seine Argumente dargelegt; ‚er hat seine Pfeile verschossen‘, er hat alle Möglichkeiten genutzt, er ist am Ende seiner Kraft und Möglichkeiten.

Jem. den Pfeil fi(e)dern heißt wörtl.: Jem. den Pfeil mit Federn versehen. Die heute veraltete Rda. hatte jedoch eine übertr. Bdtg., denn ‚fideren‘ hieß auch: erdichten, lügen. Die Rda. war also eine Umschreibung für ‚jem. etw. vormachen‘, ‚jem. anlügen‘. Bei Joh. Agricola steht das Sprw.: ‚Der eine fidert die Pfeile, und der andere verschießt sie‘ (in: J. Eiselein: Die Sprww. und Sinnreden des dt. Volkes [Freiburg 1840, Nachdr. Leipzig 1980], S. 509).

Pfennig steht in der Volkssprache oft für ‚Geld‘ schlechthin (↗ Heller, ↗ Mark).
Pfennige haben: vermögend sein, Geld haben; *auf die Pfennige sein:* geldgierig, geizig, sparsam sein; *den Pfennig ansehn:* geizig sein; derber: *den Pfennig dreimal umwenden (ehe man ihn ausgibt):* sehr geizig sein; frz. ‚Etre près de ses sous‘.
Nicht für fünf Pfennige: überhaupt nicht.
Einen Pfennig ausgeben, um einen Groschen zu ersparen: ‚mit der ↗ Wurst nach der Speckseite werfen‘; *er hat drei Pfennige in der Tasche und für einen Taler Durst:* er hat nicht das Nötigste zum Leben; *er hat keinen Pfennig* (auch: *keinen Hosenknopf, keinen roten Heller)* vgl. frz. ‚C'est un sans-le-sou‘ oder: ‚Il n'a pas le sou‘; ähnl. Wndgn.: ‚den letzten Pfennig mit jem. teilen‘; ‚niemand einen Pfennig schuldig bleiben‘; ‚den letzten Pfennig an eine Sache wagen‘. Von einem Geizigen sagt man gelegentlich: ‚Der läßt sich für einen Pfennig einen rostigen Nagel durch die Kniescheibe schlagen (treiben)‘. Ein ‚Pfennigfuchser‘ ist ein geiziger, bes. in finanziellen Angelegenheiten kleinlicher Mensch.
Etw. für keinen Pfennig weniger verkaufen: eine Preisgrenze setzen, die den Verhandlungsspielraum eingrenzt.
Mit dem Pfennig rechnen müssen arme Leute. Das Wort ‚Pfennig‘ hat sich höchstwahrscheinl. aus ahd. pfanting entwik- kelt, welches wiederum mit Pfand i.S.v. ‚zum Pfand gehörig‘ zusammenhängt. Nach dem Zusammenbruch der röm. Währung in den germ. Landesteilen war das Wiegen der umlaufenden Münzen wegen Fälschung nötig. Eine geeichte Münze war das Pfand, das zu wiegende Geldstück der phanting. Unter Pippin und Karl dem Großen wurde das fränkische Münzwesen neu geordnet; einzige Münze war der phanting. Kupferpfennige gab es erstmals im 16. Jh. in Westfalen. (Kluge-Mitzka, S. 542; dort auch andere, jedoch unwahrscheinl. etymolog. Erklärungen für ‚Pfennig‘).
Auch Sprww. haben oft vernünftiges Handeln in Geldangelegenheiten zum Thema. Wohl am bekanntesten ist:

> Wer den Pfennig nicht ehrt,
> ist des Thalers nicht wert.

Ähnl. heißt es schon in Agricolas Sprww.- Sammlung (Nr. 70): ‚Wer keinen Pfennig achtet, der wirt nimmer eins Gulden Herr!‘ (Eiselein, Sprww. und Sinnreden, S. 509), ↗ Geld.

Lit.: *S. Lyer:* N'avoir pas un sou vaillant, in: Zs. f. frz. Sprache und Lit. 58 (1934), S. 22–27.

Pferd. *Das Pferd beim Schwanze aufzäumen:* eine Sache verkehrt anfangen (vgl. frz. ‚brider son cheval par la queue‘ (heute veraltet); ndl. ‚hij toomt het paard an den staart‘). Mdal. Varianten sind: ndd. ‚he töumt 't Piäd am Mäse op‘, und ‚he tömt sien Perd bi'n Stert op‘; vgl. das ndd.

‚Das Pferd beim Schwanz aufzäumen‘

‚Das Pferd beim Schwanz aufzäumen'

Scherzwort ‚Practica est multiplex – sä de Bur, do bünd he sin Pärd mitn Steert ann Ploog'; ↗Esel. In einem Schreiben Luthers an die Stadt „Frankfurt am Meyen" heißt es:

Das heißt der rechte Meister Klügle:
Der das Roß am Hintern zäumen kann
Und reitet rücklings seine Bahn.

Ähnl. im ‚Sendbrief vom Dolmetschen' (Weimarer Ausg., 30. Bd., 2. Halbbd., S. 634): „denn die wellt wil meister klüglin bleiben, vnd mus ymer das Ros vnter dem schwantz zeumen, alles meistern, vnnd selbs nichts können". Im ‚Simplicissimus' von Grimmelshausen (I, 76) steht: „Manche zäumen das Pferd (so zu reden) von hinten auf und nehmen allerlei mit der Jugend für, auszer keine Gottesfurcht".

Vom Pferd auf den Esel kommen: herunterkommen, aus leidlichem Wohlstand in armselige Verhältnisse geraten (vgl. frz. ‚monter l'âne' und ‚le temps bien employé fait monter à cheval' – beides veraltet). Diese Rda. ist bereits in einer äsopischen Fabel belegt. Plautus verwendet das gleiche Bild, aber gewissermaßen in umgekehrter Richtung: „Ab asinis ad boves transvendere", was einen Aufstieg bezeichnet; bei Bruegel in der Variante mit dem Ochsen.

Erasmus erklärt die entspr. lat. Wndg. ‚ab equis ad asinos' (‚Adagia' I, 282) mit den Worten: „Ubi quis a studiis honestioribus ad parum honesta deflectit, veluti si quis e philosopho cantor, e theologo grammaticus, e mercatore caupo, ex oeconomo coquus, e fabro fierit histrio" (d.h.: von ehrenvolleren Studien zu wenig ehrenvollen absinken, z.B. vom Philosophen zum Küster, vom Theologen zum Schullehrer, vom Kaufmann zum Krämer, vom Gutsverwalter zum Koch, vom Handwerker zum Spielmann). Die lat. Form scheint im 16. Jh. ziemlich gebräuchl. gewesen zu sein; z.B. findet sie sich in der ‚Zimmerischen Chronik' (II, 326): „Sie kamen, wie man sprücht, ab equis ad asinos". Aber schon um 1300 ist die Rda. dt. bezeugt; Hugo von Trimberg klagt in seinem Lehrgedicht ‚Der Renner' (V. 8420 ff.) die Richter an, man sähe oft,

wie jener des sache, dirre jens klage
sô lange verziehen, bis daz sîn habe
kume von dem rosse zu dem stabe.

Grimmelshausen im ‚Simplicissimus' (IV, Kap. 9, S. 330): „Also kam ich vom Pferd auf den Esel, und mußte ein Musketier werden wider meinen Willen". Noch in neuerer Zeit in siebenb. Mda.: ‚vum Roß af de Kea (Kuh), von der Kea aft Schweng (Schwein), vum Schweng af den Heangd (Hund) kum', wozu sich trefflich die Geschichte von ‚Hans im Glück' (AaTh. 1415, KHM. 83) fügt, und ndl.: ‚van den os (für ors, hros = Ross) op de ezel' (↗Ochse). Der Name des Kardinals Klesl in Wien forderte die spottlustige Zeit um die Wende des 16. zum 17. Jh. zu einem Reim auf die Rda. heraus, und so sangen ihm denn die protestantischen Böhmen 1618 nach:

Ach Clesel, lieber Clesel,
Dein höllische Praktik
Bringt dich vom Pferd aufn Esel,
Bis kommt der Galgenstrick.

Mit dem kann man Pferde stehlen (oder *ein Pferd mausen*): mit ihm kann man schwierige Vorhaben ausführen, er ist zu allem brauchbar, er ist im guten Sinne unternehmungslustig und kein Spaßverderber, er ist ‚zu jeder Schandtat bereit'. Die Rda. bezieht sich auf die Tatsache, daß der Pferdedieb schlau, umsichtig und vielerfahren sein muß. Schon Theobald schreibt 1621 in den ‚Hussittenkriegen' (II, 162): „Sie waren die besten Freunde und wie man im sprüchwort sagt, hätten sie miteinander dörffen Pferd wegreiten"; E. Meisner 1705 in ‚133 Sprichwörter' (S. 119): „Wären sie nicht gute Freunde, sie hätten Pferde miteinander stehlen können – eine treffliche Freundschaft, die sich mit solchen losen Stücken zusam-

1165

menkoppelt". Henrici (Picander) dichtet 1737:

> Hauptsächlich sag ich unverhohlen,
> Daß noch, wie man bei Leuten sieht,
> Die Pferd in Compagnie gestohlen,
> Die alte lustige Freundschaft blüht.

Auf einem fahlen Pferde reiten: lügen, sich irren; auch: *einen auf einem fahlen Pferde ertappen* (oder *finden, treffen*): ihn bei einer Lüge, bei einem Irrtum, auf falscher Fährte treffen; volkstümlich entstellt in der Form: ,einen auf einem faulen Pferde ertappen'. *Einen aufs fahle Pferd setzen:* ihn bloßstellen; *auf einem fahlen Pferde gesehen werden:* über einer bösen Geschichte ertappt werden, eine Schwäche verraten, so z.B. Bismarck (,Reden' XI, 312): „Ich freue mich, die Herren auf demselben fahlen Pferde im preußischen Landtage wiederzusehen". Die Deutung dieser Rda. ist schwierig. Als unwahrscheinl. abzulehnen sind die Erklärungen, das ,fahle Pferd' stamme aus Offenb. 6,8: „Siehe, ein fahles Pferd, und der darauf saß, des Name hieß Tod, und die Hölle folgte ihm nach", oder es sei der Grauschimmel Wotans in der Wilden Jagd. Eine andere Erklärung sieht in dem Wort ,fahl' kein Eigenschaftswort, sondern einen Eigennamen, und zwar ,Voland' oder ,Valant', d.i. ist der Name des Teufels in der Volkssage, der auch in der verkürzten Form ,Fahl' vorkommt. Die Volkssprache habe also einem groben Schwindler oder Bösewicht angedichtet, er reite auf ,des Fahles Pferd', d.h. dem Pferde des Teufels, des Vaters der Lüge. Richtiger ist wohl, daß Pferde von fahler Farbe selten waren und deshalb auffielen, daher die Rda. des Predigers Geiler von Kaysersberg (1445–1510) unter ,Adulatores' (Schmeichler): „den falwen hengst streichen", d.h. wohl eigentl., den Hengst jemandes um seiner seltenen Farbe willen streicheln und loben. Möglicherweise ist aber schon hier als Ursinn anzusetzen: den mit der ungewöhnlichen fahlen Farbe behafteten Hengst doch streicheln, um seinem Besitzer zu schmeicheln. So würde denn auch die Rda. ,auf einem fahlen Pferde gesehen werden' einfach bedeutet haben: einen unangenehmen Anblick gewähren, mit einer zweifelhaften Sache verbunden erscheinen. Die Rda. ,Er reitet

ein fahl Pferd' ist seit 1691 durch Stieler in ,Der Teutschen Sprache Stammbaum' (S. 425) lexikalisch gebucht; dieser hat daneben auch: „Man hat ihn auf einer fahlen Ziege ertappt" (= beim Lügen erwischt); lit. belegt ist die Rda. seit 1677 bei Butschky (,Pathmos' 612): „Wer einmal auf einem fahlen Pferde ertappet wird, dem glaubt man nicht leichte mehr"; heute ist sie nur noch selten gebraucht. Eine sprachgeschichtl. Spur führt nach Frankreich: in der altfranz. Lit. ist das falbe Pferd als Sinnbild für Lüge und Falschheit ungemein häufig: „sowohl Fauvel, abgeleitet von fauve: gelb, als auch Fauvain ... (begegnen) als Nomina propria für Pferde" (Bambeck. S. 242); dazu gehört die franz. Rda. ,chevauchier Fauvain': den Falben reiten i. S. v. Falschheit üben; auch, in derselben Bedeutung: ,estriller Fauvain': den Falben striegeln. Diese Rdaa. sind schon für das 13. Jh. belegt (Thiele, S. 116–117). In anderer Form erscheint die Rda. schon 1170 in der Reimchronik der normannischen Herzöge von Benoît de Sainte-More: „Bien conoissum la fauve asnele", sagt jem., als er ein hinterlistiges Ansinnen zurückweist (Gaston Paris, Histoire Littérature de la France, 1898, Bd. 32, S. 110).

Weiterhin gibt es einen ma. ,Roman de Fauvel' (von 1310 und 1314) von Gervais du Bus, in welchem in einer satirischen Allegorie das Pferd Fauvel als Symbol der Falschheit dargestellt wird, dem aber alle Stände, geistlich wie weltlich, schmeicheln. Der Name des Pferdes besteht aus den Anfangsbuchstaben der Laster: Flatterie, Averice, Vilenie, Variété, Envie und Lâchete' (vgl. Becker).

Bei Sebastian Brant erscheint dann frz. ,étriller le cheval fauve' als frühe dt. Übersetzung: ,den falben Hengst streichen' (1494).

Da die frz. Belege früher einsetzen als die dt., spricht vieles für eine Entlehnung. Es kommt nicht von ungefähr, daß sowohl Geiler von Kaysersberg als auch Sebastian Brant diese Rda. kennen, denn sie kommen aus dem Elsaß, einer Vermittlungszone zwischen beiden Sprachen (vgl. Bambeck, S. 247). Für eine weitere Verbreitung sorgte dann die Predigt. Als Ausgangspunkt der Rda. überhaupt

PFERD

wird der Psalm 32,17 angesehen, wo vom „fallax equus" die Rede ist.

Sich aufs hohe Pferd (Roß) setzen: sich hochmütig spreizen, stolz tun; vgl. frz. ‚monter sur ses grands chevaux'. Unwillkürlich gibt das Gefühl, hoch zu Roß zu sitzen, dem Reiter einen gewissen Stolz; so sagt der erste Kürassier in ‚Wallensteins Lager' (11. Auftr.):

Frei will ich leben und also sterben,
Niemand berauben und niemand
beerben
Und auf das Gehudel unter mir
Leicht wegschauen von meinem Tier.

In übertr. Bdtg. findet sich die Rda. seit dem 16. Jh.: „Das exempel dient vff böse exempel geben, als ordenszlüt thuon, die etwan hohe rosz reiten, dadurch die edlen etwan geergert werden" (Joh. Pauli, Schimpf und Ernst, 1522, hg. v. Österley, S. 50); hierher gehört auch der seit dem 17. Jh. in übertr. Bdtg. bezeugte Ausdr. ‚hochtrabend'. Berl. ‚er is uf sein Ferd', in gehobener Stimmung; schwäb. ‚auf den höchsten Gaul 'nauf sitzen', seine Forderungen aufs höchste spannen; ‚einem auf den Gaul helfen', ‚ihn auf Trab bringen'. Heinrich von Freiberg im ‚Tristan' (V. 2195): „Er rîtet der zwelf boten pfert", geht zu Fuß, ↗ Apostel.

Immer sachte (oder *nicht so hitzig*) *mit den jungen Pferden!* ist eine Mahnung, nicht überstürzt zu handeln.

Die Pferde hinter den Wagen spannen: etw. Unsinniges, Verrücktes tun. Die sprw. Rda. ist in allen rom. und germ. Sprachen verbreitet, wobei für das Pferd auch oft das Rind oder der Ochse steht. So etwa bei Freidank: „Der gebûr dânicht glückes hât, da der wagen für diu rinder gât". Das Bild stammt aus der verkehrten Welt. Vgl. engl. ‚to set the cart before the horse'; frz. ‚mettre la charrue avant les bœufs; ndl. ‚he spant de paarden achter den wagen'; ital. ‚metter il carro inanzi ai buoi', aber schon die Römer sagten: ‚Currus bovem trahit'.

Die Pferde stehen: die Sache geht nicht vorwärts.

Das beste Pferd im Stall sein: der leistungsfähigste Mitarbeiter sein.

Wer die tüchtigste, schönste Tochter bekommen hat, von dem sagt man rhein. ‚der het et beste Perd us dem Stall kriegen', und zur Bekräftigung der guten

Wahl: ‚de best Perd sökt (fend) mer em (op de) Stall, de schlechten övverall'.

Das hält kein Pferd aus: das hält niemand aus, selbst der Stärkste nicht.

Von hier bringen mich keine zehn Pferde fort: hier bleibe ich unter allen Umständen; vgl. das rhein. Volksrätsel: ‚Et läft in de Keller, un zehn Geil ziehen et nit ruf?' (Antwort: der Garnknäuel).

Das Pferd suchen und darauf sitzen (reiten): sich unnütze Mühe machen, gedankenlos sein. Schlesw.-holst. sagt man entspr.: ‚He söcht dat Perd und sitt dorop'. Bei Moritz August v. Thümmel schließlich erscheint die Rda. in seiner ‚Reise in die mittäglichen Provinzen von Frankreich' (1784, S. 163): „... Es ist nichts natürlicher als die Natur, die immer da liegt, wo wir hinsehen, man sucht das Pferd, worauf man reitet".

Die Pferde scheu machen: die Leute einschüchtern, verängstigen.

Es wird ein Pferd begraben: es ertönt schwere, ernste Musik (Mitte 20. Jh.).

Überlaß das Denken den Pferden, oft mit dem Zusatz: *die haben einen größeren Schädel* oder *den größeren Kopf:* du kannst nicht denken.

Ihm gehen die Pferde durch: er verliert leicht die Beherrschung.

Emanuel Geibel prägte die Verse:

Was rühmst du deinen raschen Ritt –
Dein Pferd ging durch und nahm dich
mit

(Jähns 1, S. 227). Vgl. frz. ‚Il a mangé du cheval': Er ist eine dynamische Persönlichkeit; ↗ Roß.

Pferde im Hintern haben: ein Auto mit Heckmotor fahren; die Pferdestärken (PS) sitzen dann hinten.

Man hat schon Pferde kotzen sehn (oft mit dem Zusatz: ‚direkt vor der Apotheke'): man hat schon anderlei Unglaubliches erlebt, daher Vorsicht, etwa seit 1900 (Küpper).

Mit jem. eine Pferdekur (Roßkur, Gaulskur) vornehmen: die stärksten Mittel anwenden, die eigentl. nur für Pferde berechnet sind, vgl. frz. ‚une médecine de cheval', heute besser: ‚un remède de cheval', ital. ‚una medicina da cavallo'. In früheren Zeiten galten die Schmiede als Sachverständige für Pferdekrankheiten und wirkten daher als Roßärzte. Noch

1167

heute pfuschen sie manchmal auf dem Land dem Veterinär ins Handwerk. Die Behandlung der Tiere war, wie die alten ‚Doktorsbüchlein' bezeugen, gewaltsam und geradezu grausam. Der Schmied operierte mit glühendem Eisen, mit Zange und Hammer und kurierte mit den fürchterlichsten inneren Mitteln. Es gehörte wirklich eine ‚Gaulsnatur' dazu, diese Heilmethoden zu überstehen. Die Wndg. ‚Er besitzt eine Gaulsnatur (Roßnatur)' ist heute noch volkssprachl. gebräuchlich.

Um eine Pferdelänge voraus sein: knapp im Vorsprung sein; diese Rda. ist vom Pferderennen hergenommen, desgleichen die folgende: *aufs richtige (falsche) Pferd setzen:* Recht oder Glück haben (Pech haben).

Vom Pferd getreten werden: sehr verwundert, überrascht sein (werden); der Ausdr. ist bes. häufig bei Jugendlichen. Diese Wndg. ist bes. verbreitet seit Ulrich Plenzdorfs Stück ‚Die neuen Leiden des jungen W'; so sagt der Held Edgar Thibaut S. 92: „Ich dachte, mich tritt ein Pferd und streift ein Bus und alles zusammen" (ed. Suhrkamp). ‚Ich denk', mich tritt ein Pferd' ist auch als Lieblingsspruch des ehemaligen Ministers Hans Apel bekannt geworden.

‚Vom Pferd getreten'

Jem. ist schon auf dem trojanischen Pferd geritten: jem. hat ein hohes Alter. (Wander III, Sp. 1316, Nr. 852). Das ↗Trojanische Pferd war ein von den Griechen vor Troja gebautes riesiges Holzpferd, in dessen Bauch sie die Krieger verstecken und in die Stadt Troja schmuggeln konnten,

‚Das Trojanische Pferd'

↗Danaergeschenk. Diese List hatte sich Odysseus ausgedacht. Das Pferd war eines der Lieblingstiere der griech. Götter. So dachte man sich das erste Pferd ‚Arion' aus der Vereinigung Poseidons mit Demeter entstanden. In der weißen Gischt des Meeres sah man die Pferde Poseidons. Auch die Indogermanen brachten Pferde mit Gottheiten in Zusammenhang, indem sie sie als deren Verkörperung verehrten. Dem schnellen, klugen Tier wird Weissagekraft, Segenswirkung und Heilkraft zugeschrieben. Im Engl. gibt es die Rda.: ‚I heard it out of the horse's mouth': ich weiß es aus erster Hand, aus sicherer Quelle.

Im Volksmund ist das Pferd oft eine Umschreibung für ‚Penis'. So sagt man, wenn ein Mann die Hose offen hat: ‚Das Pferd ist durch die Stalltüre zu sehen'. Überhaupt sind Begriffe wie ‚reiten', ‚aufsitzen', ‚mit der Stute gen Acker fahren', ‚einer Frau den Hengst machen' Bez. für Beischlaf. Sebastian Frank schreibt 1541: „Der Wein macht das adamisch Rößlein laufen". W. Danckert (Sp. 1419) teilt einen erot. Zweizeiler aus Polen mit:

> Erbarm dich, lege dich hin, denn drei Tage steht mir schon mein Pferdchen im Ställchen, wer wird es mir tränken?

In vielen Volksliedern bedeutet die Aufforderung eines Mädchens an einen Mann, er solle doch sein Pferd an einen Baum anbinden, daß er seine Leidenschaft zügeln solle. Nach einem arab. Sprw. liegt das Paradies auf dem Rücken der Pferde. Friedrich von Bodenstedt (1819–1892) führt es im 34. Spruch seiner ‚Lieder des Mirza-Schaffy' (1851) in die dt. Lit. ein:

Das Paradies der Erde
liegt auf dem Rücken der Pferde,
In der Gesundheit des Leibes
und am Herzen des Weibes ...

Jem. gut zureden wie einem kranken Pferd (Gaul): jem. Mut zusprechen. Unter Pferdehaltern gilt, daß sich ein krankes Pferd nicht hinlegen darf, sonst stirbt es. Damit es auf den Beinen bleibt, redet man ihm u. a. auch gut zu.

Lit.: *M. Jähns:* Roß und Reiter in Leben und Sprache, Glauben und Geschichte der Deutschen. Eine kulturhist. Monographie, Bd. 1 (Leipzig 1872); *A. Tobler:* Verblümter Ausdr. und Wortspiel in altfranz. Rede, in: Sitzungsberichte der Preuß. Akademie der Wissenschaften 1882; *A. de Cock:* Het Paard in de spreekwoordentaal, in: Vkde. 9 (1896–1897), S. 89–90; *J. v. Negelein:* Das Pferd im Seelenglauben und Totenkult, in: Zs. d. V. f. Vkde. 11 (1901); *R. Schönbeck:* Das Pferd und seine Darstellung in der bildenden Kunst (1908); *L. Malten:* Das Pferd im Totenglauben, in: Jb. des dt. archäolog. Instituts 29 (1914), S. 174 ff.; *J. Müller:* Das Pferd im Volksmund, in: Niedersachsen 25 (1919), S. 208; *M. O. Howey:* The Horse in Magic and Myth (London 1923); *O. Lutsch:* Auf einem faulen Pferde ertappt werden, in: Zs. für Deutschkunde 37 (1923), S. 76–77; *A. Wesselski:* Hüte dich, mein Pferd schlägt dich!, in: ders.: Erlesenes (Prag 1928), S. 120–125; *K. de Flou:* Het peerd van de molenaar laat zijn oren hangen, in: Biekorf 36 (1930), S. 128; *W. Koppers:* Pferdeopfer und Pferdekult der Indogermanen, in: Wiener Beiträge zur Kulturgeschichte und Linguistik 4 (1936), S. 279–411; *J. Becker:* Fauvel und Fauvelliana, in: Berichte über die Verhandlungen der Sächs. Akademie der Wissenschaften, Phil.-hist. Klasse 88 (1936); *Fr. Thiele:* Kulturkunde bei der Darbietung idiomatischer Ausdrücke, in: German Quarterly 14 (1941), bes. S. 115–118; *R. de Roeck:* Het paard in de Volksgeneeskunde en de Folklore, in: Brabant 11 (1959), 3, S. 15–16; *A. Taylor:* Out of the horse's mouth, in: American Notes and Queries 10 (1972), S. 72; *W. Danckert:* Symbol, Metapher, Allegorie im Lied der Völker, Bd. IV (Tiere) (Bonn 1978), S. 1404–1430; *W. Gobracht:* Wer Glück hat, dem fohlt sogar der Wallach. Sprichwörter und Redensarten vom Pferd (Bad Homburg 1978); *M. Bambeck:* Von einem fahlen Pferde reiten. Ursprung und Sinn einer alten Rda., in: Archiv für das Studium der neueren Sprachen und Literaturen 217 (1980), S. 241–258; *E. Rosenberger:* Das Pferd in deutschen Sprichwörtern und Redensarten (Lizentiatsarbeit (masch.) Basel 1989).

Pferdearbeit. *Das ist eine rechte Pferdearbeit (Roßarbeit):* das ist eine äußerst schwere, harte Arbeit. 1529 sagt Joh. Agricola unter Nr. 690 zur Erklärung des Ausdr.: „Ein pferd vnd ein maul (Maultier) thun grosse arbeyt, darumb wenn man von grosser arbeyt sagt, die schier vber eines menschen kreffte ist, so spricht man es sey roß arbeyt". Die ,Namenlose Sammlung' von 1532 führt unter Nr. 397

an: „Es ist roßarbeit", und gibt dazu die Erklärung: „Die eym menschen zuuil, vnd zuhart ist, würt auch zum innerlichen gebraucht", vgl. frz. ,un travail de Romain' (eine Römerarbeit). Auf die Arbeitsleistung des Pferdes spielen auch die Wndgn.: ,arbeiten wie ein Pferd', vgl. frz. ,travailler comme un bœuf' (wie ein Ochse), ⇗ Ochse; ,das bringen keine zehn Pferde fertig', ,keine zehn Pferde bringen mich dazu', ,Pferdearbeit und Spatzenfutter', viel Arbeit und wenig Essen.

Pferdefuß. *Da schaut der Pferdefuß raus:* da wird plötzlich eine bisher verborgene Hinterlist oder Unannehmlichkeit offenbar; im 17. Jh. in der Form ,der schwarze Fuß sieht hervor' geläufig. Träger eines Pferdefußes ist nach dem Volksglauben der ⇗ Teufel, ⇗ Roß.
Urspr. hatte der Teufel in bildl. Darstellungen Vogel- oder Bocksfüße. Den Pferdefuß, der relativ spät erscheint, versucht Moser wie folgt zu erklären: „Auf der Gleichsetzung von Roß, Reiter, Tod und Teufel, die sich aus dem Zusammenhang mit dem vierten Pferd der apokalyptischen Reiter ergibt, beruht letztlich auch die Figur des Teufels mit dem Pferdefuß". In der Volksballade vom Teufelsroß begegnet einer ungehorsamen Tochter ein schöner Kavalier, der sich durch seinen Pferdefuß als Teufel entpuppt:

Da kam ein Monsieur daher
Sie meint es wär ein grosser Herr
Thät Stiefel und Sporn antragen
Er sprach: ,mein liebe Jungfraw hört
Einen Freyer habet jhr begehrt
Drumb thu ich zu euch kommen ...'
Darüber sie erschrocken ist
Vnd sah jhm bald auff seine Füß
Ein Pferde Fuß thet er haben.

Lit.: *L. Röhrich:* Die Ballade vom Teufelsroß, in: Der Deutschunterricht 15, 2 (1963), S. 73–89; *D.-R. Moser:* Verkündigung durch Volksgesang (Berlin 1982), bes. S. 554.

Pferdekauf. Die Imponderabilien und Risiken bei Brautwerbung und Heirat umschreibt das Sprw. ,Freien ist kein Pferdekauf'. Die Wndg. kommt als Leitmotiv und Refrain mehrfach in Volksliedern vor und ist primär ein Zitat aus dem Singspiel ,Die Glückselige Verbindung Des Ze-

1169

phyrs mit der Flora' (Weißenfels 1688), wo es im 6. Auftr. der 2. Handlung heißt:

Freyen ist kein Pferde-Kauff.
Wer sich hier nicht will bedencken,
Der wird sich vergeblich kräncken
Durch den gantzen Lebens-Lauff.
Freyen ist kein Pferde-Kauff.
...
Freyen ist kein Pferde-Kauff,
Will sich einer ja verneuen
Und ein liebes Mädgen freyen,
O der thu die Augen auff.
Freyen ist kein Pferde-Kauff.

Bis heute verbreitet ist der Reimspruch:

Freyen ist kein Pferdekauf,
Jungfer, thu die Augen auf.

Ebenso in dem Lied ‚Meine Red ist abschiedsvoll‘ (bei Mündel, Elsässische Volkslieder, S. 123, Schlußstrophe):

Heirathen ist kein Pferdverkauf,
Mädchen thu deine Äuglein auf,
Thu sie auf und schau ihn recht an,
Daß du auch bekommst ein braven Mann.

Ans andre Geschlecht wendet sich (bei O. Böckel [Hg.], Dt. Volkslieder aus Oberhessen [Marburg 1885, Nachdr. Vaduz 1985], S. 59) im Liede ‚Meine Rede ist abschiedsvoll‘ die Schlußstrophe:

Freien ist kein Pferdekauf,
Bürschchen thu' die Augen auf,
Es freit so mancher gar umsonst,
Thaler geben und Thaler geben ist gar keine Kunst.

Lit.: *A. Kopp:* ‚Freien ist kein Pferdekauf‘, in: Euphorion 10 (1903), S. 256–257; *A. de Cock:* ‚Spreekwoorden en Zegswijzen, afkomstig van oude gebruiken en volkszeden‘, in: Volkskunde 13 (1900–1901), S. 151–160, 183–186, 231–237. *W. Linder-Beroud:* Von der Mündlichkeit zur Schriftlichkeit? Untersuchungen zur Interdependenz von Individualdichtung und Kollektivlied (= Artes populares 18) (Frankfurt a. M.. 1989), S. 146–151.

Pferdekopf. *Er hängt den Pferdekopf heraus:* er (der Händler) hat nichts mehr zu verkaufen; thür. und obersächs. bezeugt: ‚Nu da hängt nor glei ’ne Pfärdekopp naus, ihr habt doch gar nischt mehr zu verkoofen!‘, vom Kunden gesagt, wenn mehrere gewünschte Waren ausgegangen sind. Der Urspr. der Rda. ist unbekannt. Vielleicht soll auf den Pferdekopf als Zeichen einer Pferdeschlächterei hingewiesen werden, deren Fleisch- und Wurstan-

gebot z. T. verachtet und als minderwertig angesehen wurde und im Unterschied zu Schweine- und Rindfleisch sehr viel weniger kostete. Wenn der Metzger also nichts Rechtes mehr in seinem Laden anzubieten hatte, wurde ihm verächtlich der Rat gegeben, sich auf die Pferdeschlächterei umzustellen.

Pfiff. *Den Pfiff kennen* (auch *verstehen, heraushaben); sich auf den Pfiff verstehen:* wissen, wie man am vorteilhaftesten seinen Zweck erreicht; sich darauf verstehen, wie man andere auf feine Weise täuscht und betrügt. Der Ausdr. Pfiff i. S. v. ‚List‘, ‚Trick‘, ‚listige Absicht‘ könnte aus der Jägersprache entlehnt sein: Die Jäger und Vogelfänger müssen die Stimmen der Vögel nachzuahmen, nachzupfeifen verstehen, vor allen Dingen aber an dem Pfiff den Vogel selbst erkennen. Andere Erklärungen knüpfen an den Pfiff des Taschenspielers an, der die Aufmerksamkeit der Zuschauer ablenken will. Doch denkt man wohl besser an den Pfiff des Gauners, urspr. ‚geheimes gepfiffenes Signal‘, dann auch ‚listiger Streich‘ (oft reimend gepaart mit ‚Kniff‘, d. h. eigentl.: betrügerisches Kennzeichen an Spielkarten, zu ‚kneifen‘ gehörig). Pfiff in der Bdtg. ‚Kunstgriff‘, ‚listiger Streich‘ lit. erst im letzten Drittel des 18. Jh.: „Ihr Pfiff, lieber Nachbar, hilft Ihnen nichts, daß Sie eine solche Antwort nicht selbst geben, sondern nur geben lassen“ (Lessing, ‚Duplik‘, 8. Widerspruch); „Der Pfiff ist gar nicht übel! Die Einfalt vor der Schurkerei vorauszuschicken“ (Lessing, ‚Nathan‘ V, 5); öfters bei Schiller, z. B. im ‚Fiesko‘ (I, 3; III, 7). Die gleichzeitigen Ableitungen ‚pfiffig‘ und ‚Pfiffigkeit‘ sind sicher älter, da das in der Studentensprache danach gebildete Wort ‚Pfiffikus‘ schon gegen 1700 bezeugt ist.

Wahrscheinl. im Anschluß an ↗ Pfifferling bedeutet Pfiff auch eine geringfügige, nichtige Sache; daher: *ein Streit um einen Pfiff,* ferner landschaftlich, so in Bayern und Sachsen: ein kleines Glas Bier oder Branntwein. Obersächs. ‚den Hut auf dem Pfiffe sitzen haben‘ meint: ihn weit hinausgeschoben, schief aufgesetzt haben. *Eine Sache hat Pfiff:* etw. findet großen Anklang wegen Originalität.

1170

Im Berl. und Obersächs. meint die Feststellung: ‚Das is 'n Ding mit 'm Pfiff' (oft mit einem anerkennenden Pfiff verbunden): Das ist modern, schick, hat das gewisse Etwas, auch: Das ist die Idee, die durchschlagende Erfindung.

Lit.: *L. Röhrich* u. *G. Meinel*: Rdaa. aus dem Bereich der Jagd u. der Vogelstellerei, S. 317. *E. Strübin*: Zur dt.-schweiz. Umgangssprache, in: Schweiz. Arch. f. Vkde. 72 (1976), S. 121.

Pfifferling. *Keinen Pfifferling wert sein:* nichts wert sein; *keinen Pfifferling für etw. geben:* nichts dafür geben; *sich keinen Pfifferling um etw. kümmern* (oder *scheren):* sich auf keinen Fall darum kümmern. Der Name des oft in Massen auftretenden Pilzes Pfifferling (heute allerdings eine teure Delikatesse) wird schon im 16. Jh. von etw. Wertlosem oder Belanglosem bildl. gebraucht: „Wie Pfifferling wachsen die Flecken (‚Kaldaunen‘)", sagt Hans Sachs vom Schlaraffenland; Luther (Jenaer Ausgabe III, 285 b): „das im Sacrament ... eitel Pfifferling und Morchen (‚Morcheln‘) weren". Lit. noch in Karl Immermanns ‚Münchhausen‘ (Buch VI, Kap. 4): „Von deinen Ziegen und deinen Holländern und deinen Poltergeistern habe ich den Pfifferling gehabt" (= nichts). Auch ‚Pfifferstiel‘, eine Klammerform aus ‚Pfifferlingsstiel‘ kommt ebenso wie ↗ Pappenstiel frühnhd. in gleichem Sinne vor.

Lit.: *O. Weise*: In die Wicken gehen, flöten gehen und Verwandtes, in: Zs. f. hd. Mdaa., 3 (1902), S. 211–217.

Pfingsten. *Zu Pfingsten auf dem Eise:* nie und nimmermehr, niemals. Die Rda. kommt in dieser Form schon in Luthers Sprww.-Sammlung vor. In den volkstümlichen Lügenliedern (z. B. E. B. III, 36 ff.) begegnet die Rda. öfters neben anderen Unmöglichkeiten als Zeitbestimmung zu der Begebenheit, daß ein Amboß oder ein Mühlstein über den Rhein geschwommen sei und ein Frosch sie beide verschlungen habe oder ähnl. Die mdt. und nordd. verbreitete Wndg. *zu Pflaumenpfingsten* meint: wenn es zu Pfingsten reife Pflaumen gibt, d.h. ebenfalls: niemals; vgl. westf. ‚up Ulepinxte (Eulenpfingsten), wann de Kräjjen op'm Ise danset' (oder auch: ‚zu Pfingsten, wenn die Esel auf dem Eis tanzen‘); els. ‚zwischen Pfingsten und Straßburg (Hagenau, Basel)‘, nie und nirgends. Zu derartigen rdal. Zeitbestimmungen für ‚niemals‘ wird vorwiegend eines der drei großen Feste des Jahres, Ostern, Pfingsten oder Weihnachten, benutzt und der Begriff so getroffen, daß damit etw. Unvereinbares zusammengebracht wird, z. B. auch: ‚auf Maienostern‘ (Ostern fällt niemals in den Monat Mai); ‚auf Weihnachten in der Ernte‘; ‚zu Martini, wenn die Störche (und Schwalben) kommen‘ (am 11. Nov. sind die Störche längst weggezogen). Am verbreitetsten ist: *wenn Ostern und Pfingsten auf einen Tag fallen;* sächs. ‚da kriegste e paar Backpfeifen, daß du denkst, Ostern und Pfingsten fällt of een Tag‘. Anlaß zu diesen Rdaa. hat vielleicht die Beweglichkeit der Termine der beiden Feiertage gegeben, daneben die Erfahrung, daß zu Pfingsten im allg. mit günstigem Frühlingswetter zu rechnen und daher mit diesem Zeitbegriff weniger Zweifelhaftes verbunden ist als bei den anderen Festen, denn ‚weiße Ostern‘ gehören ebenso wie ‚grüne Weihnachten‘ nicht zu den meteorologischen Unmöglichkeiten. In Holst. sagt man auch: ‚He fiert Pingsten vör Paschen‘ (Ostern), er handelt verkehrt; in Oldenburg: ‚Dat sleit in as Pingsten upn Sondag‘.

Ebenso wie das einfache ‚nichts‘ in unzähligen Wndgn. eine bildhafte Erweiterung erfährt (↗ Deut), hat die Volkssprache auch für die Zeitbestimmung ‚niemals‘ eine Fülle von rdal. Umschreibungen geprägt. Bes. gern sind sie mit fiktiven Heiligentagen oder durch die Perversion von Heiligentagen gebildet worden. Am bekanntesten ist: ‚am St. Nimmerleinstag‘ (auch: ‚auf Sankt Nimmers‘ oder ‚Nimmermehrs Tag‘), ferner: ‚uf St. Zilorgentag‘, ‚am Fest der Beschneidung Mariä‘ (nach einem obszönen Schwank), ‚auf Teufels Himmelfahrtstag‘ (Luther). In einem schweiz. hist. Volkslied von 1335 findet sich die Formel:

Ich wil uf sant Jüten tag
Sicher varen von hus.

Dieses Zeugnis ist das älteste Beisp. für eine Rda., die sonst nur aus Nordwestdtl. und den Niederlanden seit der Mitte des 16. Jh. bekannt ist und bedeutet: ‚am Tage der Päpstin Johanna‘. Andere fiktive Da-

ten, die rdal. für ‚niemals' stehen, sind:
‚am zweiten Sonntag vor dem ersten
Schnee' (dessen Eintreten natürlich nicht
vorherberechnet werden kann), ‚auf den
Sommer über drei Wochen', ‚auf den
Sommer über acht Tage', ‚auf den Mitt-
woch um drei', ‚von zwölf bis Mittag', ‚am
32. des Monats', ‚auf den 30. Februar'
(vgl. Erich Kästners Buchtitel: ‚Der
35. Mai'), ‚zehn Jahre hinter dem Jüngsten Tag', ‚tausend Jahre (drei Tage) nach
der Ewigkeit', ‚fünf Minuten vor der Er-
schaffung der Welt', vgl. engl. ‚at four
o'clock next summer (week, month)', ‚the
first Sunday in the middle of the week',
‚next moon's day after the week of eter-
nity'; frz. ‚trois jours après jamais' (heute
veraltet).
Nicht selten wird das rdal. Bild in die
Form eines Bedingungssatzes gekleidet:
‚wenn zwei Sonntage in eine Woche kommen', vgl. frz. ‚la semaine des quatre jeu-
dis' (wörtl.: in der Woche, die vier
Donnerstage hat); ‚wenn die Sonne still-
steht', ‚wenn die Sonne in die Hölle
scheint', ‚wenn der Teufel gen Himmel
fährt', ‚wenn es Gulden regnet', ‚wenn es
Katzen hagelt', ‚wenn die Katz kräht',
‚wenn die Hunde mit dem Schwanz bellen', ‚wenn die Böcke lammen', ‚wenn die
Hennen für sich scharren', ‚wenn die
Schnecken werden biesen' (mhd. bîsen =
rennen, wie von Bremsen geplagtes Vieh);
vgl. auch frz. ‚quand les poules auront des
dents' (wörtl.: wenn die Hühner Zähne
bekommen); ‚wenn die Weiden werden
Pflaumen tragen', ‚wenn der Main (die
Elbe usw.) brennt'; im Westerwald:
‚wenn't Wasser brennt', ‚wenn de Rhein
de Berg roffleift', ‚wenn die Woch elf
Dach' hot', ‚wenn de Oos (Ochs) Kälwer
macht'; westf. ‚wann de swarte Snee fällt
un de Lus en Daler gelt'; hess. ‚wenns
Pfannkuche schneit und Buttermilch regnet'. Die Mdaa. kennen manchmal ganze
sprw. Sätze für ‚niemals', z. B. schles. ‚aale
Liewe rost nee, on wenn se siewa Joahr
hinderm Zaune leit', ‚... on wenn se aach
schon zahn Joahr onderm Miste liecht',
‚... und wenn der Deifel mit seiner Großmutter uf'm Seile tanzt'.
Eine große Rolle spielen solche Umschreibungen im Volkslied (das bloße
Wörtchen ‚niemals' erscheint hier zu ein-

druckslos, zu prosaisch, und es umschreibt darum die Negation in poesievol-
ler Weise), bes. beim Abschied der Liebenden, bei der Versicherung der Treue,
den Befürchtungen der Untreue und dem
Hoffnungen auf ein Wiedersehen, z. B.:

Wenn es schneit rote Rosen
Und regnet kühlen Wein ...

Wenn's Kirschkuchen regnet
und Bratwürstl schneit ...

Bis der Birnbaum wird Äpfel tragen,
Dann soll mein Trauern ein Ende
                                    haben.

Mein Schätzlein, mein Kätzlein,
O warte nur ein Jahr,
Und wann die Weiden Kirschen tragen,
So nehm ich dich fürwahr.

Wenn das Feuer den Schnee entzündt,
Wenn der Krebs Baumwolle spinnt,
Wenn alles Wasser wird zu Wein
Und Berg und Tal zu Edelstein
Und ich darüber Herr werd sein,
Wirst du, fein's Mädle, mein eigen
                                    sein.

Viele der älteren Rdaa. für ‚niemals' sind
heute in Vergessenheit geraten und nur
noch aus lit. Quellen erschließbar. So verzeichnet Joh. Agricola in seiner Sprww.-
Sammlung z. B.: ‚Das wirt geschehen,
wenn der Teuffel von Ach kumpt', und erklärt: „Das ist: es wirt nymmermer geschehen. Zu Ach ist ein grosser thurn in
der Statmauren, genent Ponellen thurn,
darinne sich der Teuffel mit vil wunders,
geschrey glocken klingen, vnnd anderm
vnfug offtmals sehen vnd horen lest, vnnd
ist die sage, er sey hinein verbannet, vnd
da muß er bleiben biß an den jungsten tag.
Darumb wenn man daselbs von unmöglichen Dingen redet, so sagt man, Ja es wirt
geschehen, wenn der Teuffel von Ach
kumpt, das ist nymmer mehr".
Zahlreiche individuelle, heute oft kaum
noch verständliche Varianten bringt Joh.
Fischart in seinen Dichtungen, z. B.: „An
Cuntz Schlauraffen hochzeit, zu nacht
bey dem Käffer dantz auff dem Noll-
sack", „Auff des karnöffels tag des spielers", „Auff Lutz Schwolnars tag, der den
schlegel frass sechs hasensprung hinder

dem Kalkofen", „An dem tag des würdigen latzenbessers", „Am tag Heintz lapp den Bapp, des würdigen Würstbuben, zwo stund zwischen Loch und Bruchhausen, in dem Eulenflug". – Nach der Eroberung von Ofen 1686 wurde Graf Tököly, der nach der ungarischen Krone unter türkischer Oberhoheit gestrebt hatte, aus dem kaiserlichen Lager verspottet:

Wann fünf König hat einmal
Die französisch Karten,
Wärst der nächste in der Wahl,
Wannst es kannst erwarten.

Schiller benutzt die volkstümliche Verhüllung des ‚niemals' in den ‚Räubern' (II,3), wo der Pater beteuert: „So gewiss Kirschen auf diesen Eichen wachsen und diese Tannen Pfirsiche tragen, so gewiss werdet ihr unversehrt diesen Eichen und diesen Tannen den Rücken kehren"; und in der ‚Jungfrau von Orleans', wo Johanna auf des Dauphins Frage „Und Orleans, sagst du, wird nicht übergeben?" erwidert: „Eh'r siehst du die Loire zurückfließen!". – Der röm. Geschichtsschreiber Sueton (‚Augustus' 87) erzählt, daß Kaiser Augustus im täglichen Leben gewisse Worte oft wiederholt, z.B. von faulen Schuldnern häufig gesagt habe, sie würden ‚ad Calendas Graecas' (an den griech. Kalenden) zahlen. ‚Calendae' sind im röm. Kalender der erste Tag jeden Monats, ein Zahlungstermin der Römer. Da nun der Grieche diesen Termin nicht kennt und im griech. Kalender überhaupt keine Kalenden vorhanden sind, so bedeutet ‚ad Calendas Graecas': ‚bis zu einer Zeit, die nie kommen wird', auf niemals. Auch diese Wndg. ist zweifellos anschaulicher und kräftiger als das einfache lat. ‚numquam'.

Lit.: *Ed.:* Ein Pfingsten auf dem Eise, in: American Notes and Queries 5, 1 (1874), S. 402; *O. Weise:* Ad calendas Graecas und Verwandtes, in: Zs. f. hd. Mdaa. 3 (1902), S. 47–51; *S. Freud:* Die Verneinung, in: Ges. Werke Bd. 14, S. 9ff.; *A. Wallner:* Zwischen Pfingsten und Straßburg, in: Z.f.d.A. 64 (1927), S. 95–96; *P. Sartori:* Art. ‚Pfingsten', in HdA. VI, Sp. 1684–1694; *A. Taylor:* On Tib's Eve, neither before nor after Christmas, in: Studia germanica tillägnade Ernst Allan Kock (Lund 1934), S. 385–386; *ders.:* ‚Niemals' in einem hist. Schweizer Volkslied, in: Volkskundl. Gaben, John Meier zum 70. Geburtstag dargebracht (Berlin – Leipzig 1934), S. 280f.; *ders.:* ‚Zwischen Pfingsten und Straßburg', in: Studies in Honor of John Albrecht Walz (Lancaster [Pa] 1941), S. 21–30; *ders.:* Locutions for ‚Never', in: Romance Philology, Nos. 2 and 3 (1948–49), S. 103–134; *O. Mensing:* Zur Gesch. der volkstümlichen Verneinung, in: Zs. f. d. Ph: 61 (1936), S. 343–380; *L. Berthold:* Wenn die Katz kräht, in: Nassauische Bl., Bd. V, S. 132f. und 199f.; *J. Szövérffy:* Irisches Erzählgut im Abendland (Berlin 1957), S. 16ff.; *J. Arndt:* ‚Nichts' und ‚Niemals', in: Rhein.-Westf. Zs. f. Vkde. 8 (1961), S. 118f.; *L. Röhrich:* Gebärde – Metapher – Parodie (Düsseldorf 1967), S. 77ff.; *E. Weiher:* Der negative Vergleich in der russischen Volkspoesie (München 1972); *W. Kürschner:* Studien zur Negation im Deutschen (Tübingen 1983); *A. Nozsicska:* Die Grammatik der Negation (= Oesterr. Akademie d. Wiss. 506) (Wien 1988).

Pfingstochse. *Aufgeputzt* (oder auch *geschmückt*) *wie ein Pfingstochse:* übertrieben (und zugleich geschmacklos) gekleidet, ‚aufgedonnert'. Der weitverbreitete rdal. Vergleich hängt mit einem Brauch der Vieh- und Weidewirtschaft zusammen: Zu Pfingsten wird in vielen Landschaften das Vieh zum erstenmal auf die Weide getrieben, oder der erste Austrieb wird mit festlichem Brauch wiederholt. Bis Pfingsten wird zuweilen ein besonderes Wiesenstück unbenützt gelassen (‚Pfingsthege', ‚Pfingstweide'). Unter lautem Jubel, mit Grün bekränzt und ge-

‚Aufgeputzt wie ein Pfingstochse'

schmückt zieht das Vieh auf die Weide. Das erste (oder letzte) Tier heißt ‚Pfingstochse‘ (oder ‚Pfingstkuh‘). Als Pfingstochse wird da mancherorts, z. B. in Mecklenburg, auch der zum Pfingstbraten bestimmte fette Ochse bez., der am Donnerstag oder Freitag vor dem Fest von den Schlächtern feierlich, mit einem Blumenkranz um den Kopf, die Hörner mit Gold- oder Silberfiligran belegt und mit einer Zitrone auf der Hornspitze, endlich auch den Schwanz mit Blumen und bunten Bändern geschmückt, herumgeführt wird. Der festliche Schmuck deutet möglicherweise darauf hin, daß die Schlachtung ehedem als eine Art Opferhandlung aufgefaßt wurde. Doch mag auch der oben angeführte Brauch aus der Weidewirtschaft auf den zu Pfingsten gebratenen Ochsen eingewirkt haben (vgl. HdA. VI, 695 ff.). Auf einen ähnl. Brauch geht in Frankr. der ‚bœuf gras‘, der Fastnachtsochse, zurück, ein aufgeputzter Mastochse, der von den Metzgergesellen in den letzten Fastnachtstagen durch die Straßen geführt wird. In Marseille ging der Prachtochse, mit Teppichen behangen und mit Blumen bekränzt, sogar an der Spitze der Fronleichnamsprozession; vgl. die frz. Rda. ‚promener comme le bœuf gras‘.

Vgl. ‚aufgeputzt wie ein ↗ Palmesel‘.

Lit.: *P. Sartori:* Art. ‚Pfingstochse‘, in: HdA. VI, Sp. 1695–1697.

Pfingstrose. *Aussehen wie eine Pfingstrose:* runde, rote Backen haben wie die Blüte der Päonie; vgl. frz. ‚rouge comme une pivoine‘; ↗ aussehen; ↗ rot.

Pflaster. *Ein Pflaster (oder ein Pflästerchen) kriegen* (oder *auf die Wunde bekommen*): zum Entgelt für eine Zurücksetzung, sozusagen als ‚Schmerzensgeld‘ (Trostpflaster) eine kleine Entschädigung erhalten; eine Auszeichnung oder Anerkennung, die auf eine Herabsetzung erfolgt, gleichsam zur Heilung der frisch geschlagenen Wunde. Auch sagt man im Scherz zu einem Kind, dem man zum Trost für eine Verletzung eine Süßigkeit schenkt: ‚Ich will dir ein Pflaster drauflegen‘, wie man auch einen guten Bissen ein ‚Magenpflaster‘ nennt. Dagegen bedeutet ‚ein Pflaster auf den Buckel kriegen‘ Prügel beziehen; ähnl.: ‚einem eine pflastern‘, ihn ohrfeigen.

Als ein Pflaster wird pars pro toto auch eine Stadt bez., z. B. in Wndgn. wie ‚ein teueres Pflaster‘, eine Stadt mit teueren Lebensverhältnissen; ‚das ist kein Pflaster für ihn‘, diese Stadt paßt nicht zu ihm, diese Stadt wird seine Moral gefährden.

Pflaster treten: nichts zu tun haben. Vgl. frz. ‚battre le pavé‘, auch: ‚être sur le pavé‘ (wörtl.: auf der Straße liegen), i. S. v.: arbeitslos sein; und ‚mettre sur le pavé‘: auf die Straße (das Pflaster) setzen, i. S. v.: vor die Tür setzen.

Mit etw. die Straße pflastern können: an etw. Überfluß haben.

Pflaume. *Eine Pflaume sein:* ein nichtsnutziger Mensch sein.

Jem. anpflaumen meint: jem. necken, verspotten, veräppeln. *Sich nicht (von jedem) anpflaumen lassen:* anzügliche, spöttische Bemerkungen, provozierende Anrede energisch zurückweisen.

Lit.: *W. Danckert:* Symbol, Metapher, Allegorie ... III, S. 1047 ff.

Pflicht. *Seine verdammte* (oder *verfluchte*) *Pflicht und Schuldigkeit tun.* Die Rda. gilt als ein angebliches Zitat Friedrichs des Großen, was aber nicht sicher verbürgt ist. In dem Aufsatz ‚Die Tänzerin Barberina‘ erzählt Louis Schneider (‚Der Bär‘, Berlin 1880, S. 25), Graf Dohna habe für seinen Haushofmeister C. L. Mayer, der sich darum bemüht hatte, die Tänzerin 1744 für Berlin zu gewinnen, eine besondere Belohnung beim König beantragt. Dieser aber habe geantwortet: „Kriegt nichts! hat nur seine verfluchte Schuldigkeit getan". Nach anderen Überlieferungen soll ein württembergischer Soldat diese Worte zu Napoleon gesagt haben; ↗ Röhrle. Diese voneinander abweichenden ätiologischen Anekdoten machen keinen urspr. Eindruck und wecken den Verdacht, daß das vermeintliche Zitat doch als Rda. im Volksmund entstanden ist.

Jem. in die Pflicht nehmen: dafür sorgen, daß jem. gewisse Aufgaben übernimmt und die Verantwortung dafür trägt. Lit. z. B. belegt in ‚Wallensteins Tod‘ (V, 2) von Schiller: „Nun ja, du nahmst uns ja

PFLUG

für ihn [= für Wallenstein] in Pflicht".
‚Eheliche Pflicht' ↗ Ehe; ↗ Obligo.
Ein Couplet des Bergdirektors Zwack aus
der Operette von Karl Zeller ‚Der Ober-
steiger' (1893 Uraufführung in Wien) hat
den Kehrreim: „Der Bureaukrat tut seine
Pflicht, von neun bis eins! Mehr tut er
nicht" (II. Akt).

Pflock. *Einen Pflock davorstecken:* einen
Riegel vorschieben, einer Sache Einhalt
gebieten, bis hierher und nicht weiter! Der
Pflock ist in dieser Rda. der Vorstecker,
der in die Öse am Türriegel gesteckt wird,
damit die Tür nicht von außen geöffnet
werden kann. Luther führt die Rda. „ein
pflocklin dafur stecken" 1530 in seiner
Sprww.-Sammlung an und gebraucht sie
in übertr. Sinne von der menschlichen
Zunge: „So ist auch hie nicht not eilens,
und sollen Gottes Weise lernen, der nicht
eilet, sondern mit Geduld herauslocket,
bis er ein Pflöcklin fur die Zunge stecket,
daß sie die nicht können wieder ins Maul
ziehen" (Briefe, hg. v. de Wette, Bd. V,
S. 54). Ebenfalls im 16. Jh. bei Oldecop
(S. 406): „De toch (Zug) das graven von
Mansfelde in dat brunswicksche lant mit
Clawes Barner was mest des fursten clage
anfank und orsake. Aver dar wart beide
ein plock vorgeslagen".
Einen Pflock zurückstecken: Forderungen,
Ansprüche reduzieren; kürzer treten; es
einmal nicht so genau nehmen, milde ur-
teilen, Nachsicht üben. Das Bild der Rda.
kann vom Pflugkeil oder Stellpflock des
Pfluges genommen sein: Steckt man den
Pflock mit der Kette zurück, so geht der
Pflug weniger tief und auch leichter. Vielleicht steht die Rda. aber auch in Zusammenhang mit der Zähl- oder Markiermet-
hode, wie sie in England z. B. beim
Aufrechnen der gewonnenen Punkte beim
Bagatellespiel noch üblich ist: zu beiden
Seiten des Spielbrettes befinden sich besondere Zählleisten, eine für jede Partei.
Diese Leisten sind mit Löchern in regel-
mäßigen Abständen versehen, in die ein
Pflock (‚peg') paßt, der um so weiter her-
aufgesteckt wird, je mehr Punkte eine Partei gewonnen hat. Wenn nun ein Spieler
irrtümlich oder fälschlich sich zu viele
Punkte gutgeschrieben hat, so wird er veranlaßt, ‚seinen Pflock zurückzustecken',

‚he is taken down a peg or two'. Die engl.
Rda. hat denselben Sinn wie die dt. und
wäre dann wohl ebenso zu erklären.
Wahrscheinl. hatte das Zählbrett mit dem
Pflock früher eine weitere Verbreitung.

Lit.: *O. Hauschild:* Einen Pflock zurückstecken, in:
Zs. f. d. U. 20 (1906), S. 591–592; *V. Dörr:* ‚Einen
Pflock zurückstecken', in: Zs. f. d. U. 21 (1907),
S. 795 f.; *L. Verlende:* ‚De stake uittrekken', in: Biekorf
38 (1932), S. 63.

Pflug dient bildl. zur Bez. jeder Arbeit, so
in der Wndg. *die Hand an den Pflug legen:*
eine Arbeit aufnehmen; so z. B. Luk. 9,62:
„Wer seine Hand an den Pflug legt und
sieht zurück, der ist nicht geschickt zum
Reich Gottes"; auch schon in Seb. Brants
‚Narrenschiff' (84, 1): „vil legen ir hant an
den pflug"; vgl. frz. ‚mettre la main à la
charrue'; *mit jem. an einem Pfluge ziehen:*
die gleiche Arbeit tun, das gleiche Interesse haben; *die Feder ist sein Pflug:* er verdient sein Brot mit Schreiben; so schon
mhd. bei Wolfram von Eschenbach im
‚Parzival' (544, 15): „Von anders nihtiu
gienc sîn phluoc" = von nichts anderem
gewann er seinen Lebensunterhalt; und
um 1400 im ‚Ackermann aus Böhmen'
(Kap. 3): „Von vogelwât (Vogelkleid, d. i.
Schreibfeder) ist mein pflug".
Eine Umschreibung für Stand und Beruf
ist die Wndg. ‚Wagen und Pflug'. Auch
Grimmelshausen gebraucht ‚Pflug' i. S. v.
Beruf: „Du sollst nicht mehr verzehren,
als dein Pflug mag ernähren". Hans Sachs
verwendet dieses Sprw. in einem Vierzeiler bzw. Fünfzeiler:

Ein iegliches nach seinem standt
Halt innen beide, mundt und handt
Das er nit mehr hie tu verzeren
Dan im sein pflug mag erneren
Nach der alten spruchsag.

Im ‚Meier Helmbrecht' von Wernher dem
Gartenaere wird er an den Hof stre-
bende Sohn vom Vater gewarnt und in
seine Standesgrenzen gewiesen (V. 91):
„dîn ordenunge ist der phluoc".
In einer Hs. des ehemaligen Breslauer
Stadtarchives vom Jahre 1571 sagt einer
vor Gericht aus, daß „das Spiel sein Pflug
und Eiden (Egge)" sei.
Meckl. sagt man: ‚Da wert de Plog den
Sten wol finden', der Aufwand wird seine
Grenzen finden; els. ‚Er geht de Pflüng
hünten', er wird wohl bald sterben.

‚Mein pflueg get uneben' gebraucht Oswald von Wolkenstein (Ausg. v. Schatz 1904, 104, 10) in der Bdtg.: es geht mir schlecht.

Das ‚Pflugziehen' ist ein heute ausgestorbener Brauch. Ledige Mädchen mußten in der Fastnachtszeit einen Pflug durch die Ortschaft ziehen. Das erste Zeugnis

‚Pflugziehen'

davon steht in dem Rechnungsbuch des Sigismund des Münzreichen, Herzog von Tirol (1460): „Frauen der Vorstadt von Innsbruck, die am Aschermittwoch einen Baumstamm durch die Straßen gezogen" hatten, bekamen „zwei rheinische Gulden" (H. Moser, S. 184). In einem vor 1494 verfaßten Fastnachtspiel ‚Die Egen' heißt es:

Was heur von meiden ist überblieben
           und verlegen,
Die sein gespant in den Pflug und in die
                      Egen.
Das sie drinnen ziehen mußen
Und darinnen offentlich bueßen,
Das sie sein kumen zu iren tagen,
Fut, ars, tutten vergebens tragen.

(H. Moser, S. 186). 1532 schrieb Hans Sachs den Schwank ‚Die Hausmaid im Pflug'.

Lit.: *M. Lenschau:* Grimmelshausens Sprww. u. Rdaa. (Frankfurt/M. 1924); *Heckscher:* Art. ‚Pflugziehen', in: HdA. VII, Sp. 6–9; *H. J. Endepols:* Een konter als breekijzer, in: De Nieuwe Taalgids 34 (1940), S. 173–174; *J. Bergmann:* Der Pflug im Sprw., in: Unser Egerland, 8, S. 25 ff.; *H. Koren:* Pflug und Arl. Ein Beitrag zur Volkskunde der Ackergeräte. Veröffentlichung d. Inst. f. Vkde. Salzburg, Bd. 3 (Salzburg 1950); *K. M. Klier:* Das Blochziehen: ein Faschingsbrauch von der Südostgrenze Österreichs (Burgenländische Forschungen, H. 22) (Eisenstadt 1953); *H. Moser:* Städtische Fastnacht des MAs. in: Volksleben 18 (1967), S. 184–202.

Pforte. *Die Pforten schließen:* als Institution, Firma usw. zu existieren aufhören. Die Rda. spielt auf die (Fabrik-)Tore (Pforte von lat. porta: Tor) an. Die ‚Hohe Pforte' war die Bez. des Hofes des osmanischen Sultans in Istanbul; diese Umschreibung der ehemaligen türkischen Regierung entstand nach der hohen Pforte am Eingang des Großwesirats, die noch heute zu sehen ist. Die Stadt Jerusalem wird oft als ‚Pforte der Völker' bez.

Pfosten. In einer Reihe von ndd. Rdaa. steht der Ständerpfosten des ndd. Hausgerüstes als pars pro toto für das ganze Hauswesen, z. B. ‚Dat Hus steiht up papierne Pöste', das Anwesen ist verschuldet; ‚dat sitt dao in de Pöste', das liegt da in der Familie.

Neuere Rdaa. beziehen sich auf das Tor beim Fußballspiel: *Zwischen den Pfosten stehen:* Torwart sein; *an den Pfosten spielen:* den Sieg nur knapp verfehlen, indem det; ‚dat sitt dao in de Pöste', das liegt da in der Familie.

Lit.: *J. Schepers:* Das Bauernhaus in Nordwestdeutschland (Münster/Westf. o. J.), S. 54.

Pfote. Die Rda. *sich etw. aus den Pfoten saugen* ist bedeutungsgleich mit ‚sich etw. aus den ↗ Fingern saugen' und geht vielleicht auf diese zurück, möglicherweise fußt sie aber auch auf einer recht alten, allg. verbreiteten Anschauung von den Bären. In Joh. Stumpfs ‚Gemeiner loblicher Eydgnoschafft ... beschreybung' (Zürich 1548, Bd. II, S. 286) heißt es unter der Überschrift ‚Von allerley thieren im Alpgebirg': „In den ersten 14 tagen schlaffend die jungen Bären also hart ... Nach 14 tagen erwachend sy/und saugend jre tapen: davon läbend sy/und gebrauchend sich keiner anderen narung biß sy fruehlings zeyt herfür gand ..." Ähnl. vermerkt Conrad Gesner in ‚De quadrupedibus viviparis' (1551) unter ‚Proverbia' (S. 1080): „Germani si quem de paupertate, aut avaritia et parcitate notaverint, manum ab eo sugi dicunt sicut ab urso: Er sugt den taapen wie ein baer". Und entspr. lautet die Stelle in der Übers. von Gesners ‚De quadrupedibus', dem ‚Thierbuoch. Das ist ein kurtze beschreybung aller vierfüessigen thieren ... durch D. Cuonrat Forer ... in das teütsch gebracht. Zürich 1563 (Überschrift: ‚Etlich lustig Historien und Sprüchwörter von dem Bären haerruerend'): „Item so einer arm/dannocht stoltz/scheyn der reychthumm fueren wil/spricht man: Er saugt an den dappen wie ein Baer".

Auch in zahlreichen Sagen wird das Saugen des Bären an den Hungerpfoten erwähnt. In den meisten Fällen gelangt ein verirrter Jäger an eine Bärenhöhle und wird von dem Bären vor dem Hungertod gerettet, indem ihm das Tier seine Tatzen zu saugen gibt; ↗ Hungerpfote. *Sich die Pfoten verbrennen* ↗ Kastanie.

Lit.: *W. Beinhauer:* A la pata la llana, in: Romanische Forschungen 56 (1942), S. 178–180; 57 (1943), S. 105–107; *H.-J. Paproth:* Art. ,Bär', in: EM. I, Sp. 1194–1203; *ders.:* Studien über das Bärenzeremoniell (Uppsala 1976).

Pfropfen. *Auf dem Pfropfen sitzen:* in größter Verlegenheit sein. Mit Pfropfen ist hier wahrscheinl. nicht der Flaschenkork gemeint, sondern der Verschluß des Pulverfasses oder auch der auf die Pulverladung gepreßte Stöpsel: wer auf ihm sitzt, kann jeden Augenblick in die Luft fliegen (vgl. ,auf dem Pulverfaß sitzen', ↗ Pulver). Der Flaschenkork dagegen ist gemeint bei den Rdaa.: *jem. am Pfropfen riechen lassen:* ihn an etwas Angenehmem nicht beteiligen; *am Pfropfen riechen müssen:* bei einer Verteilung leer ausgehen; *am Pfropfen gerochen haben:* betrunken sein; obersächs.: ,em ufn Froppen setzen', ihn abführen, abfallen lassen, des Unsinns überführen; der geringe Platz, den ein Pfropfen bietet, ist der Anlaß des Vergleichs.

Pfui. Pfui! ist ein Ausruf des Abscheues, der lautmalend das Geräusch des Ausspeiens wiedergibt. *Pfu dich!* ist die ältere Form, die dann zu ,pfui' kontrahiert wurde. Das Mißfallen oder der Ekel wird verstärkt durch *Pfui Teufel!* u. ä. ausgedrückt: *Da kann man nur pfui sagen!* oder *Pfui über dich!*

Etw. ist pfui ist eine aus der Kindersprache entnommene Wndg. Sie meint: Etw. ist verboten. ,Pfui' ist auch lit. belegt, so z. B. bei J. W. v. Goethe und J. Gotthelf: Brander sagt in Auerbachs Keller in Leipzig (Faust I): „Ein garstig Lied! Pfui! Ein politisch Lied!" ↗ Politik. In Gotthelfs Roman fragt sich Uli der Knecht: „Soll ich meineidig werden? Pfy! pfi tusig!" In Heinrichs v. Freiberg mhd. Schwanksage ,Schrätel und Wasserbär' (13. Jh.) heißt es

(V. 338): „Pfî dich! sprach daz schretel, pfî!" (L. Röhrich: Erzählungen des späten MA.s I, S. 15).

Pfund. *Mit seinem Pfund(e) wuchern:* seine Begabung, Mittel klug anwenden. Die Rda. ist bibl. Urspr. und beruht auf dem Gleichnis von den ,anvertrauten Pfunden' (Luk. 19, 11–28), obwohl die zur Rda. gewordene Wndg. im bibl. Text nicht unmittelbar enthalten ist. Das ,anvertraute Pfund' wird in der Rda. für ,Geistesgaben' bildl. angewandt. Den Gegensatz bez. die aus demselben Gleichnis stammende Rda. *sein Pfund vergraben;* Matth. 25, 18: „Und machte eine Grube in die Erde und verbarg seines Herrn Geld" (vgl. V. 25: „... und verbarg deinen Zentner in die Erde"); vgl. Luk. 19, 20: „Hier ist dein Pfund, welches ich habe im Schweißtuch behalten". Lit. z. B. bei Joh. Fischart im ,Ehzuchtbüchlein' (S. 244): „Er vergrabet sein pfündlin". Noch Schiller gebraucht die Wndg. in den ,Räubern' (I, 2), wo Spiegelberg zu Karl Moor sagt: „Und du willst also deine Gaben in dir verwittern lassen? Dein Pfund vergraben?"

Pfunde geben: einem Jäger, der gegen eine Waidmannsregel verstoßen hat, drei Schläge mit dem flachen Waidmesser auf das Gesäß geben; der Brauch ist seit dem Ende des 16. Jh. bezeugt. Die nur in Jägerkreisen bekannte Rda. geht darauf zurück, daß Pfund im späteren MA. die Bdtg. ,Strafe' angenommen hatte, weil Geldstrafen häufig nach Pfunden festgesetzt wurden.

Um einige Pfunde leichter sein: von einer großen, bedrückenden Sorge oder von einem Kummer befreit sein: eine ↗ Last fällt von einem.

Mit ,Pfundskerl' ist nicht etwa ein dicker Mensch gemeint, sondern ein bes. guter Freund, mit dem man ↗ Pferde stehlen kann. In der Pfalz sagt man: ,Er esch e Kerl wie a Pfund Wurscht'. In den 30er Jahren war ,pfundig' ein allg. Ausdr. für etw. Gutes, entspr. dem heutigen ,Klasse' oder ,Spitze'.

Lit.: Münzen in Brauch und Aberglauben (Mainz 1982), S. 233; *H. Lixfeld:* Art. ,Fleischpfand', in: EM. IV, Sp. 1256–1262; *E. Schamschula:* A pound of flesh. A Study of Motif J 1161, 2 in Folklore and Literature (Mag. Berkeley 1981).

pfuschen, Pfuscher. *Bei etw. (bei der Arbeit) pfuschen*, auch *Pfuscharbeit leisten (liefern):* rasch, liederlich, ohne die nötige Sorgfalt, nicht zunftgerecht arbeiten, nichts Wertbeständiges und Haltbares schaffen. Das Verb ist zuerst 1572 für Breslau bezeugt. Es gilt als Bildung zu der Interjektion ‚pfu(t)sch‘, die lautmalend das Aufzischen von Raketen oder das Reißen von Zeug bei schlechter Arbeit nachahmt. Mit dem ostmdt. Anlaut f ist der Ausdr. auch ins Westmdt. gewandert und am Rhein, in Lothringen und Luxemburg als ‚fuschen‘ neben ‚puschen‘ bezeugt.

Das Wort stammt urspr. aus der Handwerkssprache. Bes. deutlich wird der urspr. Zusammenhang bei der Rda. *jem. ins Handwerk pfuschen:* mit ungeschickter (ungelernter) und oberflächlicher Arbeit in ein bestimmtes Fachgebiet eindringen, sich die gleichen Rechte wie ein zünftiger Handwerker anmaßen, ein zwar verachteter, doch gefährlicher Konkurrent sein, der durch billigere Arbeit Kunden abwirbt und den Gewinn anderer schmälert (↗ Handwerk). Die Wndg. ist heute in übertr. Bdtg. allg. verbreitet i. S. v. stümperhaft eingreifen, sich unbefugt einmischen, auf einem Gebiete etw. zu leisten suchen, das man nicht völlig beherrscht. In dieser allgemeineren Bdtg. ist die Rda. auch häufig in der Lit. zu finden, z. B. bei Lessing, Wieland und Goethe. Wieland charakterisiert damit die Arbeiten Platos (Werke 36, 242): „Plato ist immer nur halb, was er sein möchte. Wo er scharf räsonnieren sollte, macht er den Dichter; will er dichten, so pfuscht ihm der grübelnde Sofist in die Arbeit". Auch beim versuchten Eingreifen in die Natur, die Schöpfung ist vom Pfuschen die Rede; z. B. heißt es, daß jem. *Gott (der Natur) hineinpfuschen* wolle oder *in ihren Werken herumpfusche.*

In der Gegenwartssprache besitzt der Ausdr. pfuschen noch einige Sonderbdtgn. Der entrüstete Ausruf *Das war aber gepfuscht!* oder *Das ist (doch) Pfusch!* meint, daß bei einem Spiel die Regeln nicht beachtet werden, daß betrogen wird, daß sich die Beteiligten nicht wie ehrliche Kartenspieler verhalten. Dieser Spielerausdr. ist in die Schülersprache übernommen worden in der Nebenbdtg. in der Schule unerlaubte Hilfsmittel benutzen, bei einer Arbeit, Prüfung zu täuschen versuchen.

Ein Pfuscher sein, als Pfuscher gelten: ohne Erlaubnis oder gründliche Kenntnisse eine Arbeit ausführen, aber auch: für seine oberflächliche, schlechte Leistung bekannt sein. Der Ausdr. Pfuscher galt zur Zeit des strengen Zunftwesens als Schimpfwort und verächtliche Bez. desjenigen, der heimlich, ohne die Erlaubnis des Handwerksmeisters, für sich und andere kleinere Arbeiten verrichtete. Der zunftmäßige Meister legte Wert darauf, sich deutlich von ihm zu differenzieren und seine Rechte zu wahren. Das Ergebnis der heimlich und deshalb in Hast und Eile hergestellten Waren des Pfuschers entsprach vielfach nicht den strengen Anforderungen der Zunft, der bearbeitete Gegenstand erschien den kritischen Prüfern als verdorben, also ‚verpfuscht‘. Den raschen Arbeitsvorgang, aus dem nichts Solides hervorgehen kann, veranschaulicht treffend die sprw. Feststellung: ‚Pfuscher sind Huscher‘. Die alten Zunftordnungen bekämpften die Böhnhasen, Pfuscher und Stümper, zu ihnen zählten Gesellen, die heimlich etw. herstellten, aber auch die zünftigen Meister selbst, wenn sie in einem Bereich tätig waren, für den ihre Zunft nicht zuständig war, oder etw. anfertigten, was einer anderen Berufsgruppe zustand, z. B. wenn der Schmied Schlosserarbeiten durchführte. Dieser Übergriff in andere Erwerbszweige wurde nicht geduldet, vor allem wegen der materiellen Interessen der Zunftmitglieder. Die negative Einstellung zum Pfuscher spiegelt auch das Sprw., z. B. heißt es in Luzern: ‚Der Pfuscher hed Brod und den Meister hed Noth‘. Ein wichtiger Grund für die Verfolgung der Pfuscher war jedoch auch die Wahrung der Handwerksehre und des Ansehens der Zunft, die darüber wachte, daß ihre Mitglieder sorgfältige Arbeit verrichteten, die überall hochgeschätzt wurde.

‚Ein Kurpfuscher sein‘ ↗ Kurpfuscher.

Lit.: *R. Wissell:* Des alten Handwerks Recht und Gewohnheit (Berlin 1929), S. 337–338; *Kluge-Götze,* S. 563; *Küpper* I, S. 248; *L. Röhrich* u. *G. Meinel:* Rdaa. aus dem Bereich von Handwerk und Gewerbe, in: Alem. Jb. (Bühl/Baden 1973).

Pharisäer. *Heuchlerisch wie ein Pharisäer sein:* Die Pharisäer waren z. Zt. Jesu eine jüdische, religiös-politische Partei. Ihr Name (griech. Ἀσιδαῖοι) bedeutet urspr. ‚die Frommen'. Die Rda. geht auf die Bibelstelle (Luk. 18,11) zurück, die ein Gebet eines Pharisäers mitteilt: „Ich danke dir, Gott, daß ich nicht bin wie die anderen Leute". Auch in der Bergpredigt wird den Pharisäern Heuchelei vorgeworfen. Tatsächlich trugen sie ihr religiöses Bekenntnis zur Schau und betonten die Trennung von ‚Ungebildeten' und Sündern. Jedoch bemühten sie sich auch hart um Gehorsamkeit gegenüber Gott.

Lit.: *E. L. Dietrich:* Art. ‚Pharisäer', in: RGG. V ([3]1961), Sp. 326–328; *L. Finkelstein:* The Pharisees (Philadelphia [3]1962).

Philipp. *Zu Vater Philipp gehen:* in das Gefängnis müssen. Diese euphemist. Umschreibung für die Strafanstalt stammt aus Berlin; und zwar hieß so das frühere Militärgefängnis Berlins in der Lindenstraße. Angeblich soll ein Unteroffizier namens Johann Philipp, der seit 1818 Arrestaufseher der Potsdamer Garnison war, Anlaß zu dieser Namensgebung gewesen sein.

Lit.: *H. Meyer:* Der richtige Berliner in Wörtern und Rdaa. (Berlin 1904).

Philippi. *Bei Philippi sehen wir uns wieder* droht man und meint damit, daß man sich bei geeigneter Gelegenheit für etw. an jem. rächen will. Philippi ist eine antike Stadt in Makedonien. Im Jahre 42 v. Chr. besiegten dort Oktavian und Antonius Caesars Mörder Brutus und Cassius. Die Wndg. geht zurück auf eine Stelle in Shakespeares Tragödie „Julius Caesar' (1599). Dort (IV, 3) fragt Brutus den Geist Caesars: „Weswegen kommst du?" Dieser antwortet: „Um dir zu sagen, daß du zu Philippi mich sehen sollst". Shakespeare benutzte hier Plutarchs ‚Caesar', wo es heißt: „Bei Philippi wirst du mich sehen".

Philister. *Philister über dir, Simson!* Im Gespräch warnt diese Bemerkung den Angesprochenen vor dem dritten Gesprächspartner. Der Spruch geht zurück auf das Buch der Richter 16,9.
Der griech. Kirchenschriftsteller Origines (um 185 n. Chr.) hat schon in der 12. und 13. Homilie über die Genesis, die die Verschüttung der Brunnen Isaaks durch die Philister behandelt (1. Mos. 26,15), diesem Tun der Philister symbolische Deutung gegeben: die Philister hätten nicht nur die Brunnen zugeschüttet, sondern sich selbst den Weg zur geistigen Erkenntnis verschlossen (Büchmann). Die Söldnertruppe Davids (2. Sam. 8,18), Philister genannt, gehörte urspr. zu den sogenannten Seevölkern, die seit dem 14. Jh. v. Chr. zu Wasser über das Mittelmeer und zu Land über Kleinasien in den alten Vorderen Orient einströmten. Ihre Herkunft ist dunkel. Das A.T. bringt sie mit Kreta in Verbindung: ↗ Krethi und Plethi.
Ebenfalls auf Richter 16,9 bezog sich die Predigt, die anläßlich der Ermordung eines Jenaer Studenten durch aufgebrachte Bürger der Stadt 1693 von Generalsuperintendent Georg Goetze gehalten wurde. „Dieses Wort ertönte bald in allen Gassen Jenas, und von Stund' an hießen die Bürger daselbst Philister. Der Ausdr. gefiel und ward von den Studenten auch anderwärts auf Nichtstudenten angewandt" (Eiselein: Sprww. u. Sinnreden, S. 512).
So sagt man auch: *über jem. her sein wie die Philister über Simson* und meint damit eine Gruppe von Menschen, die einen einzelnen in schwere Bedrängnis bringen.
Das (Schimpf-)Wort ‚Philister' für einen Bürger ist innerhalb der Studentensprache entstanden und seit 1697 schriftlich belegt: so lautet die Grabinschrift eines am 16.11.1697 erschossenen Bürgers, die von Studenten verfaßt wurde:

Hier liegt ein Goliath von der Philister
Schaar,
der dem Apollo zwar mit trotze hohn
gesprochen,
doch weil ihm Davids Schuß den
schnellen Todt gebahr,
so ist nun dieser Hohn mit Renommee
gerochen.
Philister, nemt darbei die teure Warnung ab,
daß ihr der Musen Zeug bey seiner
Freyheit laßt
sonst schicken wir euch all ins finstre
Todten Grab.
Wo Pluto euren leib in pech und schwefel faßt

(Fr. Kluge, S. 54).

Vorher war der Begriff gebräuchl. für die Wächter und Stadtsoldaten in Jena. Da die Bürgerschaft sich den Studenten gegenüber ähnl. verhielt wie die Ordnungshüter, lag die Bedeutungserweiterung von ‚Philister' nahe. Ein schlesisches Studentenlied verdeutlicht das wachsame Verhalten der Bürger:

> Will man inter pocula
> lustig sein und singen,
> sind alsbald Philister da,
> wollen uns verdringen

(Fr. Kluge, S. 56).

Über den engherzigen Spießbürger schreibt Goethe:

> Was ist ein Philister?
> Ein hohler Darm,
> mit Furcht und Hoffnung ausgefüllt,
> daß Gott erbarm!

(Weimarer Ausg. 56, S. 104).

Die Bez. ‚Bildungsphilister' wird vielfach Fr. Nietzsche zugeschrieben: gegen David Strauß gerichtet, schreibt Nietzsche (1873; Werke, Bd. 10, S. 475, Ausg. Leipzig 1903): „Der Bildungsphilister aber unterscheidet sich von der allgemeinen Idee der Gattung ‚Philister' durch einen Aberglauben: er wähnt selber Musensohn und Kulturmensch zu sein". Doch bestand dieses Schlagwort schon um 1850 (Büchmann).

Lit.: *H. Donner:* Art. ‚Philister', in: RGG. V, Sp. 339–341; *Fr. Kluge:* Die ältesten Belege für ‚Philister', in: Zs. f. dt. Wortf. 1 (1901), S. 50–57; *G. Krüger:* Philister, in: Germ.-rom. Monatsschrift (1911), S. 116; *M. und H. Erlenmeyer:* Über Philister und Kreter, in: Orientalia 29 (1960), S. 121–150.

Phoenix. *Sich wie ein Phoenix aus der Asche erheben:* nach scheinbar völliger Vernichtung, nach schwerem Zusammenbruch wieder frisch erstehen. Der Phoenix ist ein mythischer Vogel, dessen Sage im Orient entstanden ist. Er soll eine außerordentlich lange Lebensdauer, die ‚Phoenixperiode', haben und sich dann im Feuer verbrennen lassen, um verjüngt ins Leben zurückzukehren. Bei Hesiod (um 700 v.Chr.) hat der Phoenix eine Lebensdauer von 97200 Jahren; oft wurde die Dauer eines Phoenixlebens mit dem Sonnenjahr in Verbindung gebracht.

Überhaupt wird der Phantasievogel Phoenix als der Sonne heilig angesehen, er entsteht durch ihre Strahlen und ist oft ihr

‚Wie ein Phönix aus der Asche'

Abbild in der Kunst. Er ist mit der ägyptischen Stadt Heliopolis (Sonnenstadt) in Verbindung gebracht worden. Ebenso ist die amerikan. Stadt Phoenix [Arizona] nach ihm benannt.

In einfacher Form, d.h. ohne Verbrennung und Wiederbelebung, führt Herodot (2, 73) die Phoenix-Sage in die Weltlit. ein. Erst Plinius (10.2.3) kennt die Verjüngungsgeschichte, die im MA. in erster Linie durch den ‚Physiologus' verbreitet wurde. Nach Lactantius (1. Drittel des 4. Jh.) ‚De ave Phoenice' lebt der wunderbare Vogel als Begleiter des Phoebus in einem glücklichen Lande im fernen Osten ein paradiesisches Leben. Wenn 1000 (nach anderen 500) Jahre seines Daseins vergangen sind, verläßt er seine Heimat und sucht die Welt auf, wo der Tod herrscht. Er begibt sich nach Syrien, setzt sich auf eine hohe Palme, wo er vor wilden Tieren, Schlangen und Raubvögeln geschützt ist. Auf dem Baume baut er sich ein Nest, das zugleich sein Grab wird. Mit Wohlgerüchen besprengt er seine Glieder und sein Lager und erwartet den Tod. Die Sonnenstrahlen entzünden ihn, so daß er zu Asche verbrennt. Aus der Asche entsteht nach Lactantius ein Wurm, der bei zunehmendem Wachstum sich in ein Ei verwandelt. Aus diesem kriecht nun der junge Phoenix aus. Nach Claudian (etwa 370–404) entsteht während des Verbrennungsprozesses in den aufgelösten Gliedern neues Leben, neues Blut durchströmt die Adern, und verjüngt erhebt sich der Phoenix aus der Asche. Der Gebrauch des Phoenix in der christl. Symbolik bot sich von selbst an. Auch in Volksmärchen kommt der Phoenix vor (vgl. Bolte-Polívka I, 153). Im ,Millstädter Reimphysiologus' aus dem 12. Jh. tritt neben die Beschreibung des Vogels bereits seine Deutung als Symbol Christi und seiner Auferstehung. Die Str. 177–180 lauten: „Fenix ein vogil heizzet, got selbe sich dem gelichet, wan er sprichet so in dem ewangelio: ,ich han gewalt, minen lip ze lazzene unde widir ze nemene. andir nieman hat ubir mich gewalt': die Juden waren im erbolgen umbe disiu wort.

Von disem vogil sprichet sus der meister Phisiologus: der vogil hat gewont ubir ein lant, India ist ez genant, so er funfhundirt jar alt wirt, in einen walt, heizzet Libanus, er vert unde fullet sine fedrach beidiu mit der bimentoniu, diu in dem walde ist, er machet im von der bimenton ein nest. ein michil teil holzes er samenet, daz er dar undir leget. er vert an den stunden, uf zuo der sunnen. er nimit daz holz, daz viur in danne brennet, in sin nest er danne sliuffet, dar inne verbrinnet er mit smerzen, daz gesciht in dem merzen.

Darnach, wirt er ze ascen, in dem tage ersten wirt er ze einem wurme, des anderen tages ze einer stunde wirt er zeinem vogele, des dritten tages wirt er, als er e was ze lobene.

Dirre vogil bezeichint Christ, des vedrach sint vol mit suozzem smache, von niwer unde alter e gemachet. wol gelert ist er, in dem himilriche ein meister. niwe unde alten e er uobet, vaterlichen er unsir houtet. des si geseit lop und genade unserem herren got! Amen. Amen".

(Fr. Maurer: Die religiösen Dichtungen des 11. u. 12. Jh., Bd. I [Tübingen 1964], S. 243 u. 245).

Das Bild vom Phoenix lebt in bildender Kunst und Lit. bis zur Ggwt. fort. Schiller gebrauchte es lit. in seinem Drama ,Die Jungfrau von Orleans' (III, 3): „Frankreich steigt, ein neu verjüngter Phoenix, aus der Asche". Vgl. frz. ,être comme le phénix qui renaît de ses cendres". In den Varianten zu KHM. 29 (,Der Teufel mit

den drei goldenen Haaren') taucht wiederholt der Vogel Phoenix auf; vgl. Bolte-Polívka I, 276.

Die Rda. ,Wie ein Phoenix aus der Asche' ist auch parodiert worden zu: ,Wie ein Phoenix aus der Patsche'.

Lit.: *W. Roscher:* Lexikon der griech. Mythologie III, 2, Sp. 3450 ff.; *W. Spiegelberg:* Der Name des Phönix, in: Festschrift zur 46. Versammlung dt. Philologen 1901, S. 163 ff.; *Bolte-Polívka* I, 513; *O. Keller:* Die antike Tierwelt 2 (Leipzig 1913), S. 147; *E. Ingersoll:* Birds in Legend, Fable and Folklore (New York 1923), S. 191–211; *A. Taylor:* Art. ,Phoenix', in: HdA. VII, Sp. 18; *J. Hubaux, M. Leroy:* Le mythe du Phénix dans les littératures grecques et latins (Lüttich, Paris 1939); *R. van den Broek:* The Myth of the Phoenix according to classical and early christian traditions (Leiden 1972); *S. L. Cranston, J. Dead:* Reincarnation, The Phoenix Fire Mystery (New York 1977).

Phrase. *(Leere) Phrasen dreschen:* bloßes Gerede von sich geben, hohle Rdaa. machen. Bei der seit Beginn des 19. Jh. bezeugten Rda. liegt vermutl. eine Übertr. der Wndg. ,leeres ↗ Stroh dreschen' vor.

Pi. *Pi mal Daumen, Pi mal (x mal) Schnauze* sind Wndgn., die ,ungefähr, nach Gutdünken' wiedergeben. Die Ludolfsche Zahl Pi π (griech. Buchstabe) als mathemat. Bez. geprägt von L. Euler [Schweizer Mathematiker, 1707–1783] gibt das Verhältnis von Kreisumfang zu Kreisdurchmesser an und hat den numerischen Wert 3,1415 ...

Picasso-Euter. *Aus dem Picasso-Euter trinken:* Milch aus einer Milchtüte trinken. Der um 1960 aufgekommene Spottname für die dreieckige Milchtüte erklärt sich aus der kubistischen Phase des spanischen Malers Pablo Ruiz y Picasso (1881–1973).

picheln. *Mit jem. einen picheln:* mit jem. gemütlich Alkohol trinken. Das Wort geht zurück auf Pegel und bedeutet eigentl., nach Eichzeichen trinken. Ein Pichler ist jem., der häufig ,pichelt', ↗ trinken.

Pickelhering. *Lustig wie ein Pickelhering:* außerordentlich fröhlich sein, erheiternd auf andere wirkend. Der Pickelhering war eine lustige Person auf der Bühne, bes. in Theaterstücken des 17. und 18. Jh. Er wurde von dem Schauspieler R. Reynold

‚Pickelhering'

geschaffen und hat seinen Namen – wie auch Hans Wurst oder Jean Potage – nach dem Lieblingsgericht des Volkes (bes. Norddtl.). Seit 1648 ist der Name bekannt; er bedeutet ‚eingepökelter Hering' (J. Eiselein: Sprww. und Sinnreden..., S. 512).

Lit.: ↗ Hans.

Piep. *Nicht ‚piep' sagen:* Kein Wort reden.
Keinen Piep mehr sagen: tot sein, ↗ zeitlich.
Etw. ist zum Piepen: Etw. ist unwahrscheinlich komisch und belustigend.
Einen Pieps haben: Nicht mehr ganz bei Verstand sein; einen ↗ Vogel haben.

piesacken. *Jem. piesacken:* jem. sehr quälen, ärgern, nicht in Ruhe lassen. Der Ausdr. kommt aus dem ndd. ‚ossenpesek', was nhd. ‚Ochsenziemer' heißt. Der Ausdr. bedeutet so eigentl.: Jem. mit dem Ochsenziemer schlagen. Die Herleitung aus dem Litauischen oder Polnischen ist abwegig.

Pike. *Von der Pike auf dienen:* von der untersten Stufe auf dienen. Die Rda. ist seit der 2. H. des 17. Jh. bezeugt; lit. z. B. in den ‚Teutschen Gedichten' von H. Mühlpfordt, 1686 (S. 227): „Bist von der Picken auf zum Hauptmanns-Stand gestiegen". Die Wndg. bezieht sich in wörtl. Gebrauch zunächst nur auf die militärische Karriere, d. h. auf den hohen Offizier, der in seiner Jugend wie die gemeinen Soldaten mit der Pike, d. h. dem Spieß, gedient und sich dann Stufe um Stufe emporgearbeitet hat. Heute wird die Rda. auf jeden Beruf angewandt; vgl. auch die frz. Rda. ‚sortir du rang': aus der Reihe der Lanzenträger hervortreten, die ebenfalls ihren Urspr. im Militärwesen hat.

Eine Pike (moderner heute meist *einen Pick*) *auf jem. haben:* einen heimlichen Groll gegen ihn hegen, ihn ‚auf dem ↗ Strich' haben. Die Rda. ist im 17. Jh. über das Ndd. aus dem Ndl. (‚eenen pick hebben teghen iemanden') ins Hd. gedrungen. In den obd. Mdaa. ist auch mit einer Entlehnung unmittelbar aus dem Rom. zu rechnen, insbes. von frz. ‚pique', das sich, wie ital. ‚picca', von der Bdtg. ‚Spieß' zu ‚Groll' entwickelt hatte. Gebucht ist die Wndg. zufrühst 1691 bei K. Stieler in ‚Der Teutschen Sprache Stammbaum' (S. 117): „Er hat einen Pik auf mich / indignatur mihi", vgl. frz. ‚avoir une dent (Zahn) contre quelqu'un'.

Pik-Sieben. *Dastehen (dasitzen, aussehen) wie Pik-Sieben:* sich in Verlegenheit befinden, verblüfft, dumm dastehen; der Nichtbeachtete, Übertölpelte sein; entspr.: ‚gucken wie Pik-Sieben'; ‚die Pik-Sieben ziehen', die geringste Erfolgsaussicht wählen. Diese Rdaa. beruhen auf der Geringwertigkeit der Pik-Sieben im Kartenspiel. Die Wndg. ist ungefähr um 1900 aufgekommen und hat sich seitdem weit verbreitet, vor allem in Norddtl.

Pilatus. *Man gedenkt seiner wie des Pilatus im Credo:* er steht in keinem guten Andenken. Die heute nicht mehr gebräuchl. Wndg. ist für das 16. Jh. mehrfach bezeugt. Joh. Agricola erklärt sie in seiner Sprww.-Sammlung: „Wenn man den Catechismum lehret die jungen Kinder, so sagt man ynen im glauben: Ich glaube an Jhesum Christ etc., der da gelitten hatt vnder Pontio Pilato, gecreutziget, gestorben vnd begraben etc. Des Pilati wirt hie

PILATUS

gedacht, aber in keynem guetten, denn man sagt, er habe Jhesum Christum zum tode des Creutzes geurteylt, vnd sey schuldig am sterben des sons Gottes. Des Herostrati, da yetzt von gesagt ist, gedenckt man auch, aber eben wie Pilatus im Credo, das ist, daß er hatt vbel gethan". Diese Deutung hat Seb. Franck wörtl. in seine Sammlung übernommen. Im 34. Abschnitt von Thomas Murners ‚Schelmenzunft' heißt es (V. 15 ff.):

Wen man dyn gedenckt also,
Wie pilatus im credo,
So soltstu selten werden fro.
Das ist pilatus testament,
Wen einer nach sym letsten endt
Vff erden laßt ein bösen namen,
Des all syn kindt sich miessent
                              schamen.

Verwandt ist die noch heute gelegentlich gehörte sprw. Scherzfrage: ‚Wie kommt Pilatus ins Credo?' Schon die Sammlung der ‚Proverbia Communia' verzeichnet: „Wo quam pilatus in den creden/Intrat quomodo Pilatus nescio credo". In der Form ‚Er ist dazu gekommen wie Pilatus ins Credo' kommt die Wndg. als rdal. Vergleich in den Mdaa. noch vor, z.B. rhein. ‚He es do eren kumme we Pilatus en et Credo' (Köln) oder schwäb. ‚an einen denken wie an Pilatus im Credo'.

Einen von Pontius zu Pilatus schicken: ihn von einem zum andern schicken, ihn zwecklos hin und her schicken; ebenso *von Pontius zu Pilatus laufen;* erfolglos von einem zum andern laufen. Die Rda. ist sehr weit verbreitet, nicht nur in Dtl., sondern auch in Frankr. (‚envoyer quelqu'un de Ponce à Pilate'; heute jedoch veraltet) und in den Niederlanden (‚iemand van Pontius naar Pilatus sturen'). Diese Rda. ist schon 1704 lit. belegt bei dem steirischen Prediger P. Amandus von Graz in seinem: ‚Fasten-Bancket der Christlichen Seelen: die dritte Speisen-Auftracht von der menschlichen Seelen'. Auch bei Friedr. Spielhagen (‚Hammer und Amboß' IV, 107): „Da läuft er von Pontius zu Pilatus"; Heinrich Heine (XII, 119): „Von Pontio nach Pilato rennen"; und im III. Akt von Hofmannsthals ‚Rosenkavalier' wird die Rda. verwendet. Auf den ersten Blick scheint die Rda. barer Unsinn zu sein: Pontius und Pilatus ist

doch derselbe Mann. Christus wurde von dem röm. Statthalter Pontius Pilatus zum König Herodes geschickt, und von diesem zurück zu Pontius Pilatus; die Rda. ist also ein volkstümliches Witzwort. Den Anlaß dazu werden wohl Aufführungen von Passionsspielen zur Osterzeit gegeben haben: auf der einen Seite der unter freiem Himmel errichteten Bühne wurde das Haus des Pilatus, auf der anderen der Palast des Herodes gedacht, so daß das Hin und Her zu deutlichster Anschauung kam. Landschaftlich heißt es übrigens auch: ‚einen von Herodes zu Pilatus schikken', und auch das Umgekehrte kommt vor (vgl. dän. ‚fra Pilatus til Herodes'). Wie anrüchig der Name des Pilatus einst war, geht daraus hervor, daß der Abtritt gelegentlich ‚des Pilati heimliche Kanzlei' genannt wird, so z.B. in der Einleitung zum zweiten Teil des ‚Wunderbarlichen Vogelnestes'. Da sagt Grimmelshausen, wer sein Buch satt habe, könne es seinetwegen „kühnlich in das Wasser, in das Feuer oder wol gar in deß Pilati heimliche Cantzley werffen". Schon in einer ahd. Glosse steht für lat. ‚latrina' die Übers. ‚sprâchhûs', womit der Benediktinermönch Otfrid von Weißenburg (4, 23, 30) das lat. ‚praetorium' (= Amtshaus des Statthalters) wiedergegeben hatte. Dieser Witz des Glossators, der dem Pilatus ansinnt, er habe zwischen den Worten Joh. 18, 33 und 38 den Abort aufgesucht – und nicht sein Amtshaus, um Jesus zu befragen, ob er der Juden König sei – hat früh Anklang gefunden: ‚Sprachhaus' bez. mhd. und frühnhd. allg. den Abort.

Das sinnlose Hin und Her, das Nicht-zur-Ruhe-kommen-Können, das Jesus vor seiner Kreuzigung durch die Unentschlossenheit des Pilatus erfuhr, wurde auf diesen selbst übertragen. Seit dem MA. war Pontius Pilatus eine beliebte Sagenfigur, die eine spiegelnde Bestrafung zu erleiden hatte. Auf dem Pilatusberg bei Luzern muß er noch immer ruhelos umherwandern und zeigt sich dabei in verschiedenen Gestalten. Er heißt durch sein vergleichbares Geschick auch ‚der ewige Jude' und gilt in der Schweiz als Wetterprophet.

Lit.: Th. Distel: Von Pontio nach Pilato rennen, in: Zs. f. d. U. 15 (1901), S. 604; Linde: Zur Rda. ‚von Pontius

1183

zu Pilatus', in: Zs. f. d. U. 17 (1903), S. 368 f.; *E. Meyer:* ‚Von Pontius zu Pilatus schicken', in: Zs. f. d. U. 17 (1903), S. 796 ff.; *R. Vogt:* Von Pontius zu Pilatus laufen, in: Zs. f. d. U. 20 (1906), S. 520; *H. Schulz:* Pilatus, in: Zs. f. dt. Wortf. 10 (1908/09), S. 163–165; *Fr. Seiler:* Dt. Sprwwkde, S. 277; *H. Mandos:* Van Pontius naar Pilatus, in: Onze Taaltuin 4 (1935–36), S. 275–277; *Sartori:* Art. ‚Pilatus', in: HdA. VII, Sp. 25–28.

Pilgerfahrt. *Eine Pilgerfahrt antreten müssen:* eine beschwerliche Reise unternehmen. Die Rda. erinnert an die bes. im MA. mit vielerlei Gefahren verbundenen Besuche im ‚gelobten Land' und an die großen Pilgerströme zu beliebten, aber entfernten Wallfahrtsorten, wobei viele Teilnehmer den Strapazen erlagen, wie ihre Grabstätten an den Pilgerstraßen erweisen.
In vielen Metaphern gilt ‚Pilgerfahrt' für das menschl. Leben ganz allgemein, das auch als ‚Reise' bez. wird. Lit. bei Klopstock (7, 302):

Pilger sind wir, wallen hier,
Gottes Stadt, nach dir gen Himmel.

Schon Geiler von Kaysersberg schreibt im ‚Narrenschiff' (1520, 84): „unser leben ist ein bilgerfahrt". Vgl. das engl. Sprw.: ‚Life is a pilgrimage'.

‚Den Pilgerstab nehmen'

An einen bestimmten Ort (zu einem Grab, zu einer Veranstaltung) *pilgern:* sich in großen Scharen aufmachen, um ein bestimmtes Ziel zu erreichen.

Lit.: *R. M. Smith:* Life is a pilgrimage, in: Modern Language Notes 65 (1950), S. 443–447; *J. Parr:* Life is a pilgrimage, in: Modern Language Notes 67 (1952), S. 340–341; *I. Baumer:* Wallfahrt als Metapher, in: Wallfahrt kennt keine Grenzen, hg. v. L. Kriss-Rettenbeck u. a. (München 1984), S. 55–64.

Pille. *Einem eine bittere Pille zu schlucken geben:* ihm eine unvermeidliche Unannehmlichkeit bereiten; *eine bittere Pille hinunterschlucken müssen:* etw. Unangenehmes über sich ergehen lassen müssen. Diese aus der Medizin stammenden Rdaa. sind wohl im 17. Jh. aufgekommen; 1639 gibt Lehmann S. 84 (‚Beschwerden' 73) einen guten Rat für solche Fälle: „Pillen muß man schlucken, nicht käuwen"; vgl. frz. ‚devoir avaler la pilule'.
Eine bittere Pille versüßen (oder *vergolden, versilbern):* eine peinliche Mitteilung oder dergleichen in gemilderter Form anbringen (vgl. frz. ‚dorer la pilule à quelqu'un'; engl. ‚to gild the pill'; ndl. ‚hij krijgt eene vergulde pil'; span. ‚dorar la pildora'). 1740 heißt es in der ‚Kritischen Dichtkunst' (Abschnitt 1) des Schweizers J. J. Breitinger: „Ein kluger Arzt, der sich die Gesundheit seiner Kranken angelegen sein läßt, vergüldet oder verzuckert die bittern Pillen". Die Wndg. ‚die Pille versüßen' hat in der modernen Sprache der Erotik noch die spezielle Bdtg.: die Kosten der Antikonzeptionsmittel der Freundin übernehmen (Borneman, Sex im Volksmund).
Da helfen keine Pillen: er bleibt unbelehrbar; gegen seine Dummheit ‚ist kein Kraut gewachsen' (20. Jh.); in Kürzeln häufig unter Kindern gebräuchl.: ‚D-b-d-d-h-k-P' (für: doof bleibt doof, da helfen keine Pillen), gelegentl. noch mit dem Zusatz: u-k-M (= und keine Medizin) oder: s-A-v (= selbst Aspirin versagt).

Pilz. *In die Pilze gehen:* verlorengehen, abhanden kommen (wie sich Pilzsucher im Wald verirren). Wer neugierig fragt, wo jem. steckt, wird mit der Antwort abgefertigt: ‚Er ist in die Pilze gegangen'. Die Rda. stammt aus dem 17. Jh., wird aber erst im 18. Jh. gebräuchlicher; lit. schon

1663: „die Weisheit würde darüber in die Piltze nach Schwammen gehen"; heute bedeutet ‚der ist in die Pilze gegangen und sucht Schwämme‘ im Altenburgischen: er ist unter Hinterlassung von Schulden durchgebrannt. Ähnl. Wndgn. sind: ‚in die ↗Binsen, in die Nüsse, in die Wicken gehen‘. Anders ostfries. ‚he geit in de Röwen (Rüben)‘, er macht es nicht mehr lange; ‚he kummt dermit in de Röwen‘, er bringt sich damit in die Patsche.

Die Rda. ‚in die Pilze gehen‘ spielt in einem Gedicht- und Zeichenbuch von G. Grass eine Rolle. Unverschlüsselt betont der Autor dabei den phallischen Charakter der Pilze (G. Grass: Mit Sophie in die Pilze gegangen [Göttingen 1987]).

Wachsen wie die Pilze gilt sprw. von schnellem, üppigem Emporschießen; aber nicht nur von Organischem, auch Fabriken oder ganze Städte können ‚wie Pilze aus dem Boden schießen‘. Ähnliches besagt die Wndg. in Bocks ‚Kräuterbuch‘ vom Jahre 1560 (Germania 16,86): „Gemelte schwemme (die genannten Pilze) verwelken und verdorren in meyen, werden affter der zeit im ganzen jar nit mer gesehen. Dannenher ein sprichwort auffkommen: du wechst und nimmest zu wie die morchel im meyen"; vgl. frz. ‚pousser comme des champignons‘. *Aufschießen wie die Pilze (Schwammerl) nach dem Regen* sagt man auch, wenn etw. plötzlich und in großer Menge erscheint. In der Antike meinte man die Pilze für ein Gärungsprodukt der Erde nach starken Regengüssen. Im Volksglauben gelten Pilze als Fruchtbarkeitssymbol, da sie oft innerhalb kurzer Zeit aus dem Boden schießen. Auch im Wetter- und Ernteorakel treten Pilze häufig auf: Wenn es am 4. Juli oder an Peter und Paul (29. Juni) viel regnet, regnet es Schwämme, ↗Binsen.

Lit.: *P. Hoffmann:* In die Pilze gehen, in: Zs. f.d. U. 6 (1892), S. 495–496; *R. Sprenger:* In die Pilze gehen, in: Zs. f. d. U. 7 (1893), S. 492; *F. Kuntze:* In die Pilze gehen, in: Zs. f. d. U. 7 (1893), S. 573–574; *A. Englert:* Zu den Ausdrücken ‚in die Binsen gehen‘, ‚in die Pilze gehen‘, in: Zs. f. d. U. 7 (1893), S. 626; *O. Rößner:* Zur Rda. ‚in die Pilze gehen‘, in: Zs. f. d. U. 8 (1894), S. 198; *M. Busse:* In die Pilze gehen, in: Zs. f. d. U. 10 (1896), S. 446; *H. Marzell:* Art. ‚Pilze‘, in: HdA. VII, Sp. 28–33.

pingelig. *Pingelig sein:* überaus korrekt und sorgfältig sein, anderen mit seiner Kleinlichkeit auf die Nerven gehen. Die aus der Fachsprache der Färber stammende Rda. kommt urspr. aus dem Rheinland. Der Blaufärber, der die früher bes. begehrten Blaudrucke herstellte, benutzte zum Bereiten der Farbe einen ‚Pingelpott‘. Dieser Eisentopf enthielt drei Eisenkugeln, die ständig darin bewegt werden mußten, um die Indigoklumpen zu zerreiben. Da sich die Farbe am Innenrand des großen Topfes gern absetzte, klopfte der Färber sie mit einem Knochen ab. Er ‚pingelte‘ also von außen gegen den Topf, um ja keinen Rest der teuren Farbe zu verlieren. Daher auch die Feststellung: ‚Du bist 'nen alen Pingelpott‘: Du bist übergenau, pedantisch, auch: empfindlich, ein Nörgler.

Das Westfälische Freilichtmuseum Hagen zeigt in seiner ‚Blaudruckerei‘ außer den Druckmodeln auch einen solchen Pingelpott.

Pinie. *Jem. auf die Pinie bringen:* ihn erbosen; Analogiebildung zu: ‚jem. auf die ↗Palme bringen‘; entspr.: ‚auf die Pinie klettern‘, sich aufregen, aufbrausen; ‚auf der Pinie sein‘, sehr zornig sein.

pinkeln. *Den Kleinen mal pinkeln lassen:* heißt es im Rheinl., wenn der Vater anläßlich der Geburt eines Sohnes eine Flasche Sekt spendiert. Seit dem 16. Jh. ist nordd. ‚pinkeln‘ belegt; niederländ. pink heißt eigentl. ‚Kleiner Finger‘, woraus ostfries. die Bdtg. ‚Penis‘ abgeleitet wurde.

Pinkepinke. *Pinkepinke haben:* viel Geld besitzen. Das lautmalerische, dem Klang der Münzen nachgebildete Wort kommt wohl aus griech. πίναξ ‚Schüssel‘, was entlehnt wird zu aramäisch, neuhebräisch ‚pinka‘, das über ‚Geldbüchse‘ zu ‚Geld‘ wird; über rotw. ‚Penunge‘ ist das Wort ins Dt. eingedrungen (A. Wolf, Wb. des Rotw., Sp. 4120).

In einem beliebten rhein. Karnevals-Schlager (Text: Kurt Feltz [Pseud. für Walter Stein], Melodie: Jupp Schmitz, 1949) erscheint die Wndg. im Refrain:

Wer soll das bezahlen?
Wer hat das bestellt?
Wer hat soviel Pinkepinke?
Wer hat soviel Geld?

Pinsel. *Einen großen Pinsel führen:* sehr angeben; aus der Malerei kommt diese Rda. und spielt auf das dicke, starke Auftragen der Farbe mit großem Pinsel an.

Mit trockenem Pinsel malen heißt sich und andere täuschen, (sich) etw. vormachen.

Auf den Pinsel drücken: beim Autofahren Gas geben; Pinsel ist hier eine Umschreibung für das Gaspedal.

Ein alberner Pinsel ist ein dummer und eingebildeter Mensch; ein einfältiger Mensch wird oft ‚Einfaltspinsel‘ genannt. ‚Pinsel‘ dient auch zur Umschreibung von Penis. Lat. ‚peniculus‘ heißt Schwänzchen; über mlat. ‚pinsellus‘ kam diese Umschreibung zustande.

pipe. *Etw. ist jem. pipe:* eine Sache ist einem egal, man interessiert sich nicht dafür. Pipe ist die ndd. Form von ‚Pfeife‘ i. S. v. Flöte. Indem man nun auf eine Sache pfeift, drückt man seine Mißachtung ihr gegenüber aus: man sagt auch: *Das ist mir pip(en)-schnurz-egal.*

↗ Wurst, ↗ Pfeife, ↗ Flötekies.

Lit.: *O. Behagel:* Das ist mir Wurst, das ist mir pipe, in: Zs. f. dt. Wortf. 1 (1901), S. 279–280.

Pisse, pissen Die vulgärsprachl. Bez. für ‚Harn‘ wird rdal. gebraucht in Wndgn. wie: *die kalte Pisse kriegen:* lange, vergeblich warten; *mir läuft die Pisse weg!:* Ausruf des Erstaunens; vgl. frz. ‚Il y a de quoi pisser de rire‘ (umg.): Das ist zum Pissen vor Lachen! Wartet man den Verlauf der Dinge ruhig ab, so sagt man in Frankr.: ‚laisser pisser le mérinos‘ (wörtl.: das Merinoschaf pissen lassen), eine derbe umg. Rda. Sold. ist Pisse auch das Meer; *jem. in die Pisse jagen:* ihn ins Meer treiben.

Alle pissen in einen Topf: alle verfolgen dasselbe Ziel. *Sich verpissen:* sich wegschleichen. Wie alle Rdaa., die mit ‚pissen‘ gebildet werden, ist auch diese sehr derb. *Verpiß dich!:* Hau ab! *Krumm pissen,* auch: *einen Bogen pissen:* Umwege machen.

Im 12. Jh. tritt altfrz. ‚pissier‘ auf, das auf ein lautmalendes Wort aus der Ammensprache zurückgeht. ‚Pißnelke‘ ist eine berl. iron. Bez. für eine abgetakelte Frau.

Lit.: *J. H. Brunvand:* Piss in Boots, in: Northwest Folklore 1 (1965), S. 21; *V. Randolph:* Pissing in the snow and other Ozark Folktales (Urbana – Chicago – London ⁴1979).

Pistole. *Wie aus der Pistole geschossen:* umgehend (bes. gern von schneller, schlagfertiger Entgegnung gesagt). Die Rda. umschreibt aber auch bisweilen das Exakte und Runde einer Leistung (vgl. ‚wie aus dem ↗ Ei gepellt‘). Ähnl. 1793 in Hippels Roman ‚Kreuz- und Querzüge des Ritters A–Z‘ (II, 21): „als folgendes Gespräch wie aus der Pistole fiel"; 1852 in Robert Prutz' Wochenschrift ‚Deutsches Museum‘ (I, 141): „während ein armer deutscher Schauspieler nach zwei oder drei Proben ins Feuer geht, seine Rolle aus der Pistole schießt"; vgl. frz. ‚comme un coup de pistolet‘.

Einem die Pistole auf die Brust setzen: ihm energisch zusetzen, ihm keine Wahl mehr (zwischen Nachgeben und Erschossenwerden) lassen. Die Rda. ist in übertr. Sinne seit der Mitte des 19. Jh. belegt.

Pitt. *Ein unmöglicher (Herr) Pitt:* Abenteuer-Film; Kassenschlager der 30er Jahre.

Im Niederrhein. steht der Vorname ‚Pitt‘ (= Peter) als Bez. für Jedermann.

Placebo singen. Zweimal erscheint im ‚Lübecker Totentanz‘ (V. 445 u. 958, ed. Baethke 1876) die Rda. *placebo seggen* in der Bdtg.: schmeicheln, nach dem Munde reden. Nach dem ‚Breviarium Romanum‘ beginnt das ‚Officium defunctorum‘ mit dem 114. Ps.: „Dilexi, quoniam exaudiet Dominus vocem orationis meae". V. 9 lautet: „Placebo Domino in regione vivorum". Die Ableitung aus diesem Text wird deutlich in einem satirischen Dialog von 1525: „Euer vicarius und der beichtvater sind schmeichler, streichen den falben hengst, singen auch (spricht mein Kuonz) ein placebo sive dilexi". Hier sind der Anfang des Psalms und die Antiphona zusammengestellt.

Die allg. Verbreitung der Rda. beweisen die zahlreichen lit. Belege, z. B.: ‚Boek der profecien‘, Lübeck 1488; ‚Reineke Voss‘ von 1539; ‚Niederdt. Reimbüchlein‘ (ed. Seelmann, 1885, V. 1373): „Und spreckt Placebo, dat itzlick gern hört", Joh. Römolt in ‚Laster der Hoffart‘ 1563 (V. 469): „Wiltu hier zu Hoffe sein, So mustu auch thun den willen mein Vnd mir jetzt das Placebo singen"; Barth. Krüger im ‚Spiel

1186

von den bäurischen Richtern' 1580 (V.2562): „Gehn gern zu Hoff die teller lecken, Vnd lassen jn die Hoffsup schmekken. Auch helffen das Placebo singen"; Aegidius Albertinus in ‚Lucifers Königreich und Seelengejaidt' 1616 (S. 18): „welche bissweilen vbel rahten, jhren Herrn das placebo oder wolgefallen singen"; Moscherosch 1652 (S. 83): „Solche Tisch- vnd Seckel-Freund ... loben offtermals der Herren offentliche Laster, nicht daß sie vermeynen es sey lobenswerth, sondern allein daß sie ihnen das placebo singen, Färbelstreichen usw."

Auf den Urspr. der Rda. aber werden wir hingewiesen durch einen Satz aus Chaucers ‚Canterbury Tales' (3,317). In der Erzählung des Pfarrers nämlich werden die Schmeichler beschrieben: „Flaterers ben the develes norices, that norisshen his children with mylk of losingerie ... Flaterers ben the develes chapeleyns, that singen ay Placebo". Dieser Passus ist direkt oder indirekt entlehnt aus der ‚Somme de Vices et de Vertus', die im Jahre 1279 der Dominikaner Frère Lorens dem frz. König Philipp III. widmete; es heißt da: „Losenges dist pechies se devise en V fuelles: ... quant il chantent touz jors Placebo, c'est a dire ..."

Die iron. Verwendung jenes Wortes der Totenmesse stammt also offenbar aus der lat. Predigtlit. des MA.; einem Laien mußte sie überhaupt zunächst fernliegen.

Placebo singen ist das Ursprüngliche, nicht das ‚sagen' des Lübecker Totentanzes. Joh. Pauli gebraucht die Wndg. „Placebo spielen" dafür (‚Postilla' 44ᵃ). Man vergleiche ähnl. gebildete Ausdrücke, wie z. B. das ‚Gaudeamus bzw. das Benedicimus singen', die aber seltener bezeugt sind, z. B. heißt es bei Römolt in ‚Laster der Hoffart' 1563 (V.1152):

Er wird gesellschaft finden gering,
Mit dem ers Gaudeamus sing.

Und in V.1179:

Sing hin der Narren Gaudeamus,
So sing ich der Thoren Benedicimus.

‚Einem das Placebo singen' kennt auch Abraham a Sancta Clara (in ‚Judas' u. ö.), Eiselein (Sprww. und Sinnreden, S. 513) teilt ein älteres Sprw. mit: ‚Wer das Placebo domino nicht wol singen kann, der bleibe vom Hof'. Placebo kommt aus dem Lateinischen und heißt: ‚Ich werde gefallen'.

In der Medizin werden als Test ‚Placebo' genannte Präparate verwendet, die in Farbe und Geschmack einem Arzneimittel nachgebildet sind, jedoch keine medizinisch wirksamen Stoffe enthalten.

Lit.: *Joh. Bolte:* Placebo singen, in: Korrespondenzblatt d. Ver. f. ndd. Sprachforschung 10 (1885), S. 19 f.

Placet. *Sein Placet geben:* seine Zustimmung geben (lat. ‚placet': es wird genehmigt). Die Rda. ist im Spät-MA. entstanden: vom 15. Jh. bis Ende des 19. Jh. stand das Placet im Mittelpunkt der Auseinandersetzungen zwischen der weltlichen Gewalt und dem Papsttum. Heute ist diese Rda. an keinerlei Rechtsvorschriften gebunden, sondern allg. gebräuchl., ↗ Okay.

Lit.: *W. Weber:* Art. ‚Plazet', in: RGG. V (³1961), Sp. 416–417.

Plan. *Jem. (etw.) auf den Plan rufen:* eine Person oder eine Sache vorzeigen, zum Erscheinen bringen. Genauso auch: *auf den Plan treten:* erscheinen. Plan bedeutet hier Fläche; mlat. ‚planum', adj. ‚planus' heißt ‚eben'. Im altfranz. (plain) und mhd. (plan) bedeutete dieses Wort vorwiegend ‚Kampfplatz'. Wolfram von Eschenbach schreibt im ‚Parzival' (Verse 173,27–28): „sus kom der fürste ûf den plân: dô wart mit rîten kunst getân".

Pläne schmieden: Zukünftiges (z. B. Hochzeit, Reise) gezielt vorbereiten oder sich auch nur in der Phantasie ausmalen. Das Verb ‚schmieden' kann aus der Rda. ‚sein Glück schmieden' eine neue rdal. Verbindung eingegangen sein.

Die Rda. ‚Pläne schmieden' kann sowohl positive wie auch negative Bdtg. durch ein zusätzliches Adj. erhalten: *neue Pläne schmieden:* voller Hoffnung etw. anderes versuchen, aber auch: *finstere Pläne schmieden (machen):* Böses, Schädliches, gar Kriminelles planen.

Jem. Pläne durchkreuzen: sein Vorhaben vereiteln.

Planet. *Einem die Planeten lesen:* kann in zwei Bdtgn. vorkommen: erstens dem Wortsinn getreu: jem. wahrsagen, zum anderen auch: ihm einen Verweis geben, ‚ihm die ↗ Leviten lesen', ihm den Stand-

1187

punkt klarmachen. Es wird vermutet, daß ‚Planeten‘ hier ein scherzhafter Ersatz für ‚Propheten‘ ist.

Die Rda. erscheint lit. u. a. mehrfach bei Abraham a Sancta Clara (z. B. ‚Judas‘ III, 488): „Sein Weib, die ihme stäts die Planeten gelesen“. Zur Erklärung der Rda. wird an die Bdtg. der Planeten als Schicksalssterne anzuknüpfen sein, ebenso wie in der Rda. *unter einem bösen (oder unglücklichen) Planeten zur Welt gekommen sein;* vgl. frz. ‚être né sous une bonne étoile‘, ↗ Stern.

Er ist allein unter dem richtigen Planeten geboren: er will alle Weisheit für sich in Anspruch nehmen, alles am besten wissen. Vgl. ndl. ‚Hij is alleen onder da regte planeet geboren‘.

Lit.: *A. de Cock:* Spreekworden, Zegswijzen en Uitdrukkingen op Volksgeloof berustend: I. De Planeten in het volksgeloof, in: Vkde. 19 (1907–08), S. 214–222; 20 (1909), S. 22–30, 45–54, 102–109, 168–178, 214–225; 21 (1910), S. 31–37, 70–76, 96–101, 143–149, 186–193; *A. de Cock:* Jem. zijn planeet lezen, in: Vkde. 19 (1907–08), S. 133; *V. Stegemann:* Art. ‚Planeten‘, in: HdA. VII, Sp. 36–294; *K. Helm:* Einem die Planeten lesen, in: Hess. Bl. f. Vkde. 37 (1938), S. 191.

platonisch. *Jem. platonisch lieben:* Jem. lieben, ohne die Erfüllung in der sinnlichen Liebe finden zu wollen. Der Ausdr. bezieht sich auf den griech. Philosophen Platon (427–348/47 v. Chr.), der in seinem Werk ‚Symposion‘ dem Eros eine metaphysische Deutung gibt.

Lit.: *R. Lagerborg:* Platonische Liebe (Leipzig 1926); *K. Ritter:* Platonische Liebe. Dargest. durch die Übersetzung und Erläuterung des ‚Symposions‘ (Tübingen 1931).

platt ist häufig in rdal. Vergleichen, wie: *platt wie eine Briefmarke:* sehr verblüfft, sprachlos; *platt wie ein Bügelbrett:* flachbusig; vgl. frz. ‚plat comme une planche à repasser‘; *platt wie eine Flunder (Scholle):* flachbusig, hager; *platt wie ein ↗ Pfannkuchen.*

Platt sein: erstaunt, sprachlos sein. Der Ausdr. kommt von ‚plätten‘ (bügeln), welcher zurückgeht auf franz. ‚plat‘, das im 16. Jh. aus dem Ndd. in das Hochdt. gekommen ist. Ähnl.: *platt wie Zeitungspapier:* sehr überrascht; *sich platt wie eine Briefmarke machen:* sich eng an den Boden schmiegen, volle Deckung nehmen.

Platte. *Die Platte putzen:* sich davonmachen, Schluß machen, verschwinden. Obwohl die Rda. neuerdings auch gelegentlich i. S. v. ‚alles aufessen‘ gebraucht wird, hat sie vermutl. nichts mit der Servierplatte zu tun; sie stammt vielmehr über das Rotw. aus talmudisch ‚p’lat‘ = Flucht (↗ Pleite) und ‚puz‘ = sich zerstreuen. Auf die fotografische Platte beziehen sich die Rdaa.: *jem. auf die Platte bannen:* ihn fotografieren; *das kommt nicht auf die Platte:* das kommt nicht in Betracht, ‚das kommt nicht in die ↗ Tüte‘.

Die Schallplatte ist in folgenden Rdaa. gemeint: *die alte Platte laufen lassen:* sich ständig wiederholen, die gewohnten Rdaa. wieder auftischen; vgl. frz. ‚remettre le disque‘; *die Platte ist abgespielt:* die Sache ist veraltet, unwirksam; vgl. frz. ‚Le disque est usé‘; *etw. auf der Platte haben:* etw. gerade erörtern, etw. routinemäßig beherrschen; *die Platte hat einen Kratzer bekommen:* die oftmals wiederholte Behauptung hat inzwischen ihre Berechtigung eingebüßt; *die Platte kennen:* die übliche Entwicklung, den üblichen Gedankengang kennen; vgl. frz. ‚connaître la musique‘; *eine neue Platte auflegen:* den Gesprächsstoff wechseln.

Platte ist auch ein rdal. Bild für die Glatze; *jem. die Platte polieren:* ihn auf den Kopf, ins Gesicht schlagen.

Platte schieben: im Freien übernachten; verkürzt aus dem handwerksburschensprachl. und gaunersprachl. ‚eine platte Penne machen‘, flach auf dem Erdboden schlafen.

Lit.: *S. A. Wolf:* Die Platte putzen, in: Muttersprache 64 (1954), S. 364.

Platz. *Auf dem Platz bleiben:* im Kampf fallen; ein schonend-verhüllender Ausdr., wobei Platz für Kampfplatz steht. Die Wndg. kommt schon in einem hist. Volkslied aus dem Jahre 1446 vor: „Leib und blut auf dem platze blieb“ (Liliencron 78, 11). ‚Auf dem Platz bleiben‘ bedeutet aber auch: Sieger in einem Zweikampf sein, das Feld behaupten; lit. bereits in übertr. Sinne, z. B. in den Worten der Lady Milford in Schillers ‚Kabale und Liebe‘ (II, 3): „Wir wollen sehen, ob die Mode oder die Menschheit auf dem Platze bleiben wird“.

1188

Jem. auf die Plätze verweisen: siegen; den Gegner auf die niedrigeren Plätze zwingen, ihn im sportlichen Wettkampf überflügeln, ihm überlegen sein.

Das war hier nicht am Platze: eine Bemerkung war nicht angebracht; dies ist die Übers. der lat. Wndg. von Horaz (65–8 v. Chr.): ‚non erat his locus'. „Platz, Platz dem Landvogt" stammt aus Schillers ‚Tell' (1804) (III, 3); heute ist es eine iron. Bitte, einem Schwerbeladenen Platz zu machen. In der Schleswigschen Geest sagt man auf plattdän.: ‚Enva aa sit Plads aa ä Mjelkkmand ve ä Pomp' (jeder an seinem Platz und der Milchmann bei seiner Pumpe).

‚Am rechten Platz der rechte Mann' ist eine Formulierung von Austen H. Layard, gemacht im engl. Unterhaus 1855: ‚The right man in the right place'. Das engl. Sprw. ‚A place for everything and everything in its place' ersch. ebenfalls erstmals 1855 und ist eine Variation des antiken Spruches: ‚Omnia tempus habent et suis spatiis transeunt universa sub cælo' (A. Taylor, S. 238). Ein ‚Platzhirsch' ist derjenige, dem alle Frauen am Ort nachlaufen; der Ausdr. wurde urspr. nur auf den Hirsch angewandt, der sich als der Stärkste während der Brunftzeit erwiesen hat.

Mit der Wndg. *mehr Platz als Kuchen* bez. man rheinhess. einen Projektemacher (‚Platz' ist hier aber Name eines einfachen Gebäcks).

Den Platz an der Sonne nicht gönnen: eifersüchtig, neidisch sein. In der Reichstagssitzung vom 6.12.1897 sagte Fürst Bülow (1849–1929) mit Bezug auf die Inbesitznahme von Kiautschou: „Wir sind gern bereit, in Ostasien den Interessen anderer Großmächte Rechnung zu tragen in der sicheren Voraussicht, daß unsere eigenen Interessen gleichfalls die ihnen gebührende Würdigung finden. Mit einem Worte: Wir wollen niemand in den Schatten stellen, aber wir verlangen auch unseren Platz an der Sonne". Als ältester Beleg der Wndg. gelten Pascals ‚Pensées' (1670), wo es heißt: „Ce chien est à moi, disaient les pauvres enfants, c'est là ma place au soleil: voilà le commencement et l'image de l'usurpation de toute la terre" (Büchmann). ‚Der Platz an der Sonne' spielt auch in der Ggwt. als Schlagwort eine Rolle, ebenso die Wndg. ‚kein Platz für wilde Tiere', die durch die Fernsehsendungen Prof. Grzimeks allg. bekannt geworden ist.

Lit.: *A. Taylor:* Method in the history and interpretation of a proverb: A place for everything and everything in its place, in: Proverbium 10 (1968), S. 235–238; *B. Ketelsen:* Rdaa von Mensch- und Menschenleben, in: Jb. f. Schleswigsche Geest 19 (1971), S. 165.

Plebs. *Zum Plebs gehören:* einer niederen Volksschicht angehören. Plebs heißt lat. ‚Menge'; so hießen im röm. Staat nichtadelige Familien, also die mittleren und unteren Schichten. Im 18. Jh. wurde aus lat. ‚plebeius' der Plebejer gebildet und bedeutet: einer aus dem gemeinen Volk. Nach antiker Vorstellung hatten die Plebejer nach Meinung der Patrizier keine Verbindung mit göttlichen Ahnherren und konnten deshalb auch kein Imperium erhalten. (Vgl. Art. ‚Plebs', in: Pauly, Sp. 919–922).

‚Pleitegeier'

Pleite. *Pleite gehen:* Bankrott machen; Pleite aus hebr. ‚pelētā' = Entrinnen, Rettung; in der Bdtg. ‚Bankrott' ist urspr. die Flucht vor der Schuldhaft gemeint, die dem Zahlungsunfähigen droht. Das Wort erscheint zuerst in der Mitte des 19. Jh. in der Berliner Verbrechersprache und ist dann in die allg. Umgangssprache übergegangen.

Eine Pleite erleben (oder *schieben*)*:* nichts verkaufen. Wer ,pleite geht', ist ein ,Pleitegeier' (zunächst ein ,Pleite-Geher'); daß man dabei an den Vogel denkt, ist offenbar eine jüngere Erscheinung. *Der Pleitegeier sitzt auf dem Dach:* der Bankrott steht bevor. Als ,Pleitegeier' wird auch oft der Adler des Reichs- bzw. Bundeswappens bez.

plemplem. *Plemplem sein:* nicht ganz bei Verstand sein. Die Herkunft des Ausdr. ist nicht geklärt. Vielleicht hängt er mit obd. ,Plempel'; mdt. ,Plempe' zusammen. Der Plempel bez. ein hin- und herschwappendes, schlechtes, schales Getränk. Vermutl. liegt aber nur ein lautmalendes Wort zugrunde, das Nonsens zum Ausdr. bringt, den ein Irrer ausspricht.

Pol. *Ein ruhender Pol sein:* immer gleichbleibend ruhig sein. Die Bez. stammt aus Schillers Elegie ,Der Spaziergang' (1795), 134. Vers: „Der Weise sucht den ruhenden Pol in der Erscheinungen Flucht".

Polen, polnisch. *Noch ist Polen nicht verloren:* noch gibt es Rettung, noch ist eine Möglichkeit vorhanden. Mit diesen Worten (poln. „Jeszcze Polska nie zginęła …") beginnt der von Joseph Wybicki 1797 gedichtete ,Dombrowski-Marsch', mit dem die Polen auf den „Finis Poloniae" (Das Ende Polens) antworteten, das ihr Führer Thaddäus Kościuszko am 10. Oktober 1794 nach der verlorenen Schlacht bei Maciejowice ausgesprochen haben soll. Er selbst bestreitet dies in einem Brief an den Grafen Louis Philippe de Ségur vom 12. November 1806.

Jetzt ist Polen offen: die Aufregung ist groß; man befindet sich in einer Situation, in der alles möglich, alles erlaubt zu sein scheint. In Schlesien sagt man: ,Dö is Polen uffe un Frankreich zu'.

Eine polnische Wirtschaft nennt man eine große (finanzielle, materielle usw.) Unordnung. So heißt auch eine Operette von Jean Gilbert (1910). Die Wndg. ist ebenso als Titel verschiedener Dichtungen verwendet worden, so z.B. als Gedichttitel von Ernst Ortlepp (1831), Friedrich Hebbel (1853) und als Romantitel von Marie von Roskowska (1863).

Sich polnisch verabschieden: sich heimlich davonmachen, bes. aus einer Gesellschaft; ,sich ↗französisch empfehlen' (vgl. engl. ,to take French leave'); *sich polnisch verheiraten:* in wilder Ehe leben.

Von einem Betrunkenen heißt es in Frankreich: ,Il est soûl comme un polonais'.

Lit.: *K. Rother:* Die schlesischen Sprww. und Rdaa. (Breslau 1927, Nachdr. Darmstadt o.J.); *B. Stasiewski:* ,Polnische Wirtschaft' und Johann Georg Forster, eine sprachgeschichtliche Studie, in: Dt. wissenschaftliche Zeitschrift im Wartheland 2 (1941), S. 207–216.

Politik. Der Volksmund sieht politisches Handeln als ein schmutziges Geschäft' an und meint: ,Politik verdirbt den Charakter'. Diese stehende Wndg. geht zurück auf einen Prospekt, der dem ,Blatt für die Gebildeten aller Stände' an Neujahr 1882 beigelegt war: „Diesen zwar paradox klingenden, aber ein Körnchen Wahrheit in sich tragenden Ausspruch eines berühmten Staatsmannes hat man noch niemals zuvor so oft wiederholen gehört." Man vermutete hinter diesem Staatsmann einen bekannten Diplomaten des Wiener Kongresses, z. B. Talleyrand, Metternich, Gentz u.a., doch ist er bis heute unerkannt geblieben.

Die Feststellung: ,Politisch Lied – ein garstig Lied' enthält einen ähnl. Gedanken. Sie geht zurück auf Goethes ,Faust' I, in dem in der Szene ,Auerbachs Keller in Leipzig' Brander ausruft: „Ein garstig Lied! Pfui! Ein politisch Lied!", ↗Lied. Im 20. Jh. sah Max Weber politisches Handeln vor allem als Streben nach Macht an, während es im 17. Jh. noch als ,Regier- oder Weltkunst' verstanden wurde.

Polizei. *Für jem. die Polizei spielen:* auf jem. aufpassen. Nach dem Polizeirecht greift die Polizei dann ein, wenn eine Gefahr für den einzelnen oder für die Allgemeinheit besteht. Spätmhd. ,polizi' bedeutet die Aufrechterhaltung der öffentl. Sicherheit.

Dümmer sein, als die Polizei erlaubt heißt, so dumm sein, daß diese Dummheit als ,Gefährdung' angesehen werden muß; ↗dumm.

Ein Werbeslogan der Polizei, der später

iron. aufgefaßt wurde, lautet: ‚Die Polizei, dein Freund und Helfer‘.

Polster. *Sich ein gutes Polster schaffen:* sich finanziell gut absichern. So heißt auch ‚gut gepolstert sein‘ einmal: dick sein oder: viel Geld haben.
Auf einem weichen Polster sitzen: gute Tage erleben. Goethe schreibt im ‚Tasso‘ (8,1): „Sein launisch Mißbehagen ruht auf dem breiten Polster seines Glücks“. Zum Schlagwort wurde: ‚Der Glaube ist ein gutes Polster‘. Es kritisiert das allzu rasche Übernehmen von Glaubensvorstellungen religiöser Art, die Probleme der Menschheit, wie z. B. die Todesangst, irrational erklären und somit verniedlichen. Vgl. das Sprw. ‚Ein gutes Gewissen ist ein sanftes Ruhekissen‘.

pomade. *Das ist mir pomade:* das ist mir gleichgültig. Die Rda. ist bes. in den ostmdt. Mdaa. verbreitet, aber in der Form ‚das ist mir pomadig‘ auch schwäb. und schweiz. bekannt; sie hat nichts mit Pomade = Haarsalbe zu tun, sondern geht auf poln. ‚po malu‘ = allmählich (zu po = nach, mały = ein wenig) zurück. Die Wndg. ist dt. seit dem 16. Jh. bezeugt und in der Volkssprache irrigerweise mit dem Subst. Pomade zusammengebracht worden, so obersächs. ‚hat die aber eene Pomade‘, ‚die hat die Ruhe weg‘. Im alten Berlin hieß die Kreuzung der Jäger- und Oberwallstraße die ‚jleichjültje Ecke‘, denn dort war bei einem Fleischer ‚alles Wurst‘, bei einem Kleiderhändler ‚alles Jacke wie Hose‘, in einem Kerzenladen ‚alles schnuppe‘ und in einem Parfümeriegeschäft ‚alles Pomade‘. Dem Gedicht ‚Mir und mich‘ des Berliner Hofschauspielers Joh. Ferd. Rüthling (1793–1849) entstammen die Verse:
Ich liebe dir, ich liebe dich!
Wie’s richtig is, ich weeß es nich
Un’s is mich oooch Pomade.
‚Ich bin gerührt wie Apfelmus und flüssig wie Pomade‘ ist ein iron. Spruch, der gerade die Ungerührtheit des Sprechers betont.

Pommern. In sprw. Rdaa. ist Pommern vor allem für reichliches Trinken und Essen gebräuchlich: ‚ein pommerscher

Trunk‘, ein bes. tiefer Zug aus dem Glas; ähnl.: ‚ein pommerscher Schluck‘, und ‚er hat einen pommerschen Magen‘, ‚er kann Kieselsteine vertragen‘.
In verschiedenen Landschaften ist ‚Pommer‘ soviel wie Dummkopf oder auch: kleiner, dicker Mensch.
Eine ‚Landpomeranze‘ ist mit etw. Wortwitz ein ‚pommersches Fräulein‘; ähnl. der ‚pommersche Junker‘. Öfters begegnet auch der rdal. Vergleich ‚grob wie ein Pommer‘.
‚Pommerland ist abgebrannt‘ ist der – auch sprw. zitierte – am häufigsten gesungene Refrain des im ganzen dt. Sprachgebiet bekannten Kinderliedes:
Maikäfer flieg,
dein Vater ist im Krieg,
deine Mutter ist in Pommerland,
Pommerland ist abgebrannt.
Dieses Lied wurde in Frage 59/60 des Atlasses der Dt. Volkskunde (ADV) erfragt und verkartet.
Danach heißt es an der betr. Stelle in anderen Varianten: Sachsen, Polenland, Holland, Hessenland, Schwabenland, Bayerland, Oberland etc. Oder es wird gelegentlich ein imaginäres ‚Pulverland‘ genannt. Manchmal wird der Reim fortgesetzt:
Pommerland ist zugeschlossen
und der Schlüssel abgebrochen.
Das ‚abgebrannte Pommerland‘ kann sich auf kriegerische Ereignisse während des Dreißigjährigen Krieges beziehen, oder auch auf andere Kriegs- und Notzeiten. Von solchen handeln ja auch die anderen Zeilen des Liedes. Pommern wurde im Laufe seiner Geschichte häufig durch Kriege zerstört.

Lit.: *G. M. Kueffner:* Die Dt. im Sprw. (Heidelberg 1899), S. 65; *H. Benzmann:* Pommern im deutschen Liede (Leipzig 1924); *G. Grober-Glück:* Volkslied und Kartographie am Beispiel der Lieder an den Marienkäfer, in: Rhein. Jb. f. Vkde. 20 (1969), S. 176–207 (daraus auch die Karte Abb. 7).

Pomuchelskopf. *Einen Pomuchelskopf haben (aufsetzen):* einen Dickkopf haben, eigenwillig, launisch sein. Die Bez. erscheint abwertend, in verschiedenen Wndgn. auch bei Fritz Reuter. ‚Pumuckl‘ aus der Kinderlit. und dem Fernsehen bekannt, ist etymol. verwandt, ja sogar identisch.

Pontius ↗ Pilatus.

ponzen ↗ Eselsbrücke.

Popanz. *Der Popanz für jem. sein:* Jem. sein, der alles mitmacht. ‚Ich bin doch nicht dein Popanz!' sagt man und meint, daß man doch nicht alles mit sich machen läßt. *Einen Popanz aufbauen:* zweckbestimmt etw. aufbauschen.

Das Wort kommt aus tschech. ‚bukák' und bedeutet urspr. eine künstlich hergestellte Schreckgestalt, insbes. eine ausgestopfte Puppe, die als Kinderschreck verwendet wurde. Seit dem 16. Jh. ist das Wort in Dtl. gebräuchl. für Popelmann, Poppelhans (entstanden aus Puppe und Hans).

Lit.: *W. Brückner:* Bildnis und Brauch. Studien zur Bildfunktion der Effigies (Berlin 1966).

Portepee. *Jem. beim Portepee fassen:* jem. dahingehend beeinflussen, daß er dasjenige tut, was Ehr- und Verantwortungsgefühl verlangen. Eigentl. ‚jem. bei seiner Offiziersehre packen'.
Jem. fühlt sich aufs Portepee getreten: jem. fühlt sich in seiner Ehre verletzt. Frz. ‚la porte-épée' meinte einstmals das Degengehenk der Offiziere und wurde in Dtl. die Bez. für die silberne oder goldene Quaste am Degen als Abzeichen des Offiziers (bis 1945).

Portion. *Eine halbe Portion sein:* ein magerer, unscheinbarer, auch hilfloser Mensch sein; oft sagt man dies auch scherzhaft von einem jungen Mädchen oder einer zerbrechlich wirkenden Frau, der man keine Kraft zutraut, auch in einer nochmaligen Steigerung: *ein Portiönchen sein.* Die Bez. als ‚halbe Portion' kann aber auch in beleidigender, herabsetzender Absicht erfolgen: ‚Was willst du denn, du halbe Portion?': Was kannst du schon ausrichten?
Jem. hat seine Portion: er hat genug Alkohol zu sich genommen, er ist angetrunken, ↗ trinken.

Porzellan. *Porzellan zerschlagen:* eine behutsam eingeleitete Entwicklung zum Besseren plump zerstören; schwierige geistig-seelische Vorgänge roh stören. *Sich benehmen wie der Elefant im Porzellanladen:* sich ungeschickt, tölpelhaft, seelisch undifferenziert verhalten, ↗ Elefant.
Vorsicht ist die Mutter der Porzellankiste ↗ Vorsicht.
Nicht aus der Porzellanbranche sein: nicht empfindlich sein.

Posaune. Die Posaune, deren Name um 1200 über das Altfrz. aus lat. ‚būcina' (zu bos = Rind, canere = singen) ins Dt. gedrungen ist, wurde durch Luthers Bibelübers. auch in der Volkssprache bekannt (‚Die Posaunen von Jericho', ‚die Posaunen des Jüngsten Gerichts'). In rdal. Vergleichen wirken diese Wndgn. nach; z. B. *Lärm machen wie die Posaunen von Jericho; etw. ausposaunen* oder *die große Posaune blasen:* prahlerisch verkünden, über eine vorerst noch geheime Sache schon öffentl. reden.

Posaunenengel. Den Posaunenengel verdanken wir Matth. 24,31: „Und er wird senden seine Engel mit hellen Posaunen"; vgl. Offenb. 8,2. Seit der Barockzeit waren posauneblasende Engel ein beliebter Schmuck der Kirchenorgel. Von diesen Gestalten stammt der rdal. Vergleich *wie ein Posaunenengel aussehen:* ein gesundes, rosiges, pausbäckiges Gesicht haben; lit. z. B. bei Gustav Freytag (‚Graf Waldemar', 1850, III,1): „Die Welt sieht mir rosa und goldgelb aus, und alle Menschen wie liebenswürdige Posaunenengel auf einer Dorfkanzel, die Backen vorn und hinten gleich rund und gleich wohlwollend".

Lit.: *M. Willberg:* Die Musik im Sprachgebrauch, in: Muttersprache (1963), S. 201 ff.

Posemuckel. *Aus Posemuckel kommen:* aus der hintersten Provinz, aus einer weit abgelegenen Gegend kommen. *(Noch) bis nach Posemuckel (fahren) müssen:* noch sehr lange. Posemuckel gilt als Bez. eines abgelegenen ärmlichen Dorfes oder einer unbedeutenden Kleinstadt, gelegentlich noch gesteigert zu ‚Hinterposemuckel'. Es soll urspr. der Name eines bei Bomst gelegenen Dorfes gewesen sein und kennzeichnet die fremden Ortsnamen im Gebiet um Posen ironisierend. Der Ortsname könnte jedoch auch das jidd. Wort für Posen selbst gewesen sein oder nur eine fingierte Bez. für ein elendes Nest.

Positur. *Sich in Positur setzen (stellen):* eine bewußt repräsentative Haltung seines Körpers einnehmen, um sich am besten zur Geltung zu bringen oder um in einer bestimmten Situation entsprechende Beachtung zu finden. Umg. erhält die Wndg. manchmal einen leicht spöttischen Unterton.
In Positur gehen: eine zweckmäßige Kampfstellung im Sport einnehmen, bes. von Fechtern und Ringern gesagt.
In der Berliner Lokalposse ‚Das Fest der Handwerker' (1828) von Louis Angely (1788–1835) sagt Maurerpolier Kluck: „Positus, ich setz' den Fall". Doch betont Büchmann, daß diese Wndg. schon älter ist und in einem vielgelesenen Roman Joh. Gottwerth Müllers (‚Die Herren von Waldheim', 1784) in der Form: „Posito, ich setz den Fall" vorkommt.

Posse(n), frühnhd. ‚bosse, posse' = Figur, Zierat, Beiwerk an Kunstdenkmälern, bes. Scherzfigur an öffentl. Brunnen. *Possen reißen* (später *Possen treiben*) ist urspr. das Entwerfen solcher Scherzfiguren auf dem Reißbrett; seit dem 16. Jh. bedeutet die Wndg. soviel wie: Scherz, Unfug treiben; „einen kurzweiligen Menschen, der vil weidelicher Bossen gerissen hat" (J. Aurifaber, Luthers Tischreden, 1571, 339 b). Dazu *Possenreißer:* derber Spaßmacher, seit 1563 bezeugt. Bald geht die Wndg. in die Bdtg. ‚Torheiten begehen' über; so schon 1536 in Paul Rebhuns Drama ‚Susanna' (V.247).

Das müst yhr selbs am besten wissen,
Was yhr fur bossen habt gerissen.

Heute ist der Ausdr. in Rdaa. wie *jem. einen Possen spielen, ihm etw. zum Possen tun:* ihm einen Streich spielen, *ach Possen:* Unsinn, noch weiterhin üblich.

Post. *Die Post geht ab:* (oder auch *ab geht die Post):* man fährt ab, die Sache ist erledigt; bekräftigende Schlußformel einer Handlung; *jetzt geht die Post ab:* jetzt ist die Zeit, oder: jetzt ist die Zeit vorbei.

‚Ab geht die Post'

Das Postwesen mit Relaisstationen ist bei den Persern aufgekommen, wurde in der röm. Kaiserzeit weiterentwickelt (hier sogar mit Wagen zur Personenbeförderung) und gelangte im 15. Jh. aus Italien nach Frankr. und Dtl. Es diente zunächst den Zwecken der Staatsverwaltung. 1451 errichtete der Oberjägermeister Roger de Tassis Stationen der Briefbeförderung in Tirol. Die berittenen Eilkuriere der Regensburger Fürsten Thurn und Taxis wurden zum Symbol der Schnelligkeit. Das Wort Post selbst ist eine Abkürzung von lat. ‚a positis equis': Standort der Pferde.
Einen Posttag zu spät kommen: mit einer Sache etw. zu spät kommen; die Rda. stammt aus der Zeit, als der Postwagen noch nicht alle Tage fuhr und, wer die

Possenreißer

Post benutzen wollte, achtgeben mußte, daß er den Abfahrtstag nicht versäumte. Eine sehr langsame Beförderung von Personen, Gütern und Nachrichten nennt man ↗*Schneckenpost,* lit. bei Ludwig Börne in der ‚Monographie der deutschen Postschnecke'.

‚Wenn du oben bist, schreibst du mir 'ne Postkarte' sagt man scherzhaft zu einem, der mit Ausdauer in der Nase bohrt.

Das Berufsbeamtentum im Bereich der Post wird oft geringschätzig beurteilt, wie in dem Sprw. ‚Wer nichts ist und wer nichts kann, geht zu Post und Eisenbahn'. Post kann auch i.S.v. ‚Nachricht', ‚Botschaft' (↗Hiob) rdal. verwendet werden. Als in Hans Sachs' Schwank vom Mönch mit dem gestohlenen Huhn der Mönch von seinem Gesellen die Aufforderung des Priors erhält, in der Kirche seines Amtes zu walten, heißt es: „Der münich dieser post erschrack". Aber noch in neuerer Zeit wird Post in diesem Sinne verwendet, z.B. bei Schiller:

Eiskalte Angst durchlief die
   zitternden Gebeine.
Als in dem Lager diese Post erklang.

Lit.: *Anon.:* Die Post geht ab, in: Sprachpflege 10 (1962), S. 222; *H. Glaser* u. *Th. Werner:* Die Post in ihrer Zeit. Eine Kulturgeschichte menschlicher Kommunikation (Heidelberg 1990).

Posto, Posten. *Posto fassen* ist urspr. ein militärischer Ausdr. für: sich aufstellen; er ist wie so viele militärische Ausdrücke im 17. Jh. aus dem Ital. entlehnt (‚prendere il posto' = seinen Standort einnehmen); vgl. frz. ‚se poster'. In seinem urspr.

Der Hauptmann läßt einen Posten vorschieben.

‚Einen Posten vorschieben'

Lebenskreis wird das Wort z.B. auf den Prinzen Eugen in einem alten Lied auf die Schlacht bei Peterwardein von 1716 angewendet: „Thät in guten Posto stehen", d.h. in einer militärisch günstigen Stellung. Seit dem 18. Jh. wird die Wndg. in der Bdtg. ‚Fuß fassen', ‚sich aufstellen', auch: eine günstige Gelegenheit wahrnehmen, auf nicht militärische Anwendungsgebiete verallgemeinert. Gleichen Urspr. ist ‚Posten'; dazu die Rda. *auf dem Posten sein,* eigentl. ‚Wache stehen', dann: wohlauf sein. *Immer auf dem Posten* geht auf einen Ausspruch Friedrichs des Großen („toujours en vedette") zurück.

Auf verlorenem Posten kämpfen: einen aussichtslosen, vergeblichen Kampf führen.

Einen sicheren Posten erstreben (erhalten): eine gute berufliche Stellung wünschen (bekommen). *Seinen Posten verlieren:* entlassen werden.

Posten tragen, auch: *ein Postenträger sein:* eigentl. nur Nachrichten überbringen, dann mit üblem Nebensinn: Zwischenträgereien machen.

Potemkinsches Dorf ↗Dorf.

Pott. *Zu Potte kommen:* mit einer Aufgabe fertig werden, etw. Schwieriges bewältigen, auch: sein Ziel erreichen, z.B. eine Wohnung, den erwünschten Partner, eine ersehnte Stellung erhalten, Erfolg haben. Vgl. das Sprw. ‚Jeder Pott kriegt seinen Deckel': für jeden gibt es einen passenden Partner.

Etw. ist Pott wie Deckel: etw. ist sich gleich. Pott ist das ndd. Wort für Topf. In Mecklenburg und Dänemark war Pott ein altes Flüssigkeitsmaß.

Potz ist als erster Bestandteil von Flüchen und Verwünschungen aus ‚Gottes' entstellt (z.B. ‚Potz Sakrament', ‚Potz Blitz'). ‚Potz Tausend' als Ausruf des Erstaunens ist verkürzt aus ‚potztausendsackerment'. Seit dem 15. Jh. kommen Flüche auf wie ‚Potz Angst', ‚Potz Jammer', ‚Potz Marter', die sich auf Christi Passion beziehen; ↗Bockshorn; ↗Kotz.

Powidl. *Jem. Powidl sein:* Jem. gleichgültig sein. Dieser Ausdr. ist nur in Österreich verbreitet. Powidl (von tschech. povidla = Mus) heißt eigentl. Pflaumenmus.

Lit.: *P. Kretschmer:* Powidl, in: Wortgeographie in der dt. Umgangssprache (Göttingen 1918), S. 367–368.

Prä. *Das Prä haben* (zu ergänzen ist: vor anderen): den Vorrang haben, mdal. auch: ‚Er will immer das Pree haben', er drängt sich an die erste Stelle vor, er will immer ‚die erste ⁄ Geige spielen'; zu lat. ‚prae' = vor. Die Rda. ist ein alter Kartenspielerausdr., der seit dem Ausgang des 16. Jh. sehr häufig belegt ist, auch in der Verbindung ‚das Prä und den Vorzug haben', was wohl dem heutigen Ausdr. ‚in der Vorhand sein' entspricht. Über die Studentensprache ist die Rda. bis in die Umgangssprache und die Mdaa. vorgedrungen; seltenere Fügungen sind: ‚das Prä behalten, erhalten', ‚einem das Prä lassen'. In übertr. Bdtg. begegnet die Wndg. seit dem 17. Jh., z. B. in einem Volkslied von 1631 (bei F. W. v. Ditfurth, Die historisch-politischen Lieder des Dreißigjährigen Krieges, Nr. 56):

Gott Mahumet, ich hätt' gemeint,
Daß, wo ja je auf Erden
Ein Potentat von Grausamkeit
Crudel (grausam) genannt soll werden,
Du hättest nur allein das Prae
Von allen Völkern geben.

Einen weiteren Beleg bietet der Anfang eines allegorischen Liedes vom Jahre 1656 auf den Sieg der Luzerner:

Ein reine Magd
Ihrn Kranz noch tragt
Und prangt trutz allen Damen;
Sie hat das prae
Am Zürcher See
Und gar ein großen Namen.

In Grimmelshausens ‚Simplicissimus' (I, 425): „Ein jeder hoffte, seiner Gattung Soldaten das prae zu erhalten".

Pracht. *Kalte Pracht:* unbewohntes, ungeheiztes Zimmer; ungemütliche Wohnungseinrichtung; das Gesellschaftszimmer, der Salon der bürgerlichen Wohnung. Er wurde nur an Feiertagen oder für hohen Besuch benützt und blieb sonst ungeheizt, dem Wohnen entzogen; Kinder hatten keinen Zugang zur ‚kalten Pracht'. Die Wndg. bezieht sich urspr. wohl auf die unheizbare gute Stube des ndd. Bauernhauses, dessen einzige Feuerstelle primär das offene Herdfeuer des Fletts war. *Es ist eine wahre Pracht:* es ist eine treffliche Leistung, es verdient volles Lob; *daß es eine Pracht ist:* tüchtig, heftig, völlig (z. B. ‚unser Kind gedeiht, daß es eine Pracht ist').

Lit.: *J. Schepers:* Das Bauernhaus in Nordwestdtl., in: Schriften der Volkskundlichen Kommission im Provinzialinstitut für westf. Landes- und Volkskunde, H. 7 (Münster/Westf. o. J.); *B. Schier:* Hauslandschaften und Kulturbewegungen im östl. Mitteleuropa (Göttingen ²1966).

Münzwerkstatt (‚prägen')

prägen, Prägung. *Sich tief ins Gedächtnis prägen:* einen unauslöschlichen Eindruck hervorrufen, als unvergeßliches, starkes Erlebnis ständig in Erinnerung bleiben. Vgl. die ähnl. Wndg. *sich etw. einprägen:* es sich gut merken, unter Willensanstrengung etw. bewußt lernen, sich ins Gedächtnis schreiben. Der Ausdr. prägen, der bereits im Ahd. als (gi)prähhan = gravieren bezeugt ist, steht in deutlichem Zusammenhang mit der Münzherstellung, denn er bedeutete urspr. Münzen schlagen, sie mit einem Prägestempel kennzeichnen. Vom Einpressen eines Bildes, vom Formen und Bilden eines Gegenstandes erfolgte die Übertr. auch auf Abstrakta. So spricht man heute z. B. vom Prägen neuer Ausdrücke, Begriffe, Namen und Wörter. Der übertr. Gebrauch erstreckt sich auch auf die zusammengesetzten Verben ‚ausprägen‘ = deutlich gestalten und ‚einprägen‘.

Von etw. geprägt sein: entscheidend geformt, beeinflußt sein. *Eine eigene Prägung besitzen:* von bes. Eigenart sein, als starke Persönlichkeit gelten, die charakteristische Züge besitzt und sich von anderen abhebt, aber auch: absonderliche Eigenheiten haben. Ähnl. *ein bes. Gepräge haben, einer Sache ein bes. Gepräge geben:* entscheidend geformt sein, etw. mit bes. Kennzeichen versehen, vgl. ‚einer Sache seinen ↗ Stempel aufdrücken‘.

Lit.: Münzen in Brauch und Aberglauben (Mainz 1982), S. 220–221.

Pranger. *Jem. an den Pranger stellen:* ihn bloßstellen, ihn der öffentl. Verachtung preisgeben; vgl. frz. ‚mettre quelqu'un au pilori‘.

Der Pranger war im MA. und darüber hinaus ein steinerner Pfeiler oder hölzerner Pfahl, an dem Verbrecher, durch ein Halseisen festgehalten, vor aller Welt zur Schande ausgestellt wurden. Noch 1781 wurde in Rottweil a. N. eine Frau aus Dunningen auf dem Wochenmarkt eine Stunde lang am Pranger ausgestellt. Auf der Schandtafel, die man ihr umgehängt hatte, stand ihr Name und darunter „Strafe der betrügerischen Scheinheiligkeit" (Oberamtsbeschreibung Rottweil, S. 398).

Der regelmäßige Standort des Prangers

Pranger (Schandsäule)

1/2 ‚An den Pranger stellen‘, ‚anprangern‘

war in der Nähe der Kirche oder auf dem Marktplatz. Entwickelt hat sich diese Art der Bestrafung aus einer einfachen Form: Reste von Schließwerkzeugen an Bäumen weisen auf sie hin, nämlich Verbrecher an den nächsten Baum (Kräxbaum) anzubinden. Der Schandpfahl, eine Säule aus Holz oder Stein, trat erst im MA. in Erscheinung. Er hieß auch: Käks, Kax und geht auf idg. *Kak = Stamm, Strunk, Stumpf zurück. So sagte man auch: ‚jem. up den Katz setzen‘.

Das Wort Pranger ist urspr. ndd. und hängt mit mnd. ‚prangen‘ = drücken, klemmen, beklemmen und ‚prange‘ = Schranke, Maulkorb zusammen; mit ‚prangen‘ = prunken, prahlen hat es nichts zu tun. Das Strafgerät Pranger ist also nach dem drückenden Halseisen benannt.

An den Pranger kommen: sich bloßgestellt sehen, sein Ansehen, seine Ehre einbüßen, auch: *am Pranger stehen.*

In übertr. Sinn gebraucht z. B. Schiller die Wndg. im ‚Tell‘ (III,3):

> Höre, Gesell, es fängt mir an zu
>   däuchten,
> Wir stehen hier am Pranger vor dem
>   Hut.

Häufig ist heute auch die Übertr. *angeprangert werden:* der öffentl. Verachtung preisgegeben werden. Noch 1836 heißt es im gleichen Sinn: ‚geprangert werden‘.

Lit.: *J. Grimm:* Dt. Rechtsaltertümer, Bd. II (Göttingen 1828); *G. Bader-Weiß* u. *K. S. Bader:* Der Pranger, ein Strafwerkzeug und Rechtswahrzeichen des MA. (Freiburg 1935); *Chr. Helfer:* Denkmäler des Vollzugs von Ehrenstrafen am unteren Mittelrhein, in: Rhein. Jb. f. Vkde. 15/16 (1964/65), S. 56–75; *R. Horna:* Der Pranger in der Tschechoslowakei, in: Grazer rechts- und staatswissenschaftliche Studien 16 (Graz 1965); *A. Thomson:* I stocken. Studier i stockstraffets historia (Am Pranger, Studien zur Geschichte der Stockstrafe) (= Acta Reg. societas humanorum literarum Lundensis 68) (Lund 1972).

Präsentierteller. *Wie auf dem Präsentierteller sitzen:* allen Blicken ausgesetzt sein, in einer großen Versammlung weithin sichtbar sitzen (mit dem Beiklang, daß man sich auf einem solchen Platz unbehaglich fühlt). Der witzige Vergleich des auffallenden Platzes mit dem Präsentierteller, auf dem die Speisen herumgereicht werden, ist auch den Mdaa. geläufig; so nennt der Leipziger Volksmund scherz-

haft den ersten Rang im Theater Präsentierteller. Goethe sagt zu Eckermann am 2. Jan. 1824: „Unsere jetzigen Talente liegen alle auf dem Präsentierteller der Gegenwart". Umg. ist auch die Wndg. üblich: *einem etw. auf dem Präsentierteller bringen:* es ihm möglichst bequem entgegenbringen.

precken. ‚Jod Preck!‘, eigentl. u. wörtl.: gutes Werfen (des Lazarus), ist der Gruß der Karnevalsgesellschaft in Jülich, ↗prellen.

Prediger, Predigt. *Ein Prediger in der Wüste sein:* keine Aufmerksamkeit finden. Die Wndg. bezieht sich auf Jes. 40,3: „Es ist eine Stimme eines Predigers in der Wüste" (Vulgata: „Vox clamantis in deserto"), was, gedeutet auf Johannes den Täufer, Matth. 3,3 und öfter wiederholt wird; vgl. frz. ‚prêcher dans le désert‘.

Das bekannte Sprw. ‚Kurze Predigten, lange Bratwürste‘ ist schon in Thomas Murner ‚Lutherischem Narren‘ vorgebildet:

> Es hat doch Christus selbs der hort
> Uff erd gemacht ein kurtzes wort
> Lange bratwürst und senff darzu.

Das Sprw. zeigt schon im MA. Verbindung mit der Fastnacht. So schreibt der ma. Wappendichter des Wiener Hofes, Peter Suchenwirth (zwischen 1356 und 1395): „Kurtz predig vnd lang praten gehören zu der vasnacht". Auch Geiler von Kaysersberg schreibt 1515 in seinem Evangelienbuch über die Faschingszeit: „Wan zu dieser Zeit sprechen die groben Knollen, wir hen nit gern lang predigen, vil lieber lange bratwürst".

In Kärnten wurde mit diesem Spruch jeweils zur Hochzeit auf den Faschingssonntag oder -montag eingeladen.

In Seb. Francks Sprww.-Sammlung heißt es dann: „Kurtze predigt vnd lang bratwürst haben die bawren gern"; so auch noch in den Mdaa., z. B. schweiz. ‚Churzi Predigt, langi Brotwürst‘, ↗Gardinenpredigt.

Lit.: *O. Moser:* Kurze Predigt, lange Bratwürst. Ein Sprw. auf die Faschingszeit, in: Die Kärntner Landsmannschaft 2 (1965), S. 7.

Preis. *Um keinen Preis (der Welt):* niemals einer Sache zustimmen, etw. zu tun; *etw.*

1197

in dieser Preislage: etw. Ähnliches, ein ungefähr gleicher Sachverhalt.

‚Alles hat seinen Preis' hat dieselbe Bdtg. wie ‚nichts ist umsonst': ‚selbst der Tod nicht, denn der kostet das Leben'.

prellen. *Jem. prellen (wollen):* ihn übervorteilen, betrügen, seine Einfalt mißbrauchen (wollen), ihn zu täuschen suchen. Durch die Bedeutungsentwicklung des Verbs, das als Kausativum zu ‚prallen' gebildet worden ist und urspr. nur ‚jem. aufprallen lassen' hieß, ist der einst vorhandene Realbezug der Rda. in Vergessenheit geraten. Sie stammt vermutl. aus dem jägersprachl. Bereich und bezieht sich auf das ‚Fuchsprellen'. Die bei der Jagd lebendig gefangenen Tiere wurden dabei grausam zu Tode gequält: auf einem straff gespannten Netz, dem Prellgarn oder Prelltuch, wippte man die Füchse, schleuderte sie in die Luft und ließ sie auf den

‚Prellen': 1 Fuchsprellen 2 Wolfprellen 3 Schnell- oder Wippgalgen

Boden aufschlagen. Wenn die Tiere verzweifelt Freiheit zu erlangen suchten und davonliefen, gerieten sie unversehens auf das nächste, noch am Boden liegende Netz. Es wurde sofort aufgenommen, und die Quälerei begann erneut. An den Verrenkungen beim Schleudern und Fallen und den zwecklosen Anstrengungen der Tiere zu entkommen, belustigte man sich. Daher galt das Fuchsprellen früher als eines der beliebtesten höfischen Vergnügen, an dem viele geladene Gäste teilnahmen. Das Fuchs- und Hundeprellen ist ein urspr. spanischer Brauch und kam erst im 17. Jh. an deutsche Höfe.

Bei der Übertr. der Rda. auf den Menschen spielte die Doppelbdtg. von ‚Fuchs‘ eine wichtige Rolle. Auch junge Studenten nannte man Füchse. Sie wurden von den älteren gern um Geld angegangen, dessen Rückzahlung meist ‚vergessen‘ wurde. Dies nannte man scherzhaft ebenfalls ‚Füchse prellen‘. Da das zum Spaß betriebene Ausnützen und Mißbrauchen der Unerfahrenheit und Gutgläubigkeit anderer bis zum Betrug führen konnte, erhielt das Verb prellen die zusätzlichen Bdtgn. von nicht bezahlen, täuschen, hintergehen und betrügen, die im rdal. Gebrauch heute vorherrschend sind, vgl. ‚die Zeche prellen‘ und ‚jem. um etw. prellen‘, ihn um seinen Gewinn, Vorteil bringen. Den urspr. Zusammenhang zwischen ‚Fuchs‘ und ‚prellen‘ weist noch eine lit. Textstelle bei Hagedorn (3, 22) auf, in der beide Ausdrücke bereits übertr. Bdtg. besitzen:

Ein Schulfuchs hofft mit dürren
Gründen
Den Beifall aller Welt zu finden:
Allein er wird geprellt.

Auch Wölfe wurden geprellt. Man band sie an einem Ziehbrunnen fest und ließ sie immer wieder auf den Boden aufprallen, um ihre Todesqual zu verlängern.

Die Beteuerungsformeln *Ich will geprellt werden, wenn* ... und *Ich will mich prellen lassen* weisen noch auf einen anderen interessanten kulturhist. Zusammenhang: Auch im Strafvollzug wurde geprellt, z. B. wurden Diebe durch den Schnell- oder Wippgalgen hingerichtet, indem man sie so lange am Galgen emporzog und wieder fallen ließ, bis ihre Knochen zerschmet-

tert waren, ↗Schippe. Bereits Luther (Werke V, 141ᵃ) gebraucht die Wndg.: „und ist einer unter ihnen, der ein Capitel im Aristotele recht verstehet, so will ich mich prellen lassen". Bei dieser Textstelle ist offensichtlich die Bestrafung gemeint, die man auf sich nehmen will, falls etw. ganz Unvorhergesehenes eintreten sollte, was man aber für absolut ausgeschlossen hält. Diese Rda. ist auch lit. belegt in Wielands ‚Don Sylvio‘ (1764), S. 102: „Ich will mich prellen lassen, wenn ich meiner leiblichen Mutter auf ihr bloßes Wort glaubte, daß ich meines Vaters Sohn sei". Schon um 80 n. Chr. wird von dem Satiriker Martial in einem Epigramm das Prellen als volkstümliche Strafe erwähnt. Als studentischer Schabernack erscheint das Prellen in der späteren Antike: Libianus zu Antiochien tadelte seine Schüler Ende des 4. Jh.s, da diese einen mißliebigen Lehrer auf einem Teppich schlimm geprellt hätten. Kaiser Justinian verbot 533 n. Chr. in seiner Studienordnung den Studenten das Prellen.

Als kultischer Brauch erscheint das Prellen bei Herodot (Historien, Bd. 4, S. 94 f.): Bei den Thrakern wurde alle fünf Jahre dem Gott Zalmoxis ein ‚Bote‘ geschickt: Man prellte den ‚Boten‘ in die Höhe u. spießte ihn beim Herunterfallen mit Lanzen auf. Starb er, war er gottbegnadet, blieb er am Leben, so war er böse, und ein anderer mußte an seiner Stelle ‚geschickt‘ werden.

Dieser, an ein Gottesurteil erinnernde Brauch, sowie auch ma. Belege für prellen stehen alle der Sphäre der Rechtsbräuche sehr nahe. In der ‚Weltchronik‘ des Wieners Jans Enekel (nach 1250 verfaßt) liest man Vers 17270–17275:

swer in swacher waet
kom und het sich niht genaet
an sînem brîs der ermel zuo,
des spottet man spât und fruo.
man hiez in ûf einer rinderhût
werfen ûf, daz er schrê lût.

Das Prellen des Menschen diente in harmloserer Form auch der Volksbelustigung und galt als Mutprobe bei jungen Burschen und Soldaten, die in die Gemeinschaft aufgenommen werden wollten. Prellen als Hänselbrauch ist heute noch beliebt und spielt im Fastnachtsbrauch-

1–4 ‚Prellen' von Personen und menschlichen Puppen in hist. und gegenwärtigen Bräuchen

tum eine Rolle, wobei stellvertretend für den Menschen auch eine Puppe verwendet werden kann.

Bereits Seb. Franck bringt das Prellen (einer Puppe) in Verbindung mit Fastnachtsbräuchen: (‚Weltbuch', ersch. Tübingen 1539): „Halten auch ir vier eyn leylach bey den vier zipfeln und einen ströinen angemachten butzen in hosen und wammes mit einer larven, wie einen toten man, schwingen si ihn mit den vier zipfeln auf in die höhe und entfahen ihn wider in das leylach. Das treiben sie durch die ganze Stadt".

Als Strafe für Zechprellerei begegnet das Prellen in dem Roman von Cervantes ‚Don Quijote de la Mancha' (Lübeck-Leipzig 1939), S. 88 (übers. nach L. Braunfels): „... hier legten sie Sancho mitten auf die Bettdecke und begannen, ihn in die Höhe zu schnellen, und hatten ihren Spaß mit ihm wie mit einem Hunde auf der Fastnacht". Denn Sancho Pansa kann die verlangte Rechnung für die Beherbergung in dem Wirtshaus, das Don Quichote für eine Burg gehalten und erstürmt hatte, nicht begleichen.

Im 19. Jh. nehmen die Belege für das Prellen ab; heute gilt es als Relikt aus alter Zeit; 1950 wurde in Paris ein Theaterstück des franz. Flamen Michel de Ghelderode aufgeführt, das das Prellen zum Inhalt hat: ‚Hop, Signor'.

Die Erinnerung an den ma. Strafvollzug scheint dagegen im Brauchtum des „Todaustragens" erhalten geblieben zu sein: Eine Strohpuppe wird symbolisch getötet, indem sie durch ein aufgespanntes Tuch in die Luft emporgeschnellt, wiederaufgefangen und geprellt wird.

Lit.: *R. Köhler:* Up der Hut werpen, in: Korrespondenzblatt des Vereins für ndd. Sprachforschung 6 (1881), S. 36; ergänzt in: *ders.:* Kleinere Schriften zur Neueren Literaturgeschichte, Vkde. und Wortf., hg. v. J. Bolte (= Kleinere Schriften, Bd. 3), (Berlin 1900), S. 606–607; *W. Mannhardt:* Wald- und Feldkulte, Bd. 1 (Berlin ²1904), bes. S. 612; *Tiemann:* Art. ‚prellen, schnellen', in: HdA. VII. Sp. 306 f.; *E. Hoffmann-Krayer:* Fruchtbarkeitsriten im schweiz. Volksbrauch, in: Schweiz. Arch. f. Vkde. S. 239; wieder in: *ders.:* Feste und Bräuche des schweiz. Volkes (Zürich 1940), S. 122; *J. de Schuyter:* Op, Signorken, Zijn Legenden en zijn Oorsprong (1944); *L. Schmidt;* Jagglschutzen und Fuchssprellen, in: Österr. Zs. f. Vkde. 71 (1968), S. 1–31; *L. Röhrich* u. *G. Meinel:* Rdaa. aus dem Bereich der Jagd u. der Vogelstellerei, S. 321 f.; *A. Wacke:* Nachlese zum Volksbrauch, in: Österr. Zs. f. Vkde. 82 (1979), S. 151–166; *D. R. Moser:* Lazarus Strohmanus Jülich (Jülich ²1980); *ders.:* Fastnacht – Fasching – Karneval (Graz – Wien – Köln 1986), S. 282–285.

Prellbock. *Als Prellbock dienen:* derjenige sein, bei dem alle anderen ihre Sorgen lassen können, der für alles einstehen muß; der den ersten heftigen Ausbruch von Wut abbekommt.

Der Ausdr. kommt aus der Sprache der Technik; ein Prellbock ist ein stabiler, aber elastischer Stoßdämpfer als Bremse am Ende eines Eisenbahngleises: er fängt die heranrollenden Fahrzeuge auf.

Auch in übertr. Bdtg. muß ein ‚Prellbock' einen Stoß abfangen oder mildern, der sonst voll einen anderen treffen würde: vgl. ↗ Sündenbock.

Preußen, preußisch. *So schnell schießen die Preußen nicht:* die Sache geht nicht so schnell wie erwartet, nur keine Aufregung und Übereilung! Die Wndg. wird zur Be-

ruhigung gebraucht, wenn man das rasche Vorgehen eines anderen fürchtet oder wenn man glaubt, durch Zögern und überlegtes Abwarten dem Gegner Vorteile einzuräumen. Ein zur Eile Angetriebener kann die Wndg. aber auch zu seiner Entschuldigung gebrauchen, wenn es anderen nicht schnell genug geht.

Die Rda. hat zweifellos einen bestimmten, aber bisher noch nicht gefundenen lit. Urspr. (vgl. Büchmann). Trotzdem seien hier einige Erklärungsversuche aufgeführt: Der neuesten Datums stammt von A. Meder. Doch er wiederholt nur eine der ältesten Versuche, diese Rda. zu erklären: „Hier könnte man die recht einleuchtende Erklärung anbieten, die Franz Schnabel in seinen Vorlesungen gab: Diese Rda. sei aufgekommen, nachdem in der preuß. Armee das Zündnadelgewehr eingeführt worden sei, das sehr viel schneller schoß als alle bisherigen Gewehre und zu einem guten Teil auch den Ausgang des Krieges von 1866 entschied: „So schnell schießen nicht einmal die Preußen". (Dieser Meinung ist auch Karl M. Klier, S. 88). Nach Fr. Seiler dagegen stammt die Rda. „aus der Zeit der preuß. Zauderpolitik vor Bismarcks Auftreten" (Dt. Sprwwkde., S. 35). Als 1875 die frz. Zeitungen zur Revanche gegen Dtl. aufriefen und Frankr. stark aufrüstete, schrieben auch dt. Zeitungen über eine drohende Kriegsgefahr. Bismarck wurde deshalb auch von einem engl. Journalisten befragt, ob die dt. Eroberungspläne etwa die Ursache der frz. Nervosität seien. Er antwortete darauf beruhigend: „So schnell schießen die Preußen nicht!"

Eine südbad. Sentenz beschreibt anschaulich die Schnelligkeit der Preußen: „Bis mir Wurscht g'sait han, het se der Preuß schu g'fresse".

Will man in Süddtl. und in der Schweiz aber auch in Sachsen und in Holst. sagen: ‚Werden Sie nur nicht grob', so heißt es: ‚Werden Sie nur nicht preußisch'. Auch ein Hochmütiger wird mit ‚er ist preußisch' abgetan.

Nicht preußisch miteinander sein: kein gutes Verhältnis haben (Schoeps, S. 168). ‚Das ist zum Preußisch werden' ist in Sachsen ein Ausruf der Verzweiflung (Schoeps, S. 168).

Preußischer als die Preußen sein: päpstlicher als der ↗ Papst sein.

„Ich bin ein Preuße, kennt ihr meine Farben" dichtete Joh. Bernhard Thiersch (1794–1855) zu Ehren des Geburtstags Wilhelms III. am 3. August 1830 (Büchmann).

„Ich wollte es wäre Nacht und die Preußen kämen", soll Sir Arthur Wellesley, Herzog von Wellington (1769–1852) in der Schlacht bei ↗ Waterloo am 18. Juni 1815 ausgerufen haben.

Die frz. Rda. ‚travailler pour le roi de Prusse' soll ihren Urspr. davon haben, daß zur Zeit Friedrich Wilhelms I. im preuß. Heer am 31. des Monats kein Sold ausbezahlt worden sei, man also an diesem Tage dem König umsonst dienen mußte. Deshalb soll ‚pour le roi de Prusse' den Sinn von ‚pour rien' bekommen haben. Wenn ein Sachse einen anderen mit den Worten warnt: ‚Du kriegst was aus der preuß. Kriegskasse', so droht er mit einer Ohrfeige.

Lit.: *K. Hirsch:* De spreekwijze: voor den koning van Pruisen arbeiden, in: De Toekomst 15 (1871), S. 127; *G. M. Kueffner:* Die Dt. im Sprw. (Heidelberg 1899), S. 66 ff.; *R. M. Klier:* Eine Rda. aus den Kriegszeiten (so schnell schießen die Preußen nicht), in: Das dt. Volkslied 44 (1942), S. 88; *A. Meder:* So schnell schießen die Preußen nicht, in: Blätter für Deutschlehrer (1979), S. 89.

Primel. *Eingehen wie eine Primel* (auch: *wie ein Primelpott):* seelisch wie körperlich zusammenfallen, untergehen.

Die Wndg. beruht auf der Beobachtung, daß Primeln in der Vase rasch verwelken und sich auch als Topfpflanzen, wenn sie im Zimmer stehen, nicht lange halten.

In der Symbolik bez. die Schlüsselblume die verschmähte oder unglückliche Liebe.

Strahlen wie eine Primel: über das ganze Gesicht lachen, sich sehr freuen. Die Primel (von lat. prima bzw. primula veris: die Erste) ist eine der ersten Blumen des Frühlings.

Lit.: *W. Danckert:* Symbol, Metapher, Allegorie im Lied der Völker, hg. von H. Vogel, Bd. 3 (Bonn-Bad Godesberg 1978), S. 1206–1207.

Prinzip. *Ein Prinzip (zu Tode) reiten; auf einem Prinzip herumreiten:* auf einer Sache stur beharren, sie über einen längeren Zeitraum hinweg immerzu betonen. Die Wndg. ist dem frz. Ausdr. ‚être à cheval

sur un principe' nachgebildet, genauso auch das Subst. ‚Prinzipienreiter'. Der Schulmeister Baculus sagt in Lortzings ‚Wildschütz' (1842) (III, 9): „Der Herr Stallmeister reitet jetzt ein anderes Prinzip".

Bekannt geworden ist auch die Verordnung des Fürsten Reuß zu Lobenstein und Ebersdorf († 1853), die in der Vossischen Zeitung (18.9.1845) abgedruckt wurde: „Ich befehle hiermit Folgendes ins Ordrebuch und in die Spezialordrebücher zu bringen. Seit 20 Jahren reite Ich auf einem Prinzip herum, d.h. Ich verlange, daß ein jeglicher bei seinem Titel genannt wird. Das geschieht stets nicht. Ich will also hiermit ausnahmsweise eine Geldstrafe von 1 Thlr. festsetzen, der in Meinem Dienste ist, und einen Andern, der in meinem Dienste ist, nicht bei seinem Titel oder Charge nennt. 12. Oktober 1844" (Büchmann).

Pritsche. *Einem die Pritsche schlagen:* Jem. verhauen (veraltet). Eine Abb. zeigt die kath. Soldaten als unmündige Pfaffenknechte, die ihrer Untaten wegen Strafe verdient haben. Die kaiserlichen Soldaten werden so blamiert und dem Spott der Öffentlichkeit preisgegeben.

Auf die Pritsche kommen, auch: *auf der Pritsche schlafen:* ins Gefängnis eingeliefert werden, in Haft sein und allen Komfort zurücklassen müssen.

‚Pritsche' gilt auch als verächtliche Bez. einer Prostituierten, bes. in der Soldatensprache.

Probe. *Die Probe aufs Exempel machen:* die Gültigkeit einer Aussage oder eines Ergebnisses anhand eines Beispiels überprüfen.

Jem. auf die Probe stellen: ihn genau prüfen, seine Fähigkeiten, seine Ehrlichkeit durch eine bewußt herbeigeführte Entscheidungssituation erkunden wollen; vgl. frz. ‚mettre quelqu'un à l'épreuve'.

Die Probe bestehen: allen Anforderungen gerecht werden.

In vielen Märchen ist die Bewährungsprobe, die der Held bestehen muß, ein wichtiger Bestandteil des Handlungsverlaufs. Die Art dieser Proben ist unterschiedlich; geprüft werden damit Eigenschaften des Helden; so sind Tugenden wie Furchtlosigkeit oder Hilfsbereitschaft für die Bewährung des Helden am ausschlaggebendsten; oft wird der Einsatz des ganzen Lebens gefordert; um einen höheren Lebensabschnitt erreichen zu können, muß der Held mittels der Probe seine Fähigkeiten beweisen.

Auf Probe arbeiten: versuchsweise arbeiten, innerhalb der Probezeit arbeiten. Rhein. ‚ä hot en goud Prov', er hat eine gute Probe, d. h. Zungenprobe, von einem Weinfachmann oder Winzer gesagt, der den Wein proben, d. h. auf seine Beschaffenheit prüfen kann. Rhein. ‚de Prowen eraus gen' (herausgeben), Weinproben in einem Probefläschchen an den Weinhändler oder Weinkommissionär abgeben.

Lit.: *L. Röhrich:* Art. ‚Bewährungsprobe', in: EM. II, Sp. 274–279; *E. Moser-Rath:* Art. ‚Brautproben', in: EM. II, Sp. 746–753; *K. Ranke:* Art. ‚Charaktereigenschaften und -proben', in: EM. II, Sp. 1240–1248; *E. Blum:* Art. ‚Geschicklichkeitsproben', in: EM. II, Sp. 1131–1134; *A. Bihari-Andersson:* Art. ‚Geschlechtsproben', in: EM. II, Sp. 1134–1138. Außerdem sei im voraus verwiesen auf die in der EM. geplanten Artikel ‚Kraftproben', ‚Mutproben', ‚Scharfsinnsproben' und ‚Testerzählungen'.

Probelauf. *Einen Probelauf machen:* etw. auf seine Funktionstüchtigkeit hin prüfen, etw. testen. Die Rda. stammt urspr. vom Sport her. Sie bezog sich auf die Läufer, die vor einem entscheidenden Wettkampf noch einmal trainierten, die Strecke abliefen, um sie genau kennenzulernen und ihre körperlichen Kräfte richtig einsetzen zu können. Heute ist die Wndg. auch auf das Gebiet der Technik übertr. worden. So macht man bei Maschinen, Motoren, Autos einen Probelauf, um ihre Eignung, aber auch evtl. Mängel festzustellen.

Professor. *Ein zerstreuter Professor sein:* unaufmerksam, seinen Gedanken und Träumen nachhängend, nicht auf seine Umgebung achtend, von lächerlicher Vergeßlichkeit sein. Die Rda. enthält einen leichten Tadel oder gutmütige Verspottung. Eine frühe ill. Ausg. von Äsops Fabelbuch zeigt einen Astrologen als ‚zerstreuten Gelehrten': Dieser schaut mit einem Fernrohr in den Himmel und stürzt dabei in eine Grube. Nach Diogenes Laertios wird diese Episode dem griech. Weisen Thales von Milet zugeschrieben. Eine andere Ill. des 16. Jh. zeigt einen sich in ein Buch vertiefenden Gelehrten, der sich durch den Unfug seiner spielenden Kinder nicht stören läßt und es auch nicht

‚Ein zerstreuter Professor'

PROFIL

bemerkt, daß im selben Raum seine Frau ihn mit einem anderen betrügt.

Noch Wilhelm Busch verwendet das Motiv in einer Bildergeschichte vom reisenden Engländer.

Das Wort ,zerstreut' hatte früher die negativere Bdtg. von albern, verwirrt und sogar geistesgestört. So verwendet es schon Hans Sachs (Werke 9,365):

Der stelt sich einfeltig und schlecht,
Gleichsam halb alber und zerstreut.

Erst seit dem Beginn des 18. Jh. besitzt das Wort durch den Einfluß des frz. ,distrait' die moderne Bdtg. von abgelenkt, träumerisch, unaufmerksam und wird häufig lit. verwendet, z. B. von Lessing, Herder, Goethe und Schiller.

Der Standesspott richtete sich im 19. Jh. gern gegen den weltfremden Stubengelehrten. Er erscheint zerstreut, weil er sich so von seinen Problemen fesseln läßt, daß er die Vorgänge in seiner Umwelt nicht beachtet. Bes. in Flugblättern wurde der ,zerstreute Professor' lächerlich gemacht, der noch heute Gegenstand zahlloser Witze ist.

Lit.: *E. Reicke:* Der Gelehrte in der dt. Vergangenheit. Monographien zur dt. Kulturgesch. VII (Jena ²1924); *E. Moser-Rath:* Art. ,Astrologe', in: EM. I, Sp. 928–931.

Profil. *Jem. hat Profil:* Jem. ist unverwechselbar, eine starke Persönlichkeit. Eigentl. bedeutet Profil (aus ital. profilo): Seitenansicht, bes. des (menschlichen) Kopfes.

Eine Profilneurose bekommen: sich durch überzogenen Ehrgeiz selbst schaden, über seine Kräfte gehen bis zur totalen körperlichen und geistigen Erschöpfung. Ähnl. die Feststellung: *Unter einer Profilneurose leiden.*

profilieren. *Sich zu profilieren suchen:* sich durch seine Fähigkeiten, sein Geschick, seine hervorragende Leistung vor anderen auszeichnen, sich zu einer unverwechselbaren Persönlichkeit entwickeln wollen. Die Rda. wird heute vor allem auf junge Manager, Wissenschaftler und Politiker angewandt, die durch ihre Einsatzbereitschaft, ihren Erfolg, ihr Werk, ihre Überzeugungskraft imponieren und für sich einnehmen.

Sich erst noch profilieren müssen: sich vor einem Aufstieg erst bewähren müssen; oft warnend von oder zu einem allzu stürmisch nach höheren Positionen Strebenden gesagt.

Prokrustes. *Jem. auf das Prokrustesbett spannen* oder: *in ein Prokrustesbett zwängen:* jem. Gewalt antun; auch: jem. in ein Schema hineinzwängen.

Prokrustes ist eine Gestalt der griech. Sage. Diodor (um die Mitte des 1. Jh. v. Chr.) berichtet, daß der Riese Prokrustes (wörtl. ,Strecker') nahe Athen in der Enge von Salamis hauste und alle Vorbeikommenden zu Tode marterte, indem er – falls sie zu kurz waren – ihre Glieder dehnte und streckte, bis sie in sein Riesenbett paßten; zu Großen schnitt er die über das Bett hinausragenden Füße ab. Der Unhold wurde von Theseus erschlagen.

Lit.: *L. Radermacher:* Mythos und Sage bei den Griechen (Wien ²1942); *J. Granlund:* ,Zwei gleich groß machen'. Eine nordische Prokrustessage, in: Å. Hultkrantz (Hg.): The supernatural Owners of Nature (Stockholm 1961), S. 38–52.

Propeller. *Etw. am Propeller haben:* nicht recht bei Verstand sein; *einen Propeller im Arsch haben:* es stets sehr eilig haben; *jem. an die Propeller kriegen* (auch *bei den Propellern packen*)*:* ihn zur Rechenschaft ziehen, zurechtweisen; ,bei dir hat sich wohl ein Propeller gelöst?', du bist wohl nicht recht bei Verstand.

Prophet. *Ein falscher Prophet sein:* jem. sein, der falsche Behauptungen aufstellt, der die Menge zu verführen sucht.

Diese Rda. hat bibl. Urspr. Matth. 7, 15 spricht Jesus: „Sehet euch vor vor den falschen Propheten, die in Schafskleidern zu euch kommen, inwendig aber sind sie reißende Wölfe". Auch der Spruch: ,Der Prophet gilt nichts in seinem Vaterlande' ist an Matth. 13, 57 angelehnt: ,Nullus propheta in patria'. Heute bedeutet dies: die nähere Umgebung erkennt oft nicht die Genialität oder Weisheit einer Person.

Das Prophetentum gab es schon seit frühester Zeit; alle Propheten haben einen Namen, sind der Volksmasse entwachsen und entschleiern oft die undurchsichtige Zukunft. Eine göttliche Stimme spricht aus ihnen; so bedeutet der urspr. Wort-

1204

sinn: jem., der an Gottes Stelle zu den Menschen spricht; er gilt als allwissend. So sagt man auch, wenn man die Entwicklung einer Sache nicht voraussehen kann: *Ich bin doch kein Prophet!* Aus der Literatur sind zwei geflügelte Worte bekannt geworden, die den Propheten erwähnen: Goethe erinnert sich in ‚Dichtung und Wahrheit' (14. Buch) an den 14. Juli 1774. Er ißt mit Lavater und Basedow in Koblenz; Lavater spricht mit einem Geistlichen über die Offenbarung, Basedow sagt zu einem Tanzmeister, die Taufe sei ein veralteter Brauch. Goethe, zwischen beiden, widmet sich der Mahlzeit und dichtet: „Prophete rechts, Prophete links, das Weltkind in der Mitten". Aus orientalischen Quellen dagegen stammt die Wndg. ‚Wenn der Berg nicht zum Propheten kommen will, muß der Prophet zum Berge gehen', ↗ Berg. ‚Wie kommt (der) Saul unter die Propheten?' ↗ Saul.

Lit.: *W. E. Peuckert:* Art. ‚Prophet, Prophetie', in: HdA. VII, Sp. 338–366; *M. Buber:* Der Glaube der Propheten (Zürich 1950); RGG. V (³1961), Sp. 608–638 (mehrere Autoren; reiche weiterführende Lit.).

Proselyten. *Proselyten machen,* auch: *Ein Proselytenmacher sein:* andere für den eigenen Glauben oder eine Sache gewinnen wollen. ‚Proselytenmacherei' ist ein verächtliches Wort für unlauteres Werben um Anhängerschaft. Es geht auf Matth. 23, 15 zurück und kommt aus dem griech. προσήλυτος (Ankömmling).

Lit.: *A. F. Carrillo de Albornoz:* Art. ‚Proselytismus', in: RGG. V (³1961), Sp. 640; *N. Levison:* The proselyte in biblical and post-early biblical times, in: The Scottish Journal of Theology 10 (1957).

Prost. *Na, dann prost!* ist ein Ausruf, der die Befürchtung zum Ausdr. bringt, daß eine Sache eine schlimme Entwicklung nehmen könne oder ähnliches. Prost (aus lat. ‚prosit' = es möge nützen) ist eine Wunschformel beim Zutrinken; seit dem 18. Jh. ist sie weit verbreitet. Ihren Urspr. hat sie in der Studentensprache. ‚Prost, Gemeinde' war – nach einem Schwank – der Abschluß einer Predigt eines Pfarramtsanwärters, der die Gemeinde statt mit ‚Amen' damit entließ. Die Entstehung der Formel innerhalb studentischen Le-

bens wird von G. Schreiber folgendermaßen erklärt: Wein und Konfekt gehörten (nach alten Urkunden z. B. aus Rostock oder Ingolstadt) schon im 15. Jh. zu dem sog. Doktorschmaus. Der Prüfling hatte vor der Prüfung seinen Examinatoren Wein mitzubringen, der während des Rigorosums getrunken wurde. Die Annalen der Universität Ingolstadt berichten (21. April 1665, Theologische Fakultät): „Etwas nach zwei Uhr begann die Disputation, wobei der Kandidat durch seinen Geist glänzte, die anderen aber, bes. die Perillustres und Illustres (die Adligen) um die Wette tranken. Spanischer Wein wurde nicht gegeben, weil dieser für den Nachmittag nicht paßt, deshalb reichte man einen anderen süßen Rotwein, und zwar denselben während der ganzen Disputation, was allgemeine Zustimmung fand" (G. Schreiber, S. 226). Die Prüfer nun wünschten dem Kandidaten ein ‚Prosit', indem sie die Gläser hoben.

Lit.: *G. Schreiber:* Dt. Weingeschichte (Köln 1980), S. 225–226: Der Wein im akademischen Brauchtum.

Protokoll. *Ein Protokoll bekommen,* rhein. auch ‚ein Knöllchen bekommen', einen Strafbefehl bekommen. Protokoll ist eigentl. die Niederschrift des wesentlichen Tatbestandes, hier aber die Strafverfügung (bei einem fahrlässigen Verkehrsverhalten) selbst.

Provinz. *Aus der tiefsten (hintersten) Provinz kommen:* aus einer rückständigen Umgebung kommen, im Vergleich zum Wesen der Hauptstadt. Eine Provinz war urspr. ein den Römern unterworfenes Land außerhalb Italiens, das von einem römischen Statthalter verwaltet wurde.

Prozeß. *Kurzen Prozeß machen:* kurz entscheiden; ohne Rücksicht auf Widerspruch handeln. Prozesse dauern nach der volkstümlichen Meinung im allg. übermäßig lange; ein ‚kurzer Prozeß' ist also ein abrupt abgebrochenes, gewaltsam verkürztes Verfahren; lit. schon bei Grimmelshausen im ‚Simplicissimus' (II, Kap. 29, S. 188): „sie machte ihnen (den Läusen) den Prozeß kurz und gut ..." *Dem Prozeß ein Loch machen:* ihm einen Ausgang verschaffen; *einen Prozeß ma-*

1205

PRÜFSTEIN

chen, wenn der Esel einen Hund gebissen hat: sich wegen der geringfügigsten Kleinigkeit gerichtlich streiten.

Prüfstein. *Ein Prüfstein für etw. sein:* ein Maßstab, ein Kriterium sein, eigentl. ein Probierstein zur Ermittlung des Feingehaltes von Gold- u. Silberlegierungen, seit dem 16. Jh., ↗ Stein.
In übertr. Bdtg. auf den Menschen bezogen: *Für jem. ein Prüfstein (der Geduld) sein:* eine Art Orakel bilden. Vielleicht bezieht sich die Wndg. auf eine frühere Art, um Gesundheit oder Krankheit öffentl. festzustellen, wie z. B. in Lübeck: in vergangener Zeit mußten sich ankommende Fremde ,auf den Prüfstein setzen'; begann der Stein zu schwitzen, so galten sie als nicht aussätzig (vgl. HdA. VIII, Sp. 390).

Prügel. *Jem. Prügel zwischen die Beine werfen:* jem. ↗ Knüppel zwischen die Beine werfen. Bei Abraham a Sancta Clara erscheint die Rda. in ,Judas, der Ertzschelm' (1710) und im ,Geistlichen Kramerladen' (1725) in der Form: ,Jem. Prügel unter die Füß werffen', ↗ schlagen.

Prügelknabe. *Als Prügelknabe dienen:* statt eines anderen leiden. Wanders Sprww.-Lexikon gibt als einzigen Beleg eine Stelle aus der Breslauer Zeitung von 1864: „England dient der französischen Presse als Prügelknabe", und das Grimmsche Wb. führt aus Gustav Freytags ,Bildern aus der dt. Vergangenheit' (1867, Ges. W. XIX, 298) den Junker Hans von Schweinichen an, der als Knabe Page des eingesperrten Herzogs Friedrich des Vaters und Prügeljunge Friedrichs des Sohns gewesen wäre. Schweinichen selber erzählt jedoch nichts dergleichen, im Gegenteil: er war zwar mit einem andern Knaben Erziehungsgenosse des Herzogs Friedrich (IV. von Liegnitz), und der Präzeptor Hans Pfitzner hielt die drei sehr streng, aber Hans hatte, da er ihn schmierte, einen Vorteil vor den andern und wurde in der ganzen Zeit nicht öfter als zweimal gestrichen, „welches ich doch wohl verdienet gehabt und er (der Präzeptor) es ehrenhalber nicht hat umgehen mögen" (Denkwürdigkeiten von Hans

von Schweinichen, hg. von H. Oesterley, Breslau 1878, S. 15).
Hat also Freytag sachlich unrecht, so hat er doch wohl viel zur Popularisierung des Wortes – nicht auch des Begriffes – beigetragen. Das Wort aber scheint nur eine Übers. des engl. ,Whipping-boy' zu sein, das schon im Jahre 1647 belegt ist. Das Oxford English Dictionary bringt z. B. (X, 57) Hinweise auf William Murray und Mungo Malogrowther, die Prügelknaben der Könige Charles I. und James VI. In Frankr. kam dafür nach dem kleinen Husaren, der für Louis XV. die Streiche in Empfang zu nehmen hatte, das Wort ,Hussard' auf (heute jedoch nur noch in der Bdtg. von ,Husar' gebräuchl.), während es in Spanien, wo die Sitte noch im 19. Jh. im Schwange war, keine eigene Bez. für ihre Opfer gegeben zu haben scheint. Ebenso verhält es sich bei dem einzigen Beisp., das einen dt. König betrifft, nämlich Konrad IV. (1228–54), den Vater Konradins, des letzten Hohenstaufen. Von ihm berichtet eine der ,Novelle antiche': „Von König Konrad liest man, er habe als Knabe zwölf gleichaltrige Knaben zur Gesellschaft gehabt, und wenn er in etwas fehlte, so schlugen die Meister, die ihm zur Aufsicht gegeben waren, nicht ihn, sondern diese Knaben, seine Kameraden. Und er sagte: ,Warum schlagt ihr sie?' Antworteten die Meister: ,Wegen deiner Verfehlungen'. Und er sagte: ,Warum schlagt ihr dann nicht mich, der ich die Schuld trage?' Und die Meister antworteten: ,Weil du unser Herr bist; diese aber schlagen wir an deiner Statt. Darum muß es dich, wenn du ein edels Herz hast, sehr betrüben, daß ein anderer für deine Schuld leidet'. Darum, heißt es, hat sich König Konrad aus Mitleid mit ihnen wohl gehütet, etwas Unrechtes zu tun" (F. Zambrini, Libro di novelle antiche, Bologna 1868, 78); vgl. die ähnl. pädagogische Methode: ,den ↗ Hund vor dem Löwen schlagen'.

Lit.: *A. Wesselski:* Der Prügelknabe, in: Erlesenes (Prag 1928), S. 126–128; *W. Hävernick:* „Schläge" als Strafe (Hamburg ⁴1970).

Pudding. *Pudding in den Armen (Beinen) haben:* schwache Arme (Beine) haben; vgl. frz. ,avoir les jambes (Wolle) de laine'.

Pudding unter der Glatze haben: dumm sein (Anspielung auf Gehirnerweichung); *auf den Pudding hauen:* ausgelassen sein, prahlen; *das ist Pudding:* das gefällt mir sehr; *auf Pudding treten:* keine feste Zusage erhalten. Alle diese Rdaa., in denen Pudding wegen seines geringen Festigkeitsgrades bildl. für eine weiche Sache steht, sind erst neuerdings aufgekommene Wndgn.

Puddingabitur. *Ein Puddingabitur machen:* (nur) eine Abschlußprüfung am hauswirtschaftlichen Zweig einer höheren Schule ablegen, d. h. an einem Gymnasium, das nicht den höchsten Anforderungen entspricht, z. B. geringere Fremdsprachenkenntnisse verlangt.
Diese Art Abitur berechtigt deshalb auch nicht zum Besuch der Universität oder sieht nur das Studium bestimmter Fächer vor. Die zunächst ganz lustig oder scherzhaft klingende Wndg. wird häufig auf junge Mädchen (oft aus gutem Hause) bezogen, die weniger wissenschaftlich-theoretische Begabung zeigen, die ganz andere Interessen besitzen oder denen das Lernen grundsätzlich schwerfällt. Sie ziehen den leichteren Weg in ihrer Schulbildung vor, die man andererseits von ihnen erwartet. Auch der Hintergedanke kann dabei mitspielen, ja doch bald zu heiraten und dann das mühsam Gelernte doch nicht mehr anwenden zu können.
Bes. Hauswirtschaftslehrerinnen trifft der Vorwurf, nur ein ‚Puddingabitur' zu besitzen, da sie tatsächlich nur dieses bei ihrer weiteren Ausbildung als Voraussetzung vorlegen müssen. Ihnen wird außerdem böswilligerweise unterstellt, weniger Wissen als andere Lehrer zu brauchen, da es bei ihnen ohnehin nur bis zum ‚Pudding-Kochen' reichen müßte.

Pudel. *Einen Pudel machen (schießen):* beim Kegeln einen Fehlwurf tun; sodann allg.: einen Fehler machen: zuerst 1754 in Hamburg bezeugt; daneben seit dem Anfang des 18. Jh. ‚pudeln', Fehler machen. Auch lat. ‚canis' hatte schon die Bdtg. ‚schlechtester Wurf im Spiel'; vgl. die ähnl. geringschätzige Bdtg. von ↗ Bock.
Wie ein begossener Pudel dastehen (oder *abziehen):* sehr kleinlaut, beschämt dastehen; das komische Aussehen des sich vor Nässe schüttelnden Tieres hat den Anlaß zur Rda. gegeben, wie auch zu dem Ausdr. ‚pudelnaß'. Schon 1618 heißt es im Volkslied von den zum Prager Rathausfenster hinuntergeworfenen Herren, sie hätten sich davongeschlichen „alsam begoßne Hund". In Schillers ‚Räubern' (II,3) vergleicht Spiegelberg einen, der Angst kriegt: „Tausend Sakerment! da hättest du den Kerl sehen sollen die Augen aufreißen und anfangen zu zappeln wie ein nasser Pudel"; vgl. auch die Ausdrücke ‚pudelnackt', völlig nackt (wie ein geschorener Pudel) und ‚pudelnärrisch', närrisch, mutwillig, übermütig (wie ein ausgelassener Pudel).
Es ist einem pudelwohl: man fühlt sich rundherum glücklich und gesund. Der Name Pudel wurde im 18. Jh. aus ‚Pudelhund' gekürzt. Ndd. ‚pudel' heißt eigentl. Pfütze, ‚pudeln' im Wasser plätschern. Danach ist der auf Wasserjagd abgerichtete Pudel benannt.
Die Wndgn. „Knurre nicht, Pudel!" und „Das also war des Pudels Kern!" sind Zitate aus Goethes ‚Faust' I (Studierzimmer). In den Volkssagen spielt der Pudel oft eine Rolle als Geistertier und Spukerscheinung.

Der Pudel lernt tanzen.
‚Den Pudel das Tanzen lehren'

Den Pudel das Tanzen lehren: einen zwingen, das zu tun, was man befiehlt, auch: jem. zu niederträchtigen Streichen anstiften. Die Rda. beruht auf der Beobachtung, daß sich Pudel gelehrig erweisen und sich daher leicht abrichten lassen. Bei der Übertr. auf den Menschen erhält die Wndg. negative Bdtg., denn sie charakte-

1207

risiert den Willensschwachen, der zu leicht zu beeinflussen ist.

Lit.: *Güntert:* Art. ‚Pudel‘, in: HdA. VII, Sp. 381–382; *B. A. Woods:* The Devil in Dog Form (= Folklore Studies 11), (Berkeley – Los Angeles 1959).

Puff. *Einige Püffe vertragen können:* nicht empfindlich, nicht wehleidig sein. Das Wort ‚Puff‘ ist abgeleitet von ital. ‚buffo‘: Windstoß. ‚Puff‘ ist auch seit ca. 1900 die Bez. für ein Bordell. Dieser Name jedoch stammt aus dem Brettspiel, wie ältere Zeugnisse beweisen. Der Schall der aufgeschlagenen Würfel auf das Brett wurde als Symbol für Geschlechtsverkehr angesehen. So gab es Wndgn. wie ‚mit ir anfahen im pret zu spilen‘. (H. Fischer, Schwäb. Wb. I (1904), S. 1409).

Lit.: *E. Borneman:* Sex im Volksmund (Reinbek bei Hamburg 1971).

Pulle. *Etw. volle Pulle machen:* eine Sache ganz intensiv, mit größtem Einsatz erledigen.
Volle Pulle geben (fahren): Das Gaspedal im Auto durchtreten, mit höchster Kraft und Geschwindigkeit vorankommen wollen und dazu alle Möglichkeiten einsetzen.

Puls. *Einem den Puls fühlen:* ihn ausforschen, seine Gesinnung oder auch sein Denkvermögen prüfen; von der ärztlichen Feststellung des Pulsschlages auf die Feststellung der Gesinnung und des Denkens übertr. (19. Jh.).

Pulver. *Das Pulver nicht erfunden haben:* beschränkt, dumm, einfältig sein; vgl. frz. ‚n'avoir pas inventé la poudre‘.
Jobst Sackmann, Pfarrer zu Limmern bei Hannover (um die Zeit 1686–1720), sagt in einer plattdt. Predigt über die Erfindung des Schießpulvers: „Is dat ene Kunst, dat men enen dot schütt? Jo, ick kant nig gnog seggen, dat so en Stück Schelms, so en liederlick Mönk dat Pulver het utdacht, wenn et noch en Soldat odder dapper Kriegsmann dan hadde, so wull ick daer noch nich van seggen". Diese Schelte bezieht sich auf Berthold Schwarz, der in Freiburg, wo sein Denkmal steht, das Schießpulver bei alchimistischen Versuchen hergestellt haben soll.

‚Das Pulver (nicht) erfunden haben‘

Bertholdus Niger muß – nach neueren Forschungen – als historische Person betrachtet werden, die die erste Hochdruckwaffe herstellte. Vor 1370 hatte es nur Niederdruckwaffen gegeben. Bertholds Erkenntnis lag darin, daß er beobachtete, welch ungeheuren Druck hocherhitzte, eingeschlossene Gase entwickeln können. Berthold selbst stammte aus der Stadt Konstanz, lebte in der ersten Hälfte des 14. Jh. als Magister artium an der Universität Paris. Er beschäftigte sich mit der alchimistischen Kunst und entdeckte die Sprengwirkung eines Pulvergemischs aus Schwefel, Salpeter und Holzkohle. Das ‚Große vollständige Universal-Lexikon‘ (Leipzig – Halle 1732–54) schreibt 1741 über Berthold: „Schwartz ... hieß sonst Constantin Angklitzen, war zu Freyburg in Dtl. um die Mitte des 14. Jh. gebohren, und seiner Profeßion nach zu Mayntz ein Münch, und hat die Erfindung des Schießpulvers und der Büchsen 1330 wider ein Vermuthen zu Stande gebracht ... Im übrigen haben einige vorgegeben, daß endlich Kayser Wentzel den Schwartz wegen dieser seiner Erfindung 1388 lebendig habe verbrennen lassen".
In Ifflands ‚Jägern‘ von 1785 (II, 5) sagt Anton zu Friederike: „Ich habe wenig, vornehm bin ich nicht, es kann auch sein, daß ich das Pulver nicht erfände – aber soviel gesunden Sinn, als man fürs Haus braucht, traue ich mir zu". Karl Gutzkow hat die Rda. zu einem Haupttreffer in der Szene des Tabakskollegiums in seinem Lustspiel ‚Zopf und Schwert‘ (1844) benutzt. Da entgegnet der Erbprinz von Bayreuth auf die Frage, was der Alte Dessauer erfunden habe: „Das Pulver kann's nicht sein, denn das hat schon Herr von Secken-

dorf erfunden". Scherzhaft wird der durch die Rda. ausgedrückte Tadel auch in gemilderter Form geäußert: ‚Er hat bei der Erfindung des Pulvers im Nebenzimmer gesessen'.

Sein Pulver verschossen haben: nichts mehr leisten können, am Ende der Kräfte angelangt sein, auch: sich sexuell verausgabt haben, impotent sein.
Ein Beispiel für die erotische Bdtg. dieser Rda. ist die zweite Strophe eines Jägerliedes aus Unterfranken: ‚Ich bin ein lust'ger Jägersknecht':

Was ein Jäger haben soll,
hab' ich wohl;
all' mein' Taschen, die sein voll.
Schönes Pulver, Blei und Kugel
schieß ich so fix
aus meiner Büchs
nach diesem Vogel.

(R. W. Brednich: Erotische Lieder [Frankfurt/M. 1979], S. 84–85).

Sein Pulver trocken halten: seine Reserven zurückhalten, auf der Hut sein, seine Kräfte nicht vorzeitig vergeuden. Im Kriegsbuch von Margret Mead steht der Aufruf: ‚Haltet Euer Pulver trocken'. Die Rda. kann auch erot. Bdtg. erhalten: mit seiner Potenz sparsam umgehen (Borneman: Sex im Volksmund).

Kein Pulver riechen können: feige sein.

Keinen Schuß Pulver wert sein: nicht das geringste wert sein; bezieht sich auf den Tod durch Erschießen, der als weniger schimpflich und entehrend gilt als der Tod durch Erhängen etc. *Auf dem Pulverfaß sitzen:* in gefährlicher Lage sein; vgl. frz. ‚tonneau de poudre'.

Auf das Arzneipulver bezieht sich die obersächs. Rda. ‚dummes Pulver (ein)nehmen', sich dumm stellen, Verständnislosigkeit heucheln.

Jem. Maschinenpulver verabreichen: meint salopp, jem. vergiften. Im Volksglauben gibt es die Vorstellung, daß, Pulver ins Essen und Trinken gemischt, mutig mache (HdA. VII, Sp. 382–383).

Lit.: *H. Hansjakob:* Der schwarze Berthold (Freiburg 1891); *F. M. Feldhaus:* Was wissen wir von Berthold Schwarz?, in: Zs. f. hist. Waffenkunde 4 (1906/08), S. 66 und 113 f.; *H. J. Rieckenberg:* Berthold Schwarz, in: Neue dt. Biographie 2 (1955); *H. Biedermann:* Handlexikon der magischen Künste (München-Zürich 1973), S. 60–61; *W. Gerd Kramer:* Berthold Schwarz: Erfindung, Lebenszeit und Bdtg., in: Schauins-Land 93 (1975), S. 63–82.

Pump. *Auf Pump leben:* mit geliehenem Geld leben. ‚Auf Pump' heißt: auf Vorschuß, urspr. wurde pumpen nur auf das Wasserschöpfen bezogen; seit 1687 wurde es zu rotw. ‚pompen' = borgen, gewendet.

Auf Pump kaufen: auf Ratenzahlung bzw. auf Kredit kaufen. Es handelt sich um eine saloppe Rda. für die veraltete, nur noch im Sprw. erhaltene Wndg. ‚auf Borg kaufen', d. h. mit gestundetem oder geliehenem (geborgtem, gepumptem) Geld.

Jem. anpumpen: ihn um eine Anleihe (einen Pump) bitten. Meist ist das Versprechen der Rückgabe damit verknüpft, oft aber auch die Hoffnung, die Anleihe vergessen zu können, z. B. wenn der Vater ‚angepumpt' wird, ↗ anzapfen, ↗ borgen.

‚Jemanden anpumpen'

Pumpernickel. *Den Pumpernickel singen:* Schläge austeilen.

‚Wo s dr Brauch ist, singt mr de Pumpernickel en dr Kirch.' Der Bumbernickel war wie das ↗ Bohnenlied ein derbes Lied. Man verstand unter ‚de Bumbernickel singe' auch Prügeleien zwischen Eheleuten.

Lit.: *K. Ranke:* Pompa diaboli. Etymologisches und Volkskundliches zur Wortfamilie Pumper, in: Beiträge zur deutschen Volks- und Altertumskunde 1 (1954), S. 79 ff.; *H. Moser:* Die Pumpermetten, in: Volksbräuche im geschichtlichen Wandel (München 1985), S. 141–167.

Punkt. *Das ist der springende Punkt:* das ist der Kernpunkt einer Sache, das, worauf es ankommt (gelegentlich auch in lat. Form: ‚das ist das punctum saliens'). Die Rda. ist gelehrten Urspr. Der griech. Naturforscher Aristoteles (384–322 v. Chr.)

PUNKT

spricht in der ‚Historia animalium‘ (6. Buch, 3. Kap.) davon, daß sich im Weißen des Eies das Herz des werdenden Vogels „als ein Blutfleck" anzeige; „dieses Zeichen (σημεῖον) hüpfe und springe wie ein Lebewesen". Theodorus Gaza († 1478) übertrug die letzten Worte so: „quod punctum salit iam et movetur ut animal", und so wurde allg. in der Sprache der Humanisten der Ausdr. mit ‚punctum saliens‘ wiedergegeben und von hier aus in der Bdtg. ‚Kernpunkt des Lebens‘, ‚Punkt, in dem die spätere Entwicklung des Wesens beschlossen liegt‘, übertr. als ‚Punkt, auf den alles ankommt‘, weiterverbreitet. Im urspr. Sinn gebraucht Schiller noch die Wndg. in dem Gedicht ‚Der Genius‘ (1795):

Da noch das große Gesetz, das oben
im Sonnenlauf waltet
Und verborgen im Ei reget den
hüpfenden Punkt,
Noch der Notwendigkeit stilles Gesetz,
das stetige, gleiche,
Auch der menschlichen Brust
freiere Wellen bewegt.

Jean Paul schreibt 1807 in ‚Levana oder Erziehungslehre‘: „Jede Erfindung ist anfangs ein Einfall; aus diesen hüpfenden Punkten entwickelt sich eine schreitende Lebensgestalt". Goethe spricht gern vom ‚Lebenspunkt‘ oder ‚Quellpunkt‘. Wilh. Raabe sagt 1875 im 2. Kap. seiner Erzählung ‚Vom alten Proteus‘: „So wollen wir nun dem Hüpf-, Brüt- und Lebenspunkt im Ei dieser Historie näher gehen".

Der Punkt des Archimedes ist sprw. geworden: ‚Wenn er den Punkt fände, er brächte die Erde aus der Bahn‘ (Wander III, Sp. 1425, Nr. 19).

Etw. hängt vom Punctum puncti ab: etw. richtet sich nach dem ‚Punkt des Punktes‘, d. h. nach der finanziellen Situation.

Ein dunkler Punkt im Leben einer Person: eine unklare, moralisch nicht ganz einwandfreie Geschichte, die nie aufgehellt wird. Ein Sprw. heißt: ‚Ein Pünktlein macht die ganze Ehre schwarz‘. ‚Es gibt schwarze Punkte am Himmel‘ ist durch Napoleon III. sprw. geworden: am 26. August 1867 sagte dieser zum Bürgermeister von Lille: „Seit vierzehn Jahren sind viele meiner Hoffnungen in Erfüllung gegangen und große Fortschritte ge-

macht worden, es haben aber auch dunkle Punkte (‚points noirs‘) unsern Horizont umwölkt".

Auch von einem *wunden Punkt* reden wir bildl. zur Bez. einer Schwierigkeit, einer dunklen Stelle, eines faulen Flecks, der wie eine Wunde geheilt sein möchte und doch behutsam angefaßt sein will; vgl. frz. ‚le hic‘. Bismarck zu den Freisinnigen: „Da haben die Herren gefunden: Aha, da hat die Regierung einen wunden Punkt, da wollen wir darauf reiben".

Auf den toten Punkt gelangen: mit einer Sache nicht weiterkommen. Die Wndg. ist im 19. Jh. aufgekommen und stammt aus der Sprache der Technik: Auf dem ‚toten Punkt‘ befindet sich eine Dampfmaschine, wenn Kurbel und Pleuelstange eine gerade Linie bilden. So schreibt der Dichter-Ingenieur Max Eyth 1899 in ‚Hinter Pflug und Schraubstock‘ (II, 263): „Dank dem nicht zu bändigenden Willen meines unglaublichen Schwiegervaters ist der tote Punkt überwunden". Vgl. frz. ‚en être au point mort‘.

Der Punkt auf dem i bez. sprw. das, was eine Sache erst zum vollen Abschluß bringt, so klein es auch sein mag (vgl. auch das Tüpfelchen auf dem ↗ I). *Den Punkt aufs i setzen:* peinlich genau sein; ndl. ‚De punten op de i zetten‘; Bismarck: „Daß wir noch nicht in der Lage sind, in allen diesen Fragen die Punkte so genau über das I zu setzen, wie sie vielleicht in zwei oder drei Jahren von selbst auch dem ersten Herrn Redner ins Auge springen werden" (‚Reden‘ VIII, 187; vgl. XII, 198).

Keinen Punkt übers i setzen können: zu nichts taugen. *Einem den Punkt über das i machen:* etw. verständlich machen, was sich von selbst versteht; vgl. frz. ‚mettre à quelqu'un les points sur les i‘.

Nun mach aber einen Punkt!: nun hör aber auf (mit deinen Klagen, Fragen oder dergleichen); die Rda. bezieht sich auf den Punkt als Satzschlußzeichen; in ähnl. Sinne die ältere Rda. *Punktum, Streusand drauf!* die Sache ist entschieden; Widerrede gibt's nicht! (mit Streusand löschte man früher nach Fertigstellung eines Briefes oder Schriftstückes die Tinte ab).

Ohne Punkt und Komma reden: immerzu, ohne Unterbrechung, unentwegt, ohne Atem zu holen reden.

1210

pünktlich. *Pünktlich wie die Maurer:* sehr pünktlich; dem rdal. Vergleich liegt die weitverbreitete Ansicht zugrunde, daß die Maurer auf die Minute genau die Kelle aus der Hand legen, um Feierabend zu machen. Diese Berufsneckerei ist auch in die Form von Witzen gefaßt worden; so wird z. B. erzählt, daß ein Maurer, der in den Rhein gefallen war, zu schwimmen aufhörte und ertrank, als die Glocke vom Kirchturm den Feierabend einläutete.
Die Wndg. ‚Pünktlichkeit ist die Höflichkeit der Könige' wird gern gebraucht, wenn es zu den Vorzügen eines Vorgesetzten gehört, auch Untergebene nicht warten zu lassen. Sie bezieht sich urspr. auf einen Ausspruch Ludwigs XVIII., der von 1814 bis 1824 regierte: ‚L'exactitude est la politesse des rois'.

Pupille. *Die Pupille auf null drehen:* sich zum Schlafen legen, geistig ‚abschalten'; sold. seit dem 2. Weltkrieg; *die Pupille bibbert:* man wagt einen Blick auf Aufreizendes; *er kriegt es in die falsche Pupille!:* er sieht es falsch; *jem. in der Pupille haben:* sich ihn genau merken, ihn sofort wiedererkennen; *eine Pupille hinschmeißen:* auf etw. ein Auge werfen, etw. beobachten; *eine Pupille riskieren:* einen Blick wagen; vgl. frz. ‚risquer un œil' ↗ Auge; *sich die Pupille verstauchen:* schlecht Entzifferbares zu lesen versuchen; *ich rotze dir auf die Pupille, dann siehst du drei Tage Farbfilm:* Drohung unter Berliner Jugendlichen; Mitte 20. Jh.

Puppe. *Die Puppen tanzen:* eine heftige Auseinandersetzung findet statt; *jetzt kommen die Puppen ans Tanzen:* jetzt kommt der Stein ins Rollen; der urspr. Realbereich dieser Rdaa. ist wohl das Puppentheater (19. Jh., mdal. u. lit.).
Bis in die Puppen (gehen): sehr weit. Als in der Mitte des 18. Jh. der Große Stern im Berliner Tiergarten, der damals von der Stadt weit entfernt war, nach frz. Geschmack der Gartenkunst mit Statuen aus der antiken Götterwelt geschmückt wurde, nannten die Berliner diese Standbilder ‚Puppen' und den Großen Stern ‚Puppenplatz'. ‚Bis in die Puppen gehen' war ein verhältnismäßig weiter Spaziergang. Die Wndg. wurde von der räumlichen auf die zeitliche Ausdehnung übertr., so daß ‚bis in die Puppen' soviel wie ‚immerfort, sehr lange' bedeutete (z. B. auch ‚bis in die Puppen schlafen, arbeiten, ausbleiben'); dann auch allg.: z. B. ‚Das geht mir doch über die Puppen!', das übersteigt alles Maß. Diese Erklärung ist übrigens angezweifelt worden; man hat die Rda. – aber wohl kaum mit Recht – zu deuten gesucht aus einer auf dem Lande gebräuchlichen Wndg. ‚es regnet bis in die Puppen', d. i. bis in die zu Haufen gesetzten Getreidegarben, die durch eine Deckgarbe vor mäßigem Regen geschützt sind.

Lit.: *H. Krüger:* ‚Bis in die Puppen', in: Mitt. d. Ver. f. d. Gesch. Berlins 49, Nr. 4; *H. Meyer:* Der richtige Berliner in Wörtern u. Rdaa.; *A. Lasch:* ‚Berlinisch'. Eine berl. Sprachgesch. (Berlin o.J. [1928]), S. 186; *O. N. Heinertz:* Bis in die Puppen, in: Moderna Språk 36 (1942), S. 189–190.

Puste, pusten, Pustekuchen. Puste = Atem gehört zu pusten = blasen, schnauben; rdal. z. B. in der Drohung: ‚Ich knall dir die Puste aus dem Ranzen!' Ähnl. die berl. Drohung: ‚Ich puste dich pfundweise aus dem Trauring!' *Ihm geht die Puste aus:* er atmet schwer, er gibt auf, er kann nicht weiter, er stirbt.
Da bleibt einem ja die Puste weg! ruft man, wenn man sehr erstaunt oder körperlich erschöpft ist.
Ja Pustekuchen: ist eine starke rdal. Verneinung, Ausruf der Ablehnung; zusammengezogen aus: ‚Ich puste auf Kuchen' (zu: ‚jem. etw. pusten', eine Sache abschlagen); auch: *Ja, Pusteblume!*
Hohe Noten pusten: hohe Töne blasen.

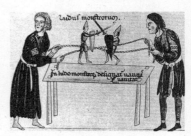

‚Die Puppen tanzen lassen'

Putz. *Auf den Putz hauen:* sehr schimpfen, sich beschweren, auch: viel Geld schnell ausgeben. *Putz machen* bedeutet: Streit anfangen oder sich sehr über etw. aufregen.

Ist jem. beruflich erfolgreich und hat keine finanziellen Sorgen, so ist er bei den Schwaben ‚putzt und g'strählt'.

Putzmunter ist jem., der überquillt vor Lebensfreude, dem es sehr gut geht.

Puzzlearbeit. *Eine Puzzlearbeit verrichten:* eine bes. mühevolle, viel Geduld erfordernde Aufgabe durchführen; aus vielen kleinen Einzelteilen das Ganze zusammensetzen.

Die Wndg. bezieht sich auf das vor allem bei Kindern beliebte Puzzlespiel, das sie lange Zeit beschäftigen kann, aber auch ihre Kombinationsgabe und Geduld auf die Probe stellt, ↗ Geduld.

Pyrrhussieg. *Sich einen Pyrrhussieg erkämpft haben:* einen Scheinsieg errungen haben, der mit empfindlich hohem Einsatz, mit großen Opfern erreicht wurde und eher einem Fehlschlag gleichkommt. König Pyrrhus von Epirus (319–272) besiegte 280 bei Herakleia den Konsul P. Valerius Laevinus unter solch hohen Verlusten, daß er erklärt haben soll: „Noch einen solchen Sieg über die Römer, und wir sind verloren!"

In übertr. Bdtg. meint die Wndg. heute: einen Erfolg zu teuer erkaufen.

Q

Quacksalber. *Ein Quacksalber sein*, auch *Quacksalbereien treiben*: ein schlechter Arzt und Pfuscher sein, der seine Wunderkuren, Salben und Hausmittel anpreist und mit seinen angeblichen Heilerfolgen prahlt; ohne fundierte medizinische Kenntnisse mit untauglichen Mitteln Kranke behandelt und oft ‚zu Tode kurieren'. Das Subst. ist aus dem gleichbedeutenden ndl. ‚kwakzalver' entlehnt, das zu ‚kwakken' = schwatzen, prahlen und ‚zalf' = Salbe gebildet ist. Für Dtl. ist der Ausdruck seit 1570 durch Fischart bezeugt (‚Barf. Sekten- und Kuttenstreit', 465). Vgl. frz. ‚être un charlatan', ↗ Scharlatan.
Die Bez. ‚Quacksalber' könnte auch mit ‚Quecksilber' in Zusammenhang stehen, denn Quecksilbersalben u. -pflaster oder ‚Merkurienpflaster', eine Verreibung von zwei Teilen Quecksilber in zehn Teilen Bleipflastermasse, dienten zur örtlichen Behandlung syphilitischer Geschwüre.
Weiße, gelbe u. graue Salben mit Quecksilber dienten zur angeblichen Heilung.

Lit.: *T. Hampe:* Die fahrenden Leute in der dt. Vergangenheit. Monographien zur dt. Kulturgeschichte X (Leipzig 1902).

Quadrat. *Ums Quadrat gehen:* um einen Häuserblock herumgehen.
Pech (Glück) im Quadrat haben: mehrfaches Glück oder Pech haben; der eigentl. mathematische Begriff ‚(im) Quadrat' hat hier steigernde Bdtg., so auch bei: *Quadratschädel* (ein sturer Mensch) oder *Quadratlatschen* (große, klobige Füße oder ausgeleierte Schuhe).
Die Quadratur des Kreises suchen: eine Aufgabe lösen wollen, die eigentl. unlösbar ist. Das mathematische Problem, von dem sich die Rda. ableitet, besteht darin, einen vorgegebenen Kreis nur mit Hilfe von Zirkel und Lineal in ein flächengleiches Quadrat zu überführen. Den Beweis für die Unlösbarkeit dieser Aufgabe brachte F. Lindemann 1882, indem er die Transzendenz der Zahl π nachwies.
Als Ausdr. der Harmonie galten in der Renaissance die sog. magischen Quadrate. Die schachbrettartigen Felder dieser Tafeln waren mit Zahlen besetzt, deren Summe, von oben nach unten, von rechts nach links, diagonal und jeweils in ande-

1/2 ‚Quacksalber'

rer Richtung gelesen, immer die gleiche Zahl ergibt.

Lit.: *H. Biedermann:* Handlexikon der magischen Künste (München – Zürich 1968), S. 205–206.

Qual. *Die Qual der Wahl haben:* bei großer Auswahlmöglichkeit Schwierigkeiten haben, sich für eines der Dinge entscheiden zu können. Zu dieser Rda. gibt es auch zwei alte Sprww.: ,Wahl macht Qual' und: ,Wer die Wahl hat, hat die Qual'.

Qualm. *Großen Qualm machen:* viele überflüssige Umstände machen; viel Wertloses sprechen; vor allem aber: mehr scheinen wollen als sein. Der Realbereich der Rda. ist ein Feuer, das sehr viel Qualm entwickelt, aber nicht recht brennen will.
Es ist Qualm in der Küche (Waschküche): im Hause herrscht Unfrieden, Streit; ähnl. wie ,dicke Luft'; vgl. frz. ,Le torchon brûle' (wörtl.: Das Küchentuch brennt): es gibt Streit; mhd. ,qualm' bedeutet eigentl. Plage, Beklemmung, Bedrängung, Qual.
Jem. einen Qualm vormachen: jem. täuschen, ↗ Rauch.

Quark. Schon seit dem 16. Jh. bez. Quark bildl. etw. völlig Wertloses, eine Nichtigkeit; daher Rdaa. wie: *Kümmere (oder mische) dich nicht um (in) jeden Quark!* (lit. in Goethes ,Faust' I, ,Prolog im Himmel': „In jeden Quark begräbt er seine Nase"); *davon verstehst du einen Quark* (ähnl. wie Dreck, Pappenstiel, Pfifferling); ndd. ,dat geit di 'n Quark an'; ,davon versteihst du Quark'.
Eine veraltete Rda. heißt: *mit einem Quark versiegelt sein* und meint, um etw. gebracht worden sein, betrogen sein. Bei Gottfried Keller (,Die Leute von Seldwyla') steht die sprw. Wndg.: „Der gibt dem Quark eine Ohrfeige und meint, er sei der Fechtmeister", ↗ Käse.
Er hat Quark in den Händen: er läßt fallen, was er in der Hand hat. Vgl. frz. ,Il a des mains de beurre' (veraltet).
„Getretner Quark wird breit, nicht stark" sagt Goethe im ,Buch der Sprüche' des ,Westöstlichen Divans'.
Im Quarksack wird der Quark durch Pressen von der Molke befreit; daher der schles. rdal. Vergleich: ,schwitzen wie ein Quarksack'; obersächs. ,naß wie ein Quarksack'.
Eine vor allem in Norddtl. verbreitete sprw. Gesundheitsregel lautet: ,Quark macht stark'.
Im westdt. und obd. Raum ist dieselbe Sache unter anderen Bez. geläufig, wie z. B. rhein. ↗ ,Flötekies', schwäb. ,Lukeles-' oder ,Bibbeleskäs'.

Quarre. *Erst die Pfarre, dann die Quarre!* Dieser Rat besagt, daß man sich zuerst eine gesicherte Existenzgrundlage schaffen soll, bevor man eine Familie gründet. Zu dieser seit der Mitte des 17. Jh. bezeugten Rda. hat die Quarre, ein schnarrendes Musikinstrument, den Anlaß gegeben.
Der Name des Musikinstruments sowie die ,Quarre' in der Bdtg. ,Frau' gehen zurück auf das ahd. Verb queran, quarren, was schreien, knurren oder weinen bedeutet. Da das weinende Kind die Quarre zur Ablenkung und Beruhigung erhielt, wurde das Wort auch auf das schreiende Kind übertr. In dieser Bdtg. steht es in der Rda.

Quartalssäufer. *Ein Quartalssäufer sein:* nur selten, aber dann sehr viel Alkohol trinken. Urspr. wurde damit wohl derjenige Handwerksgeselle bez., der im allg. solide lebte, es aber wahrnahm, wenn es beim Quartal, der vierteljährl. Versammlung der Handwerker bei der Lade, aus Strafgeldern Freibier gab.
Wenn einer vor Freude fortwährend pfeift, fragt man in Berlin: ,De Schefer haben wol Quartal?' Damit meint man ebenfalls die Versammlung zu jedem Quartal. Schäfer war die alte Bezeichnung für einen ständig Pfeifenden (Schulz-Basler: Dt. Fremdwb. III, 1, S. 34 f.).

Quatsch. *Quatsch verzapfen:* Unsinn machen; blödsinniges Zeug reden. Um seine große Ablehnung einer Sache gegenüber deutlich zu machen, sagt man: *Quatsch mit Soße.* Ermahnend heißt es: *Mach keinen Quatsch!,* sei vorsichtig, besonnen.
Quatsch kommt aus dem Ndd. quat: schlecht, böse. So hieß auch ,quatschen' früher: über etw. (jem.) böse reden.

QUELLE

Quecksilber. *Quecksilber im Hintern haben:* unruhig, äußerst lebhaft sein; holst. ‚He hett quicksülber im steert'.

Quelle. *An der Quelle sitzen (sein):* sich gut mit dem Nötigsten versorgen können, Waren direkt vom Hersteller beziehen, auch: Nachrichten aus erster Hand bekommen; vgl. frz. ‚être à la source'.
Urspr. ist mit Quell oder Quelle nur das frisch aus dem Boden hervorsprudelnde Wasser gemeint. Von hier aus erfolgte eine Übertr. auf andere Lebensbereiche, indem Quelle die Bdtg. von ‚Ursprung' erhielt. So sprechen wir heute von einer *Quelle des Lebens* (vgl. frz. ‚Fontaine de vie': Brunnen des Lebens ↗ Brunnen), *der Freude* (frz. ‚Source de joie') und *der Weisheit* (frz. ‚Fontaine de la sagesse').
Das Wort Quelle wurde erst durch Luther in der nhd. Schriftsprache geläufig, da er es über 20mal in seiner Bibelübers. verwendete, z. B. heißt es bei 1. Mos. 47,22: „Er wird wachsen wie an einer Quelle", in den Sprüchen Salomos (13,14): „Die Lehre der Weisen ist eine lebendige Quelle", und in Ps. 36,10: „Denn bei Gott ist die lebendige Quelle". Das Subst. ‚Quelle' ist eine Bildung zum Verb ‚quellen', die vom mdt. Osten ausgeht, jedoch in den anderen Mdaa. völlig fehlt, wo dafür Ausdrücke wie ‚Brunn', ‚Born' oder ‚Spring' bevorzugt werden, so daß auch mdal. Rdaa. zu Quelle nicht entstehen konnten. Lit. verwendeten Schiller und Goethe das Wort häufig. So heißt z. B. der 1. Vers aus Schillers Romanze ‚Der Jüngling am Bache', die in das 1803 in Weimar uraufgeführte Lustspiel ‚Der Parasit oder die Kunst, sein Glück zu machen' eingeflochten ist: „An der Quelle saß der Knabe", was häufig zitiert wird i. S. v.: an der richtigen Stelle sitzen, um sich Vorteile zu sichern. Oder in Schillers Drama ‚Wallensteins Tod' (II, 3) steht:
Und was uns blindes Ohngefähr nur dünkt,
Gerade das steigt aus den tiefsten Quellen.
Eine gute Quelle haben (kennen): wissen, wo man etw. direkt und ohne fremde Vermittlung erhalten kann, eine Ware auch in Notzeiten regelmäßig bekommen, gute Verbindungen haben und dadurch billig kaufen können oder wichtige Neuigkeiten als erster erfahren; vgl. frz. ‚avoir …' oder ‚connaître une bonne source'. Ähnl. heißt es dafür: *Etw. frisch von der Quelle weg erhalten:* etw. aus erster Hand, unverdorben und unverfälscht bekommen.
Etw. aus sicherer (guter, zuverlässiger) Quelle erfahren (wissen): seine Nachricht oder Kenntnis von einem guten Gewährsmann haben oder aus einem guten, wissenschaftlichen Werk schöpfen und damit die Garantie für die Wahrheit der Information besitzen. Vgl. lat. ‚A sexaginta viris nobis venit'; ndl. ‚Hij heeft het uit een goed kanaal' und frz. ‚connaître de source sûre'.
Aus trüben Quellen schöpfen: seine Informationen von unzuverlässigen oder gar böswilligen Personen bekommen oder aus unwissenschaftlichen und sogar gefälschten Schriften nehmen.
Die Quelle aufsuchen: einer Sache auf den Grund gehen, ähnl. *etw. von der Quelle herleiten:* zu den Ursprüngen, den ersten Nachrichten zurückgehen. Vgl. lat. ‚a fonte ducere' und frz. ‚remonter à la source'.
Bei der Quelle stehen und vom Flusse reden: die naheliegende Hauptsache übersehen und von fernen Dingen reden. Vgl. lat. ‚omissis fontibus consectari rivulos'.
Die (lebendige) Quelle verlassen und Brunnen graben: etw. Überflüssiges oder sogar Schädliches tun, sich das Naturgegebene nicht zunutze machen. Die Wndg. bezieht sich auf eine Bibelstelle. Bei Jer. 2,13 heißt es: „Denn mein Volk tut eine zwiefache Sünde: mich, die lebendige Quelle, verlassen sie und machen sich hie und da ausgehauene Brunnen, die noch löcherig sind und kein Wasser geben", d. h. die Weltmenschen verlassen Gott, die Quelle des Lebens und ihres Heiles, und hängen dem Götzendienst an.
Aus solchen Quellen kommen solche Wasser: die Handlungen können gar keine anderen (besseren) Folgen haben.
Die Quelle ist versiegt (erschöpft): es wird nichts mehr hervorgebracht, es ist nichts mehr zu erhalten, eine geistige Leistung ist nicht mehr möglich oder zu erwarten, die Lebenskraft eines Menschen ist geschwunden. Vgl. lat. ‚Baccae egent oleo' und frz. ‚La source est tarie'.

quer, Quere. *Jem. quer ansehen:* jem. mißtrauisch, feindselig ansehen; quer ist abgeleitet von dem Wort twern: drehen, umdrehen, rühren, mischen.
Ein *Quertreiber,* der *anderen in die Quere kommt,* ist eigentl. ein Schiffer, der sein Fahrzeug überzwerch treibt; das Wort, das aus ndd. ‚dwarsdryver' kommt, ist seit 1681 bezeugt. Veraltet ist: *Jem. geht alles in der Quere:* jem. gelingt nichts, es geht ihm alles verquer.
Ein sprw. gewordener Protest-Slogan lautet: ‚Leg dich quer, dann bist du wer'.
‚Querbeet': durch alles hindurchgehend, z. B. ein Eintopf aus allem, was der Garten bietet, vgl. ‚durch die ↗Bank'. In übertr. Bdtg.: ‚querbeet lesen': diagonal lesen.

Quinte heißt in der Fechtersprache ein verschmitzter Schlag neben der einfachen Prime, Sekunde usw.; darauf beziehen sich die Rdaa.: *Quinten machen* (oder *gebrauchen*): lächerliche, unnatürliche, wilde Gebärden machen, auch: arglistige Streiche spielen; *einem die Quinten austreiben:* einen zur Räson bringen; ‚er hat seine Quinten', er hat seine Tücken; ndd. ‚he hett Quinten im Kopp', er hat Grillen, verdrießliche Gedanken, aber auch: listige Anschläge, feine Ränke; ähnl.: ‚Quinten und ↗Flausen im Kopf haben'.
Auf Quinte als musikalischen Begriff beziehen sich die ndd. Rdaa. ‚de Quint platzt di', die Stimme schlägt über; hamb. ‚up dr letzten Quinte fiddeln', ‚auf dem letzten Loch pfeifen', am letzten Rest des Vermögens oder Lebens zehren. Mit der Quinte wurde die oberste Saite bei der Geige bez. Diese springt am leichtesten, wodurch die obersten Töne ausfallen müssen. Noch heute gebraucht man die Wndg. *Mir ist die Quint gesprungen:* ich habe die Geduld verloren, ich wurde wütend.

Lit.: *J. Schmied-Kowarzik* u. *H. Kufahl:* Fechtbüchlein, 2. Aufl. (Leipzig o.J. [1894]); *M. Willberg:* Die Musik im Sprachgebrauch, in Sprww., in Rdaa., im Schrifttum, in: Die Muttersprache (1963), S. 201–221.

Quintessenz. *Die Quintessenz von etw. sein:* der wesentliche Hauptinhalt von etw. sein. Die ‚Quinta Essentia' war ein Ausdr. der Spätantike und des MA. Urspr. bez. die ‚quinta essentia' den von Aristoteles zu den vier Elementen hinzugefügten Äther. Wieland schreibt: „Das Element der Himmelskörper ist der ewige, unveränderliche Äther, das unvergängliche Licht und Feuer, welches aber nicht wie das irdische verlöschen kann. Es gehört darum nicht zu den Elementen unserer Erde, sondern ist ein fünftes Element, die quinta essentia, woher noch unser Ausdruck Quintessenz stammt, womit wir das Allerfeinste bezeichnen".

quitt. *Etw. quitt sein:* etw. verloren haben; sich von etw. befreit haben. Aus lat. ‚quietus' = ruhig über altfrz. ‚quite' = los, frei schon in mhd. Zeit übernommen in der Bdtg.: aller Verbindlichkeiten ledig. *Mit jem. quitt sein:* mit einem alle ungeklärten Angelegenheiten bereinigt haben (vgl. ‚quittieren'); in neuerer Bedeutungswandlung auch: mit jem. gebrochen haben, sich mit ihm verfeindet haben, mit ihm nichts mehr zu tun haben wollen; vgl. frz. ‚en être quitte avec quelqu'un'.

Quittung. *Die Quittung erhalten:* die Folgen tragen müssen für ein bestimmtes Verhalten. ‚Da hast du nun die Quittung!' sagt man und meint, daß das Ergebnis einer Sache schlecht ausgefallen ist.

Quivive. *Auf dem Quivive (stehen) sein:* auf der Hut sein, auf dem Posten sein, sich gegenseitig beargwöhnen; *einen auf dem Quivive haben:* es auf einen abgesehen haben (mit für den Betreffenden unangenehmen Folgen). Die Rda. ist von dem frz. Postenruf ‚Qui vive?', dt. ‚Wer da?', abgeleitet und erst Ende des 18. Jh. ins Schrifttum eingedrungen. Die Wndg. ist auch in Frankr. rdal. geworden (‚être sur le qui vive'; ebenso engl. ‚to be on the quivive' und ndl. ‚op zijn quivive zijn') (Schulz-Basler: Dt. Fremdwb. III, 1, S. 99 f.).

‚Auf dem Quivive sein'

R

Rabatte. *Etw. an die Rabatten bekommen:* geschlagen werden. Die in früherer Zeit geläufige Androhung, bes. gegenüber Kindern: ‚Gleich kriegst du welche an die Rabatten!' ist heute nicht mehr gebräuchlich. Das Wort Rabatte kam schon im 17. Jh. über ndl. ‚rabat' i.S.v. Randbeet aus dem frz. ‚rabattre' (zurückschlagen) nach Dtl. Einerseits bedeutete es in der Gärtnersprache einen schmalen Streifen Land, andererseits aber auch Aufschlag am Rock, an der Jacke; bes. der andersfarbige Umschlag an Uniformen wurde Rabatte genannt. Die Rda. umschreibt so mit Hilfe von ‚Rabatte' (Kragen), daß jem. Ohrfeigen bekommen wird.

Rabe. *Ein weißer Rabe:* eine große Seltenheit, die große Ausnahme, ein Individualist; ndl. ‚een witte raaf'; engl. ‚a white crow', ‚a black swan'; frz. ‚un merle blanc'. Schon bei dem röm. Dichter Juvenal (‚Sat.' VII, 202) ist überliefert „Corvus albus" als Bez. für einen Menschen, der unter seinesgleichen eine Ausnahmestellung einnimmt und zu der allg. Meinung abweichende Ansichten äußert. Mhd. in Hugo von Trimbergs Lehrgedicht ‚Der Renner' (V. 8426):

Selten wir gesehen haben
swarze swanen und wîze raben.

In der ‚Zimmerischen Chronik' (II, 172): „Wie ein seltzammer Vogel es umb ein weissen Rappen oder umb ain schwarzen Schwanen". Ähnl. bei Burkard Waldis (ca. 1490–1557): „Ein weisser rappen vnd schwartzen schwan, wer mag den je gesehen han". Ein griech. Mythos erzählt von einem urspr. weißen Raben, der erst schwarz wurde, nachdem er die Untreue der Koronis Apollo verraten hatte. In der Realität kommen weiße Raben (Albinos) sehr selten vor, während schwarze Schwäne nicht als große Seltenheit gelten. In diesem Zusammenhang ist auch das slaw. Sprw. zu

erwähnen: ‚Ein Rabe, den man eine Taube nennt, wird dadurch nicht weiß'. *Einen Raben waschen (baden):* unnütze Arbeit verrichten, etw. Törichtes tun. Mlat.: ‚albior estne quidem cornix studiosa lavandi?' In Freidanks ‚Bescheidenheit' (142, 15) heißt es:

Sich badet diu krâ in allem flîz
Und wirt durch daz doch niemer wîz.

Freidank geht wohl indirekt auf Boëthius zurück (‚In Porphyrium' II, 56): „Verum est quoniam Aethiopem aut corvum color niger numquam deserit". Ähnl. in der ‚Colmarer Hs.' (144, 42): „Ein swarziu krâ, swer sie gebât, sô wirt sie doch niht wîze". 1513 heißt es bei Tunnicius (530): „Den raven kan men nicht wyt waschen". Auch Abraham a Sancta Clara bringt (‚Judas' IV, 215): „Einen raben waschen". Zwei weitere Sprww. gebrauchen die Metapher von der Rabenwäsche: ‚Wer sich entschuldigt, dem geht's oft wie einem Raben, je mehr er sich wäscht, bleibt er doch schwarz'. Simrock notiert in seiner Sprww.-Sammlung: ‚Der Raben Bad und der Huren Beichte sind unnütz' (Nr. 436); ↗ Mohrenwäsche.

In Konrad von Megenbergs ‚Buch der Natur' (176, 31) heißt es um 1350: „die raben werfent etleicheu kint auz dem nest, wenn si der arbait verdreuzt mit in, daz si in nicht genuog speis pringen mügent". Seit dem 16. Jh. kommen dann – zuerst in erbaulichen Texten – die Begriffe ‚Rabenvater', ‚Rabenmutter', ‚Rabeneltern' vor und werden rdal. gebraucht.

Schon in der Bibel werden hungrige, von ihren Eltern verstoßene Rabenjunge erwähnt, so in Ps. 147, 9: Der Herr gibt dem Vieh Futter, wie „den jungen Raben, die ihn anrufen" und irre fliegen, „weil sie nicht zu essen haben" (Hiob 38, 41). Diese Vorstellung vom hungrigen Rabenjungen beruht auf der Tatsache, daß die Rabeneltern ihre Jungen aus dem Nest vertreiben, sobald diese allein leben können. Dieses berichtet auch Plinius in seiner Naturgeschichte. Konrad von Megenberg jedoch zitiert die irrige Auffassung Augustinus' „Die früheste Nachricht vom Volksglauben an die Lieblosigkeit der Rabenmutter steht wohl im Talmud, der überhaupt an unkritischen zoologischen Nachrichten reich ist" (O. Keller, Bd. 2, S. 94).

Wie den ↗ Elstern wird auch den Raben nachgesagt, daß sie diebisch seien; *stehlen wie die Raben*. Der rdal. Vergleich ist schon bei Niklaus Manuel (1484–1530) belegt: „Ir diebsböswicht stelend wie die rappen"; im 16. Jh. bei Oldecop in der ‚Hildesheimer Chronik' (S. 297): „und nemen alse raven und vosse (Füchse)", und 1691 bei Stieler in ‚Der Teutschen Sprache Stammbaum'; „Er stielet wie ein Rabe"; vgl. frz. ‚voler comme une pie' (stehlen wie eine Elster).

Die Raben um ihr Mahl bringen: dem Galgen auf eine schlaue Weise entgehen.

Der Fluch *Daß dich die Raben fressen!* (ndl. ‚dat u de raven picken, schenden, vreten'; lat. ‚ad corvos') ist schon in Joh. Agricolas Sprww.-Sammlung (Nr. 55) belegt und erläutert: „Das ist eyn Deutscher fluch, also daß wir wunschen dem wir fluchen, daß er nicht alleyn sterbe, sonder daß er eyns schendtlichen todes sterben soll an galgen, da von die raben yhre speise haben …"

Etwas abgewandelt ist der Fluch in einem schwäb. Volksmärchen. Die Verwünschung einer Mutter: „o wollt' ich doch, daß die Pastetenfresser zu Raben werden!" verwirklicht sich: ihre drei Söhne, die die Fleischpastete heimlich gegessen hatten, fliegen daraufhin als Raben zum Stubenfenster hinaus. Doch werden ‚die drei Raben' (so auch der Titel dieses Märchens) von ihrer standhaften Schwester nach 7 Jahren erlöst (E. Meier, S. 174–179). Ähnl. aufgebaut sind auch das Grimmsche Märchen von den ‚Sieben Raben' (KHM. 25) und ‚Die Rabe' (KHM. 93).

Edgar Allan Poe hat das Unheimliche in seiner Erzählung ‚The Raven' durch dieses Tier dargestellt.

In antiker und germ. Mythologie wurde der Rabe als Seelen- und Totenvogel angesehen; der germ. Gott Odin besaß das Rabenpaar Hugin und Munin, welches

Gedanke und Erinnerung verkörperte. Erst im christl. MA. wurde der Rabe zum Galgen- und Höllentier, vor allem wegen seiner sprw. gewordenen schwarzen Farbe (kohlrabenschwarz, ↗ Pechvogel), seines unheimlichen Krächzens (‚Krächzen wie ein Rabe') und wegen seiner Eigenschaft als Aas- und Leichenfresser. Der Rabe ist der Galgenvogel, so wie auch der gemauerte Richtplatz unter dem Galgen ‚Rabenstein' genannt wurde. Doch wurde mit dem Wort auch der Galgen selbst umschrieben: „Hetten uns die Stattsöldner erdappet, der Rabenstein het nach uns geschnappet", schreibt Hans Sachs in einem seiner Fastnachtspiele.

Ähnl. erläutert Joh. Agricola (Nr. 51) auch das Sprw. ‚Was den Raben gehört, ertrinkt nicht': „Wer an galgen soll, der kan yhm nicht entlauffen, er muoß hyn an; das meer vnd wasser muoß yhn auch nicht hieran hyndern. Es ist geschehen bey vnsern zeitten, daß eyner von guttem geschlecht vnd gantz ehrlichen freunden auff dem Rhein in wassers not ist kommen vnd endtlich biß vndter die muelen zu Oppenheym halb todt geschwimmet. Die müller vnd fischer seind zu gefaren vnd haben yhn also, wie wol schwerlich, errettet, erwermet, vnd bey dem leben erhalten. Diser hatt gesagt, was den raben gehoert, ertrinckt nicht. Also ist nun dises sprichworts brauch dem gleich, wie eynem yeglichen sein todt bescheret ist, also muß er sterben, eyner im fewer, der ander im wasser, der dritt eynes anderen todes, wie wir denn das selbig auß teglicher erfarung erlernen, vnd vor augen sehen".

Rabenaas ↗ Aas.

Das Sprw. ‚Ein Rabe hackt dem anderen kein Auge aus' stimmt nicht mit dem natürl. Verhalten der Vögel Rabe und ↗ Krähe überein. Denn generell haben diese die Angewohnheit, bei Tieren, die sie verzehren wollen, zuerst die Augen auszuhacken, auch bei Artgenossen.

Lit.: E. Meier: Dt. Volksmärchen aus Schwaben (Stuttgart 1852, Nachdr. Hildesheim – New York 1971); O. Keller: Die antike Tierwelt, Bd. 2 (Leipzig 1913), S. 92–109; E. Ingersoll: Birds in Legend, Fable and Folklore (New York 1923, Ndr. Detroit [Mich.] 1968), bes. S. 228–234; Singer I., S. 109 f., III, S. 104; C. H. Tillhagen: Fåglarna i folktron (Vögel im Volksglauben) (Stockholm 1978), S. 43–61; J. Leibbrand: Speculum Bestialitatis. Die Tiergestalten der Fastnacht und des Karnevals im Kontext christlicher Allegorese (Kulturgesch. Forschungen, 11), (Diss. Freiburg i. Br. 1986) (München 1989), S. 131 ff. *E. u. L. Gattiker:* Die Vögel im Volksglauben (Wiesbaden 1989).

Rache. *Rache des kleinen Mannes:* Rache, die sich nicht offen vorwagt und sich kleinlicher Mittel bedient; etwa seit 1910 aufgekommen.

Rache ist Blutwurst (und Leberwurst ist Zeuge): scherzhafte Racheandrohung, schülersprachl. Entstellung aus ‚Rache ist süß‘, ↗ Revanche.
Auf die Bibelstelle 5. Mos. 32, 35 geht der Spruch zurück: „‚Die Rache ist mein, ich will vergelten!‘, spricht der Herr".
Bedeutet Rache heute eine sozusagen persönl. ‚Bestrafung‘, so verstand man unter ahd. ‚rahha‘ eine förmliche Strafe; störte jem. den Landfrieden, so wurde er aus dem Land vertrieben; dies war im Vergleich zum ↗ vogelfrei erklärt werden noch die mildere Strafe.

Rachen. *Den Rachen weit aufreißen:* das große Wort führen, prahlen, laut reden, zanken (analog zu: ‚das Maul aufreißen‘). *Alles in seinen Rachen haben wollen:* gierig sein; entspr. *den Rachen nicht voll (genug) kriegen:* unersättlich, gefräßig, habgierig sein; *jem. etw. in den Rachen schmeißen (werfen):* einem Vermögenden noch mehr Geld geben: *jem. den Rachen stopfen:* etw. ihm eilig überlassen, um ihn zu befriedigen, um ihn zum Schweigen zu bringen. *Etw. in den falschen Rachen kriegen:* etw. falsch auffassen; gleichbedeutend mit: ‚etw. in den falschen Hals (in die falsche Kehle) bekommen‘.
Einem etw. aus dem Rachen reißen: einem Habgierigen etw. entwinden. Ähnl. Bdtg., aber eine Steigerung enthält die Rda. *etw. aus dem Rachen des Wolfs erhalten:* schon Verlorengeglaubtes zurückgewinnen.

Rad. *Das fünfte Rad am Wagen* nennt man einen, der bei einer Sache überflüssig, vielleicht sogar ein lästiges Zuviel ist, für den kein Platz und keine Verwendung ist. Den ältesten Beleg für diese Rda. finden wir in der ‚Fecunda ratis‘ des Egbert von Lüttich, einer lat. Sprww.-Sammlung des 11. Jh. (‚Germania‘ 18, 315): „Quem

fastidimus, quinta est nobis rota plaustri" (Wer uns lästig ist, der ist uns das fünfte Rad am Wagen).
Der Verfasser benutzte dabei eine dt. Rda., die volkssprachl. erst aus dem Anfang des 13. Jh. überliefert ist, und zwar im Prolog des ‚Trojanerkrieges‘ des Herbort von Fritzlar (83): „So zele man mich zu dem funften rade, Und frume ich niht, ich bin nicht schade". Die Rda. findet sich dann wieder in Freidanks Lehrgedicht ‚Bescheidenheit‘ (127, 13):
   Der wagen hât deheine stat,
   dâ wol stê das fünfte rat.
Ulrich Boner, der Verfasser der ältesten gereimten Fabelsammlung in dt. Sprache, des ‚Edelsteins‘ von etwa 1350, meint (84, 33):
   Ein klôsterlugner boeser ist
   und arger denn des tiuvels list:
   er verirt daz klôster, hoer ich sagen,
   recht als daz vünfte rat den wagen.
Luther gebraucht das Bild gerne: „Eben so nutz alß dz funfft rad dem wagen" (Werke, hg. v. Clemen II, 113, 25); „Welche wol so not ist zur sachen als das funfft rad zum wagen" (ebd. III, 421, 28). Altes und neues Bild verquickend, sagt Bismarck: „Nur den Zusammenhang sehe ich nicht, wie alle diese Übelstände dadurch beseitigt werden sollen, daß man dem vielfachen Räderwerk, welches unsere Maschine bewegt, noch ein fünftes Rad am Wagen hinzufügt, in Gestalt eines verantwortlichen kollegialischen Bundesministeriums" (‚Reden‘ III, 121); frz. ‚être la cinquième roue du carosse‘.
Ein Gegenstück zur Rda. vom fünften Rad am Wagen ist: *bei ihm fehlt ein Rad* oder *bei ihm ist (im Oberstübchen) ein Rad los (locker):* er ist nicht ganz bei Verstand; vgl. westf. ‚Dem es en gued Rad van Wagen flogen‘; schlesw.-holst. ‚He hett'n Rad los‘, er ist verrückt; els. ,'s is 'm 'n Rad ab‘, er ist erzürnt; obersächs. ‚Er hat e Rädel zuviel‘, er ist nicht ganz bei Verstand. Diese Rdaa. beruhen auf der Vorstellung vom Verstand als einer vielgliedrigen Maschine. Geistesgestörtheit setzt – technisch gesehen – einen Schaden an der Maschine voraus.
In Ostfriesland sagt man: ‚Dat lüttje Rad geit vör in de Wagen‘, wenn ein Kind vor den Eltern hergehen soll; in Westf. ‚He

1219

1/2 ‚Jem. aufs Rad flechten'

heäd op een Rad lann', d.h. ‚schief geladen'; in Sachsen: ‚Bei dem gehen die Räder rückwärts', seine Verhältnisse verschlechtern sich; allg. bekannt ist: *unter die Räder kommen*: sittlich verkommen. Moralisches Absinken erscheint hier unter dem Bild eines Überfahrenwerdens, eines Verunglückens (etwa seit 1850 belegt), ↗ Moral.

Auch das Rad, mit dem früher dem verurteilten Verbrecher die Glieder gebrochen wurden, damit er ‚aufs Rad geflochten' werden konnte (mhd. radebrechen), lebt in bildl. Verwendung weiter: *eine Sprache radebrechen*: sie stümperhaft anwenden, verstümmeln, mißhandeln (seit dem Ausgang des 16. Jh. bezeugt); ebenso in dem rdal. Vergleich *sich wie gerädert fühlen*:

‚Radebrechen'

sich durch große Anstrengungen ermattet und ‚wie zerschlagen' fühlen. Ebenso ndl. ‚geradbraakt zijn', ‚zich als geradbraakt voelen'; frz. ‚être comme roué de coups'; auch *auf dem Rade sein*: große Angst ausstehen und Marter erdulden.

Bei den Römern und im Spätmittelalter war das Rädern die gebräuchl. Art der Todesstrafe für Staatsverbrecher und Räuber. Der noch Lebende wurde oft zur Schau gestellt, wenn er mit gebrochenen Gliedern im Rad eingeflochten war. Im 18. Jh. kam diese Art der Folter außer Gebrauch, 1811 wurde sie in Preußen abgeschafft.

Das Volksbuch von Georgs Martyrium berichtet von der Folterung des hl. Georg. Die ältesten Texte stammen aus dem griech. Sprachbereich, der erste aus dem späten 5. Jh. Eine dieser Folterqualen, nämlich die Räderung Georgs, wird auf einem Maßwerkfenster der Tübinger Stiftskirche St. Georg dargestellt. Der Legende nach widersetzte sich der junge Georg dem Edikt des Perserkönigs Dadianos gegen die Christen, indem Georg sich zu christl. Tugenden öffentlich bekannte. Daraufhin wurde seine Folterung beschlossen. „Alles Schreckliche, was je Menschen einander antaten, was sie an Qualen und grausamen Straftaten für andere Menschen erdachten, hat die Legende im Folgenden auf ihren Helden gehäuft" (S. Braunfels-Esche, S. 14).

Auf das Mühlrad bezieht sich wohl westf.

‚Et löpt em e Rad im Koppe rüm'; vgl. Goethes ‚Faust' (I, V. 1946 f.):

Mir wird von alledem so dumm,
Als ging mir ein Mühlrad im Kopf herum

Gewandte Jungen *schlagen ein Rad,* indem sie sich vom Fuß auf die nächste Hand, die andere Hand und den andern Fuß rundum werfen, so daß Arme und Beine wie Speichen eines Rades sind (bes. bekannt die ‚Düsseldorfer Radschläger'); daher in Sachsen: ‚Da mechte mer doch glei e Rad schlan', sich vor Überraschung, Zorn überstürzen; und meckl. ‚Dat wir'n Rad slagen', ein heftiges Benehmen; frz. ‚faire la roue', auch i. S. v.: kokettieren, flirten. Im MA. hieß ‚an das Rad kommen', auch: Erfolg haben, maßgebend mitwirken.

Ein einzelnes Rad wird getrieben, geführt, auch als Kinderspiel; dazu die ältere Rda. *sein* (oder *das*) *Rädlein treiben:* die Angelegenheit in Gang bringen. Sie findet sich 1639 bei Lehmann S. 930 (‚Zeit' 11): „Wann etliche in Sachen vnnd Geschäfften gar eyffrig vnnd hitzig seyn, das Rädlein starck treiben, so vergehts doch mit der Zeit, vnd was zuvor war nichts, das wird zunicht". Luther schreibt in der ‚Treuen Vermahnung an alle Christen'; „Es ist nicht unser Werk, das jetzt geht in die Welt ... Ein anderer Mann ist's, der das Rädlein treibt"; dazu schweiz. das Subst. ‚Rädlitriber' in Hans Rudolf Manuels Fastnachtsspiel ‚Vom edlen Wein' von 1548:

Ich wil ufwiglen unsre wiber,
Das sind die rechten rädlitriber.

In einem schweiz. Spottlied vom Jahre 1656 heißt es:

Weil er Schabab,
Drum zieht er ab,
Heimwärts sein Rad zu trüllen.

↗ Schabab.

Frühnhd. bedeutet ‚Rädlein' eine Zusammenrottung, eine Schar; *das Rädlein führen* ist ein Fachausdr. der Landsknechte. Der Führer eines solchen Rädleins wurde ‚Rädleinführer' genannt, woraus dann der Ausdr. *Rädelsführer* (vgl. engl. ‚ringleader', ndl. ‚raddraaier') entstanden ist (die Herleitung von einem Rad in der Fahne des ‚Armen Konrad', des Bauernbundes von 1514, oder von einem Pflugrad in einer Fahne des Bauernkrieges von 1525 ist spätere Volksdeutung).

Das Rad ist in fast allen Kulturen ein Bewegungs- und Sonnenzeichen. Die älteste Darstellung des Rades findet sich auf einer sumerischen Kalksteinplatte: es ist ein elliptisches, aus drei Stücken zusammengefügtes und durch Stricke zusammengebundenes Scheibenrad. Die Entstehung des Speichenrades ist unbekannt. Die Rda. *Man muß das Rädlein laufen lassen:* dem Geschick seinen Lauf lassen, geht auf das Glücksrad der Göttin Fortuna zurück. Die Metapher vom Glücksrad entstand bei den Griechen. Schon bei den Dichtern des Altertums findet sich die Vorstellung, daß Fortuna die Menschen auf ihr Rad setze und sie mit dessen Umschwung auf und nieder steigen lasse. Pindar und Sophokles sprechen beide vom Glück, das sich dreht wie ein Rad (D. M. Robinson, S. 208), ↗ Glück.

Auch in die ma. Welt ist die Vorstellung von einem Glücksrad übergegangen. Die ma. Dichter sprechen oft von ‚des glückes rat' und benutzen mit Vorliebe das Bild

Von gluckes fall
Der ist eyn narr der stiget hoch
So mitt man säch syn schand vnd schmoch
Vnd sůchet stäts eyn hößern grad
Vnd gdencket nit an gluckes rad

‚Auf dem Glücksrad sitzen'

von den auf das Glücksrad gesetzten und mit ihm auf und ab geführten Menschen. Stellen wie „Fortûna brâht in zem hôhsten sitze ûf glückes rat" oder

> Er ist komen ûf gelückes rat,
> Daz muoz im iemer stille stên

oder:

> Got werfe in von gelückes rat,
> Der sich bôsheit understât

begegnen bei diesen Dichtern außerordentlich häufig. Zum sprw. Ausdr. hat diese Vorstellung ebenfalls schon zeitig geführt. Bereits im ‚Titurel' findet sich der Ausdr. „waz danne? es muoz nu walzen!" ganz in dem Sinne gebraucht wie die heutige Rda. ‚Man muß das Rädlein laufen lassen', d. h. man muß es gehen lassen, wie es will; man muß es, unbekümmert um die Folgen, auf gut Glück geschehen lassen. ‚Der sauft und spielt drauflos und laßt halt's Radl laufe' sagt man in Süddtl.

> Nur Gottes wundervolle Hand
> Kann unser Glücksrad drehen

heißt es in einem frommen Liede, und dieser Vorstellung entspr. findet sich unter den alten Holzschnitten zu Seb. Brants ‚Narrenschiff' einer, auf dem eine aus den Wolken ragende Hand mit einem Seile ein Glücksrad in Bewegung setzt. Auch in einer beim Brand der Straßburger Bibliothek vernichteten Hs. des 12. Jh., dem ‚Hortus deliciarum' der els. Nonne Herrad von Landsberg, fand sich als Ill. zu Versen, die von der Eitelkeit alles Irdischen handeln, das Bild einer Fortuna, die auf ihrem Rade Könige auf und ab wälzt. Zum selben Vorstellungsbereich gehören die Rdaa. *das Rad wird sich wenden:* das Schicksal wird sich ändern; *bis dahin wird noch manches Rad umgehen.* So heißt *das Rad der Geschichte anhalten (zurückdrehen) wollen:* eine unaufhörliche Entwicklung unterbrechen wollen, Geschehenes rückgängig machen wollen, frz. ‚arrêter le cours de l'histoire'.

Das Zitat ‚Alle Räder stehen still' i. S. v. nichts arbeitet, bewegt sich mehr, stammt aus dem 1863 gedichteten Bundeslied für den Allgemeinen Deutschen Arbeiterverein von Georg Herwegh (1817–75):

> Mann der Arbeit, aufgewacht!
> Und erkenne deine Macht!
> Alle Räder stehen still,
> wenn dein starker Arm es will.

Auf die moderne Technik bezieht sich die Rda. *nur ein Rädchen im Getriebe sein:* eine untergeordnete Rolle spielen. Zugrunde liegt die Vorstellung vom Ineinandergreifen von Zahnrädern, die nur innerhalb eines größeren Zusammenhangs eine Funktion haben.

Eine dicke (oder ‚schwangere') Frau wird boshaft umschrieben mit: ‚Hätte sie Räder, wäre sie ein Omnibus'.

Die Wndgn. *Er fährt ganz schön Rad* und *jem. ist ein Radfahrer,* aber auch die entrüstete Ablehnung: *Ich bin doch kein Radfahrer!* sind zweideutig. Vom Bild des Radfahrers, der nach oben seinen Rücken krümmen muß und nach unten tritt, erfolgte die verallgemeinernde Übertr. auf einen Menschen, der seinen Vorgesetzten schmeichelt und seine Untergebenen schikaniert.

Lit.: *F. M. Feldhaus:* Fünftes Rad am Wagen, in: Zs. des allg. dt. Sprachvereins 24 (1909), S. 371; *A. Doren:* Fortuna im MA. und in der Renaissance, in: Vorträge der Bibliothek Warburg, Bd. 2 (1922/23), S. 71–144; *Richter-Weise,* Nr. 157, S. 171 f. *H. Vermeulen:* Het rad van fortuin, in: Ons Eigen Volk 1 (1940), S. 243-249; *Singer I.,* S. 90, II, S. 104, III, S. 88; *D. M. Robinson:* The Wheel of Fortune, in: Classical Philology 41 (1946), S. 207–216; *H. v. Hentig:* Die Strafe 1 (1954), *J. Hempel:* Art. ‚Rad', in: RGG. V (³1961), Sp. 761–762; *W. Treue:* Achse, Rad und Wagen (München 1965); *S. Braunfels-Esche:* Sankt Georg: Legende, Verehrung, Symbol (München 1976); *N.-A. Bringéus:* Das Lebensrad, in: Rhein.-westf. Zs. f. Vkde. 32/33 (1987/88), S. 13–37; *N. A. Bringéus:* Pictures of the Life Cycle, in: Ethnologia Scandinavica 1988, S. 5–33; *B. A. Schüle, D. Studer, Ch. Oechslin* (Hg.): Das Rad in der Schweiz vom 3. Jt. vor Chr. bis um 1850. Katalog zur Sonderausstellung des Schweiz. Landesmuseums (Zürich 1989).

Radfahrer ↗ Rad.

Radieschen. *Sich die Radieschen von unten anschauen* (berl.: ‚bekieken'): euphemist. Umschreibung für tot, begraben sein, ↗ zeitlich.

Radikalkur. *Jem. eine Radikalkur verordnen:* jem. derart behandeln, daß dessen körperliche und seelische Leiden in kürzester Zeit verschwinden sollen. Dabei wird auf eventuelle Verschlimmerungen oder Verlagerung des Leidens keine Rücksicht genommen. Oberstes Ziel ist es, das vorhandene Übel im Ursprung (lat. radix: Wurzel) zu ersticken.

Rage. *Jem. in Rage bringen:* jem. wütend machen; genauso; *in Rage geraten (sein):* wütend sein. das Wort ‚Rage' wurde aus frz. ‚la rage' (die Wut) entlehnt.

Rahm. *Den Rahm abschöpfen:* das Beste vorweg für sich nehmen (ähnl.: ‚das Fett abschöpfen', eigentl. von einer fetten Fleischbrühe gesagt); vgl. ndl. ‚zijn melk obtrekken'. Bei Teilungen hört man oft: ‚Der erste hat den Rahm abgeschöpft, der andere kriegt die Sauermilch' (ähnl.: ‚Der schöpft den Rahm von der Milch, und mir bleiben die Molken'; ndl. ‚Hij heeft den room weg en laat de melk voor anderen'). Die übertr. Bdtg. der Rda. kennt bereits Grimmelshausen (‚Simplicissimus', Bd. II, S. 83): „Als ward meiner jungen Frau ihr Mann ein Cornet, vielleicht deswegen, weil ihm ein anderer das Raum (ältere Form für Rahm) abgehoben und Hörner aufgesetzt hatte", ↗ Hahnrei, ↗ Horn.

Rahmen. *Aus dem Rahmen fallen:* nicht mehr im Bereich des Normalen, Alltäglichen sein, positiv oder negativ auffallen. *Den Rahmen sprengen:* über die Norm hinausgehen, außergewöhnlich sein. *Sich im Rahmen des Möglichen bewegen:* möglich sein, durchführbar sein.

Rampe, Rampenlicht. *Im (öffentlichen) Rampenlicht stehen:* in der Öffentlichkeit, im Blickfeld stehen, eine bekannte Persönlichkeit sein, deren Handeln genauestens beobachtet wird, aber auch Bewunderung findet wie ein vom Publikum gefeierter Schauspieler oder Künstler auf der hell beleuchteten Bühne; jeder Kritik ausgesetzt sein. Die Rda. ist vom Theater auf die allg. ‚Bühne des Lebens' übertragen worden. Auch: *im Rampenlicht der Öffentlichkeit stehen.* Das Rampenlicht ist eine jetzt kaum mehr verwendete Beleuchtungsart. Am Ende der Rampe befanden sich die Beleuchtungskörper. ↗ Lampenfieber.
Auch die Rda. *nicht über die Rampe kommen* ist der Theatersprache entlehnt und bedeutet urspr. ‚beim Publikum keine Zustimmung, keinen Beifall finden.' Heute sagt man vereinfachend: ‚nicht rüber kommen'.

ran. *Jem. geht ran wie Blücher:* jem. versucht, mit viel Energie schnell an sein Ziel zu gelangen. Am Niederrhein sagt man auch: ‚Ran wie Ferkes Jan'. Dieser rdal. Vergleich meint oft einen Draufgänger, auch dessen stürmisches Verhalten gegenüber Frauen.

Rand. *Mit einer Sache zu Rande kommen:* damit zu Ende kommen; eine Wndg., in der uns das Bildliche fühlbarer geblieben ist als in andern gleichbedeutenden Ausdr.; z. B. bei Lessing im ‚Nathan' (III, 7): „Du bist zu Rande mit deiner Überlegung". Früher verband man gern mit ‚Rand' noch ‚Land'; dies deutet darauf hin, daß in der Rda. Rand verstanden wurde als das erhöhte Ufer des Meeres oder Flusses. Von hier aus erklären sich auch die Wndgn. *am Rande des Abgrundes (des Unterganges, des Verderbens) stehen* und *völlig am Rande (der Verzweiflung) sein:* kurz vor der Vernichtung, dem völligen Ruin stehen, seine Kraft und Mittel endgültig erschöpft haben. In diesem Sinne verwendet Wolzogen in seiner ‚Ballade vom verkauften Assessor' den Begriff, wenn er schreibt:

Welch' Ausweg steht dem Manne offen,
Der pekuniär am Rande ist?
Nur von der Eh' ist was zu hoffen,
Zumal, wenn er von Stande ist.

Ganz deutlich ist die Vorstellung des Randes als Ufer noch im ndl. Sprachgebrauch: ‚Hij is aan den oever van't verderf', vgl. frz. ‚être au bord du précipice'.
Auch die Rda. *am Rande des Grabes stehen:* todkrank sein (frz. ‚être au bord de la tombe') bewahrt noch die alte Bdtg. eines erhöhten Grubenrandes, dagegen hat die Wndg. *mit jem. zu Rande kommen:* mit ihm fertigwerden und mit ihm auskommen, nur noch übertr. Bdtg.
Das versteht sich am Rande: ohne weiteres, ohne tieferes Eingehen, Eindringen in die Sache. Die Wndg. ist wohl kaum von der ‚Randbemerkung' zu einem Schriftstück abzuleiten, vielmehr steht wohl nahe braunschweigisch: ‚Et finnt sich an'n Ranne, wat in de Schetel (Schüssel) is'; westf. ‚Dat de Pankauken (Pfannkuchen) rund is, süt me am Rande'.

1223

Etw. nur am Rande miterleben: nicht selbst davon betroffen werden.

Den Rand halten: sich in seinen Grenzen halten, bes. den Mund halten, schweigen, wie in dem Zuruf: ‚Halt den Rand!‘

Außer Rand und Band sein: sich nicht in Ordnung befinden, von Kindern: ausgelassen sein; eigentl. von Fässern gesagt, die ‚aus Rand und Band‘ geraten. Die Rda. stammt aus der Fachsprache des Böttchergewerbes: ein Faß, das aus Rand und Band ist, fällt auseinander. Die gereimte Häufung des Begriffes der Schranken, die übertreten worden sind, verstärkt den Begriff der Übertretung. Die Rda. ist erst seit der Mitte des 19. Jh. lit. belegt. Vgl. ndl. ‚Het is met hem te randen en te panden gemaakt‘.

Rang. *Einem den Rang ablaufen:* ihm zuvorkommen, ihn überflügeln. Der eigentl. Sinn der Rda. ist: einem Läufer, der einem ein Stück voraus ist, dadurch zuvorkommen, daß man die Krümmung, die er macht (den ‚Rank‘, verwandt mit ‚renken‘, vgl. ‚Ränke‘), vermeidet, sie auf einem geraden Wege abschneidet; wie man heute von ‚krummen Wegen‘ oder von ‚krummen Touren‘ redet, auf denen man erschleicht, was auf geraden nicht zu erreichen ist; vgl. auch unser modernes: ‚die Kurve schneiden‘ in übertr. Bdtg. Im eigentl. Sinne begegnet nicht nur das Wort, sondern die ganze Rda. in Hadamar von Lebers ‚Jagd‘, einem allegorischen Gedicht des 14. Jh. Der Dichter behandelt unter der Form einer Jagdallegorie das ritterliche Liebeswerben: Um einem edlen Wilde nachzujagen, reitet der Minnejäger aus, an der Hand das Herz führend, das ihn auf die rechte Fährte bringen soll. Ihn begleiten Hunde mit Namen wie Treue, Glück, Lust, staete (Beständigkeit) usw. Auch die Blicke werden als schnelle Windhunde dargestellt. Da wird nun u. a. erzählt, wie er ‚Blicke‘ auf das edle Wild gehetzt habe, und es heißt an der betr. Stelle:

Der snelle wint (Windhund) mit
          schricken (Sprüngen)
hât im vil mangen ranc doch ab
          genomen;

d. h. durch Sprünge geradeaus ist der Hund dem Wilde, das in Bogen läuft,

nahe gekommen. So noch Grimmelshausen im ‚Simplicissimus‘ (Bd. I, S. 207): „Weil sie mich noch endlich zu überwinden verhoffte, verlegte sie ihm alle Pässe und lieffe ihm alle Räncke ab“. Die Form Rang, die in dieser Rda. mit dem militärischen Fachausdr. Rang (s. u.) nichts zu tun hat, findet sich auch 1542 bei O. Schade in ‚Satiren und Pasquille aus der Reformationszeit‘ (1856–58, I, S. 57):

Sint dem fromen man zu frü auf die
          kerwei kumen.
Haben jm also einen rang abgelaufen.

Die Abweichung des Weges von der geraden Richtung heißt in südd. Mdaa. auch ‚die Reib‘ oder ‚die Reiben‘. ‚Die Reib zu kurz nehmen‘ bedeutet: mit dem Wagen eine zu schnelle Wendung machen. Auch ‚Rib‘ kommt vor. Alliterierend verbindet man nun ‚Rib und Renke‘ und meint damit listige Anschläge, Kniffe, und während man in Norddtl. sagt: ‚den Rank ablaufen‘, heißt es in Süddtl. nicht selten: ‚die Reib (oder: die Rib) ablaufen‘.

Auch die Wndg. *Ränke schmieden:* Listen aussinnen, weist auf die urspr. Bdtg. von ‚Rank‘ = Wendung, Krümmung hin. In der nhd. Schriftsprache ist nur die Mehrzahl ‚Ränke‘ in diesem Sinne noch gebräuchl., während in südd. Mdaa. noch Ausdrücke begegnen wie: ‚Was habt’s denn wieder für’n Rank angefangt?‘ ‚Mit Ränken und Schwänken‘, mit List und Tücke; z. B. in dem rdal. Vergleich: ‚Er ist so voller Ränke und Schwänke als ein Ei voll Dotter‘.

Das mit ‚Ring‘ verwandte ‚Rinken‘ in der gleichbedeutenden Rda. *Rinken gießen* wird von Joh. Agricola (Nr. 35 a) folgendermaßen erklärt: „Rinken seind krum, vnnd man bleibt offt drinnen behangen. Also gießen Rincken, die mit allerley büberey vmbgehen, andere leut damit zu betriegen, vmb jres genieß willen“. Im ‚Narrenschiff‘ von Seb. Brant (19,68) heißt es:

Wer wol redt, der redt dick zu vil
Vnd musz auch schiessen zu dem zil,
Werfen den schlegel verr vnd wit
Vnd rincken giessen zu widerstrit.

Rang und Namen haben: eine hohe Stellung im bürgerlichen Leben innehaben und innerhalb eines Kreises bekannt sein. So sagt man z. B. bei größeren Festen: alles, was Rang und Namen hatte, wurde eingeladen. Das Wort ‚Rang‘ ersch. hier in seiner zweiten Bdtg., nämlich i. S. v. Reihenfolge, Stufe in allg. anerkannter Ordnung. Es ersch. zunächst als frz. Lehnwort in der Soldatensprache des 30jährigen Krieges und bedeutete Reihe, Ordnung. *Jem. den Rang streitig machen:* jem. von seiner Position verdrängen wollen.

Den Rang nicht kriegen, aufzustehen: der Lust nachgeben, liegenbleiben; nicht die nötige Motivation zum Aufstehen besitzen.

Lit.: *E. Thiele:* Luthers Sprww.-Sammlung, Nr. 129, S. 141 ff.; *Richter-Weise,* Nr. 158, S. 173 ff.; *Anon:* Ränke schmieden, in: Sprachdienst 3 (1959), S. 107–109; *L. Röhrich* u. *G. Meinel:* Rdaa. aus dem Bereich der Jagd u. der Vogelstellerei, S. 317 f.

Ranzen. *Sich den Ranzen vollhauen:* derb für: essen, bis man nicht mehr kann. Überhaupt wird der Bauch (Magen), wenn er voll ist, gerne als Ranzen bez. Doch kann auch der Rücken damit gemeint sein, z. B. in der Rda. *jem. etw. auf den Ranzen geben:* jem. verprügeln.

Der Ranzen ist eigentl. ein lederner Tragsack, den man auf den Rücken schnallt. Eine veraltete Wndg. heißt: *sich das Ränzlein umhängen* und meint: sich auf Wanderschaft begeben (wie z. B. die früher auf Wanderschaft ausgezogenen Handwerksgesellen). Ähnl.: *Sein Ränzel schnüren:* sich auf die Reise vorbereiten, sein Gepäck für die Wanderschaft (heute: Wanderung) richten, so wie es in dem beliebten Wanderlied ‚Heute wollen wir das Ränzlein schnüren‘ heißt.

Rappe. *Den Rappen laufen lassen:* sich auch etw. gönnen. Der Rappe ist ein schwarzes Pferd, aber auch der Name einer Münze.

Der Adler auf einer zufrühst im Elsaß geschlagenen, erst silbernen, später kupfernen Münze wurde als ‚Rabe‘ verhöhnt, danach entstand die Bez. ‚Kolmar-Rappen‘ seit dem Ende d. 14. Jh. Der ‚Rappenmünzbund‘ zwischen Freiburg i. Br., Kolmar, Basel usw. (1403–1584) baute seine Währung auf dieser Pfennigmünze auf und hielt das Spottwort bei Leben, so daß ‚Rappe‘ in der Schweiz amtlich noch heute für ‚Centime‘ gilt (Schweiz. Id. VI, S. 1173 ff).

Nicht einen Rappen wert sein: gar nichts wert sein. ↗ Heller, ↗ berappen.

Rappel. *Einen Rappel haben:* nicht recht bei Verstand, töricht sein; *bei ihm rappelt es:* er ist nicht ganz bei Verstand. Seit dem ausgehenden 18. Jh. belegt, hat das Zeitwort ‚rappeln‘, urspr.: lärmen, klappern, schelten, die Bdtg. nicht recht bei Verstand sein angenommen. Dazu auch *Rappelkopf:* aufgeregter, verwirrter Mensch; frz. ‚Il a un grain‘ (wörtl.: Er hat ein Korn, d. h. wahrscheinl. ein Sandkorn im Getriebe).

Rapus(ch)e. *In die Rapus(ch)e kommen:* in der Unordnung verlorengehen. Spätmhd. ‚rabusch‘ = Kerbholz, entlehnt aus gleichbedeutendem tschech. ‚rabuše‘, ist seit dem 15. Jh. bezeugt und lebt in südostdt. Mdaa. fort. Bisher wurde die Rda. deshalb von ‚rabusch‘ mit der Grundbdtg.: etw. gegen Kerbholzeintragung abgeben, d. h. so gut wie verloren geben, abgeleitet (befremdlich wäre freilich die völlig andere Bedeutungsentwicklung als bei ↗ Kerbholz). Da das tschech. Wort ‚Rapuge‘ nicht nur Kerbholz, sondern auch Plünderung, Raub, Wirrwarr, aber auch Rumpelkammer, Verlust, Preisgabe und Beute bedeuten kann, was dem heutigen Sinn der Rda. auch viel besser entspricht, ist ‚rabusch‘ = Kerbholz als Ausgangspunkt für diese Wndg. auszuschließen, obwohl das entlehnte tschech. Wort auch weiterhin als Grundlage, nur in anderer Übers. gelten muß. Zu Beginn des 16. Jh. erscheinen im Ostmdt. Wndgn. wie ‚in dy rapuß werfen‘, ‚yn die rappuse gehen‘, zur Plünderung, zum Raube preisgeben; so auch mehrf. in Luthers Bibelübers. Luther übersetzt z. B. Jer. 15,13: „Ich will euer Gut und Schätze in die Rappuse geben“, und in ähnl. Zusammenhang gebraucht er das Wort ‚Rapuse‘ auch Jer. 17,3 und Hes. 23,46. Dasselbe wird auch von Münzen gesagt, die große Herren bei Festen unters Volk werfen. Früh spielen im Volksmund Anklänge an dt. Wörter mit, etwa an ‚rapsen‘, ‚rapschen‘ = eilig erraffen; eigentümlich 1623 in Theobalds ‚Hussitenkrieg‘ (Bd. III, S. 14): „Ihre Güter wurden in den Rappbusen des gemeinen Pöbels geworfen". Vielleicht ist auch das Wort ‚Rabatz‘ = Getümmel, Eile, Unordnung eine Nebenform von ‚Rapuse‘, das in der Wndg. *Rabatz machen* verbreitet ist.

‚Rabuschen‘ bedeutet aber auch stehlen, etw. in der allg. Aufregung, dem Durcheinander unauffällig verschwinden lassen. Die Rda. *Er ist ein Rabuscher* heißt demnach: er ist ein Dieb, der sich billige Beute verschafft, indem er aus dem Wirrwarr Nutzen zieht.

Die Rda. *in die Rapuse gehen:* verlorengehen, ist seit dem Ausgang des 17. Jh. öfters bezeugt.

In einer gereimten ‚Zeitung‘ von 1740 heißt es:

In Welschland geht es närrisch her,
Da werden auch gewiß nunmehr
Des Reiches alte Lehen,
Die man auf harter Noth behaupt't
Und die schon der und der beraubt,
In die Rapuse gehen.

Leibniz schreibt in seinen ‚Unvorgreiflichen Gedanken, betreffend die Ausübung und Verbesserung der deutschen Sprache‘ von den Verwüstungen des Dreißigjährigen Krieges in Deutschland: „und ist nicht weniger unsre Sprache als unser Gut in die Rappuse gegangen".

Auch ein vom Südosten ausgehendes Kartenspiel heißt Rapuse, das in Frankr. auch als ‚Rabus(ch)e‘ bekannt ist. Bei diesem Spiel werden die Karten durcheinandergeworfen.

Vgl. auch Goethes Gedicht ‚Die Lustigen von Weimar‘ (1812):

Montag reizet uns die Bühne;
Dienstag schleicht dann auch herbei,
Doch er bringt zu stiller Sühne
Ein Rapuschchen frank und frei.

Diese Bez. kann freilich auch auf frz. ‚grabuge‘, ital. ‚garbuclio‘ = Unordnung zurückgehen oder damit gekreuzt sein.

Lit.: *Richter-Weise*, Nr. 159, S. 175 f.

rar. *Rar wie Maurerschweiß:* sehr selten, kostbar; beruht auf der volkstümlichen Ansicht, wonach die Maurer langsame und faule Handwerker sind. Im 19. Jh. sagte man ihnen nach, ein Tropfen Schweiß koste bei ihnen einen Taler. Abraham a Sancta Clara gebraucht in ‚Judas der Erzschelm‘ II folgenden Vergleich: „Vorhin war bei diesem Herrn das

Beichten so rar, wie Speck in einer Judenküche".

Sich rar machen: selten kommen. Urspr. ist mit der Rda. gemeint, es wolle einer durch seine Abwesenheit sein Fehlen bes. fühlbar machen; vgl. ‚durch ↗ Abwesenheit glänzen‘; vgl. frz. ‚se faire rare‘.

Rasen. *Jem. unter den Rasen bringen,* euphem. für ‚töten‘. Gräber waren häufig mit Rasen bewachsen; ↗ zeitlich. *In den Rasen beißen,* ähnl. wie ins Gras beißen, ↗ Gras.

Mit dem Rasenmäher über etw. hinweggehen: eine Sache grob, schnell, radikal, aber nur oberflächlich erledigen.

rasieren. *Jem. kalt rasieren:* ihn heftig zurechtweisen: *jem. scharf rasieren:* ihm die Gurgel durchschneiden. *Du mußt dich mal von einem alten Mann rasieren lassen* ist ein scherzhafter Rat an einen naiven Fragesteller, in der Sprache der Hamburger Jugendlichen bezeugt. *Jem. ist an der falschen Stelle rasiert:* umg. jem. hat sich über etw. grob getäuscht.

Das ‚Rasiermesser‘ steht wegen seiner Schärfe im rdl. Vergleich: *scharf wie ein Rasiermesser* wird einerseits wörtl. verstanden, andererseits auch als Bild für die Geilheit gebraucht; auf jem. scharf sein, ↗ scharf.

Rasmus. ‚Den hett Rasmus fatt‘ (= den hat Rasmus gefaßt) heißt es in der Seemannssprache, wenn ein Matrose vom Wellengang erfaßt und über Bord geworfen wird; ebenso: ‚Rasmus hett nix mihr to fräten‘ oder ‚Rasmus will sick hüt mal ornlich upspeelen‘. ‚Wohr di, Rasmus kommt!‘ ist ein Warnruf bei schwerem Seegang. Rasmus stellt die stürmische, tobende See dar, die mit gierigen Armen nach dem Menschen faßt. Eigentl. ist damit der heilige Erasmus gemeint. Er ist einer der 14 Nothelfer und bes. auch Schutzpatron der Seeleute. Den Namen dieses Schutzpatrons übertrugen sie nun auf ihren grimmigsten Feind, vor dem er sie schützen sollte. Es ist also ein magischer Name apotropäischer Natur; spricht man ihn aus, so ruft man damit zugleich den Heiligen zu Hilfe. Die Rasmus-Personifikation ist bis in den hd. Reporterstil eingedrungen: „Ab und zu gab es auch hier wieder kleine Unterbrechungen, indem Rasmus mit frechem Gesicht über die Reeling glotzte und mit Donnergepolter auf Deck heruntertapste" („Hamburger Correspondent', 22. Jan. 1910).

Lit.: *W. Stammler:* Seemanns Brauch und Glaube, in: Dt. Philologie im Aufriß (1956), Sp. 1875 f.

Rat. *Mit Rat und Tat helfen:* mit allen, einem zur Verfügung stehenden Mitteln helfen. Die Zwillingsformel ‚Rat und Tat' meint eigentl., mit materiellen und immateriellen Gütern zu Hilfe kommen. Denn ‚Rat' war früher alles, was dem leiblichen Leben diente: Hausrat, Vorrat, Geräte, im Gegensatz zu ‚Unrat' i. S. v. Schaden, Verlust.

Aus der älteren Rechtssprache stammt die Wndg. *Rat suchen:* Rechtsbelehrung, Hilfe, Ratschläge suchen. Weiß man sich keinen Rat und befindet sich in großer Verlegenheit, dann ist ‚guter Rat teuer'.

Rate. *In Raten sprechen:* stottern, seit 1930 belegt. *Auf Raten schlafen:* mit Unterbrechung schlafen. *Ehe auf Raten:* Ehe, in der der Ehemann aus beruflichen Gründen nur zum Wochenende daheim ist. Alle diese Wndgn. sind modern umg.

Ratte. *Auf die Ratte spannen:* scharf aufpassen; eigentl.: wie der Hund (die Katze) vorm Loch auf die zu fangende Ratte.

Das ist für die Ratte: das ist umsonst, nichts wert. Anders: *Die haben für die Ratten:* sie haben mehr, als sie selbst aufessen können, sind wohlhabend.

Eine Ratte im Kopfe haben: einen tollen Gedanken haben, etw. närrisch sein; ndd. ‚däm löpet en Ratt im Koppe herüm'.

Von einem Menschen ohne allen Verstand sagt man: ‚Man wird tote Ratten mit ihm fangen'.

Wie eine Ratte schlafen: sehr fest schlafen; eigentl.: schlafen (auch *schnarchen) wie ein Ratz.* ‚Ratz' ist die obd. Form von Ratte, dann auch Bez. für verwandte Tiere wie Iltis, Murmeltier, Siebenschläfer usw. Das Murmeltier ist als Langschläfer bekannt (vgl. frz. ‚dormir comme une marmotte' (auch: ‚dormir comme un loir', wie ein ↗Siebenschläfer schlafen), während die Ratte weder in Winterschlaf verfällt noch sich durch tiefen Schlaf auszeichnet, im Gegenteil nachts sehr munter herumrennt. Bereits Johann Fischart (1546 bis 1590) kennt die Rda. Eine moderne Bildung hieraus ist ‚ratzen', tief schlafen.

Eine Ratte (auch *Ratze*) *schieben:* beim Kegeln nichts treffen: Die Kugel geht wie eine Ratte zwischen Eckkegel und Bande hindurch (↗ Pudel).

Von einem, der anderen Rat erteilt, sich selbst aber nicht helfen kann, sagt man: ‚Andern will er Ratten fangen, und ihn selbst fressen die Mäuse'. Schles. ist bezeugt: ‚A wil andern Ratten fangen und konem (kann ihm) salber kene Moise fangen'; auch rheinhess. für einen Projektemacher: ‚Er fängt gar anderen Leut die Ratten und sich selbst kei Mäus'.

Die Ratten verlassen das sinkende Schiff – ein alter Seemannsglaube – wird in übertr. Bdtg., gesagt, wenn Schmeichler und Schmarotzer sich zurückziehen, sobald die Glücksumstände sich ändern: vgl. den Holzschnitt von 1533: Ratten und Schmeichler verlassen das einstürzende Haus. Der Seemann weiß, daß die Ratte nicht erst das sinkende Schiff verläßt, sondern daß sie oft schon Tage vorher ins Meer springt, wenn sie Anzeichen einer Katastrophe (Untergang, Explosion, Vergiftung) spürt. Die Ratten ertrinken lieber auf offener See, als daß sie mit dem Schiff

‚Die Ratten (und Schmeichler) verlassen das einstürzende Haus (das sinkende Schiff)'

‚Die Ratten verlassen das sinkende Schiff'

untergehen. Daher ist ihre Flucht für die Besatzung eine große Warnung, denn sie hat einen handfesten Grund: da das eindringende Salzwasser in die unteren Schiffsräume das Leben den Ratten unmöglich macht, gehen sie eben von Bord. Für den Seemann ist dies ein Zeichen, daß Wasser in den Schiffsrumpf eindringt. Vgl. lat. ‚Cum ruinae imminent, mures migrant', s. Abb.

Rattenkönig heißt eigentl. die Erscheinung, wenn mehrere Ratten, mit den Schwänzen verfilzt, aneinanderhängen; bildl.: eine ganze Menge von Fehlern, Mißverständnissen und dgl., die sonst nur vereinzelt auftreten.

Im Tierbuch von Gesner (1563) bez. ‚Rattenkönig' noch eine große Ratte, die sich vom Raub anderer Ratten nährt; später heißt so die Gruppe alter Ratten, die sich mit den Schwänzen verwirrt hat und von den Jungen verpflegt wird.

Die Wndg. gilt heute als veraltet und wird meist ersetzt durch die Wndg. *Rattenschwanz von ...*: eine große Folge von zusammenhängenden Fragen und Problemen usw.

Weitere, mit ‚Ratte' gebildete Komposita haben mit dem Tier nichts mehr gemein. So sagt man zu einem ‚Bücherwurm' auch ‚Leseratte'. ‚Landratten' sind in der Sprache der Seeleute die Landbewohner, sie selbst sind ‚Wasserratten', d. h. Seefahrer, Schiffer, begeisterte Schwimmer.

Wahrscheinlich ist der Begriff ‚Landratte' eine Lehnübers. aus dem engl. ‚landrat', welches schon 1596 bezeugt ist. Im Engl. werden überhaupt – viel früher als im Dt. – Menschen mit ‚rat' bez.

Eine Stelle in Shakespeares ‚Kaufmann von Venedig', die das Wort ‚landrat' beinhaltet (I, 3), wurde wörtl. ins Dt. übers. Vielleicht ist dies der Urspr. der Namen ‚Wasserratte' (für eifrige Schwimmer), ‚Leseratte' usw. Sie lautet: „... but ships are but boards, sailors but men, there be land-rats, and water-rats, water-thieves, and land-thieves, (I mean pirats)".

Lit.: *A. Gittée:* Ratten, in: Vkde. 2 (1889), S. 175; *O. Keller:* Die antike Tierwelt, Bd. 1 (Leipzig 1909), S. 203–207; *R. Riegler:* Dt. Rdaa., in: Zs. f. d. U. 23 (1909), S. 526; *K. Becker* u. *H. Kemper:* Der Rattenkönig (= Beihefte der Zs. f. angew. Zoologie 2) (Berlin 1964); *S. Krüger:* Die Figur der Ratte in literarischen Texten. Eine Motivstudie (Frankfurt/M., Bern, New York, Paris 1989).

Rattenfänger. In Anlehnung an die weltweit bekannte Sage vom ‚Rattenfänger zu Hameln' wird ein Verführer (bes. in politischer oder auch kommerzieller Hinsicht) oft als ‚Rattenfänger' bez.

Eine ‚Rattenfängerei' bedeutet, daß mit unlauteren, unseriösen oder zweideutigen Versprechungen für eine Sache lautstark geworben wird.

Die Rattenfängersage stellt Historikern wie Volkskundlern noch immer viele ungelöste Fragen. Sicherlich bilden wirtschafts- und sozialhistorische Hintergründe die reale Basis der Sage: In einer Stadt, die jahrhundertelang vom Handel und Getreideexport lebte, konnte eine Rattenplage ein wirkliches Problem sein. Die früheste Erwähnung des Hameler Pfeifers von 1284 weiß jedoch noch nichts von den Ratten und dem Magistrat, der dem Rattenfänger den Lohn nicht zahlte. Es wird nur von 130 Kindern berichtet, die von dem ‚Piper' vors ‚Oisterdor' gelockt wurden und seitdem verschwunden sind. Aber wohin sind die Kinder gezo-

‚Einen ganzen Rattenschwanz hinter sich herziehen'

gen? Nach Siebenbürgen, nach Pommern, nach Mähren oder Masuren? Sind sie getötet worden, einer Katastrophe zum Opfer gefallen, ein Opfer der Pest geworden oder sind sie nur ausgesiedelt worden? Unter den mannigfachen Erklärungsmodellen ist die Rattenfängersage in den letzten Jahrzehnten am häufigsten und auch am meisten kontrovers mit Hilfe der Ostkolonisation erklärt worden: Der Rattenfänger sei in Wirklichkeit ein Werber gewesen, der im Auftrag eines Adeligen Kolonisten für den Osten suchte. Die Kolonistenauszugsthesen sind freilich nicht so durchschlagend und widerspruchsfrei, daß sie alle anderen Thesen hätten völlig verdrängen können: Unglück durch Bergsturz, Tanzwut, Kinderkreuzzug etc. Nicht befriedigend beantwortet ist damit auch die Frage: Wer sind die Hämelschen Kinder? Wirklich Kinder, junge Leute, oder Unfreie, Leibeigene, Arbeitslose? Sind ‚Ratten‘, ‚Mäuse‘ etc. gar Metaphern für unliebsame Menschen? Gerade die Ungelöstheit des Falles hielt bis zum heutigen Tag die Phantasie wacher als ein gelöster Fall.

1–3 ‚Rattenfänger‘

Auch die Figur des Entführers und Verführers bleibt im Dunkel. Er erscheint in den historischen Quellen als Landfahrer, Abenteurer, Pfeifer, Trommler, Spielmann, Lumpensammler oder gar dämonisiert als Zauberer oder Teufel. Er ist Spielmann, aber auch Tierbanner, Unge-

‚Rattenfänger'

ziefervernichter oder ‚Kammerjäger', wie man dies heute nennen würde. In der Sage geht es sozialgeschichtlich auch um Standeshaß und um Vorurteile gegenüber den sog. unehrlichen, nicht zunftfähigen Berufen. Ein zeitloses Thema ist aber auch das Motiv der Kinderent- und -verführung, der Verlust des Liebsten und Wertvollsten.

Die literar. Auswirkungen und Transformationen der Rattenfängersage reichen von Goethe, Cl. Brentano und Wilh. Raabe zum ‚Pied Piper of Hamelin' von Rob. Browning bis zu Bert Brecht und Carl Zuckmayer.

Lit.: *H. Dobbertin:* Quellensammlung zur Hameler Rattenfängersage (Göttingen 1970); *N. Humburg* (Hg.): Der Rattenfänger von Hameln (Hameln 1984); *N. Humburg* (Hg.): Geschichten und Geschichte. Erzählforschertagung in Hameln 1984 (Hildesheim 1985).

Ratz ↗ Ratte.

Raub. *Den Raub unter sich teilen* beruht auf Jos. 22,8.

Etw. nicht für Raub achten: etw. für nicht unter seiner Würde halten; sich nicht der Mühe entziehen, etw. zu tun. Eine Erklärung der Rda. gibt das Wörterbuch der Schwedischen Akademie (Svenska Akademiens Ordbok I, Sp. 857): Bei ungenauer Erinnerung an die Bibelstelle („Ein jeglicher sei gesinnt, wie Jesus Christus auch war; welcher, ob er wohl in göttlicher Gestalt war, hielt er's nicht für einen Raub, Gott gleich zu sein, sondern entäußerte sich selbst und nahm Knechtsgestalt an…" (Phil. 2,5–7) habe man die Worte „Gott gleich zu sein" übersprungen, und so wurde der Sinngehalt von Raub ein ganz anderer als der bibl., nämlich: Beraubung seiner selbst. Während die Rda. in Dänemark und Schweden sehr verbreitet ist (Belege bei E. Låftman, in: Nysvenska Studier 1944, S. 190 ff.), ist sie im Dt. nur lit. belegt; so z. B. bei Goethe: Mephistopheles sagt im ‚Faust' I, Vers 258 f.: „Leb' mit dem Vieh und acht es nicht für Raub, den Acker, den du erntest, selbst zu düngen".

In einem Brief an Lavater vom 24. November 1783 schreibt Goethe: „Du erfahrener Arzt, der es nicht für einen Raub hält, zu quacksalbern…".

Weiterhin erscheint sie in Thomas Manns Roman ‚Joseph und seine Brüder' (Berlin 1934), Bd. 1, S. 378: Jaakob sagt: „Jetzt hör mich an. Es ist gut, daß du da bist und hast's nicht für Raub gehalten, hinter mir drein zu ziehen so viele Tage um dieser Sache willen".

Positiv gebraucht erscheint diese Rda. bei Jeremias Gotthelf in seiner Novelle ‚Bartheli der Korber' von 1852 (1927, S. 188), jedoch in einem anderen Sinn. Hier bedeutet Raub ‚Unrecht, frecher Eingriff': „Für ein Gläschen Schnaps jagten sie (= die Eltern verwahrloster Kinder) dieselben dem Teufel barfuß zu, und will so wer anders zum Guten halten, so brüllt ihr, als ob man sie ans Messer stecken wollte, und achtet es einem Raube gleich, wenn man für ihre Seelen sorgen will".

Etw. auf den Raub machen: in aller Eile, nebenher, flüchtig. ‚Auf den Raub' baut der Bergmann, wenn es ihm nur auf augenblickliche, schnelle Gewinnung von Metallen ankommt; dann verwendet er auf die Anlegung der Stollen wenig Sorgfalt und denkt nicht an Erhaltung oder spätere gründliche Ausbeutung der Grube. Daher: *Raubbau treiben,* d. h. eine Wirtschaftsführung bevorzugen, die für den Augenblick einen möglichst hohen Ertrag anstrebt, ohne auf die dauernde Erhaltung der Erzeugungsgrundlagen Rücksicht zu nehmen, z. B. beim Ackerbau, beim Abholzen; übertr.: *Raubbau mit seinen Kräften* (oder *mit seiner Gesundheit*) *treiben*. Von solchem Raubbau stammt auch der übertr. Sinn von Wndgn. wie: ‚jem. auf den Raub sprechen', ‚etw. auf den Raub abzeichnen'; wien. ‚I kumm nur auf an Raub', nur auf einen Augenblick.

Lit.: *A. Fridrichsen:* Nicht für Raub achten, in: Theologische Zs. 2 (1946), S. 395–396; *H. Bruppacher:* Zur Redewndg. ‚nicht für Raub achten', in: Theologische Zs. 3 (1947), S. 234; *H. Wolf:* Studien zur dt. Bergmannssprache (Mdt. Forschungen 11) (Tübingen 1958).

Räuber. Die Rda. *unter die Räuber fallen* geht auf das Gleichnis vom barmherzigen Samariter (Luk. 10,30–37) zurück, wo es im revidierten Text in V. 30 heißt: „Es war ein Mensch, der ging von Jerusalem hinab gen Jericho und fiel unter die Räuber". Urspr. stand an dieser Stelle: „unter die Mörder", aber im allg. wurde schon immer sinngemäß richtiger zitiert: *Er ist unter die Räuber gefallen:* er ist zu Menschen gekommen, die ihn schamlos ausnützen.

Denn (und) im Wald, da sind die Räuber,
halli, hallo, die Räuber,
die machen alles tot.

So oder ähnlich lautet ein Refrain, der als sog. ‚Draufstrophe' an unterschiedliche Lieder in scherzhafter Weise angehängt wurde, wie z. B.

Wenn du eine Schwiegermutter hast,
dann schick sie in den Wald;
denn im Wald, da sind die Räuber ...
die machen alle kalt.

Rauch. *Den Rauch sehen und nicht wissen, wo das Feuer brennt:* die (negativen) Wirkungen einer Sache bemerken, doch nicht ihren Ursprung kennen. Die Rda. gehört in die Nähe des Sprw. ‚Wo Rauch ist, ist auch Feuer'.
Jem. einen Rauch machen: jem. Leid, Verdruß bereiten.
Es ist Rauch in der Küche: es gibt Zank und Streit.
Sich aus dem Rauche machen: vor Lästigem weichen (auch ↗ Staub). Diese Rda. wird an das Ausräuchern von Tierställen angelehnt sein, obwohl auch eine Beziehung zum früheren Kriegswesen möglich ist: Konnte ein belagerter Ort von den Einwohnern nicht mehr gehalten werden, so zündeten sie ihn an und machten sich im Schutz des Brandrauches davon.
Jem. Rauch verkaufen: jem. schmeicheln, durch leeres Geschwätz gefallen. Diese Rda. ist heute so nicht mehr gebräuchlich (statt von ‚Rauch' ist von ‚heißer ↗ Luft' die Rede), sie beruht auf einer wörtl. Übers. von Martials ‚fumum vendere'. Martin Opitz verwendet sie: „Ich bin kein Hofemann, ich kan nicht Rauch verkaufen, nicht küssen fremde Knie".
Etw. in den Rauch hängen: eine Sache beiseite legen für spätere Benutzung. Rauch ist hier eine Kürzung für Rauchfang ↗ Esse.
Jem. einen bösen Rauch machen: Jem. in Verruf bringen. Diese veraltete Rda. benutzt Rauch i. S. v. böser Krankheit.
Den Rauch fliehen und ins Feuer fallen: von einer schlechten Situation in eine noch schlechtere geraten.
Die Sprww., die mit Rauch zusammenhängen, sind sehr zahlreich; ‚Wo Rauch ist, ist auch Feuer'; ‚Rauch ist beschwerlich, frißt aber niemand'; ‚Wo Rauch aufgeht, da ist das Feuer nicht weit'; ‚Je mehr Rauch aufsteigt, je mehr verfliegt er', ↗ Feuer, ↗ Qualm.

rauchen. *Das raucht:* das ist geprahlt; vermutlich eine Erweiterung der Rda. ‚einem blauen Dunst vormachen'; seit 1861 für Berlin belegt. Entspr.: *Ich glaube, du rauchst:* das kommt mir sehr verdächtig, unglaubwürdig vor, ↗ Tabak.
Etw. tun, daß es nur so raucht: etw. sehr schnell, mit aller Kraft tun. Erinnert diese Rda. an den Mechanismus einer Dampfmaschine, so wird in folgender, heute veralteter Rda. ‚rauchen' in den Bdtgn. von ‚dampfen', ‚schwitzen' gebraucht: ‚arbeiten, daß einem die Haut raucht'. Aus der Schüler- und Studentensprache kommt: ‚Lernen, daß einem der Kopf raucht'.
Etw. raucht einem: man hat die ↗ Nase voll, man hat etw. satt; diese Rda. ist vor allem im alem. Sprachraum verbreitet (E. Strübin, S. 122).
Die Friedenspfeife rauchen ↗ Friedenspfeife.
Rauchen wie ein Schlot (Schornstein): sehr viel, ununterbrochen rauchen. Schlot ist

1231

das ostfränk. Wort für Kamin; vgl. frz. ‚Il fume comme un sapeur' (Er raucht wie ein Soldat der Pioniereinheiten).

Es raucht (im Hause) in der Küche: es herrscht Streit, die Frau schilt mit dem Mann, mit dem Gesinde, ↗ Rauch.

Lit.: *E. Strübin:*Zur dt.-schweiz. Umgangssprache, in: Schweiz. Arch. f. Vkde. 72 (1976); *M. W. Rien* u. *G. N. Dorén:* Das neue Tabago-Buch. Ein Buch vom Tabak und der Kulturgeschichte des Rauchens (Hamburg 1985); Der blaue Dunst. Eine Kulturgeschichte des Rauchens. Hg. v. Niederrhein. Museum für Vkde. u. Kulturgeschichte Kevelaer (Kevelaer 1987).

Raum. *Etw. im Raum stehen lassen:* ein Problem zunächst ungelöst lassen.

Einer Sache Raum geben: etw. wohlwollend aufnehmen; zu seiner Entfaltung beitragen. Die Rda. steht in der Bibel, Röm. 12, 19: „Rächet euch selber nicht, meine Liebsten, sondern gebet Raum dem Zorn Gottes".

Das geflügelte Wort ‚Raum ist in der kleinsten Hütte' ist lit. belegbar schon in Wielands ‚Musarion' (1768). Tanias sagt hier zu einer Schönen: „Allein, mein Haus ist klein", worauf sie antwortet: „Und wenn es kleiner wäre, für eine Freundin hat die kleinste Hütte Raum" (Sämtl. Werke, Bd. 9 [1795], S. 25). Dann erscheint sie wieder in Schillers ‚Parasit oder die Kunst, sein Glück zu machen' (1806). Der Schluß des Stückes lautet nämlich: „Raum ist in der kleinsten Hütte für ein glücklich liebend Paar".

Aus Schillers Ballade ‚Der Alpenjäger' stammt das Zitat:

Raum für alle hat die Erde.

Was verfolgst du meine Herde?

Raupe. *Raupen (dafür auch: Graupen) im Kopf haben:* absonderliche Gedanken, auch: komische Einfälle haben; *jem. Raupen in den Kopf setzen:* ihn auf törichte Gedanken bringen; lit. bei Fritz Reuter (‚Schurr-Murr' 218): „Der Ratsherr setzt den Schlingels blos Raupen in den Kopf". Obersächs. ‚enne Raupe loslassen', Unsinn begehen; ‚enne Raupe machen', einen lustigen Streich spielen. Raupen sind auch ein sprachl. Bild für unruhige Gedanken, Schrullen, Schnurren; ähnl. wie Würmer (↗ Wurm) oder ↗ Grillen. Die aufgeführten Rdaa. stammen größtenteils aus der Studentensprache und treten seit

dem Ende des 17. Jahrhunderts in Erscheinung.

Sich wie eine Raupe einspinnen: die völlige Einsamkeit suchen. Vgl. frz. ‚s'enfermer dans son cocon'.

Wie eine neunköpfige Raupe fressen: sehr viel essen, unersättlich sein.

Das fehlt mir noch in meiner Raupensammlung: das hat mir gerade noch gefehlt; auch: das besäße ich gern, seit etwa 1910 bes. sold. geläufig.

Rechnung. *Die Rechnung ohne den Wirt machen:* sich zu seinen Ungunsten verrechnen, falsch schätzen, sich täuschen (immer in Beziehung auf etw. Zukünftiges gesagt). Ähnl. schon bei Joh. Fischart (‚Bienenkorb' 221 a): „Wie der Papst on seinen Wirt gerechnet gehabt". Auch 1639 bei Lehmann S. 936 (‚Zehrung' 20): „Wer die Zech ohne den Wirth macht, muß zweymahl rechnen"; vgl. ndl. ‚zonder de waard rekenen'; engl. ‚to reckon without one's host'; frz. ‚compter sans son hôte' (heute fast nicht mehr gebräuchl.); auch ital. ‚chi fa il conto senza l'oste, lo fa due volte'.

Jemandes Rechnung geht nicht auf: Jem. hat sich getäuscht, in einer Sache ‚verrechnet'.

Die Wndgn. *seine Rechnung bei etw. finden* (wohl eine Lehnübers. von frz. ‚trouver son compte'), *auf seine Rechnung kommen* erklären sich so, daß bei einem gemeinsamen Unternehmen ein Teilhaber zum Schluß das gewinnt, was er vorher für sich ausgerechnet hat.

Das Schlagwort *einer Sache Rechnung tragen:* sie berücksichtigen, sich ihr anpassen, ist wohl eine Lehnübers. der ital. Kaufmannsausdrücke ‚portare conto', ‚rendere conto' = Rechnung ablegen, woher auch frz. ‚tenir compte de quelque chose' stammt. Belegen läßt sich der Ausdr. seit der Mitte des 16. Jh., recht in Gang gekommen ist er aber erst in der Mitte des 19. Jh., insbes. in der offiziellen Sprache von 1848. Aus der Kaufmannssprache (oder aus der Rechenlehre?) stammen wohl auch die Wndgn. *etw. in Rechnung ziehen:* erwägen, *etw. außer Rechnung lassen:* außer acht lassen, nicht damit rechnen. *Eine alte Rechnung begleichen:* an jem. Rache nehmen, frz. ‚régler un compte avec quelqu'un'.

Einen Strich durch die Rechnung machen
↗ Strich.

Er hat seine Rechnung abgeschlossen: er ist gestorben.

Seine Rechnung mit dem Himmel machen: seine Sünden bereuen. Schiller verwendet die Rda. im ‚Tell' (IV, 3):

Mach deine Rechnung mit dem
Himmel, Vogt!

und in ‚Maria Stuart' (I, 2):

Schließt eure Rechnung mit dem
Himmel ab.

Lit.: Zs. f. dt. Wortf. 2 (1902), S. 270; *G. Schoppe*, in: Mitt. d. schles. Ges. f. Vkde. 19 (1917), S. 139; *O. Ebner v. Eschenbach:* Rechnung tragen, in: Muttersprache 40 (1925), S. 328–331; *O. Hauschild:* Rechnung tragen, in: Muttersprache 41 (1926), S. 220–221; *J. Langhe* u. *L. de Wolf:* Een – z'n rekening te gare tellen met'n, ‚fersette' (vork), in: Biekorf 34 (1928), S. 223.

Recht, recht. *Dem Recht den Rücken geben:* nicht vor Gericht erscheinen.

Scherzhaft: *nach dem kanonischen Recht:* nach dem Recht des Stärkeren, nämlich dem ‚Recht der Kanonen'.

Das Recht der ersten Nacht (‚Jus primae noctis') beanspruchen: sich vorbehalten, die Hochzeitsnacht mit der Braut zu verbringen. Es handelt sich um ein angebliches Privileg des Grundherrn auf Beiwohnung in der Brautnacht einer Grundhörigen. Dieses Recht hat die Phantasie bes. in der Zeit antifeudaler Bestrebungen beschäftigt u. ist vor allem durch das Libretto von Mozarts ‚Figaro' bekannt geworden.

In Frankr. soll es unter der Bez. ‚droit de culage', ‚droit de prélibation' bestanden haben. In zwei schweiz. Weistümern (‚Öffnung von Muri', 1543 u. im ‚Weistum vom Hirslanden', 1538) wird es dem Herren (seinem Beamten) zuerkannt; doch wird dem hörigen Bräutigam das Recht zugestanden, die erste Nacht durch eine geringe Abgabe zu erkaufen. Vermutl. hängt es damit zusammen, daß Hörige vor einer Eheschließung die Erlaubnis ihres Grundherren einholen u. eine Gebühr dafür entrichten mußten.

Aus 2. Mos. 23,6 und anderen Bibelstellen entnehmen wir *das Recht beugen* nach Luther, der so übersetzt, gleichviel, ob in der Vulgata ‚declinare', ‚opprimere', ‚subvertere' oder ‚pervertere' steht. Aber unabhängig von ihm entstand aus den Vulgataworten (5. Mos. 27,19; vgl. dazu 24,17 und Hiob 34,12: „maledictus, qui pervertit iudicium") die Wndg. *das Recht verdrehen.*

Das Recht mit Füßen treten: das Recht schwer verletzen. Nach einem ma. Strafbrauch mußten Wucherer und Ehebrecher an drei Sonntagen hintereinander barfuß um die Kirche gehen, sich dann hinlegen und die Leute über sich treten lassen, damit symbolisch das getretene Recht durch die gleiche Vergeltung wiederhergestellt wurde.

Das ist der Rechte! Die Rda. ist ein Beweis, welche Rolle die Ironie bei dem Bedeutungswechsel unserer Rdaa. gespielt hat. Dieser urspr. ‚Rechte' ist völlig in sein Gegenteil umgeschlagen. „Es ist gar die rechte, die Camille" heißt es schon in ‚Schlampamps Tod' (111). *Er ist an den Rechten gekommen* ist ebenfalls iron. gemeint, denn es heißt: an den, der bestimmt mit ihm fertig wird, der ihm eine gehörige Abfuhr erteilen wird.

Nach dem Rechten sehen: nachprüfen, ob alles in Ordnung ist.

Mit dem Adv. ‚recht' gibt es eine große Zahl rdal. Wortspielereien, meist iron. Art, z. B. ‚Du hast recht, und dir gehört auch recht, aber mit einem dicken Prügel'; ‚Du hast recht, du kommst neben die Mutter Maria in den Himmel'; ‚gerade recht wie der Bock zum Feste'. ‚Hast recht, sollst gehängt werden'; *Schlecht und recht* ↗ schlecht.

Das Kind beim rechten Namen nennen ↗ Kind.

Es nicht jedem recht machen können: Trotz aller Bemühung nicht alle befriedigen können; vgl. das Sprw.:

Allen Leuten recht getan,
ist eine Kunst, die niemand kann.

Etw. ist recht und billig: es entspricht den allg. Rechtsgrundsätzen, es erscheint angemessen. Die Bdtg. von ‚billig' = wohlfeil ist erst im 18. Jh. aufgekommen. Bis dahin war ‚billig' synonym mit ‚recht'. Allerdings bez. recht, was den Satzungen gemäß ist, und billig, was dem natürlichen Rechtsempfinden entspricht. In dieser Bdtg. steht ‚billig' schon im 11. Jh. und ist für alle Jhh. reichlich belegt. Aus der Bdtg. ein billiger = angemessener Preis wurde im 18. Jh. ein niederer Preis. So

1233

kam das Wort billig zu der Bdtg. wohlfeil. Inzwischen hat es sich weiter gewandelt und bez. vielfach etw. Minderwertiges, z. B. ein ‚billiger Witz‘. Die alte Bdtg. hat sich fast nur noch in der Rda. ‚recht und billig‘ gehalten.

Etw. steht im alten Recht: ein alter Streit geht weiter, wird fortgesetzt.

Eine veraltete Wndg. ist auch: *Recht halten* i. S. v. Gerichtssitzung halten.

Mit jem. um etw. rechten: gegen jem. in einem Streitfall vor Gericht gehen.

Lit.: *J. G. Fichtner:* Dissertatio Juridica de Cereo Juris Naso, seu Vulgari Dicterio Jus habere Cereum Nasum, Das Recht habe eine wächserne Nase; respondente J. F. Puchelbergero (Altdorfii 1724); *A. C. Dorn:* Programma in quo veritatem paroemia: Stadtrecht bricht Landrecht, Landrecht bricht gemeines Recht inquirit (Kiel 1748) *A. L. Reyscher:* Die Überlieferung der Rechte durch Rechtssprw., in: Zs. für dt. Recht und dt. Rechtswiss. 5 (1841), S. 189–209; *G. Lohn:* Deutsches Recht im Munde des Volkes, in: ders.: Drei rechtswissenschaftliche Vorträge (Heidelberg 1888), S. 1–43; *A. de Cock:* Spreekwoorden en zegswijzen, afkomstig van oude gebruiken en volkszeden, in: Vkde. 10 (1897/98), S. 67–223; *C. Koehne:* Handwerkerrecht in Rechtssprw., in: VSW 15 (1919), S. 64–71; *W. Schmidt:* Rdaa. des dt. Rechtslebens, in: Zs. des allg. dt. Sprachvereins 34 (1919), S. 199–263; *D. E. Bond:* The Law and Lawyers in English Proverbs, in: American Bar Association Journal 21 (1935), S. 724–727; *D. E. Bond:* Englisch legal Proverbs, in: Publications of the Modern Language Association 51 (1936), S. 921–935; *O. Urbach:* Dt. Recht im dt. Sprw., in: Muttersprache 52 (1937), S. 230–234; *F. Beyerle:* Sinnbild und Bildgewalt im älteren dt. Recht, in: Zs. der Savigny-Stiftung für Rechtsgeschichte (germanist. Abt.) 58 (1938), S. 788–807; *K. Spiro:* Alte Rechtssprw. und modernes Privatrecht, in: Zs. für Schweiz. Recht 69 (1950), S. 121–142; *W. Weizsäcker:* Volk und Staat im dt. Rechtssprw., in: Aus Verfassungs- und Landesgeschichte. Festschrift zum 70. Geburtstag von Th. Mayer (Lindau 1954/55), Bd. I, S. 305–329; *J. W. Hedemann:* Aus der Welt der Rechtssprw., in: Das dt. Privatrecht in der Mitte des 20. Jh., in: Festschrift für Heinrich Lehmann (Berlin 1956), Bd. 2, S. 131–142; *W. Ebel:* Über Rdaa. und Recht, in: Moderna Språk 56 (1962), S. 21–32; *A. Erler:* Art. ‚Jus primae noctis‘, in HRG. II, Sp. 498.

rechts. *Weder rechts noch links schauen:* stur seinen Weg verfolgen, ↗ Scheuklappen aufhaben.

Nicht mehr wissen, wo rechts und wo links ist: geistig etw. verwirrt sein, aufgeregt sein; schon in der Bibel ist diese Rda. vorhanden: „Der Herr spricht: ‚Und mich sollte nicht jammern Ninive, eine so große Stadt, in der mehr als hundertundzwanzigtausend Menschen sind, die nicht wissen, was rechts oder links ist, dazu auch viele Tiere?‘“ (Jona 4, 11).

Rede, reden. *Jem. Rede und Antwort stehen:* zur Rechenschaft verpflichtet sein, Auskunft geben müssen, oder *jem. zur Rede stellen:* Rechenschaft von ihm fordern. Rede ist in diesen Wndgn. nicht das einfache Gespräch oder die Äußerung, sondern die vor Gericht gehaltene Rede, die zu den wichtigsten Teilen des altdt. Gerichtsverfahrens gehörte. Der ‚Redner‘ war der Fürsprecher der Parteien, die ‚Einrede‘ (heute: ‚Gegenrede‘) war der Widerspruch.

Eine Rede schwingen: eine Rede halten. ‚Schwingen‘ bezieht sich auf das leidenschaftliche, wirkungsvolle Gebärdenspiel, mit dem der Redner seine Worte begleitet (erst im 20. Jh. aufgekommen). Das Zitat aus Schillers ‚Wallenstein‘ (‚Piccolomini‘ I, 2) „Was ist der langen Rede kurzer Sinn“ ist auch im Volksmund sprw. und rdal. geworden. Ähnl. auch volkstümlich und sprw.: ‚Lange Rede – kurzer Sinn‘ oder ‚Kurze Reden – lange Bratwürste‘ u. a.

Das Sprw. ‚Reden ist Silber, Schweigen ist Gold‘ ist in seinem Ursprung noch nicht restlos geklärt. Wahrscheinl. stammt es, wie G. Freytag schon 1843 vermutete, aus dem Orient. In einer Berliner und Pariser Handschrift aus dem 16. Jh. begegnet es in lat. Form: ‚Narratio argentea, silentium vero aureum est‘. Die Weisheit, daß Schweigen mehr wert sei als Reden, erscheint auch im Talmud: „Ist ein Wort ein Sela wert, ist Schweigen zwei Sela wert“ (Jente, S. 33), ↗ Sela.

Büchmann weist auf den Psalm 12, 7 und auf die Sprüche Salomos 10, 20 hin: „Die Rede des Herrn ist lauter wie durchläutert Silber“ und: „Des Gerechten Zunge ist köstliches Silber“.

Herder führte das Sprw. in den ‚Zerstreuten Blättern‘ (1792) ins Dt. ein: „Lerne schweigen, o Freund. Dem Silber gleichet die Rede, aber zu rechter Zeit schweigen ist lauteres Gold“. – Ins Engl. wird das Sprw. 1837 von Thomas Carlyle übersetzt: ‚Speech is silvern, silence is golden‘. Im Holl. wird es 1858 nachweisbar: ‚Spreken is zilver, zwijgen is goud‘.

Von etw. kann keine Rede mehr sein: eine Sache ist abgetan, erledigt.

Etw. ist nicht der Rede wert: man läßt eine Sache wegen ihrer Unbedeutendheit eher unerwähnt; als Floskel oft gebraucht als Antwort auf ein ‚Dankeschön': ‚Es ist nicht der Rede wert'.

Jem. hat gut reden: jem. steckt nicht in denselben Schwierigkeiten wie ein anderer und sieht so dessen Probleme oft zu einfach. ‚Reden, daß die Milch zu Butter wird', i. S. v. zuviel reden, erwähnt S. Lenz im ‚Geist der Mirabelle' (S. 115).

Das Zeitwort ‚reden' kommt häufig in Verbindung mit sprw. Vergleichen vor, z. B. ‚reden wie ein Buch', ‚reden wie ein Wasserfall' (vgl. schwäb. ‚der kann schwätze als wie 'n Amtmann'): schon in Johann Fischarts ‚Geschichtklitterung' (S. 335) heißt es im rdal. Vergleich: „Er redet wie ein cometischer Gesandter vom Himmel mit jhm selber". ‚Er redet davon wie der Blinde von der Farbe', er versteht überhaupt nichts davon; schon in Luthers ‚Tischreden' (213 a) gebraucht und in vielen europ. Sprachen üblich (vgl. Wander III, Sp. 1568).

In den Wind reden (nach 1. Kor. 14,9) ↗ Wind.

Mit sich reden lassen: zum Verhandeln bereit sein, Zugeständnisse machen.

Viel von sich reden machen: berühmt werden; frz. ‚faire beaucoup parler de soi'.

Jem. nach dem Munde reden: so sprechen, daß es ihm zusagt, wie er es hören will.

Lit.: *R. Jente:* Reden ist Silber, Schweigen ist Gold, in: Publications of the Modern Language Association 48 (1933), S. 33-37; *L. Röhrich:* Gebärdensprache und Sprachgebärde, in: Humaniora. Essays in Literature, Folklore ... honoring Archer Taylor (New York 1960), S. 121–149; *V. Roloff:* Reden und Schweigen (München 1973); *K. Knüsel:* Reden und Schweigen in Märchen und Sagen (Diss. Zürich 1980); *H. Kolb:* Rede und Antwort stehen: Zur Semasiologie einer sprachlichen Formel, in: Sprachwissenschaft 6 (1981), S. 142–148.

Regel. *Nach allen Regeln der Kunst.* Gemeint ist urspr. die alte Tabulatur der Meistersinger, eine Art Gesetzbuch, in dem die Regeln der Kunst des Gesanges von Meistersingern zusammengestellt waren. Diese Tabulatur oder ‚die Kunst' erscheint sodann i. S. v. strenger Ordnung und Konvenienz, bes. hinsichtlich gesellschaftlicher Veranstaltungen und gesellschaftlichen Umganges, schließlich als Inbegriff der Regeln vom feinen Ton. Alles mußte nach der ↗ Tabulatur geschehen:

Es wird dazu geschnürt nach bester
Tabeltur
Das Müder und der Latz mit einer
Silberschnur
sagt Rachel in seinen satirischen Gedichten (IX, 103), und in der ‚Ehrlichen Frau Schlampampe' wird (S. 65) natürlich auch nach der ‚Tablatur' getanzt. Daß in diesem Sinne Tabulatur und ‚Kunst' völlig füreinander eintraten, zeigt eine ganze Reihe von Stellen. In Heinrich Julius' Komödie von ‚Vincentius Ladislaus' tut (I, 5) der miles gloriosus „alle Tritte nach der Tabeltur", und in V, 1 setzt derselbe, als er zum Herzog berufen ist, „die Füße nach der kunst". Wer nach allen Regeln dieser Kunst sein Benehmen einzurichten verstand, war natürlich die Krone der Gesellschaft. Heute wird der Ausdr. auch vielfach in iron. Sinne gebraucht, und schon in ‚Vincentius Ladislaus' erscheint etw. von dieser Färbung (Söhns S. 697). Am Abend vor der Schlacht bei Leuthen, also am 4. Dez. 1757, hielt Friedrich II. von Preußen an seine Generale und Stabsoffiziere eine Ansprache. Darin begründete er seinen wagemutigen Angriffsplan: „Lassen Sie es sich also gesagt sein, ich werde gegen alle Regeln der Kunst die beinahe dreimal stärkere Armee des Prinzen Karl angreifen, wo ich sie finde" (‚Der König Friedrich der Große in seinen Briefen und Erlassen sowie in zeitgenöss. Briefen, Berichten und Anekdoten', hg. von G. Mendelssohn-Bartholdy, Ebenhausen 1912, S. 321); frz. ‚selon les régles de l'art'.

Lit.: *B. Nagel:* Meistersang (Stuttgart 1962).

Regen, regnen. *Vom (aus dem) Regen in die Traufe kommen:* ein Übel vermeiden und dafür einem schlimmeren verfallen, urspr. von einem gesagt, der sich bei Regenwetter an die Häuser unter den überspringenden Rand der Dächer flüchtet, aber dabei unter die Traufe gerät, aus der das gesammelte Dachregenwasser herunterschießt, so daß er erst recht naß wird. Die sprw. Rda. ist in Dtl. in dieser Form nicht älter als drei Jhh. Sie ist vermutlich orientalischer Herkunft. Die früheste Form, die Wander zitiert, ist ein Beleg vom Jahr 1627: „Auss dem Regen in die Dachtrauff gerathen" (aus Konrad Dietrich, Buch der Weisheit [Ulm 1627], II,

525). Die Rda. kommt dann des öfteren vor, z. B.:

> Wer dem Regen wil entlauffen
> Kömmet offtmals in die Trauffen

(J. Simon, Gnomologia [Leipzig 1683], S. 211);

,Er kommt vom Regen in die Traufe' (Ms. Breslau 1722, zitiert nach K. Rother, Die schles. Sprww. u. Rdaa. [Breslau 1928], S. 17);

,Wer dem Regen entlauffen will, kömmt gemeiniglich in die Trauffe' (O. W. Schonheim, Proverbia illustrata [Leipzig 1728], S. 51);

> Es regnet, spricht der Thor, und
>   eilt mit vollem Laufe;
> Wohin? das siehst du: er stellt
>   sich in die Traufe

(C. C. G.Fischer, Sprww. und sittliche Denksprüche zum Gebrauch der Schulen [Halle 1793], S. 96, Nr. 95). Das Dt. Wb. der Brüder Grimm zitiert verschiedene lit. Belege, bes. aus Gryphius' ,Horribilicribrifax' (II. Akt), aus Christian Weise, Lessing, Goethe, Wieland. An früheren Belegen gibt es zwar Sprww. in ähnl. Form und mit ähnl. Inhalt, die aber doch nicht identisch sind. So heißt es z. B. im ,Esopus' des Burkard Waldis (1527):

> (Mancher) Dem regen offt entlauffen thut
> Vnd senckt sich in wassers flut.
> Wer offt dem regen will entlauffen,
> Im grossen wasser thut ersauffen.

Luther und seine Zeitgenossen benutzen gewöhnlich: ,Er entläuft dem Regen und fällt ins Wasser' (vgl. Luthers Sprww.-Sammlung, hg. v. E. Thiele [Weimar 1900], S. 410f.). Eine andere Formulierung des 16. Jh. heißt: ,Vom Regen in den Bach kommen'. Noch bei Goethe heißt es in ,Sprichwörtlich': „Er springt in den Teich, dem Regen zu entfliehen".

Aber in arabischen Sammlungen finden wir Formulierungen wie: ,Wir flohen vor dem Regen, da geriethen wir unter die Dachrinne'; ,von der Dachtraufe unter die Dachrinne', „he fled from the rain, and sat down under the waterspout' (J. L. Burchhardt, Arabic Proverbs [London 1875], S. 167; A. Socin, Arabische Sprww. u. Rdaa. [Tübingen 1878], S. 11, Nr. 148). Der frühe und allg. Gebrauch bei den Arabern läßt keinen Zweifel an der orientali-

,Vom Regen in die Traufe kommen'

schen Herkunft dieser Rda. aufkommen. Die Franzosen sagen hier: ,tomber de Charybde en Scylla' und parodieren, ,tomber de canif en syllabe' (wörtl. ,vom Taschenmesser in die Silbe fallen'), ↗ Scylla. Früher dafür auch: *vom Galgen auf das Rad kommen*. 1646 bei Gerlingius (Nr. 94): „Incidit in Scyllam cupiens vitare Charybdim. Der der Troffen entlauffen will, der kömpt mit all in den Platzregen. Ich wil den Rauch umbgehen, und komme gar in den fewr". Seit dem 1. Weltkrieg wird die Rda. sold. auch parodiert: ,vom Regen unter Umgehung der Traufe in die Scheiße kommen', beim Stellungswechsel sich verschlechtern. Weitere Varianten sind: ,aus einem kleinen Regen laufen und gar in den Teich fallen'; ,sich wegen des Regens ins Wasser verstecken' (vgl. auch Wilhelm Busch, Aus dem Regen in die Traufe, 1861. Beiträge zu den ,Fliegenden Blättern'). Ebenso ndl. ,van de regen in de drop komen'; frz. ,tomber de la poêle dans la braise', ,de fièvre en chaud mal'; engl. ,to fall out of the frying pan into the fire', ,from the smoke into the smother' (Shakespeare, As you like it I, 2).

Diese Rda. wird heute auch parodiert zu ,Vom Regen in die Jauche kommen'. (So z. B. Wolf Biermann nach seiner zwangsweisen Übersiedlung von der damaligen DDR in die Bundesrepublik; vgl. ,Die Zeit' vom 27. 1. 1978).

Jem. im Regen stehenlassen: jem. in einer

kritischen Situation im Stich lassen, ihm seine Hilfe versagen. Scherzhaft: *jem. im Regen ohne Schirm stehen lassen.*

Etw. ist ein warmer Regen; eine Hilfe kommt zur rechten Zeit, vor allem: eine finanzielle Zuwendung. Der Ausdr. stammt aus der Sprache des Films: Szenen, die trotz Regens im Freien gedreht werden, werden höher honoriert.

Der Regen als Naturerscheinung spielt in allen Kulturen eine große Rolle; vor allem gehört er zu den großen Fruchtbarkeitsmythen. Über den Regen bei Sonnenschein hat der Volksglaube verschiedene Vorstellungen entwickelt. Eine davon findet ihren Niederschlag in einem Kinderlied aus dem Münstertal (Graubünden):

I plova a solai,
Nos Segner va a chavai,
Col anguel sün bratsch,
Con flütta e butatsch'

(Decurtis, Rätoroman. Chrest. 10, 1107). Übers. heißt dies: ‚Es regnet bei Sonnenschein, unser Herrgott reitet mit dem Engel auf dem Arm, mit Flöte und Trommel', ↗Strippe, ↗Bindfaden, ↗Engel, ↗Kirmes. Wenn es während einer Beerdigung regnet, sagt man mancherorts (z. B. in der Pfalz): ‚Dem Glücklichen regnet es ins Grab' (Mitt. d. hist. Ver. d. Pfalz 20, 241). Dieses Sprw. hängt wohl zusammen mit der Vorstellung von den dürstenden Seelen, zu deren Erquickung Wasser ausgegossen werden muß. Der Regen, der auf ein Grab fällt, hat lustrative Kraft, er reinigt den Toten von seinen Sünden. Darum wünscht der Araber dem Toten ‚die Regengüsse der Sündenvergebung in sein Grab' (Arch. f. Rel. Wiss. XIII, 26). Deshalb beerdigt man auch in Oberhessen noch vielfach die ungetauft gestorbenen Kinder unter der Dachtraufe der Kirche, und auf der Südseite der alten Christenberger Kirche im Burgwald steht noch unter der Dachtraufe ein kleiner steinerner Sarkophag für Kinder. Auf den Kirchhöfen der kath. Dörfer zwischen Karlsruhe und Rastatt fand man ausgeblasene und mit Weihwasser gefüllte Hühnereier an den Grabkreuzen befestigt. Aus einem Löchlein tropft das Wasser ganz langsam auf das Grab, um dem Toten das Fegfeuer zu löschen (Kolbe, Hess. Volkssitten).

Ähnl. Vorstellungen gibt es noch heute im Morgenland: Wem es tüchtig auf sein Grab regnet, der wird selig. Allah wird also bes. auf die regnen lassen, die er liebt, also auf die Heiligen. Deckt man daher ein Heiligengrab auf, zeigt man dem Himmel das Grab, so wird er regnen auf das dürstende Land.

Lit.: *G. Gesemann:* Regenzauber in Dtl. (Diss. Kiel 1913), S. 60 f.; *R. Jente:* German Proverbs from the Orient, in: Publications of Modern Language Association 48 (1933), S. 30–33. *M. Kuusi:* Regen bei Sonnenschein: zur Weltgeschichte einer Rda., in: FFC. 171 (Helsinki 1957); *W. D. Hand:* „The Devil is beating his wife" and other folk beliefs about the sun's shining while it rains, in: Kentucky folklore record 3 (1957), S. 139–143; *W. Danckert:* Symbol, Metapher, Allegorie im Lied der Völker, Bd. 1: Natursymbole (Bonn-Bad Godesberg 1976), S. 118–135.

Regenbogenpresse. *In die Regenbogenpresse kommen:* als Sensationsnachricht einem breiten Publikum zur Kenntnis gebracht werden; auch: für so prominent gelten, daß über die Lebensverhältnisse und Schicksale, über Glück und Unglück, über Denken und Tun desjenigen ausführlich berichtet wird. Dies gilt vielen Emporkömmlingen als erstrebenswertes Ziel, um bekannt zu werden und als Bestätigung ‚dazuzugehören', andererseits empfinden es die bereits im Licht der Öffentlichkeit Stehenden manchmal als lästig, da sie von den Reportern auf Schritt und Tritt beobachtet werden.

(Morgen schon) in der Regenbogenpresse stehen: allg. bekannt werden, meist auf Enthüllungen bezogen und auch als Warnung gebraucht, sich mehr vorzusehen, wenn man Aufsehen und Peinlichkeiten vermeiden möchte.

Als ‚Regenbogenpresse' bez. man beliebte Wochenendzeitschriften, die in buntfarbigem Rotationsdruck erscheinen und stark leserorientiert bevorzugt Themen aus Adel und Gesellschaft mit vielen Abbildungen bringen, um dadurch Einblick in die sonst unzugängliche und der Allgemeinheit verschlossene Lebenswelt der Reichen und Berühmten zu gestatten. Darüber hinaus sorgen Serien, triviale Beratung und Horoskope für einen ständigen und interessierten Leserkreis, der ‚leichte Kost' bevorzugt.

Lit.: *W. Nutz:* Die Regenbogenpresse: Eine Analyse der dt. bunten Wochenblätter (Opladen 1971).

Regenschirm. *Gespannt wie ein (alter) Regenschirm:* sehr begierig, neugierig. Der scherzhaft-groteske rdal. Vergleich ist etwa seit 1900 aufgekommen.
Den Regenschirm zumachen: Umschreibung für sterben, bes. im alem. Sprachgebiet, ↗zeitlich.

Regiment. *Auf Regiments Unkosten leben:* auf Rechnung anderer. Mit dem Regiment ist entweder die Heeresabteilung oder die Regierung gemeint. Da es von einer großen Menge Geld, von einer gemeinsamen Kasse abgeht, leistet man sich etw., ohne auf Sparsamkeit zu achten. Auch mdal. ist die Rda. gebräuchl., z. B. in der Steiermark: ‚Dos ged af Regiments Unkeste'.
Sie führt das Regiment im Hause wird von der herrschsüchtigen Frau gesagt, die allein bestimmen will.

‚Sie führt das Regiment'

Register. *Ins alte Register kommen:* alt werden, zu den Alten gehören; seit der Mitte des 17. Jh. lit. bezeugt; eigentl.: in das Register kommen, wo die Alten verzeichnet sind; *ins alte Register gehören:* nichts mehr gelten, aus der Mode gekommen sein; schlesw.-holst. ‚Se hört (geit öwer, kummt) all in't ole Register', sie ist (wird) alt; danach mdal. ‚ein altes Register', eine alte Jungfer; lit. bei Christian Weise: ‚ins fromme Register kommen'. Entspr. *ins schwarze Register kommen:* eigentl. in das Sündenregister eingetragen werden, schlecht angeschrieben sein; vgl. ndl. ‚Hij staat op het zwarte register' und frz. ‚Il est écrit sur le livre rouge' (heute veraltet).
‚Sein Register hat ein Loch', seine Sachen sind nicht ganz in Ordnung, ↗schwarz.
Ein großer, langaufgeschossener Mensch wird auch ein ‚langes Register' genannt, in Analogie der Länge vieler Verzeichnisse, etwa der Urkundenregister.

Alle Register ziehen: alle verfügbaren Mittel anwenden, alle Kräfte aufwenden beim Zureden, etw. mit aller Kraft betreiben. Das Bild der Rda. kommt von der Orgel: Register heißen hier bestimmte Pfeifengruppen, die mit Hilfe von Zugvorrichtungen eingestellt werden. *Andere Register ziehen:* andere Saiten aufziehen.

Reibach. *Den Reibach machen:* einen Gewinn machen; öfter in der Form ‚seinen/ihren Reibach machen'. Etymol. kommt der Begriff aus jidd. ‚Rebbach', ‚Rebbes' (hebr. ribyit: Zinsen). Auch in der Form ‚Reiwach' ist er in den dt. Mundarten nachgewiesen, bes. im Berl.; rotw. seit dem 18. Jh. vorhanden.

Lit.: *S. A. Wolf:* Wb. des Rotw. (Mannheim 1956), S. 264, Nr. 4520.

reiben. *Sich an jem. reiben:* Streit mit ihm suchen, beleidigende Bemerkungen fallen lassen. Im ‚Theuerdank', einem allegorischen Gedicht von 1517, das die Lebensgeschichte Kaiser Maximilians I. schildert, heißt es:
    Ich wil all seinem rath absagen
    Und mich für seiner list und wüten
    Mit Gottes hilff wissen zu hüten,
    Wo er sich weitter an mich reibt.
Während das urspr. wörtl. im Sinne einer feindlichen Berührung zu verstehende Wort ‚reiben' so in die Bildlichkeit hinaufgerückt ist, ist von unten für das eigentl. Reiben in diesem Sinne ‚rempeln' (eingetreten. Eine zänkische, ungesellige und widerspenstige Person wird auch als ‚Reibeisen' bez., was schon 1839 in einer Schimpfwörtersammlung bezeugt ist. Ähnl. frz. ‚se heurter à quelqu'un' (sich gegen jem. stoßen) oder auch ‚se frotter à quelqu'un' (sich im Umgang mit einem anderen abhärten).

Reichartshausen, Reichenbach. *Er ist von Reichartshausen:* er sucht schnell reich zu werden. So sagt man im Rheinfränk., indem man mit dem Namen des Weinortes Reichartshausen im Rheingau spielt; ähnl. im Obersächs. bisweilen nach dem Namen der Stadt Reichenbach: ‚Der Kuchen (Braten oder dgl.) ist von Reichenbach', d. h. bes. gut, wie für reiche Leute zubereitet.

Reif. *Einen Reif anstecken* (auch *ausstecken*). Die im 16. Jh. ganz geläufige Rda. ist heute ausgestorben. Einen Reif, d. h. eigentl. einen Kranz, an einer Stange befestigte der Weinhändler an seinem Haus entspr. dem noch heute in Weingegenden geläufigen Zeichen einer ‚Besen'- oder ‚Kranzwirtschaft'. Da beim Weinkauf zu allen Zeiten immer auch mit Betrug zu rechnen ist, meint die Wndg. in übertr. Bdtg. soviel wie: einen bösen oder falschen Anschein erwecken. Thomas Murner nennt es in der ‚Schelmenzunft' so, wenn Frauen mit ihren Reizen locken, ohne sich etw. vergeben zu wollen.

Der steckt den reiff vergebens auß
Der keyn weyn hat in seym hauß
Es wurdt fill mancher schelm veracht
Der im daß wort doch selber macht
Wiltu han eyn erbren schein
So zühe den schelmen reiff doch eyn.

‚Einen Reif ausstecken'

Die ‚Zimmerische Chronik' berichtet (II, 312): „und gieng eben hiemit zu wie man sprücht, das kein wurt von ains gasts wegen ain raif ußsteckt".

Els. ‚durch den Reif gehen' sagt man, wenn Mensch oder Tier durchbrennen.

‚Der ist auch der Reif g'sprungen' heißt es in Schwaben von einem Mädchen, das ledig geboren hat.

Der fallende Reif als Bild der Vernichtung des Glücks, des Abschieds, des Verlustes von Liebe und Treue begegnet bereits im 16. Jh. in Volksliedern. Am bekanntesten ist:

Es fiel ein Reif in der Frühlingsnacht.
Er fiel auf die kleinen Blaublümelein.
Sie sind verwelket, verdorret ...
(E.-B. I, S. 589).

Reifenschaden. *Einen Reifenschaden im Gehirn haben:* nicht recht bei Verstand sein; seit dem 2. Weltkrieg.

Reihe. *Bunte Reihe machen* sagt man, wenn Damen und Herren bei Tisch abwechselnd nebeneinandersitzen. Nachweisbar ist die Rda. erst seit dem 17. Jh., doch ist der Brauch schon in dem ältesten Abenteuer- und Ritterroman Dtls., dem lat. geschriebenen ‚Ruodlieb' (um 1050), und ähnl. auch im ‚Biterolf' (V. 7399 f.) geschildert. Auch sonst in der mhd. Dichtung wird ähnl. bezeugt, z. B. in Heinrichs von Freiberg ‚Tristan' (V. 893 ff.):

her Tristan saz zu tische hin,
man sazte Isoten neben in,
und ie zwischen zwein vrouwen guot
saz ein ritter hochgemuot,
eine vrouwe zwischen rittern zwein.

1728 gibt J. B. v. Rohr in seiner ‚Ceremoniel-Wissenschaft' (S. 377) folgende Erklärung: „Bisweilen werden bei Hofe und in andern Gesellschaften sog. bunte Reihen angestellt, da einem ein Frauenzimmer auf einige Stunden durch das Looß zu theil wird ... Hat man seine sog. Frau bei der bunten Reihe zur Tafel geführt, so muß man sich alle Mühwaltung geben, sie auf das beste zu bedienen, zu unterhalten usw." Goethe beginnt seine venezianischen Epigramme:

Sarkophagen und Urnen verzierte
    der Heide mit Leben:
Faunen tanzen umher, mit der
    Bacchantinnen Chor
Machen sie bunte Reihe.

In einer Reihe mit jem. stehen: ihm ebenbürtig sein, gleiche Ziele verfolgen. *In Reih' und Glied stehen:* eine Gruppe steht in einer Linie, einer neben dem anderen. Bes. in der Soldatensprache geläufig. ‚In Reih und Glied' ist auch der Romantitel eines Werkes von Friedrich Spielhagen (1866).

Aus der Reihe tanzen: eigene Wege gehen. Das Bild der Rda. ist von der älteren Form des Reigentanzes her genommen, wie er sich etwa beim Volkstanz erhalten hat.

Nicht alle in der Reihe haben, nicht alle der Reihe nach gebrauchen: nicht ganz bei Verstand sein, gemeint sind hier die fünf Sinne; *nicht ganz in der Reihe sein:* nicht ganz gesund sein. *In die Reihe bringen:* in Ordnung bringen, reparieren. *Etw. auf(in) die Reihe kriegen:* etw. zustande bringen (neuere Wndg.).

Reiher. *Kotzen wie ein Reiher:* sich heftig erbrechen müssen. Der rdal. Vergleich bezieht sich wohl auf den heiseren Schrei des Reihers, der den Würgelauten beim Erbrechen ähnl. klingt. Die Rda. ist seit Ende des 19. Jh. gebräuchl. Möglicherweise ist auch an die Art gedacht worden, in der Raubvögel ihre Jungen füttern: sie verschlingen zunächst ihre Beute und würgen sie im Nest wieder hervor, um sie den Jungen schon halb verdaut in den Schnabel zu stopfen. Doch schon Aristoteles berichtet vom weißen Löffelreiher, der in Europa und Afrika lebt; auf diesen Vogel geht das zurück, was wir vom Erwärmen der Muscheln im Magen und Wiederausspeien, Aussuchen und Fressen bei Pseudoaristoteles und Cicero lesen.

Lit.: *O. Keller:* Die antike Tierwelt, Bd. 2 (Leipzig 1913), S. 202–207; *E. Ingersoll:* Birds in Legend, Fable and Folklore (Ndr. Detroit [Mich.] 1968); *C. H. Tillhagen:* Fåglarna i folktron (Stockholm 1978); *E. u. L. Gattiker:* Die Vögel im Volksglauben (Wiesbaden 1989), S. 548–550.

Reim, reimen. *Wie reimt sich das (zusammen)?* fragt man rdal. bei einer Nebeneinanderstellung von zwei Tatsachen, die scheinbar nichts miteinander zu tun haben. Derb verspottet Burkard Waldis (gest. um 1556) einmal in einem Streitgedicht den Herzog Heinrich den Jüngeren von Braunschweig: Er habe sich einen Wahlspruch angemaßt,

Der sich zu jm reimbt gleich so vil
Wie der esel zum seytenspil.

Eine Fülle von Vergleichen für schlechte Reime findet sich in z. T. rdal., teils individuellen Prägungen bei Johann Fischart: „Diß reimt sich fein, wie eyn faust inns Aug" (,Bienenkorb' 5a): „das reimt wie eyn zang auff eyn Sau" (,Bienenkorb' 72b): „das reimt vnd schickt sich wie eyn Haspel auff eyn Topff" (,Bienenkorb' 143a). Viele dieser rdal. Vergleiche sind

durchaus volkstümlich: ,Es reimt sich wie weiß und schwarz', ,wie Hans und Friedrich', ,wie Arsch und Friedrich'; ,wie Sauerkraut und Hobelspäne', ,wie Glauben und Fühlen', ,wie ein Igelshaut zum Kissen', ,wie ein Kälbermagen zu einer Messe', ,wie Fastnacht und Karfreitag', ,wie Honig und Galle', ,wie Speck zu Buttermilch', ,wie ein Pflug zum Fischergarn'. „Wie soll ich das wieder reimen?" fragt der alte Daniel, als ihn Franz Moor nach einem Beichtvater schickt (Schiller, ,Räuber', V, 1). Ein törichtes, sich widersprechendes Geschwätz nennt man ,ungereimtes Zeug'. In Frankreich sagt man dazu: ,A quoi cela rime-t-il?' und man antwortet: ,Cela ne rime à rien' (Wozu hilft das? – Zu nichts).

Wenn man einem mehrere sich scheinbar widersprechende Dinge mitgeteilt hat, fügt man wohl auch hinzu: ,Nun mach dir selber einen Vers daraus!' Andererseits sagt man von Dingen, die gut zueinander passen, daß sie ,sich reimen', so Uhland im ,Metzelsuppenlied':

Es reimt sich trefflich: Wein und
Schwein,
Und paßt sich köstlich: Wurst und
Durst,
Bei Würsten gilt's zu bürsten.

Wenn wir uns über stümperhafte Reimereien lustig machen, gebrauchen wir das Wort ,Reim' dich, oder ich freß' dich!'; aber auch übertr. gebraucht i. S. v.: geht es nicht gütlich, so geht es mit Gewalt. ,Reime dich, oder ich fresse dich' heißt eine in Nordhausen 1673 ersch. Satire. Unter dem Pseudonym Hartmann Reinhold verbirgt sich der Verfasser Gottfried Wilhelm Sacer (1635–99). In der Schrift verspottet der Verfasser die Unsitten der damaligen Poeterei. Anfangs auf ungeschicktes Reimen gemünzt, drückt die Rda. heute aus, daß bei Erledigung einer Angelegenheit äußere Schönheit und Sauberkeit nicht berücksichtigt werden können (vgl. Goedeke, Grundriß, 2. Aufl. 3, 239; Büchmann, Küpper). Bei Joh. Fischart (,Aller Praktik Großmutter', 1623, S. 591) findet sich: „Reim dich oder du must die Stieg hinein"; bei Abraham a Sancta Clara: „Reim dich Bundschuh" (,Judas' I, 10) sowie „Reim dich oder ich iß dich".

1240

Sich keinen Reim auf etw. machen können, keinen Reim auf etw. finden: sich etw. nicht erklären können, mit etw. nichts anfangen können. Die Rda. erklärt sich aus der Schwierigkeit, auf manche Wörter (wie z. B. Mensch) ein Reimwort zu finden.

Sich seinen eigenen Reim auf etw. machen: sich sein(en) Teil denken (↗ denken).

Lit.: E. B. III, S. 535, Nr. 1749; *Brüder Grimm:* Volkslieder I (Marburg 1985), S. 544.

rein. *Mit etw. (jem.) im reinen sein:* sich mit etw. (jem.) ausgesöhnt haben; sich damit abgefunden haben. Man sagt auch: ‚man muß mit sich selbst ins reine kommen' und meint, man muß zuerst seine eigenen Probleme lösen.

Als bes. rein oder überhaupt mit der Reinheit gleichgesetzt, galt früher das Wasser. So fußte die Wasserprobe auf dem Grundgedanken, daß das reine, heilige Wasser nichts Sündhaftes in sich dulde und eine als Hexe angesehene Frau oben schwimmen ließ. War sie schuldlos, ging sie unter; vgl. Max Bauer, S. 23. Als unrein wurden Krankheiten, Tiere oder auch das Geschlechtsleben angesehen. Der Slogan ‚Dem Reinen ist alles rein' beruht auf einer Briefstelle des Paulus (Titus 1, 15). Nietzsche hat diese Stelle in ‚Also sprach Zarathustra' parodiert: „Dem Reinen ist alles rein – so spricht das Volk. Ich aber sage euch: den Schweinen wird alles Schwein!"

Lit.: *M. Bauer:* Das Geschlechtsleben in der dt. Vergangenheit (Leipzig ²1902); *O. Gaupp:* Zur Geschichte des Wortes ‚rein' (Diss. Tübingen 1920); *F. Nietzsche:* Sämtliche Werke (München 1955), Bd. 2, 3. Teil, Kap. 14, S. 451.

Reise, reisen. *Reisende Leute nicht aufhalten:* jem., der gehen will, gehen lassen, einen in Gang gekommenen Prozeß nicht vorzeitig stoppen.

In Voss' ‚Musenalmanach auf das Jahr 1786' wurde das Lied ‚Urians Reise um die Welt' abgedruckt, dessen Anfangsverse heute noch zitiert werden: „Wenn jemand eine Reise tut, so kann er was erzählen", ↗ Pilgerfahrt.

Aus der Oper ‚Der Waffenschmied' von A. Lortzing stammt: „Das kommt davon, das kommt davon, wenn man auf Reisen geht".

Die letzte Reise antreten oder *die große Reise machen* sind Umschreibungen für Sterben, ↗ zeitlich.

In der Drogenszene gebraucht man das sprachl. Bild der Reise für ‚Rausch, Trip'; *auf Reise gehen:* Drogen einnehmen.

Lit.: *J. Strooman:* 't zit al reis om reis, in: Rond den Heerd 5 (1870), S. 39; *H. Jehle:* Ida Pfeiffer. Weltreisende im 19. Jh. Zur Kulturgeschichte reisender Frauen (Diss. Freiburg i. Br. 1988) (Internat. Hochschulschriften 13) (Münster–New York 1989).

reißen. *Er läßt sich einen reißen* (zu ergänzen: einen Krankenschein): krank sein oder krank werden. Die Krankenzettel waren zu einem Block zusammengeheftet, und jedesmal, wenn sich jem. krank meldete, wurde einer abgerissen.

Sich kein Bein ausreißen: gemächlich arbeiten, ↗ Bein.

Vulgär-umg. *sich einen abreißen:* masturbieren.

Etw. reißen: etw. verdienen, erfolgreich verkaufen.

Sich etw. reißen: sich etw. widerrechtlich aneignen, entstand als Verkürzung von *sich etw. unter den Nagel reißen* (↗ Nagel).

Sich um jem. (etw.) reißen: sich heftig um etw. bemühen. Ein ‚Reißer', d. h. ein Verkaufsschlager, wird dem Händler förmlich ‚aus der Hand gerissen'; vgl. frz. ‚s'arracher quelque chose'.

Spöttisch sagt schon Seb. Franck von einem, der nicht gern gesehen ist: ‚Man reisst sich vmb jhn wie vmb die marterwochen' (Franck I, 117 b).

Innerlich hin und hergerissen werden: schwankend sein, charakterlich nicht gefestigt sein; vgl. frz. ‚être déchiré intérieurement'. Ein rdal. Vergleich lautet: ‚hin- und hergerissen werden wie eine Decke zwischen zwei Eheleuten'.

Sich am Riemen reißen ↗ Riemen.

Reißaus nehmen: fliehen, ausreißen, spurlos verschwinden.

Reißnagel. *Mit Reißnägeln gegurgelt haben:* heiser sein; seit etwa 1910 bezeugt.

reiten, Reiter, Ritt. *Sich fühlen wie der Reiter auf dem Bodensee;* sich einer überstandenen Gefahr erst im nachhinein bewußt werden und darüber erschrecken. Der Vergleich beruht auf einer schwäb. Sage, die Gustav Schwab nach mündl. Überlieferung zu einer Ballade mit dem Titel ‚Der Reiter und der Bodensee' gestaltete (1826). Die Sage berichtet, daß ein Reiter ahnungslos über den zugefrorenen und zugeschneiten Bodensee reitet. Als er – glücklich angekommen – hört, welcher Gefahr er entronnen ist, stürzt er vor Schreck tot vom Pferd (G. Schwab: Gedichte, Bd. 1 [Stuttgart 1928], S. 364–366).

Etw. zu Tode reiten: überstrapazieren, ein Thema so oft wiederholen, bis es niemand mehr hören will, urspr. vom Pferd gesagt, das man immer wieder anspornt, ohne ihm Ruhe zu gönnen, bis es vor Erschöpfung zusammenbricht.

‚Reiten' wird in der volkstümlichen Umgangssprache oder auch in Liedern nicht selten als Sexualmetapher für Koitieren gebraucht. So z. B. in der ‚Teufelsroßballade', wonach die Pfaffenkonkubine zum Leibroß des Teufels wird.

Jem. reitet der Teufel ↗ Teufel. Zum selben Vorstellungskreis gehört auch die auf dem Besen oder Gabelstiel reitende Hexe.

Auf einen Ritt: etw. auf einmal, ohne Unterbrechung erledigen, ↗ Sitz, ↗ Wind, ↗ Roß.

Lit.: *O. Glöde:* Auf einen Ritt, in: Zs. f. d. U. 6 (1892), S. 498.

Rennen. *Sich ein totes Rennen liefern:* einen Wettkampf (und ähnl.) unentschieden austragen; leitet sich vom Wettrennen ab, das nicht zur Entscheidung gelangt und somit für die Buchmacher und Wetter „tot", d. h. gleichsam ungelaufen ist.

Nicht mehr im Rennen sein: ausgeschieden sein, wurde vom sportl. Wettkampf auf den Beruf übertr.; vgl. frz. ‚n'être plus dans la course' heißt dagegen: ‚nicht mehr auf dem laufenden sein'.

Das Rennen machen: als einziger erfolgreich sein.

Etw. ist ein echter Renner: eine Sache verkauft sich gut, wird gerne gehört, ist beliebt.

Rest. *Jem. den Rest geben:* ihn vollends zugrunde richten, ihn seelisch erschüttern, ihn ins Grab bringen. Bezieht sich wohl urspr. auf den letzten Schlag, mit dem man ein Schlachttier tödlich trifft. Dieselbe Wndg. ist aber auch schon früh als Zecherausdr. belegt und bedeutet

dann: einen völlig betrunken machen; entspr. *seinen Rest weghaben,* auch *seinen Rest empfangen:* völlig betrunken sein.

Sich den Rest holen: sich eine schwere Krankheit holen.

Der Rest ist für die Gottlosen: geht zurück auf Ps. 75,9, ↗ gottlos.

‚Der Rest ist Schweigen' sagt man, wenn jem. plötzlich verstummt oder seinen Gedankengang verliert und nicht mehr weiter weiß.

Die Worte sind eine Übers. von Hamlets letztem Satz in William Shakespeares (1564–1616) Drama: „The rest is silence".

Der Rest vom Schützenfest: das Übriggebliebene, der Rest vom Ganzen; seit dem frühen 19. Jh. belegt.

Retorte. *Etw. aus der Retorte:* eine künstlich hergestellte Sache. Eine Retorte (frz.) ist eigentl. ein Glas- und Metallkolben mit sich verjüngendem, langem Ende, welches nur noch bei speziellen Destillationen verwendet wird.

Ein Baby, das künstlicher Befruchtung entsprang, heißt ‚Retortenbaby'.

retten. *Nicht mehr zu retten sein:* scherzhaft zu jem., dem man zu verstehen geben will, daß man seine Taten und Pläne für verrückt hält: ‚Bist du noch zu retten?'

Sich vor etw. (jem.) kaum noch retten können: von einer Sache oder Person verfolgt werden, ihr immer wieder mit Unwillen begegnen; auch: sehr viel von etw. bekommen: z. B. ‚sich vor Geld kaum retten können', wenn man einen großen Gewinn gezogen hat.

Rettich. *Ein Augenmaß haben wie ein Rettich:* sehr gut sehen können. Für jem., der schlecht sieht, sagt man: ‚Er hat ein Augenmaß wie ein Rettich, nur nicht so scharf', ↗ Auge.

Revanche. *Revanche für Speierbach!* als Androhung von ↗ Rache und Vergeltung hört man noch heute in Hessen und Westfalen, im übrigen Dtl. ist es unbekannt. M. v. Ditfurth berichtet über den Urspr. der Rda. im 3. Kap. seiner ‚Erzählungen aus der hess. Kriegsgeschichte' (Span. Erbfolgekrieg):

„Am 14. Nov. 1703 wurden die dt. Truppen, unter ihnen ein von seinem Erbprinzen geführtes hess. Korps, am Speierbach vollständig geschlagen. Als sich nun im folgenden Jahr, am 13. August, die französisch-bayerischen Truppen gegen Marlborough bei Höchstädt zum entscheidenden Kampfe stellten, erhielt der hess. Erbprinz die Aufgabe, mit seinen Schwadronen die Reiterei der Franzosen zu werfen. Ehe er jedoch das Zeichen zum Angriff gab, soll er im Vorbeireiten den hess. Dragonerregimentern zugerufen haben: Heute, Dragoner, nehmt Rache für Speierbach! In der Tat wurden die Franzosen geschlagen, ihr Feldherr, der Marschall Tallard, gefangen und vor den Erbprinzen geführt, der ihn mit den Worten empfing: Ah, Monsieur le maréchal, vous êtes le très bien venu; voilà la revanche pour Speierbach!"

Bekannter sind folgende Wndgn.: *Revanche für Sadowa!* – ein 1866 in Frankreich geprägtes Schlagwort – und *Revanche für Sedan! Revanche für Pavia!* stammt vom Nebentitel ‚La Revanche de Pavie' des 1850 entstandenen Lustspiels von Scribe und Ernest Legouvé: ‚Die Erzählungen der Königin von Navarra'.

Im 18. Jh. wurde das frz. Verb ‚se revancher' entlehnt und zu ‚revanchieren' umgebildet. Unsere Rda. *sich für etw. revanchieren* hat heute häufig den positiven Sinn: sich für etw. erkenntlich zeigen, neben dem urspr. rächen, es jem. heimzahlen.

Reverenz. *Jem. seine Reverenz erweisen:* jem. sehr höflich und zuvorkommend begrüßen. Die heute veraltete Wndg. benutzt den lat. Begriff ‚Reverenz' für ‚Ehrerbietung'.

In Schillers Schauspiel verweigert Wilhelm Tell (III, 3) den Ehrengruß dem vom Landvogt Gessler zur Prüfung des Untertanengehorsams aufgehängten Hut und wird darum angeklagt: „Er hat dem Hut nicht Reverenz bewiesen".

↗ Aufwartung.

Revue. *Etw. Revue passieren lassen:* sich ein Ereignis in Erinnerung rufen; es an seinem geistigen Auge vorüberziehen lassen.

Frz. ‚revue' als ‚Übersicht über die Ereignisse des Jahres' gab es in Frankreich bereits am Ende des MA. ‚Revue' i. S. v. Schau, Übersicht, Zusammenstellung wurde später Titel oder Titelbestandteil frz.-sprachiger Zeitschriften, entspr. dann auch dt. ‚Rundschau', ebenso einer dt. Illustrierten, gegr. 1948 in München. ‚Revue' wurde schließlich auch zum Fachausdruck für Bühnenschau, das Revue-Theater (Ausstattungsrevue, Eisrevue, Revuefilm etc.). Seit dem 2. Weltkrieg sind die Revue-Theater fast ganz verschwunden und wurden abgelöst durch die ‚Show'.

Lit.: *R. Mander* u. *J. Mitchenson:* Revue. A story in pictures (London 1971); *P. Kaupp:* Die schlimmen Illustrierten. Leserschaft, Inhalt und Wirkung der ‚Neuen Revue' (Düsseldorf 1971).

Rhabarber. Mit den sich wiederholenden Worten, Rhabarber ‚Rhabarber' wird auf dem Theater das Volksgemurmel gemacht; aus der Theatersprache ist es schon seit der Mitte des 19. Jh. auch in Rdaa. übergegangen, wie *Rhabarber machen:* in der Masse laut protestieren; *quatsch keinen Rhabarber!:* rede keinen Unsinn.

Rheumatismus. *Rheumatismus zwischen Daumen und Zeigefinger haben:* kein Geld haben, denn mit Daumen und Zeigefinger wird Geld aufgezählt.

Anhänglich wie Rheumatismus: treu ergeben, dienstbeflissen, aufdringlich, nicht loszuwerden.

Volksetymol.-spielerisch wird das Fremdwort unter dem Einfluß von ‚Reißen in den Gliedern' oft auch zu ‚Reißmatismus', ‚Reißmichtüchtig' und berl. ‚Reißmirtüchtig' scherzhaft umgeprägt.

richtig. *Mit jem. ist nicht alles richtig* und *Mit einer Sache ist nicht alles richtig:* der Mensch ist unheimlich, er verfügt über übernatürliche Kräfte, und: mit einer Sache, an einem Ort geht es nicht mit rechten Dingen zu, es spukt. Urspr. besagten die Rdaa., daß Magie im Spiele sein müsse, heute bedeuten die allg. gebräuchl. Ausdrücke, daß jem. oder etw. außerhalb der gesellschaftlichen, sittlichen oder rechtlichen Norm steht.

Die Feststellung *Bei ihm ist es (im Ober-*

1243

stübchen) nicht ganz richtig meint: er ist nicht bei Verstand, es spukt bei ihm im Kopf.

Doppeldeutig ist die pomm. Rda. ,He is richtig, hett Stroh in d' Stebel', denn es heißt entweder: er ist schlau, er hat seinen Vorteil berechnet, oder iron. ins Gegenteil verkehrt: er ist ein Dummkopf. Ebenfalls iron. zu verstehen ist der Ausruf *Du bist mir der Richtige!*: gerade der, der am wenigsten zu gebrauchen ist, vgl. frz. ,Tu es celui qu'il me faut!'

Zur euphemist. Umschreibung, daß eine Frau wieder schwanger ist, gebraucht man in der Altmark: ,Mit är is't wedd'r richtig'.

Die Rda. *etw. richtig machen:* einen Vertrag, ein Verlöbnis schließen, weist auf den urspr. Zusammenhang von richtig und Recht.

Eine moderne Wndg. ist: *richtigliegen mit etw.*: das der Situation Entsprechende tun, mit seinen Plänen und Vorhaben genau der allg. Erwartung vieler entgegenkommen.

riechen, Riecher. *Jem. (sich selbst) nicht riechen können:* ihn nicht leiden, nicht ausstehen können; vgl. frz. ,ne pas pouvoir sentir quelqu'un'.

Etw. nicht riechen können: etw. ohne ausdrücklichen Hinweis nicht wissen, nicht ahnen können. Dagegen beinhaltet die Wndg. *Er muß das direkt gerochen haben:* es geahnt, vorhergesehen haben, Erstaunen und Bewunderung für das richtige Verhalten im Hinblick auf das Zukünftige; vgl. frz. ,Il faut qu'il l'ait senti'.

Einen guten Riecher haben: eine gute Nase für eine geschickte Gelegenheit haben (1846 bei Willibald Alexis lit. belegt). Das Bild dieser Rdaa. ist von der feinen Witterung des Tieres hergenommen, ↗ Nase.

Nach dem Grabscheit riechen: am Rande des Grabes stehen, auch: *Er riecht nach Tannenholz;* vgl. frz. ,Cela sent le sapin': Die ersten Todeszeichen werden bemerkbar. Diese Redewndg. wird spöttisch beim leisesten Husten eines Gesunden gebraucht.

Den Braten riechen ↗ Braten.

Lunte riechen ↗ Lunte.

Lit.: *A. Hagen:* Die sexuelle Osphresiologie. Die Beziehungen des Geruchsinnes und der Gerüche zur

menschlichen Geschlechtätigkeit (Berlin 1905). *A. Corbin:* Pesthauch und Blütenduft. Eine Geschichte des Geruchs (Berlin 1984); *U. Jeggle:* Der Kopf des Körpers (Weinheim-Berlin 1986), bes. S. 134ff., Funktionen des Riechens!

Riegel. *Einer Sache (endgültig) einen Riegel vorschieben:* sie (für immer) verhindern, ↗ Pflock.

Riemen. *Sich am Riemen reißen:* sich zusammennehmen, sich ermannen, sich ermutigen. Die im 1. Weltkrieg aufgekommene Wndg. bezieht sich auf den Riemen, d. h. Gürtel des Soldaten: der Soldat reißt am Riemen, wenn er ihm den vorgeschriebenen Sitz gibt. *Den Riemen enger schnallen:* sich einschränken, hungern müssen; vgl. frz. ,serrer sa ceinture d'un cran', ↗ Flasche.

Die Rdaa. *Es geht ihm an die Riemen* und *Es geht um seine Riemen:* auf seine Gefahr oder Kosten, bewahren die Erinnerung an eine ma. Strafe: dem Verurteilten wurden schmale Streifen (Riemen) aus der Haut geschnitten, ↗ schinden.

Riemen schneiden bedeutete: Vorteil aus etw. ziehen, zweifaches Riemenschneiden galt als strafbar. Bei Waldis (IV, 13, 55) heißt es: „Die gselln, die so jrn datum setzen vnd all morgen jr messer wetzen, damit sie zwiefach riemen schneiden, ob sie denn auch an galgen leiden, des soll man kein mitleiden hon".

Sich in die Riemen legen: sich sehr anstrengen, für etw. einsetzen. In dieser Rda. steht Riemen für Ruder; vgl. frz. ,s'atteler (à la tâche)': wörtl. sich an (die Arbeit) spannen.

Riemenstecher. Die Feststellung *Er ist ein (alter) Riemenstecher* bedeutet: er ist ein bes. schlauer, gerissener Kerl, der alle Vorteile wahrnimmt. ,Riemenstecher' galt auch als Schimpfwort und bezeichnete urspr. den betrügerischen Landstreicher, der auf Jahrmärkten in einen zusammengerollten Riemen stechen ließ. Er konnte es immer so einrichten, daß der Stich der anderen an dem Riemen vorbeiging. Bereits im 13. Jh. erschien die Bez. Riemenstecher im Stadtbuch von Augsburg. Noch ein Edikt Friedrich Wilhelms I. von Preußen vom 28. Jan. 1716 richtet sich gegen sie und stellt sie auf eine Stufe mit

Marktschreiern und Komödianten: „Marktschreier, Comödianten, Gaukler, Seiltänzer, Riemenstecher, Glückstöpfer, Puppenspieler u. dgl. Gesindel". Außerdem galt das Riemenstechen als beliebtes Kinderspiel, das besondere Geschicklichkeit erforderte, weil dabei mit dem Griffel in die Schlingen des Riemens gestochen werden mußte, der die Schulbücher zusammenhielt (Wander, Bd. III, Sp. 1684).

Riese. *Nach Adam Riese.* Diese Rda., mit der man die Richtigkeit einer Rechnung zu bekräftigen pflegt, geht zurück auf die verbreitetsten und volkstümlichsten Rechenbücher des 16. Jh.: Adam Rieses (auch Ries, Rys und Ryse geschrieben) ‚Rechenung auff der linihen' (zuerst 1518 o. O.) und ‚Rechenung auf der linihen und federn' (zuerst 1522 in Erfurt erschienen).

,Nach Adam Riese'

Im Gegensatz zu den meisten Rechenbüchern des 16. Jh. waren sie alle in dt. Sprache abgefaßt. Der Verfasser, geboren 1492 in Staffelstein bei Bamberg, starb 1559 in Annaberg im Erzgeb., wo er Bergschreiber war. Seine beiden Söhne Abraham und Jakob Riese hatten ebenfalls einen Ruf als Rechenmeister. Namentlich stand der erstere in großem Ansehen, und auch

dessen Söhne, Heinrich und Karl Riese, erhielten den Ruf ihres Großvaters aufrecht. Seine Rechenbücher aber waren bis in die Mitte des 18. Jh. weit verbreitet.

Ein abgebrochener Riese sein: scherzhafte Umschreibung für klein gewachsene Leute. Ein ,halber Riese' ist auch der saloppe Name für einen 500-DM-Schein, 1000 DM sind ,ein Riese'.

Etw. kommt mit Riesenschritten auf einen zu: ein Ereignis nähert sich in unheimlicher Schnelle.

Lit.: *B. Berlet:* Zur Feier des 400. Geburtsjahres von Adam Riese (Frankfurt/M. 1892); *K. Vogel:* Adam Riese, der dt. Rechenmeister (München 1959); *F. Deubner,* in: Zs. f. Gesch. der Naturwissenschaften, Technik und Medizin 1 (1960), 7 (1970), 8 (1971).

rin. *(Immer) rin in die gute Stube!:* tritt ein! „Kommen Sie 'rein in die gute Stube" soll während der Kaisermanöver im September 1876 eine Leipzigerin zu Prinz Friedrich Carl von Preußen gesagt haben, als er ihr als Einquartierung zugewiesen wurde; 1880 bei Stinde belegt. Eine verwandte rdal. Aufforderung einzutreten ist: *Rin ins Vergnügen!* und *Immer rin in die Kartoffeln!*
Rin in die Kartoffeln, raus aus die Kartoffeln! ist ein Ausruf der Verärgerung über Entschlußlosigkeit oder sich widersprechende Anordnungen. Die Wndg. stammt aus dem militär. Scherz ,Vom Manöver'. Friedrich Wülfing veröffentlichte ihn in Nr. 1885 der ,Fliegenden Blätter' im Nov. 1881.

Rindermist. *Um Rindermistes willen etw. erdulden müssen:* wegen einer Bagatelle Strafe erleiden müssen. Das Stehlen von Rindermist wurde freilich in der Antike mit scharfer Buße belegt, da Mist als wertvoller Dünger hoch geschätzt war.

Lit.: *O. Keller:* Die antike Tierwelt, Bd. 2 (Leipzig 1909), S. 329–371, bes. S. 351.

Ring. *Ringe tauschen (wechseln):* heiraten. Fessel und Ring binden ihren Träger in irgendeiner Form nach alter Vorstellung. Ein früher Nachweis dieser Traditionskette, die den Ring als äußeres Zeichen eines Gelübdes interpretiert, ist der Bericht von Tacitus in der ,Germania' über die Chatten (Kap. 31): „Die Tapfersten trugen außerdem einen eisernen Ring wie

1245

eine Fessel, bis sie sich durch Tötung eines Feindes davon freimachen konnten".

Auf den Ehering beziehen sich folgende Rdaa.: *einen Ring darauf geben:* ein Eheversprechen eingehen; *einen zu engen Ring an den Finger gesteckt haben:* eine Mißheirat eingegangen sein.

‚Einen Ring darauf geben'

Du kannst mich um den Ring pfeifen! ist die verächtliche Abfertigung eines Menschen, der einem lästig oder gleichgültig ist, wobei Ring wohl verhüllend für einen derberen Ausdr. steht. Joh. Fischart (‚Ehezuchtbüchlein' S. 247) gebraucht „durch den Ring schlagen". Doch kann Ring sich auch auf eine Runde beim Tanz beziehen; so 1668 bei Christian Weise in den ‚Überflüssigen Gedanken der grünenden Jugend' (S. 204): „Wer ein Narr wäre, ließe sich um den Ring fiedeln", so daß die Rda. also auf eine ähnl. Vorstellung zurückginge wie: ‚nach jem. ↗ Pfeife tanzen'. *Jem. einen Ring durch die Nase ziehen:* ihn als einfältig und dumm behandeln. Der Ring durch die Nase bezieht sich wohl auf den an einem Nasenring herumgeführten Tanzbären der Schausteller. Häufig in imperativischer Form: ‚Laß dir einen Ring durch die Nase ziehen!' Wem man diesen Rat erteilt, den hält man für unselbständig und einfältig wie einen Tanzbären; vgl. ndl. ‚Iemand een' ring door den neus steken'. *Ein goldener Ring in die Nase eines Schweines* (schon lat. ‚annulus aureus in naribus suis') i. S. v.: ‚Perlen vor die Säue werfen'.

Lit.: *Jungwirth:* Art. ‚Ring', in: HdA. VII, Sp. 702–724; *H. Battke:* Geschichte des Ringes (Baden-Baden 1953); *O. Holzapfel:* Zur Phänomenologie des Ringbrauchtums, in: Zs. f. Vkd. 64 (1968), S. 32–51; *G. Hempel:* Fingerringe. Eine Sonderausstellung aus den Beständen des Österr. Museums f. Vkde. (Wien 1985); *A. Ward, J. Cherry u. a.:* Der Ring im Wandel der Zeit (Fribourg 1987).

Ringelpietz. *Ringelpietz mit Anfassen machen:* auf einer Gesellschaft sehr lustig und ausgelassen sein.

Slaw. ‚pieć' (singen) steckt in dem zweiten Teil des Wortes, welches vor allem in Berlin sehr gebräuchl. war.

Ringeltaube. *Das sind Ringeltauben* sagt man, wenn man etw. Seltenes sieht. So auch in einem ndd. Wellerismus: ‚„Dat sünd Ringelduwen!" sagg de Buur, do hadde he teggen nen rieken Kerl ne Prozeß wunnen' (H. Büld: Ndd. Schwanksprüche ..., S. 45).

Die Ringeltaube begegnet in den Mdaa. häufig als rdal. Bild für etw. Seltenes; z. B. ndd. ‚dat sind Rengeldüvcher', das sind Seltenheiten; ‚dat send Ringeldouwen, dei schütt me nit alle Dage'; auch rheinhess. ‚du bist en Ringeltäubche', d. h. was du sagst, ist so gut wie ausgeschlossen, weil die Ringeltauben so selten sind.

Die Ringeltauben unterscheiden sich von ihren Artgenossen durch ihre ungewöhnliche Größe; außerdem haben sie auf blau-grauem Federkleid weiße Halsflekken, die mitunter zu einem Ring (obd. ‚Ringel') zusammenlaufen.

Lit.: *O. Keller:* Die antike Tierwelt, Bd. 2 (Leipzig 1913), S. 127; *E. Ingersoll:* Birds in Legend, Fable and Folklore (New York 1923, Ndr. Detroit [Mich.] 1968); *C. H. Tillhagen:* Fåglarna i folktron (Vögel im Volksglauben) (Stockholm 1978); *E. u. L. Gattiker:* Die Vögel im Volksglauben (Wiesbaden 1989), S. 379–384.

Rinke(n) ↗ Rang.

Rippe. *Das kann ich mir nicht aus den Rippen schneiden* (auch *durch die Rippen schwitzen):* etw. Unmögliches kann ich nicht schaffen; ich weiß nicht, wo ich das Geld dazu hernehmen soll. Die Rda. ist wohl eine Weiterbildung der aus der Bibel bekannten Vorstellung, daß Gott aus Adams Rippe Eva geschaffen hat. Ähnl.

ostfries. ‚Ik kann mi doch keen Geld ut de Beenen snieden‘. In etw. abweichendem Sinne schwäb. ‚Des kann mr net durch die Rippe schwitze‘, es will seinen natürlichen Ausgang.
Von einem Faulpelz sagt man meckl. ‚De hett ne ful Ribb‘, von einem Dicken in Ostfriesland ‚De hett wat up de Ribben‘, übertr.: er hat Vermögen, stellt sich gut.
Nichts in den Rippen haben: hungrig, mager sein. *Bei ihm kann man alle Rippen zählen:* er ist sehr mager, schlecht ernährt (schon im 16. Jh. bei Hans Sachs). Vgl. frz. ‚On peut lui compter les côtes‘.
Etw. in (hinter) die Rippen kriegen: nach Hungerzeit zu essen bekommen.
Ndd. ‚Dat steit bi de Ribben‘, das setzt den Rippen Fleisch an (z. B. von Kohlsuppe mit Speck gesagt).
Einen hinter die Rippen plätschern: Alkohol trinken.
Jem. etw. in die Rippen stoßen (schmeißen): ihn bestechen.
Durch die Rippen stinken: sehr übel ausdünsten.

Riß. *Vor dem Riß stehen, vor den Riß treten:* für einen entstandenen Schaden die Verantwortung tragen, dafür aufkommen, eigentl.: wie tapfere Männer vor den Riß traten, den der Feind in die Stadtmauer geschlagen hatte, und, sich für andere bloßstellend, den entstandenen Schaden wiedergutzumachen und weiteren Gefahren vorzubeugen suchten. Das Bild findet sich öfters in Luthers Bibelübers., z. B. Hes. 22,30: „Ich suchte unter ihnen, ob jemand sich eine Mauer machte und wider den Riß stünde gegen mir für das Land, daß ich's nicht verderbete; aber ich fand keinen"; ebd. 13,5 heißt es von den falschen Propheten: „Sie treten nicht vor die Lücken und stehen nicht im Streit am Tage des Herrn"; ferner Ps. 106,23: „Und er sprach, er wollte sie vertilgen, wo nicht Mose, sein Auserwählter, den Riß aufgehalten hätte". Im 18. Jh. tritt dafür die Wndg. ‚in die ⁊ Bresche treten‘ ein; doch findet sich ‚für den Riß stehen‘, für den Schaden aufkommen, Hilfe bringen, noch in den Mdaa., z. B. obersächsisch.
Es gibt mir einen Riß: ich erschrecke, von dem reißenden Gefühl der Nervenerregung abgeleitet; bes. oesterr. üblich.

Einen Riß im Kopf haben: nicht recht bei Verstand sein; ‚hirnrissig‘; vgl. frz. ‚avoir le timbre fêlé‘ (einen Riß in der Glocke haben); vgl. auch das frz. Sprw. ‚Un pot fêlé dure plus qu'un neuf‘: einen Topf mit einem Sprung ist dauerhafter als ein neuer.

Ritten. *Daß dich der Ritten schütt!* ist ein alter rdal. Fluch. Ritten ist das altdt. Wort für Fieber, von diesem Lehnwort erst im 17. Jh. verdrängt. Mit Ritten bezeichnete man vom 14. bis 16. Jh. vor allem ein sehr verbreitetes pestartiges Fieber, das die Leute jäh ergriff und dahinraffte. Lit. bei dem Prediger Geiler von Kaysersberg (‚Sünden des Mundes‘ 39): „Das dich der rit schit!" oder „Das im got den ritten geb"; bei Joh. Pauli (‚Schimpf und Ernst‘): „Das Gott dem kargen schelmen den ritten gebe". Bei Thomas Murner in der ‚Schelmenzunft‘ findet sich die Rda. sehr häufig: „Ich zitter als mich der ritten schit", „Wolt Got, das sie der ritte schit"; ebenso bei Hans Sachs (IV, 44): „Geht hin, dass euch der Riet schüttelt". Weitere lit. Belege bei Wander III, Sp. 1695f.

Lit.: *O. v. Hovorka* u. *A. Kronfeld:* Vergleichende Volksmedizin, 2 Bde. (Stuttgart 1908–09), Bd. I, S. 135ff.

Ritter. *Jem. ist ein Ritter von der traurigen Gestalt:* jem. der groß gewachsen, lang und hager ist, eine schlechte Haltung hat und wirtschaftlich heruntergekommen ist. Der Titelheld des Romans ‚Don Quijote‘ von Miguel de Cervantes Saavedra (1547–1616) trägt diesen Beinamen (span. ‚el caballero de la triste figura‘). Schon im 18. Jh. war diese Bez. für einen lächerlichen Helden in der dt. Dichtung üblich. Kortum erzählt 1784 in seiner Jobsiade: „So nahm dann dies Abenteuer behende für unseren Helden ein erwünschtes Ende. Und gleich dem Ritter von der traurigen Gestalt fuhr er mit der Kutsche alsbald". H. Heine schreibt in einem Brief vom 4.5.1823: „Ich Ritter von der traurigen Gestalt werde nie eines solchen (Weibes) teilhaftig werden können, und, wie die Weiber im Koran, muß ich mich mit dem Anblick des Paradieses begnügen". Schon die ma. Abenteuer- und Ritterromane gaben ihren Helden entspr. deren

Wappenbild (↗ Schild) Beinamen wie ‚Löwenritter‘, ‚Ritter mit dem Rade‘ u. a. Heute werden manche Berufsgruppen scherzhaft damit umschrieben. So sind die ‚Ritter von der Feder‘ die Schriftsteller; ein ‚Ritter des Pedals‘ ist ein Radrennfahrer, ein ‚Ritter der Landstraße‘ ein LKW-Fahrer. Ein ‚Ritter‘ ist die Bez. eines Mannes, der Frauen gegenüber sehr höflich und zuvorkommend ist; ein Kavalier (aus frz. chevalier: Ritter), ein ritterlicher Mann.

‚Ein irrender Ritter‘ ist jem., der nur kurze Zeit an einem Ort bleibt, da er immer wieder auf der Suche nach neuen Abenteuern ist. Dieser Ausdr. ist die wörtl. Übers. von ‚chevalier errant‘, einem Beinamen eines Ritters aus der Artusrunde.

Auch *ein Ritter ohne Furcht und Tadel sein* geht auf einen frz. Ausdr. zurück: ‚Chevalier sans peur et sans reproche‘ war der Beiname des Ritters Bayard (1476–1524) und bedeutet: ein mutiger, sich vorbildlich benehmender Mann sein (vgl. Dürers Darstellung ‚Ritter, Tod und Teufel‘).

Arme Ritter backen: arm sein, in dürftigen Verhältnissen leben; diese Rda. ist heute veraltet, da die ‚armen Ritter‘ heute nicht mehr als ‚Arme-Leute-Essen‘ angesehen werden: es sind in Milch eingelegte Weißbrotscheiben, die paniert und mit einem Ei überschlagen in Fett gebacken werden. Sie sind als Speise seit dem 14. Jh. bekannt.

Lit.: *A. de Cock:* Ridder of meersman, in: Vkde, 7 (1894), S. 49–53; *A. de Cock:* Spreekwoorden en Zegswijzen, afkomstig van oude gebruiken en volkszeden: *A. Uit het Ridderwesen,* in: Vkde. 9 (1896/97), S. 207–217; 16 (1904), S. 82–89.

Ritze, ritzen. *Auf die Ritze hauen:* beim Kartenspiel Glück haben. Dahinter steht die Vorstellung, daß der zu gewinnen pflegt, der mit der Fuge der Holztischplatte in einer Richtung sitzt und so beim Ausspielen ‚auf die Ritze haut‘. Diese Wndg. war bes. in Preußen bekannt. Von da stammt ebenfalls die Rda. *In die Ritze schnorren:* spurlos verschwinden.

Allg. in Dtl. verbr. ist die Rda. *Längs der Ritze gehen können:* noch nicht betrunken sein, ↗ trinken.

Auf die Ritze müssen: im Ehebett in der Mitte unbequem schlafen müssen. Die Rda. begegnet auch scherzhaft, wenn Besuch kommt u. man befürchtet, daß eine weitere Schlafgelegenheit fehlt; oft auch in Form einer Frage: ‚Da muß ich wohl auf die Ritze?‘

Etw. ist geritzt: etw. ist vorbereitet, in die Wege geleitet worden, geht in Ordnung. Der Ausdr. kommt wahrscheinl. von der Sprache der Bergleute her. Hier bedeutet die ‚Ritze‘ eine Vertiefung, die in die Felswand gehauen wird, um Keile zum Sprengen eintreiben zu können. ‚Es ist geritzt‘ bedeutet hier, daß die nötigen Vorbereitungen für eine Aktion getroffen wurden.

Rochus. *Einen Rochus auf jem. haben:* Aggressionsgefühle gegen jem. hegen, einen Groll, Zorn haben; auch: *etw. aus Rochus tun:* etw. in Wut, Zorn tun. Das Wort ‚Rochus‘ kommt aus jidd. ‚rochus‘, ‚rauches‘ (Ärger, Zorn). Es ist in den dt. Mdaa., bes. im Rhein., sehr verbr., im Rotw. konnte es seit dem 19. Jh. nachgewiesen werden.

Rock. *Rock wie Hose:* eines wie's andere, gleichgültig; veraltet, heute gewöhnlich: ‚Jacke wie Hose‘ (↗ Jacke); vgl. frz. ‚C'est bonnet blanc ou blanc bonnet‘.

Den bunten (moderner: *grauen*) *Rock anziehen:* Soldat werden. Früher galt der ‚graue Rock‘ als Zeichen des geistlichen Standes, während das Militär den blauen Rock trug. Ähnl. auch in den Mdaa., z. B. schlesw.-holst. ‚im kommenden Johr schall mien Jung den bunten Rock anheben‘. Die Redewndg. vom ‚bunten Rock‘ ist bibl. Urspr. und findet sich zuerst 1. Mos. 37,3.

Die rote Farbe war sonst die Kleiderfarbe der Hoftracht; daher sagte man auch für ‚sich in Gunst setzen‘: *sich einen roten Rock verdienen.* ‚Sich e rots Reckel verdiene‘ heißt im Elsaß: sich durch Verleumdung eines Dritten einschmeicheln wollen.

Einen grauen Rock verdienen wollen sagt man von uneinigen und schwatzhaften Dienstboten und Ohrenbläsern. Schon Murner gebraucht diese Wndg. in seiner ‚Schelmenzunft‘ (10): „Ich heiss knecht heintz, vnd hab mer gsellen, die alzeit mehr aussrichten wöllen, dann man jn beuolhen hat, doch selten mit einer guten that. Nur mit falschen Schelmenstücken, das wir all Ding zu Vnfal schicken, vnd vnserm Herrn zu ohren tragen, was wir wissen, jnen sagen. Was wir nit wissen, liegen wir; bist du weise, hüt dich vor mir. Wer mich dingt, fart an ein stock, vnd muss mir geben ein grawen Rock".

Im Schwäb. heißt ‚solang der Rock noch nicht am Bett hängt': es geht alles noch, solange man nicht bettlägrig ist.

In Ostfriesland hört man: ‚Se hett'n grönen Rock an, sie ist längst gestorben, auf ihrem Grab wächst Gras.

Das Hemd ist (mir) näher als der Rock ↗ Hemd.

Einen steinernen Rock anziehen: ins Gefängnis kommen.

Sich den Rock nicht zerreißen lassen: sich nicht nötigen lassen; die Rda. geht zurück auf die Verführungsszene 1. Mos. 39, 12. Lit. in Grimmelshausens ‚Simplicissimus' (I. Buch, Kap. 29): „Ich ließ mir nicht lange den Rock zerreißen, sondern folgte meinen Begierden".

Im Lauf der Zeit wurde der Rock zur typischen Kleidung des weibl. Geschlechts und steht als pars pro toto in der Rda. *hinter jedem Rock hersein:* jeder Frau nachlaufen, ein ↗ Schürzenjäger sein.

Aus älterer Zeit stammen die Rdaa. *jem. gerade noch beim Rock erwischen können:* jem. in letzter Sekunde erreichen.

Sich an jem.s Rockschöße hängen: sich aus großer Unselbständigkeit an andere anklammern. *Am Rockzipfel hängen:* sich an die Mutter anklammern, Nähe und Schutz durch engen Kontakt suchen, sich noch nicht lösen können, unselbständig sein. Die Rda. wird oft mißbilligend gebraucht, wenn dieses Verhalten aus der Kleinkindphase auch noch bei Heranwachsenden anhält.

Roggenwolf. *Brüllen (fressen, heulen) wie ein Roggenwolf:* etw. sehr heftig, laut tun, ndd.: ‚He frett' as'n Roggenwulf': er ist gierig. Roggenwolf ist der Name für eine gespenstische Erscheinung im Roggenfeld, auch derjenige der letzten Garbe und der daraus verfertigten Puppe. Im Ndd. heute Schimpfwort für einen faulen Menschen: ‚He ligt dar as en Roggenwulf.'

Lit.: *W. Mannhardt:* Roggenwulf und Roggenhund (Danzig 1865); *A. Haas:* Rügensche Sagen und Märchen (Stettin ⁴1912), S. 93, Nr. 103: ‚Der Roggenwulf'; *R. Beitl:* Art. ‚Korndämonen', in: HdA. V, Sp. 249–314.

Rohr, Röhre. *Etw. auf dem Rohre haben:* es darauf abgesehen haben, seine Aufmerksamkeit darauf gerichtet haben; hergeleitet von dem Rohr des Gewehrs, über das hinweg der Schütze das Ziel ins Auge faßt (in gleichem Sinn: ‚aufs Korn nehmen', ↗ Korn; ‚auf der Muck haben', ↗ Mücke, vgl. ‚auf dem Kieker haben', ‚auf dem Visier haben'). Christian Felix Weiße schreibt in seinen ‚Lustspielen' (1783, Bd. III, S. 101): „Er hat gewiß wieder etwas auf dem Rohre".

Vom Gewehr her genommen ist auch *Das Rohr ist geladen:* ich bin zum Kampf bereit.

Volles Rohr bringen: etw. mit äußerster Kraftaufwendung tun; bes. beim Autofahren Vollgas geben. Urspr. kommt der Ausdr. aus der Soldatensprache von einem Geschützrohr, das mit größtmöglicher Ladung schießt.

Etw. ist im Rohr: etw. Schlimmes ist zu befürchten.

Vom Schilfrohr: *Er weiß sich aus jedem Rohr eine Pfeife zu schneiden:* er findet sich in allen Lebenslagen zurecht; vgl. frz. ‚Il fait feu de tout bois' (wörtl.: Aus jedem Holz macht er Feuer). *Im Rohr sitzen und sich Pfeifen schneiden:* die günstige Gelegenheit nutzen.

Lit. Belege für diese Rda. sind schon aus dem 17. Jh. vorhanden. Ein Pater namens Florentius Schilling predigte am 18. Mai 1660 in der Michaelerkirche in Wien: „Rohr wäre auch eine Feder und die im Rohr sitzen schneiden sich die besten Pfeifen, daraus könnte hernach allerley geschnitten werden". Abraham a Sancta Clara schreibt in der ‚Toten-Capelle': „Er sitzt in Röhren und kann Pfeifen schneiden, wie er will" (Lauchert, S. 13).

Er hat im Rohr gesessen, ohne sich Pfeifen zu schneiden: er hat eine günstige Gelegenheit nicht ausgenutzt.

Der rdal. Vergleich *wie ein schwankendes Rohr (im Wind)* für einen charakterschwachen oder unschlüssigen Menschen ist bibl. Urspr.; Luk. 7, 24 heißt es: „Wolltet ihr ein Rohr sehen, das vom Winde bewegt wird?" Rohr meint in der gegenwärtigen Umgangssprache auch eine Flasche Alkohol, vor allem Bier; daher: *ein Rohr anbrechen:* eine Flasche öffnen, *ein Rohr brechen:* eine Flasche trinken.

In (oder *durch*) *die Röhre gucken:* leer ausgehen, das Nachsehen haben; vor allem auch berl. ‚in die Röhre kieken'; bair. erweitert: ‚mit'm Ofenrohr ins Gebirg' schaung'. Das Bild der Rda. ist entweder vom Fernrohr genommen, mit dem man in den Mond guckt (was ja dieselbe Bdtg. hat), oder von der Abtrittsröhre, wodurch Verwandtschaft mit dem gleichbedeutenden ‚in den ↗ Eimer sehen' besteht. Dazu auch das Scherzwort: ‚Das Leben ist eine Klosettröhre: man macht viel durch'. Auch eine eng anliegende Hose wird als Röhre bez. Heute meint man damit auch die Bildröhre beim Fernsehen.

Ein Rohr verlegen bedeutet auch: Geschlechtsverkehr haben.

Lit.: *E. Grawi:* Die Fabel vom Baum und dem Schilfrohr in der Weltliteratur (Diss. Rostock 1911); *H. Stein:* Art. ‚Baum und Rohr', in: EM. I, Sp. 1386–1389.

Röhrle. *Jem. ist ein Röhrle:* heißt schwäb.: ‚ein pfiffiger Schwabe'; auch: ein ‚blitzgescheiter', heller, fleißiger und wacher Mensch. Unter Napoleon diente ein Soldat namens Gottlieb Röhrle aus Häfner-Neuhausen, der sich einer Auszeichnung mit der Antwort, er habe nur seine Schuldigkeit getan, entziehen wollte. Seither erscheint er auf Bilderbogen als wackerer, pfiffiger Schwabe, als militärisches Vorbild, ↗ Schuldigkeit.

‚Röhrle'

Rohrspatz. *Schimpfen wie ein Rohrspatz* (auch *wie ein Rohrsperling;* ostfries. ‚he schellt as'n Reitlünink'). Alwin Voigt (Programm der 1. Realschule zu Leipzig [Leipzig 1892]) sagt über diesen Vogel (Acrocephalus turdoides): „aus den Schilffeldern, welche die Ufer umsäumen, ruft ein Vogel ohne Unterlaß karra, kara, karrn – kint, kint, kint, weshalb man ihn in Holland Karrakind nennt. Das Karra-Karrn macht ganz den Eindruck, als sei es dem Froschkonzert entlehnt; das Kint-Kint klingt mehr rufend oder schreiend als pfeifend und liegt mindestens eine Quinte höher als das Schnarren und Karren". Der rdal. Vergleich selbst ist aus dem 18. Jh. belegt, z. B. bei G. A. Bürger:

Sie schimpfte wie ein Rohrsperling,
Wenn man sie wollte necken,

bei Wieland (‚Pervonte', 2. Teil, V. 56): „und wie ein Rohrspatz auf mich schimpfet".

Zelter an Goethe (6.–9. Nov. 1830): „Alle (Personen in Grillparzers ‚Medea') quälen sich und schimpfen wie die Rohrsperling".

Rohrspatz ist der volkstümliche Name des Drosselrohrsängers, Acrocephalus arundinaceus, auch Rohrschliefer, Rohrsperling, Flußnachtigall, großer Spitzkopf u. a. genannt. Der Ornithologe Naumann schreibt über diesen Vogel: „Seine Lockstimme ist ein schnalzendes tiefes Tack oder Zatsch und ein knarrender Ton, dumpfer und gröber als das Knarren der Nachtigall. Dies tiefe schnarchende Karr oder Scharr hört man bes., wenn er etwas Auffallendes in seiner Nähe bemerkt. In der Angst stößt er harte schäkkernde Töne aus, die der Stimme eines Würgers ähneln, und die Jungen haben, solange sie der elterlichen Pflege bedürfen, eine quäkende Stimme, die dem Lockton des Bergfinken gleicht. – Das Männchen läßt seinen sehr lauten und nicht unangenehmen Gesang hören, sobald es im Frühjahr bei uns ankommt. Es gibt Liebhaber, die ihn schön finden und sehr gern hören, er klingt auch, bes. des Nachts oder in der Dämmerung, höchst angenehm, zumal weil er auf dem Wasser so widerhallt und der Ton dadurch verstärkt wird; allein es gibt auch viele Menschen, welche ihn schlecht finden und die Töne mit dem Quaken der Laubfrösche vergleichen. Ganz unrecht haben denn nun diese auch nicht; denn das Kärr kärr kärr – Dore dore dore – karre karre karre – kai kei ki – karra karrakied und andere ähnliche Strophen haben wirklich viel Ähnlichkeit mit Froschmusik ...
Ihre Unruhe und Zanksucht treibt sie bald

hier-, bald dahin, und wo mehrere Pärchen beisammen nisten, nimmt der Hader kein Ende ... Ihre Zanksucht ist indessen meist nur gegen ihresgleichen gerichtet; mit anderen befiederten Bewohnern des Rohres leben sie häufig in friedlicher Nachbarschaft beisammen".

Rohrspatz (‚Schimpfen wie ein Rohrspatz')

In Mecklenburg hat das Volk der sonderbaren Melodie einen entspr. Text unterlegt: ‚Korl, Korl, Korl, Korl? Kikik! Kikik! – Wecker, wecker, wecker, wecker? – De Dick, de Dick, de Dick!' (Karl, Karl, guck, guck! – Welcher, welcher? – Den Dicken, den Dicken!).

Lit.: Brehms Tierleben, hg. v. O. zur Strassen, Vögel, Bd. IV (Leipzig–Wien ⁴1913), S. 82ff.; *Naumann:* Naturgesch. der Vögel Mitteleuropas (Gera o.J.), II, 52; *E. Ingersoll:* Birds in Legend, Fable and Folklore (Ndr. Detroit [Mich.] (1968); *C. H. Tillhagen:* Fåglarna i folktron (Stockholm 1978); *E. u. L. Gattiker:* Die Vögel im Volksglauben (Wiesbaden 1989), S. 69–70.

Röhrwasser. *Ausbleiben* (oder *wegbleiben*) *wie Röhrwasser:* unvermutet auf einmal wegbleiben, auch: stumm bleiben. Noch heute kommt es vor, daß das Wasser aus einer Rohrleitung aus irgendeinem Grunde plötzlich nicht mehr zum Hahn heraustritt, wenn man ihn aufdreht; viel öfter geschah dies bei den unvollkommenen technischen Einrichtungen älterer Zeiten. Die Rda. findet sich schon 1673 bei Christian Weise in dem Roman ‚Die drei klügsten Leue' (S. 195) „Die Autorität und Geschicklichkeit bleiben unterweilen außen wie das Röhrwasser"; bei Goethe im ‚Faust' (II, V. 4832f.):

Subsidien, die man uns versprochen,
Wie Röhrenwasser bleiben aus.

In Ifflands „Jägern' (I, 5) sagt der Oberförster von Kordelchen: „Es geht ihr mit ihren Liebhabern wie uns mit Röhrwasser – sie bleiben aus".

Rolle, rollen. *Eine große Rolle spielen:* wichtig sein, von Ansehen und Bedeutung sein; wohl erst aus dem 18. Jh. nachzuweisen. Ebenso: *keine Rolle spielen:* nicht viel zu sagen haben; auch von Dingen gesagt, z. B. ‚Geld spielt bei ihm keine (große) Rolle', scherzhaft erweitert zu: ‚Geld spielt keine Rolle, da nicht vorhanden'. Die Rdaa. sind von der Schauspielkunst entlehnt, wo unter der Rolle eines Schauspielers die ihm zufallenden Worte verstanden werden. Der Text des Schauspielers wurde seit Ende des 16. Jh. auf einen Papierstreifen geschrieben, von dem er auf den Proben die eben gebrauchte Stelle sichtbar hielt, während er das übrige aufrollte. Daher auch: *aus der Rolle fallen:* sich unpassend benehmen (scherzhaft verdreht zu: ‚aus der Falle rollen'), wie ein Schauspieler, der statt des darzustellenden Charakters sich selbst spielt. Ferner: *sich in die Rolle eines anderen versetzen:* einfühlend sein; *einem durch die Rolle fahren:* seine Absichten durchkreuzen, ihn mißhandeln; *mit seiner Rolle zu Ende sein:* nicht mehr wissen, was man tun oder sagen soll; frz. ‚être au bout de son rouleau' (Pergamentrolle).
Er hat seine Rolle ausgespielt: er ist gestorben. *Die Rollen vertauschen:* Aufgaben, Posten, auch Ansichten tauschen, wie ausgewechselt sein; frz. ‚intervertir les rôles'.
Jem. auf die Rolle schieben: jem. zum Schein wütend machen, ihn auf den ↗Arm nehmen; vor allem alem. ‚jem. uf d' Rolle schiebe'. Die Wndg. bezieht sich auf das Glätten großer Wäschestücke mit Hilfe einer Rolle, ↗Mangel. Daher auch das bekannte Berliner Lied:

Hilf mir mal die Rolle drehn,
Du bist so dick und stramm.
G(sch)enier dich nicht
Und zier dich nicht!
Wir dreh'n das Ding zusamm',

das auch eine erotische Bdtg. besitzt.

Etw. ins Rollen bringen: den Anstoß zu einer Entwicklung geben; auch: ‚Der ↗Stein kommt ins Rollen'.

Rom. *Er ist in Rom gewesen und hat den Papst nicht gesehen* (ital. ‚essere stato a Roma sénza aver veduto il Papa') wird auf jem. angewendet, der sich eine berühmte Sehenswürdigkeit hat entgehen lassen, obwohl er an Ort und Stelle war, also gute Gelegenheit gehabt hätte. Schon in einem Fastnachtsspiel von 1457 gebraucht: „Als sei er zu Rom gewesen und hab den babst nit gesehen".

Er will nach Rom und fährt den Rhein hinab: er schlägt einen Weg ein, auf dem man nicht ans Ziel gelangen kann.

Es ist mir eben, als wenns zu Rom donnert: es ist mir sehr gleichgültig; so schon bei Burkard Waldis: „Welches den kauffman so wundern that, als obs zu Rom gedonnert het".

Die Beteuerungsformel *Ich wollte lieber rücklings nach Rom wallen* (mit der Ergänzung: ‚wenn es nicht wahr ist') hat sich heute nur noch in den Mdaa. erhalten, z. B. schweiz. ‚i will hindersi ge Rom laufe'.

Man könnte nach Rom gehen und wieder kommen sagt man, wenn etw. ungewöhnlich lange dauert (auch ndl. ‚men zoude eerder naar Rom gaan en wederkomen').

Rom (der Papst) hat gesprochen (‚Roma locuta – causa finita'): die Sache ist nun endgültig entschieden.

Sie ist nach Rom gereist verhüllend für: sie ist in die Wochen gekommen.

Von einem stumpfen Messer sagt man: *Darauf kann man (bis) nach Rom reiten* (↗ Messer).

Zustände (Sitten) wie im alten Rom ↗ Zustand.

Mit der Rda. ‚Los von Rom' wird zum Aufbruch gedrängt. Es handelt sich dabei urspr. um die Losung der Ende des 19. Jh. in Österreich entstandenen ‚Los-von-Rom-Bewegung'. Doch berichtet der österr. Dichter Robert Hamerling (1830–89) in ‚Stationen meiner Lebenspilgerschaft', er habe 1848 in Wien an einer dt.-kath. Versammlung teilgenommen, bei der bei der ehemalige kath. Priester Hermann Pauli jeden Abschnitt seiner Rede mit „Los von Rom!" abschloß.

Will man sich rechtfertigen, wenn eine Arbeit länger dauert als erwartet, so sagt man: ‚Auch Rom ist nicht an einem Tag erbaut worden'. Dieses Sprw. ist, wie die Angaben bei Wander (III, 1716, Nr. 52) beweisen, recht alt und in allen europäischen Sprachen vorhanden; vgl. engl. ‚Rome was not built in a day'. Auch das Sprw. ‚Alle Wege führen nach Rom' ist international bekannt. Es besagt, daß es oft mehrere Lösungsmöglichkeiten für ein Problem gibt.

Das in Senecas ‚Apocolocyntosis' im 8. Kap. überlieferte Sprw. ‚In Rom lecken die Mäuse die Mühlsteine' ist in seiner Bdtg. nicht restlos geklärt. F. Dornseiff zählt etliche Deutungsversuche auf: Die Römer sind Feinschmecker. In Rom stimmt etwas nicht. In Rom ist man dreist. In Rom ist alles ordentlich und sauber, selbst die Mühlsteine werden von den Mäusen saubergeleckt. In Rom nähren sich die Mäuse gottselig vom Opferschrot. Auch in Rom wird nur mit Wasser gekocht. In Rom geht es streng zu, da fällt nichts für die Mäuse ab.

Betrachtet man jedoch den Kontext, in dem das Sprw. ‚Quia Romae, inquis, mures molas lingunt' steht, so bekommt es ohne Zweifel eine erotische Bedeutung: Der Kaiser Claudius ist gestorben. Nun bittet sein Schatten, zusammen mit Herkules, ihn in den Kreis der Götter aufzunehmen. Ein Zwiegespräch beginnt zwischen den Göttern und Herkules, der Claudius' Sache vertritt. Herkules greift die Götter an, indem er Jupiter vorwirft, er sei mit seiner eigenen Schwester Juno vermählt. Jupiter rechtfertigt sich damit, daß in Alexandria die Ehe zwischen Geschwistern erlaubt sei, in Athen die Ehe zwischen Halbgeschwistern. Dann kommt die Rede auf Rom, und Herkules betont verhüllend durch das Sprw. „daß in Rom die Lüstlinge (Mäuse) die cunnas (Mühlsteine) ihrer Schwestern nur zu lecken pflegen".

Lit.: *R. Hamerling:* Stationen meiner Lebenspilgerschaft (Hamburg 1889), S. 155; *J. Diefenbach:* Die Wahrheit über die Los von Rom Bewegung in Österreich (Frankfurt/M. 1900); *Th. Hopfner:* In Rom lekken die Mäuse Mühlsteine, in: Wiener Studien 44 (1925), S. 117–120; *H. Lackenbacher:* In Rom lecken die Mäuse die Mühlsteine, in: Wiener Studien 45 (1926), S. 126–129; *F. Dornseiff:* In Rom lecken die

1252

Mäuse die Mühlsteine, in: Rhein. Museum für Philologie 77 (1928), S. 221-224; *M. Ruhlen:* When in Rome, do as the Romanians do, in: American Speech (1970), S. 154-155; *M. Besso:* Roma e il Papa nei proverbi e nei modi di dire (Rom 1971).

röntgen, Röntgenaugen. Die durchdringenden Röntgenstrahlen sind rdal. auch auf den menschlichen Blick übertr. worden: *röntgen:* jem. scharf beobachten; *Röntgenaugen machen:* durchdringend blicken, durch dünne Bekleidung hindurch blicken wollen.

Rose. *Auf Rosen gebettet sein, auf Rosen gehen, auf lauter Rosen sitzen* usw. sind Rdaa. zur bild. Umschreibung eines sehr glücklichen Zustandes; ebenso ndl. ,op rozen gaan'; frz. ,être (couché) sur des roses', ,son chemin est jonché de roses'; engl. ,their path is strewn with roses'.

‚Auf Rosen gebettet sein'

Entspr. das Gegenteil: *nicht auf Rosen gebettet sein:* Not, Leid, Sorgen zu ertragen haben. Die Rose ist die Blume der Freude und diente z. B. bei den Gastmählern im alten Rom zum Schmuck auf dem Haupt der Trinkenden; mit Rosen bestreut man noch heute bei festlichen Anlässen (z. B. bei der Fronleichnamsprozession oder vor einem Brautpaar) den Boden. Die Spätkultur des Altertums hat es fertiggebracht, sich buchstäblich auf Rosen zu betten; das lat. ,iacere in rosa', ,in stetem Vergnügen schwelgen', ist zunächst ganz wörtl. zu verstehen: Der Tyrann Dionys ließ sich zu seinen Ausschweifungen Lagerstätten von Rosen bereiten. Nero ließ bei seinen Schwelgmählern durch Öffnungen in der Decke des Saales Rosen auf die Gäste herabregnen. Verres reiste in einer Sänfte, auf einer mit Rosen ausgestopften Matratze lagernd; dabei hatte er einen Kranz von Rosen auf dem Kopf und einen um den Hals. Kleopatra ließ zu einem Gastmahl den Fußboden des Speiseraumes eine Elle hoch mit Rosen bedecken. Auch von den Sybariten, den im Altertum wegen ihrer Schwelgereien berüchtigten Bewohnern der unterital. Stadt Sybaris, wird erzählt, daß sie auf Betten geschlafen hätten, die mit Rosenblättern gefüllt gewesen seien. Wir haben die Wndg. aus dem Altertum übernommen; sie wird aber im Dt., soweit sie sich zurückverfolgen läßt, immer nur bildl. und in übertr. Bdtg. gebraucht, wie z. B. in Luthers Spruch:

Des Christen Herz auf Rosen geht,
Wenn's mitten unterm Kreuze steht.

Ebenfalls nur in übertr. Bdtg. gemeint ist das Rosenstreuen in Höltys 1776 gedichtetem Lied ,Lebenspflichten', wo es heißt:

Rosen auf den Weg gestreut
Und des Harms vergessen!

Das alte Sprw. ,Es ist nicht auf Rosenblätter zu bauen', das sich z. B. 1541 bei Seb. Franck findet, erklärt sich so: Wem Rosenblätter gestreut werden, der soll darin nicht mehr als eine für den Augenblick gespendete Artigkeit sehen.

Da blüht ihm keine Rose: davon hat er nichts, er erlebt dort keine Freude; *das wird ihm keine Rosen tragen:* es wird ihm keinen Segen bringen; vgl. frz. ,Il ne l'emportera pas en paradis' ↗ Paradies.

Der rdal. Vergleich einer ,Rose unter den Dornen' kommt zuerst im Hohenlied vor, wo es 2, 1 heißt: „Wie eine Rose unter den Dornen, so ist meine Freundin unter den Töchtern".

In manchen sprw. Rdaa. steht die Rose bildl. für die Jungfräulichkeit eines Mädchens (vgl. Goethes ,Heideröslein'). In bezug auf ein gefallenes Mädchen wird z. B. gesagt: ,Die Rose ist zu früh gepflückt' (ebenso ndl. ,Het roosje is te vroeg geplukt').

Pflücket die Rose,
Eh' sie verblüht!

heißt es in dem zum Volkslied gewordenen Gedicht ,Freut euch des Lebens', das Joh. Martin Usteri 1793 in Zürich verfaßt hat.

Rosen brechen: das Abbrechen roter Rosen ist nicht nur im Volkslied stets ein erotisches Symbol; Wander (III, 1728) zählt zahlreiche Sprww. auf, die dieses verhüllende Bild benutzen, so z. B. ‚Wer Rosen da will brechen, der scheu die Dornen nicht'. Im Volkslied heißt es:

Als ich im Gärtlein war,
Nahm ich der Blümlein wahr,
Brach mir ein Röselein,
Das sollt mein eigen sein.

‚Wenn's schneiet rote Rosen' ist eine volkstümliche Formel für ‚niemals', die im Volkslied gern als Umschreibung gebraucht wird, ↗ Pfingsten. Auch ein Gedicht von E. Geibel trägt den Titel: ‚Wenn es rote Rosen schneit'.
Friedrich Rückert dichtete:

Hatt' ich wirklich dem Wunsche
    geglaubt
Daß ihm genüg' am Rosenblatte!
Wie die Ros' ihm ein Blatt erlaubt,
Ruht' er nicht, bis die Ros' er hatte.

Auch der ‚Rosengarten' spielt im Volkslied eine Rolle, er ist ‚locus amoenus', ein lieblicher Ort der Begegnung der Liebenden, aber auch die euphemistische Umschreibung für den Friedhof, wenn es im Lied heißt:

Im Rosengarten
will deiner warten,
im weißen Schnee,
im grünen Klee.

Der ‚Rosengarten' ist, wie K. Ranke nachgewiesen hat, urspr. ein altgerm. Kultplatz gewesen, wo die Toten bestattet waren und wo Recht gesprochen wurde.
Sie ist einmal bei einer Rose vorbeigegangen: sie bildet sich nur ein, jung und blühend zu sein.
Von denen, die bei der Heirat auf die Schönheit des Gesichts sehen und nicht auf die Güte des Charakters sehen, sagt Joh. Fischart in seinem ‚Ehezuchtbüchlein', daß sie „die Rose küssen und nicht daran riechen".
Unter der Rose reden, etw. sub rosa sagen: unter dem Siegel der Verschwiegenheit; ‚durch die Blume', ‚verblümt' (↗ Blume); schon um 1500 bei dem Prediger Geiler von Kaysersberg: „unter den rosn kosn". In der Antike war die Rose ein Sinnbild der Verschwiegenheit und der Liebe. Daher schenkt auch das Venuskind Cupido dem Gotte des Schweigens eine Rose, damit dieser über das Treiben seiner Mutter Stillschweigen bewahre. In Klöstern war über dem Tisch eine Rose aufgehängt oder gemalt, ebenso in einem Sitzungszimmer des Bremer Rathauses, als Mahnung, das, was bei Tische gesprochen wurde, zu verschweigen; daher die lat. Wndg. ‚sub rosa', die seit der Zeit des Humanismus bei uns, wie auch in England, bezeugt und dann mit ‚unter der Rose' übersetzt worden ist. Von einem Tegernseer Mönch des 15. Jh. stammen die Verse:

Quidquid sub rosa fatur
repetitio nulla sequatur.
Sint vera vel ficta,
sub rosa tacita dicta.
Si quid foris faris
haud probitate probaris.

‚Unter der Rose reden'

In Joh. Fischarts ‚Bienenkorb' von 1579 heißt es: „Sie mögn darvon, wann sie unter den Rosen sitzen mit etlichen Kannen Rheinischen Weins magistralisch disputieren"; 1649 bei Gerlingius (Nr. 176): „Odi memorem compotorem. Was wir hier kosen oder bedryven, dat soll under diser Rosen blyven. Alhie unter der Rosen

Ross

gesagt". Ebenso ndl. ‚onder de roos', engl. ‚under the rose'.

Lit.: *M. J. Schleiden:* Die Rose, Geschichte und Symbolik (Leipzig 1873); *R. Hildebrand:* Materialien zur Gesch. d. dt. Volkslieds (Leipzig 1900), S. 113 ff.; *M. Tantau* u. *K. Weinhausen:* Die Rose, ihre Kultur und Verwendung (Stuttgart 1950); *K. Ranke:* Rosengarten, Recht und Totenkult (Hamburg 1951); *R. E. Shepard:* History of the Rose (New York 1954); *E. Sitte:* Vom Röslein auf der Heiden, in: Der Deutschunterricht 11 (1959), S. 96-111; *L. Röhrich* u. *R. W. Brednich:* Dt. Volkslieder II, S. 394 ff.; *L. Röhrich:* Liebesmetaphorik im Volkslied, in: Folklore international ... in honor of W. D. Hand (Hatboro 1967), S. 187-200; *ders.:* Gebärde – Metapher – Parodie (Düsseldorf 1967), S. 70-72; *W. Danckert:* Symbol, Metapher, Allegorie ... III, S. 1109; *W. Mieder:* Sprww. im Volkslied, in: Jb. des Österr. Volksliedwerkes 27 (1978), S. 44-71, bes. S. 66-67; *G. Meinel:* Pflanzenmetaphorik im Volkslied, in: Jb. f. Volksliedforschung 27./28. Jg. 1982/83 (= Festschrift L. Röhrich z. 60. Geburtstag), (Berlin 1982), S. 162-174. *P. Coats:* Rosen (Essen 1987); *G. Heinz-Mohr* u. *V. Sommer:* Die Rose. Entfaltung eines Symbols (München 1988).

Rosette. Die Bez. für das Rundfenster ist sold. seit dem 1. Weltkrieg als rdal. Bild für den After gebraucht worden; so erklären sich Rdaa. wie *ein mulmiges Gefühl um die Rosette haben:* böse Ahnungen, Angst haben; *Sausen in der Rosette haben:* mutlos sein, Angst haben; *es ist ihm flau (mulmig) um die Rosette:* er hat Angst.

Rosine. *Große Rosinen im Sacke haben.* Urspr. hat der reiche Kaufmann große Rosinen im Sacke, in übertr. Sinne: große Pläne hegen, hoch hinauswollen. Dann sagt man: *große Rosinen im Kopfe haben* (↗Graupen): übersteigene Pläne hegen, sehr eingebildet sein. Erzgeb. kommt vor: ‚Dar huut gruß Rusinken in Kupp, zletzt war'n Pfafferkerner (= Pfefferkörner) draus'.

Sich die Rosinen aus dem Kuchen klauben: sich das Beste vorwegnehmen; so auch in den Mdaa., z. B. niederrhein. ‚die Rosinen aus dem Kuchen plucken', jem. das Beste vor der Nase wegschnappen.

Er glaubt, die Rosinen im Kuchen gefunden zu haben: er glaubt (irrtümlich), einen guten Fund (oder Kauf) gemacht zu haben.

Roß. Das alte Wort ‚Roß' ist vor allem in den obd. Mdaa. gegenüber dem jüngeren ‚Pferd' erhalten geblieben, z. B. ‚Den bringt man nicht mit sechs Rossen fort',

‚das Roß hinter den Wagen spannen', ‚zwischen Roß und Wagen stehen'. In den sprw. Rdaa. sind Roß und Pferd meist auswechselbar. Die älteren lit. Belege sagen meist Roß.

Roß und Reiter nennen: klare Angaben machen, wer oder was hinter einer Anspielung steckt; Namen nennen, nichts verborgen halten, deutlich sagen, wovon die Rede ist, auch: wer die wahren Schuldigen und ihre Hintermänner sind. Diese Rda. bezieht sich auf einen ma. Brauch: Bei den Turnieren war es üblich, den hinter seiner Rüstung verborgenen Ritter, den nur Eingeweihte an seinen Farben und Wappen erkennen konnten, bei seiner Ankunft oder seinem Eintritt zum Kampf laut mit seinem Namen und dem seines edlen Pferdes auszurufen, um ‚Roß und Reiter' der Öffentlichkeit zu präsentieren.

Diese alte stabreimende Zwillingsformel ist auch durch ein geflügeltes Wort aus Schillers ‚Wallenstein' (‚Wallensteins Tod', II, 3) bekannt: „Und Roß und Reiter sah ich niemals wieder". Dieses Zitat ist sprw. geworden.

Auch die ‚Pferdearbeit' ist in den älteren Zeugnissen eine ‚Roßarbeit'. So schreibt Joh. Agricola in seinen ‚Sprichwörtern' (Nr. 690): „Eyn pferd vnd ein maul thun grosse arbeit, wie droben gesagt ist, darumb wenn man von grosser arbeyt sagt, die schier vber eyns menschen kreffte ist, so spricht man, es sey roßarbeyt". Christoph Lehmann (817, 12) sagt für heutiges ‚das Pferd beim Schwanz aufzäumen': „Das Ross beim hindern auffzeumen" = etw. durchaus verkehrt anfangen (↗Pferd).

Das Roß galt früher als der teuerste Besitz eines hochgestellten Herrn und wurde deshalb oft neben ihm bestattet, was archäologische Funde erweisen. Als Relikt eines alten Rechtsbrauches kann auch angesehen werden, wenn noch heute ein gesatteltes, aber reiterloses Roß dem Leichenkondukt eines Herrschers oder Staatsmannes folgt. Es sollte urspr. die große Trauer verkörpern, die beim Verlust des Verstorbenen dem ganzen Land zugefügt wurde.

Hoch zu Roß sein: hochmütig, stolz, eingebildet sein. Urspr. wurde die Wndg. nur

1255

auf vornehme Herren und Damen, vorwiegend aus dem Adel, bezogen, denn nur sie ritten zu Pferde und ließen die Untergebenen ihre Macht spüren, gaben ihren Launen nach und ließen Willkür walten. Einfache Leute hingegen besaßen, wenn überhaupt, nur einen Esel als Last- oder Reittier (vgl. auch Jesu Einzug in Jerusalem auf einer Eselin) oder nahmen nur einen Hund als Zugtier für ihren Karren.
Sich aufs hohe Roß setzen ↗ Pferd. Vergleiche englisch ‚to get upon one's high horse'.

‚Auf dem hohen Roß sitzen'

Ein Roß um ein Pfeifen geben: etw. überaus Wertvolles für ein Nichts eintauschen. Vgl. das Märchen von ‚Hans im Glück' (KHM. 83), in dem Hans seinen ganzen Verdienst nach und nach hingibt, indem er unvorteilhaft tauscht, weil er das Geringere begehrt. Diese Rda. wurde in der Barockzeit manchmal gebraucht, so von Hieremias Drexel (‚Himmel, die ewig Bleibstatt' [München 1667]) u. bei Abraham a Sancta Clara.

Lit.: *M. Jähns:* Roß und Reiter in Leben und Sprache, Glauben u. Geschichte der Deutschen (Leipzig 1872); *W. Brückner:* Roß und Reiter im Leichenzeremoniell: Deutungsversuch eines historischen Rechtsbrauchs, in: Rhein. Jb. für Vkde. 15/16 (1964/65), S. 144–209.

Roßkur: *Eine Roßkur durchmachen (müssen),* auch: *sich einer Roßkur unterziehen:* eine für den Patienten überaus anstrengende Behandlung, eine grobe, strapaziöse Heilmethode, eine Gewaltkur über sich ergehen lassen, die aber doch den gewünschten Heilerfolg bringt, wenn man sie überhaupt überlebt (weil man eine ‚Roßnatur' hat). Die ‚Roßkur' spielt auf die drastischen Behandlungsmethoden der Volksmedizin an, die bes. bei Pferden angewandt wurden, für den Menschen aber ungeeignet erscheinen.

Lit.: *H. Zengeler:* Roßkuren. Brachiale Heilmethoden für den Alltag (Weingarten 1986); *R. Plötz* (Hg.): Der Schmied als Roßarzt. Ausstellungskatalog Niederrhein. Museum f. Vkde. u. Kulturgeschichte (Kevelaer 1990).

Rost. *Jem. den Rost runtermachen:* jem. gehörig die Meinung sagen, ihm die ↗ Leviten lesen; eigentl.: Jem. so grob behandeln, als ob er aus Eisen sei und man ihm mit einer Drahtbürste den darauf angesetzten Rost herunterkratzen und abfegen könnte. Diese Rda. ist bes. im südwestdt. Raum verbr., z.B. schwäb.: ‚Dem wer i scho no de Roscht runner mache (ronderdo)'.

rot. *Einen Tag im Kalender rot anstreichen:* ihn bes. hervorheben, ihn (als einen Freudentag) bes. gut im Gedächtnis bewahren; nach dem seit jeher üblichen Brauch, die Sonn- und Festtage im Kalender mit roter Farbe zu drucken. Daher auch der alte sprw. Vers:
  Dem Glauben ist man bald geneigt,
  Der viel Rot im Kalender zeigt.
In Frankreich: ‚marquer en rouge un jour au calendrier'.
Den roten Faden verlieren ↗ Faden.
Rot (vor allem das ‚Rotwerden') wird in der volkstümlichen Umgangssprache und in den Mdaa. mit zahlreichen sprw. Vergleichen erläutert: ‚bis hinter die Ohren rot werden'; frz. ‚rougir jusqu'aux oreilles'; ‚rot wie eine Rose'; ‚feuerrot werden'; ‚so rot wie glühend Eisen'; ‚er wird rot wie ein Zinshahn'; schles. ‚er wird su rut wie enne tudte Lêche'; ‚rot wie ein gestochener Bock'; ‚rot wie Zunder'; ‚wie ein Puter'; ‚er wird so rot wie ein gesottener Krebs'; ‚rot wie ein gefüllter Schröpfkopf'.

Rot als Farbe des Blutes ist auch die Farbe der Liebe, des Feuers und der Sonne. Außerdem wird dem weibl. Geschlecht die rote Farbe zugeordnet, während das männl. mit blau gekennzeichnet wird.

Nur noch rot sehen: sehr wütend werden; vgl. frz. ‚voir tout rouge‘. Die rote Farbe ist die häufigste Reizfarbe im Tierreich und oft Zornauslöser. So nimmt man auch an, der Stier in der Arena werde erst richtig wütend, sobald er das rote Tuch sieht; jedoch reagiert dieser nur auf die Bewegung des Tuches, da er farbenblind ist. Trotzdem hat diese Rda. ihren Ursprung im Stierkampf.

Das rote Tuch für jem. sein ↗ Tuch. Vgl. auch die sprw.-iron. Gästebucheintragung:

> Was für den Stier das rote Tuch,
> ist für den Gast das Gästebuch!

Einer Sache (jem.) rotes Licht geben: etw. verhindern, die Handlungsfreiheit einschränken.

Roter Teppich ↗ Teppich; *rote Zahlen* ↗ Zahl.

Den Rotstift ansetzen: geplante Ausgaben einsparen, streichen. Der Rotstift ist der Korrekturstift, vor allem in der Schule. Wird eine Stelle oder ähnl. wegen Sparmaßnahmen gestrichen, so sagt man: *Sie ist dem Rotstift zum Opfer gefallen.*

Lit.: *E. Wunderlich:* Die Bdtg. der roten Farbe im Kultus der Griechen und Römer (Gießen 1925); *W. Widmer:* Volkstüml. Vergleiche im Französischen nach dem Typus: „Rouge comme un coq" Diss. (Basel 1929); *H. Meyer:* Rot, in: Zs. d. Savigny-Stiftung für Rechtsgeschichte (germanist. Abteilung) 50 (1930); *O. Lauffer:* Farbsymbolik im dt. Volksbrauch (Hamburg 1948); *H. Fischer:* Rot und Weiß als Fahnenfarben, in: Antaios 4 (1962), S. 136–153; *L. Schmidt:* Rot und Blau; Zur Symbolik eines Farbenpaares, in: Antaios 4 (1962), S. 168–177; *W. Danckert:* Symbol, Metapher, Allegorie … I, S. 417–421.

Rothschild: *Wir zwei (ich und du) und Rothschilds Geld:* wir schaffen es schon, uns kann nichts passieren, hätten wir nur Rothschilds Vermögen.

Bin ich denn Rothschild? fragt man erbost, wenn man immer nur zur Kasse gebeten wird.

Der frz. König Louis-Philippe soll einmal gestöhnt haben: ‚So reich wie Rothschild müßte man sein!‘ Tatsächlich spielen alle Wndgn. auf den unermeßlichen Reichtum der Familie Rothschild an. 1766 gründete Meyer Amschel Rothschild ein Bankhaus in Frankfurt. Nach Gründung weiterer Banken in London, Paris, Wien und Neapel gewann die Familie Rothschild zusehends auch an politischem Gewicht. Sie trat in der napoleonischen Zeit zu Dalberg in Finanzbeziehungen und erlangte von ihm das Bürgerrecht für Juden in Frankfurt. Nathan Rothschild finanzierte die gegen Napoleon gerichteten Operationen Wellingtons und wertete Napoleons Niederlage bei Waterloo an der Londoner Börse spekulativ aus, da er frühzeitig genug davon unterrichtet war. Seit dem Wiener Kongreß (1815) waren die Rothschilds führend im Anleihegeschäft und finanzierten maßgeblich die ersten Eisenbahnen, bes. in Österreich und Frankreich. Mit dem Aufblühen der Großindustrie und der Großbanken verlor das Haus Rothschild zusehends an Bdtg. Doch noch 1875 finanzierten sie den Kauf der Suezkanalaktien.

Lit.: *E. C. Conte Corti:* Das Haus Rothschild. 2 Bde. (Leipzig 1927–28; Neudr. Frankfurt/M. 1971)

Rotkehlchen. *Mich rammt ein Rotkehlchen* ist ein Ausdr. des Erstaunens und vor allem in der Jugendsprache in der ehem. DDR belegt. Ähnl. Ausdr. sind: ‚Ich glaub’, mich streift ein Bus‘; ‚Ich glaub’, ich steh’ im Wald‘; … mich küßt (knutscht) ein ↗ Elch‘; ‚Ich glaub’, mein Hamster bohnert‘ ↗ Schwein.

Lit.: *H. Henne* u. *G. Objartel* (Hg.): Bibliothek zur hist. dt. Studenten- und Schülersprache (Berlin 1984).

Rotz. Das der niederen Umgangssprache zugehörige Wort Rotz = Nasenschleim dient in vulgären Rdaa. und Vergleichen als negatives Steigerungsmittel, z. B. *Rotz und Wasser heulen:* so heftig weinen, daß auch die Nase mitbetroffen ist; *frech wie Rotz am Ärmel.* Der drastische rdal. Vergleich bezieht sich auf einen Menschen, der den Rockärmel als Taschentuch benutzt hat; ↗ frech.

Sich wie Rotz am Ärmel benehmen: sich sehr ungesittet benehmen. Dazu Schimpfworte wie ‚Graf Rotz von der Backe‘, ‚Baron Rotz auf Arschlochhausen‘, Vornehmtuer; ↗ angeben.

Jem. behandeln wie einen Rotzbuben: ihn sehr schlecht, unfreundlich, wegwerfend behandeln, seine Meinungen oder Wünsche wie die eines Kindes ignorieren, mdal. bes. im Schwäb.: ‚Jem. behandeln wie a Rotzbue'.

Eine kleine Rotznase sein: ein vorlautes, freches Kind sein, das sich noch nicht einmal recht die Nase zu putzen versteht und deshalb nicht ernst genommen wird.

Rübe. Die Rübe ist nach der Volksmeinung keine geachtete Feldfrucht; daher ostfries. ‚He kriggt Röwen', er wird gescholten; ‚he kummt damit in de Röwen', in eine schlechte Lage; sogar: ‚'s geit in de Röwen', es geht verloren (↗ Pilz); westf. ‚dör de Reiwen gehen', sterben. Statt ‚fünf gerade sein lassen' heißt es ndd. auch: ‚Röwen Beeren (Birnen) sin laten'; vgl. auch ‚Kraut und Rüben' (↗ Kraut).

Nicht wissen, was die Rüben gelten: die Wahrheit nicht kennen, wie es um eine Sache steht, keine Ahnung von etw. haben. Murner gebrauchte diese Rda. öfter, z. B. in der ‚Schelmenzunft' (24) heißt es:

Sie lassen sich fürsichtig schelten
vnd wissen nit, was die rüben gelten.

Landschaftlich wird Rübe auch für ‚Kopf' gebraucht, z. B. obersächs. in dem rdal. Ausruf: ‚O Rübe!', o je!, auch: ‚eins auf die Rübe kriegen', einen Schlag auf den Kopf bekommen.

Rübchen schaben: Schäm dich, oft auch verbunden mit ‚ätsch', eine Bewegungsgebärde, bes. unter Kindern als Spottgebärde üblich, ↗ Schabab.

Mit jem. eine Rübe zu schaben haben: mit jem. ein Hühnchen zu rupfen haben (↗ Huhn); vgl. frz. ‚avoir des petits pois à écosser ensemble' (mit jem. Erbsen auszuschoten haben).

Rubel. *Der Rubel rollt:* es wird viel Geld ausgegeben, viel gekauft, auch: der Handel floriert, die Geschäfte gehen gut.

Den Rubel rollen lassen: verschwenderisch leben, leichtsinnig Geld ausgeben und sich alle Wünsche erfüllen. Die Wndgn. sind in Rußland selbst ungebräuchl. gewesen. Sie beziehen sich vermutl. auf das viele Geld, das russische Aristokraten auf ihren Reisen in Westeuropa ausgeben konnten oder in Spielbanken wie z. B. in Monte Carlo, Nizza oder Baden-Baden verloren. Der ehemalige Wert der russischen Währung spielt auch in dem Scherzlied: ‚In einen Harung, jung und schlank' noch eine Rolle, in dem die urspr. verschmähte Flunder durch den Besitz eines Rubels für die Ehe in Betracht kommt: denn der Text lautet:

Da stieß die Flunder auf den Grund,
Wo sie 'nen goldnen Rubel fund.
Ein Goldstück von zehn Rubel,
Ja, welch ein Jubel, ja, welch ein
                          Jubel!
Da war die alte Flunder reich, 2, 3, 4,
Da nahm der Harung sie sogleich.
Denn so ein alter Harung,
Der hat Erfahrung, der hat
                        Erfahrung ...

In der Ggwt. wird die Wndg. ‚Der Rubel rollt' noch immer häufig gebr., auch in bezug auf die zunehmenden wirtschaftlichen Beziehungen zur Sowjetunion. Eine in der ehem. DDR entstandene Wndg. für das (illegale) Umtauschen von Ost- in Westmark heißt ‚umrubeln'.

Rübezahl. ‚Das ist auch des Ruebzagels seiner Arbeiter ainer gewesen' sagen die Bergleute, „wann sie ain Khnappen sehen, der da hinkht, oder nur ainen fuess hat". So schreibt Math. Burgklechner von Thierburg, Kanzler der Regierung zu Innsbruck 1619. Die Rda. bezieht sich auf eine von Burgklechner mitgeteilte Sage, daß Rübezahl, der am Rammelsberg ein Bergwerk besessen habe, der Urheber einer Bergwerkskatastrophe gewesen sei.

‚Rübezahl'

Noch in unserem Jh. hat sich die Kunde von einem Bergsturz erhalten, dem vor Jahrhunderten eine große Zahl von Bergarbeitern zum Opfer fiel. Auch die Rda. scheint sich in leicht veränderter Form erhalten zu haben. Die oberschles. Bergleute haben eine ganz entspr. Rda.: Wenn ein Bergmann infolge einer Schlägerei oder eines Falles ein geschwollenes oder zerschundenes Gesicht hat, sagt man scherzhaft: ‚Den hat der Berggeist hübsch gezeichnet'. Auch hier liegt wohl die Erinnerung an einen bestimmten Vorfall zugrunde, und die Rda. will urspr. nichts sagen als: dem ist es so ergangen wie damals den Leuten bei dem Bergunfall.

‚Das ist ein rechter Rübezahl': er ist auffallend kräftig, gesund und widerstandsfähig (eigentl. rot wie eine Rübe), aber auch: ein verwilderter, bärtiger, alter Mann. Die heute veraltete Wndg. ist bes. in Ost- und Nordböhmen verbreitet gewesen.

Lit.: *Th. Siebs:* Rübezahl, in: Mitteilungen der Schles. Gesellschaft für Vkde. 20 (1908), S. 127–132; *K. de Wyl:* Rübezahl-Forschungen (= Wort und Brauch 5) (Breslau 1909); *J. Praetorius:* Bekannte u. unbekannte Historien von Rübezahl (Leipzig 1920, Nachdr. Frankfurt/M. 1966); *W.-E. Peuckert* (Hg.): Die Sagen vom Berggeist Rübezahl (Jena 1926); *A. Moepert:* Die Anfänge der Rübezahlsage. (= Form und Geist 6), (Leipzig 1928); *E. Schwarz:* „Das ist ein rechter Rübezahl", in: Sudd. Zs. f. Vkde. 2 (1929), S. 229–235; *G. Heilfurth:* Bergbau und Bergmann in der deutschsprachigen Sagenüberlieferung Mitteleuropas, Bd. I (Marburg 1966).

Rubikon. *Den Rubikon überschreiten:* einen (strategischen) entscheidenden Schritt tun, der nicht mehr korrigierbar ist oder rückgängig gemacht werden kann. Die Rda. hat die Rubikonüberschreitung Gaius Julius Caesars (100–44 v. Chr.) als historischen Hintergrund (49 v. Chr.). Der Grenzfluß Rubikon trennte Italien von der Provinz Gallia cisalpina. Caesar, der mit dieser Entscheidung den Bürgerkrieg entfesselte, zitierte Menander: ‚Alea iacta est', ↗ Würfel.
Die Wndg. besitzt häufig eine erotische Metaphorik und bedeutet dann: die Reizschwelle überschreiten, nach der es kein Zurück mehr gibt; auch: die Jungfräulichkeit verlieren.

Ruck. *Sich (innerlich) einen Ruck geben:* sich zu etw. entschließen, etw. überwinden.

Rücken. *Einen breiten Rücken haben:* viel aushalten, vertragen können; sich um die nachteiligen Folgen einer Handlung nicht kümmern. Ähnl. auch ndl. ‚een brede rug

hebben'; engl. ‚to have a broad back', ‚to have broad shoulders'; frz. ‚avoir bon dos'.
Schon Thomas Murner sagt in der ‚Schelmenzunft' (97):

So ich eyn bryten rucken hab,
Erschrick ich dester minder drab.

Die erste Erklärung der Rda. findet sich bei Joh. Agricola in seiner Sprww.-Sammlung (Nr. 170): „Ist nun yemand so redlichs gemuets, vnd weiß daß man yhm vnrecht thut, wie vil man yn auch beschuldigt, der sagt menlich, er konne es alles wol tragen, er hab eynen breyten rucken, er sey des geschreyß gewonet, er achte es nicht, er konne es wol tragen. Eyn breyter rucke ist geschickter zum tragen, denn ein buckel rucke, oder der schmal ist".

Einen steifen Rücken haben: hochmütig sein; vgl. frz. ‚avoir la nuque raide', ↗ Nakken.

Jem. mit dem Rücken ansehen: ihn absichtlich nicht beachten; gilt ebenso wie *einem den Rücken kehren* als Gebärde der Verachtung; vgl. frz. ‚tourner le dos à quelqu'un'.
Von einem Faulen sagt man: ‚Der Rücken tut ihm weh, er kann sich nicht bücken'. Die Rda. ist zuerst bei Agricola in seiner Sprww.-Sammlung erläutert (Nr. 169).

Den Rücken wenden (kehren): sich für kurze Zeit entfernen.

Nicht den Rücken wenden können (ohne daß etw. geschieht): unabkömmlich sein; vgl. frz. ‚ne pas pouvoir tourner le dos'.

Einem den Rücken bleuen steht erstmalig Sir. 30, 12: „Bleue ihm den Rücken, weil er noch klein ist, auf daß er nicht halsstarrig und dir ungehorsam werde".

Jem. in den Rücken fallen: ihn unerwartet, heimtückisch angreifen; vgl. frz. ‚frapper quelqu'un dans le dos'.

Sich den Rücken decken: für den Fall, daß die Sache mißlingt, einen Weg zum Rückzug freilassen, auch: ‚sich den Rücken freihalten'; vgl. frz. ‚protéger ses arrières' (wörtl.: für Rückzugsmöglichkeiten sorgen).

Mit dem Rücken an die Wand zu kommen suchen: eine günstige Position einnehmen; Schutz, Deckung suchen, vgl. ‚Rückendeckung'.

Jem. den Rücken stärken (steifen); auch: einem den Rücken halten: ihm beistehen,

1259

ihn unterstützen (meist dort gebraucht, wo der Betreffende die Unterstützung nicht verdient hat). *Jem. im Rücken haben:* Hilfe zu erwarten haben. *Etw. im Rücken haben:* Vermögen besitzen.

Hinter dem Rücken eines anderen: heimlich, ohne daß er es merkt; vgl. frz. ‚derrière le dos de quelqu'un‘.

Auf dem Rücken zur Kirche gehen: eine umschreibend-verhüllende Ausdrucksweise für ‚sterben, tot sein‘.

Ndd. ‚Em jökt de Rügge‘, er verhält sich so ungezogen, daß er Prügel provoziert.

Auf den Rücken fallen: sich erschrecken, entsetzen.

Auf den Rücken fallen und die Nase brechen: sich sehr ungeschickt verhalten, Pech, Unglück haben; vgl. frz. ‚se casser le nez‘ (wörtl.: sich die Nase brechen), ↗ Nase.

Jem. läuft es heiß und kalt den Rücken herunter: Jem. hat große Angst, fürchtet sich sehr.

↗ Buckel, ↗ Schelmenbein.

Viele Jahre auf dem Rücken haben: sehr alt sein, große Erfahrung besitzen.

... Wo der Rücken seinen ehrlichen Namen verliert, die Verlängerung des Rückens: umständliche, weitschweifige Umschreibung für das Gesäß; bes. beliebt in der speziell berl. Aufforderung: ‚Küß mir den Rücken, wo er seinen ehrlichen Namen verloren hat!‘ ↗ Arsch.

Rückwärts frühstücken (essen): sich erbrechen; seit etwa 1900 bezeugt.

Rückenwind. *Rückenwind haben:* vom Glück begünstigt sein, die besseren Chancen besitzen.

Die Wndg. stammt aus der Sprache des Sports. Bei Wettkämpfen spielen die Windverhältnisse eine große Rolle und sind manchmal für den Sieg entscheidend. Dies gilt bes. für Läufer, Radfahrer, Segler und Skifahrer.

Ohne Rückenwind vorwärtskommen: nicht dem Zufall sein Weiterkommen verdanken, sondern eigener Anstrengung.

Rückgrat. *Kein Rückgrat haben:* nicht den Mut haben, für persönliche Fehler oder Überzeugungen öffentlich geradezustehen.

Jem. das Rückgrat brechen: jem. derart

schädigen, ihn demütigen oder tödlich beleidigen, daß er sein Selbstbewußtsein verliert, daß sein Lebensmut erheblich geschwächt wird.

Im Gegenteil meint: *Jem. das Rückgrat (den Rücken) stärken:* ihn zum Widerstand ermuntern, ihm Mut machen, durchzuhalten; ↗ Kreuz.

Rücksicht. *Rücksicht üben,* auch: *Rücksicht auf etw. (jem.) nehmen:* den jeweiligen Gegebenheiten Rechnung tragen, jem. schonen, seine Bedürfnisse respektieren.

Etw. Rücksicht verlangen (erwarten) können (dürfen): wegen Gebrechlichkeit, Krankheit, Alter bevorzugt behandelt werden wollen, größere Aufmerksamkeit oder Hilfsbereitschaft wünschen. Diese Wndg. wird oft in vorwurfsvollem Ton von Verwandten, Nachbarn, Kollegen gesagt, wenn sie das Verhalten anderer stört.

Rücksichten zu wahren haben: keine freien Entscheidungen treffen können, sich gesellschaftlichen Regeln unterwerfen, seine eigentl. Gefühle unterdrücken müssen; oft als Entschuldigung gebraucht.

Ohne Rücksicht auf andere vorgehen, auch: *keinerlei Rücksichten kennen:* seine Ziele unbedingt, auch auf Kosten anderer durchsetzen wollen, die Wünsche seiner Mitmenschen ignorieren, keine Skrupel kennen und nur seinen eigenen Vorteil im Auge haben, d. h. ein krasser Egoist sein.

Ohne Rücksicht auf Verluste (handeln): alles riskieren, ‚rücksichtslos vorgehen‘, um ein Ziel, einen Sieg zu erreichen. Die Wndg. stammt urspr. aus der Soldatensprache und bezieht sich auf den Angriffsbefehl um jeden Preis, auf einen riskanten militärischen Einsatz, bei dem nicht nur beim Gegner viele Verwundete und Tote zu erwarten sind, sondern große Opfer auch in den eigenen Reihen in Kauf genommen werden.

In übertr. Bdtg. ist diese Wndg. heute auch auf den Handel und den Sport bezogen worden. Wenn es darum geht, die Konkurrenz aus dem Felde zu schlagen, wird viel gewagt, ein Risiko ganz bewußt eingegangen. So wird z. B. bei einem Ausverkauf oder einem Schlußverkauf die Ware unter Preis angeboten, um die Kunden anzulocken. Auch bei sportlichen

Wettkämpfen wird für den Sieg alles eingesetzt, selbst wenn es die Kräfte übersteigt, der Gesundheit schadet, mit Unfällen, Verletzungen und gar mit dem Verlust des Lebens zu rechnen ist.

Theodor Storm gibt in seinem Gedicht von 1854 ‚Für meine Söhne‘ den etw. zweifelhaften Rat in Str. 2:

Blüte edelsten Gemütes
Ist die Rücksicht; doch zu Zeiten
Sind erfrischend wie Gewitter
Goldne Rücksichtslosigkeiten.

Oft empören sich Ältere über die angeblich *zunehmende Rücksichtslosigkeit* der Jugend, die jedoch nicht immer böse Absicht ist, sondern auf einer gewissen Unbekümmertheit und Gedankenlosigkeit beruhen kann, die sogar ‚golden‘ sein kann, wie es der Dichter positiv formuliert hat.

Ein Schlager von Hofmann und Hofmann trägt den Titel ‚Rücksicht‘. In ihm heißt es: „Rücksicht ist Vorsicht, daß man den andern nicht verletzt".

Rückzieher: *Einen Rückzieher machen:* seine Forderungen zurückschrauben, merken, daß man zu weit gegangen ist, auch: etw. eingestehen, zugeben, eine Beschuldigung, eine Beleidigung zurücknehmen.

Die Wndg. wird oft auf Kinder bezogen, deren Wünsche zurückgewiesen werden u. die sich daraufhin mit weniger begnügen oder sich beschämt entfernen, oder auch auf Parlamentarier und Politiker, die Kompromisse eingehen müssen.

In übertr. sexueller Bdtg. dient die Rda. auch als Umschreibung für den ‚Coitus interruptus‘. (E. Borneman: Sex im Volksmund 16.3)

Rückzug. *Zum Rückzug blasen:* den Kampf aufgeben, auch: die Jagd beenden; urspr. durch ein Signal die versprengten Soldaten sammeln, um weitere Verluste zu vermeiden. Die Wndg. wird heute in übertr. Sinne auch auf andere Lebensbereiche angewendet u. z. B. auf die Politik bezogen.

Die folgenden Rdaa. stammen ebenfalls aus dem militärischen Sprachgebrauch: *Den (geordneten) Rückzug antreten (müssen):* dem Feind weichen und eroberte Gebiete aufgeben, sich planmäßig in sicherere Stellungen begeben; *den Rückzug sichern (decken):* den Gegner ablenken und von Angriffen abhalten; *jem. den Rückzug abschneiden:* ihm zuvorkommen, seine Flucht vereiteln und: *Den Rückzug des Gegners erzwingen:* ihn zur Umkehr bewegen. Alle diese Wndgn. aus der Soldatensprache können heute in übertr. Bdtg. auf das Verhalten einzelner, ganzer Gruppen, Parteien, Völker, auf Wirtschaft u. Politik bezogen werden.

Ruder. *Am Ruder sitzen, das Ruder in den Händen haben, ans Ruder kommen;* so auch in den Mdaa.; z. B. ndd. ‚de sitt bi'm Roder‘, er hat das meiste zu sagen. Ruder ist in diesen seit dem Anfang des 18. Jh. bezeugten Wndgn. in der seemännischen Bdtg. als ‚Steuerruder‘ zu verstehen, in übertr. Sinne: ‚Leitung‘; z. B. eine Partei, ein Politiker ‚kommt ans Ruder‘; vgl. frz. ‚être à la barre‘.

Ebenso: *ohne Ruder schiffen:* sich der Leitung des Zufalls überlassen, ↗Steuer. In den gleichen Zusammenhang gehört die Narrenschiff-Symbolik. Auch das Narrenschiff treibt ziellos ohne Steuerruder. *Die Ruder einziehen:* ein Vorhaben aufgeben.

Aus dem Ruder laufen: außer Kontrolle geraten, von der Norm abweichen. Auch diese Rda. stammt aus der Sprache der Schiffahrt, genauso wie: *Sich in die Ruder legen:* sich mächtig anstrengen, etw. energisch durchführen, ↗Riemen.

Er hat seine Zeit am Ruder gestanden: er hat seine Pflicht getan; ostpreuß. ‚mit diesem Ruder wird er nicht übers Haff fahren‘, mit diesen Mitteln wird er den Zweck nicht erreichen, die Aufgaben nicht lösen.

Das Ruder nach dem Winde wenden: den Mantel nach dem Wind hängen (↗Mantel).

Das Ruder herumwerfen: seinen Kurs ändern; dieser Vergleich erscheint vor allem in der Politikersprache.

Lit.: *O. G. Sverrisdóttir:* Land in Sicht (Frankfurt/M. etc. 1987), S. 109–112, 114, 116–117; *W. Mezger:* Narrenidee und Fastnachtsbrauch (Konstanz 1991), S. 309ff. (‚Narrenschiff und Schiff des Heils‘).

Rüffel. *Einen Rüffel kriegen:* einen Verweis bekommen, getadelt werden. Die

1261

Rda. stammt wohl erst aus dem 17. Jh. Rüffel ist eine Rückbildung aus dem Verb ‚rüffeln‘ = derb tadeln, das seinerseits auf ndd. Ruffel = Rauhhobel beruht; vgl. Henricis (Picanders) ‚Ernst-Scherzhafte Gedichte‘ aus dem Jahre 1727 (I, 413):

Darum besucht das Frauenzimmer,
Wer da des Hobelns noch bedarff,
Den riefeln sie gewißlich scharff.

Doch mag auch mhd. riffeln = durch die ‚Riffel‘, d. h. den Kamm zur Flachsbearbeitung, ziehen, durchhecheln, eingewirkt haben (↗ Hechel).

Ruhe. *Ruhe bewahren!:* besonnen bleiben, sich nicht von der allg. Aufregung mitreißen lassen, bei vermeintlicher oder wirklicher Gefahr nicht in Panik geraten (↗ Panik). Die Befolgung dieses Rates hat schon oft Katastrophen verhindert oder die Gefahr für die Beteiligten an einem Unglück herabgesetzt; vgl. frz. ‚garder son calme‘ oder, Gardons notre calme!‘ Eine Mahnung zu überlegtem Handeln kann auch durch die Wndg. *Ruhe ist die erste Bürgerpflicht!* erfolgen, die eine größere Volksmenge vor öffentl. Aufruhr gegen den Staat in Zeiten der Gefahr warnt. Der Minister Friedrich Wilhelm Graf von der Schulenburg-Kehnert richtete diese sprw. gewordene Aufforderung in einem Anschlagzettel vom 17. 10. 1806 nach der schweren Niederlage bei Jena an die Berliner: „Der König hat eine Bataille verlohren. Jetzt ist Ruhe die erste Bürgerpflicht. Ich fordere die Einwohner Berlins dazu auf“. Willibald Alexis gab 1852 seinem Roman ebenfalls den Titel: ‚Ruhe ist die erste Bürgerpflicht‘. Die Wndg. kann rdal. auch scherzhaft zur Verteidigung des Müßiggangs gebraucht werden. *Die Ruhe selbst sein:* sich ganz in der Gewalt haben, eine bewundernswerte Gelassenheit zeigen, sich keine Erregung anmerken lassen; vgl. frz. ‚ne pas se départir de son calme‘ (sich nicht der Ruhe begeben). Dagegen beinhalten die Rdaa. *sich nicht aus der Ruhe bringen lassen* und *die Ruhe weg haben* eine gewisse Kritik an Gleichmut und Trägheit oder gar Stumpfsinn eines anderen. *Nur seine Ruhe haben wollen:* sich außer um sein eigenes Wohlergehen um nichts kümmern.

Etw. in Ruhe tun: sich für etw. genügend Zeit nehmen, sich einer Sache ungestört widmen können. Wer sich zu etw. gedrängt fühlt, aber keine Übereilung wünscht, sagt entweder: *Nur die Ruhe kann es machen (bringen),* oder häufiger: *Immer mit der Ruhe!* Diese Wndg. erhält manchmal noch scherzhafte Zusätze wie: *und dann mit 'nem Ruck* oder *fährt Großvater in die Schuhe.* *Sich Ruhe verschaffen:* einer erregten Menge Stille gebieten, um zu ihr sprechen zu können. Manchmal geschieht dies durch die folgenden Zurufe: *Ruhe im Unterhaus (Kuhstall)! Ruhe auf den billigen Plätzen da hinten!* oder berl. ‚Ruhe im Saal! Jroßmutter will danzen!‘ *Keine Ruhe finden; nicht zur Ruhe kommen:* sich mit Sorgen quälen, überlastet sein, aus den Aufregungen nicht herauskommen, von seinem Gewissen geplagt werden. So klagt z. B. Gretchen am Spinnrad (‚Faust‘ I):

Meine Ruh' ist hin,
Mein Herz ist schwer.
Ich finde sie nimmer
Und nimmermehr.

Die ähnl. Wndg. *keine Ruh' bei Tag und Nacht* beruht auf der dt. Übers. einer Stelle des ‚Don Juan‘ durch Joh. Friedrich Rochlitz von 1801. Doch bereits in der Offenb. 14, 11 heißt es von der ewigen Qual der Verdammten: „und hatten keine Ruhe Tag und Nacht“. Shakespeare übers. die Bibelworte in seine Sprache und schreibt im ‚Wintermärchen‘ (II, 3): „Nor night nor day no rest“. Von einem, der rastlos tätig ist, der etw. nicht lassen kann, heißt es mdal. in Köln: ‚Hä hätt gein Rauh bes em de Fingere gliche lang sind‘, d. h.: bis er tot ist. Als formelhafte Wndgn. werden gern *Ruhe und Rast* und *Ruhe und Frieden* verwendet. Schon in der ‚Zimmerischen Chronik‘ (4, 399, 18) heißt es:

Ir kainer hat nit überlast,
mit wollust hand sie ruw und rast.

Die heutige Form der Rda. *weder Rast noch Ruhe haben* ist lit. früh bezeugt, zeigt aber eine Umstellung der Substantiva, z. B. bei Geiler von Kaysersberg im ‚Seelen-Paradies‘ (LXᵇ, 1): „Weder ru noch rast gewinnen“, oder in einem Fastnachtspiel (1, 2, 40 Ndr.) von Hans Sachs:

Das krencket meinen Son so fast,
Het darnach weder Ruh noch Rast.

Vgl. frz. ‚sans relâche'.

Einem keine Ruhe lassen: ihn ständig beunruhigen, ihm Gewissensbisse bereiten, auch: seine Aufmerksamkeit, Neugierde erregen. Hölty meint das lastende Bewußtsein, Böses getan zu haben, das oft neue Schuld hervorbringt, um die Spuren zu verwischen, wenn er dichtet (Werke, 186):

Dem Bösewicht wird alles schwer,
Er thue was er thu!
Der Teufel treibt ihn hin und her
Und läßt ihm keine Ruh.

In Bayern sagt man, wenn man nicht belästigt werden will: ‚Laßt mir mei königlich bairische Ruah!'

Keine Ruhe vor jem. haben: ständig gedrängt, belästigt, gestört, gequält werden. *Jem. die Ruhe mitnehmen:* sich bei einem kurzen Besuch nicht einmal hinsetzen. Man nötigt deshalb auch einen eiligen Besucher dazu, damit Ruhe und Frieden im Hause bleiben, in der Altmark mit den Worten: ‚Nimm mi de Rau nich mit!' Von dieser allg. verbreiteten Vorstellung zeugen auch die Verse Rückerts (Werke, 318):

Geh lieber Gast, nicht von diesem
Haus,
Ohne dich auszuruhn,
Daß du uns nicht tragst die Ruhe
hinaus
Mit deinen staubigen Schuhn.

Die Wndg. *Das ist Ruhe auf der Flucht:* das ist nur eine kurze Rast (Atempause), ist eine Anspielung auf die in der christl. Kunst beliebte Darstellung ‚Ruhe auf der Flucht', einer Station bei der Flucht der Heiligen Familie nach Ägypten.

Der Ausdr. *Ruhe vor dem Sturm* beruht auf guter Beobachtung der Gewitterstille vor dem Ausbruch des Unwetters. In übertr. Bdtg. ist das lastende Schweigen vor einer drohenden Auseinandersetzung gemeint und überaus gut charakterisiert; vgl. frz. ‚le calme avant la tempête'.

Die Feststellung *Es ist die Ruhe eines Kirchhofs (des Grabes)* dagegen ist ein sprw. gewordenes Zitat aus Schillers ‚Don Carlos' (III, 10), womit Marquis Posa den unnatürlich starren, leblosen Zustand umschreibt, der ihn schaudern läßt.

Die Rda. *endlich Ruhe geben:* von etw. ablassen, nicht weiter drängen und fordern, mit einem lästigen Lärm aufhören, ist häufig auf unleidliche Kinder gemünzt, die die Erwachsenen fortgesetzt stören, vor allem dann, wenn sie sich unterhalten wollen. Sie ist oft in der Form ‚Willst du nun endlich Ruhe geben!' zu hören oder als Tadel: ‚Du kannst wieder mal keine Ruhe geben!' Die Feststellung *Nun hat die arme (liebe) Seele Ruh!:* jetzt bist du ja endlich befriedigt, nun ist nach heftigem Drängen der Wunsch erfüllt, ist meist scherzhaft gemeint mit dem Hintergedanken: jetzt ist alles aufgegessen, zerbrochen, verdorben, ein weiteres Drängen danach verbietet sich von selbst. Die meist in diesem Sinne zu Kindern gesprochene Rda. weist urspr. auf die ewige Ruhe, den Frieden Gottes hin, den die Seele sucht. *Sich keine Ruhe gönnen:* rastlos tätig sein, sich keine Erholung, keinen Urlaub leisten; vgl. frz. ‚ne pas s'accorder de repos'.

Sich zur Ruhe setzen: seine Arbeit, sein Handwerk im Alter aufgeben, seinen Platz jüngeren Kräften frei machen. Die schweiz. Rda. ‚Er isch i d'Rue g'stellt' hat ganz andere Bdtg. Sie meint nämlich: er hat sich verheiratet, sein Umherschwärmen hat nun ein Ende.

Als euphemist. Umschreibungen für sterben (↗ zeitlich) und beerdigen dienen die Wndgn. *Er ist zur Ruhe gegangen* (vgl. ndl. ‚Hij is reeds in de rust') und *jem. zur letzten Ruhe bringen, ↗ ruhen.*

Ruhe finden: innere Ausgeglichenheit, Erlösung von Mühe, Sorge und Leid durch den Glauben finden. Die Wndg. bezieht sich auf den Rat Jesu (Matth. 11,29): „Nehmet auf euch mein Joch und lernet von mir; denn ich bin sanftmütig und von Herzen demütig; so werdet ihr Ruhe finden für eure Seelen".

ruhen. *Etw. ruht:* es wird zeitweise nicht weitergeführt, bleibt jedoch bestehen, z. B. ein Betrieb, eine Verhandlung, eine Versicherung.

Etw. ruhen lassen: nicht mehr daran denken, eine Sache (einen Prozeß, einen Streit) nicht weiter verfolgen, ähnl.: *Etw. auf sich beruhen lassen.*

Dagegen: *Nicht eher ruhen, bis etw. geschieht:* unerbittlich sein, seine Bemühungen unentwegt fortsetzen bis zum Erfolg.

Auf jem. ruht etw. (alles): er trägt die ganze Verantwortung, auch: der Verdacht liegt nur auf ihm.

Das Verb ‚ruhen' dient auch zur poetischen Umschreibung von Nacht, Schlaf und Tod. So war die Formel: *Wünsche, wohl zu ruhen!* früher als Gute-Nacht-Wunsch für den Gast üblich. Am Morgen konnte er auch mit: *Wünsche, wohl geruht zu haben!* begrüßt werden.

Lit. verwendet Paul Gerhardt (1606–76) ‚ruhen' in dieser Bdtg. in seinem bekannten Abendlied ‚Nun ruhen alle Wälder' (Ev. Kirchen-Gesangbuch, 361).

Die Schlußverse des von Goethe 1780 an die Innenwand des 1870 abgebrannten Jagdhäuschens auf der echte Gickelhahn bei Ilmenau geschriebenen Gedichtes ‚Über allen Gipfeln ist Ruh" lauten:

Warte nur, balde
Ruhest du auch.

Sie deuten sowohl auf die Ruhe der Nacht als auch auf die des Grabes hin. Die formelhafte, euphemistische Grabinschrift: *Hier ruht ...,* die auf den Schlaf des Toten anspielt, lautet ähnl. im Frz.: ‚Ici repose ...'

Bei Beerdigungen begegnet häufig die Formel: *Ruhe sanft!,* die auch als Schrift auf Kranzschleifen, Trauerkarten, Grabkreuzen und Grabsteinen erscheint. Ein weiterer Wunsch für den Verstorbenen ist: *Ruhe in Frieden!* oder: *Er ruhe in Frieden,* die Übers. von ‚Requiescat in pace!', das auf Ps. 4,9 zurückgeht, obwohl dort nicht vom Tod die Rede ist.

Die Totenmessen der kath. Kirche schließen seit dem 12. Jh. mit der Pluralform ‚Requiescant in pace'.

Ruhm ↗ bekleckern.

Rühren. *Ein menschliches Rühren fühlen (verspüren):* Hunger verspüren, Stuhldrang haben. Die Wndg. beruht urspr. auf einem Zitat aus Schillers ‚Bürgschaft' („Der fühlt ein menschliches Rühren") und meint die echte Mitleid. Das ‚menschliche' hat für die volkstümliche Umgangssprache nichts mit Humanität zu tun, sondern meint das Allzumenschliche und Grobmenschliche in Form von Hungergefühl und Stuhldrang.

Jem. rühren: ihn innerlich bewegen.

An etw. rühren: eine unangenehme (peinliche) Sache erwähnen.

Sich rühren: sich bemerkbar machen, sich um etw. kümmern, nicht alles geduldig hinnehmen. *Sich etw. mehr rühren müssen:* tätiger, fleißiger sein müssen, oft in der Form einer Aufforderung oder Mißbilligung gesagt.

Der Befehl: *Rührt euch!* gilt einer Gruppe angetretener Soldaten. Das militärische Kommando erlaubt eine bequemere Stellung.

Sich nicht rühren: sich still verhalten, sich in seinem Versteck nicht verraten.

Die Feststellung: *Jem. rührt sich nicht mehr* meint hingegen: er ist bewußtlos oder tot.

Sich nicht mehr rühren können: wie gelähmt sein (vor Schreck): auch: sich in finanzieller Bedrängnis befinden.

Rummel. *Den Rummel kennen* (oder *verstehen*): eine Sache gründlich kennen; wissen, wie ein Geschäft zu betreiben ist, wie die Leute zu behandeln sind; meist in etw. verächtlichem Sinn: allerlei Kniffe wissen; seinen Vorteil im Auge haben; lit. häufig bei Lessing, z. B. in der ‚Minna von Barnhelm' (III,2): „Mein Herr versteht den Rummel; er weiß, daß der Weg zu den Fräuleins durch die Kammermädchens geht", und im 40. Stück der ‚Hamburgischen Dramaturgie': „Leser, die den Rummel einer Tragödie nicht wohl gut verstehen, können leicht darüber irre werden". Rummel in den Bdtgn. ‚Lärm' und ‚ungeordneter Haufe' ist eine erst nhd. bezeugte Rückbildung von dem lautmalenden Verb rummeln = lärmen, durcheinanderwerfen; vgl. frz. ‚connaître la musique' ↗ Musik.

Jem. geht auf den Rummel: auf den Jahrmarkt (die Messe o. ä.); wo die Lärm verursachenden Fahr- und Schaugeschäfte aufgebaut sind, ist der ‚Rummelplatz'. Davon abgeleitet meint ‚viel Rummel' auch einfach das Gedränge vieler Menschen.

Mit Rummel oder ‚Rommel' bez. man seit dem 17. Jh. auch die gleichfarbigen Karten, auf die im Pikettspiel alles ankommt (eingedeutscht aus frz. ‚ronfle'); das Spiel ist heute ungebräuchl. geworden. Der gründlich erfahrene Pikettspieler ‚kennt

,den Rummel'. Der Ausdr. tritt auch in den Rdaa. auf: *Ich habe den (ganzen) Rummel satt, ich mache den Rummel nicht mehr mit, ich kaufe den ganzen Rummel,* in denen Rummel etwa die gleiche Bdtg. wie ,Kram' hat.

rund. *Es geht rund:* es herrscht Hochbetrieb; Rücksicht wird nicht genommen; man zankt heftig; auch soviel wie ,strafexerzieren' und andere Kasernenhofschikanen, bei der der Bestrafte rund um den Kasernenhof zu laufen hat; etwa seit 1920 aufgekommen. Der Ausdr. wurde erweitert zu dem Wellerismus: „,Jetzt geht's ´rund", sagte der Wellensittich, da flog er ,in den Ventilator', ↗Kreis, ↗laufen.
Das ist mir zu rund: das kann ich nicht begreifen, nicht fassen. In Pommern hat diese Rda. noch einen Zusatz: ,Dat is mi to rund in minen vêrkant'gen Kopp'. Ein schwäb. Spruch lautet: ,I nem älles, was rund isch' und meint: Geld ist mir immer willkommen. ↗Ball.

Runde ist das Teilstück eines Wettkampfes (z. B. beim Boxkampf, beim Autorennen usw.); in rdal. Übertr.: *etw. über die Runde bringen:* einer Sache zu befriedigendem Ausgang verhelfen; *noch eine (Ehren-)Runde drehen:* in der Schule nicht versetzt werden; *jem. über die Runden helfen:* ihm seinen Weg erleichtern; *über die Runden kommen:* die Schwierigkeiten meistern.
Die Rda. stammt aus der Sprache der Boxsportler. Eine Runde dauert in einem Boxkampf, der aus bis zu 15 Runden bestehen kann, drei Minuten. Anschließend gibt es eine einminütige Pause.
Eine Runde ausgeben: für alle Anwesenden Getränke spendieren; vgl. frz. ,payer une tournée'.
Die Runde machen: überall schnell bekannt werden, von Hand zu Hand gehen.

Ruß. *Mach keinen Ruß!:* Mach keine Geschichten, keine Redereien! *Da wird nicht viel Ruß gemacht:* da werden nicht viele Umstände gemacht, da wird nicht lange gefackelt; bes. obersächs.; eigentl. vom Rauch und Qualm in der Küche. Westf. ,et is Raut in der Küeke', der Herr oder die Frau des Hauses ist übel gelaunt.

Er färbt den Ruß und verkauft ihn für Weizenmehl: er lügt.
Ruß mit Kohlen waschen: Böses mit Bösem vergelten.

Russe. *Jem. einen Russen aufbinden:* ihm Unwahres als glaubhaft ausgeben. Nach 1945 in Leipzig aufgekommen in Abwandlung von ,einem einen Bären aufbinden', denn der ↗Bär ist das Symboltier Rußlands.
Russisches Roulette spielen: die Trommel eines Revolvers mit nur einer Patrone laden, drehen und dann abdrücken. Vor allem Lebensmüde, die mit dem Gedanken an Selbstmord spielen, benutzen diese Art von ,Schicksalsbefragung'.

Rute. *Sich selbst eine Rute (auf)binden:* eine lästige Verpflichtung eingehen, sich selbst etw. Unangenehmes aufhalsen.
Sich die Rute selber flechten: eine Last selbst verschulden. Die Rda. entsprach in Zeiten der Leibeigenschaft durchaus der Wirklichkeit: der zu Züchtigende mußte sich tatsächlich zuweilen die Rute, mit der er geschlagen wurde, selbst binden. Hinterher hatte er noch zu seinem Herrn zu sagen: ,Ich danke für gnädige Strafe', eine Rda., die heute noch im Kartenspiel von dem gebraucht wird, der verloren hat. Erasmus von Rotterdam führt 1528 in den ,Adagia' (1, 1,86) die Rda. in lat. Form an: „Flagellum ipse paravit, quo vapularet" (er hat die Peitsche selbst bereitet, mit der er Prügel erhalten soll). 1513 verzeichnet Tunnicius (Nr. 712): „Mannich maket eyne rode tot synen egen stêrte". ähnl. in den zahlreichen Sprww.-Sammlungen des 16. Jh. Sinnverwandte Wndgn. sind: „Im selbs ein galgen aufrichten" (1561 bei Maaler); „Mancher schnitzt jhm selbst ein Creutz" (1639 bei Lehmann, S. 83). Lit. noch im 19. Jh., z. B. bei Immermann (,Münchhausen' IV, Kap. VII): „Ist's aber der letztere, dann haben sich die Herren eine Rute gebunden, des sie mich ins Haus nahmen!" Frz. lautet dieselbe Rda.: ,Se donner des verges pour se fouetter'; engl. ,You gather a rod for your own breech' (du pflückst die Rute für deinen eigenen Hintern).
Mit eiserner Rute regieren: mit großer Strenge, geht zurück auf Offenb. 2,27.

Sich unter jem. Rute beugen: sich seiner Herrschaft unterwerfen; vgl. frz. ‚se plier sous le fouet de quelqu'un'.

Früher spielte die Rute in der Kindererziehung eine wichtige Rolle, als Relikt erscheint sie noch heute im Nikolausbrauch.

Die Rute küssen (müssen): verdiente Strafen demütig, sogar dankbar hinnehmen (müssen).

Die Rda. entsprach tatsächlichem Brauch: Kinder, die straffällig wurden, mußten die Rute, mit der sie geschlagen wurden, küssen, zum Zeichen der Erkenntnis, die Züchtigung ‚verdient' zu haben und sie zur ‚Besserung' zu benötigen. Ähnl.: *die Rute nicht scheuen:* sich willig der Strafe beugen, die zum Besten des Kindes ausgegeben wurde.

Im Sprw. spielt die Rute als Züchtigungsinstrument eine verhältnismäßig große Rolle: ‚Die liebe Rute tut alles Gute'; oder es heißt in Formeln repressiver Erziehung: ‚Pferde ohne Zaum – Kinder ohne Rut' tun nimmer gut' und ‚Strafe muß sein'. Geiler von Kaysersberg schrieb in seinem ‚Christlichen Pilger':

Liebe Ruot, traute Ruot,
waerest du nit,
ich thet nimmer guot.

Ein dt. Gedicht aus dem 16. Jh. lautet:

Grüß dich, du edles Reise,
dein Frucht ist Goldes werth,
der jungen Kinder Weise,
du machst sie fromm und gelehrt.
Beugst ihren stolzen, wilden Mut,
nicht besser Holz wird funden,
Erfahrung bringen tut.

Lit.: *Anon.:* Unterricht in Sprichwörtern durch passende Erzählungen, Fabeln u. Erklärungen für Lehrende und Lernende, Schule u. Haus, Jugend u. spätere Lebensjahre (Duisburg 1838); *A. David, S. J.:* Die Erziehung nach dem Sprichwort. Winke u. Fingerzeige zur Erziehung der Kinder (Paderborn 1889); *W. Hävernick:* „Schläge" als Strafe (Hamburg ⁴1970); *W. Mieder:* International Proverb Scholarship. An Annotated Bibliography (New York u. London 1982), S. 556: Stichworte „education" und „educational"; *V. J. Brøndegaard:* Birken som ‚Visdommens Trae', in: Tradisjon 13 (1983) S. 93–99.

Rutsch. *Etw. auf einen Rutsch erledigen:* eine Sache schnell, in einem ↗ Zug hinter sich bringen.

Einen Rutsch (Rutscher) machen: eine kleine Reise machen, mdal. seit 1850 für Sachsen, Thür. und Berlin bezeugt.

Einen guten Rutsch ins neue Jahr! wünscht man sich an Silvester; zugrunde liegt die Vorstellung des langsamen, fast unmerklichen Hinübergleitens (seit 1900). Verkürzend sagt man auch: ‚Komm gut rüber!'

S

Saat, säen. *Etw. ist dünn gesät:* eine Sache ist selten, vereinzelt zu finden; in geringer Zahl vorhanden; schweiz.: ,nitt dik g'sait si'. Bes. bibl. Sprww. arbeiten mit den sprachl. Bildern des Säens und Erntens: sie alle haben die Bdtg., daß auf böse Taten Strafen folgen oder daß gute Taten belohnt werden: z. B. ,Wer Wind säet, wird Sturm ernten' (Hosea 8,7). ,Saat geht auf', ,sein Weizen blüht'. Schiller verwendet in Anlehnung an die Bibel eine ähnl. Wndg. in ,Wallensteins Tod' (V, 11): „Ihr sätet Blut und seht bestürzt, das Blut ist aufgegangen."

Lit.: *E. Lohmeyer:* Das Gleichnis von der Saat, in: Deutsche Theologie (1943), S. 20–39; *W. G. E. Watson:* Antecedents of a New Testament proverb (Joh. 4,37). One sows and another reaps, in: Vetus Testamentum 20 (1970), S. 368–370; *D. R. Moser:* Art. ,Brot' in: EM. II, Sp. 805–813.

Säbel. *Mit dem Säbel rasseln;* mit prahlerischem Gerede drohen; Zeichen geben, daß man angriffslustig ist. Die Drohung wird meistens nicht ernst genommen und man sagt: ,Spar' dir dein Säbelgerassel'. *Mit bleiernem Säbel kämpfen:* sehr ungeschickt, einfältig und schwerfällig argumentieren.
,... und wenn der Säbel bricht' ist gleichbedeutend mit der Formel ,und wenn es zum Äußersten kommt'. Sie will die große Entschlossenheit ausdrücken, mit der jem. an eine Sache herangeht. Für 1590 ist ndl. belegt: ,He hett en groten sabel': er hat viele Trümpfe in der Hand. Der Säbel kam erst im 15. Jh. aus dem Orient mit den Türken nach Osteuropa und setzte sich im 16. und 17. Jh. neben dem Degen durch; insofern ist die ndl. Rda. als einer der frühesten Belege anzusehen, in denen das Wort ,Säbel' bildl. gebraucht wurde.

Sache. *Eine Sache drehen, wie man will.* Die Rda. ist bibl. Urspr. und geht auf Sir. 19,22 zurück. Dort heißt es vom ,Schalk':

er „kann die Sache drehen, wie er's haben will".
Die älteste Bdtg. des Wortes Sache (ahd. sahha: Streit, Krieg, Prozeß) ist noch in der Rda. aus dem Rechtsleben spürbar: *eine Sache ist anhängig* heißt, ein Verfahren schwebt vor Gericht.
Im Zusammenhang mit der Sache als Rechtsfall stehen die Wndgn.: *einer Sache auf den Grund gehen:* etw. genau untersuchen; vgl. frz. ,aller au fond des choses'.
Der Sache näher kommen: in einer Diskussion sich dem Punkt nähern, wo Verständigung oder (und) Kompromisse möglich sind.
Seiner Sache sicher sein: wissen, daß man im Recht ist, daß man Gewißheit über etw. besitzt und durch vernünftige Gründe überzeugen wird; vgl. frz. ,être sûr de son affaire'.
Hart in der Sache sein: unerbittlich nach eigenen Grundsätzen handeln; auf keine Kompromisse eingehen. Der Ausdr. geht zurück auf den Jesuitengeneral Claudio Aquaviva (1543–1615), der in seiner Schrift ,Industriae ad curandos animae morbos' (1606) eine starke und zugleich milde Regierung für einen Staat gefordert hatte: „Stark ... in der Erreichung des Ziels und milde in der Art, es zu erreichen" (Kap 2, 1). Der schon in der Bibel (Weisheit 8, 1) vorhandene Gedanke wurde zu einem lat. Spruch verdichtet: ,Fortiter in re, Suaviter in modo' (Hart in der Sache, milde in der Form).
Das tut nichts zur Sache: das ist unwesentlich, bringt keine entscheidend neuen Gesichtspunkte zu einer umstrittenen Angelegenheit; vgl. frz. ,Cela ne fait rien à l'affaire' oder ,Cela n'a rien à voir'.
Mit jem. gemeinsame Sache machen: sich mit ihm verbinden. vgl. frz. ,faire cause commune avec quelqu'un'.
Etw. ist jem. Sache: etw. ist eine ganz persönliche Angelegenheit. Um Einmischun-

1267

gen zu unterbinden, sagt man: ‚Das ist meine Sache‘, ↗ Bier.

Seine Sache auf Gott stellen: sein ganzes Vertrauen auf Gott richten. In einem Kirchenlied des Joh. Pappus (1549–1610) heißt es schon ganz ähnl.:

Ich hab' mein' Sach'
Gott heimgestellt.

Seine Sache auf etw. stellen: seine Hoffnung auf etw. gründen, sich eine Basis errichten, auf der man aufbauen kann, bes. in materieller Hinsicht, kann als Übertr. der vorherigen Wndg. auf den profanen Bereich verstanden werden. Als Formel ist sie bes. durch Goethe bekannt geworden:

Ich stellt' mein Sach'
auf Geld und Gut!

(Goethe, Weimarer Ausg. I, S. 145). Im Gegensatz dazu schreibt Goethe aber auch 1806 in seinem Gedicht ‚Vanitas! Vanitatum vanitas!‘: „Ich hab' mein' Sach' auf nichts gestellt“, wohl eine bewußte Negierung des bekannten Kirchenliedes.

Das ist (vielleicht eine) Sache!: das ist großartig, hervorragend, ausgezeichnet; verkürzt aus: ‚das ist eine große, bedeutende, ausgezeichnete Sache‘ o. ä.

Das ist Sache mit Ei: das ist ganz hervorragend. *Etw. ist eine runde Sache:* jedermann ist mit einem Plan, einer Angelegenheit zufrieden.

Das ist so 'ne Sache: das ist schwer zu entscheiden. Ähnl. Wndgn. auch in den Mdaa., z. B. im Anhaltischen: ‚Dat heest mer ene Sache‘, da gibt es nichts zu verwundern, dabei ist nichts Außerordentliches. *Das sind keine Sachen:* so etw. gehört sich nicht.

Sache!: einverstanden! selbstverständlich! Wohl verkürzt aus: ‚das ist eine abgemachte Sache‘.

Mach keine Sachen! Ausruf des Erstaunens; wohl verkürzt aus: ‚mach keine unglaubwürdigen Sachen!‘; auch: Tu nichts Unerlaubtes, Ungehöriges!

Nicht bei der Sache bleiben können: ständig abschweifen, unaufmerksam sein; vgl. frz. ‚Ne pas s'en tenir au fait‘. Bei einer Verhandlung, die durch Nebensächliches verzögert wird, ist die Aufforderung *Zur Sache, bitte!* oft nötig; vgl. frz. ‚(Venonsen) au fait, s'il vous plaît!‘ Als neue Prägung entstand nach einem

Filmtitel die Wndg. *Zur Sache, Schätzchen!:* keine Umschweife, kommen wir direkt zum Geschäftlichen, zum Sex.

Mit -zig Sachen: mit größter Geschwindigkeit; eigentl.: mit soundso viel (‚achtzig‘ oder ‚neunzig‘) Kilometern Geschwindigkeit beim Auto- oder Motorradfahren; aus der Kraftfahrersprache.

Sieben Sachen ↗ sieben, ↗ Siebensachen. Die formelhafte Wndg. ‚in Sachen XY‘ ersetzt oft das sinngleiche Wort ‚betreffend‘, ‚betrifft‘: so z. B. ‚Mexiko will sich in Sachen Erdöl von niemandem beeinflussen lassen‘.

‚Sache‘ wird auch verhüllend für Menstruation gebraucht; südbad. ‚Hasch dei Sach?‘

Lit.: *H. G. Reichert:* Urban und human: Gedanken über lat. Sprww. (Hamburg ³1956), S. 280–281; *J. T. Kieran:* It's in the bag (dt.: die Sache ist geritzt), in: Saturday Review of Literature 10 (1973), S. 1–3, S. 64.

Sachsen. Wird das Gebiet Sachsen erwähnt, so fügt man oft hinzu: ‚Ja, ja in Sachsen, wo die (schönen) Mädchen auf den Bäumen wachsen‘. Über die Herkunft dieser Floskel ist schon oft gerätselt worden, eine eindeutige Erklärung blieb jedoch bis heute aus. 1893 wurde ein Kinderreim aus Quedlinburg veröffentlicht (Zs. f. d. U. 7 [1893], S. 426) und seither erscheint der Zweizeiler öfter: „Ich bin der Herr von Sixen-Saxen, wo die schönen Mädchen wachsen. Hätt' ich daran gedacht, Hätt' ich N. N. eine mitgebracht“. Man dachte, daß vielleicht die Vorstellung vom Ursprung der Menschen aus Steinen und Bäumen eine Rolle bei der Entstehung des Spruches gespielt haben könnte und nimmt an, daß ‚Sachsen‘ nur des Reimes wegen (Reimzwang) erwähnt wird (R. Sprenger). „Denn von einer überragenden, gar sprichwörtlichen Schönheit der sächsischen Mädchen besteht keine Überlieferung, und auch die vielen einschlägigen neulateinischen Traktate des 17. Jh.s (De virginibus; De linea amoris usw.) melden nichts davon“ (L. Fränkel [1894], S. 544). Auch das Märchen vom Schlaraffenland, wo bekanntlich alles auf den Bäumen wächst (R. Flygare), sowie die Etymologie des Wortes Germanien, wie sie in Turmaiers Bayrischer Chronik gegeben wird, werden zu einer Herleitung herangezogen: „Reußen, Winden, welche völcker kommen sein auß Germanien als auß ainer werckstat, da man die leut inn schmidt, und auf den päumen wachsen und herab fallen nach sag der alten, die's darumb also nennen, Germaniam' von dem lat. Wort ‚germinare', so wachsen, außfallen und herfürschießen haist" (Thurmaier, Bayr. Chronik 1,1,83).

Lit.: *R. Sprenger*: In Sachsen, wo die Mädchen auf den Bäumen wachsen, in: Zs. f. d. U. 7 (1893), S. 426–427; *L. Fränkel*: In Sachsen, wo die schönen Mädchen auf den Bäumen wachsen und Verwandtes, in: Zs. f. d. U. 8 (1894), S. 543–544; *R. Flygare*: Zum Spruche: In Sachsen, wo die Mädchen auf den Bäumen wachsen, in: Zs. f. d. U. 8 (1894), S. 703–704; *L. Fränkel*: Weiteres zu ‚Aus Sachsen, wo die (schönen) Mädchen (auf den Bäumen) wachsen', in: Zs. f. d. U. 13 (1899), S. 130–139; *C. Müller*: Das Wachsen der Mädchen auf Bäumen, in: Zs. f. d. U. 14 (1900), S. 214; *L. Fränkel*: Nochmals die schönen Mädchen aus Sachsen, die auf Bäumen wachsen, in: Zs. f. d. U. 14 (1900), S. 735–739.

Sachsenspiegel. ‚Ik warr dî den Sassenspêgel noaschloân (ûtlegen, revendêren)', ich werde dir den Sachsenspiegel nachschlagen, auch vollschlagen, wobei ‚Sassenspêgel' euphemist. für ‚Hintern' steht, wie auch in den weiteren derben ndd. Rdaa.: ‚den Sassenspêgel wîsen', einem den Rücken zukehren, den Hintern weisen, urspr. eine wirksame Abwehrgeste, und in der Aufforderung: ‚Sett di up dînen Sassenspêgel!', setz dich auf deine vier Buchstaben!

Diese Wndgn. erinnern an das alte Rechtsbuch der Sachsen, das um 1222 von Eike von Repkow aufgezeichnet wurde und dessen Prolog beginnt:

Spigel der Saxen
sal diz buch sin genant,
wende Saxen recht ist hir an bekant,
als an einem spiegele de vrouwen
ire antlize beschouwen.

Luther gebrauchte das Wort ‚Sachsenspiegel' noch in seiner urspr. Bdtg. als festgelegtes Recht, wenn er schreibt: „die heiden sind dem Mose nicht schüldig gehorsam zu sein. Mose ist der Juden Sachssenspiegel" (Werke 3,167ᵇ). Die besonders in Pommern gebrauchten Redensarten bewahren zwar das Wort, doch dessen alter Sinn scheint nach der humoristischen Umdeutung nicht mehr bewußt zu werden.

Sack. *Einen in den Sack stecken:* ihm an Kräften überlegen sein; so auch in den Mdaa., z. B. thür. von einem argen Schwätzer: ‚he schwatzt en in Sack un us de Sacke'; els. von einem Schlauen: ‚der ist in ken Sack zu bringe'. Seb. Brant im ‚Narrenschiff' (83,29): „Allayn der arm (Arme) muß jnn den sack". Auch ‚stoßen' statt ‚stecken' findet sich, z. B. im ‚Narrenschiff' (69,7f.):

Wer andern stoßen wil jnn sack,
Der wart auch selbst des backenschlag.

‚Jem. in den Sack stecken'

Die Rda. hat ihren Urspr. vermutl. in einer bes. Art von Ringkämpfen, wobei der Besiegte vom Sieger wirklich in einen Sack gestoßen oder gesteckt wurde. In einem alten Lügenmärchen heißt es:

Er liuget, er saehe ûf einer wise,
daz ein getwerc (Zwerg) unde ein rise
die rungen einen halben tac.
Do nam daz getwerc einen sac,
da stiez ez den risen in.

In einem hist. Volkslied von 1400 (Liliencron I,192) heißt es:

Und wer den andern übermag,
Der schieb in fürbaß in den Sack.

Dies war also nicht bloß eine bildl. Rda., wie Grimms Dt. Wb. (8,1611) meint, sondern wurde noch im 16. Jh. bei öffentl. Zweikämpfen ausgeführt. In dieser Weise spielt das ‚In-den-Sack-Stecken' auch in vielen Volkserzählungen, insbes. Märchen, eine Rolle: so steckt der Geisterbanner den Geist in einen Sack; so zeigt der Meisterdieb seine Geschicklichkeit, indem er Pfarrer und Küster in seinen Sack lockte; ebenso das Bürle (KHM.61) seine List, indem es sich durch einen leichtgläubigen Wanderer aus dem Sack befreien läßt. Das gleiche gilt für den Bruder Lustig (KHM.81), der alles in seinen Sack springen läßt (Bolte-Polívka II,157f., III,379). Einen Nachhall dieser Vorgänge könnte man auch in den schweiz. Familiennamen des 15. Jh. ‚Springinsack‘ vermuten. Die Wndg. ist jedenfalls noch lange in volkstümlicher Sprache üblich gewesen; 1639 führt sie Lehmann S. 304 (‚Gewalt‘ 10) an: „Wer den andern vermag, der steckt jhn in Sack". Constant von Wurzbach (1818–93) berichtet von einem Ringkampf um die natürliche Tochter Kaiser Maximilians II. (1564–66). Die beiden Kämpfer waren des Kaisers Kriegsrat, ein wegen seiner Größe und Leibesstärke berühmter Ritter, und ein vornehmer Spanier. Da der Vater keinen von beiden verletzen wollte, so kam er auf den lustigen Einfall, die Herren miteinander um den Besitz ringen zu lassen, und zwar sollte Sieger sein, wer den andern in einen Sack zu stecken vermöchte. Der Kriegsrat steckte nun wirklich zum großen Gelächter des Hofes den Spanier in den Sack und hatte damit auch gewissermaßen den Kaiser, die schöne Braut und die reiche Mitgift ‚im Sacke‘ (Sack bedeutet obd. ja auch ↗Tasche).

Bereits bei Joh. Agricola (1528) findet sich die Wndg. in bildl. Gebrauch: „Wer Meister wird, steckt den andern in den Sack"; ebenfalls bei Agricola anläßlich der Erklärung des Sprw. ‚Gott hilft dem sterckisten‘ heißt es: „Gross Gewalt kan Gott nicht erleiden, dass sie lang stehen solle. Die Welt aber sagt also: Gott hyn, Gott her, ich sihe wol, wer den andern vermag, der steckt den andern ynn Sack";vgl. frz. ‚mettre quelqu'un dans sa poche‘.

Den Mönch im Sack haben: ihn überwältigt haben.

Jem. in den Sack hauen: jem. übervorteilen.

In den Sack hauen: aufgeben, abdanken. Die Rda. ist in der Liedparodie auf die Abdankung des dt. Kaisers bezogen:

O Tannenbaum, o Tannenbaum! Der Kaiser hat in'n Sack gehaun.

Jem. auf den Sack niesen, husten, treten: jem. grob zurechtweisen, jem. drillen.

Schlafen wie ein Sack: sehr fest schlafen; vgl. frz. ‚dormir comme une souche‘.

Er ist voll wie ein Sack: er ist schwer betrunken; rhein. ‚de löt sech hange wie ne Sack‘; oder auch: ‚he hängt ennen an den Ärm wie ennen Sack‘; vgl. frz. ‚Il est plein comme une outre‘.

Der Sack ist noch nicht zugebunden: die Sache ist noch nicht zu Ende. *Sack und Bändel* ist sprw. für eine Hauptsache mit den dazugehörigen kleinen Nebensachen: *Da ist der Sack 's Bändel nicht wert:* das ganze Ding taugt nichts; rhein. ‚Wenn der Sack des Bängels (Bändels) wert ös, dann wierd e zogebonge‘; ‚do wird och der Bändel dürer als der Sack‘, mehr Umstände machen als die Sache wert ist.

Er ist wie ein umgekehrter Sack: er hat sich ganz verändert. Schweiz. ‚d'Lüt chönnid si mengsmol ommcheere wie en Sack‘, ihre Gesinnung völlig ändern.

Sich fühlen wie ein nasser Sack: sich sehr matt, kraftlos fühlen. Überhaupt wird der menschliche Körper öfter mit ‚Sack‘ umschrieben; so schon bei Luther: „Unser eigen Fleisch, der alte faule Sack" (Werke 5, 436). Heute ist ‚fauler Sack‘ eine Beschimpfung.

Sack und Pack, dabei meint Sack das Große und Pack das Kleine; der westf. Müller tröstet sich: ‚Brenget se nit Säcke, brenget se doch Päcke‘.

Einen ganzen Sack voll: sehr viel. „Ein gantzen Sack voll eifers" findet sich schon bei Seb. Franck. Im Rhein. findet sich eine humorvolle Anwendung: ‚Wasste wat ich wollt; eich hätt en Sack voll Gold‘.

Sack steht auch bildl. für: Gabe, Vermögen; auch geistig: sämtliche Absichten und Pläne; Bismarck (‚Reden‘ VII, 430): „Ich habe da nach einer vulgären Redensart einen Sack vollständig vor Ihnen ausgeschüttet von all dem, was ich bisher darin hatte".

Jeder hat seinen Sack zur Mühle zu tragen: durch etw. zu leiden, eine Last auf sich zu nehmen.

An den Sack müssen; sich stark anstrengen müssen, ans Werk gehen. Diese Rda. kommt aus der schweiz. Soldatensprache,

wo der Tornister mit ‚Sack‘ umschrieben
wird.

Sackzement (Sack Zement): Fluchwort;
entstellt aus ‚Sakrament‘. Schwäb. steht
die Verbindung ‚Sack am Bändel‘ euphem. für den Fluch Sackerment.

‚Versacken‘ meint, aus der Ordnung geraten, den Anforderungen des Lebens nicht
mehr gewachsen sein, größtenteils aus eigenem Versagen. Oft wird das Verb irrigerweise mit ‚Sack‘ in Verbindung gebracht, es kommt jedoch aus der Seemannssprache und heißt ‚sinken‘.

Den Sack schlägt man, den Esel meint man
↗ Esel.

In Sack und Asche trauern ↗ Asche.

Die Katze im Sack kaufen ↗ Katze.

Nüsse durch einen Sack beißen ↗ Nuß.

Die Hand im Sack erwischen ↗ Hand.

Den Knüppel aus dem Sack lassen ↗ Knüppel.

Lit.: *H. Stubbe:* Formen der Trauer (Berlin 1985).

Sackgasse. *In eine Sackgasse geraten;* keinen Ausweg finden, weil das Ende einer
Sackgasse geschlossen ist; bei einem an-
gefangenen Werk nicht weiterkönnen. Im
17. Jh. hieß die Sackgasse auch ‚blinde
Gasse‘, ‚Strumpfgasse‘, seit 1797 auch bei
Serz in den ‚Teutschen Idiotismen‘, S. 48
mit ‚das Gäßchen kehr um‘ belegt. In
übertr. Sinne z. B. bei Goethe. Vgl. frz.
‚aboutir à une impasse‘ oder ‚tomber dans
un cul-de-sac‘.

Jem. in eine Sackgasse führen: ihn irrelei-
ten, in eine ausweglose Situation bringen.

Saft. *Saft und Kraft haben;* eine große
Wirkung haben, sehr stark sein. Dagegen:
ohne Saft und Kraft sein: müde, erschöpft
sein, nicht überzeugen können. Die Rda.
ist bei Luther belegt: „ Christus gebe solchem seinem Wort Safft und Krafft in eu-
rer Hertzen“ (Werke 6, 1ᵇ).

Jem. im eigenen Saft schmoren lassen; jem.
aus einer selbstverschuldeten Schwierigkeit nicht heraushelfen.

‚Das ist ein Saftladen!‘ sagt man, um seine
Enttäuschung über einen Betrieb, eine
Firma oder eine andere Einrichtung aus-
zudrücken.

Sage. *Jem. in Sage bringen:* jem. verleumden; seinem guten Ruf schaden, indem

man jem. ins Gerede bringt. Diese heute
veraltete Rda. kennt noch nicht den heutigen Begriff ‚Sage‘ der Erzählforschung.
Sage bedeutet hier, wie schon für 1646 belegt: Aussage, Bericht, verbunden mit der
Vorstellung des Unsicheren, Unzuverlässigen; Gerücht, „gemeine Sag‘ und Red!“
(Grimm Dt. Wb. 8, 1645). In diesem Sinne
ist auch das Sprw. zu verstehen: ‚Wer jeder Sage Glauben schenkt, dessen Scheitel ist verrenkt‘. Eine weitere Redewndg.
ist die Formel: ‚Es geht die Sage, daß ...‘:
man erzählt sich; man weiß nicht genau,
ob; es geht ein Gerücht; nach lat. ‚fama
est‘. ‚Sage‘ wurde erst in der Romantik zu
einem Sammelbegriff für sehr verschiedene Gruppen von Volkserzählungen.

Etw. ist sagenhaft (oder auch ‚märchen-
haft‘): es ist großartig, unvorstellbar,
auch: unglaublich.

Lit.: *L. Röhrich:* Sage (Stuttgart ²1971); *L. Petzoldt:*
Dämonenfurcht und Gottvertrauen. Zur Geschichte
und Erforschung unserer Volkssagen (Darmstadt
1989).

Sägebock. *Dem kälbert der Sägebock auf der
Bühne* sagt man von einem, der stets unverdientes Glück hat, ohne daß er viel
dazu tut, also von einem Glückspilz. Der
drastische Vergleich enthält eine mehrfa-
che Hyperbolik: Der Sägebock kann aus
mehreren Gründen nicht kälbern: 1. ist er
ein Ding aus Holz, und 2. würde es sich
um einen lebendigen Bock handeln,
könnte das männliche Tier, der Bock, ohnehin keine Jungen zur Welt bringen, und
3. ein Ziegenbock auch keine Kälber.
Dazu steht 4. das Ding noch auf der
‚Bühne‘, d. h. auf dem Dachboden, den
man normalerweise gar nicht im Blick hat.
(Varianten: ‚De richa Litt kélbret d'Holz-
schlégl hinderm Ofe‘. ‚Wem's Glück will,
dem kälwert d'r Holzschläjel (Dreschflegel) uf d'r Biehn!‘ ‚Wears Glück hât, deam
kélbert am End no der Ochs‘. ‚Be de Richa
kélbret de Misthufe, be de Noatega [Not-
leidenden] verrécket d'Kélber‘).

Lit.: *L. Röhrich:* Alemannische Sprichwörter. Form
und Funktion, in: G. Gréciano (Hg.), Europhras 88
(Straßburg 1989), S. 357–370.

Sägemehl. *Sägemehl knüpfen:* eine unnütze
und vergebliche Arbeit verrichten. Man
glaubte, daß bes. die alten Jungfern oder
Junggesellen solche Arbeiten nach ihrem

Tode leisten müßten (vgl. Schneesieber). In der Schweiz bez. man auch einen Geizhals als ‚Sagmelchnüpfer'. Daneben bestand die Vorstellung, daß ein bes. Pfiffiger sogar Seile aus Spreu herstellen konnte, so in KHM.112: ‚Der Dreschflegel vom Himmel'. Von dem Bauern, der auf einem Baum bis in den Himmel gestiegen war, heißt es: „Und in der Not wußt er sich nicht besser zu helfen, als daß er die Spreu vom Hafer nahm, die haufenweis dalag, und daraus einen Strick drehte".
Häufiger und älter ist die Behauptung, daß aus Sand Seile geflochten werden. Aus dem Griech. übersetzt, entstanden lat. Rdaa.: ‚ex arena funem nectere' und ‚de harena resticulas nectentes'. In der Edda spricht Odin im ‚Hârbardslied' (18) von überaus klugen Frauen, die sogar aus Sand Stricke drehen konnten.
Joh. Fischart schreibt diese bes. Fähigkeit in seinem ‚Bienenkorb' sogar den Ketzern zu und berichtet „vom sand, darauß die alten Ketzer jhre schnür und seyler pflegten zu winden und zu flechten".
Auch das Frz. kennt diese Wndg. für Unmögliches tun: ‚tresser des cordes de sable' (heute veraltet). *Sägmehl im Kopf haben:* dumm sein. Die Rda. ist in Südtirol besonders häufig, im Deutschen ist dafür ‚Häcksel (Stroh) im Kopf haben' geläufiger.

Lit.: *J. Bolte* u. *G. Polívka:* Anmerk. zu den KHM. der Brüder Grimm, Bd. II (Leipzig 1915), S. 513; *W. Gottschalk:* Die sprw. Rdaa. der frz. Sprache (Heidelberg 1930), S. 252; *Niedner,* in: Zs. f.d.A. 31,254; *A. Otto:* Die Sprww. d. Römer (Hildesheim 1965), S. 160; *S. Singer:* Sprww. d. MA., Bd. I (Bern 1944), S. 172; *L. Tobler:* Kleine Schriften, S. 147; *Zachariae,* in: Zs. d. Verf. f. Vkde, 17, 186; *F. Sarasin:* Die Anschauungen der Völker über Ehe und Junggesellentum, in: Schweiz. Arch. f. Vkde. 33 (1934).

sagen. *Nichts zu sagen haben:* unbedeutend sein. Andere Formeln, die mit ‚sagen' gebildet werden, sind z.B. ‚Sagen wir mal ...'; ‚Ich muß schon sagen!'; *sich nichts mehr zu sagen haben:* nebeneinander herleben; *etw. ist nicht gesagt:* eine Sache ist nicht sicher, noch nicht entschieden; *sich nichts sagen lassen:* keinen Rat annehmen; *Das Sagen haben:* der Chef sein, das Regiment führen; Zwillingsformeln mit ‚sagen' sind oft alt und einer bestimmten Tradition entsprungen. So auch ‚singen und sagen', eine Alliteration, die die zweifache Tätigkeit des Dichters zusammenfaßt, ↗ singen.
Etw. vom Hören-Sagen kennen: etw. nicht aus eigener Anschauung, sondern von Erzählungen kennen, ↗ hören.
Die Formel ‚sage und schreibe' betont die Glaubwürdigkeit des erzählten Sachverhalts. (Sie könnte eine Rechtsformel auf Urkunden gewesen sein, die die Vertragspartner aufforderte, schriftlich und mündlich ihre Abmachung zu bekräftigen).
Partizipialbildungen sind: *sich etw. gesagt sein lassen:* eine Rüge, Kritik hinnehmen müssen; ‚gesagt, getan'; ‚wie gesagt, so geschehen'; ‚gerade heraus gesagt'.

‚Sägen'

sägen. Mit dem Wort ‚Sägen' werden metaphorisch zwei Vorgänge umschrieben: schnarchen und ein Streichinstrument schlecht spielen. Das Tertium comparationis liegt in beiden Fällen in dem von einer Säge verursachten Geräusch. Die Zeichnung von G. Haitzinger anläßlich des Rücktritts von Lothar de Maizière realisiert außerdem noch drei weitere Sprachbilder: Wer ‚die erste Geige spielen' will, darf nicht sägen. Und schon gar nicht hält dies ein ‚zart-besaiteter' Politmusiker aus. Er wird ‚abgesägt', und es wird ihm gezeigt, wer die erste Geige spielt und daß schlecht gespielt wird, wenn dies der Bundeskanzler Kohl tut.

Saite. *Andere* (häufig *mildere) Saiten aufziehen:* einen anderen Verkehrston anschlagen, eine andere Behandlungsweise versuchen; „worauf er denn gelindere Saiten aufzog" (Melissus, Die galante und liebenswürdige Salinde, 1713, S. 243); vgl. frz. ‚baisser le ton'.

Das Gegenteil ist: *Die Saiten etw. straffer anziehen:* strenger vorgehen; im 16. Jh. in der ‚Zimmerischen Chronik' (Bd. II, S. 187): „Und wurden dem pfaffen die Saiten wol gespannen".

Jem. die Saiten spannen: jem. scharf zurechtweisen, ↗ Ton.

Schon früh im MA. waren Saiteninstrumente wie die ↗ Harfe und ↗ Laute Gegenstand allegorischer Betrachtung. Seit der Mitte des 18. Jh.s wird der Barde, der ‚in die Harfe singt', als Zeuge einer fernen, glücklichen Vergangenheit umschwärmt. Adolph Menzel gestaltete 1836 zur Ausg. der ‚Sämtlichen Werke' des poln. Dichters Adam Mickiewicz eine Lithographie mit dem ‚Barden' als Kind der Vorzeit.

Verwandte rdal. Bilder sind: *die Saiten zu hoch spannen:* eine Sache zu weit treiben. so schon lit. bei Joh. Fischart (‚Aller Praktik Großmutter' S. 642): „Dann wer die Saiten vberspannet..."

Auf der gleichen Saite geigen: derselben Meinung sein, ‚in dieselbe Kerbe hauen'.

Alle Saiten anspannen: alle Mittel einsetzen, um seinen Zweck zu erreichen.

Er kann bloß auf einer Saite geigen: er ist einseitig, er kann nicht so viel, wie er eigentl. können müßte.

Eine Saite berühren (anschlagen). Lessing liebte dieses Bild: im ‚Nathan' (III, 10), als Daja den Tempelherrn fragt, ob er Nathan seine Liebe offenbart habe: „Doch, Daja, wenn ich Euch nun sage, daß ich selber die Sait' ihm anzuschlagen bereits versucht?" Daja darauf: „Was? Und er fiel nicht ein?" – „Er fiel mit einem Mißlaut ein, der mich – beleidigte". Und als Daja den Weisen zum wiederholten Male bittet, Recha dem Tempelherrn zur Frau zu geben, sagt Nathan: „Doch die alte Leier wieder? Mit einer neuen Saite nur bezogen, die, fürcht ich, weder stimmt noch hält."

Die Saite darf man nicht anschlagen: diese Angelegenheit darf man nicht berühren, erörtern. vgl. frz. ‚la corde sensible'.

Die Saiten herunterstimmen: in seinen Anforderungen nachlassen. In Schillers ‚Kabale und Liebe' heißt es, als Wurm seinen schurkischen Plan entwickelt, Luise die Liebe des Majors und den Ruf ihrer Tugend verlieren zu lassen: „Vater und Mutter ziehen gelindere Saiten auf".

Auf der letzten Saite spielen: mit letzter Anstrengung, Kraft etw. tun.

Lit.: *M. Willberg:* Die Musik im Sprachgebrauch, in: Die Muttersprache (1963), S. 201 ff.

Redensarten　　　　　　　　　　**Münchener Bilderbogen**

Ein voller Bauch studiert nicht gern! sagte das Schwein, nachdem es sich satt gefressen.

Der Gescheitere gibt nach! sagte der Ochs zum Metzger.

Redensarten   **Münchener Bilderbogen**

Was der Deutsche nicht Alles um's Geld macht!
sagte der Hanswurst, als er zum erstenmal
einen Affen sah.

Es haben nicht alle Esel lange Ohren!
sagte der Hanswurst, als er von der Rathssitzung
herabkam.

Gott verläßt keinen Deutschen,
hungert ihn nicht, so dürstet ihn!
sagte der Hanswurst und ließ sich
frisch einschenken.

Viel Geschrei und wenig Wolle!
sagte der Hanswurst, als er ein Schwein schor.

Ich strafe mein Weib nur mit guten Worten!
sagte der Hanswurst und warf seiner Frau
das Gebetbuch an den Kopf.

Ein gutes Wort findet einen guten Ort!
sagte der Hanswurst, als ihn der Landvogt in den
Thurm werfen ließ, weil er ihn geschimpft hatte.

Salamander. *Einen Salamander reiben:* eine Trinksitte der Studentenverbindungen, bei der auf Kommando die Gläser auf dem Tisch gerieben, ausgetrunken, auf den Tisch getrommelt und mit einem Schlag niedergesetzt werden. Dies wird oft zu Ehren einer bestimmten Person vorgenommen.. Noch heute gilt, was im Grimmschen Dt.Wb. über die Herkunft und Erklärung dieser Trinksitte steht: Sie ist im 18. Jh. noch nicht bekannt. „Wo und wie es aufgekommen, und was dem Ausdr. und der Sitte zugrunde liegt, hat sich bisher auch nicht einmal mit einiger Wahrscheinlichkeit, geschweige denn Sicherheit feststellen lassen" (Dt.Wb. 8, Sp. 1679).

Lit.: *Fr. Schulze* u. *E. Ssymank:* Das dt. Studententum von den ältest. Zeiten bis zur Ggwt. (München ⁴1932); *U. Bartscher:* Korporationen in Hochschule und Gesellschaft (1971); *Th. Gantner (Hg.):* Couleurstudenten in der Schweiz. Ausstellung des Schweiz. Museums f. Vkde. Basel 1979/80; *H. Henne* u. *G. Objartel* (Hg.): Bibliothek zur historischen deutschen Studenten- und Schülersprache (Berlin 1984).

Salami. *Salamitaktik betreiben:* ganz allmählich, unter Vermeidung von Aufsehen, eine bestimmte Politik verfolgen; mit kleinen Schritten, ‚scheibchenweise', eine Absicht durchsetzen.

Mit der Salami-Taktik ins eigene Fleisch

Salat. *Jem. den Salat verhageln:* jem. einen ↗Strich durch die Rechnung machen, ↗Petersilie. Seit Mitte des 19. Jh.s gebräuchl. in der Bdtg.: Durcheinander, Unordnung, wie in den Wndgn.: *Da haben wir den Salat:* da haben wir die Bescherung, das Unglück, oft mit dem Zusatz: ‚das ist mehr Essig dran als Öl'; meckl. ‚Doar hebben wi den Salat'.

Das Wort wurde aus dem ital. ‚insalata': gemischtes, kalt serviertes Gericht im 15. Jh. entlehnt. Neuere Zusammensetzungen, die alle ein ungeordnetes Gemisch bezeichnen, sind ‚Wellensalat' (Senderüberlagerung beim Rundfunk), ‚Blechsalat' (Autokarambolage), ‚Skisalat' (Ski-Unfall) oder ‚Bandsalat' (Verwicklung von Tonbändern). (Dt. Fremdwb., Bd. 4, S. 23–24).

Salbader. *Ein Salbader sein:* ein Schwätzer sein; sinnloses, unzusammenhängendes Zeug reden; ‚salbadern'. Der Ausdr., dessen etymolog. Herleitung noch nicht geklärt ist, ist um 1620 in Jena aufgekommen und von dortigen Studenten verbr. worden. Die ältere Bdtg. war ‚Witze erzählen', ‚alberne Reden halten', ↗Kanne, dort ↗Kannegießer.

Salbe. *Mit allen Salben geschmiert:* durchtrieben, verschlagen, entspr.: ‚mit allen Hunden gehetzt' (↗Hund), ‚mit allen Wassern gewaschen' (↗Wasser). Nordböhmisch ist 1892 bezeugt: ‚Ar war mit olln Solben geschmiert, ok mit kenner guten' (Müller-Fraureuth II,987); ndd. ‚An den Minsken is kine Salve to striken', wörtl.: an diesen Menschen ist keine Salbe zu streichen, d. h. er ist unverbesserlich böse (Bremisch-niedersächs. Wb. 1770, IV, 585).

Eine große Salbe um etw. machen: um eine Sache ein großes Gerede machen.

Das ist wie die weiße Salbe: das hilft nichts und schadet nichts. Die ‚weiße Salbe' aus Bleiweiß und Tierfett war die gebräuchlichste Salbe vom 16. bis 18. Jh. *Jem. ist wie die weiße Salbe:* jem. hat eine schwache, willenlose Natur. So auch: *jem. eine weiße Salbe geben:* jem. einen nutzlosen Rat, einen unbefriedigenden Trost geben. In Kärnten sagt man: ‚Jem. is wia a Sålbm': jem. ist von unechter, falscher Sanftmut und Liebenswürdigkeit.

In der Gegend von Bremen dient ‚Salbe' auch als Umschreibung für Schläge; auch österr.: ‚Den habns recht gsalmt'.

Lit.: Idioticon Austriacum, d. i. die Mundart der Österreicher ... (Wien ²1824), S. 107; *I. Weiß:* Altkärntner Spruch, in: Die Kärntner Landsmannschaft 10 (1983), S. 40.

Salm. *Einen langen Salm über etw. machen:* lang und breit davon reden, sich wichtig tun. Salm ist eine schon mhd. übliche vereinfachte Form von ‚Psalm'; ndd. ‚Dat was en langen Salm', ein langes Gerede; urspr. also gebraucht für den bei der Predigt zu lang empfundenen Bibelabschnitt. Schlesw.-holst. auch: ‚He weet keenen Salm to singen', er ist ratlos.

Salomo. Der rdal. Vergleich *weise wie Salomo* beruht auf 1. Kön. 4,29 ff., auf vielen anderen Bibelstellen und auf dem Titel des apokryphen Buches ‚Die Weisheit Salomos an die Tyrannen'. Schon mhd. ist der rdal. Vergleich durchaus geläufig, z. B. „daz sîn witze niht gein Salomône wac" (‚Willehalm' 448,12); „sînen wîstuom Salomône" (‚Erec' V.2816). In neuerer Zeit finden sich auch zahlreiche Variationen, wie *er ist ein zweiter Salomo; auch der weise Salomo hatte einen Rehabeam zum Sohn* (ndl. ‚de wijze Salomo had wel een Rehabeam tot soon'); *er hat Salomos Pantoffeln geerbt;* er ist weise, klug; meist aber: er dünkt sich weise. Ähnl. rdal. Aufforderungen an einen allzu aufdringlichen Fragesteller: ‚Frage den Salomo, wenn er's weiß, so nickt er'; ‚gehe hin zum Salomo, der wird's wohl wissen'.

Lit.: *A. Alt:* Die Weisheit Salomos, in: Theologische Literaturzeitung 76 (1951), S. 139–144; *J. Fichtner:* Salomos Weisheit, in: RGG, V (³1961), Sp. 1343–1345.

salomonisch ↗ Urteil.

Salonlöwe. *Den Salonlöwen spielen:* in einer vornehmen Gesellschaft der begehrte, bewunderte und umschwärmte Mittelpunkt sein, als glänzender Unterhalter die Aufmerksamkeit aller Anwesenden auf sich ziehen, sich als eleganter Frauenfreund und Herzensbrecher der jungen Damen erweisen. Der Ausdr. entstand zu einer Zeit, als es für bes. vornehm galt, in der besseren Gesellschaft frz. zu sprechen, vor allem aber bei den Zusammenkünften der Künstler und Gelehrten in den Salons der gebildeten Damen, die das Pariser Vorbild nachahmen wollten. Vgl. auch die Wndg. ‚ein Pariser Löwe sein', die die gleiche Bdtg. besitzt. Urspr. bezeichnete man den schönen Mann frz. einfach als ‚le beau'; als man diese Bdtg. später nicht mehr verstand, wurde daraus

‚Salonlöwe' – ‚Pariser Löwe'

der ‚Löwe des Salons', wobei an die beherrschende Rolle des Löwen im Tierreich gedacht wurde.

Salpeterer. *Ein Salpeterer sein:* sich gegen obrigkeitliche Verordnungen massiv zur Wehr setzen. Hinter dem Ausdr. Salpeterer steht die Person des Salpetersieders Johann Fridolin Albiez von Buch, genannt Salpeterhans († 1727). Dieser leitete eine kath. Laienbewegung in dem Gebiet zwischen Waldshut und St. Blasien, welche für mehr Freiheit von der österr. Herrschaft kämpfte. Später wandte sich diese Bewegung auch gegen die Reformen Josephs II. (Abschaffung von Heiligenfesten) und der badischen Regierung. Die Bewegung ist Mitte des 19. Jh.s erloschen.

Lit.: *H. Hansjakob:* Die Salpeterer, eine politisch-religiöse Sekte aus dem südöstlichen Schwarzwald (1867, Waldshut ³1876); *Th. Lehner:* Die Salpeterer (Berlin 1977); *E. Müller-Ettikon:* Die Salpeterer. Geschichte eines Freiheitskampfes auf dem südlichen Schwarzwald (Freiburg i. Br. 1979).

Salz. *Das Salz der Erde sein:* diejenigen sein, die das Evangelium überallhin bringen, die dem sittlichen Verfall auf Erden entgegenwirken. Auf die konservierende und reinigende Kraft des Salzes spielt die Bergpredigt (Matth. 5,13) an. Die Jünger werden von Jesus der Schlechtigkeit der

SALZ

Welt gegenübergestellt: „Ihr seid das Salz der Erde". Zusammen mit dem Brot ist Salz der Inbegriff der Hausnahrung und Sinnbild der Ergebenheit und Treue. Ausschütten von Salz bei Tisch bedeutet im Volksglauben kommenden Streit, Zank, Tränen.

Damit verdient er nicht das Salz auf (in) die (zur) Suppe: damit verdient er nur ganz wenig. In einem Hochzeitsgedicht vom Jahre 1738 wird der Beruf des Verfassers mit einem Kebsweib verglichen:

Und wenn ich nicht stets bei ihr sitze,
So ist sie stumm und mausetot
Und bringt mir nicht das Salz zur
Grütze.

Erzgeb. heißt es: ‚Dar hot immer geschanzt wie eener, dar's Salz ufs Brut nutwend'g braucht'; els. ‚Er hat nit Salz uf en Ei', er hat gar kein Vermögen.

Jem. das Salz in der Suppe nicht gönnen: mißgünstig, neidisch auf jem. sein, ↗Suppe. Überhaupt werden Suppe und Salz in volkstümlichen Vorstellungen oft in Verbindung miteinander gebracht. So heißt es z. B. daß eine versalzene Suppe auf ein Verliebtsein des Kochs oder der Köchin hindeutet, die mit ihren Gedanken woanders sind und daher mehrfach Salz einstreuen. Daneben besteht auch die Vorstellung, daß ein sogenanntes ‚salzloses Leben' ein verfehltes, unerfülltes oder liebesleeres Dasein, umschreibt. Umg. sagt man über eine zu teure Ware: ‚Dieser Preis ist mir zu gesalzen'. Eine scherzende und zugleich scharfsinnige Rede ist ;Attisches Salz'.

Einen Scheffel Salz mit jem. gegessen haben: lange mit ihm zusammen gelebt, ihn genau kennengelernt haben (um einen Scheffel Salz zu verzehren, benötigt man lange Zeit). Mit den Worten ‚Wir haben noch keinen Scheffel Salz miteinander gegessen' weist man allzu große Vertraulichkeit zurück (vgl. Schwein). Schon bei Cicero heißt es: „Verum illud est, quod dicitur, multos modios salis simul edendos esse, ut amicitiae munus expletum sit". Aber schon bevor Cicero die Redensart benutzte, war sie eine alte griechische Phrase. In Heinrich von Wittenweilers satirisch-didaktischem Epos ‚Der Ring' (Wende des 14. zum 15. Jh.) heißt es (V. 4724ff.):

Doch scholt du getrawen swach
Einem in vil grozer sach,
Hast du noch nicht mit im gessen
Ein vierding salz wol aufgemessen.

und bei Burkard Waldis (gest. 1596):

Wenn du wilt einen freunt erwelen,
So mustu gar genaw zelen,
Sein zusag nicht zu hoch vermessen,
Habst denn viel saltz erst mit jm
gessen.

Goethe schreibt in ‚Hermann und Dorothea' (6. Gesang, V. 162):

Denn ich habe das Sprichwort so oft
erprobet gefunden:
Eh' du den Scheffel Salz mit dem
neuen Bekannten verzehrt,
Darfst du nicht leichtlich ihm trauen.

Die Rda. ist auch in den Niederlanden bekannt.

Keinen Zentner Salz mehr essen: nicht alt werden; schwäb. ‚Hier fress' ich keinen Sack Salz mehr': hier werde ich nicht mehr lange bleiben. Wenn einem schwäb. Bauern beim Essen etw. auf den Boden fällt, sagt er, indem er das Stück aufhebt: ‚'s ißt kei Bauer was ug'salze'.

Das Salz bringen, wenn die Eier gegessen sind: zu spät kommen.

Mit Salz und Brot zufrieden sein: genügsam, bescheiden sein.

Ins Salz hacken gebraucht der Schulmann und Dichter Christian Weise (1642–1708) für ‚verleumden' (vgl. ‚zur Bank hauen', ↗Bank); wien. bedeutet: ‚an ausn Salz haun', ihn prügeln.

Im Salz liegen: in Bedrängnis, gefangen sein (z. B. in Schillers ‚Räubern' II,3), bairisch-schwäbisch: im Wochenbett liegen, wobei an das Pökelsalz gedacht ist. Die els. Rda., ‚Wo'r auf d'Welt kummen is, hän si kein Salz ghabt' erinnert an das im Altertum sprw. ‚attische Salz', worunter man den Witz feinerer Bildung verstand.

Das ist weder Salz noch Schmalz: das ist nichts Halbes und nichts Ganzes, ‚weder Fisch noch Fleisch'.

Jem. Salz in die Wunde streuen: (durch eine ärgerliche Äußerung) eine unangenehme Lage noch verschlimmern. *Das ist Salz in ein krankes Auge:* das ist sehr schädlich.

Salz ins Meer tragen: etw. Überflüssiges tun, ‚Eulen nach Athen tragen' (↗Eule). In der Naturgeschichte („Naturalis historia' XXIII, 8, 149) des älteren Plinius (23–79 n. Chr.) heißt es von einem Gegengiftrezept, daß das Mittel nur „cum grano salis", *mit einem Körnchen Salz* versehen, wirksam sei. Das Zitat ist sprw. und rdal. geworden in dem Sinne, daß eine bestimmte Behauptung nur unter ganz bestimmten Voraussetzungen und sehr eingeschränkt Gültigkeit haben könne. Entspr. auch ndl. ‚iets met een greintje zout opvatten'; engl. ‚to take a thing with a grain of salt'.

‚Cum grano salis' heißt ein Novellenmärchen aus dem Kreis der Gruppe ‚The Good Precept'. Ratschläge, die gegeben werden, sind anspruchsvollen Rätseln vergleichbar. Auch der Zuhörer der Geschichte erfährt erst am Ende deren Auflösung (AaTh 915).

Lit.: *M. R. Schleiden:* Das Salz. Seine Geschichte, seine Symbolik und seine Bdtg. im Menschenleben (Leipzig 1875, Ndr. Weinheim 1983), (= Dokumente zur Geschichte von Naturwissenschaft, Medizin u. Technik 6); *V. Hehn:* Das Salz (²1901, Ndr. Leipzig 1919); *K. Olbrich:* Art. ‚Salz', in: HdA. VII, Sp. 897–916; *R. Wehse:* Cum grano salis, in: EM. III (1981), Sp. 188–190.

Salzmann. *Laufen wie ein Salzmann:* sehr schnell laufen. Vielleicht kann die Entstehung dieser Rda. mit dem ehemaligen, blühenden Salzhandel erklärt werden. Salz wurde als sehr kostbar angesehen, und die heutigen ‚Salzstraßen' geben noch Zeugnis von den Wegen der Salzhändler. In früherer Zeit diente Salz zudem als Zahlungsmittel: die römischen Legionäre wurden manchmal mit Salz bezahlt, ↗ laufen.

Salzsäule. *Zur Salzsäule werden:* vor Entsetzen erstarren; aber auch iron. gebraucht bei Überraschungen, die schon keine mehr sind. Die Wndg. ist bibl. Urspr. und bezieht sich auf 1. Mos. 19, 26: „Und sein (Lots) Weib sah hinter sich und ward zur Salzsäule".

Salztrog. *(Nicht) dauernd auf dem Salztrog sitzen:* (nicht) immer zu Hause bleiben. Die Salztruhe war ein fester Bestandteil älterer Küchen, meist aus Stein oder Holz und wurde als Sitzgelegenheit benutzt; schwäb. ‚nid dauernd uf der Salztrucke sitze'.

Samariter. *Ein barmherziger Samariter sein:* einem hilfsbedürftigen, notleidenden Menschen helfen, auch wenn er ein Fremder ist. Diese Bez. für einen gutmütigen, hilfreichen Menschen geht auf die bibl. Erzählung vom ‚Barmherzigen Samariter' zurück. (Luk. 17, 11–19). Zur Zeit Jesu bildeten die Samariter eine Sondergruppe mit kulturellen und nationalen Unterschieden zu den Juden in Samaria. Jesus stellt die Juden die Samariter oft als Vorbild hin, auch werden die Samariter als erste Nichtjuden getauft. Die im 18. Jh. geprägte Bez. meint freiwillige Hilfsbereitschaft, auch: ‚Samariterdienst'.

Lit.: *W. Jens:* Der barmherzige Samariter (Stuttgart 1973); *M. Lüthi:* Lob der Autonomie und der Heteronomie, in: Jb. für Volksliedforschung 27/28 (1982/83), S. 23 (Röhrich-Festschrift).

Samt. *In Samt und Seiden gehen:* mit kostbaren Stoffen bekleidet sein, auch: ein prunkvolles Leben führen. Schon mhd. ist diese alliterierende Rda. belegt, in: ‚sammith unde syden'. Da Samt erst Anfang des 15. Jh. größere Bdtg. erlangte, kann der mhd. Beleg kaum älter sein. In Goethes ‚Faust' I singt Mephistopheles in Auerbachs Keller das Lied vom Floh:

Es war einmal ein König,
Der hatt einen großen Floh,
Den liebt' er gar nicht wenig:
Als wie seinen eignen Sohn.
Da rief er seinen Schneider,
der Schneider kam heran:
„Da, miß dem Junker Kleider,
Und miß ihm Hosen an!" –
In Sammet und in Seide
War er nun angetan,
Hatte Bänder auf dem Kleide,
Hatt auch ein Kreuz daran,
Und war sogleich Minister …

Lit.: *M. Lehmann:* Seide und Samt (= Dt. Textilbücherei 3) (Hannover u. Berlin 1925).

samt. *Samt und sonders:* alles zusammen ohne Ausnahme. Mhd. ‚sament' bez. das Zusammengehörige, Gleichzeitige, mhd. ‚sunder' das Alleinstehende, Einsame. So bedeutet diese stabreimende Zwillingsformel, daß alles, auch das Abseitigste, das weit Entfernte erfaßt werden soll.

Sanatorium. *Ins Sanatorium kommen:* in die Psychiatrische Klinik eingeliefert werden. Das Wort ist im späten 19. Jh. unter Einfluß von engl. ‚sanatorium' im Dt. populär geworden; später wurde es als Euphemismus für Lungenheilanstalt und Irrenhaus gebraucht.

Lit.: S. Sonntag: Krankheit als Metapher (München 1978).

Sand. *Einem Sand in die Augen streuen:* ihm die Wahrheit entstellt berichten, ihn täuschen (vgl. frz. ‚jeter de la poudre aux yeux de quelqu'un'; ndl. ‚iemand zand in de ogen strooien'; engl. ‚to throw dust in a person's eyes'; amer. ‚to pull the wool over a person's eyes'). Die Wndg. beruht auf einem alten Fechterkniff, es dem Gegner dadurch zu erschweren, daß man ihm Staub oder Sand in die Augen treiben läßt oder geradezu mit einer Hand hineinwirft. So erklärt sich leicht, wie die Rda. im Ndd. auch den Sinn haben kann: einen übertreffen. Ähnl. erklärt 1528 Erasmus von Rotterdam (‚Adagia' 2,9): „Pulverem oculis offundere. Dicitur, qui de industria rem obscurat et adversario iudicium eripit. Traductum videtur a militia". Schon bei dem röm. Schriftsteller Gellius (geb. um 130 n.Chr.) kommt in gleicher Bdtg. vor: „Pulverem ob oculos aspergere" = Staub gegen die Augen streuen.
Der ‚Dictionnaire de la langue française' von Antoine Furetière von 1701 gibt allerdings noch eine andere Erklärung, die einleuchtender und wahrscheinlicher ist als diejenige aus der Praxis des Fechtsports: bei den Olympischen Spielen sollen die vordersten Läufer mit ihren Füßen Sand aufwirbeln, um ihre Verfolger zu behindern, die dann nichts mehr sehen können. (C. Duneton: La Puce à l'oreille: Anthologie des expressions populaires avec leur origine [Paris 1978], S. 307).

Die Wndg. *jem. auf den Sand setzen* stammt aus dem Turnierwesen, wo der Kämpfer seinen Gegner aus dem ↗ Sattel hob und in den Sand warf.

Auf (den) Sand bauen: seine Hoffnung oder sein Vertrauen auf einen schlechten, unzuverlässigen Grund setzen; ndd. ‚op Sand is keen good Hus to buwen'; entspr. frz. ‚bâtir sur le sable'; ndl. ‚op zand, zandgrond, bouwen'. Die Rda. ist bibl. Urspr.: Matth. 7, 26 steht das Gleichnis von dem „törichten Manne, der sein Haus auf den Sand baute", so daß Regen und Wind es zu Fall brachten. Bes. bekannt wurde der Ausdr. durch die Schlußzeile von Neumarks (gest. 1681) Gesangbuchlied ‚Wer nur den lieben Gott läßt walten', wo es heißt:

Wer Gott dem Allerhöchsten traut,
Der hat auf keinen Sand gebaut.

Eine Erzählung von Nik. Fries von 1872 heißt: ‚Das Haus auf Sand gebaut'.

Etw. ist in den Sand geschrieben: etw. hat keinen Bestand; auch: *etw. in den Sand schreiben:* etw. bald wieder vergessen. ↗ Wind.

Ein Spruch für das Poesie-Album lautet:
Was du gibst,
schreib' in den Sand;
was du empfängst,
in eine Marmorwand!

Sand über etw. streuen: der Vergessenheit übergeben; die Rda. geht auf den Streusand (↗ Punkt) zurück, mit dem man früher die Tintenschrift ablöschte; weniger wahrscheinl. auf den Sand, den man auf den Sarg im Grabe streut; vgl. frz. ‚passer l'éponge sur quelque chose'.

Wie Sand am Meer: sehr viel. Dieser rdal. Vergleich der Vielheit beruht auf 1. Mos. 22, 17; 32, 13 und anderen ähnl. Bibelstellen, wie 1. Sam. 13, 5: „Da versammelten sich die Philister, zu streiten mit Israel, 30 000 Wagen, 6000 Reiter und sonst Volk, so viel wie Sand am Rand des Meers ..."; vgl. engl. ‚as numerous as the sands of the sea'.

Den Sand pflügen: eine vergebliche Arbeit

‚Einem Sand ins Auge streuen'

verrichten; ebenso: *in den Sand säen* (engl. ‚he is sowing on the sand'), *Sand in die Wüste tragen, Sand zusammenknüpfen,* ↗ Sägmehl.

Sand auf Hagenau führen bedeutet im Elsaß dasselbe wie: ‚Wasser in den Rhein tragen' (↗ Wasser). Joh. Fischart verwendet (‚Ehezuchtbüchlein', S. 123/6 f.) „Sand zum Meer tragen" als rdal. Bild unsinnigen und überflüssigen Tuns.

Im Sande verlaufen; ergebnislos ausgehen; bildl. vom Wasserrinnsal im Wüstensand. Vielleicht ist auch einfach an eine Spur oder Fährte gedacht, die nur bis zum Sand zu verfolgen ist; der Wind weht sie zu und macht sie im Sande unkenntlich.

‚Sand ins Getriebe streuen'

Sand im Getriebe haben: nicht verstehen, nicht recht bei Verstand sein; der Maschinentechnik entlehnte, modern umg. Wndg.; vgl. frz. ‚avoir un grain'; entspr. auch: *einem Sand ins Getriebe schmeißen (schütten, streuen);* das erfolgversprechende Vorgehen eines Menschen heimtückisch zu beeinträchtigen suchen.

Lit.: *K. Olbrich:* Art. ‚Sand', in: HdA. VII, Sp. 936–939.

Sandmann. *Der Sandmann kommt,* sagt man zu Kindern, die müde sind. Entstanden ist die Rda. wahrscheinlich durch die Beobachtung, daß sich müde Menschen die Augen reiben, als ob sie Sand darin hätten.

Wann genau dieses Bild vom Sand in die Augen streuenden Sandmann entstanden ist, läßt sich nicht genau sagen; vielleicht ist der altgriechische Gott Hypnos, der Gott des Schlafs, ein Vorbild für die Figur des Sandmanns gewesen. Hypnos dachte man sich als mit einem Mohnstengel Umherwandelnden und den Schlummer Ausstreuenden; im Ndd. sagt man ‚Sandsäer', bayr. heißt der Sandmann ‚Pechmandl'. Auch im Engl. (sandman), Schwedischen (John Blund) und Dän. (Ole Lukøje) ist die Figur vorhanden. E. Th. A. Hoffmann hat ein grausiges Nachtstück ‚Der Sandmann' genannt, in welchem der Sandmann eine äußerst angsteinflößende Figur ist – im Gegensatz zu seiner Rolle in Volks- und Kunstliedern: „Der Sandmann ist da; er hat so schönen weißen Sand, ist allen Kindern wohlbekannt". Die zweite Strophe des Liedes ‚Die Blümelein sie schlafen' lautet:

Sandmännchen kommt geflogen
und schaut zum Fenster rein,
ob irgendwo ein Kindelein
nicht mag zu Bette sein.
Und wo es noch ein Kindlein fand,
streut es ins Aug' ihm Sand.

Berühmt geworden ist auch das Lied aus E. Humperdincks Kinderoper ‚Hänsel und Gretel': „Der kleine Sandmann bin ich...". Für Kinder wohnt der Sandmann wie auch in ‚Peterchens Mondfahrt' am Himmel in der Milchstraße.

Lit.: *F. Ranke:* Art. ‚Sandmann', in: HdA. VII, Sp. 939.

Sang. *Ohne Sang und Klang:* ohne große Feierlichkeiten, ohne viel Umstände; *sang- und klanglos verschwinden:* unrühmlich ausscheiden; auch: unauffällig, unbemerkt weggehen. Die Wndg. bezieht sich urspr. auf die kirchlichen Feierlichkeiten bei einem Leichenbegängnis und bedeutet eigentl.: ohne daß zu Ehren des Toten die Glocken erklingen und ein Trauerlied oder ein Requiem gesungen wird; vgl. G. A. Bürgers Ballade ‚Lenore':

Nach Mitternacht begrabt den Leib
Mit Klang und Sang und Klage.

In anderer Form bei Luther: „Er wird beerdigt ohne Läuten und Däuten, ohne Gesäng und Gepräng"; vgl. frz. ‚déloger sans tambour ni trompette', ‚décamper à la sourdine'; engl. ‚leave without drum or trumpet'; ndl. ‚met stille trom vertrekken'. ‚Da schweigt des Sängers Höflichkeit' ↗ schweigen.

Sankt... In der modernen Gesellschaft werden ‚fiktive Heilige' oder ‚Heiligtümer' mit ‚Sankt' gekennzeichnet, und zwar in iron. Weise: So *Sankt Bürokratius, Sankt Ohnegeld, Sankt Nimmerleinstag* ⁊ Pfingsten, ⁊ nie; *Sancta Simplicitas* usw.

Lit.: *Fr. Wörndel:* Sankt Bürokratius wie er lebt und wirkt; 250 Kapitel mit gegen 300 lustigen und betrüblichen Schnurren aus reichs-, staats- und gemeindebeamtlichen Verwaltungen ... (Stuttgart 1922).

Sardinenbüchse. *Eng wie in der Sardinenbüchse:* übermäßig zusammengedrängt; auf engstem Raum, ⁊ Ölsardine.

Sarg. *Etw. streckt jem. auf den Sarg:* ein Ereignis führt zum Tod einer Person. Diese stark poetische Wndg. wurde z.B. von Schiller gebraucht: „Eine Aufwallung des Zorns ... streckte ihn auf den Sarg" (Werke 6, S. 117), ⁊ zeitlich.
Ein Ort ist wie ein Sarg: eine Stadt, ein Dorf scheint ausgestorben, ist menschenleer.
Ein Sargnagel für jem. sein: jem. sehr ärgern, enttäuschen.
Die Rda.: *Einen leeren Sarg begraben* i.S.v. etw. Unnützes tun, gehört in den Umkreis der Sage vom Toten, der seinem eigenen Begräbnis zusieht, während der Sarg, in dem er liegen sollte, leer begraben wird.
In dem letzten Gedicht (Nr. 65) seiner ‚Dichterliebe' verwendet H. Heine die Sarg-Metapher:

Die alten, bösen Lieder,
Die Träume schlimm und arg,
Die lasst uns jetzt begraben;
Holt einen großen Sarg.

Hinein leg' ich gar Manches,
Doch sag' ich noch nicht, was;
Der Sarg muss sein noch größer,
Wie's Heidelberger Faß.

⁊ Kredit, ⁊ Tod.
Über die Geschichte des Sarges ist leider noch wenig Gesichertes bekannt. Als einer der ältesten Särge aus Holzplanken wird der Sarg König Childerichs I. (481) betrachtet (H. L. Cox, S. 11). Literarisch bezeugt sind Särge und Bretter zum ersten Mal bei Gregor von Tours im Jahr 571, als bei der Pest in Clermont Mangel an Särgen und Brettern auftrat. Die Bestattungen ohne Särge wurden in den darauffolgenden Jhh. in freien Gräbern vorgenommen; bes. in Süddtl. und Österr. fanden noch bis ins 19. Jh. Bestattungen ohne Särge statt. Noch im 18. Jh. wurde eine Beerdigung in einem Sarg als Luxus empfunden.

Lit.: *K. Gernaud:* Die Bez. des Sarges im Galloromanischen (Gießen 1928); *P. Geiger:* Art. ‚Sarg', ‚Sarglegung', ‚Sargnagel', in: HdA. VII, Sp. 942–957; *A. Bretschneider:* Särge, in: Indogermanische Forschungen (1948), S. 191; *H. L. Cox:* Die Bez. des Sarges im Kontinental-Westgermanischen (Marburg 1967) (= Atlas der dt. Vkde., N. F. Beiheft 2); *K. Ranke:* Die Sage vom Toten, der seinem eigenen Begräbnis zuschaut, in: Die Welt der Einfachen Formen (Berlin 1978), S. 135–162; *S. Metken* (Hg.): Die letzte Reise. Sterben, Tod und Trauersitten in Oberbayern (München 1984).

Satan ⁊ Teufel.

Satisfaktion. *Satisfaktion verlangen (gewähren):* Genugtuung mit der Waffe. Das Prinzip der Genugtuung mit der Waffe verlangt, daß ein Ehrenhandel mit der Waffe ausgetragen werden muß. Das

‚Satisfaktion'

Waffenprinzip gehört zum Wesen der sog. Schlagenden Verbindungen (Corps). Sog. ‚Bestimmungsmensuren' (umg. Paukerei, Mensur, Partie, Schlägermensur) sind kein Ehrenzweikampf. Sie werden ausgetragen zwischen zwei Paukanten, die von einem Gremium als Kontrahenten bestimmt wurden. Vertreter des strengen Waffenprinzips lehnen das Schlagen von Bestimmungsmensuren ab und kennen nur den Ehrenzweikampf: einen geregelten Waffengang nach vorausgehender Forderung zur Beendigung eines Ehrenhandels (umg.: Zweikampf, Duell, Paukerei, akad. Mensur, pers. Kontrahage, Partie).
Die Regelung, Ordnung der Sitten und Gebräuche nach herkömmlicher ständi-

scher (commentmäßiger) Art nennt man Comment. Hierher gehören neben den allgemeinen Verhaltensregeln für richtiges Benehmen auch die Vorschriften für das Tragen von Farben und Zeichen sowie der sog. Trinkcomment.

Lit.: *Th. Gantner (Hg.):* Couleurstudenten in der Schweiz. Ausstellung des Schweiz. Museums f. Vkde. Basel 1979/80.

satt. *Jem. (etw.) satt haben:* genug von jem. (etw.) haben; jem. (etw.) überdrüssig sein. *Sich (einfach) nicht satt sehen können:* seinen Blick nicht lösen können, in dem Anblick schwelgen.
Dem Märchen ‚Tischlein deck' dich, Goldesel streck dich und Knüppel aus dem Sack' (KHM. 36) ist die Formel entnommen, die oft gesagt wird, wenn man satt ist, aber noch etw. zu essen aufgezwungen bekommt: „Ich bin so satt, ich mag kein Blatt".

Sattel. *Einen aus dem Sattel heben:* ihn besiegen, ihn verdrängen; eigentl.: ihn im ritterlichen Zweikampf zu Pferd aus dem Sattel werfen (↗Sand). Wer aus dem Sattel gehoben war, war nicht nur besiegt, sondern nach den strengsten Turnierbestimmungen samt Pferd, Rüstung und Wagen

‚Aus dem Sattel werfen'

eine Beute des Siegers geworden, in dessen Belieben es stand, ob und wann er den Besiegten freilassen, ob und für welche Summe er ihm Pferd und Waffen zurückgeben wollte. Die Rda. begegnet in übertr. Sinne seit dem 16. Jh.; gebucht ist sie seit 1691 durch Stieler in ‚Der Teutschen Sprache Stammbaum' (2045). Das Gegenteil ist: *sich im Sattel halten, fest im Sattel sitzen;* vgl. Goethe im ‚Westöstlichen Divan': „Laßt mich nur in meinem Sattel gelten!", und ‚Sprichwörtlich':

Nein! heut ist nur das Glück erbost!
Du sattle gut und reite getrost!

Vgl. frz. ‚être bien en selle'.
In den Sattel setzen. Bismarck schloß eine am 11. März 1867 im Nordd. Reichstag gehaltene Rede: „Meine Herren, arbeiten wir rasch! Setzen wir Deutschland, sozusagen, in den Sattel! Reiten wird es schon können" (‚Reden' III, 184). Er wiederholte das Wort in einer Unterredung mit den Abgeordneten Dietze (Barby) und Lucius am 27. März 1874 und nannte es damals schon ein geflügeltes, indem er sagte: „Ich fürchte, dieses geflügelte Wort muß man wieder streichen". In seinen ‚Gedanken und Erinnerungen' (2,58) schreibt Bismarck im Hinblick auf dieses Wort: „Ich habe nie gezweifelt, daß das deutsche Volk, sobald es einsieht, daß das bestehende Wahlrecht eine schädliche Institution sei, stark und klug genug sein werde, sich davon frei zu machen. Kann es das nicht, so ist meine Redensart, daß es reiten könne, wenn es erst im Sattel säße, ein Irrtum gewesen" (Büchmann) Vgl. frz. ‚mettre en selle'.
Sattelfest sein, in vielen (oder *allen*) *Sätteln gerecht sein:* in allem tüchtig, zu allem gut zu gebrauchen sein; die Redensart bedeutet heutzutage ein Lob; das war es z. T. schon im 16. Jh.; vgl. Hans Sachs' ‚Klage dreier Hausmägde über ihre Herrschaft':

(Wir) seind doch auff all settel gerecht,
Ein gantzes jar umb kleinen lon;

ähnl. auch im 16. Jh. in der ‚Zimmerischen Chronik' (4,169): „sich zu allen sätteln gebrauchen lassen", und (2,251): „Ist zu allen sätteln wie man sprücht, zu schimpf und zu ernst, vor andern seinesgleichen zu gebrauchen gewesen"; verneinend (4,167): „Es ware ihm kein sattel gerecht"; dagegen abschätzig 1649 bei

Gerlingius (Nr. 74): "Cothurno versatilior. Vnbeständiger als ein zweyfüßiger schuch. Der ist auf alle Sättel gerecht".

Vom Sattel leben: vom Raub, vom Erbeuteten leben; so bei Jean Paul ("Aus des Teufels Papieren" 1,72): "Er lebte, wie man aus der dt. Geschichte weiß, sonst vom Rauben, und hieß es, ,vom Sattel oder Stegreif leben'", ↗ Stegreif.

Den Sattel tragen müssen: rdal. Umschreibung für die alte Strafe desjenigen Freien, der sich gegen seinen Herrn empört hat und nun wieder zum Gehorsam gezwungen wird.

Auch *einen in den Sattel weisen* geht auf einen alten Rechtsbrauch zurück. Man umschrieb damit eine bes. Art der Pfändung von Haus und Hof (Grimm: Rechtsaltertümer, S. 718).

Noch kräftig draufsatteln: jem. noch größere Belastungen auferlegen, als er ohnehin schon hat; ein Problem noch zusätzlich schaffen.

Umsatteln: das Studium, den Beruf wechseln, eigentl.: in einen andern Sattel steigen (so seit dem Ende des 16. Jh.); vgl. frz. ,changer son fusil d'épaule'.

Sau wird in vielen derben rdal. Vergleichen gebraucht, z. B. *davonlaufen wie die Sau vom Trog:* ohne Abschied, ohne Dank oder Gruß weggehen. Die Wndg. ,Die Sau läuft mit dem Zapfen fort', auf schlimme Folgen wird nicht geachtet, ist in der ndl. Rdaa.-Malerei mehrfach bildl. dargestellt worden; *schreien wie eine gestochene Sau;* vgl. frz. ,crier comme une truie qu'on égorge'.

Mit einem umgehen (ihn anfahren) wie die Sau mit dem (den) Bettelsack (aus dem sie die Treber herauswühlt); bei Luther: "wie die Sau den Habersack"; *passen wie der Sau das Halsband:* schlecht passen; *es so dick hinter den Ohren haben wie die Sau die Läuse:* sehr schlau und gemein sein (↗ Ohr); *Augen machen, als ob die Sau sichten* (Mehl sieben) *hört:* erwartungsvoll dreinsehen; *schwitzen wie eine Sau;* vgl. frz. ,suer comme un boeuf'.

Von zwei Menschen gleichen Schlags sagt man nordostdt.: ,Sie sind wie von einer Sau geferkelt'. *Sich benehmen wie eine gesengte Sau:* sich sehr schlecht, ungesittet benehmen.

"Uns ist ganz kannibalisch wohl als wie fünfhundert Säuen" in Goethes ,Faust' (I, ,Auerbachs Keller') beruht auf einem alten volkstümlichen rdal. Vergleich, den z. B. Thomas Murner einmal in der Form "vierhundert Beckerschweine" bringt.

Die Sau rauslassen; unanständig werden; sich schlecht benehmen, unflätige Reden führen; diese Rda. ist bes. in Bundeswehrkreisen beliebt.

,Die Sau rauslassen'

Vor die Säue gehen: verkommen, ,vor die Hunde gehen' (↗ Hund). Die Rda. stammt vom bibl. Gleichnis vom verlorenen Sohn.

Einen zur Sau machen: ihn grob anherrschen, beschimpfen, schinden. Der Betreffende wird zugerichtet, daß er einer geschlachteten Sau gleicht.

In Homers ,Odyssee' (10, 133–574) wird von der Landung des Odysseus und seiner Gefährten auf der Insel der Zauberin Kirke berichtet, wo letztere die Leute des Odysseus bewirtet und die Hälfte von ihnen mit Hilfe eines Zaubertranks in Schweine verwandelt.

Ich werde zur Sau! Ausruf des Erstaunens; seit etwa 1900 aufgekommen. Älter ist, z. B. bei Joh. Fischart (,Podagrammatisch Trostbüchlein' 106): "Die Sau kurzer am strick führen" = schärfer auftreten.

Die wilde Sau (oder *Wildsau*) *spielen:* Untergebene gröblichst schikanieren, wütend sein, toben wie ein auch den Menschen angreifendes Wildschwein.

Einer fetten Sau den Arsch schmieren: einem Reichen Geschenke machen. ,Einer fetten Sau das Loch schmieren' auch: als derbe Abweisung, wenn jemand etwas verlangt, was er selbst im Überfluß besitzt.

Ich hab's schon einer anderen Sau versprochen hört man als Abweisung auf die Aufforderung ,Leck mich am ↗ Arsch!'

Einen Zudringlichen weist man ab mit dem Bemerken, daß man *noch nicht die*

1283

SAU

Die sauw kronen

Sus sauw/ grobianus heist eyn schweyn
Der nüt kan den eyn unflat seyn
Von dem mit worten/ wercken/ berdē
Die mor im stall müss kronet werden
Und unser loß so adlich scherzt
Das er sy uff eyn küssen setzt

Und könnt' die Wildsau Pauken schlagen,
Das wäre lustig, nicht zum sagen!

1 ‚Die Sau läuft mit dem Zapfen fort'
2 ‚Die Wildsau spielen'
3/4 ‚Die Sau krönen'

Säue mit ihm gehütet habe, was als eine sehr geringgeschätzte Tätigkeit galt. In den ‚Soldaten' von J. M. R. Lenz (II,3) sagt Marie: „Papa, denkt doch, was der grobe Flegel, der Stolzius, mir für einen Brief schreibt; er nennt mich Ungetreue! Denk doch, als ob ich die Säue mit ihm gehütet hätte". Ähnl. auch in den Mdaa., z. B. rheinhess. ‚ich wüßt' net, daß mer z'sammen die Säu gehüt' hän' – so wird ein unberechtigter Anspruch Niedrigstehender abgewehrt. Vgl. französisch ‚Nous n'avons pas encore gardé les cochons ensemble'.

Thom. Murner behandelt in seiner ‚Schelmenzunft' von 1512 auch die, „die die Säue krönen", d. h. unflätige Reden führen, und läßt ihr Tun im Bilde darstellen; vgl. auch ‚die ↗Sauglocke läuten'.

Die Sau in den Kessel stoßen: eine Sache sehr grob erledigen, ist eine alte Rda., die sich samt bildl. Darstellung z. B. in Seb. Brants ‚Narrenschiff' findet:

Wer sich uff gwalt im reht verloßt
Und henckt sich, wo der wind her
                      bloßt,
Derselbe die suw inn kessel stoßt.

In der Rangstufe der Haustiere (vgl. ‚vom Pferd auf den Esel') steht die Sau an einer der untersten Stellen; daher etwa schwäb. ‚auf der Sau naus', els. ‚ich möcht uf der Su furt!', mir geht die Geduld aus, eigentl.: ich möchte lieber auf dem elendesten Reittier fort als gar nicht, was wohl einer alten obszönen Haltung und Gebärde entspricht. *Keine Sau:* niemand; Verstärkung der Negation durch das geringschätzige Wort, ähnl. wie ‚nicht die ↗Bohne'; vgl. frz. ‚pas un chat'.

Als Verstärkung dient Sau auch in Zusammensetzungen, wie ‚Sauarbeit', ‚Saubande', ‚Saufraß', ‚saugrob', ‚Sauhund', ‚Sauzeug' usw.

Das ist unter aller Sau: sehr schlecht, wertlos, ‚unter aller Kritik', ‚unter aller Kanone'. Das Wort ‚Sau' hat in dieser Rda. nichts mit dem Tier zu tun, sondern stammt aus dem Jidd. ‚seo': Maßstab. Sau bedeutet auch soviel wie ‚Fehler' (ähnl. wie ‚Bock', ‚Pudel' u. a.). *Eine Sau machen;* einen Fehler begehen; auch: *ein Sau aufheben:* einen Fehler machen, Mißerfolg haben; so bei A. a Sancta Clara (Lauchert, S. 28) und in Andreas Gryphius'

„Schimpff Spiel" ‚Peter Squenz': „zehn Säue machen".

Eine Sau haben: Glück haben, ‚Schwein haben', ↗Schwein.

Die Sau verkaufen: jem. ein Schwein unter dem Preis anbieten, schenken; bedeutet soviel wie: durch unsittliches Tun Unheil über andere bringen. Murner bringt die Darstellung des Helena-Raubes in der ‚Schelmenzunft' unter dem sprw. Motto des ‚suw-kouffes', des Schweineverkaufens. Paris hat durch die gewalttätige Entführung Helenas den Trojanern „eine suw verkauft und dadurch Troja in eschen gelegt". All diesen verächtlichen Rdaa. gegenüber wird aber die Sau auch als wertvoller Besitz und wichtige Ertrags-

‚Die Sau in den Kessel stoßen'

quelle in der bäuerlichen Wirtschaft gewürdigt und wird so zum Bild für Geschäft, Einnahme, Glück. ‚Sein suw ist ietzund feiszt' meint: sein Geschäft steht gut, er ist vom Glück begünstigt, und die burschikose Rda. ‚Schwein haben' darf hier vielleicht ihren Urspr. suchen.

Scherzhaft heißt es im Schwäb.: ‚I koch halt, wie i ka; was mei Sau it frißt, des kriegt mei Ma', ↗Schwein.

Perlen vor die Säue werfen ↗Perle.

Lit.: *A. Risse,* in: Zs. f. d. U. 8 (1894), S. 298: *R. Merkelbach:* Untersuchungen zur Odyssee (München 1951);

SAUBOHNE

R. *Wildhaber:* Kirke und die Schweine, in: Schweiz. Arch. f. Vkde. 47 (1951), S. 233–261; *S. A. Wolf, in:* Mitteilungen aus dem Arbeitskreis der Jiddistik (1957), S. 84; *R. Gruenter:* Thomas Murners satirischer Wortschatz, in: Euphorion 53 (1959), S. 27 f.; *G. Debereux:* Die mythische Vulva (Frankfurt/M. 1981).

Saubohne. *Gröber sein als Saubohnenstroh:* sehr grob, unerzogen, taktlos sein. Dieser rdal. Vergleich ist bes. im südwestdt. Raum belegt: ‚Er isch gröber aß Saubohnestrau' (J. Ph. Glock: ‚Breisgauer Volksspiegel; S. 7).

Sauce. *Keine lange Sauce machen:* keine Umschweife machen, sich kurz fassen. Seit dem späten 19. Jh. wird ‚Sauce' hauptsächlich in sprachl. Bildern mit pejorativer Bdtg. wie Brühe, Dreck, Brei verwendet; dann auch: Schwierigkeit, Wertlosigkeit.
In der Sauce sitzen: in Verlegenheit sein; in der ↗ Tinte sitzen.
Jem. in der eigenen Sauce schmoren lassen ↗ Saft. ‚Quatsch mit Sauce' sagt man und kommentiert damit ein dummes Gerede.

sauer. *Einem das Leben sauer machen:* ihn schikanieren, ärgern, quälen; vgl. frz. ‚mener la vie dure à quelqu'un'. Die Rda. ist bibl. Urspr.: 2. Mos. 1, 14 wird erzählt, daß die Ägypter den Kindern Israel „das Leben sauer machen". Sir. 11, 11 übersetzt Luther: „Mancher läßt es sich sauer werden", aber doch wohl unter Benutzung eines schon vorher volkstümlich gewesenen Ausdr. *sich etw. sauer werden lassen.*
‚Sauer' wird oft mit seinem Gegensatz ‚süß' in Verbindung gebracht, vor allem in Rdaa., die sich auf eine unglückliche, unharmonische Ehe beziehen. Abraham a Sancta Clara schreibt in seiner ‚Dorotheenpredigt' von 1679: „Will er sauer, will sie süß". Aus der Mitte des 13. Jh. ist ein Tiroler Schwank erhalten. Er heißt: ‚Die böse Frau'. Der Ehemann klagt hier: „Spriche ich ‚guot', si sprichet ‚sur', spriche ich ‚sur', si sprichet ‚guot', wir haben ungelichen muot".
Das Sprw. ‚Sauer macht lustig' (urspr. ‚Sauer macht Appetit', um 1700) meint: saure Speisen fördern den Appetit, sie machen ‚gelüstig' auf Speisen. Ein ndd. Sagte-Sprichwort parodiert die Wndg.:

„‚Sûr mâkt lustig', sä Gode to sîne Frô, to terslöögt he ehr den Essigput up'n Kopp". Eine moderne ironische Weiterbildung ist: ‚Sauer macht lustig, da lacht der deutsche Wald (da hat wenigstens der Schwarzwald was zu lachen)': Anspielung auf den sauren Regen. *Sauer sein* (oder *reagieren):* verärgert sein, beleidigt, verschnupft sein; ebenso: *sauer aufstoßen* (Ärger bewirkt eine Überproduktion v. Magensäure).
Laß es dir sauer kochen, koch es (oder *ihn*) *dir sauer!:* Ausdr. der Abweisung, der Ablehnung. *Er kann sich sauer kochen lassen:* er ist dumm, unfähig. *Es riecht sauer:* es steht bedenklich. *Sauer werden:* die Lust verlieren. vgl. engl.: ‚to turn sour'.
Gib ihm Saures!: verprügle ihn tüchtig. Im rdal. Vergleich steht: *sauer wie eine Essiggurke, wie ein Tankwagen mit Weinessig.*
In den sauren Apfel beißen ↗ Apfel; *saure Trauben* ↗ Traube; *Saure-Gurken-Zeit* ↗ Gurke.

Lit.: *E. Schröder* (Hg.): Zwei altdt. Schwänke (Leipzig ³1935), S. 16–17; *H. Schrader:* Sauer macht lustig, in: Zs. f. dt. Sprache (Hamburg) 10 (1896/97), S. 7–8; *B. Petzold:* Er hat sich's redlich sauer werden lassen. Es ist ihm sauer geworden, in: Zs. f. Deutschkunde 3↙ (1920), S. 271.

Sauerkraut. *Noch tief im deutschen Sauerkraut stecken:* in der Fremde noch zu sehr mit deutschen Sitten und Anschauungen behaftet sein; diese Rda., sowie die folgende, sind bei Deutschen, die im Ausland leben, entstanden, bes. jedoch in Nordamerika verbreitet. *Jem. hat deutsches Sauerkraut gegessen* heißt dort, jem. ist mit dt. Verhältnissen vertraut. Generell steht ‚Kraut' bei den Amerikanern als Symbol für die Deutschen (‚The Krauts'). Die 86. Street in New York, wo viele Deutsche wohnen, heißt im amer. Volksmund ‚Sauerkraut-Street'.
Sauerkrautlatein sprechen: ein sinnloses, deutsche Wörter verlatinisierendes Latein sprechen. Diese Sprachscherze erfreuen sich seit dem MA. bes. in Schülerkreisen großer Beliebtheit. Sie wurden nach der angeblichen Nationalspeise der Dt. benannt, heißen aber auch: Makkaronische Poesie.
Beispiele: ‚distinguendum': dies Ding wend' um; ‚pauper non est anser': der

Arm ist nicht ganz; ‚Kuhfortis stalleris‘: Kuh fort ist, Stall leer ist.

Lit.: *F. W. Juxicus* (= F. Winterstein): Der lustige Lateiner (Frankfurt/M. 1909); *H. Weis:* Bella Bulla (Bonn ⁵1969).

Sauerteig. *Der Sauerteig in der Bewegung sein:* der positive Anreger, der vorwärtstreibende Initiator einer Sache sein. Bei Goethe (Weim. Ausg. 16, S. 99) belegt als:
„Der Sauerteig, der mein Leben in Bewegung setzt, fehlt"
Schon in der Bibel wurde der Sauerteig in zwei Bdtgn. gebraucht: einerseits positiv als eine Sache, die die Mittelmäßigkeit und Schlechtigkeit der Welt besiegt (Matth. 13,33: „das Himmelreich ist einem Sauerteig gleich") und andererseits negtiv, indem die Säuerung des Brotes mit einer beginnenden Zersetzung und Fäulnis, einer geistigen Verderbnis verglichen wird (Christus warnt seine Jünger vor dem ‚Sauerteig‘, d.h. vor der heuchlerischen Lehre der Pharisäer, Matth. 16,6.12).
Ein Sauerteig sein: ein böser Mensch sein; auch hier ist der Sauerteig ein Sinnbild der Sündhaftigkeit.
Den Sauerteig fortschaffen: eine lästige Angelegenheit erledigen. – In der jüd. Religion wird der Sauerteig am Vorabend des Osterfestes beseitigt, um – in Erinnerung an den Auszug aus Ägypten – das ‚Fest der ungesäuerten Brote‘ zu feiern.

Lit.: *O. Kuss:* Zum Sinngehalt des Doppelgleichnisses vom Senfkorn und Sauerteig, in: Biblica 40 (1959), S. 641–653; *D. Forstner:* Die Welt der Symbole (Innsbruck–München–Wien ²1967), S. 470–472.

saufen. Das Wort saufen wird durch zahlreiche rdal. Vergleiche häufig verstärkt, wie z. B.: *saufen wie ein Bürstenbinder, wie ein Loch, wie eine Senke, wie ein Templer, wie ein Abt, wie ein Domherr* (so schon bei Joh. Fischart in der ‚Geschichtklitterung‘: „Ich sauff wie ein Tumbher"); vgl. frz. ‚boire comme un trou, comme un tonneau‘ und ‚biberonner‘ oder ‚picoler‘ oder ‚lever le coude‘; *wie ein Franziskaner, wie ein Bär, wie ein Frosch, wie ein Füllen, wie ein Igel, wie ein Nilhund* (ebenfalls schon bei Joh. Fischart in der ‚Geschichtklitterung‘: „Er saufft so gählich wie ein Hund aus dem Nil"), *wie eine Kuh, wie eine Katze, wie ein Schwamm, wie eine Kanone,* ‚saufen, daß der Bauch zerplatzen möchte‘, ‚saufen, bis eine Blase vorm Arschloch steht‘, ‚sich krumm und bucklig saufen‘, ‚bis zum Überlaufen saufen‘.
„Sauft Wasser wie das liebe Vieh" steht in einem Studentenlied im ‚Leipziger Kommersbuch‘ von 1815; ↗trinken. Griech. ἢ πίθι, ἢ ἄπιθι; els. ‚Sauf oder lauf!‘ wird rheinhess. in ‚Kauf oder lauf!‘ abgewandelt.

Sauglocke. Derb-anschaulich sagt der Volksmund von einem Menschen, der mit Behagen Unanständigkeiten hört: *Er hört gern mit der Sauglocke (Säuglocke) läuten.* Aufklärend ist das dazugehörige Sprw.: ‚Wo man bei Tische zötelt und die Sauglocke tönt, da wohnt der Teufel‘. Seb. Brant geißelt im ‚Narrenschiff‘ die Grobiane und Zotenreißer unter dem Bilde von Leuten, „die die Sauglocke läuten",

‚Die Sauglocke läuten‘

und ill. dies mit einem Holzschnitt, der eine Sau mit der Glocke und den Sauglöckner darstellt. Auch Christian Weise (1642–1708) verwendet den in manchen Mdaa. bis heute gebräuchl. Vergleich, z. B. im ‚Bäurischen Machiavell‘ heißt es: „Wer mit der Sauglocke nicht läuten kann, der hat sich keiner Kanne Bier zu

‚Aus einem Saulus ein Paulus werden'

getrösten". Ebenso steht in Johann Fischarts ‚Geschichtklitterung' (S. 194/747): „Drum läutet jm nur all Säuglokken"; und bei Abraham a Sancta Clara: „Du wirst zu Hof sehen lauter Meßner, aber nur solche, die mit der Sauglocken leutten" (‚Judas' I, 45). In einer Männergesellschaft z. B. wird gegen Mitternacht ‚die Sauglocke geläutet', d. h. es werden Zoten erzählt, ‚es wird gesaut'.

Dieselbe Bdtg. hat die heute ungebräuchl. Rda. ‚mit dem Saukarren fahren'. 1590 schreibt ein gewisser Alberus: „So hatte er doch Zucht, Tugend und Ehre sehr lieb und wert und fuhr nicht mit dem Säwkarren".

Lit.: *J. F. Castelli:* Die Sauglocke (München 1970) (= Nachdr. der Ausg. von ca. 1840).

Saul. *Wie kommt Saul unter die Propheten?:* Ausdr. der Verwunderung über einen Menschen, der aus niederem Stand plötzlich zu hohen Ehrenstellen gelangt, aber diesen nicht gewachsen zu sein scheint. Auch von jem. gesagt, den man in einer Gesellschaft bemerkt, wohin er seiner ganzen Bildung nach nicht zu gehören scheint. Die Rda. ist bibl. Urspr. (1. Sam. 10, 11): Einer Prophetenschar begegnend und vom Geiste Gottes ergriffen, fing Saul auch an, unter ihnen zu weissagen. Da sprachen alle: „Ist Saul auch unter den Propheten?" „Daher", heißt es im folgenden Vers, „ist das Sprichwort gekommen: Ist Saul auch unter den Propheten?"

Aus einem Saulus zu einem Paulus werden: seine Meinung völlig ändern, und zwar meist bestimmt: aus dem Bekämpfer einer Ansicht zu ihrem Verteidiger werden. Die Rda. stammt von der plötzlichen wunderbaren Bekehrung des Saulus auf seiner Reise nach Damaskus (Apostelg. 9): Der Saulus jüd. Glaubens war einer der heftigsten Christenverfolger in Palästina gewesen, der bekehrte Paulus hat den Glauben an Christus wie kein anderer Apostel bekannt. Daher auch: *seinen Tag von Damaskus erleben:* ein anderer Mensch werden. Vgl. frz. ‚faire son chemin de Damas'.

Säule. In Anlehnung an die Bez. der vier Evangelisten als *Säulen des Glaubens* gibt es viele ähnl. Bildungen, so: *eine Säule der Wissenschaft (der Kirche, der Freiheit usw.) sein.* Damit meint man immer eine Person, die die jeweiligen Prinzipien der einzelnen Bereiche bes. eindringlich verkörpert oder vertritt.

‚Säule der Wissenschaft'

Säulenheiliger. *Ein volkstümlicher Säulenheiliger sein;* ein einsiedlerischer Mensch sein; ein Eigenbrötler sein. Der Ausdr. geht auf religiös begründete Praktiken einiger Mönche in Syrien und Palästina im 4.–6. Jh. zurück. Um Gott näher zu sein, brachten sie ihr Leben in Abgeschiedenheit auf einer Säule zu. Diese Mönchsasketen wurden Styliten genannt (von griech. στῦλος = Säule). Sie waren oft das Ziel von Wallfahrten und hatten mit ihren Predigten großen Einfluß.

Lit.: *H. Delehaye:* Les saints Stylites (Brüssel 1923).

Saum. *Jem. auf den Saum treten:* sich immer nahe bei einer bestimmten Frau aufhalten, ihr den Hof machen. Hans v. Schweinichen schreibt (Werke 1, S. 70): „Spricht eine Witwe ... zu ihrer Schwester Ursula: ‚Der Schweinichen tritt dir wohl auf den Saum, du magst ihn wohl wieder lieb haben?' – darauf sie im Beisein meiner Schwester sagt: ‚die Junker dürfen mir nicht auf den Saum treten, ich mag keinen nehmen'."

Saus. *In Saus und Braus leben:* herrlich und in Freuden, im Wohlstand leben. Die Rda., schon mhd. in der einfachen Form ‚in dem sûse leben' bezeugt, bezieht sich eigentl. auf das Getöse des Windes und das Brausen der Wellen. Noch bei Hans Sachs heißt es nur „im Saus leben", wie z. B. in dem Schwank, wo der Schuster das Leder mit den Zähnen dehnt,

Das ich vil schuch machet darauß
Und vil geldts löst, das wir im sauß

Davon gut hamburgisch bier trancken; ebenso im ‚Bauer mit den Karpfen' und an zahlreichen anderen Stellen. Auf die prahlerische Schilderung von den wüsten Heldentaten der Holkischen Jäger, die der zweite Jäger in ‚Wallensteins Lager' gibt, erwidert der Wachtmeister:

Nun, da sieht man's! Der Saus und Braus,
Macht denn der den Soldaten aus?

Die reimende Doppelform ist erst seit dem Jahre 1691 durch Stieler in ‚Der Teutschen Sprache Stammbaum' bezeugt, doch kommen daneben auch andere Verbindungen vor, z. B. ‚im Saus und Luder' (1561 bei Maaler), ‚im Saus und im Schmaus'. Vgl. französisch ‚vivre dans l'opulence'.
Im Sauseschritt vergehen: schnell vorbei sein; bes. von der Zeit wird oft gesagt: ‚sie verfliegt im Sauseschrittt'. Wilhelm Busch

(1832–1908) hat im „Julchen' (1877) geschrieben:

Eins zwei drei!
im Sauseschritt
läuft die Zeit;
wir laufen mit.

Savoir-vivre. *Das Savoir-vivre besitzen:* wissen, wie man sich sein Leben auf angenehme Art einrichten kann; das Knowhow haben.
Bes. den Franzosen wird ein hoher Lebensstil nachgesagt, nicht zuletzt aufgrund der prunkvollen Regierungszeit Ludwigs XIV. in Versailles; übersetzt heißt die Rda.: ‚zu leben wissen'.

Schabab. *Schabab sein (werden):* abgewiesen, ausgestoßen und verhöhnt werden, als Freier bei der Wahl durchgefallen sein, schimpflich abziehen müssen, verloren, zum Verderben bestimmt sein, das Spiel verloren haben, ruiniert, am Ende, dem Tode geweiht sein, aber auch: ein verachteter Mensch sein (↗ Abschaum), zum Abfall und Wertlosen gezählt werden, ein Verworfener vor Gott und den Menschen sein. Die schweiz. Mda. kennt ‚tschabab gsi' in der Bdtg. für beschämt und niedergeschlagen sein und zur Bez. für überständige alte Jungfern und Junggesellen.
Die rdal. Formel, die bes. häufig seit dem 16. Jh. lit. bezeugt ist und so viele Bdtgn. besitzt, ist ihrer Herkunft nach sehr verschieden beurteilt worden. Da ‚schabab' in den Wndgn. gleichzeitig nebeneinander als verbale, adjektivische und substantivische Form beobachtet und verstanden werden kann, erschwert dies eine gültige Erklärung. Außerdem ist die starre, unveränderliche Form von ‚schabab' in verschiedenen Satzzusammenhängen sehr auffallend. Luther, der das Wort kannte und verwendete und sich als erster Gedanken darüber machte, glaubte deshalb an die Übernahme eines hebr. Wortes in die dt. Sprache. Diese hätte tatsächlich durch das A. T. oder über das Jidd. erfolgt sein können. Er hielt ‚schabab' für ein urspr. hebr. Subst. und schrieb als Erklärung zu seiner Übers. des Ps. 119 (Samech), die von V. 119 (= V. 7 bei Luther) lautet:

1289

Du hast alle gotloßen auff erden
alß das kerich auß worffen,
darumb hab ich lieb DEYN tzeugniß,
folgendes über Wortsinn und Herkunft
von ‚schabab‘: „Im 7. verß das hebreisch
wort ‚Schabab‘ ist deutsch worden unnd
heyst vorwerfflich ding, alß kerich,
schlacken, spene, schawm, sprew, trestern
etc. und laut alßo: Du hast sie schababt
wie das kerich und was yderman weg
wirfft, das sie nichts nutz sind, den temme
und wehre mit yhn tzu fullen, das man
ubir sie lauffe, wie wol sie viel anderß
wehnen, alß seyn sie alleyn außerlesen.
Sie seyn Schabab" (Luthers Werke, Weimarer Ausg., Bd. VIII, S. 198). Interessant
hierbei ist, daß Luther die Bibelstelle wohl
sinngemäß richtig übersetzt hat, daß aber
im hebr. Text das Wort ‚schabab‘ fehlt.
Statt dessen steht dafür ‚sigun‘ =
Schlacke, Auszuscheidendes beim
Schmelzen von Erzen, so daß die Übers.
des Verses mit „Du erachtest als unrein
Silber" genauer wäre. ‚Schabab‘ oder
‚schebeb‘ kann jedoch als hebr. Wurzel er-
schlossen werden. Es hat die Bdtg. von behauen und abschneiden von Holz und
damit auch von Spänen, Abfall und Weg-
geworfenem, also von Kehricht, wie es
Luther erklärt hat. Er braucht hierbei außerdem die merkwürdige Form: „Du hast
sie schababt", d. h. du hast sie verworfen,
ausgesondert. Dieses Wort ‚schababt‘ erscheint nun neben der durch Jahrhunderte unveränderten Formel ‚schabab‘ als
überraschende Ausnahme und ist auch
sonst nirgends bezeugt. Es beweist jedoch, daß der Ausdr. ‚schabab‘ bereits
lange vor Luther im dt. Sprachgebrauch
gewesen sein muß und seine Etymologie
bereits zu Luthers Lebzeiten so unklar gewesen sein dürfte, daß er das Wort nach
üblichem dt. Muster wie ein Verb konju-
giert. Es ist also nicht erst durch Luthers
Bibelübers., in der es mehrmals erscheint,
verbreitet worden, wie man annehmen
könnte, da Schabab seit der 1. H. des
16. Jh. bes. häufig belegt ist. Auch bei Hosea 8,6 findet sich eine ähnliche hebräische Form, die ‚schəbabim‘ lautet. Dazu
erklärt Luther in seiner ‚Hoseasvorlesung‘
von 1524 (Exeget. opp. lat. Franc. ad. M.
XXIV, S. 52): „Schabab wurden sicut
praesegmina et praecisiones lignorum,

peripsema est, id est: deus Samariae ist
schabab. fit peripsema, id est: redigetur in
nihilum".
Selbst bei seiner Übers. des N. T. aus dem
Griech. verwendete Luther das seiner
Meinung nach aus dem Hebr. stammende, eingedeutschte und allgemeinver-
ständliche Wort ‚schabab‘. So steht in den
alten Bibelausg. von 1522, 1524 und 1527
bei 1. Kor 4,13 noch: „und eyns ydermans
schabab", wo es in der Übers. von griech.
περίψημα heute heißt: „und ein Fegopfer
aller Leute".
Schabab im Sinne von Abschabsel, Spreu,
Kehricht wurde also schon damals in
übertr. Bdtg. für einen Verachteten und
Ausgestoßenen, für einen von Gott Ver-
worfenen, für ein menschliches Scheusal
in der Sprache der Bibel gebraucht.
Damit erklärt sich nun auch der Sinn der
Wndgn.: *Er ist ein Schabab:* er ist ein armer verachteter Mensch, und: *Er muß aller Schabab sein:* er ist der Verspottete, der
Ausgeschabte, der Weggeschickte, der
von allen Verachtete. Vgl. auch ndl.
‚schavuit‘ = der Schabaus, der von allen
Gemiedene, einer, der wie ein Aussätziger
behandelt wird. Im Rheinl. gibt es ähnl.
mdal. Ausdrücke zur Bez. eines armseligen, unangenehmen Menschen: ein
‚Schabäbes‘, eigentl. ein Molch, ist der
verachtete Mensch, der ‚Schabausbruder‘
ist ein Säufer und das ‚Schabbaas‘ gar ein
bes. unsauberer Kerl mit Krätze und Un-
geziefer. Im Elsaß war der Ausdr. ‚der Ge-
schabte‘ ein bes. Schimpfwort für den
Juden, denn er bez. den Beschnittenen.
Leop. Schmidt meint, daß Schabab nichts
mit Schabe oder Krätze zu tun habe, sondern zum Verb ‚schaben‘ gehöre, und verweist für Dtl., Oesterr. und die Schweiz
auf den brauchtümlichen Zusammenhang mit dem ‚Rübenschaben‘, ↗ Rübe.
Diese spottende Fingergebärde, die heute
nur noch im Kinderbrauch vorhanden ist,
soll mit dem Zuruf ‚schabab‘ verbunden
gewesen sein. Aus der Überlieferung und
den Mda.-Wbb. sind dazu auch andere
rdal. Wndgn. bekannt, wie z. B. schwäb.
‚Ätsch Gäbili‘, schweiz. ‚Gäbelimachen‘,
kärtn. ‚den Guler stechen‘ und oberhess.
‚e Mîrche schaben‘. Im Elsaß schaben die
Kinder mit den Fingern und rufen dazu
den Reim:

Lawe, lawe,
D' Katz isch g'schawe!

Im Obersächs. erscheint ‚Schabab' zwar in einem Bastlösereim:

Schabab, Schabab,
Mein Pfeifchen geht gut ab

(Dähnhardt 2, 155); doch besitzt er hierbei nicht die sonst begegnenden Bdtgn. der rdal. Formel.

Die Spottgeste des ‚Rübchenschabens' hatte früher auch im Volksbrauch der Erwachsenen Gültigkeit, sie findet sich z. B. als Hohngebärde auf spätma. realistischen Passionsdarstellungen (z. B. auf einem Altarbild von Hans Holbein d. Ä.): mit dem ausgestreckten Zeigefinger der rechten Hand wird dabei wie beim Schaben einer Rübe über den Zeigefinger der linken gefahren. Diese Geste soll nun auch in Verbindung mit der Abweisung eines Freiers und den zahlreichen Belegen von ‚Schabab' im Volkslied gestanden haben. In seinem Aufsatz ‚Wiener Rdaa.: Schabab und Schleckabartl' (S. 120) schreibt L. Schmidt dazu: „Die spottende Fingergebärde war samt dem Zuruf im 16. Jh. zu einer stehenden Formel geworden, die in kürzester Form die Verschmähung des Liebhabers bedeutete". Es fehlt jedoch ein lit. oder bildl. Beleg, daß diese Geste urspr. tatsächlich mit der Formel ‚Schabab' zusammen gebraucht wurde. Bei der in Liebesdingen früher üblichen Zurückhaltung der jungen Leute, die ihre Gefühle voreinander und vor anderen streng geheimhielten und auch ihre Abneigung meist nur indirekt und schonend ‚durch die Blume' zu verstehen gaben, ist es sehr unwahrscheinlich, daß ein Freier mit offenem Hohn durch eine Spottgeste oder die gleichbedeutende Sprachgebärde abgewiesen wurde. Dagegen spricht auch, daß in den Volksliedbelegen der Abgewiesene sich selbst als ‚schabab' bez. und die Formel nicht direkt bei seiner Verschmähung erscheint. Außerdem nennt man seit dem 16. Jh. auch die Blume ‚Schabab', die ihm beim Abschied überreicht wird. Es wäre immerhin sehr merkwürdig, wenn im gleichen Jahrhundert eine höhnische Abfuhr und die mildere Form der Abweisung durch eine Blume mit demselben Wort ausgedrückt würden.

‚Schabab'

Durch einen Frühbeleg kann die Herkunft von ‚schabab' noch in anderer Weise erklärt werden. Joh. von Tepl gibt bereits 1401 in seinem ‚Ackermann aus Böhmen' ein Beisp. für die lit. Verwendung des Wortes. Im III. Kap. des Gespräches zw. dem Ackermann und dem Tod heißt es: „ein jegliches jar was mir ein genadenreiches jar. Nu wirt zu mir gesprochen: schab ab!" Nach einer anderen Lesart: „schabe abe!" ist dies eindeutig ein Imperativ. Demnach ist ‚schabab' also als ein dt. Wort und als imperativische Bildung zu verstehen, die bereits in mhd. Zeit vorkommt und zum Verb ‚schaben' gehört.

Wichtig dabei ist jedoch, daß dieses Verb schon früh mehrere Bedeutungen besaß: als transitives, starkes Verb hieß ‚schaben' = kratzen, scharren, reflexiv gebraucht bedeutete es entsprechend: sich abschaben, schäbig werden, aber auch: fortstoßen, vertreiben, austilgen, als intransitives Verb jedoch: schnell von dannen gehen, sich fortscheren.

Diese letzte Bdtg. liegt der Formel ‚schabab' zugrunde. Bereits in ahd. Zeit hatte das Verb ‚skaban' diesen Nebensinn, denn „scaben sinen wech' hieß: sich trollen, fliehen, sich wegscheren, dem die modernen Ausdrücke, ‚abhauen' und ‚die Kurve kratzen' entsprechen, und vor allem die imperativische Form: ‚schieb ab!' In der mhd. Lit. gibt es dafür viele Belege, die oft zur Verdeutlichung des Wortsinnes noch einen Zusatz erhalten. So schrieb z. B. um 1190 Hartmann von Aue im ‚Erec‘ (V. 4195): „schabet iuwern wec" = packt euch! In Ulr. von Türheims ‚Tristan‘ steht (V. 2253): „hiezen in balde ûz schaben", und in Herbort von Fritzlars ‚Liet von Troye‘ (V. 2080): „hîz mich ûz sînen ougen schaben". Daneben begegnen in der mhd. Lit. noch die Wndgn.: ‚hinnen schaben‘ (‚Kölner Passional‘, 43, 93), ‚dannen schaben‘ (Heinr. von Türlins ‚Krone‘ 273) und ‚fürder schaben‘ (‚Krone‘ 31[b]); sie haben alle die Bdtg.: schnell von dannen gehen, sich aus den Augen machen. Den Sinn von stoßen, fortstoßen, vertreiben hat die folgende Textstelle: „si wellent daß man vürder schabe die tumben" (Minnesängerhs. 2, 153[b]).

Der Imperativ ‚Schab ab!‘ erstarrte und wurde substantiviert. Er erhielt die bes. Bdtg. von: bergab, zu Ende gehen, sterben, verachtet werden, als Freier abgewiesen sein, und als Subst. wurde ‚Schabab‘ die Bez. des Abschieds und der Name einer Pflanze, die dabei überreicht wurde. Dies zeigt sich in der Rda. *einem den Schabab geben:* ihn wegschicken, ihm den Abschied geben. Interessant sind Belege, die zeigen, daß die Herkunft von ‚schabab‘ schon früh vergessen war, ein anderes Verb wird zur Verdeutlichung danebengestellt, so daß eine Tautologie entsteht. In einem Fastnachtspiel (Keller 742, 29) steht: „Wer das nicht kan, der ist schabab", dagegen heißt es in einem anderen Fastnachtspiel (1025, 13): „Darum geh du narr schabbab".

In den Volksliedern steht die sprachl. Formel ‚Schabab‘ meist für den abgewiesenen und enttäuschten Freier, für den Abschied und das Ende einer Liebesbeziehung. Im ‚Ambraser Liederbuch‘ (147, 46) fleht der Liebhaber um Erhörung mit den Worten:

Ach megdlein du viel junge,
Laß mich nicht sein schabab.

Die erste Str. des Liedes ‚Gut Gesell und du mußt wandern‘ aus dem ‚Kölner Liederbüchlein‘ (Nr. 204) um 1580 lautet:

Gvt Gesell vnnd du must wandern,
Das Megdlein liebet ein anderen,
Welches ich geliebet hab,
Bey der bin ich schabab.

In einem Lied, das die Auseinandersetzung zweier Liebhaber und eines Mädchen schildert, weist der triumphierende Rolandt seinen Nebenbuhler, den Küster, mit den Worten ab:

Gha make des Kuesters Graff
Nu ys Margretha Rolandes,
So gha du nu schabab.

(Uhland – de Bouck, Ndd. Lieder-Bücher, 1883, S. 109, Nr. 134, Str. 9) Auch im Liederbuch der Clara Hätzlerin begegnet ‚schabab‘ für das Fortmüssen nach einer Abweisung: „Wolhin, wolhin, wolhin, ich bin schabab" (I, 104, 25), daneben steht aber bereits die Wndg. ‚Schabab müssen‘ (II, 58, 231).

Die geistliche Literatur der Barockzeit kennt die Rda. vor allem als Wortsinnbild der Vergänglichkeit, und Abraham a Sancta Clara dichtet:

Die Blätter fallen ab,
Und du wirst auch schabab.

Bei G. Ph. Harsdörffer (1607–58) heißt es in ‚Das Leben des Menschen‘: „In Gesellschaft etlicher Poeten wurde umgefragt, was doch wäre das menschliche Leben? Darauf sie folgende Reimzeilen, welche Anfang und Ende schließen, verfasset.

Das Leben ist …
Ein Schatten, der uns macht schabab,
Die Matten, so gräbt unser Grab
(Str. 9)".

Bis ins 20. Jh. hinein ist die Wndg. ‚schabab sein‘ im Volksbrauch als umschreibende sprachl. Formel für den abgewiesenen Freier lebendig geblieben, und noch bei Hermann Löns heißt es in einer Strophe:

Schabab, schabab,
Einen andern Schatz ich hab.

Schabab als Subst. bez. daneben auch eine Herbstpflanze, das Achilleskraut (Euphrasia officinalis), bei dessen Blüte es mit dem Sommer und in übertr. Sinne mit der Liebe zu Ende geht. In manchen Gegenden wird unter Schabab auch die Kornrade verstanden, die dem Bauern als Unkraut gilt und deshalb nur in verächtlichem Sinne betrachtet werden kann, ebenso wie sich der Abgewiesene selbst fühlt. Die verschiedenen Bedeutungen von Schabab vermischen sich in einem Lied des 16. Jahrhunderts von Senfl, wo es heißt:

1292

Schabab ist mir gewachsen
Ein ganzer Garten voll.
Ich brach mir ab Vergißmeinnit,
Hab mich lieb und acht mein nit:
Schabab, ja schabab bin ich.

Lit.: *Erk-Böhme* II, S. 293 f., Nr. 472 f.; HdA. III, Sp. 327–337; *L. Schmidt:* Wiener Rdaa. III. Schabab und Schleckabartl, in: Das dt. Volkslied, 43 (1941), S. 119–121; *L. Röhrich:* Gebärdensprache und Sprachgebärde, S. 132–134; *L. Röhrich u. G. Meinel:* Nochmals ‚schabab‘, Archer Taylor octogenario in honorem, in: Proverbium, 15 (Helsinki 1970), S. 102–105. *A. Niederer:* Beschämung, Lob und Schadenfreude. Hand- und Fingergebärden mit bestimmter Bedeutung, in: Schweiz. Arch. f. Vkde. 85 (1989), S. 201–217, hier bes. S. 212–214.

Schabernack. *Jem. einen Schabernack spielen:* ihm einen Streich spielen, ihn nekken: *Schabernack treiben:* Possen, Unfug treiben. Das Wort Schabernack, über dessen Urspr. viel gedeutet worden ist (‚eine den Nacken schabende Winterkappe‘, ‚ein scharfer Wein‘, ähnl. wie ‚Rachenputzer‘), tritt zuerst um 1200 als Name eines mittelrhein. Weinguts (‚ze Schabernakken‘) und etwa gleichzeitig als hess. Familienname auf (Mittelrhein. Urkunden-Buch II, 380). Mhd. ‚schavernac‘ = Beschimpfung, mnd. ‚schavernak‘ = Spott, wird, da das Wort auch zur Bez. eines Südweins vorkommt, als ‚Wein aus Chiavenna in Norditalien‘ erklärt.
Lit. belegt ist die Bdtg. ‚rauher Winterhut‘ für ‚Schabernak‘ bei Neidhart (hrsg. v. M. Haupt, V. 47,12):

nû treit man den schavernak
für die bluomenhüete.

Als wahrscheinlichste aller Erklärungen nimmt man heute an, daß das Scheren des Nackens als alte Rechtsstrafe den Hintergrund des Wortes bildet (gotisch ‚skaban‘: scheren).

Lit.: *Kluyver* in: Zs. f. dt. Wortf. 9 (1907), S. 3 ff.; *E. Lindig:* Hausgeister. Die Vorstellungen übernatürlicher Schützer und Helfer in der deutschen Sagenüberlieferung (Diss. Freiburg i. Br.), (Frankfurt/M., Bern, New York, Paris 1987), S. 167 ff. (Artes Populares, 14).

Schablone. *(Wie) nach der Schablone arbeiten:* gedankenlos arbeiten, stereotype Nachahmung eines Arbeitsvorganges.
Die Bearbeitung von Glas, Stoff, Leder erfolgte oft nach Schablonen, die nach Vorzeichnungen ausgeschnitten und auf das jeweilige Material gelegt wurden, um die Arbeit zu erleichtern.
Jem. (etw.) in eine Schablone pressen: Jemanden oder etwas nach hergebrachtem Muster beurteilen. Das Wort Schablone kam Anfang des 18. Jh. auf aus mnd. ‚schampelûn‘ mit der Bedeutung ‚Muster, Modell, nachgearbeitete Gestalt, Vogelscheuche‘.

Schach, schachmatt. Das schon in mhd. Zeit beliebte Schachspiel stammt aus Indien; durch die Perser und Araber ist es in Europa bekannt geworden. Sein Name geht auf persisch šāh = König zurück. Vom Schachspiel stammen die Rdaa. *jem. in Schach halten:* ihn nicht zur Ruhe kommen lassen, ihn dauern bedrängen: vgl. frz. ‚tenir quelqu'un en échec‘; auch: *jem. Schach bieten.*
Nur eine Schachfigur sein, auch: *als Schachfigur benutzt werden:* dem Willen anderer unterliegen, in einem Plan, den man selbst nicht durchschaut, als Werkzeug gebraucht werden, auch: auf verschiedenen Stellen (Posten) hin- und hergeschoben werden (in einem Betrieb, einer Behörde), wo man wenig Bdtg. besitzt und daher austauschbar ist. Die Wndg. ist bes. in der Sprache der Politik üblich, vor allem dann, wenn sich das ‚Stellenkarussell‘ dreht.
Bes. häufig hört man die Rda. *schachmatt sein:* ganz entkräftet sein. Der letztgenannte Ausdr. ist keine bloße Verstärkung des einfachen Wortes ‚matt‘ (wie etwa in ‚todmüde‘), sondern die wörtl. Entlehnung von arabisch ‚esch-schäh mät‘ = der König ist gestorben, womit der siegende Schachspieler seinen letzten Zug ankündigt. Er findet sich bereits in Konrad von Ammenhausens ‚Schachzabelbuch‘, einem Lehrgedicht von 1337:

wie kleine nun der fende (Bauer
im Schachspiel) sî,
sô ist er doch alsô frî,
daz er dem künic sprichet schâchmat.

In übertr. Bedeutung ist ‚matt‘ seit dem 13., ‚schachmatt‘ seit dem 16. Jh., z. B. bei Joh. Fischart, bezeugt. Den bewußten Übergang zur bildlichen Verwendung von ‚matt‘ bezeichnen die folgenden Verse in Heinrichs von Freiberg ‚Tristan‘ (V. 1560 ff.):

1293

allen iren vröuden mat
wart da gesaget sunder schach.

Vgl. auch ndl. ‚hij is schaakmat'; frz. ‚faire quelqu'un échec et mat', ‚être échec et mat'; engl. ‚to be checkmated'.

Lit.: *H. u. S. Wichmann:* Schach. Ursprung und Wandlung der Spielfigur in 12 Jahrhunderten (München 1960).

schachern. *Etw. verschachern:* eine Ware (Sache) ‚an den Mann bringen', vorteilhaft verkaufen, einen Interessenten suchen und den Käufer überzeugen wollen, daß er ein bes. günstiges Angebot erhält und daher zugreifen sollte, obwohl es bei dem Handel nur um den eigenen Gewinn geht.
Jem. verschachern: jem. um des eigenen Vorteils willen verraten. Das Schachern bez. einen gewinnsüchtigen Hausierhandel und kommt aus dem Jüd. Das Jidd. ‚Schacherer' bedeutet: Handelsmann. Früher waren vor allem in ländlichen Gegenden ‚Jude' und ‚Handelsmann' Synonyma. Die heutige negative Bdtg. besaß das Wort ‚schachern' schon bei Rinkart 1613: ‚z schachern'.

Lit.: *S. A. Wolf:* Wb. des Rotw. (Mannheim 1956), Sp. 4775–76.

Schachtel. *Eine alte Schachtel sein:* eine alte Jungfer, ein häßliches, böses altes Weib sein. Schachtel gilt als derber Ausdr. für die weibl. Geschlechtsorgane und dient pars pro toto seit dem 17. Jh. zur verächtlichen Bez. der Frau. Darauf weisen auch die modernen Wndgn. mit ausgesprochen sexueller Bdtg.: *die Schachtel aufmachen:* ein Mädchen deflorieren und: *die Schachtel aufbrechen:* eine Frau vergewaltigen (Borneman: Sex im Volksmund).
Die Beschimpfung einer älteren Frau mit ‚alte Schachtel' stammt aus der Jägersprache; hier werden sehr alte Hirschkühe damit bez., so z. B. in Johann Wilhelm von Pürsons ‚Der Edle Hirschgerechte Jäger' von 1734, S. 80. Einen weiteren Beleg dafür führt das Dt. Wb. (8, 1965) an: „Er siehet die Fährte eines alten Thiers (das auch eine Schachtel gennenet wird) …".
Wie aus dem Schächtelchen kommen: sauber gekleidet sein, wie eine neue Puppe aus einer Schachtel aussehen. Vgl. ‚wie

aus dem Ei gepellt'. Auch in anderen Sprachen sind ähnl. Vergleiche üblich: ndl. ‚alsof hij uit een spanen doosje kwam', engl. ‚to look as if one has just come out of a bandbox', frz. ‚avoir l'air de sortir d'une boîte'. Ähnl. Sinn haben die ndl. und engl. Rdaa., die im Dt. fehlen: ‚iemand door een ringetje kunnen halen' und ‚to pass through a ring'.

Lit.: *Th. Distl:* Die Bez. einer vorgerückten Frauensperson durch ‚Alte Schachtel', in: Zs. f. d. U. 15 (1901), S. 604.

Schaden. *Durch eignen (fremden) Schaden klug werden;* die Rda. gehört zu dem verbreiteten Sprw. ‚Durch Schaden wird man klug'; vgl. den Erzähltyp AaTh. 910 A. Ndl., ‚door schade en schande wordt men wijs'; engl. ‚it is costly wisdom that is bought by experience'; frz. ‚dommage rende sage'.
Den Schaden mit Salz abreiben; eine schlimme Sache noch schlimmer machen, als sie schon ist.
Die insbes. schwäb. verbreitete Rda. *Fort mit Schaden!* entspricht dem im volkstümlichen Zauberspruch häufig vorkommenden Prinzip der ‚Apopompe', d. h. des imperativischen Wegschickens des Übels, wie es schon im lat. Zauberspruch gegen das Podagra (‚fuge, fuge Podagra!') begegnet; auch erweitert: ‚Fort mit Schaden, der Profit kommt nach'.
Ein Sprw. aus dem 17. Jh. heißt: ‚Selten ein Schaden, wo nicht ein Nutzen dabei ist'. Ein Heiligenkreuzer Zisterzienser beschreibt seine Flucht vor den Türken 1683: „Ist also wahr, das selten ein Schaden ist, eß ist ein nutzen darbey".
Sich an jem. für etw. schadlos halten: sich für eine Benachteiligung oder ein Unrecht auf Kosten anderer Entschädigung verschaffen. Ein alter, heute ausgestorbener Rechtsbegriff ist die ‚Schadloshaltung', welche bed., daß man jem. beschützt, bewahrt, vor Schaden behütet; so auch: *jem. schadlos halten.*

Lit.: *O. Weinreich:* Unheilbannung im volkstümlichen Gebet, Segen und Zauberspruch, in: Universitas 1 (1946), S. 275–299; *H. Watzl:* Flucht und Zuflucht (Wien 1956), hier S. 90; *L. Schmidt:* Sprw. dt. Rdaa., in: Österr. Zs. f. Vkde 77 (1974), bes. S. 116–117.

Schadenfreude. *Schadenfreude empfinden:* Freude über den Schaden, der ande-

‚Sein Schäfchen ins trockene bringen'

ren entsteht, (heimliche) Genugtuung am Pech, Mißerfolg anderer empfinden, einen Unglücklichen noch obendrein verspotten. In älterer Zeit wurde wegen dieser negativen Eigenschaft sogar der ↗ Teufel mit ‚der (höllische) Schadenfroh' umschrieben.

Dagegen loben verschiedene Sprww. die Lust an der Schadenfreude: ‚Schadenfreude ist die beste (reinste) Freude' oder verharmlosen ihre Schädlichkeit: ‚Wer den Schaden hat, braucht für den Spott nicht zu sorgen', oft parodiert: ‚Wer den Schaden hat, spottet jeder Beschreibung'.

Lit.: *L. Spitzer:* Schadenfreude, in: Monatshefte 34 (1942), S. 357–361; Repr. in: L. Spitzer: Essays in Historical Semantics (New York 1948), S. 135–141.

Schädel. *Jem. raucht der Schädel* ↗ Kopf.

Schaf, Schäfchen. *Sein Schäfchen ins trockene bringen:* sich seinen Vorteil, Gewinn sichern; *sein Schäfchen im trockenen haben:* sich seinen Erwerb in Sicherheit gebracht haben, um sich ein sorgloses Leben zu gönnen. Die Rda. wurde früher so erklärt, daß man annahm, ein unverständlich gewordenes ndd. ‚Schepken' = Schiffchen sei durch das ähnl. klingende hd. ‚Schäfchen' ersetzt und die Rda. so auch den Binnenländern geläufig und verständlich gemacht worden. Rudolf Hildebrand (‚Vom deutschen Sprachunterricht', Ausg. von 1954, S. 58) lehnt mit Recht diese Etymologie ab. Auch die mdt. Mdaa. kennen die Wndg. ‚sei Schouf en Troig'n hann'. Das verdeutlicht die Herkunft der Rda. aus der bäuerl. Vorstellungswelt und ihren Zusammenhang mit der Schafzucht. Das Wesentliche der Rda. haftet jedoch nicht an dem Wort ‚Schäfchen', sondern an dem Begriff ‚ins trokkene bringen', d.h. in Sicherheit, im Gegensatz zu Wndgn. wie ‚in die Patsche geraten', ‚in der Tinte sitzen' usw. So ist denn auch aus Holstein rdal. bezeugt: ‚He hett sin Saken up't Dröge brocht', ‚he sitt hoch un drög'. Das Schäfchen bez. typisch jede Erwerbung eines kleinen Mannes (wie im 2. Buch Sam. 12,3). In seinem ‚Hauswirthschaftsbuch' vom Jahre 1722 (S. 390) schreibt v. Rohr: „Die sumpfigen Wiesen und Teichtriften sind den Schafen über die Maassen schädlich, aber die Weide auf hohen Feldern, Gehölzen und Bergen ist ihnen zuträglich". Belegt ist die Rda. zuerst 1576 bei J. Burkhard (‚Patrocinium', S. 114): „Ihre Schäflin ins trocken (wie man pfleget zu sagen) zu treiben". Warum nun aber die Schafe auf nassen Wiesen gefährdet sind, wurde bisher noch nicht hinreichend erklärt. Hildebrands Überschwemmungstheorie geht fehl, ebenso der Hinweis in Meyers Lexikon

(1925), daß der Schäfer bei Gewitter seine Herde in den Stall bringen müsse. Der Regen schadet den Schafen nämlich nicht, da ihr Fell fettig ist und das Wasser abstößt. Hans Dittrich („Sein Schäfchen im Trockenen haben') zitiert zur Erklärung das Schweizer Lexikon (1947). Danach werden Schafe auf sumpfigen Wiesen häufig von der Egelseuche (Distomatosis) befallen. Die Leberegel, die in sumpfigen Gebieten leben, verursachen schwere Leberentzündungen bei den Tieren und hohe Verluste durch ein Massensterben. Die Tiere bleiben jedoch verschont, wenn man sie nicht auf nassen Wiesen und am Wasser weiden läßt. Wer also eine trokkene Weide besitzt, braucht um seine Herde nicht zu bangen, er hat sein Kapital in Sicherheit.

In übertr. Bdtg. wurde der Ausdr. bereits 1597 verwendet in einer Beschreibung der Frankfurter Messe in Reimen, erschienen unter dem Titel ‚Marckschiffs Nachen' von Max Mangold. Darin heißt es von Kaufleuten, die zu ihrem Nutzen mehrmals bankrott gemacht haben:

> Kanst dann ein guter Gsell wol bleiben,
> Wann du schon kein Gwerb mehr thust treiben.
> Wirst globt, daß du deim Handel bist
> So wol vorgstanden jeder Frist,
> Hast dein Schaff in das trucken bracht,
> Keiner ist, der dich drumb veracht.

Reichliche weitere Belege gibt das Dt. Wb. der Brüder Grimm (VIII, 1999 f.).

Er hat sein Schäfchen geschoren: er hat seinen Vorteil wahrgenommen; *sein Schäfchen zu scheren wissen:* sich auf seinen Vorteil verstehen.

Das Schaf scheren, ohne es zu schinden: mit Geschicklichkeit erpressen, daß kein Klagen und Murren erregt wird.

Der eine schert das Schaf, der andere das Schwein (vgl. ‚viel ↗Geschrei und wenig Wolle').

Die Schafe von den Böcken scheiden (sondern, trennen): das Nützliche vom Unnützen, das Brauchbare vom Unbrauchbaren, das Gute vom Schlechten trennen; scherzhaft übertr. auch: Personen verschiedenen Geschlechts auseinander-, gesondert halten. Die Wndg. ist bibl. Urspr., Matth. 25,32 f. heißt es von Christus: „Und werden vor ihm alle Völker versammelt werden. Und er wird sie voneinander scheiden, gleichwie ein Hirt die Schafe von den Böcken scheidet. Und wird die Schafe zur Rechten stellen und

‚Die Schafe von den Böcken scheiden'

die Böcke zur Linken". Vgl. frz. ‚séparer le bon grain de l'ivraie'.

Das schwarze Schaf (der Familie) sein: der Schuldige sein, die von den Angehörigen durch unsittliche Lebensführung unvorteilhaft abstechende Person; die Wndg. bezieht sich auf 1. Mos. 30,32: „Ich will heute durch alle deine Herden gehen und aussondern alle gefleckten und bunten Schafe und alle schwarzen Schafe und die bunten und gefleckten Ziegen..."

Das räudige Schaf sein, das die ganze Herde ansteckt, indem es sich an den anderen juckt (ähnl. schon lat. bei dem röm. Satiriker Juvenal, 2. Satire, V. 80); vgl. frz. ‚passer (toujours) pour la brebis galeuse' ([immer] für das räudige Schaf gelten).

‚Es ist keine Herde so klein, es stecken räudige Schafe darein'

Den Schafen wurde schon im MA. Dummheit nachgesagt. So schreibt Konrad von Megenberg im ‚Buch der Natur' (ed. Pfeiffer) S. 154: „daz schâf hât minner vernunft dann andren tier". Auf das ‚dumme Schaf' beziehen sich die Rdaa. *Das merkt ein Schaf:* das bemerkt selbst der Dümmste; *sich vom Schaf beißen lassen;* dumm sein; obersächs. ‚laß dich kee Schaf beißen', halte mich nicht für dumm

und sei selbst nicht so dumm, das zu glauben.

Die Schafe austreiben: sich albern benehmen (↗ Kalb).

Ausreißen wie Schafleder, ↗ ausreißen.

Einen plötzlichen Kälteeinbruch im Juni bez. man auch als ‚Schafskälte'; dies deshalb, weil die niedrigen Temperaturen den frisch geschorenen Schafen schaden können.

‚Schafmelker' ist ein Schimpfwort.

Lit.: *Th. Hornberger:* Der Schäfer. Landes- und volkskundliche Bedeutung eines Berufsstandes in Süddeutschland (Stuttgart–Köln 1955); *H. Rausch:* Sein Schäfchen ins Trockene bringen, in: Sprachfreund 4, Nr. 3 (1955) o. P.; *Anon.:* Sein Schäfchen ins Trockene bringen, in: Sprachpflege 6 (1957), S. 26–27; *H. Dittrich:* Sein Schäfchen im Trockenen haben, in: Muttersprache 71 (1961), H. 5. *W. Jacobeit:* Schafhaltung und Schäfer in Zentraleuropa bis zum Beginn des 20. Jahrhunderts (Berlin 1961); *J. Goldbeck:* Ins Trockene gebrachte Schäfchen, in: Sprachdienst 20 (1976), S. 136.

Schäfer. *Dem Schäfer die Keule abkaufen:* dort etw. erstehen, wo es am teuersten ist.

Der Schäfer hütet: es droht ein Wetterwechsel. Die Wndg. ist sehr volkstümlich, man gebraucht sie, wenn kleine weiße Wolken sehr hoch oben am blauen Himmel stehen, als eine Art Wetterorakel. Diese Zirren, die sog. ‚Schäfchenwolken', deuten auf baldigen Regen hin. Vgl. dazu das Sprw. ‚In den Zirren kann man sich irren'.

Auch in einem bekannten Kinderlied findet sich der Vergleich weißer Wolken mit den Schäfchen:

Wer hat die schönsten Schäfchen,
die hat der goldne Mond ...

Ein Schäferfeuer anzünden: bei großer Kälte die Arme um die Schultern schlagen, um sich durch diese Bewegung zu erwärmen. Vgl. ndd. 'en Schaiperfüer böten'.

Lit.: *Th. Hornberger:* Der Schäfer. Landes- und volkskundliche Bedeutung eines Berufsstandes in Süddeutschland (Stuttgart–Köln 1955); *W. Jacobeit:* Schafhaltung und Schäfer in Zentraleuropa bis zum Beginn des 20. Jahrhunderts (Berlin 1961).

‚Schafskopf'

Schäferstündchen. *Ein Schäferstündchen halten (verbringen):* eine Zeit traulichen, zärtlichen, liebevollen Beisammenseins von Verliebten.

Seine Schäferstunde schlägt: das Glück winkt ihm, es kommt zu einem Treffen der Liebenden u. der Erfüllung ihrer Wünsche. Mit einem ‚Schäferstündchen‘ bez. man die gemeinsam verbrachte Zeit eines Liebespaares, das sich oft heimlich zusammenfinden muß. Der Begriff ist dem frz. ‚heure du berger‘ nachgebildet.

In der Zeit des Barock u. Rokoko erfolgte eine bewußte Hinwendung der höfischen u. bürgerlichen Gesellschaft zur Natur u. dem angeblich naiv-sündlosen Landleben. Schäferspiele wurden nachgeahmt, indem man in entsprechenden Kostümen und unter antiken Schäfernamen in ländlicher Idylle in einer Art Rollentausch zu leben versuchte, um den erstarrten zeremoniellen Formen zu entgehen und sich natürlich und ungezwungen benehmen zu können.

Die Hirtendichtung zum Preise der Idylle, die zum Vorbild diente, geht auf Theokrit zurück u. fußt auf den Eklogen Vergils. Sie wird als ‚bukolische‘ Dichtung bez. Lit. belegt ist der Begriff ‚Schäferstunde‘ z. B. in Schillers ‚Don Carlos‘ (II, 8): „Der Seelen entzückender Zusammenklang – ein Kuß – der Schäferstunde schwelgerische Freuden“.

schaffen. *Etw. (Großes) schaffen:* etw. aus eigener Leistung hervorbringen, gestalten, bewirken; ein Ziel erreichen, eine Prüfung bestehen, ein Werk vollenden. Dagegen: *etw. nicht schaffen:* den Anforderungen nicht genügen.

Beliebt sind rdal. Vergleiche für ‚schaffen‘ in der Bdtg. von arbeiten: *Schaffen wie in* ↗ *Bär, wie ein* ↗ *Brunnenputzer:* tüchtig arbeiten, sich mächtig anstrengen; *sich nicht zu Tode schaffen:* ein Faulenzer sein.

Etw. ist nicht zu schaffen: es ist nicht (rechtzeitig) fertigzustellen. ‚Etw. ist g’schafft wie g’schifft‘: es ist flüchtiges, rasches Arbeiten ohne Sorgfalt (schwäb.). In der Pfalz heißt es: ‚So wie mer schafft, so ißt mer‘, u. umgekehrt: ‚So wie mer ißt, so schafft mer‘. Letzteres sagen oft die dikken Schnellesser als Rechtfertigung für ihr Eßverhalten.

Für etw. wie geschaffen sein: aufgrund angeborener oder erworbener Anlagen eine Aufgabe bes. gut erledigen können.

Jem. (schwer) zu schaffen machen: jem. große Sorgen, bereiten, Mühe machen.

Nichts mit jem. (etw.) zu schaffen haben wollen: nichts damit zu tun haben wollen.

(Ganz) geschafft sein: völlig erschöpft sein von einer großen Anstrengung.

‚Anschaffen gehen‘ ist eine umg. Umschreibung für Geld verdienen; auch im Zuhältermilieu heißt dies, daß die Dirnen auf dem Strich Geld heranschaffen müssen.

Schale. *Sich in Schale werfen (schmeißen);* seinen besten Anzug anziehen, sich für einen Ausgang oder eine Einladung bes. fein machen; vgl. frz. ‚se mettre sur son trente-et-un‘; *(fein) in Schale sein:* vorschriftsmäßig gekleidet sein. Die Rdaa., die im 20. Jh. auch lit. bezeugt sind, stammen aus dem Rotw. und sind umg. Parallelbildungen zu: ‚sich in Gala schmeißen‘ und ‚in Gala sein‘. Das hebräische ‚klipha‘, aus dem sich ‚Kluft‘ entwickelt hat, bedeutet Schale. Es handelt sich bei dem Wort also um eine Lehnübersetzung, die durch Gauner, Handwerksburschen, Studenten und Soldaten verbreitet worden ist. ↗ Wichs.

Von der Schale auf den Kern schließen: nur nach dem äußeren Schein urteilen, einen Menschen nach seiner Kleidung einschätzen.

Eine rauhe Schale besitzen: nach außen hin sich grob oder gefühllos verhalten, doch im Grunde ein weiches Herz haben, einen ‚guten Kern‘ besitzen.

Auf die Schale als Gefäß bezieht sich die Wndg.: *Die Schale seines Zorns über jem. ausgießen:* jem. seine berechtigte Empörung, seine ganze Wut spüren lassen. Dieses sprachl. Bild beruht auf zwei Stellen in der Offenbarung des Johannes, wo es heißt: „Und eines der vier Tiere gab den sieben Engeln sieben goldene Schalen voll Zorns Gottes“ (Offenb. 15,7) und weiter: „Und ich hörte eine große Stimme aus dem Tempel, die sprach zu den sieben Engeln: Gehet hin und gießet aus die Schalen des Zorns Gottes auf die Erde!“ (Offenb. 16,1). Im Anschluß daran handelt das ganze Kap. 16 der Offenbarung von den Strafen Gottes, die durch das Ausgießen der sieben Schalen durch die Engel über die Menschen kommen.

Die folgenden Rdaa. beziehen sich auf die Waagschalen: *Mit ungleichen Schalen wiegen:* ungerecht urteilen und *Die Schalen gleich halten:* unparteiisch sein, keinen bevorzugen.

Schalk. *Den Schalk* (oder *Schelm*) *im Nakken* (oder *hinter den Ohren*) *haben:* es hinter den Ohren haben (↗Ohr), ein Schalk sein und sich's nicht merken lassen. Die Wndg. bezieht sich auf einen Menschen, der gleichsam von einem kleinen schalkhaften Dämon besessen ist, doch so, daß ihm der Wicht hinten im Nacken oder hinter den Ohren sitzt, so daß ihn der Genarrte nicht sehen kann. 1639 ist bei Lehmann S. 124 („Dienst' 42) die Rede von „Augendienern, die trew seynd vorm Gesicht, vnd tragen den Schalk auffm Rücken". Alle diese Wendungen sind alt und seit dem 16. Jh. reichlich zu belegen, z. B. bei Thomas Murner, Luther usw. In der alten Redensart liegt der Ton auf „hinter', bei uns auf „Schalk', so daß uns der Gedanke der versteckten Schelmerei fast ganz verlorengeht. Die Redensart bekommt dadurch eine ihr ursprünglich nicht innewohnende Intensität. Diese macht sich auch in den Steigerungen geltend, die wir gern hinzufügen: „dick', „fingerdick', „daumendick', „faustdick'. Der Liebhaber, der nicht weiß, woran er ist, klagt im Volkslied die Geliebte an (F. W. v. Ditfurth, 52 ungedruckte Balladen, S. 19):

Ihr tragt ein Schalk im Nacken,
Man weiß nicht, treibt Ihr Ernst
           oder Scherz,
Thut Honigküchel backen,
Dazwischen Dörner hacken,
Verspottet redlichs Herz.

Anders Goethe, „Zweite Epistel': „wie eben sich mir der Schalk im Busen bewegte", und Schiller in der „Phädra' (IV, 2): „daß der Schalk im Herzen durch äußre Zeichen sich verkündete"; altbair. „etw. auf den Schalk tun', „auf den Schalk hin', zum Scherze; heute auch: „Der Schalk guckt ihm aus den Augen'; „Der Schalk schlägt ihm in den Nacken'.

Etymol. Untersuchungen haben gezeigt, daß „Schalk' aus mlat. „scalucis': barfüßig und „di scalceatus': „der Schuhe ledig' entstanden ist. Das got. Wort „skalks' für Diener, Knecht, weist noch darauf hin, daß Schalk urspr. die Bez. für die unbeschuhten Leibeigenen war.

Mit einer Schalkshaut überzogen sein: ein Bösewicht, Betrüger sein.

Lit.: *J. Knobloch:* Der Ursprung von nhd. „Schalk', got. „skalks', Diener, Knecht, in: Muttersprache 89 (1979), S. 45–46; *R. Johannsmeier:* Spielmann, Schalk und Scharlatan (Reinbek bei Hamburg 1984).

Schall. *Etw. ist nur Schall und Rauch:* eine Sache ist völlig wertlos. Die Wndg. wurde gebildet in Anlehnung an Goethes Faust I, 3457: „Name ist Schall und Rauch", ↗Name. Ähnl.: *Etw. ist (nur) leerer Schall.*

In Schalle leben: in ↗Saus und Braus leben. Die Rda. ist schon sehr alt und heute selten zu hören, lit. bei Oswald von Wolkenstein (Lieder 177, 6, 15).

Jem. eine schallern: jem. eine Ohrfeige geben, ↗schlagen. In Berlin sagt man dafür u. a. „Hinter de Schalltüten mußte en paar kriejen'.

Spricht jem. überlaut, so wird ihm in der Schweiz spaßhaft empfohlen, er solle doch „Schalldämpfer uuf setze!' (E. Strübin, S. 118).

Schallmauer. *Die Schallmauer durchbrechen,* oft auch in Verbindung mit einer zahlenmäßigen Größe oder qualitativen Bez., z. B. „die Schallmauer von einer Mark durchbrechen' oder „die psychologische Schallmauer durchbrechen': ein allgemein für unüberwindlich gehaltenes Hindernis überwinden, einen als unüberbietbar geltenden Rekord brechen, eine für absolut angesehene Grenze überschreiten.

Interessant ist die Entwicklung dieser neueren Rda. Zunächst war „Schallmauer' die bildhafte Bez. für die starke Zunahme des Luftwiderstandes für Flugzeuge, die die Schallgeschwindigkeit erreichten. Da in diesem Bereich das physikalische Verhalten der Luft sich grundlegend ändert, wurden Flugzeuge, die sich z. B. beim Sturzflug auf diese Geschwindigkeit beschleunigten, unlenkbar und die auftretenden Verdichtungsstöße haben sie schließlich auseinandergerissen. Die Schallmauer galt deshalb als unüberwindlich.

Erst 1947 gelang es erstmals den Amerikanern, mit einem raketengetriebenen bemannten Spezialflugzeug (Bell X-1) diese ‚Schallmauer' zu durchbrechen. In der Folge wurde dann die bildhafte Bez. dieses physikalisch-technischen Phänomens nach einer nochmaligen bildl. Transformation zur Rda., die sich nun meist auf psychische oder soziale, also vorwiegend nichttechnische Hindernisse und Grenzen bezieht, wobei die urspr. Bdtg. nur noch durch den gelegentlich von den Düsenflugzeugen erzeugten Überschallknall in Erinnerung gehalten wird.

Seltener dient der Ausdr. ‚Schallmauer' in scherzhaft-iron. Verwendung zur Bez. von persönlichen Referenten von Ministern sowie von Vorzimmerdamen, die ihren Vorgesetzten vor Störungen von außen abzuschirmen haben.

Lit.: *M. Bues:* Rez. zu R. Klappenbach u. W. Steinitz: Wb. der dt. Gegenwartssprache, Bd. IV (Berlin 1972/ 73), in: Muttersprache 88 (1978), S. 137–141; *H. Küpper:* Alltagssprache und Werbung, in: Muttersprache 91 (1981), S. 15–23.

Scham, schämen. *Voller Scham (schamhaft) sein:* scheu, schüchtern, zurückhaltend sein, oft von Kindern u. jungen Mädchen gesagt. Ähnl.: *Scham empfinden:* das Gefühl haben, bloßgestellt zu werden, eine Tat bereuen, zerknirscht über einen Tadel sein. Eine Steigerung bedeutet die Wndg. *vor lauter Scham in den Boden versinken mögen:* sich am liebsten verbergen wollen; ähnl. *sich zu Tode schämen.*

Dagegen: *alle Scham verloren haben (schamlos sein):* keinerlei moralische Bedenken haben, sich über alles hinwegsetzen, was Anstand u. Sitte gebieten.

Weder Scham noch Schande kennen: skrupellos sein. Aus dem MA. ist die ältere Formel *nicht Scham u. Gram haben* in ähnl. Sinne bezeugt (vgl. mittelengl. ‚scame and grame', lit. im ‚Poema morale', 12. Jh., V. 167).

Keine falsche Scham! hört man heute oft als Aufforderung, sich nicht lange zu zieren, nicht zu zögern.

Etw. treibt einem die Schamröte ins Gesicht: man nimmt an etw. Anstoß, man

fühlt sich der öffentl. Verachtung preisgegeben.

Schamade. *Schamade schlagen (oder blasen):* klein beigeben; eigentl.: mit Trommel und Trompete das Zeichen zum Rückzug oder zur Übergabe (frz. chamade) geben. Der Ausdr. stammt aus dem alten Kriegsleben und ist seit dem Ausgang des 17. Jh. im Dt. nachgewiesen. 1709 verwendet ihn Menantes (Hunold) in ‚Der Europäischen Höfe Liebes- und Helden-Gedichte' (S. 132): „Hierauf war man resolviret, den Wall ebenfalls zu stürmen, als der Feind an allen Attaquen die Chamade schlug und weiße Fahnen, als Zeichen der Übergabe, aussteckte". Bekannt wurde die Wndg. auch durch Moltkes Urteil über die Emser Depesche vom 13. Juli 1870: „vorher klang es wie Chamade, jetzt wie eine Fanfare" (Bismarck, Gedanken und Erinnerungen II, 1898, 91). Vgl. auch die schweiz. Rda. ‚er schlot Schamadi', er gibt sich verloren.

Schamhut. *Das Schamhütlein ablegen:* sich nicht mehr schämen; auch: *den Schamschuh ausziehen.* Luther gibt eine Erklärung dieser Rda.: „das heißt, mein' ich, das Schemhütlin abgethan, nicht mehr rodt werden können" (Werke 3, 92).

Schanddeckel. *Der Schanddeckel für etw. sein sollen:* etw. Schändliches mit seiner Person decken sollen. Die Rda. ist heute praktisch verschollen, war aber im 15. und 16. Jh. sehr gebräuchlich.; häufig z. B. bei Luther.

Ähnl. *einen zum Schanddeckel machen* oder *einen bloßen Schanddeckel aus etw. machen:* jem. oder etw. vorschieben, um unter dem Schein der Ehrbarkeit und Frömmigkeit ungestört seinen leichtsinnigen Lebenswandel fortsetzen zu können. Vgl. die ndd. Wndg. ‚se brükt den Mann to'm Schanddeckel', sie hat nur geheiratet, um bei ihrem lasterhaften Leben sicherer zu sein.

Schande. *Seine eigene Schande hören:* mit eigenen Ohren hören müssen, wie ehrlos man ist. Diese Rda. ist eine Umwandlung des Sprws: ‚Der Horcher an der Wand hört seine eigne Schand'. Die urspr. Bdtg. des Wortes ist ‚Beschädigung‘. Doch sehr früh verengte sich die Bdtg. auf ‚Ehrverminderung‘. In der bibl. Sprache ist die erste Bdtg. noch gültig: „lass mich nicht zu Schanden werden ..." (Ps. 25, 20).

Jem. alle Schande sagen; jem. tüchtig die Meinung sagen.

Ein Schandmaul besitzen: ein ordinäres Mundwerk haben.

Eine weitverbr. Floskel ist folgende Einleitung einer Rede: *Zu meiner Schande muß ich gestehen ...* Entrüstung über einen Sachverhalt zeigt man mit der Äußerung: *Es ist eine Schande!*

Sich mit jem. schänden: sich mit jem. zanken.

Jem. ein Schandzeichen anhängen: jem. etw. ↗ anhängen; ↗ Schandmantel.

Zu jeder Schandtat bereit sein: ein guter Kumpel, ein lustiger Freund sein, der abenteuerliche, riskante Unternehmungen liebt.

‚Schande‘ tritt oft in Zwillingsformeln auf wie: ‚mit ↗ Schimpf und Schande‘, ‚in Sünde und Schande‘, ‚mit Schande und Spott!‘

Schandfleck ↗ anhängen.

Schandmantel. *Den Schandmantel tragen:* seine Ehre, seinen guten Namen verlieren; in Schande, in Verruf geraten. Schandmantel, Schandlaken und Schandkleid waren Kleidungsstücke, die Übeltäter oder von der Gesellschaft Verfemte zu ihrer bes. Kennzeichnung tragen mußten. So wurde im MA. demjenigen, der am ↗ Pranger stand, ein Schandmantel angezogen. In vielen europ. Städten waren auch Dirnen durch bestimmte Trachten gekennzeichnet, so z. B. durch rote Schuhe und gelbe Schleier. Die Diskriminierung der Juden durch Zwangstrachten begann schon im 13. Jh., in Dtl. mußten sie einen gelben Spitzhut, in Frankreich ein gelbes Rad aus Stoff an der Brust tragen.

Lit.: *G. A. Löning:* Schandlaken, Schandmantel, Schandkleid, in: Zs. der Savigny-Stiftung für Rechtsgeschichte (Germanist. Abt.).

Schanze. *Sein Leben für jem. (etw.) in die Schanze schlagen:* es für ihn einsetzen, es aufs Spiel setzen. Die Rda. hat mit der Schanze als Wehrbau, Bollwerk nichts zu tun, sie ist vielmehr ein alter Spielerausdruck und stammt wie andere derartige Ausdrücke (vgl. ‚kaputt‘) aus dem Frz. Aus mittellat. ‚cadentia‘ = Fallen der Würfel ist altfrz. ‚cheance‘ = Glückswurf, Spiel, Einsatz des Spielers, Wechselfall geworden, und dieses ist um 1200 zu gleichbedeutendem mhd. ‚schanze‘ entlehnt worden. *Etw. in die Schanze setzen, legen* oder *schlagen* bedeutet also eigentl.: etw. auf einen Wurf setzen, es einsetzen als Gewinn für den, der am höchsten würfelt. Die Rda. ‚etw. in die Schanze schlagen‘, es aufs Spiel setzen, bucht schon 1540 Erasmus Alberus. In der ‚Zimmerischen Chronik‘ (I, 231) heißt es: „Mitler weil haben si uf einen abent mit einander gespilt und im spill so fürgeschritten, daß der Beringer auch sein harnasch und das roß in die schanz geschlagen und verloren"; bei Grimmelshausen im ‚Simplicissimus‘ (II, 115): „Und setzest die Seele in eine gewisse Schantze" (auf ein gewagtes Spiel). Zum selben Bereich gehört auch: *einem etw. zuschanzen:* jem. ohne sein Verdienst einen Vorteil zuwenden.

In seiner Straßburger Diss. beschäftigt sich H. A. Rausch mit dem Spielkartenverzeichnis in Fischarts ‚Geschichtklitterung‘, das er mit dem frz. Verzeichnis von Rabelais vergleicht, auf welches sich Fischart bezieht. Spiele, die vermutl. im Elsaß und am Oberrhein heimisch waren, hat Fischart dem Verzeichnis noch ergänzend hinzugefügt. Unter den Würfelspielen ist ein Spiel aufgeführt, das bei Fischart „der Schantz" heißt, bei Rabelais „à la chance". Das frz. Wort ist also von Fischart oder ganz allg. im Elsaß in ‚Schantz‘ eingedeutscht worden. In der frz. Literatur kommt die Bez. ‚à la chance‘ für ein Würfelspiel bereits im 13. Jahrhundert vor; Meister Ingold spricht in seinem Traktat über das Würfelspiel vom ‚Schantzen‘. Hans Sachs erwähnt ‚umschantzen‘ und im Schwäb. Wb. 5, 690 wird eine Ulmer Verordnung aufgeführt (1484) in der die „uff der Karten schanzen" verboten wird.

Lit.: *H. A. Rausch:* Das Spielverzeichnis im 25. Kap. von Fischarts ‚Geschichtklitterung‘ (Gargantua) (Diss. phil. Straßburg 1904); *M. Rumpf:* Zur Entwicklung der Spielkartenfarben in der Schweiz, in Dtl. und in Frankr., in: Schweiz. Arch. f. Vkde. 72 (1976), S. 1–32.

scharf. *Scharf sein auf etw.:* begierig danach sein; *scharf hinter einer Sache her sein:* sie eifrig betreiben; *scharf sein:* etw. dringend begehren, sinnlich, geil sein, nach geschlechtlicher Befriedigung verlangen; *scharf schießen:* rücksichtslos vorgehen; *einen scharf haben:* ihn hassen. Alle diese Rdaa. sind jüngere umg. Wndgn., die wahrscheinl. vom ‚scharfen‘ Jagdhund hergeleitet sind. In rdal. Vergleichen wird scharf näher bestimmt: ‚scharf wie eine Rasierklinge‘, ‚wie Senf‘, ‚wie Mostrich‘, ‚wie tausend Russen‘, ‚wie Paprika‘.

Scharmützel. *Ein Scharmützel ausfechten:* mit jem. ein Wortgefecht führen, ein Rededuell austragen.
Schon im 14. Jh. ist die Entstehung aus ital. ‚scaramuccio‘: kleines Gefecht, Plänkelei belegt. Seit dem späteren 16. Jh. wird der Begriff auch bildl. verw.: zuerst für Coitus, dann auch im heutigen Sinn. Aus dem 14. Jh. findet sich ein Beleg bei Suchenwirt (XVI, S. 35).: „mit scharrenmützel schiezzen“.

Scharte. *Die Scharte auswetzen:* einen Fehler wiedergutmachen, einen erlittenen Schimpf wieder wettmachen. Das Bild der Rda. stammt aus der Landwirtschaft: Wie der Bauer die Sicheln und Sensen, die durch Steine und Unebenheiten des Bodens beim Mähen Scharten bekommen haben, mit dem Wetzstein wieder ausschleift, so kann ein Mensch einen begangenen Fehler, einen Mißerfolg oder gar eine Niederlage durch entspr. Taten wieder wettzumachen suchen. Ndl. gibt man einem, der einen Fehler begangen hat, den guten Rat: ‚Hij zal de schaarden uitslijpen‘. Ein dt. Spruch aber sagt: ‚Die Scharten kosten Geld, die Haare aber wachsen wieder ohne Geld‘. Vgl. lat. ‚lacunam explere‘, bei Cicero.
In der Soldatensprache geht die Bdtg. für ‚eine Scharte auswetzen‘ noch weiter: hier macht man nicht nur einen begangenen Fehler wieder gut, sondern rächt einen erlittenen Schimpf oder stellt die gekränkte

Ehre wieder her. In dieser Bdtg. ist die Scharte schon im frühen MA. bildl. gebraucht worden: „dem wuohs vil manic scharte an lîbe“, schreibt Konrad von Würzburg im ‚Trojan. Krieg‘, V. 216. Daher stammt auch der Ausdr. Heinrichs von Meißen (‚Frauenlob‘ 310,17): „Dîn lop nie scharte gewan“. Wigalois (Wirnt von Grafenberg, V. 11502) preist bei einem Ritter „triuwe âne valschen scharten“; und an einer anderen Stelle heißt es vom Kaiser:

ob den keizer daz wol verswirt
sô muoz er doch die scharten tragen,
die niht gâhens wirdet heil.

In Ottokars ‚Oesterreich. Reimchronik‘ (V. 22675) wird schon ganz deutlich, daß mit der Scharte die gekränkte Ehre und der verletzte Ruhm gemeint sind:

ich furchte daz er slach
in iuwer lop ein scharten.

Bei Abraham a Sancta Clara heißt es auch in übertragenem Sinne: „Die Scharten widerumb ausschleiffen“ (‚Judas‘ IV, 331). Ein deutsches Lied aus dem Jahre 1691 läßt den besiegten türkischen Großwesir jammern:

In unsre Säbel hat gemacht
Die starke Badnisch Adlermacht
Ein gar zu große Scharten;
Glaub, keiner werd sie schleifen aus
So bald von Ottomaner Haus,
Ich würd es nit erwarten.

Man vergleiche auch die ‚Zimmerische Chronik‘ (III, 495): „Darzu hat das bischtumb ganz wol gethan und diese alte scharten alle künden ußwetzen“. In Schillers ‚Räubern‘ (V, 2) kommt der Räuberhauptmann Moor vor seinen letzten Kumpanen am Ende seiner Taten zu der schrecklichen Selbsterkenntnis: „Ich nannte es Rache und Recht – ich maßte mich an, o Vorsicht, die Scharten deines Schwerts auszuwetzen und deine Parteilichkeiten gutzumachen – aber – o eitle Kinderei! – da steh ich am Rand eines entsetzlichen Lebens“.
Im bair. Sprachgebrauch kennt man noch den Ausdr. ‚Das hat eine Scharten‘, wenn irgendeine Sache einen ‚Haken‘ hat. Schwäb. ist das Sprw. ‚Allzu scharf macht (gibt) Scharten‘ weit verbreitet und bedeutet ungefähr das gleiche wie: Allzu viel ist ungesund.

Scharwenzel, scharwenzeln. *Ein Scharwenzel (ein richtiger Scher[r]wenzel) sein:* ein überaus höflicher, unterwürfiger und dienstbeflissener Mensch, der sich zu allem gebrauchen läßt und der sogar Mißachtung und Mißhandlung ohne Widerspruch erträgt in der Hoffnung, daß dies später etw. einbringt. Die Rda. bez. heute vor allem den ‚Allerweltsdiener' und heuchlerischen ‚Schmeichler' mit der negativen Nebenbedeutung eines unzuverlässigen und unsteten Menschen, der nur auf seinen Vorteil bedacht ist.

Die Herkunft des Wortes Scharwenzel ist umstritten. Das Dt. Wb. hält es für eine volksetymol. Umdeutung aus ital. ‚servente' – der Dienende oder für eine Zusammensetzung aus ‚Schar' = Fronarbeit und dem häufigen Vornamen ‚Wenzel', der für die in Dtl. arbeitenden slaw. Landarbeiter zu einer verallgemeinernden, verächtlichen Bez. wurde (vgl. auch ‚Lausewenzel' und ‚Sauwenzel'). Auch K. Braun (‚Oberdt. Vornamen') bemerkt dazu: „Man hat dieses Wort von ‚servus' oder ‚serviens' oder irgendeinem Stamm ‚Scherw' oder ‚Serv' ableiten wollen. Lassen wir es lieber einfach beim böhmischen Wenzel, welcher zu den Deutschen zu landwirtschaftlicher Arbeit, zum Schneiden, Mähen, Graben, zur ‚Schar' oder zum ‚Scharwerk' ging". In mhd. und frühnhd. Zeit war das Wort ‚schar' sehr geläufig, das sowohl die Pflugschar, das schneidende Eisen, den Schnitt, die Ernte und den Ertrag als auch die Schar als Menge von Menschen bezeichnen konnte. Zusammensetzungen wie ‚harmschar' = auferlegte Strafe und ‚Scharwerk', ‚Scharwerker', ‚scharwerken' lassen auf eine ähnl. Wortbildung bei Scharwenzel schließen. Für diese Erklärung spricht bes., daß auch Luther in ähnl. Bdtg. öfters statt Scharwenzel das Wort ‚Scharrhans' verwendet, also ebenfalls eine Zusammensetzung mit ‚Schar' und dem geläufigsten dt. Vornamen. Er schreibt z. B.: „Das fichtet mich nicht an, dass ein Rültz oder Tölpel lästert oder ein unadliger Scharrhans poltert und scharret" (Werke VI, S. 225) und: „Denn eben dieselben Scharrhansen waren zur selben Zeit solche verzagte Schelmen, als ich mein Tage gesehen habe" (Werke V, 40[b]).

Eine andere Deutung versuchen Adelung und Frischbier, die darauf hinweisen, daß das Wort Scharwenzel auch die Bez. eines bestimmten Kartenspieles oder einer Spielkarte (Unter, Bube) ist, die sich als Trumpfkarte ebenfalls vielseitig gebrauchen läßt. Schmeller (Bair. Wb., Bd. II, 452) bezeugt auch, daß Scharwenzel im Bair. dasselbe wie ‚Scherer' im ‚Färbeln', einer Art des Kartenspiels, ist, wo die 7, 8, 9 und 10 ‚der klein Scherer' und Unter, Ober, König und As zusammen ‚der groß Scherer' heißen. Fr. Kluge verweist ebenfalls auf einen Zusammenhang mit dem Kartenspiel und hält Scharwenzel für eine Entlehnung aus dem Tschech., die im 17. Jh. zusammen mit der Übernahme des Kartenspiels ‚Trischak' erfolgte. Zu tschech. ‚červený' = rot gehört ‚červenec' = der Rote, der rote Unter, der Herzbube. Im Oesterr. erfolgte eine Umbildung und Verkleinerung wahrscheinl. unter dem Einfluß von Wenzel zu Scharwenzel = Bube im Kartenspiel. Im 18. Jh. entwickelte sich erst die Bdtg. von Allerweltsdiener. Da Scharwenzel aber auch der ‚Kratzfuß' als bes. Höflichkeitsbezeigung ist, besteht vielleicht auch der Einfluß von ital. ‚servente' = Diener und dem dt. ‚scharren'.

Um jem. herumscharwenzeln: behilflich, dienstbeflissen um ihn herumlaufen, sich mit Kratzfüßen drehen, jem. durch Schmeicheln zu betören und gewinnen suchen, sich in lakaienhafter Weise ergeben zeigen. Scharwenzeln zeigt eine ähnliche Bildung wie ‚hänseln' = necken, ‚nickeln' = ärgern und ‚stoffeln' = schwerfällig gehen, so daß auch hierbei an den Einfluß des Namens von ‚Wenzel' gedacht werden muß.

Goethe, Schiller und Heine gebrauchen die Form ‚scherwenzen' statt ‚scharwenzeln'. Goethe schreibt zum Beispiel (Werke VIII, 29): „da hielt dich das unglückliche Hofleben, und das Schlenzen und Scherwenzen mit den Weibern", er betont dabei die die bis heute gültige Hauptbedeutung der Redensart: sich besonders intensiv oder auffallend um die Gunst der Frauen bemühen.

Lit.: Dt. Wb. VIII, Sp. 2229 f.; *F. Kluge:* Etymol Wb. (Berlin 1967); *M. Lexer:* Mhd. Handwb., Bd. II, Sp. 661 f.; *V. Pisani,* in: Idg. Forsch. 38 (1930), S. 243.

Scharwerk. ‚Jem. ze scharwerck sitzen': einen mit Frondienst belasteten Grundbesitz haben; diese heute ausgestorbene Rda. ist belegt seit 1476.

Jem. die Scharwerk bieten: jem. zur Fronarbeit aufbieten. Sprw. ist überliefert: ‚Wei (wer) sik imm scharwerke daud arwedet, demme lütt de äsel'. Heute ist ‚scharwerken' noch üblich in der Bdtg.: hart arbeiten, ohne sonderlich dafür belohnt zu werden, ↗malochen.

Auch: *gehen wie ein Scharwerker:* sehr langsam gehen.

Schatten. *Etw. (jem.) in den Schatten stellen:* eine Sache verdunkeln, gering erscheinen lassen, einen Menschen in seinen Leistungen übertreffen, ihn in den Augen anderer herabsetzen, ihn nicht ‚im besten Licht erscheinen' lassen. Das entgegengesetzte ‚beleuchten' bildet nicht auch bildl. einen Gegensatz, sondern meint ganz objektiv: ein reines (ungetrübtes) Urteil über etw. möglich machen, genau wie die Rda. ‚etw. ins rechte Licht rücken', ↗Licht. Vgl. ndl. ‚iemand in de schaduw stellen'.

In jem. Schatten stehen: wegen anderer Personen nicht die rechte und verdiente Anerkennung finden. Vgl. auch ndl. ‚niet in iemands schaduw kunnen staan', frz. ‚vivre dans l'ombre de quelqu'un'.

Einen Schatten werfen auf jem.: ihn in ungünstigem Licht, nicht untadelig erscheinen lassen; vgl. frz. ‚jeter une ombre sur quelque chose'.

Man muß ihn an Schatten legen: man sollte ihn ins Gefängnis bringen. Diese euphemist. Umschreibung ist auch in den Mdaa. üblich, so heißt es z. B. in Norddtl.: ‚He sitt in'n Schatten', er ist eingesperrt worden. *Nicht über seinen Schatten springen können:* seine Natur, sein Wesen nicht ändern, nicht verleugnen können, trotz aller Anstrengung etw. nicht fertigbringen, was der eigenen Persönlichkeit nicht entspricht. Der Schatten gilt im Volksglauben als Symbol der menschlichen Seele, die sich ebensowenig wie er vom Körper zu lösen vermag. Chamissos ‚Peter Schlemihl' verkauft deshalb auch mehr als nur seinen Schatten. Weiter hat Lenau im Gedichtzyklus ‚Anna' auf dieses Motiv zurückgegriffen sowie H. von Hofmannsthal in seinem Schauspiel: ‚Frau ohne Schatten'.

Die Rda. wird gelegentlich zu einer sprichwörtlichen Sentenz umgeformt: ‚Du sollst nicht über deinen Schatten springen!' und ist nun ein sittlicher Anspruch, ein Imperativ.

Über seinen Schatten springen wollen: etw. Unmögliches vorhaben, sich grundlegend durch eine große Willensanstrengung ändern wollen, was für längere Zeit nicht durchführbar ist, ‚über sich selbst hinauswachsen' wollen. Von einem Trunkenen, dem man alles zutrauen kann, heißt es scherzhaft: *Er springt über den Schatten.*

Nach seinem Schatten springen, auch: *seinem eigenen Schatten nachlaufen:* etw. Sinnloses tun.

Den Schatten für den Körper nehmen: das

‚Nicht über seinen Schatten springen können'

‚Über seinen eigenen Schatten springen können'

‚Schlagschatten werfen'

Abbild für das eigentl. Wesen, eine Idee für die Wirklichkeit halten. Vgl. frz. ‚prendre l'ombre pour le corps'.

Etw. wirft seine Schatten voraus: ein großes Ereignis wird durch bestimmte, unheilvolle Vorzeichen angekündigt. Der Schatten spielte im alten Volksglauben eine doppelte Rolle. Das Wort ‚Schatten' wurde häufig mit ‚Schaden' gleichgesetzt. Der Schatten von Harzbäumen galt als fiebererregend, der Schatten fruchttragender Obstbäume aber als heilkräftig. In der Verkündigung an Maria findet sich eine ähnl. Vorstellung, wenn es bei Luk. (1,35) heißt: „Die Kraft des Höchsten wird dich überschatten", d.h. der Schatten Gottes wird als fruchtbringend angesehen.

Etw. wirft einen Schatten auf die Vergangenheit: von der Gegenwart her wird Vergangenes ungünstig beurteilt, oder: ein Makel aus früherer Zeit wird erkennbar.

‚Die Schatten der Vergangenheit'

Einen Schlagschatten werfen: einen bes. kräftigen Schatten auf andere werfen; selbst im hellen Licht (der Öffentlichkeit) stehen und Vorzüge und Verdienste anderer nicht in Erscheinung treten lassen.

Nach dem Schatten greifen: nach etw. Nichtigem, Vergänglichem streben. Vgl. ndl. ‚eene schaduw omhelzen'.

Nach dem Schatten greifen (und das Fleisch fallen lassen): in der Gier, noch mehr zu erlangen, alles verlieren. Die Wndg. beruht auf einer Fabel, in der ein Hund das Stück Fleisch, das er in der Schnauze trägt, im Wasser gespiegelt sieht. Als er nach ihm schnappen will, verliert er beides. Ulr. Boner gibt in seinem ‚Edelstein' einen dt. Frühbeleg für diese Fabel (‚Von einem Hunde der truog ein Stücke'):

Man list von einem hunde,
der truog in sînem munde
ein stücke vleisches, daz was grôz,
des sîn geslechte nie verdrôz.
an einen bach truog in sîn weg,
dâ vant er weder brugg noch steg,
dâ was weder schif noch man:
ze vuoze muoster über gân.
do kam er mitten in den bach,
den schatten er des vleisches sach,
daz er in sînem munde truog.
er sprach: „ich haete wol genuog,
möcht ich daz stük zuo disem hân."
vil schiere er ginen began
und wolt daz stük begrîfen:
dô muoste im daz entslîfen,

1/2 ‚Nach dem Schatten greifen'

    daz er in dem munde hât.
    dô stuont er leidig unde mat.
    daz er sîn stückl hât verlorn
    dur gîtekeit, daz was im zorn.
    der schatte in betrogen hât.

Vgl. ndl. ‚Hij grijpt naar de schaduw, en laat zich het vleesch ontvallen' und frz. ‚lâcher la proie pour l'ombre'.

Den Schatten fangen: statt einer wertvollen Sache eine nutzlose gewinnen.

Um den Schatten eines Esels streiten: einen Prozeß wegen einer völlig nichtigen Angelegenheit führen. Vgl. auch frz. ‚faire un procès, une querelle sur un pied de mouche', ↗ Esel.

Mit seinem eigenen Schatten fechten: einen nur eingebildeten Feind bekämpfen, sich vergeblich anstrengen oder aufregen. Vgl. ndl. ‚Hij vecht met (tegen) zijne eigene schaduw', engl. ‚to fight with one's own shadow' und frz. ‚combattre son ombre'. Ähnl. heißt es auch: *sich mit seinem eigenen Schatten zanken:* sich selbst nicht leiden können.

Schattenboxen betreiben: mit einem gedachten, eingebildeten Gegenüber kämpfen. ‚Schattenboxen' ist eine bekannte chines. Trainingsform, wobei der Gegner nur fiktiv gedacht ist.

In Schwaben sagt man: ‚Klag's em Schatte an dr Wand, so wird's niemand bekannt'.

Seinen eigenen Schatten fliehen: gesteigerte Angst empfinden, ganz natürliche Erscheinungen in einer Gespensterfurcht verkennen, sich ohne Ursache fürchten. Der Schatten spielte früher eine viel größere Rolle als heute im Zeitalter der Elektrizität. Durch das Fackel- oder Kerzenlicht entstanden in den nur schlecht ausgeleuchteten Winkeln der Räume riesige und bewegliche Schatten, die der Phantasie über unheimliche Wesen ständig neue Nahrung gaben und vieles bei der Sagenbildung erklären. In griech. Form wurde diese Wndg. schon bei Platon (427–347 v.Chr.) im ‚Phaidon' gebraucht, in lat. Sprache bei Cicero (106–43 v.Chr.): „timere umbram suam". Dt. erscheint sie zuerst 1532 in der ‚Namenlosen Sammlung' (Nr. 283): „Der fuercht sich vor seim eygen schatten. Das sagt man von einem kleynmüthigen menschen". Vgl. auch ndl. ‚Hij vlugt voor zijne schaduw'.

Ähnliche deutsche Wendungen sind noch: *sich vor seinem eigenen Schatten fürchten* und *den Schatten an der Wand fürchten.* Vgl. ndl. ‚Hij is bang voor zijne schaduw' und russ. ‚den Schatten eines Riesen fürchten'.

Einem wie sein Schatten folgen: immer in der Nähe eines anderen bleiben, jeden seiner Schritte verfolgen, aufdringlich sein. Die Rda. wird im verächtlichen Sinne bes. auf solche Menschen angewandt, die fortwährend um andere herum sind, um etw. bei ihnen zu erreichen. In lat. Form wird die Wndg. bereits von dem röm. Dichter Plautus (gest. 184 v.Chr.) gebraucht: „quasi umbra persequi". Der Humanist Erasmus von Rotterdam schreibt in seinen ‚Adagia' (3,7) dafür: ‚velut umbra sequi'.

Einen unter die Schatten seiner Flügel nehmen: ihn unter seinen persönlichen Schutz nehmen, so wie die Vögel ihre Jungen bei Gefahr. Die Wndg. bezieht sich auf Ps. 17,8 und 57,2. Vgl. auch ndl. ‚iemand onder de schaduw zijner vleugelen nemen‘.

Ein Schatten seiner selbst sein: seine ehemalige Kraft und Gesundheit verloren haben, nur noch ein blasses Abbild seiner früheren lebensvollen, zukunftsbejahenden Persönlichkeit sein. Die Rda. wird heute bes. auf Kranke angewandt, deren auffallend schlechtes Aussehen mit ihrem Schatten verglichen wird, oder auf Menschen, die von Kummer und Sorgen gleichsam ‚aufgezehrt‘ wurden. Unsere Rda. ist eigentl. ein Zitat aus der ‚Pharsalia‘ des röm. Schriftstellers Marcus Annaeus Lucanus (39–65 n.Chr.), der darin den Bürgerkrieg zwischen Pompeius und Caesar schilderte. Von dem geschlagenen Pompeius schrieb er (I, 135): ‚Stat magni nominis umbra", d.h. er steht noch da, nur noch der Schatten seines einst so großen Namens. Vgl. frz. ‚être l'ombre de soi-même‘.

Dem Schatten an der Wand gleichen: blaß und kraftlos sein. Dieser rdal. Vergleich wurde früher bes. auf das veränderte Aussehen Liebender bezogen, die darunter litten, betrogen oder verlassen worden zu sein, und in ihrer Hoffnungslosigkeit wie unheilbar Kranke aussahen. In diesem Sinne ist die Wndg. auch im Liederbuch der Hätzlerin im 16. Jh. bezeugt, in dem es (II, 29, 15) heißt: „Dem schatten gleich ich an der wand".

Wie ein Schatten hinschwinden (vergehen): rasch immer kraftloser werden. Die Redensart gilt auch als bildliche Umschreibung für das langsame Dahinsiechen und Sterben; vgl. frz. ‚disparaître comme une ombre‘.

Einen Schatten haben: geistig nicht ganz normal sein.

Im Reich der Schatten sein: gestorben sein. Nach antiker Anschauung war das ‚Reich der Schatten‘ der Aufenthaltsort der Seelen in der Unterwelt, ↗zeitlich; vgl. frz. ‚être au royaume des ombres‘.

Im 11. Gesang von Homers ‚Odyssee‘ steigt Odysseus in die Unterwelt ins Reich der Schatten. Dort trifft er auch auf Achilles, der ihm bekennt: „Lieber ein Bettler sein im Reiche des Lichts als ein König im Reiche der Schatten".

Ein Schattendasein führen: ein kümmerliches Dasein fristen, ohne Lebensglück und Freude dahinvegetieren. Die Rda. bezieht sich entweder auf die antike Vorstellung vom Reich der Schatten oder auf den Vergleich mit einer Pflanze, die im Schatten nur schlecht gedeihen kann.

Die Schattenseiten des Lebens kennenlernen: persönliches Mißgeschick erleiden, durch widrige Umstände ins Unglück geraten, eigentl.: ohne Sonne, d.h. ohne Glück, leben müssen; vgl. frz. ‚les ombres de la vie‘.

Ein Schattenkabinett aufstellen: von einer parlamentarischen Opposition für den Fall eines Regierungswechsels bereits die Mitglieder des neuen Kabinetts bestimmen.

Ein bloßer Schattenmann sein: keine geachtete Persönlichkeit sein, einen Namen ohne Kraft, einen Titel ohne Macht führen, nicht für ‚voll genommen‘ werden, ↗voll.

Lit.: *E. L. Rochholz:* Dt. Glaube und Brauch, Bd. I (Berlin 1867), S. 75 u. 78–79; *W. F. Otto:* Die Manen oder von den Urformen des Totenglaubens (Berlin 1923); *E. Rohde:* Psyche. Seelenkult und Unsterblichkeitsglaube der Griechen (Tübingen [10]1925); *I. Paulsen:* Die primitiven Seelenvorstellungen der nordeurasischen Völker (Stockholm 1958).

Schatz. *Der Schatz ist zu Kohlen (Wasser) geworden:* aus einer erhofften Sache ist nichts geworden. In den Sagen ist das Motiv häufig, daß sich ein gefundener Schatz oder eine Belohnung in Kohlen oder etw. anderes Wertloses verwandelt und der Mensch sich in seiner Hoffnung betrogen sieht. Vgl. lat. ‚Thesaurus carbones erant‘. Ähnl. heißt es, auf einen bestimmten Menschen bezogen, der eine Enttäuschung erleben mußte: „Als er seinen Schatz wollte heben, wurde er ihm zu lauter Kohlen".

Schätz(e) sammeln: wertvolle Güter aufbewahren. Diese Rda., die Agricola (II, 488) verzeichnet, erscheint in übertragener Bedeutung bereits bei Matth. 6, 19–20: „Ihr sollt euch nicht Schätze sammeln auf Erden, da sie die Motten und der Rost fressen und da die Diebe nachgraben und stehlen. Sammelt euch aber Schätze im Himmel ..."

‚Mer hôt da Schatz g'funda‘, man hat den Schaden entdeckt, sagt man in Schwaben. ‚Der Schatz denkt a si!‘ heißt es in Sach-

1307

'Schätze sammeln'

sen, wenn einem Mädchen die Schürze entfällt oder wenn sie einen heftigen Schluckauf hat.
Sie ist ein alter Schatz: sie ist eine verblühte Schöne.
Die Wndg. *Schatz, mach Kasse!* stammt aus der Prostituiertensprache und wurde 1920 durch das Berliner Kabarett ‚Stettiner Sänger' umgewandelt und verbreitet durch das Couplet ‚Schatz, mach Kasse, du bist zu schade fürs Geschäft'.
Zur Sache, Schätzchen! ↗Sache.

Lit.: *L. Winter:* Die dt. Schatzsage (Diss. Köln 1925).

Schau. *Jem. die Schau stehlen:* jem. den Effekt rauben, den Erfolg streitig machen, den Hauptbeifall ernten, der eigentl. einem anderen gebührte, einen anderen listig übertrumpfen und sich dadurch selbst in den Vordergrund spielen. Die Rda. ist eine wörtl. Übers. des engl. ‚to steal someone's show' und ist urspr. vom Theater und bes. von der Revue hergeleitet, in denen ein Schauspieler in einer Rolle glänzen möchte, aber von einem mißgünstigen Kollegen an die Wand gespielt und um den Applaus gebracht wird. Die Wndg. ist erst nach 1945 in Dtl. bekannt geworden und wird auf viele Lebensbereiche, auch auf die Politik, angewandt.
Etw. (sich) zur Schau stellen: etw. öffentl. zeigen, auffallend auftreten.
Ebenfalls junge Wndgn. sind: *Die (eine) große Schau abziehen:* etw. Tolles veranstalten, unternehmen, geräuschvoll vorführen, auf Affekthascherei ausgehen, auch: Lärm schlagen, sich wirkungsvoll zur Geltung bringen wollen; auf äußere Aufmachung wert legen; vgl. frz. ‚faire son numéro'; da dies oft als aufdringlich und unecht verurteilt wird, gilt als War-

nung: *Mach nicht so eine Schau!:* Gib nicht so an! Zier dich nicht!
Schau haben: vor Freude laut schreien. Diese Rda. ist nur im norddt. Raum belegt. Als Ursprung wird got. ‚sifan': mit einem pfeifenden und kreischenden Geschrei nach einem Entfernten rufen, angenommen.

Lit.: *R. A. Schröder:* Nochmals zum Ausdr. ‚Schau haben', in: Zs. f. d. U. 8 (1894), S. 775–776; *R. A. Schröder:* Nachträge zum Ausdr. ‚Schau haben', in: Zs. f. d. U. 10 (1896), S. 283–284.

Schaukel(n). *Auf der Schaukel und Waage sitzen:* eine unsichere Stellung, haben, keinen festen Fuß fassen können. Vgl. ndl. ‚Hij zit op een' schopstoel'.
‚Sich schaukeln wie a Lülew' ist ein in Warschau üblicher jüd.-dt. Ausdr. für einen Menschen, der einen wackelnden, schwankenden Gang hat. Diese Rda. bezieht sich auf einen Brauch beim jüd. Laubhüttenfest: ein Palmenzweig, Lülew genannt, wurde nach den vier Himmelsrichtungen geschüttelt.
Wir werden das Ding (Kind) schon schaukeln!: Wir werden die Schwierigkeiten überwinden, die Sache in Ordnung bringen. Diese Versicherung beruht auf einem Vergleich: das Kind in der Wiege wird durch die gleichförmigen Bewegungen beruhigt, so daß es schließlich einschläft

‚Jemanden verschaukeln'

und nicht mehr stört. Die übertr. Bdtg. der Rda. ist demnach vor allem: eine Störung beseitigen.

Ähnl. Rdaa. aus jüngerer Zeit sind: *eine Sache schaukeln:* eine schwierige Angelegenheit geschickt meistern, und der zuversichtliche Ausruf: *Die Kiste werden wir gleich geschaukelt haben!:* die Sache wird sich bestimmt schnell und zweckmäßig regeln lassen. Diese Wndg. stammt aus der Zeit des 1. Weltkrieges, wobei mit „Kiste" nicht nur schwere Lasten beim Verladen, sondern auch Flugzeuge gemeint sein konnten; in der Schweiz sagt man: ‚Es is öppis gschaukelt worde' und meint, eine Sache ist auf nicht ganz redlichem Weg zum Ziel geführt worden.

Lit.: *E. Strübin:* Zur dt.-schweiz. Umgangssprache, in: Schweiz. Arch. f. Vkde. 72 (1976), S. 121.

Schaum. *Schaum schlagen:* aufgeblasenes, angenehm klingendes Zeug reden, hinter dem nicht viel ist; vgl. frz. ‚faire du baratin' (umg.).

Dazu gehört das Sprw. ‚Schaum schlagen ist keine Kunst'. Die Russen sagen dafür: ‚Das Schaumschlagen gehört zur Kunst der Barbiere'. Einen Menschen, hinter dessen prahlerischen Worten nicht viel Wissen und Können steckt, nennt man einen *Schaumschläger;* vgl. frz. ‚baratineur'.

Überhaupt wird mit dem Wort Schaum eine nichtige, wertlose Sache bez. In Schwaben kennt man dafür den treffenden Vergleich: ‚Das Fett schwimmt oben, aber der Schaum noch weiter oben'. Das weitverbreitete Sprw. ‚Freund, sieh dich für: Schaum ist kein Bier' ist auch ndl. anzutreffen: ‚Siet wael toe, schuum en is gheen bier', oder nur kurz: ‚Schaum ist kein Bier'. Deshalb hat auch ‚wer Schaum schöpft, leichte Arbeit, aber wenig Lohn'. Verächtlich sagt man von einem nichtsnutzigen Menschen, er sei *leichter als Schaum.* Oder man stellt ihm gar das Zeugnis aus: *Du bist der Schaum von allen Häfen.* ‚Träume sind Schäume', sagt man im Volksmund; dieses bekannte Sprw. hat der Altmeister des Schüttelreims, Benno Papentrigk, in die Form gebracht:

Ihr Toren, nicht dem Schaume traut!
Es trügt, was man im Traume schaut.

Vgl. frz. ‚Tout songe tout mensonge'.

Wenn einer stark erregt ist, so *steht ihm der Schaum vorm Maul; er schäumt vor Wut;* vgl. frz. ‚Il écume de colère'.

Im Ulmer Äsop von Steinhöwel wird der lat. Ausdr. „spumando" beim Eber folgendermaßen übersetzt: „Mit umbisch howen, schomen und die Zen ze weczen". Der rdal. Vergleich *schäumen wie ein Eber* ist schon in der ‚Zimmerischen Chronik' belegt; dort heißt es: „Schumet als ein Eberschwin", und bei Mathesy (180ᵇ) kann man lesen: „Schawmen vnd wüten wie ein Mertzengaul".

Schwäb. sagt man lächelnd von einem, der in Eile ist und bes. geschäftig hin und her läuft: ‚der schaumet'. Seb. Franck warnt vor allzu unmäßigem Weingenuß: „Ein Leib von Wein angezündet schaymet leichtlich in Unlauterkeyt".

Lit.: *F. Bertrich:* Kulturgeschichte des Waschens (Düsseldorf 1966).

scheckig. *Sich scheckig lachen (wollen):* sehr heftig lachen, sich beinahe krank, fast zu Tode lachen. Das Wort scheckig ist in mhd. Zeit aus dem altfrz. eschiec = Schach entlehnt und bedeutet deshalb: wie ein Schachfeld aussehen, würfelig, kariert sein, gefleckt, bunt gefärbt sein. Innerhalb der Rda. könnte sich das Wort auf die Beobachtung beziehen, daß sich das Gesicht eines Lachenden durch plötzlichen Blutandrang zum Kopf rötet oder rote Flecken zeigt.

Lit. ist die Rda. bei dem schles. Dichter Holtei in seinem ‚Eselsfresser' (I, 227) bezeugt: „Ein Engel hat dem Jakob einen Vorteil gezeigt, reich zu werden mit den gescheckten Schafen, worüber sich Jakob scheckig gelacht". Holtei stützt sich dabei auf den bibl. Bericht in der Jakobsgeschichte (1. Mos. 30, 32–39) und weist damit auf einen Zusammenhang der Rda. mit „gescheckten", d. h. gefleckten Tieren. Göhring (Nr. 348) meint dagegen, daß die Wndg. nichts mit Farbflecken zu tun habe. Er leitet sie von ‚verecket lachen' her, in der Bdtg.: so lachen, daß man dabei verendet, stirbt.

Scheckig reden: unverständlich, verworren, töricht reden; eine seit 1900 gebräuchl. Wndg. In gleicher Bdtg. verwendet man dafür auch: ‚kariert reden', wobei

1309

sich die Kenntnis von der urspr. Bdtg. von scheckig noch bewahrt zeigt.

scheel. *Etw. (einen) scheel (mit scheelen Augen) ansehen:* neidisch, mißgünstig von der Seite ansehen. Vgl. ndl. ‚schele ogen maken‘ und frz. ‚regarder de travers‘; ↗ schielen.

Scheffel ↗ Licht.

Scheibe. Die Rda. *Ja, Scheibe* ist vielleicht urspr. auf das Scheibenschießen zu beziehen: ein schlechter Schütze, der nur die Scheibe und ‚nicht ins Schwarze‘ traf, mußte sich ein verächtliches ‚Ja, Scheibe!‘ oder auch nur ‚Scheibenschießen‘ zurufen lassen. Dieser Ausruf wurde schließlich auch allg. gebraucht, wenn etw. Erhofftes oder Erwartetes nicht eintrat. In Berlin kennt man die rdal. Wndgn.: *Scheibe, mein Herzken!* und *Scheibe mit Reis.* Jedoch dürfte diese schroffe Abweisung zumeist verhüllend für ‚Scheiße‘ gebraucht sein. ‚Das ist mir völlig Scheibe‘ sagt man von Dingen, die einem völlig gleichgültig sind. Von jem., der als Vorbild gilt, an dem man sich ein Beisp. nehmen kann, von dem *kann man sich (noch) eine Scheibe abschneiden* wie von einem guten Stück Brot, Kuchen, Schinken o. ä., denn er ist so gut, daß dieser Verlust seine Qualität nicht mindert.

Hat einer allzu große Langeweile, dann *zählt er die Scheiben:* er widmet sich einer so unsinnigen Beschäftigung, wie es das Zählen von Fensterscheiben ist.

Es ist eine recht alte Sitte, beim Neubau eines Hauses schöne gemalte Fensterscheiben mit Wappen und Jahreszahl der Errichtung zu stiften, um dem Besitzer des Hauses eine besondere Ehre zu erweisen. Heute noch sagt man: *Ich will dir auch einmal eine Scheibe einsetzen,* nun allerdings nicht mehr im realen, sondern im übertr. Sinne: du scheinst den Sachverhalt nicht durchschauen zu können. Man kann aber ebensogut *die Scheiben einschlagen,* wenn man eine völlig unerwartete Handlung unternimmt, die alles Vorhergegangene zunichte macht. In der Berliner Zeitung von 1861 (Nr. 109) hieß es: „Der Prinz Napoleon hat in der Senatssitzung vom 1. März 1861 die Scheiben eingeschlagen,

indem er die Schlußfolgerung von der Broschüre des Herrn von Laguerronnière lieferte“. Vgl. frz. ‚casser les vitres‘.

Der *Scheibenhonig* und der *Scheibenkleister* bedeuten wie die Scheibe eine schroffe Abweisung; beide Ausdrücke werden ebenfalls als verhüllende Umschreibung für ↗ Scheiße gebraucht.

Lit.: *O. Lauffer:* Niederdeutsches Bauernleben in Glasbildern der neueren Jahrhunderte (Berlin–Leipzig 1936).

scheiden. *Scheiden tut weh* ist eine auch rdal. verwendete, formelhafte Liedzeile, die in vielen Liedtypen, insb. in Liebes- u. Abschiedsliedern, aber auch in Soldaten- und Auswandererliedern vorkommt, z. B.: ‚Scheiden und das tut weh‘ (E. B. 730), ‚Schätzchen ade! Scheiden tut weh‘ (E. B. 770), ‚Winter ade! Scheiden tut weh‘ (v. Heinrich Hoffmann von Fallersleben), ‚Scheiden tut weh, ach ich vergeh‘, ‚Muß ich endlich dann scheiden ... Scheiden tut weh‘, ‚Ach Gott, wie weh tut scheiden‘ (E. B. 746). Auch die Formel ‚Scheiden und Meiden‘ umschreibt im Lied die Trennung Liebender.

Lit.: *W. Mieder:* Das Sprw. im Volkslied, in: Jb. d. Österr. Volksliedwerkes 27 (1978), S. 47 f. u. 67 f.

Scheideweg. *An einem Scheideweg stehen:* sich an einem Punkt befinden, wo sich mehrere ↗ Wege scheiden, mehrere Möglichkeiten des Handelns anbieten; auch: vor einer Wahl oder wichtigen Entscheidung stehen. Die Rda. ist eine Anspielung auf die antike Parabel von ‚Herkules am Scheideweg‘. In der Lit. finden sich mehrere Beispiele: so bei Wieland (Werke 9,5):

> Der großen Wahrheit voll,
> daß alles eitel sey
> stellt Fanias der Weise,
> wie Herkules sich auf den
> Scheideweg hin.

Die Metaphorik des Weges hat sich an mancherlei Bildern konkretisiert, etwa in der Verdinglichung des Buchstabens Y, der als Bild einer Wegscheide fungiert, oder auch in der Motivik des schmalen und breiten Weges, des rechten und linken Weges etc. Der Mensch, der sich als Wanderer auf seinem Lebensweg befindet, sieht sich vor die Entscheidung gestellt, die rechte Fortsetzung seines Weges zu erkennen oder überhaupt eine endgültige Wahl des Wegeziels zu treffen.

Lit.: *E. Panowsky:* Hercules am Scheidewege und andere antike Bildstoffe in der neueren Kunst (= Studien d. Bibliothek Warburg, 18), (Leipzig 1930); *W. Harms:* Homo Viator in Bivio. Studien zur Bildlichkeit des Weges (München 1970).

Schein. *Den (bösen) Schein (ver)meiden:* das Böse in jeder Gestalt fliehen, jede Anfechtung zurückweisen. Die Wndg. ist bibl. Herkunft und beruht auf 1. Thess. 5,22: „Meidet allen bösen Schein".

Den Schein wahren: nach außen hin so tun, als sei alles in bester Ordnung, z. B. bei Ehe- und Familienproblemen, bei finanziellen Schwierigkeiten nichts an die Öffentlichkeit dringen lassen, lieber hungern, als am äußeren Aufwand zu sparen, auch: seine wahren Gefühle zu verbergen wissen.

Der Schein des Rechts: die Vorspiegelung eines angeblichen Anspruchs, ist aus Luthers Erklärung zum 9. Gebot in seinem ‚Katechismus' von 1529 rdal. geworden.

Etw. nur zum Schein tun: nur so tun, als sei es einem ernst, nur vorgeben, etw. zu erledigen, etw. in irreführender Absicht durchführen, oder gar: etw. hintertreiben.

Aus der Vorstellung heraus, daß mancher nur durch sein heuchlerisches Wesen eine Art Heiligenschein erworben hat, erklärt sich das Wort ‚scheinheilig'. Schon eine ndd. Glosse um 1500 bezeugt: ‚Du kanst wal enen schalck dragen vmme ein schijn in der hillichkeit'. Die zusammengesetzte Form des Wortes ist erst in der 2. Hälfte des 17. Jhs. bezeugt; lit. belegt schon bei Andreas Gryphius (Werke 1, S. 289): „man muß nicht auf scheinheilige Wort und falsche Tugend bauen"; entspr. *den Scheinheiligen spielen:* heuchlerisch den Unschuldigen spielen.

scheinen. Die Rda. *seine Sonne scheinen lassen über Gerechte und Ungerechte:* keinen Unterschied machen, ist eine Abwandlung des Bibelwortes: „Er läßt seine Sonne aufgehen über die Bösen und über die Guten und läßt regnen über Gerechte und Ungerechte" (Matth. 5,45). Von einem Menschen, der in seinem Wirken Güte und Wärme ausstrahlt, sagt man: ‚Er scheint wie die Frühlingssonne'. Vgl. frz.

‚faire briller le soleil sur les justes et les impies'.

Mehr scheinen als sein: andere durch sein äußeres (elegantes) Auftreten täuschen, seine Unzulänglichkeiten zu verbergen wissen und in der Öffentlichkeit eine große (unangemessene) Rolle spielen (wollen). Diese Rda. ist die negative Umkehrung der Wndg. *mehr sein als scheinen:* viel leisten, sich aber (bescheiden) zurückhalten. Diese als vorbildlich geltende Haltung ist bereits im Schrifttum des klass. Altertums rdal. bezeugt. ‚Mehr sein als scheinen' wurde später zum Wahlspruch dt. Adelsgeschlechter. In frz. Übers. lautet er: ‚Plus être que paraître'.

Scheiße. *Das ist alles Scheiße!:* das taugt alles nichts, es ist eine schwierige, höchst unangenehme Lage. Die Wndg. wird seit dem 17. Jh. zur kräftigen Ablehnung gebraucht. Das Wort Scheiße selbst ist bereits seit dem MA. ein Ausdr. der Ablehnung und des Fluches. Vgl. frz. ‚Tout celà, c'est de la merde'.

Heute sagt man in humorvoller Anlehnung an die Grußformel des Briefes auch: *Alles Scheiße, deine Elli (Emma).* Das Wort, das im ndd. Bereich die Lautverschiebung nicht mitgemacht hat, klingt in den mdal. Wndgn. weniger derb: ‚alles Schitt' (Schîte) oder ‚en ôlen Schêt', holst. Abweisungs- und Verneinungsformel.

Häufig wird das Vulgärwort in der Umgangssprache durch ‚Scheibe' oder ‚Schauspiel' ersetzt. Stud. ist seit dem 18. Jh. das Wort ‚Schiß' belegt. Die Rda. *Schiß in den Hosen haben:* furchtsam sein, wurde zunächst auf einen ängstlichen Studenten angewendet, der die akademische Rauferei der schlagenden Verbindungen scheute. Vgl. frz. ‚faire dans son pantalon' oder ‚... dans son froc'.

Wer sich in ihnen nicht entspr. bewährte, konnte *in Verschiß geraten:* verachtet und ausgeschlossen werden. Vor allem sind in der Soldatensprache viele Kraftausdrücke entstanden, die in Gefahr oder Verzweiflung über die aussichtslose Lage an der Front das persönliche Kraftbewußtsein stärken und ein Ventil für Zorn und Angstgefühle sein konnten („Scheißkrieg").

1311

Jem. in die Scheiße treiben: jem. ängstigen, ihn gefährden.
Die Wndg. *in der Scheiße liegen* ist ebenfalls sold., sie umschreibt das Vegetieren im Schlamm der Schützengräben oder die höchste Lebensgefahr in vorderster Front. Vgl. frz. ‚être dans la merde' oder ‚... dans le merdier'.
Wer davongekommen ist, erzählt davon, daß er *die ganze Scheiße mitgemacht* habe, also alles durchgestanden habe, sich wirklich auskenne und alle Begeisterung für kriegerische Auseinandersetzungen verloren habe.
In älterer Zeit erscheint das Wort selbst in der Schriftsprache in ganz unbefangen gebrauchter Weise. So schreibt S. Helbling (4, S. 308): „Jâ scheiß! gedäht ich mir!" In der Ggwt. ist unter Jugendlichen Fäkalsprache erneut modisch geworden, sie ein emanzipatorisches Bewußtsein gegenüber als bürgerlich empfundenen Tabus zur Schau stellt. Die Kraftsprache soll die Kompromißwilligkeit zerstören, die eigene Schwäche verdecken und die Bürger schrecken und provozieren. Der Weg des Wortes Scheiße und seiner Zusammensetzungen von der Soldaten- zur Schüler- und Studentensprache ist hierbei gut zu beobachten.
Als Schimpfwörter sind ‚Scheißer' und ‚Scheißkerl' beliebt. Die Wndg. *ein Scheißkerl sein* ist bereits seit dem Bauernkrieg belegt und bez. den Feigen, Unzuverlässigen bis heute, ein ‚Klugscheißer' dagegen ist der Besserwisser, vgl. frz. ‚un merdeux'.
Sich um jeden Scheißdreck kümmern: sich um alle Kleinigkeiten sorgen, alles genauestens beobachten und prüfen, sich um nichtiger Angelegenheiten willen aufregen; ↗ Furz; ↗ Haufen; ↗ Hand; ↗ Kacke.
Dem Scheißhaus opfern: etw. auf verächtliche Weise dahingeben. Seb. Franck schreibt in seinen ‚Sprichwörtern' (2, 113ᵃ): „unnd heyszt zu gůtem teutsch sacrificare lari, dem Scheißhauß opfferen unnd umb einen dreck fechten".

Lit.: *J. G. Bourke:* Skatologic Rites of all Nations (Washington [D. C.] 1891, Repr. New York 1968); *F. M. Feldhaus:* Ka-Pi-Fu und andere verschämte Dinge (Berlin–Friedenau 1921); *P. Englisch:* Das skatologische Element in Literatur, Kunst und Volksleben (Stuttgart 1928); *M. Küpper* u. *H. Küpper:* Schülerdeutsch (Hamburg – Düsseldorf 1972); *D. Sabbath* u. *M. Hall:* End Product. The First Taboo (New York 1977); *W. Mieder:* Das Wort ‚Shit' und seine lexikographische Erfassung, in: Sprachspiegel 34 (1978), S. 76–79; *U. Kutter:* Art. ‚Exkremente', in: EM. IV, Sp. 649–664; *A. Dundes:* Life is like a chicken coop ladder (New York 1984), dt. unter dem Titel: ‚Sie mich auch! Das Hinter-Gründige der dt. Psyche (Weinheim – Basel 1985); *W. Pieper* (Hg.): Das Scheiss Buch. Entstehung, Nutzung, Entsorgung menschlicher Fäkalien (Löhrbach 1987).

scheißen. *Auf etw. scheißen:* etw. gründlich verachten, darauf verzichten können, sich nicht mehr um eine Angelegenheit kümmern; sie als erledigt ansehen. Häufig erscheint diese Rda. als realisierte Metapher im Eulenspiegel Volksbuch. Die öffentl. Verrichtung der Notdurft im Angesicht eines anderen bedeutete bereits im 16. Jh. größte Abweisung und Verachtung. Vgl. frz. ‚Tu me fais chier', i. S. v. ‚Du ärgerst mich'.
Jem. etw. scheißen: seine Wünsche ablehnen, seine Pläne durchkreuzen. Die Wndg. ist sold. seit dem 18. Jh. bezeugt. Ähnl. *Da scheißt der Hund drein:* die Sache mißlingt, und *einem in den Kram scheißen:* ihn stören, nicht ausreden lassen.
Einige Wndgn. sind früh durch Bildbelege oder lit. bezeugt, z. B. heißt es schon bei Joh. Fischart in der ‚Geschichtklitterung': „Er scheißet gern zum größten Haufen". Heute sagt man: *Der Teufel scheißt immer auf den großen Haufen,* d. h.: wo Geld ist, kommt immer noch mehr dazu; vgl. das Sprw. ‚Geld will zu Geld'.
Die Rda. *Sie scheißen alle durch ein Loch (auf einen Haufen):* sie stimmen überein, halten zusammen, ist in der ndl. Rdaa.-Malerei mehrmals dargestellt, z. B. von Pieter Bruegel und auf älteren ndl. Holz-

‚Zwei scheißen auf einen Haufen'

schnitten; vgl. die ndl. Rda. ‚Twee schijten door een gat'.
Er scheißt auf die Welt: er macht sich nichts daraus, ihm ist alles gleichgültig, auch: er zieht sich zurück. Diese Rda. ist ebenfalls auf Bruegels Rdaa.-Bild dargestellt und auch sonst Gegenstand der ndl. Malerei und Plastik.

‚Auf die Welt scheißen'

In sein eigenes Nest scheißen ↗ Nest.
In die Hosen scheißen: große Angst haben.
Dukaten scheißen können: immer Geld und Überfluß haben. Die Wndg. erinnert an das Märchen vom Goldesel, ‚Tischlein, deck dich' (KHM. 36), oder an das Dukatenmännchen von Goslar; ↗ Geld. Iron. sagt man auch zu einem, der hofft, daß er einen Anteil vom Reichtum eines anderen erhält: *Er scheißt Dukaten, darfst nur den Sack unterhalten!*
Nun scheißt das Pferd im vollen Rennen: gilt als Ausruf der Verwunderung, wenn etw. Außerordentliches geschieht oder wenn sich jem. lange mit etw. Zeit ließ und es dann überstürzt erledigen will.
Gegen Langeweile gibt es verschiedene derbe Ratschläge, z. B. *Scheiß auf den Boden und schleife darauf* oder bair.-schwäb. ‚Scheiß in die Hand und schmeck' dran'.

Auch mdal. Umschreibungen für Geiz und Knauserigkeit im eigenen Haushalt klingen oft recht drastisch: ‚He schitt nich ehrer, bett he wedder wat fo frêten hatt' sagt man in Pommern und in Holst. ‚He schitt up en Schneeball un fritt em vör Dörst (Durst)'.
Die schwäb. Wndg. ‚Scheiße und 's Fiedle putze z'mal gaht net', meint: gleichzeitig ist etw. unmöglich, zwei Dinge lassen sich nur nacheinander erledigen.
Etw. ist beschissen: es ist äußerst schlecht, unangenehm, kaum erträglich; vgl. frz. ‚C'est de la merde'; *jem. geht es beschissen:* er ist in einer höchst unglücklichen Lage. Dagegen *beschissen worden sein:* betrogen, übers Ohr gehauen worden sein.

Lit.: *H. M. Ledig-Rowohlt:* Die ständige Verschiebung der Tabu-Begriffe, in: Eckart-Jahrbuch (1964/1965), S. 215–224; *L. Röhrich:* Gebärde – Metapher – Parodie (Düsseldorf 1967), S. 41 ff.; *L. Röhrich:* Till Eulenspiegels ‚lustige' Streiche?, in: Eulenspiegel-Jahrbuch 21 (1981), S. 17–30. Weitere Lit. ↗ Scheiße.

Scheitel. *Vom Scheitel bis zur Sohle* sagt man, wenn man den ganzen Menschen meint, sowohl im eigentl. Sinn als auch auf das moralische und geistige Gebiet übertr. Diese Rda. ist gebildet nach 5. Mos. 28, 35, obwohl die Stellung da umgekehrt ist: „Der Herr wird dich schlagen mit bösen Drüsen an den Knien und Waden, daß du nicht kannst geheilt werden, von den Fußsohlen bis auf den Scheitel". Auch an anderen Stellen spricht Luther in dieser Reihenfolge; das Griech. (Homer, Ilias 18, V. 353), Lat. (‚a capite usque ad calcem') und auch das Engl. (‚from top to toe') dagegen haben unsere heutige Stellung, die auch im MA. die übliche war: „bei verlust leibes und lebens und zu straffen von der schittel bisz auf die solen" (Reuter von Speir, ‚Kriegsordn.' 70); in diesem Beisp. ist der eigentl. körperliche Sinn gemeint. Der Beleg aus dem Mhd. zeigt, daß das Bild auch schon früh übertr. gebraucht wurde:

man sol der vrouwen minne ervlêhen,
von ir scheitel ûf in ir zêhen.
(Minnes. 3,439)

Vgl. frz. ‚De pieds à la tête'.
Von einer bedrohlichen Sache sagen wir, daß sie sich uns *auf den Scheitel senkt,* so Goethe (1, 269): „Da mich ein graulicher Tag hinten im Norden umfing, trübe der

Himmel und schwer auf meine Scheitel sich senkte".

Die Verantwortung für begangene Taten und Verbrechen wird *auf unseren Scheitel fallen,* wie es in Ps. 7, 17 heißt: „Sein Unglück wird auf seinen Kopf kommen und sein Frevel auf seinen Scheitel fallen".

Scheiterhaufen. *Dem Scheiterhaufen übergeben:* dem Gericht, der völligen Vernichtung preisgeben. *Nach dem Scheiterhaufen riechen:* ketzerische Meinungen vertreten, sich gegen die Lehre der kath. Kirche wenden, was im MA. sehr gefährlich war und nicht selten mit der Verurteilung zum Feuertod endete. Vgl. ndl. ‚Het riekt naar de mutsaard' (mitsaard = Stapel von Reisigbündeln als Scheiterhaufen), frz. ‚sentir le fagot' und engl. ‚to smell of the faggot'. Im ‚Klosterspiegel in Sprww., Anekdoten und Kanzelstücken' (Bern 1841, 27,11) steht das Sagte-Sprw. ‚Ehe ich auf den Scheiterhaufen ginge, sagte der Mönch, würde ich nit nur Dreieinigkeit, ich würde die Viereinigkeit Gottes glauben', das treffend den Heuchler charakterisiert, der sich um seiner persönlichen Sicherheit willen in alles fügt und den direkten Gegensatz zum Glaubensstreiter bildet.

Schelle. *Einem die Schelle(n) anhängen:* ihn zum Narren machen. Murner gebraucht die Rda. schon so (‚Schelmenzunft' 4):

Du henkest jm ein Schellen an,
der hat dir das, der jhens gethan.

Urspr. galt das Schellentragen jedoch als Auszeichnung. Nach 2. Mos. 28, 33 mußte der jüd. Hohepriester Schellen an seinem Gewand befestigen: „Und unten an seinem Saum sollst du Granatäpfel machen von blauem und rotem Purpur und Scharlach um und um und zwischen dieselben goldene Schellen auch um und um". Die Schellen galten als Zeichen der Wachsamkeit. Ihr Klang zeigte dem Volk, das im Vorhof wartete, die Verrichtungen des Priesters im Heiligtum an, so daß es diese betend verfolgen konnte.

Im MA. wurde es zu einer Mode bei den Rittern und Vornehmen, Schellen als Verzierung der Festgewänder zu verwenden. In Wolframs ‚Parzival' (122,8) heißt es:

sîn zeswer arm von schellen klanc,
swar ern bôt oder swanc.

In seinem ‚Gargantua' (177, Ndr.) beschreibt Joh. Fischart die Kleidung seines Helden Gargantua: „Er trug, ein fein wapenröcklin, daran silberne schellelein und

‚Scheiterhaufen'

flinderlein zum thurnieren und schlittenfahrn an kettlein hingen. Dann solchs war damals der brauch, dasz man mit eim klingenden gepräng und prangendem gekläng, als wann der hohe priester ins heiligthumb gieng, auff den platz erschien".
Auch Geistliche befestigten Schellen an ihren Meßgewändern, selbst Heiligenbilder wurden damit geziert, wie die Statue des ‚Schellenmoritz' (1411 v. Konrad von Eimbeck) in der Mauritiuskirche in Halle a. S. beweist.
Noch bei der Krönung Karls V. hatten Beamte Schellen an ihren Gewändern. Die Bauern übernahmen diesen Brauch, denn von ‚Meier Helmbrecht' heißt es:

dâ der ermel an daz muoder gât
alumbe und umbe was diu nât
behangen wol mit schellen.

Erst später erhielten die Schellen negative Bdtg. und dienten zur Kennzeichnung der Narren, ein Brauch, der sich bis heute bei den Narrenkostümen der südd. Fastnacht erhalten hat.
Die folgenden Rdaa. beziehen sich auf die Schelle als Symbol für die Narrheit: *Jeder hat seine Schelle:* jeder hat eine närrische Seite. *Die Schelle bleibt ihm unbenommen:* an seiner Narrheit zweifelt niemand.
Einem die Schellen rühren: seine Narrheit offenbaren.
Seine eigenen Schellen schütteln: seine Schande selbst bekanntmachen. Ähnl. zu verstehen ist die Wndg. bei Seb. Franck (II, 52b): ‚Er hat dannoch die schellen dauon bracht', er ist mit Schaden und Schande noch einmal davongekommen (vgl. ‚mit einem blauen Auge davonkommen').
Alle Schellen an ein Pferd hängen: sein ganzes Vertrauen nur auf eine Menschen, eine Sache setzen, vgl. ‚alles auf eine Karte setzen'. Im Engl. mahnt die Wndg. zur Vorsicht: ‚I'll not hang all my bells on one horse'.
Die Rda. *eine klingende Schelle sein:* ohne Inhalt, ohne inneren Wert sein, bezieht sich auf 1. Kor. 13, 1: „Wenn ich mit Menschen- und Engelszungen redete und hätte der Liebe nicht, so wäre ich ein tönend(es) Erz oder eine klingende Schelle". Vgl. frz. ‚une cymbale retentissante'.

‚Jeder hat seine Schelle' – ‚Schellennarr'

Da man Geschwätz mit Schellengerassel gleichsetzt, nennt man im Schwäb. ein schwatzhaftes Weib ‚eine alte Schelle'. Auch in Oberösterr. sagt man von einer alten, ständig keifenden Frau: ‚Dös is recht an altö Schell'.
Schellen ziehen (klopfen): jem. necken, ärgern oder täuschen. Es ist heute noch ein beliebtes Kinderspiel, bei fremden Leuten zu schellen und sich dann zu verstecken, um deren Ärger zu beobachten. Sprachl. wird dieser Vorgang verschieden umschrieben. Am Rhein heißt es ‚Mäuschen fangen', ähnl. ndl. ‚puisjes vangen', frz. ‚tirer les sonnettes', engl. ‚giving runaway knocks (rings)'.
Der Katze die Schelle umhängen (wollen) ↗ Katze.

Lit.: *D. Möller:* Untersuchungen zur Symbolik der Musikinstrumente im Narrenschiff des Sebastian Brant (Regensburg 1982), bes. S. 86–87; *W. Mezger u. a.* (Hg.): Narren, Schellen und Marotten (= Kulturgeschichtliche Forschungen 3) (Remscheid 1984); *ders.:* Narrenidee und Fastnachtsbrauch. Studien zum Fortleben des Mittelalters in der europäischen Festkultur (= Konstanzer Bibliothek 15) (Konstanz 1991); *D.-R. Moser:* Fastnacht – Fasching – Karneval (Graz – Wien – Köln 1986) (s. Register).

Schellenkönig. *Jem. (etw.) über den Schellenkönig loben:* jem., etw. über alle Maßen, gewaltig loben.

Der Schellenkönig ist der König der Farbe der Schellen im dt. Kartenspiel. Im Bair. sagt man: ‚dasitzen wie ein Schellenkönig‘: steif, affektiert dasitzen.

Lit.: *Anon.:* Über den Schellenkönig loben, in: Schweiz. Vkde. 10 (1920), S. 15.

Schelm. *Du sollst mich einen Schelm heißen,* wenn ich das nicht tue. Diese Beteuerungsformel ist ein Rest der ma. Sitte, treubrüchigen, meineidigen Leuten ehrenrührige Scheltbriefe zu senden oder öffentl. anschlagen zu lassen. Die Schelmenschelte war im älteren dt. Recht eine Klausel in Schuldurkunden, wonach der Gläubiger befugt sein sollte, den säumigen Schuldner in Wort u. Bild einen Schelmen zu schelten u. durch Karikaturen verächtlich zu machen. Abgeschlossene Verträge enthielten häufig den Zusatz, daß den etwa wortbrüchigen Teil ein solches Schelten treffen solle: „Er hat je zwaien jaren dem churfürsten bei Rhein, pfalzgraf Ludwigen, bei der handt und bei schelmen schelten verheiszen, er wollt noch vier jar leben“ (‚Zimmerische Chronik‘ I, 345). Die alte Bdtg. dieses gerichtlichen Scheltens hat sich noch in den Ausdrücken ‚bescholten‘ und ‚unbescholten‘ erhalten.

Die Grundbdtg. des Wortes Schelm ist im Dt.: Aas, gefallenes Tier (das finn. Wort ‚kalme‘ = Tod, Grab scheint in ältester Zeit aus germ. *skalm-j-an entlehnt zu sein). Belegt sind ahd. scalmo (bzw. skelmo) und mhd. schalme (bzw. schelme) = toter Körper von Vieh und Mensch: ‚sîn pêrd tom schelm maken lâten‘, es abstechen lassen (Versuch eines bremisch-niedersächs. Wb., 1770). In Jörg Wickrams ‚Rollwagenbüchlein‘ findet sich auch die Geschichte ‚Von zweien Roßtauschern, die Schelmen tauschten‘. Zahlreiche Flurnamen (Schelmenmatte, -acker, -halde) weisen auf Spuren früherer Begräbnisstätten hin. Der Schinder, der dem gefallenen Vieh die Haut abzog, und der Henker, der oft zugleich das Amt des Schinders oder Abdeckers ausübte, wurden ‚Schelmen‘ genannt. Daher stammt auch die Sage vom Adelsgeschlecht der Schelme von Bergen: „Und weil du ein Schelm (= Henker), so nenne dich Herr Schelm von Bergen künftig“ (H. Heine).

Uralt daneben ist die Bdtg. ‚Seuche‘: „Die saw ist mir am schelm gestorben“ (Hans Sachs, Fastnachtspiele, 1554). Die ‚Chronik der Stadt Straßburg‘ berichtet: „Dô kam ouch ein gemeiner schelme und ein sterben under die lüte“ (Dt. Städtechroniken 8,120), und im ‚Brünner Stadtrecht‘ (S. 246) heißt es: „si pecus ex pestilentia, quod vulgariter schelm dicitur, moriatur, tunc cutem demonstrando liber erit“. Noch heute gibt es in Niederoesterr. den Ausdr. Schelm für eine bestimmte Schweinekrankheit. Ohne verächtliche Nebenbdtg. wurde unser Wort manchmal für den Leichnam eines Menschen gebraucht: „sie verpranten die schelmen“ (= die im Kampf gefallenen Soldaten) heißt es in einer Münchner Hs. des 15. Jh. Da die verächtliche Bdtg. vorherrschte, wurde ein Schimpfwort daraus: „ir schalm und gebür“ (Lassberg, Liedersaal 1,198). Das kräftige Schimpfwort ‚Du Schelm und Filzlaus!‘ stammt aus Schwaben. Richard Wagner läßt die kühnen Recken und Helden in seinen Musikdramen häufig stabreimend auf Schelm schimpfen, wie es z. B. Alberich in ‚Rheingold‘ tut:

Schau, du Schelm!
Alles geschmiedet
Und fertig gefügt,
Wie ichs befahl!

Der neuere Sprachgebrauch bez. mit unserem Wort vor allem einen Betrüger. „Der Schelm! Der Dieb an seinen Kindern!“ ruft Frau Marthe bei der Nachricht über den angeblichen Tod ihres Gatten aus (‚Faust‘ I, 2985). Dazu gehört auch das Sprw. aus dem Oberallgäu: ‚Gelegenheit macht Dieb und Schelm‘ und Goethes „Schelmenfabrikant“ im ‚Egmont‘ (IV, 296). Norw. und dän. ‚skjelm‘ und schwed. ‚skälm‘ (Betrüger) sind Lehnworte aus dem Dt. Auch Schiller benutzt die Rda. lit.: „Dein Vater ist zum Schelm an mir geworden“ (‚Wallensteins Tod‘ 3,18); ↗ Bürger.

‚Schelm, der mehr gibt, als er hat‘ ist eine heute noch in Österr. geläufige Wndg. Grillparzer (Werke Bd. 16, S. 81) hat sie umgewandelt zu: ‚Ein Tor will mehr, als er kann‘. Ein Sprw. aus dem 17. und 18. Jh. ist: ‚Je größer der Schelm, desto besser das Glück‘. Lit. belegt ist es bei Abraham a

1316

Sancta Clara (Lauchert, S. 13) und in den ‚Teutschen Arien' (hg. v. Max Pirker, Bd. 1, S. 223).
Wurde im MA. ein Soldat für unehrlich und meist zugleich auch für vogelfrei erklärt, so wurde er *zum Schelmen gemacht,* was oft mit empfindlichen Strafen verbunden wurde: „Wird einer zu eim Schelmen erkanndt, sol ihn der Züchtiger auf den freyen Platz führen, ime die zween Finger forne abhawen" (Fronsperger, Kriegsbuch 1587, 1, 13ᵃ). Es bedurfte einer eigenen Zeremonie, um einen armen Schelm wieder ehrlich zu machen. Im heutigen Sprachgebrauch ist der entehrende Sinn von Schelm fast gänzlich verschwunden (vgl. Schalk). Thomas Murner verwendet den Ausdr. in seiner Satire ‚Schelmenzunft' von 1512. Die Bez. des Titelhelden in Chr. Reuters Roman ‚Schelmuffsky' (1696) zeigt ebenfalls den Übergang an. „Obendrein hat mich ein Schelm von Schneider noch sitzen lassen" (Schiller, ‚Kabale und Liebe' 1,6). Schließlich kann man mit Schelm heute sogar einen ‚armen Teufel' bezeichnen, wie es in einem schwäb. Vers geschieht:

Wer nix derheiratet und nix dererbt,
Bleibt ein armer Schelm, bis er stirbt.

Seit Beginn des 18. Jh. wird Schelm sogar zum Kosewort mit neckischem, schalkhaftem Nebensinn: „Ach du Schelm, so neckst du mich!" ruft der verliebte Faust dem Gretchen zu (‚Faust' I, 3205). ‚Die Liebe ist ein Schelm' lautet ein Sprw., und man kann nicht nur den Schalk, sondern auch *den Schelm im Nacken haben.* So bedeutete auch *Schelmerei* einst eine ‚Spitzbüberei' und wandelte seine Bdtg. zu ‚Schalkheit' und ‚Schäkerei'.
Genau die gleiche Entwicklung wie der Schelm machte auch dessen Adj. *schelmisch* durch. Hans Sachs gebraucht es noch in einem Gedicht für verwesendes Fleisch: „Weil aber des beren natur ist, Das er kein schelmisch fleisch nit frist". In den ‚Gesta Romanorum' heißt es im Sinne von ‚Pesttod': „Da chom ein schelmiger tod und nam hin alle sein chneht und dirn". Später steht das Adj. für betrügerisch: „verwickelt ihn in Schlägereien und schelmische Streiche" (Schiller, ‚Räuber' 2,3). Schließlich und endlich wandelt sich die Bdtg. zu ‚neckisch', bes. den verliebten

‚Schelmenzunft' (Titelblatt)

Mädchen gegenüber. Das *Schelmenlied(lein)* war anfangs ein anstößiges Lied: „Da sollen wir nun die neuen Psalmen nicht singen ... aber Schelmenlieder, so viel wir wollen" (‚Egmont' 1,1).
In den Alpegebieten meint man mit *Schelmenlieder singen* nichts anderes, als ein paar lustige ‚Schnadahüpfl' zum besten geben.

Lit.: *E. v. Künssberg*: Rechtsgeschichte u. Vkde., in: Jb. f. hist. Vkde. 1 (1925), insbes. S. 106–112; *O. Hupp*: Scheltbriefe u. Schandbilder (1930); *W. Danckert*: Unehrliche Leute. Die verfemten Berufe (Bern – München 1963); *R. W. Brednich, L. Röhrich, W. Suppan*: Handbuch des Volksliedes, Bd. 1 München 1973), S. 189, 624.

Schelmenbein. *Jem. hat ein Schelmenbein im Rücken*: jem. hat keine Lust zur Arbeit. Das ‚Schelmenbein' ist eine alte Bez. für einen Knochen von einem toten Körper; die Rda. meint also, jem. habe einen toten, steifen Knochen im Rücken, der sich nicht bewegen läßt und so am Arbeiten hindert.
Die sehr alte Rda. ist zu finden bei Seb. Brant im ‚Narrenschiff' (63, 26):

mancher důt bättlen by den joren
so er wol wercken möht und kundt
und er, jung, starck ist und gesundt,
wann das er sich nit wol mag bucken,
im stäckt eyn schelmen beyn jm rucken.

Aus der Steiermark ist eine gröbere Form

der Rda. bezeugt: ‚er hat ein Stangl im Arsch‘, sagt man zu einem Faulpelz.

Lit.: *J. Bächtold:* Schweiz. Schauspiele des 16. Jhs., Bd. 2 (Zürich 1891), S. 298; *L. Schmidt:* Sprw. dt. Rdaa., in: Österr. Zs. f. Vkde. 77 (1974), S. 117–118.

Schema. *Etw. nach Schema F. erledigen:* eine Sache gedankenlos, routinemäßig erledigen. Die Rda. ist entstanden nach dem beim preuß. Heer mit einem ‚F‘ gekennzeichneten, nach einem best. Muster aufzusetzenden Frontrapporten. ↗ Schablone.

schenken. *Jem. nichts schenken:* jem. hart arbeiten, sich anstrengen lassen; keine Milde zeigen. ‚Nichts geschenkt kriegen‘ heißt, daß man für alles, was man erreichen oder besitzen will, einen Preis bezahlen muß. Dagegen: *Sich nichts schenken lassen:* hart dafür arbeiten wollen.

Hat jem. etw. sehr schlecht gemacht, so sagt man im Nordd. zu ihm: ‚Du kannst di wat schenken laten‘.

Für ‚geschenkt gekriegt‘ heißt es auch scherzhaft ‚geschonken gekrochen‘.

Etw. nicht geschenkt nehmen wollen: etw. ablehnen, weil man es für wertlos (unbrauchbar, geschmacklos) hält.

Sich jem. (ganz) schenken: sich einem anderen (aus Liebe) hingeben, oft in gehobener Sprache als poetische Umschreibung gebraucht.

Sich etw. schenken können: etw. unterlassen, oft in der Form einer tadelnden Feststellung: ‚Das (diese Bemerkung) hättest du dir schenken können‘.

Jem. die Freiheit schenken: ihn aus der Haft entlassen.

Jem. sein Herz schenken ↗ Herz.

Jem. das Leben schenken: ein Kind auf die Welt bringen, aber auch: einen Verurteilten begnadigen, ↗ Leben.

Lit.: *J. Grimm:* Über Schenken u. Geben, in: Kl. Schriften, Bd. II; *P. Sartori:* Art. ‚Geschenk‘, in: HdA. III, Sp. 716–724.

Scherben. *Aus den Scherben sehen, wie der Hafen war* oder *von den Scherben auf den Topf schließen:* aus den Handlungen und Werken eines Menschen auf seine Gesinnung, seinen Charakter und seine Bildung schließen.

Scherben flicken: eine nutzlose Arbeit verrichten. Schon bei Sir. 22,7 heißt es: „Wer einen Narren lehret, der flicket Scherben zusammen“. Vgl. lat. ‚ovum agglutinare‘. Im sprachl. Vergleich hat Scherbe die Bdtg. von ‚Blumentopf‘, so in Ps. 22,16: „Meine Kräfte sind vertrocknet wie eine Scherbe“. Auch Schiller verwendet das Bild in den ‚Räubern‘ (III,2): „Meine Zunge ist trocken wie eine Scherbe“.

In Scherben gehen (fallen): zerstört, vernichtet werden, vgl. die ähnl. Wndg. ‚in die Brüche gehen‘.

Scherbe dient auch zur Umschreibung der Gebrechlichkeit, z. B. nennt man in Oberösterr. alte, hinfällige Leute ‚alte Scherben‘. Dagegen bez. man mit der Wndg. ‚eine alte Scherbe‘ ein liederliches Weib. Im Hess. kann Scherbe auch für ‚Kopf‘ stehen: ‚He is nitt ganz helle mär in der Scherwe‘, er ist nicht mehr recht bei Verstand.

Scherbengericht. *Es ist ein Scherbengericht (gewesen):* ein oberflächliches Urteil einer großen Mehrheit. Durch das Scherbengericht wurden in Athen seit Kleisthenes (509 v. Chr.) verdiente Staatsmänner verbannt, wenn dies im Interesse des Staates geboten schien. Aristoteles berichtete darüber in seiner ‚Politik‘ (III, 13).

Dieses athenische Volksgericht urteilte so, daß jeder Stimmende den Namen dessen, den er verbannt wissen wollte, auf eine Scherbe schrieb (= Ostrakon, daher Ostrakismus). Herder schreibt in ‚Zur Philosophie der Geschichte‘ (13, 308): „Sollte uns nicht... die Stimme jedes Bürgers, gesetzt, daß sie auch gedruckt erschiene, ... als ein heiliges Scherbengericht gelten?“

Schere. *Etw. unter die Schere nehmen:* etw. bearbeiten oder in Angriff nehmen in der Absicht, es zu bessern. Das rdal. Bild bezieht sich auf die Tätigkeit des Wollscherers, der Knoten und die Unebenheiten aus dem Tuch entfernte, um es zu glätten.

Die Rda. *einen unter die Schere nehmen* bezieht sich dagegen mehr auf den Haarschneider. In übertr. Bdtg. meint sie heute: einen zurechtweisen, jem. den Übermut dämpfen.

Einen in die Schere nehmen: einen unter Druck setzen, ihn ‚in die Zange nehmen‘,

Der Thuchschärer.

‚Etwas unter die Schere nehmen'

ihn etw. entgelten lassen. Ähnl. heißt es schon in der ‚Zimmerischen Chronik' (III, 242): „Der fiel in zum ersten, wie man spruchst, in die scheeren und must die suppen ußfressen".

Die sächs. Wndg. ‚Ich wer'n emal in de Schere nehm, aber nich mit Brechstangen' hat das Bild von der Schere auf die kreuzweise zuschlagenden Arme übertr. und bedeutet: mit jem. ohne fremde Hilfe fertig werden.

‚Mit de knappe Scher tosnieden' wird in Holst. bei übergroßer Genauigkeit und Geiz als Rda. verwendet. Dabei werden die urspr. dem Schneider zugeschriebenen Eigenschaften verallgemeinert.

‚He het de grote Schere uthangen' ist eine in Ostfriesland übliche Wndg. Das Aushängen der Schere als Handwerkszeichen des Schneiders deutet in der Rda. auf Übervorteilung hin. Die ndl. Rda. ‚Daar hangt de schaar uit' meint ebenfalls überteuerte Preise und Beutelschneiderei. Pieter Bruegel hat sie auf seinem großen Rdaa.-Bild dargestellt.

Die bair. Wndg. ‚einem d'Schar aufheben' bedeutet: einem die Ausübung seines Gewerbes untersagen. Es erfolgte hierbei eine Verallgemeinerung vom Schneiderhandwerk auf alle übrigen Gewerbe, die die Schere nicht zum Kennzeichen haben.

Scheren schleifen: schwatzen, lästern, verleumden; die Vorstellung vom Abschneiden der Ehre wirkt auf das Bild von der Schere wie auch die allg. schlechte charakterliche Einschätzung eines ↗ Scherenschleifers.

Schon früh wurde die Tätigkeit böser Zungen in Rdaa. festgehalten und verurteilt, z. B. von Joh. Pauli in ‚Schimpf und Ernst' (13ª): „Sie tragen wasser auff beyden achslen, und schleiffen scheren und wenden und reitten auff zweyen sätlen". Auch Joh. Fischart schreibt über die Weiber: „dann eh sie ein halb stund gelachten, und scheren schliffen eine stund, da jn nit gstehet hand noch mund" (,Flöhhatz-Weibertratz' 333, 1577). Ganz ähnl. Rdaa. sind noch heute in Köln gebräuchl., wenn es vom Kaffeeklatsch heißt: ‚Et Schierche wor fließich em Jang', oder daß man dort ‚et Schierche schliefe' kann.

Die Wndg. *Sie sind mit einer Schere gestutzt* hat die gleiche Bdtg. wie die Rda. ‚Sie sind über einen Kamm geschoren', d. h. sie sind gleich zu beurteilen, einer ist nicht besser als der andere.

Ist eine Schere bes. stumpf, macht sich der Ärger darüber auch in Rdaa. Luft: ‚Die Schere schneid', wie e dooder Hund beißt' (obersächs.) oder ‚De Scher bitt mehr as se snitt' (holst.).

Will man in Köln jem. in den April schikken, dann läßt man ihn ‚de Jlasescher holle'.

scheren. Das gemeingerm. Wort für lat. ‚tondere' ist im Ahd. als ‚sceran' und im Mhd. als ‚schern' bezeugt. Neben dem starken Verb, das schon früh mehrere Bdtgn. besitzt, besteht das schwache Verb ‚scheren' (ahd. ‚scerian', mhd. ‚schern') i. S. v. teilen, abteilen und zuteilen. Die schwachen Formen werden im Nhd. nur bei ‚bescheren' und ‚sich scheren' noch gebraucht. Aus dem Nebeneinander der Wortbedeutungen erklärt sich auch der verschiedene Sinn der Rdaa.

Einen scheren: jem. übervorteilen, prellen, betrügen, auch: ausbeuten, bedrücken, Geld erpressen; vgl. franz. ‚tondre quelqu'un'.

Die Wndg., die seit dem 16. Jh. übertr. gebraucht wird, bezieht sich urspr. wohl auf

1319

‚Einen scheren'

das Scheren der Schafe oder auf den Barbier, der seine Kunden übervorteilt. Sie wird vor allem auf den betrügerischen Wirt bezogen, der seine Gäste eine zu hohe Zeche zahlen läßt.
Goethe gebraucht den Ausdr. i. S. v. berauben, ausplündern lit. in seinem ‚Götz von Berlichingen' (I. Akt): „Reitersmänner von Ansehn; dergleichen Volk schnorrt das ganze Jahr im Land herum, und schiert die Leut was tüchtigs".
Auf die Herkunft der Rda. von der Schafschur weisen parallele Wndgn., wie ‚sein Schäfchen scheren', seinen Vorteil wahrnehmen, ‚die Schafe scheren, daß die Wolle fliegt' und ‚die Schafe scheren, ohne daß sie schreien', die Leute unterdrücken und ausbeuten auf eine vorsichtige und versteckte Weise, so daß sie es kaum bemerken und sich nicht dagegen zur Wehr setzen. Vgl. ndl. ‚Hij scheert het schaap, zonder dat het schreeuw'. Das Gegenteil besagt die Rda. ‚Er schiert bis aufs Fell', er nimmt alles und läßt einem nur die nackte Haut. In Schlesw.-Holst. heißt es mdal. noch heute von einem, der alles verloren hat: ‚He is'n scharen Schaap', ↗Schaf.
Auch auf die Getreideernte wurde scheren angewandt, so in der Rda. *seinen Weizen scheren:* sich Gewinn verschaffen. Die Wndg. ist bereits in der Chronik Aventins (1, 367, 23) bezeugt: „Wiewol die groszen Hansen und hauptleut, die bei im irn waiz nach irem sin nit schern mochten, oft aufrüerisch warn wider in".

Einen gut scheren: ihn beim Spiel übervorteilen; dafür steht auch: *einem den Beutel scheren,* lit. z. B. bei Hans Sachs (3, 312ᶜ): „Sie nam vert erst ein jungen man, der hat jrem beutel geschorn". Drastisch verstärkt heißt es im ‚Teufels-Netz' (9250) sogar: „Der koufman aim daz hâr im ars schirt".
Scheren erscheint auch im Wortspiel als Gegensatz zu dem noch stärkeren und verwerflicheren ↗schinden. So dichtet Logau (2, 166, 39):

Große Herren, die da herschen,
Mögen schehren nur nicht schinden.
Hirten nemen so die Wolle,
Daß sie Wolle wieder finden.

Einen trocken scheren: einen übervorteilen, meist aber iron. oder euphemist. umschreibend gebraucht für: einem den Kopf abschlagen, jem. enthaupten. Eigentl. meint die Rda. jem. den Bart abnehmen, ohne ihn vorher naß zu machen und einzuseifen. Vgl. ndl. ‚scheren zonder zeep'.
Auch im Volkslied ist die Rda. verwendet worden, im ‚Ambraser Liederbuch' stehen die Verse (130,2):

Sich klagt der vollen brüder orden,
Der wirth der hat uns trucken
                geschoren.

Die Stelle in J. Rufs ‚Etter Heini' (Vorspiel 238):

Zu Näfels an der Lez
Hannd wir inen geschoren ungenez

entspricht der Rda. ‚jem. trocken scheren' i. S. v. töten. Die Verse beziehen sich auf einen Sieg am 9. April 1388 bei Näfels im Kanton Glarus, wo 6000 Österreicher von nur 500 Glarnern besiegt wurden, die die meisten ihrer Feinde töteten.

Ein bair.-oesterr. Schimpfwort ist ‚G'scherter!', oft auch gebraucht in Verbindung mit ‚Hammel' oder ‚Hund' etc.: ‚G'scherter Hund, g'scherter!' Der Gescherte ist urspr. der Unfreie sowie der Sträfling, die beide die Haare nicht lang tragen durften.

Einem den Gecken scheren: ihn zum Narren machen, seinen Spott mit ihm treiben. Der geschorene Kopf war früher das

Kennzeichen des Narren. Vgl. ndl. ‚de gek (den sot) scheren met iemand'. ‚Die Laus um den Balg scheren', sehr geizig sein, eine bes. im Schwäb. bekannte Wndg.
Alles über einen Kamm scheren ↗ Kamm.
Sich um etw. (jem.) scheren: sich darum kümmern, sich Gedanken, Sorgen darum machen. Die Wndg. wird meist negativ oder in Frageform gebraucht, häufig auch lit., z. B. bei Goethe (Werke 4, 364):

    Was schiert es mich,
    Ob jemand weiß,
    Daß ich das Volk verfluchte.

In der Ballade ‚Die Grenadiere' läßt Heinrich Heine den Todwunden sagen:

    Was schert mich Weib,
    Was schert mich Kind?
    Ich trage weit beß'res Verlangen.

Sich (davon)scheren: sich entfernen, eilig davongehen, verschwinden. Die Rda. wird meist imperativisch gebraucht: *Scher dich zur Hölle (zum Kuckuck, zum Teufel)!* Spätmhd. ist das Wort ‚schern' in der Bdtg. sich fortmachen bereits bei dem Tiroler Oswald von Wolkenstein belegt (6, 21).
Hochgeschoren sein: vornehm, von hohem Stande sein, aber auch spöttisch gesagt, wenn sich jem. mehr dünkt, als er ist. Die Wndg. erinnert an die bes. Haartracht der

‚Den Gecken scheren'

Adligen und Geistlichen, die sie vom niederen Volke unterschied. Ein lit. Frühbeleg findet sich schon in Hartmanns von Aue ‚Erec' (6632):

    swie hohe er waere beschorn,
    er wart do lützel uz erkorn,
    ez waere abt od bischof.

Mdal. hat sich diese Vorstellung rdal. bis heute erhalten. So sagt man z. B. in Sachsen: ‚Das ist nichts Geschorenes weiter', wenn es sich um vornehm tuende Personen handelt, deren Wert man herabsetzen möchte.
Einen ungeschoren lassen: ihn in Ruhe las-

‚Den Gecken scheren'

sen, nicht weiter belästigen, quälen. Die Rda. ist seit der 2. H. des 17. Jh. belegt und soll an die Badeszenen der Handwerker und die Deposition der Studenten erinnern, denen Haar und Bart grob bearbeitet wurden, um ihnen symbolisch ihre Tölpelhaftigkeit und Unbildung zu nehmen, ↗ungeschoren.

Scherenschleifer. *Er ist ein Scherenschleifer:* er ist ein charakterloser Mensch, auch einer, der beruflich versagt hat. Diese verächtliche Bez. beruht darauf, daß den umherziehenden Scherenschleifern geringeres Können als den ansässigen und auch schlechtere Charaktereigenschaften nachgesagt wurden. Aber auch ein Hund ohne Stammbaum kann so genannt werden; hier spielen gleiche Überlegungen eine Rolle: Umherstreunen und schlechte Eigenschaften.
Die Wndg. ,He schimpt as'n Scherensliepér' (vgl. Kesselflicker) ist in Schlesw.-Holst. üblich und beruht vielleicht darauf, daß man die Sprache der umherziehenden Fremden nicht verstand. Außerdem wurden sie allg. mißachtet, so daß auch ihre Ausdrücke für entspr. niedrig und unflätig gehalten wurden.
In Ulm wird gesagt: ,Er hat e Scherenschleifermaul', was sich auf einen Menschen bezieht, der gern lästert und beschimpft. Der Ausdr. ,Hool dien Schernsliepersnuut!' wurde bereits 1850 in Flensburg im Ärger zu einem kläffenden Hund gesagt.
Der rdal. Vergleich ,Er rennt wie e Scherenschleifer' ist in Sachsen häufig. Er beruht auf der Beobachtung, daß der umherziehende Scherenschleifer die Entfernungen zwischen den einzelnen Ortschaften mit seinem Karren rasch zurücklegt, um Zeit für seine Arbeit zu gewinnen und mehr verdienen zu können.

Lit.: *T. Hampe:* Die fahrenden Leute in der dt. Vergangenheit (Leipzig 1902); *W. Danckert:* Unehrliche Leute. Die verfemten Berufe (Bern 1963).

Schererei. *Schereien haben (bekommen):* unangenehme Schwierigkeiten haben, Belästigungen erwarten müssen.
Jem. in Schereien bringen: ihm Ungelegenheiten schaffen, ihn in eine gefährliche Lage bringen, ihn in Unruhe versetzen. Scherei ist von ↗scheren abgeleitet. Das Scheren des Haares war bei den älteren Barbiertechniken mit Unannehmlichkeiten verbunden. Darüber hinaus ist bei diesen Wndgn. wahrscheinl. auch an das Kahlscheren als Ehrenstrafe zu denken.

Scherflein. *Sein Scherflein beitragen:* einen kleinen Beitrag leisten, beisteuern, mitwirken (im materiellen wie auch im geistigen Sinne); die Rda. geht zurück auf die Bibelstellen Mark. 12,42 und Luk. 21,2: „Und es kam eine arme Witwe und legte zwey Scherflein ein, die machen einen Heller". Das Scherflein, auch ,Schärft', ,Helbing', ,Großler', ,Halmkäppchen' genannt, war eine sächsische und niedersächsische Scheidemünze aus Silber. Das Wort ist entstanden aus ahd. ,scarbōn', mhd. ,scherben': in kleine Stücke schneiden, ↗Dreier, ↗Heller, ↗Obolus.
Direkten Bezug zur Bibelstelle besitzt die Wndg.: *Es ist das Scherflein der Witwe:* es ist zwar wenig, aber den schlechten materiellen Verhältnissen entsprechend außerordentlich viel. Ähnl. meint auch die Rda. *Besser ein Scherflein als ein Garlassensein.*

Lit.: *Overmann:* Sein Scherflein beitragen, in: Zs. des Ver. f. Kirchengesch. in Sachsen 10 (1914), S. 116–117;

Scherenschleifer

Münzen in Brauch und Aberglauben. Schmuck und Dekor, Votiv und Amulett, politische und religiöse Selbstdarstellung (Mainz 1982), bes. S. 230.

Scheuklappen. *Scheuklappen tragen* (oder *haben*): einen begrenzten Blickwinkel haben, borniert sein, eine Rda., die erst seit Beginn des 19. Jh. in unseren Sprachgebrauch eindringt. Vgl. frz. ‚porter des oeillères'.

Um das Jahr 1810 prägen die Zeitungsschreiber und Journalisten das Wort: *Scheuklappen der Politik* („Den freien Blick benimmt ihm die Scheuklappe der Parteipolitik").

Die Scheuklappen gehören zum Geschirr der Pferde. Sie werden am Kopf des Tieres so angebracht, daß sie den Blick der seitlich stehenden Augen einengen. Sie verhindern, daß die Pferde durch die Vorgänge rechts und links des Weges verwirrt und scheu gemacht werden. Die ältere Bez. ist ‚Scheuleder'. Wieland mahnt die leitenden Staatsmänner in seinen ‚Aufsätzen über die Französische Revolution': „Ich erwarte also von der Klugheit der Herren Repräsentanten, daß sie sich beeifern werden, der gar zu hell sehenden Nation die nöthigen Scheuleder vor die Augen zu hängen". Schließlich schreibt Jean Paul in seiner ‚Auswahl aus des Teufels Papieren' (1789): „Sonst hatte das Alter die Erfindung eines zweiten Auges, der Brille, vonnöten: allein tausendmal nötiger war jetzt für die Jugend ein zweites Augenlid, ein Ding offenbar wie ein Scheu- oder Augenleder der Pferde, kurz ein Glas zu schleifen, das die Augen hinlänglich schwächte und ihnen das Weitsehen versperrte".

Scheune. *Die Scheune neben die Drescher bauen:* die Gelegenheit zu sündigen herbeiführen, z. B. ein Nonnenkloster neben ein Mönchskloster bauen und damit sexuelle Vergehen begünstigen und erleichtern.

Wohl die Scheune haben, aber kein Korn darin: einen großen Mund besitzen, aber wenig Geist.

Im amerikanischen Englisch bedeutet ‚Scheune', ‚barn' in übertr. Sinne auch: Zufluchtsort, Sicherheit. So sind zwei amerikan. Rdaa. ‚heading for the barn' und ‚the barn as a haven' beides Um-

1/2 ‚Scheuklappen tragen'

schreibungen für ein sicheres Plätzchen, für Geborgenheit.

Lit.: *V. v. Geramb:* Art. ‚Scheune‘, in: HdA. VII, Sp. 1040–1045; *W. D. Hand:* ‚The barn as a haven‘, in: Proverbium 2 (1965), S. 26; *R. Pinon:* ‚The barn as a haven‘, in: Proverbium 4 (1966), S. 83; *W. D. Hand:* ‚Heading for the barn, in: Proverbium 5 (1966), S. 107.

Scheunendrescher. *Essen (fressen) wie ein Scheunendrescher:* übermäßig viel essen, großen Appetit haben. Der rdal. Vergleich ist schon bei Thomas Murner (1475–1537) bezeugt; ähnl. heißt es altmärkisch: ‚Sin Moag'n is'n Schündäl‘ (Scheunendiele). Die Scheunendrescher mußten schwere körperliche Arbeit verrichten, die gleichzeitig viel Staub erzeugte und entspr. durstig und hungrig machte. So wurden die Scheunendrescher wegen ihrer ungewöhnlich großen Eß- und Trinklust sprw. bekannt. Auch Grimmelshausens Simplex berichtet von sich selbst (‚Simplicissimus‘ IV, 8): „Ich mochte damals fressen wie ein Drescher, dan mein Magen war nicht zu ersättigen“. Obersächs. sagt man dafür auch: ‚Fressen wie e Scheffeldrescher‘. Scheffeldrescher waren gemietete Leute, die um den Scheffel droschen, d. h. in einer Art von Akkord arbeiteten.

Ein ähnl. rdal. Vergleich, der vom gleichen Urspr. abzuleiten ist, lautet: *hungrig sein wie ein Scheunendrescher.*

Scheunentor. Der *Wink mit dem Scheunentor* ist noch eindeutiger und unmißverständlicher als der ‚Wink mit dem Zaunpfahl‘. Dieser Wink bezieht sich auf die Größe des Scheunentors, das man keineswegs übersehen kann. Westf. sagt man: ‚met der Schüerdör wenken‘. In Franken droht man einem, der von sanfteren Hinweisen absolut keine Notiz nehmen will: ‚Dem muß mer mit'n Scheurator winken‘. Aus Bedburg ist sogar die Rda. bekannt: ‚Dä fällt met de Schürendür en et Hûs‘. Ferner gibt es noch den Ausdr.: ‚Hei hirt möt Schulten Schindohr‘ (= mit Schulzens Scheunentor) und meint damit: er hört falsch.

Dastehen wie die Kuh vor dem neuen Scheunentor ↗ Kuh.

Schib(b)oleth. *Das ist das (sein) Schibboleth:* das ist das Losungswort für eine Person oder eine Partei. Urspr. war ein rndal.

unverkennbares Zeichen der Zugehörigkeit zu einem bestimmten Volksstamm gemeint. Die Rda. bezieht sich auf folgende Bibelstelle (Richter 12, 5–6):

„Und die Gileaditer nahmen ein die Furten des Jordans vor Ephraim. Wenn nun die Flüchtigen Ephraims sprachen: Laß mich hinübergehen! so sprachen die Männer von Gilead zu ihm: Bist du ein Ephraimiter? Wenn er dann antwortete: Nein! hießen sie ihn sprechen: Schiboleth; so sprach er: Siboleth und konnte es nicht recht reden; alsdann griffen sie ihn und schlugen ihn…“ Das Wort Schiboleth bedeutet: Fluß oder Ähre. Nach der Niederlage suchten die Ephraimiten den Rückweg über den Jordan. Die Gileaditer erkannten sie an ihrer anderen Aussprache und übten Rache an ihnen. Seither wird das Wort Schiboleth bis heute i. S. v. Erkennungszeichen, Losung gebraucht. Während der Sizilianischen Vesper wurde 1282 ein ähnl. Versuch unternommen, wobei die Franzosen an der Aussprache des ital. ‚ciceri‘ erkannt wurden. Vgl. auch ndl., ‚voor iets het schibboleth zijn‘.

Schicht. *(Mit etw.) Schicht machen:* aufhören, stammt aus der Bergmannssprache, wo Schicht zunächst eine in sich gleichartige, plattenförmige Gesteinsmasse (Gesteinsbank), dann die zum Abbau einer Gesteinsschicht benötigte Zeit, schließlich die Arbeitsfrist für Bergleute bez., wie es seit etwa 1300 im erzgeb. Bergbau bezeugt ist. Schon in mhd. Zeit hatte Schicht zwei Bedeutungen: 1. eine Lage einer bestimmten Erd- oder Gesteinsart, 2. die Ordnung, Anordnung, Arbeitszeit. Das spiegelt sich in den folgenden Rdaa.: *eine Schicht fahren (wechseln)* und *in Schichten arbeiten.* Der Zusammenhang mit dem Bergbau ist deutlich, das Einfahren in den Schacht ist zunächst gemeint. Wenn aber in Köln heute gesagt wird: ‚Mer arbeide en drei Schichte, suvill hammer ze dun‘, dann wird nur noch an die Arbeitszeit bzw. den großen Arbeitsanfall gedacht. Vgl. frz. ‚faire les trois huit‘.

Die Wndg. ‚Schicht machen‘ ist heute mehrdeutig; sie meint 1. nach Ablauf der Arbeitszeit Feierabend machen, 2. ohne Kündigung die Arbeit niederlegen und 3. sterben, auch ‚eine Grabschicht ma-

chen'. Stieler hat die Rda. ‚Schicht machen', mit der Arbeit aufhören, 1691 in ‚Der Teutschen Sprache Stammbaum' gebucht; in übertr. Anwendung findet sie sich seit dem 17. Jh., so 1621 in Theobalds ‚Hussitenkrieg' (Bd. II, S. 199): „Wann man am besten zu Hof ist, soll man Schicht machen"; dann 1726 bei Gerner in der ‚Historia derer Widergebohrenen in Sachsen' (Bd. I, S. 566): „Im 56. Jahre machen die großen und tapfern Gemüther Schicht, die Helden sterben". In der Oberpfalz hat die Rda. noch die Bdtg.: Ordnung machen, Ruhe wiederherstellen.
‚Ich wâr Schecht mid 'm macha', ich werde einmal gehörig aufräumen, ihm meine Meinung sagen, wird ebenfalls i. S. v. Ordnung schaffen in Schlesien und Österr. gebraucht.
Es gibt Schicht: es gibt Schläge. In Preußen wurde eine Strafe so in Aussicht gestellt: ‚Hans, min Sän, du kröchst e Schicht!'

Lit.: *H. Wolf:* Studien zur dt. Bergmannssprache ..., vorwiegend nach mitteldt. Quellen, Mitteldt. Forschungen Bd. XI (Tübingen 1958).

Schick. *Schick sein, guten Schick haben:* elegant angezogen sein. *Seinen Schick nicht ganz haben:* nicht recht bei Verstand sein. Das Wort kommt aus frz. ‚chic' = Schick, Geschmack.
Zur Schickeria gehören: Zu der in Mode und Gesellschaftsleben tonangebenden Schicht gehören; aus ital. ‚sicccheria': Eleganz, Schick.

Schicksal. *Schicksal spielen:* eine Entwicklung so in die Wege leiten, daß sie seinen eigenen Vorstellungen entspricht. *Jem. seinem Schicksal überlassen:* sich nicht mehr um ihn kümmern. *Dem Schicksal in den Rachen greifen:* eine Sache mutig und entschlossen angehen.
In einem Brief an Franz Gerhard Wegeler (Wien am 16. Nov. 1801) schrieb Ludwig van Beethoven: „Nein, das könnte ich nicht ertragen. Ich will dem Schicksal in den Rachen greifen; ganz niederbeugen soll es mich gewiß nicht". Ähnl. Franz Grillparzer in seinem Trauerspiel ‚Die Ahnfrau' (1816): IV, 2378-2381:
Willst du mit den Kinderhänden
In des Schicksals Speichen greifen?
Seines Donnerwagens Lauf
Hält kein sterblich Wesen auf.
Am Schicksalsfaden spinnen: das Schicksal lenken. Diese Rda. geht zurück auf die Vorstellung, das Schicksal des Einzelnen werde von den Schicksalsgöttinnen, den Nornen, Parzen etc. bestimmt.

‚Den Schicksalsfaden abschneiden'

Die Vorstellungen eines vorherbestimmten Schicksals basieren auf einem vor- und außerchristlichen Weltbild. Sie spielen in vielen Sagen eine Rolle, die sich in Aufbau und Motivbestand sehr ähnl. sind. Übernatürliche Wesen, die Schicksalsfrauen, sagen dem neugeborenen Kind voraus, durch welchen Umstand, auf welche Weise es seinen Tod finden wird. Es sind außergewöhnliche, bemerkenswerte Todesarten, Unglücksfälle und Katastrophen mannigfacher Art. Das sozusagen ‚normale' Lebensende, der Tod durch Altersschwäche oder durch Krankheit, wäre kein Anlaß zur Sagenbildung. Was die Schicksalssagen als vorchristlich-heidnische Dokumente so interessant macht, ist die Tatsache, daß sich in ganz verschiedenen Kulturkreisen und Sprachfamilien mehr oder weniger dieselbe Vorstellung von schicksalsverkündenden Frauen findet. Sie heißen Hathoren im alten Ägypten, Moiren oder Miren bei den Griechen, Parzen bei den Römern, Völven oder Nornen im ma. Nordgermanien,

Scephen oder Schöpferlein in dt. ma. und neuzeitlichen Quellen, Fati oder Feen bei romanischen Völkern, Ursitori oder Ursitoiere bei Rumänen, Urmen bei Zigeunern, Sudiče, Sudniči oder Roieniče bei slaw. Völkern. Die Funktion dieser dämonischen Frauengestalten stimmt darin überein, daß sie dem neugeborenen Kind in einer der Nächte nach der Geburt sein Schicksal voraussagen. Ihren dramatischen Kern bekommen diese Sagen durch den Versuch des Menschen, sich dem vorherbestimmten schlimmen Schicksal zu entziehen, ähnl. wie noch im Märchen von ‚Dornröschen' (KHM. 50).

‚Schicksal' als unpersönliche, unerbittliche Macht begegnet als dunkle Verkettung aller Lebensumstände oder als Zufall. Im Islam nennt man den unbegreiflich vorherbestimmten Willen Allahs ↗ Kismet.

Lit.: *K. Beth*: Art. ‚Schicksal', in: HdA. VII, Sp. 1045–1055; Art. ‚Schicksal', in: RGG. V (³1961), Sp. 1404–1410; *R. W. Brednich*: Volkserzählungen und Volksglaube von den Schicksalsfrauen (Helsinki 1964) (FFC. 193); *H. Ringgren* (Hg.): Fatalistic Beliefs in Religion, Folklore and Literature (Stockholm 1967).

Schickse(l). *Sie ist eine Schickse:* eine verachtete weibl. Person, Hure. Das Wort Schickse geht auf hebr. ‚šikkuz' = Greuel zurück. Bei den Juden wurde ‚šikzo' nur für das Christenmädchen gebraucht, wie es bei Bibliophilus 1742 im ‚Jüd. Sprachmeister' (76) bezeugt ist. Merkwürdigerweise hatte aber in der Gaunersprache der Jude eine ‚Schicksel' als Begleiterin. Eine ‚Tippelschickse' war die allg. Bez. für das Mädchen auf der Wanderschaft, für die Gaunerin. Aus dem Rotw., das schon seit 1724 die Ausdr. ‚schicksgen' = Frau-Mensch und ‚schicks(e)' = Gaunerin kannte, drang das Wort in die dt. Mdaa. ein und erhielt die neue Bdtg. ‚Judenmädchen'. Daneben blieb Schickse aber weiterhin die verächtl. Bez. für jede Weibsperson und nahm in der Studentensprache seit dem 18. Jh. den Sinn von einer Konkubine und Geliebten an, bezeugt seit 1781 bei Kindleben (‚Stud.-Lex.' 183).

Lit.: *Fr. Kluge*: Rotwelsch (Straßburg 1901), 1, S. 184; Zs. f. dt. Wortf. 9, 66.

schief. Die Rdaa. *auf eine schiefe Bahn geraten* und *auf die schiefe Ebene kommen* beruhen auf der Beobachtung, daß ein Körper in immer schnellere Bewegung gerät, der einmal ins Gleiten gekommen ist. Auf den Menschen übertr., enthalten diese Wendungen eine bedauernd-resignierende Feststellung: es ist kein gutes Ende mehr zu erwarten, denn es wird nun immer schneller abwärts (bergab) gehen, das Verhängnis muß sich wie ein Naturgesetz vollziehen. Auch hinter der Rda. ‚jemand ist haltlos geworden' steht das Bild von der schiefen Ebene. Um eine Warnung vor verantwortungslosem Handeln auszusprechen, sagt man: ‚Sieh zu, daß du nicht auf die schiefe Bahn gerätst!' Vgl. frz. ‚être sur la mauvaise pente'.

Die drei folgenden Rdaa. *in eine schiefe Stellung geraten, in eine schiefe Lage kommen* und *sich in ein schiefes Licht stellen* enthalten einen gemeinsamen Gedanken: Worte, Taten und Verhalten können falsch ausgelegt werden, so daß ein Zerrbild der Tatsachen entsteht. Der Vorsichtige versucht deshalb, alles zu meiden, das gegen ihn sprechen könnte.

Das Krumme und Schiefe wird im Volksglauben dem Bösen gleichgesetzt. Daraus erklärt sich der überaus häufige Gebrauch des Adj. schief in den verschiedensten Wndgn., wie z. B. *etw. geht schief, eine Sache geht schief aus, etw. läuft schief, es steht schief um eine Sache*, d. h. etw. mißlingt, eine Sache nimmt eine verkehrte, üble Wndg.

Als iron. Ausdr. der Ermunterung wird seit dem Ende des 19. Jh. bes. in Berlin, Sachsen und dem Rheinl. einem Verzagten zugerufen: ‚Nur Mut – die Sache wird schon schiefgehen!'

Geht jem. von falschen Voraussetzungen aus, die zum Irrtum führen müssen, sagt der Berliner: ‚Wenn de det denkst, denn biste schief jewickelt'. Die seit dem 19. Jh. bes. in Norddtl. verbreitete Rda. leitet sich entweder vom falsch gewickelten Säugling her (im Scherz wird behauptet, daß verschrobene Ansichten auf eine falsche Behandlung in der Säuglingszeit zurückzuführen sind) oder vom schief auf die Spule gewickelten Garn oder auch vom schiefgewickelten Tabak bei der Zigarre. Die Kölner Rda. ‚de Zijar scheif rauche' macht den Zusammenhang deutlicher. Theodor Fontane schreibt in einem Brief vom Juli 1856 an seine Frau Emilie: „Ein guter Kerl, aber total schiefgewickelt".

Einer der zahlreichen Ausdrücke für das Torkeln des Betrunkenen ist *schief geladen haben.* Die Vorstellung vom schiefgeladenen Erntewagen oder von der schlecht verteilten Schiffsladung wurde auf den Bezechten übertr. (↗trinken).

Muß man sich wegen einer Sache *die Stiefel (Absätze) schief laufen,* dann bedeutet das, daß eine große Anstrengung nötig ist. Sagt aber jem. in Norddtl. ‚Da krig' ek scheiwe stewel von', dann lehnt er ein Ansinnen ab, das ihm Unannehmlichkeiten bringen kann.

Die Feststellung *Es ist zum Schieflachen* beruht auf der Beobachtung eines heftig Lachenden, der sich dabei biegt und krümmt. Die Rdaa. ‚sich krummlachen' und ‚sich einen Ast lachen', d.h. ‚sich bucklicht lachen', verdeutlichen dies. Vgl. frz. ‚Il y a de quoi se tordre de rire'.

Seit etwa 1850 sagt der Berliner auf die Bemerkung: ‚Det sitzt ja schief', schlagfertig: *Schief is englisch! Englisch is Mode!* Der heute in ganz Dtl. verbreitete Ausdr. weist auf eine als neu empfundene engl. Sitte, die Kopfbedeckung schief zu tragen, die zuerst bei engl. Matrosen beobachtet wurde.

Daß man die Gedanken eines Menschen an seinem Gesichtsausdruck ablesen kann, beweisen die folgenden Wndgn.: *einen schiefen Mund ziehen* und *ein schiefes Gesicht machen,* sie gelten als Ausdr. von Ärger und Mißgunst. Gehässigkeit, Verachtung und Neid sind im Spiel, wenn man *jem. einen schiefen Blick zuwirft, ihn schief ansieht.* Die ndl. Rdaa. ‚iets met scheele oogen aanzien' oder ‚scheele oogen maken' meinen dasselbe. Vgl. frz. ‚regarder quelqu'un de travers'.

Auch in übertr. Sinne werden die Wndgn. *etw. schief ansehen,* d.h. falsch auffassen, und *eine Sache schief sehen,* ein falsches Abbild, eine unrichtige Vorstellung davon gewinnen, angewendet. In Zusammenhang damit stehen folgende Ausdrücke: *etw. in einem schiefen Licht sehen (zeigen, darstellen), etw. von einer schiefen Seite, einem schiefen Gesichtspunkt aus betrachten:* falsch beurteilen.

In übertr. Bdtg. spricht man von ‚einem schiefen Sinn', einem ‚schiefen Urteil',

von dem ‚schiefen Spiel' eines Schauspielers, vom Gebrauch ‚schiefer Bilder und Vergleiche' beim Reden und Schreiben. Verschiedenes meinen die Wndgn. *etw. schief anfangen (anfassen):* falsch beginnen; vgl. frz. ,prendre quelque chose par le mauvais côté; *etw. schief auffassen:* falsch verstehen, *etw. schief aufnehmen:* sich beleidigt fühlen; vgl. frz. ,prendre quelque chose de travers'.

Die Rda. *etw. ist windschief* bewahrt in der Zusammensetzung ein altes Adj. ‚wind' = gewunden, das heute nicht mehr verstanden wird. In der Volksetymologie tritt das Subst. Wind an seine Stelle.

‚Damit du nicht schief wirst' sagt man scherzhaft in Ostpreußen und Sachsen, wenn man rechts und links Ohrfeigen austeilt.

schielen. *Auf etw. (nach jem.) schielen:* etw. verstohlen beobachten, begehrlich auf etw. (jem.) blicken. Vgl. frz. ,loucher sur quelque chose'. Auch: *Schielaugen machen:* durch begehrliche Blicke verraten, daß man etw. gerne haben möchte. ↗ Stielaugen.

Das Schielen galt außerdem als Ausdr. des Spottes, der Verachtung und des Neides. Schon Walther von der Vogelweide setzte das Schielen mit Tücke und feindlicher Gesinnung gleich (57,35):

Kumt ein junger ieze dar,
sô wird ich mit twerhen ougen
schilhend angesehen.

Im Volksglauben ist das Schielen ein wichtiges und sicheres Kennzeichen für einen Menschen mit dem ‚zweiten Gesicht', aber auch für den ‚bösen Blick'. So darf z.B. in Mecklenburg niemand zugegen sein, der schielt, wenn gebuttert wird, da dies sonst mißraten könnte.

Die Wndg. *an (auf) einem Auge schielen* wird im Volkslied zur metaphorischen Umschreibung der Entehrten gebraucht. So heißt es z.B. im Liederbuch der Clara Hätzlerin (2,68, 516):

Die ere man ir nit mer bevilcht,
Wann sy an ainem augen schilcht.

Die rdal. Vergleiche schildern das Schielen in scherzhaften und verspottenden Übertreibungen, z.B. *er schielt wie ein Bock; sie schielt wie eine Gans, wenn's donnert.* Bes. drastisch sind die Vergleiche in

1327

den mdal. Wndgn.: schwäb. ‚Der schielt wie a Ratz'; ndd. ‚Dat schêlt as Dag un Nacht'; niederrhein. ‚Der guckt mit dem linken Aug in die rechte Westentasche'; siebenbürg.-sächs. ‚E sêgt än de schiele wänkel'.
Eine neuere berl. Rda. besitzt nur übertr. Bdtg.: ‚Er schielt mit den Beinen', er ist betrunken.

Lit.: *S. Seligmann:* Der böse Blick und Verwandtes, 2 Bde. (Berlin 1910); *K. Meisen:* Der böse Blick und seine Abwehr in der Antike und im Frühchristentum, in: Rhein. Jb. f. Vkde. 1 (1950), S. 144 ff.; *ders.:* Der böse Blick, das böse Wort und der Schadenzauber durch Berührung im MA. und in der neueren Zeit, in: Rhein. Jb. f. Vkde. 3 (1952), S. 169 ff.; *A. Dundes* (Hg.): The Evil Eye. A Folklore Casebook (New York – London 1981); *Th. Hauschild:* Der böse Blick (Berlin ²1982).

Schienbein. *Jem. vors (ans) Schienbein treten:* jem. an einer sehr empfindlichen Stelle treffen, jem. kränken, jem. verletzen, ↗ Schiene. Ähnl.: *Jem. blaue Schienbeine machen:* ihm Schaden zufügen.
Jem. ist einem nicht ans Schienbein gewachsen: er steht einem nicht so nahe, daß er geschont werden sollte.

Schiene. Mit Schienen oder Schenen werden mdal. die Schienbeine bez., z. B. westf. ‚sik vor de Schienen stauten', übel anlaufen, barsch abgewiesen werden', ostfries. ‚He het säk blau Schênen lopen', ‚jem. hat sich ein blaues Schienbein gelaufen': er hat einen ablehnenden Bescheid erhalten, bei einem Unternehmen ist ihm merklicher Schaden entstanden, er hat einen schmerzlichen Verlust hinnehmen müssen. Vgl. ndl. ‚Hij heeft eene blaauwe scheen gelopen'. Aus Moers stammt der Rat: ‚Schlôn öm vor de Schenen, wo de Jöd et Speck sitten het', triff ihn an seiner empfindlichsten Stelle! Vgl. ndl. ‚iemand iets voor de scheenen werpen'. Um auszudrücken, daß einem Schmerz (Unheil) noch ein größerer zugefügt wird, sagt man in Solingen: ‚En blô Schên schwart stuten'.
Die Eisenbahnschienen meinen die folgenden Rdaa.: *Auf einer Schiene laufen:* ausschließlich eine bestimmte Idee, Spur verfolgen; eingleisig fahren. *Jem. aus der Schiene werfen:* dafür sorgen, daß jem. aus der ↗ Bahn gerät, verzweifelt; schweiz.: ‚ab der Schine!' heißt: weg! fort!

Aus der Konkurrenz des Gütertransportes durch Eisenbahn und durch Lastkraftwagen ergab sich das Schlagwort vom *Wettlauf zwischen Schiene und Straße.* Mit Schiene ist hierbei sehr umfassend der gesamte Güter- und Personenverkehr der Bahn gemeint.

Schierlingsbecher. *Jem. den Schierlingsbecher reichen:* jem. zum Selbstmord zwingen. Im antiken Athen war es üblich, einem zum Tode Verurteilten ein Getränk zu reichen, dem das Gift des Schierlings beigemischt war. Wahrscheinl. wurde dieser Strafvollzug zu Beginn des 5. Jh. v. Chr. in Athen von den dreißig Tyrannen eingeführt, die damit ihre polit. Gegner zu beseitigen suchten. Platon schildert im ‚Phaidon' den Gifttod des Philosophen Sokrates (399 v. Chr.). Aber auch an-

‚Den Schierlingsbecher trinken'

dere berühmte Persönlichkeiten wurden so ums Leben gebracht; z. B. ließen der Tyrann Klearchos von Herakleia (411–353 v. Chr.) und Attalos III. Philometor, der in seinem Garten auch die giftige Schierlingspflanze zog, zahlreiche mißliebige Bürger heimlich durch Schierling töten. Der Athener Feldherr Phokion wurde 318 v. Chr. zum Tode durch Schierling verurteilt. Nero ließ 55 n. Chr. Britannicus durch eine Mischung von Opium und Schierling vergiften. Im Altertum bestand auf der Insel Kea in der Ägäis die Sitte, daß sich alte Menschen mit Hilfe des Schierlings das Leben nahmen.
Das im Schierling enthaltene Alkaloid Coniin bewirkt von den Beinen her aufsteigende Lähmungen, verbunden mit Trockenheit im Hals, Erbrechen, Sinnestäuschungen, Zuckungen, Herzschwäche.

Der Tod tritt durch Lähmung des Atemzentrums ein.

Lit.: *H. Marzell:* Art. ,Schierling', in: HdA. VII, Sp. 1057–1058; *L. Lewin:* Die Gifte in der Weltgeschichte (Berlin 1920); *R. Guardini:* Der Tod des Sokrates (Bad Godesberg ⁴1952).

schießen. *Einen Bock* (auch: *einen Fehler) schießen:* einen Irrtum begehen, ↗ Bock; *daneben-(vorbei-)schießen, Löcher in die Luft schießen:* das Ziel verfehlen, seinen Zweck nicht erreichen, ↗ Loch; *den Vogel abschießen:* die beste Leistung erzielen, ↗ Vogel; *über das Ziel hinaus schießen:* zu weit gehen, ↗ Ziel. Alle diese Rdaa. stammen aus der Schützensprache und beziehen sich auf das Wettschießen. Von einem bes. treffsicheren Schützen heißt es: *Er schießt einen Thaler zwischen den Fingern weg* oder *Er schießt seinem Kinde einen Apfel vom Kopfe,* d. h. er ist so unerschrocken wie Wilhelm Tell. Dagegen: *zu kurz schießen mit etw.:* fehlen, vgl. ndl. ,te kort schieten'.

Mit der silbernen Büchse schießen: Geschenke geben, um etw. wiedergutzumachen, bestechen, um Vorteile zu erlangen. Eine vergleichbare Rda. findet sich auch im Lat. ,argenteis hastis pugnare'.

Die einfache Feststellung *gut schießen können* besitzt ebenfalls noch eine übertr. Bdtg. Sie umschreibt das bes. Talent, ohne Geld einzukaufen, etw. zu organisieren, seinen täglichen Bedarf zusammenzustehlen. Der Urspr. der Rda. ist im 14. oder 15. Jh. zu suchen, als die fahrenden Schüler noch verpflichtet waren, für ihre Reisegefährten zu sorgen. Sie verstanden es z. T. recht gut, Enten, Gänse und Hühner, die sie etw. vom Haus entfernt antrafen, mit einem wohlgezielten Steinwurf zu töten.

Die Warnung *Schieße noch nicht!:* überlege erst, bevor du (den Kampf) beginnst, ist lit. bereits bei Thomas Murner (,Vom großen lutherischen Narren', in Kloster X, 149) bezeugt: „Gib frid... und schüss noch nit". Eine moderne Wndg. ist die Aufforderung *Schieß mal los!:* Laß hören! Beginne ohne Umschweife mit deinem Bericht; erzähle, was du erlebt hast!

So schnell schießen die Preußen nicht ↗ Preußen.

Seine Bolzen verschießen ↗ Bolzen.

Etw. geht aus wie das Hornberger Schießen ↗ Hornberg.

Moderne Wndgn. sind: *einen abschießen:* dafür sorgen, daß er entlassen wird; *etw. schießen lassen:* auf etw. verzichten; *aus dem Boden (in die Höhe) schießen:* plötzlich kräftig wachsen, rasch gebaut werden, und *ins Kraut schießen:* wuchern, rasch zunehmen, ↗ Kraut.

Etw. ist zum Schießen!: Es ist zum Totlachen! Diese Rda. leitet sich von schießen in der Bdtg. hervorwachsen her, so wie wir sagen, daß ,der Salat schießt'. Beim Lachenden, der sich krümmt, wächst gleichsam ein Buckel hervor, vgl. ,sich bucklig lachen'.

Auf das Weberhandwerk bezieht sich die Wndg. *hin und her schießen:* sich rasch und unruhig bewegen wie das Weberschiffchen zwischen den Kettfäden.

Jem. ist geschossen (auch: *angeschossen):* er ist närrisch, angeheitert, aber auch: verliebt (vgl. Liederbuch der Clara Hätzlerin II, 58, 370).

Für das Verliebtsein gebrauchen wir heute die Wndg. *in jem. (etw.) verschossen sein.* Urspr. hieß es aber in den Altwiener Lustspielen und Possen ebenfalls ,ich bin geschossen', d. h. von Amors Pfeilen getroffen. Das Wort verschossen wurde erst in Anlehnung an ,verliebt' gebildet.

Die Begriffe ,Schuß', ,schießen' werden im übertr. Sinne auch als Sexualmetaphern verwendet.

Aussehen wie eine Schießbudenfigur: lächerlich, ungepflegt aussehen.

Auch nicht gerade das Schießpulver erfunden haben ↗ Pulver.

Lit.: *A. Förg:* Schießscheiben (Rosenheim 1976), bes. S. 176 ff.

Schießhund. *Aufpassen (aufmerken) wie ein Schießhund* stammt aus der Jägersprache. Es bedeutet soviel wie: mit größter Gespanntheit auf etw. achten, scharf aufpassen. Der Schießhund ist bei der Jagd ein Vorstehhund, der so lange gespannt wartet, bis der Jäger ,schußfertig' ist und ihm das Zeichen zum Aufscheuchen des Wildgeflügels gibt: „Wie eine Herde geschwätziger Gänse, vom Schießhund gejaget, Mit Geschrey in die Lüfte sich hebt", so heißt es bei F. W. Zachariä (,Murner in der Hölle', 1775).

Der Schießhund ist auch dazu abgerichtet, das erlegte Wild aufzuspüren und dem Jäger zu apportieren. *Er läuft wie ein Schießhund* heißt es in Heinrich Julius' Komödie von ‚Vincentius Ladislaus' (VI, 3), wo in einer der Münchhausiaden der Bramarbas das Pferd aus dem Wasser holt (‚apportiert'), „als (wie) ein Schießhund". Schon im 17. Jh. wird Schießhund auf menschliches Verhalten übertr. In der ‚Comedia vom Studentenleben' (1658) von J. G. Schoch wird damit eine gewisse Art von Studenten gekennzeichnet: „Es sind wohl zum Theil Schießhunde und sind auff lose Stückgen abgericht, wie die Schießhunde".

Unser heutiger Sprachgebrauch kennt nur noch die eingangs genannte sprw. Rda., die seit dem 18. Jh. bezeugt ist. In J. C. Adelungs ‚Versuch eines grammatisch-kritischen Wörterbuches' (1780) kann man den Ausdr. finden ‚wie ein Schießhund aufmerken', und im Bremisch-niedersächs. Wb. (1768/71) heißt es: ‚uppassen as een Scheethund'.

Lit.: Zs. f. d. U. 21 (1907), S. 696; *Anon.:* Aufpassen wie ein Schießhund, in: Sprachpflege 11 (1962), S. 222.

Schiff. *Seine Schiffe hinter sich verbrennen,* auch *brennen sehen:* sich selbst jeden Fluchtweg abschneiden, um als kühner Heerführer seine Entschlossenheit zu Sieg oder Untergang im fremden Land zu zeigen und den Mitkämpfern Mut zu machen. Diese Rda. bezieht sich vielleicht auf das Verhalten des Spaniers Hernando Córtez, der 1519 mit elf Schiffen von Kuba nach Mexiko segelte. Er gründete Veracruz und ließ die Schiffe verbrennen, um seine meuternden Mannschaften zu zwingen, ihm ohne Hoffnung auf einen offenen Fluchtweg in das gefährliche Innere Mexikos zu folgen.

Der Grundgedanke, alles hinter sich zu lassen, um entweder zu siegen oder unterzugehen, ist jedoch viel älter, und in mehreren parallelen Fällen sind Schiffsverbrennungen in der Geschichte bezeugt, zuerst von den Frauen der Flüchtlinge aus Troja, die nach ihrer Ankunft auf Sizilien, um ihren Männern Mut zu machen, die Schiffe selbst in Brand steckten. Im 4. Jh. v. Chr. ließ Agathokles, der Tyrann von Syrakus, seine Landungsflotte vor Afrika vernichten, 1066 tat dies Wilhelm der Eroberer, als er in England gelandet war. Die Rda. ist weit verbreitet und hat unabhängig vom Kampfgeschehen eine allg. Bdtg. gewonnen: alles hinter sich lassen, was zur Umkehr (auch in geistiger Hinsicht) bewegen könnte, ähnl. wie die Rda. ‚alle Brücken hinter sich abbrechen'. Vgl. auch ndl. ‚de schepen achter zich verbranden', engl. ‚to burn one's boats (behind one)', frz. ‚brûler ses vaisseaux' (nicht mehr gebräuchl.) und span. ‚quemar las naves'.

Im ‚Nibelungenlied' ist das Motiv der eigenen Schiffszerstörung lit. verwertet.

Das Schiff ist mit Mann und Maus untergegangen: alles ist verloren, aus dem Schiffbruch ist nichts gerettet worden. Vgl. auch ndl. ‚het schip is geblewen met man en muis'. vgl. frz. ‚Le navire est perdu corps et biens'.

Das geht über Schiff und Gut: der Schaden ist größer, als man denkt, und betrifft auch entfernt Beteiligte, wie z. B. die Kaufleute, die ihre Güter mit dem Schiff verlieren.

Etw. ist zwischen Schiff und Ufer gefallen: es ist verloren. Die Rda. beruht auf der Beobachtung, daß ein über Bord gegangener Gegenstand zwischen Schiffswand und Ufer nicht geborgen werden kann und ein Mensch meist ertrinkt, wenn er von einem ankernden Schiff zur Uferseite ins Wasser fällt, während Schiffbrüchige auf hoher See gerettet werden können.

Das Schiff ist leck: es droht Gefahr und Untergang, auch: das Unternehmen kann nicht gelingen, es ist von vornherein heimlich bedroht, oder: der Mensch ist krank. Vgl. frz. ‚Le bateau fait eau'. Deshalb heißt es auch: *Das Schiff muß auf die Werft,* wenn ein kranker Mensch oder die wirtschaftlichen Verhältnisse von jem. dringend einer Kur bedürfen.

Sein Schiff (Schifflein) ist gestrandet (gescheitert): seine Hoffnungen haben sich zerschlagen, sein Leben ist unglücklich verlaufen, ‚er ist gescheitert'. Das Schiff dient häufig zur Umschreibung von Leben und Schicksal, es erreicht entweder glücklich den ruhigen Hafen oder scheitert, d. h. es verunglückt unterwegs, eigentl.: es wird durch einen Anprall an Felsen zertrümmert. Vgl. ndl. ‚zijn scheepje is gestrand'. Dagegen heißt: *Er weiß sein Schifflein zu führen:* er weiß sich den Bedingungen gut anzupassen, er bringt sich oder seine Unternehmungen nie in Gefahr und weiß sich jederzeit zu helfen, sein überlegtes Handeln verdient Bewunderung. Vgl. frz. ,Il conduit bien sa barque', auch: ,Il sait conduire sa barque'.

Er hat sein Schiff ins trockene gebracht: er hat so viel verdient, daß seine Zukunft gesichert ist, daß er weitere Wagnisse vermeiden kann. Vgl. ,sein Schäfchen ins trockene bringen' (↗ Schaf). Ndl. ,zijne schepen op het drooge hebben'.

Er rüstet mit an den Schiffen: er ist bei der Sache mitbeteiligt.

Er führt ein großes Schiff: er leitet ein wichtiges Unternehmen, er trägt hohe Verantwortung.

Auf einem kleinen Schiffe bunte Wimpel führen: dem geringen Einkommen (Vermögen) entspr. zu großen Aufwand treiben, nach außen hin Wohlstand und Hochstimmung vortäuschen. Vgl. ndl. ,op een klein schip bonte wimpele van den top voeren'.

Sein Schiff fährt mit großem Segel: er kommt rasch vorwärts, er nützt die günstige Gelegenheit aus, aber er achtet bei seinem Streben nicht auf Gefahren und trifft keine rechtzeitigen Vorkehrungen. Vgl. ndl. ,zijn schip voert te groote zeilen'; vgl. frz. ,mettre toutes voiles dehors' oder ,faire force de voiles'.

Sein Schiff gerät unter den Wind: es gerät in Not bei einem Seesturm, in übertr. Bdtg.: sein Leben, seine Unternehmungen sind bei ungünstigen Bedingungen in großer Gefahr.

„Jetz up See un keen Schipp unner de Fööt!" heißt es bei heftigem Sturm in der Seemannssprache mit dem humoristisch steigernden Zusatz: ,Un denn een Leck in de Seestäbel!" (Vgl. Stammler, Aufriß, Sp. 1849).

Sein Schiff nach dem Winde richten: sich den Verhältnissen anpassen, eigentl.: seine Segel nach der Windrichtung und -stärke richten und notfalls seinen Kurs ändern; vgl. frz. ,louvoyer' (lavieren). Vgl. ,seinen Mantel nach dem Winde hängen' (↗ Mantel).

Das Schiff wenden: eine neue Richtung verfolgen, andere Lebensgewohnheiten

annehmen, umkehren oder sich zu seinem Vorteil anpassen. Vgl. lat. ,vertere vela!'

Er muß das Schiff dem Meer übergeben: er muß einen Menschen seinem Schicksal überlassen, oder: um nicht selbst in Gefahr zu kommen, muß er etw. preisgeben, seine Mitwirkung bei einem Unternehmen abbrechen.

Es ist ein Schiff ohne Ballast: es besteht die Gefahr, daß das Schiff kentert, weil es keinen Tiefgang besitzt, übertr.: es ist ein unsicheres Geschäft.

Teure Schiffe bleiben am Rande: zu anspruchsvolle Mädchen bleiben unverheiratet, eigentl.: zu teure Schiffe werden nicht verkauft und bleiben am Ufer oder im Hafen zurück. Vgl. ndl. ,Oude (dure) schepen blijven aan land' u. engl. ,A dear ship stands long in the haven'.

Wir sind auf einem Schiffe: wir sind aufeinander angewiesen, wir befinden uns in gleicher Gefahr (↗ Boot). Vgl. frz. ,Nous sommes dans le même bâteau'. Ähnl. *Er fährt mit mir in einem Schiffe:* wir haben dasselbe Ziel, unsere Ansichten stimmen überein.

Sie gehen nicht alle in ein Schiff: sie sind gegenteiliger Meinung, sie halten und arbeiten nicht zusammen, ,sie sind nicht unter einen Hut zu bringen' (↗ Hut).

Geh aus meinem Schiff, du verdirbst die Fracht wird zu einem gesagt, dessen Gesellschaft Nachteil bringt.

Er geht mit dem ersten Schiffe fort: er benutzt die erste sich bietende Gelegenheit. Vgl. ndl. ,Hij gaat met de eerste schepen voort'.

Er kommt mit den letzten Schiffen: er kommt spät oder zu spät, er versäumt die beste Zeit und Gelegenheit und kann es deshalb anderen nicht gleichtun. Vgl. ndl. ,Hij gaat met de laatste schepen onder zeil'.

Wir müssen nicht in das Zurzacher Schiff: wir werden nicht gedrängt, sondern haben genügend Zeit, die Sache hat keine Eile. Diese Rda., die diesmal der Binnenschiffahrt entstammt, bezieht sich auf die Zurzacher Messe am Oberrhein, die früher sehr bedeutend war. Die Messebesucher mußten zu einer bestimmten Zeit am Ufer sein, sonst trafen sie das Schiff nicht mehr an, das nur einmal überfuhr.

Es ist ein Schiff oder eine Pudelmütze: so

heißt es scherzhaft, wenn jem. sehr auseinandergehende Angaben über etw. macht, wenn man einen Gegenstand von weitem nicht erkennen kann, aber auch wenn sich Leute anders gebaren, als sie in Wirklichkeit sind. Bei Egenolff (298ª) heißt die Wndg. ähnlich: „Es ist ein schiff oder schinhut".

Das Schiff der Wüste ist ein sprachl. Bild für das Kamel, das sich wie ein lebendes Schiff seinen Weg durch den Sand sucht und Lasten befördert. Vgl. ndl. ‚het schip der woestijn'; engl. ‚the ships of the desert' und frz. ‚le vaisseau du désert'.

Die Ratten verlassen das sinkende Schiff
↗ Ratte.

Das ‚Schiff' war schon in der antiken poetischen und politischen Metaphorik ein häufig gebrauchtes Bild, so z. B. für den Staat. In christl. Deutung gebrauchte man ‚Schiff' als Symbol für die Kirche mit z. T. ausgeführter Allegorie; der Mastbaum: Kreuz, die Ruderer: die Apostel usw. Schließlich wird das Leben des Menschen oft als ‚Seefahrt', der Mensch selbst als Schiff, das von Wellen (Schicksal) hin- und hergeworfen wird, empfunden. Lit. erscheinet dieses Bild in einem Sonett von Andreas Gryphius: ‚Der Abend'.
↗ Narrenschiff.

Lit.: *F. Kluge:* Wb. der Seemannssprache (Halle 1911); *F. Moll:* Das Schiff in der bildenden Kunst (Berlin 1929); *F. Panzer:* Hagen und die Meerfrauen, in: Sitzungsberichte der Heidelberger Akad. d. Wissensch., Phil. hist. Klasse 1953 (Heidelberg 1954); *W. Stammler:* Seemanns Brauch und Glaube, in: Dt. Philologie im Aufriß, Bd. III (Berlin 1956), Sp. 1815–1880. *H. Rahner:* Griech. Mythen in christl. Deutung (Zürich ²1957); *ders.:* Symbole der Kirche (Salzburg 1964); *R. Gruenter:* Das Schiff. Ein Beitrag zur hist. Metaphorik, in: W. Kohlschmidt u. a. (Hg.): Tradition und Ursprünglichkeit (= Akten des 3. Internationalen Germanistenkongresses 1965) (Bern – München 1966), S. 86–101; *R. Drux:* Des Dichters Schiffahrt. Struktur u. Pragmatik einer poet. Allegorie, in: Formen u. Funktionen der Allegorie, hg. v. *W. Haug* (Stuttgart 1979), S. 38–51; *E. Schutt-Kehm:* Pieter Brueghels d. Ä. ‚Kampf des Karnevals gegen die Fasten' als Quelle vkdl. Forschung (Frankfurt a. M. – Bern – Las Vegas 1983), S. 202ff.; *W. Rudolph:* Das Schiff als Zeichen (Leipzig – Berlin 1987); *O. G. Sverrisdóttir:* Land in Sicht (Frankfurt/M. 1987) (Germanistische Arbeiten zu Sprache u. Kulturgeschichte, 9); *W. Mezger:* Narrenidee u. Fastnachtsbrauch. Studien zum Fortleben des Mittelalters in der europ. Festkultur (= Konstanzer Bibliothek 15) (Konstanz 1991).

Schiffbruch. *Schiffbruch erleiden:* scheitern, keinen Erfolg haben. Das Leben der

‚Schiffbruch erleiden'

Menschen und Völker wird oft mit einer Schiffahrt verglichen. Mancher leidet Schiffbruch, manchem erfüllt es sich nicht, in den stillen Hafen eines ruhigen Lebensabends einlaufen zu können (↗ Schiff, ↗ Segel). Daher stammt auch das Sprw.: ‚Besser den Schiffbruch von der Küste schauen als auf einer Planke'; ndl. ‚Het is beter, van een duin de schipbreuk te aanschouwen, dan op eene plank te drijven, op hoop van aan land te komen'. Das Sprw. ‚Wer im Schiffbruch gewesen ist, zittert auch bei ruhigem Wasser' kann bereits in der Antike eine Parallele vorweisen: ‚Tranquillas etiam naufragus horret aquas'.

Schon der Apostel Paulus überträgt die Bdtg. des Wortes Schiffbruch auf den Bereich des menschlichen Lebens. In seinem 1. Brief an Timotheus (1, 19) weist er seinen Schüler auf bestimmte Leute hin, „die im Glauben Schiffbruch litten". Wir gebrauchen heute die Rda. (ndl. ‚Hij lijdt schipbreuk') für Situationen, in denen Menschen in Not kommen oder Mangel an den notwendigsten Lebensbedürfnissen leiden: ‚Es ist ein schlimmer Schiffbruch, wenn Geld fehlt'. Schiffbruch leidet vor allem auch jem., der in seinen Aussichten und Hoffnungen getäuscht worden ist, seine Ehre verloren hat oder

der Trunksucht verfallen ist: ‚Es gibt größere Schiffbrüche im Wein als in See, in Gläsern als auf Schiffen' (↗trinken).
Das Bild vom Schiffbruch ist in der Lit. ungemein häufig verwendet worden.
Lit.: ↗Schiff.

Schikane. *Etw. (nur) aus Schikane tun:* böswillig Schwierigkeiten bereiten, einen anderen ärgern und schädigen wollen. Das frz. Wort ‚chicane' erscheint erst 1695 seit Scheibner in Dtl. Es ist eine Rückbildung aus ‚chicaner' = das Recht verdrehen. Urspr. hieß es ‚einen Rechtsfall einfädeln', denn das Wort leitet sich von dem mnd. ‚schikken' = ordnen, zuwege bringen ab und kehrte mit gegenteiligem Sinn aus dem Frz. nach Dtl. zurück.
Die moderne Wndg. *mit allen Schikanen:* mit allen Feinheiten und neuzeitlichen Errungenschaften der Technik, mit allen Mitteln für größte Bequemlichkeit, aber auch Leistungssteigerung (z.B. ein Auto, ein Haus mit allen Schikanen), hat den frz. Wortsinn verfeinert von Ränken zu Raffinessen.
Am Übergang der beiden Bdtgn. steht eine Stelle in Fontanes Roman ‚Cécile' (1887), wo es heißt: „Die Nürnberger henken keinen nicht, sie hätten ihn denn zuvor, und dieser Milde huldigten auch die Quedlinburger. Aber wenn sie den zu Henkenden hatten, henkten sie ihn auch gewiß, und zwar mit allen Schikanen".
Seit der 2.H. des 19. Jh. ist die Wndg. auch in den Mdaa. zu beobachten, z.B. schweiz. ‚ein Kartenspiel mit allen Schikanen' ist ein Spiel mit allen üblichen Kniffen; berl. ‚ein Beefsteak mit allen Schikanen', mit allen nur denkbaren Beilagen.

Schild. *Jem. auf den Schild heben:* ihn an die Spitze stellen, ihn zum Führer einer Bewegung machen, ihn groß herausstellen. Die Rda. beruht auf dem altgerm. Brauch, den neuerwählten Fürsten auf den Schild zu erheben und ihn dreimal vor dem versammelten Volke im Kreise herumzutragen, damit er von jedermann gesehen werden konnte. Das Zusammenklirren der Waffen auf den Schilden galt dann als Zustimmung. Tacitus (‚Historiae' IV, 15) bietet hierfür das älteste Zeugnis: „Erat in Canninefatibus stolidae audaciae Brinno, claritate natalium insigni... inpositusque scuto more gentis et sustinentium umeris vibratus dux deligitur". Cassiodor berichtet von Vitiges: „scuto impositus, more gentis". Dasselbe wird für die Frankenkönige durch Gregor von Tours bezeugt. Montfaucon hat die Élévation du roi sur un bouclier im Disc. prélim. zu den ‚Monuments de la monarchie française' behandelt und ein Bild aus einer byzantin. Hs. des 10. Jh. mitgeteilt, das den König David auf den Schild erhoben darstellt. Noch im Jahr 1204 wurde Balduin von Flandern bei seiner Wahl zum griech. Kaiser auf den Schild

‚Jemand auf den Schild heben'

gehoben. Die Rda. ist jedoch nicht von der Germanenzeit her überliefert, sondern wurde im Zeitalter des Humanismus neu geprägt, als man durch das Studium der alten Schriftsteller diese Sitte kennenlernte. Ebenso steht es mit den Rdaa. ‚jem. den Handschuh hinwerfen' und ‚den Handschuh aufnehmen'.
Etw. im Schilde führen: etw. beabsichtigen, etw. vorhaben, was der andere nicht ahnt. Die Rda. bezieht sich auf Wahlspruch und Abzeichen, die der Turnierritter auf seinem Schilde führte und die, für die Zuschauer oft ein Rätsel, ihn nur eingeweihten Freunden kenntlich machten. Urspr. fehlte der Wndg. der Unterton des

1333

‚Etwas im Schilde führen'

Hinterhältigen, Heimlichen und Bösen, wie die Str. 215 aus der 4. Aventiure des ‚Nibelungenliedes' beweist:

> Dô het der herre Liudegêr ûf eime
> schilde erkant
> gemâlet eine krône von Sîvrides hant.

Uhland verwendet die Rda. in einem Gedicht ebenfalls noch in ihrem urspr. Sinne:

> Der Hauptmann führt im Schild
> Ein Röslein roth von Golde und einen
> Eber wild.

Am Wappenbild des Schildes konnte der Wächter einer Burg ablesen, was der nahende Reiter ‚im Schilde führte', ob er Freund oder Feind war. Die Redewndg. wurde nun auf die Absicht, die der Ritter hegte, übertr. und erhielt immer mehr eine negative Bdtg., vielleicht auch weil der nahende Feind seine Waffen hinter dem Schild verbergen konnte. Im Ndl. ist der Ausdr. in diesem Sinne schon im 16. Jh. bei Campen aufgezeichnet worden: „Wie weet wat hij in sijnen schilt voert!" Fischart schreibt 1575 im ‚Gargantua' (148ª): „Also bald sieht man eim an der nasen an, was er im schilt führt". Auch in einem Lied aus dem Anfang des 17. Jh. auf Wallensteins Belagerung von Stralsund ist die Rda. bezeugt:

> Drum, Deutschland, tu die Augen auf,
> Merk, was des Wallensteiners Hauf
> In ihren Schilden führen!

In der dt. Lit. fand diese Redewndg. dann sehr häufig einen Platz, so bei Kant, Wieland, Opitz, Gerhard, Gellert, Bürger, Goethe, Schiller, Hebel und Uhland. In den ‚Räubern' (IV, 5) wird z. B. festgestellt:

> Er ging nicht von uns wie einer,
> Der einen Schelmenstreich im Schild
> führt.

Die Rda. begegnet auch in KHM. 8 und 166 u. wird auch durch die Märchen weiter tradiert. Die Wndg., in ihrer urspr. Bdtg. verblaßt, lebt noch heute in ganz Dtl. weiter und wird in der Umgangssprache nun auch zum Ausdr. der verborgenen Absichten der Frauen. Wenn man sagt: ‚Sie führt etw. gegen ihn im Schilde', wird deutlich, daß sich die Rda. sehr weit von ihrem Ausgangspunkt entfernt hat. In der Mda. hat sich mdt. die alte Bdtg. besser bewahrt, denn ‚uff'n schille firen' bedeutet: in der Öffentlichkeit etw. zur Schau tragen.

Sich durch Kennzeichen auf den Schilden zu unterscheiden war nicht bloß ein Brauch des höfischen Rittertums, sondern auch Sitte bei den altgerm. Stämmen. Tacitus (‚Germania' Kap. VI) erzählt, daß sie ihre Schilde bunt bemalt hatten: „nulla cultus iactatio scuta tantum lectissimis coloribus distinguunt". Die altfries. Gesetze sprechen von braunen Schilden als den eigenen und von roten sächsischen. Die fränk. Schilde beschreibt Sidonius Apollinaris im 5. Jh. als in der Mitte goldgelb und nach dem Rande zu weiß gemalt. Im Norden wurde als Zeichen des Krieges ein blutroter Schild an der Rahe der Schiffe aufgehißt, ein weißer Schild galt als Friedensschild und als Zeichen der Ergebung.

Im Brauchtum und Rechtsleben spielte der Schild eine wichtige Rolle. Tote und Verwundete wurden auf dem Schild getragen, Krieger schliefen auf ihrem Schilde, Gold und Schätze wurden auf den Schild gehäuft, der als Maß diente. *Ein Schild voll Gold* war eine alte Rechtsformel als Maß für eine Geldbuße, und zwar für eine sagenhafte und im Grunde unerschwingliche Bußsumme, z. B. in der Aufzeichnung der Rechte der Burg und des Dorfes Dürnstein in der Wachau aus der Mitte des 14. Jh.:

„Wer aber uns di freiung prech, der ist der

SCHILD

herschaft auf vier tail, der marich auf des marich hant oder fues, wolt er sich aber lösen, so sol er geben ain raisschilt voll golt" (Wer das Asylrecht der Burg verletzt, der soll gevierteilt und jedes Viertel an einem Grenzpunkt ausgesteckt werden. Wenn er davonkommen will, so hat er eine sehr hohe Buße zu entrichten, nämlich einen Kriegsschild voll Gold). (Österr. Weistümer, III, S. 982).
Aus dem 15. Jh. gibt es sieben Belege, aus dem 16. fünfzehn, aus dem 17. sechs und einen sogar aus dem 18. Jh. Andere Quellenstellen sprechen von einem ‚übergulten schild', womit entweder ein vergoldeter oder ein mit Gold überdeckter gemeint sein kann. Bis jetzt ist keine urkundliche Nachricht bekannt, daß jem. wirklich einmal einen Schild voll Gold als Buße bezahlt hat. Aber daß sich diese Bestimmung in den Weistümern hielt, zeigt, daß man an so altertümlichen Ausdrücken festhielt.
Über Schildes Rand rechnen: ungenau, in Bausch und Bogen. Die leuchtende rote Farbe des Schildes diente zur Bestimmung der Entfernung im alten Recht: „als ferre man einen rothen schild mag gesehen" (‚Lorscher Wildbann' von 1423). Bei Übergabe von Schild und Speer erfolgte die Mündigkeitserklärung. Zum Zeichen der Trauer wurde der Schild mit der Spitze nach oben getragen, wie wir aus Parzival 92, 1 erfahren:

si hânt ir schildes breite
nâch jâmers geleite
zer erden gekêret:
grôz trûren si daz lêret.

Die Rda. ‚Er möchte wol den schildt zu brudern hangen' heißt eigentl.: er soll den Schild zu den übrigen (den Brüdern) hängen, und leitet sich von dem Brauch her, Schilde, die nicht mehr benutzt wurden, als Schmuck in den Hallen und an den Schiffen aufzuhängen. Bereits in der ‚Edda' findet sich die Vorstellung von Odins Halle, die von goldenen Schilden bedeckt war. Im ‚Grimnismal' heißt es:

Leicht kenntlich ist allen,
Die zu Odin kommen,
Des Herrschers hoher Saal;
Speere bilden das Sparrengerüst,
Schilde decken als Schindeln die Halle.

Die noch heute in unseren Kirchen vorhandenen Totenschilde bezeugen den Zusammenhang. Die Rda. in übertr. Sinne aber bedeutet: jem. soll als alter Mann nicht Dinge treiben oder Vergnügungen nachgehen, zu denen junge Kräfte gehören; er soll Waffen oder Werkzeuge den Jüngeren überlassen.
In den Schild reden: jem. die Berechtigung bestreiten, einen Schild oder ein Wappen zu führen; seine Ritterbürtigkeit, seinen Adel anzweifeln. Der Schild war das Symbol der Freigeborenen, bezeichnete den Stand, den Rang und die Lehensfähigkeit seines Trägers. Man konnte seinen Heerschild erniedrigen, wenn man Dienstmann eines Standesgenossen wurde, man konnte ihn aber auch beim Eintritt in ein Kloster niederlegen. Im übertr. Sinne meint die Rda. heute: Einwände gegen jem. vorbringen, ihm die Wahrheit sagen.
In den Schild sehen hat dieselbe Bdtg. wie die Wndg. ‚hinter die Kulissen sehen'.
Die Rdaa. *seinen Schild blank (rein) erhalten* und *seinen Schild beflecken* zeigen noch den Zusammenhang mit dem Ahnen- und Adelsschild, der als Symbol für die Ehre galt.
Etw. an den Schild schreiben (malen): eine Sache zum Vorwurf machen, einem etw. öffentl. ins Gesicht sagen. Hans Sachs verwendet die Rda. 1558 in der Negation: „darumb schreybt man dirs nit an schilt" (I, 524ª).
Einen Schild tragen wie der Spiegelschwab: den Schild bei der Flucht auf dem Rücken tragen, denn dieser sagte: „Geh ich zurück und fällt mir das Herz in die Hosen, so ist der Schild am rechten Orte" (Eiselein, 549).
Schild und Speer von sich werfen: den Mut verlieren. Heute geläufiger ist dafür die Rda. ‚die Flinte ins Korn werfen'.
Nach dem Schilde urteilen: bezieht sich auf das Schild als Wahrzeichen eines Hauses, eines Handwerkers, einer Gaststätte und meint, daß man sich leicht vom äußeren Schein blenden läßt. Wenn einer wegen Alters, Krankheit oder Not sein Handwerk nicht mehr treiben kann, heißt es: ‚Er muß seinen Schild einziehen' oder ‚Er muß das Schild hereinnehmen'. Diese Rdaa. werden vom Handwerk auf das Tun und Treiben allg. übertragen.
Schildwache stehen: auf Posten stehen mit

1335

dem Schild in der Hand, um bei jedem Angriff gewappnet zu sein. *Er gehört zur verlorenen Schildwache,* ndl. ,Hij staat op verloren schildwacht', meint die Posten, die bei einem plötzlichen Abzug zurückgelassen werden müssen. Gebräuchlicher ist ,auf einem verlorenen Posten stehen'.
,Schilderwald' ↗ Wald.

Lit.: *E. Frh. v. Künssberg:* Die Rechtsformel: Schild voll Gold, in: Hess. Bl. f. Vkde. 39 (1941), S. 185–188; *D. Hüpper-Dröge:* Schild und Speer. Waffen und ihre Bez. im frühen MA. (Frankfurt/M. 1983).

Schildbürger. *Ein Schildbürger sein:* ein Mensch sein, der sich lächerlicher Mittel bedient, der dumme Streiche verübt, wie dies den Einwohnern von Schilda nachgesagt wird. Jedes Land kennt einen anderen Ort, der die Geburtsstätte aller Albernheiten sein soll und in Ortsneckereien eine Rolle spielt, z. B. Schöppenstädt im Braunschweigischen, wo Till Eulenspiegel seine ersten Taten verübte, Polkwitz in Schlesien, Ganslosen und Bopfingen in Schwaben, Damnau bei Königsberg, Büsum und Hastrup in Holstein, Teterow in Mecklenburg, Köpenick in Brandenburg, Beckum in Westfalen u. a. Bei den Juden war es Nazareth, aber auch die späteren Prager, Frankfurter und Wormser Juden standen in diesem Ruf der Narrheit.
Die Schildbürger sind wie Verwandten der Abderiten, haben wie diese erst im Laufe der Jahrhunderte die Bdtg. eines Gattungsnamens erlangt und sind wie diese erst mit der Zeit in den Bund der Spieß- und Pfahlbürger aufgenommen worden. Martin Zeiler, ein sächsischer Topograph schreibt 1650 bei der Besprechung Schildas ganz offen: „Es seyn die von Schilda, gleich wie die von Hirschau in der Obern Pfaltz, wegen ihrer einfältigen, lächerlichen Thaten, so man von ihnen begangen zu sein erzehlet, vor Jahren berühmt gewesen; das 30jährige Kriegswesen hat dieses Städtlein auch sehr betroffen, indem es damals abgebrandt worden; jetz und aber ist es gäntzlich sambt dem Rathauß wieder gebauet" (Jeep, S. 357).
Es ist ein Schildbürgerstreich: es ist ein närrisches Tun, das den geschilderten Streichen der Schildbürger zu vergleichen ist (ähnl. bekannt und sprw. sind die ,Schwabenstreiche' und die ,Hirschauerstückchen'). Unmittelbarer Vorläufer des Schildbürgerbuches ist das 1597 erschienene ,Lalebuch', dessen Verfasser vermutl. der Elsässer Wolfhart Spangenberg war. 1598 wurden von einem unbekannten Plagiator die ,Schiltbürger' in der Festung Misnopotamia (= Meißen) herausgegeben, die viel größere Berühmtheit als die Laleburger erlangten. Er machte die sächs. Kleinstadt Schilda zum Zentrum der närrischen Taten und Abenteuer, die er dem Lalebuch entnahm, dessen Vorbild wiederum die Eulenspiegelschwänke und Stoffe waren, die Hans Sachs bearbeitet hatte.

,Lalebuch' (Vorläufer des Schildbürgerbuches).

Lit.: *E. Jeep:* Schildbürger, in: Zs. f. dt. U. 5 (1891), S. 355–357; *H. Hepding:* Schildbürgergesch. und andere Schwänke aus Hessen, in: Hess. Bl. f. Vkde. 18 (1919), S. 104ff.; *H. Bausinger:* Schildbürgergesch., Betrachtungen zum Schwank, in: Der Deutschunterricht 13 (1961), H. 1, S. 18–44; *H. Trümpy:* Die Hintergründe des Schwankbuches von den Laleburgern, in: Festgabe Hans von Greyerz zum 60. Geburtstag (Bern

1967), S. 759ff; *A. Kovács:* Typen der ungarischen Schildbürgerschwänke. AaTh. 1200–1349 (Magyar Népmesekatalógus 6) (Budapest 1990).

Schildkröte. Die Schildkröte gilt als ein Symbol der Ausdauer, Genügsamkeit, Langsamkeit, Schwerfälligkeit, Gelassenheit, Verschlossenheit, der Armut, Zufriedenheit, Niedrigkeit, Einsamkeit, Klugheit etc.

Sie erscheint als Bildzeichen für Geheimnis, für Mutterschaft, als Abbild des Himmelsgewölbes, als Sinnbild von Haus und Häuslichkeit. (‚Das eigene Haus ist das beste', ‚My home my castle'). Die Schildkröte will keinen Streit, darum trägt sie ihr Haus auf dem Rücken! Sie gilt auch als Ausdruck der Bedürfnislosigkeit: ‚Omnia mea mecum porto' (‚Ich trage all mein Hab und Gut mit mir herum').

Der schützende Panzer der Schildkröte ist ein Symbol der Geborgenheit. Die römischen Soldaten hatten beim Angriff die Gewohnheit, ihre Schilde über sich zu halten und sich so wie eine Schildkröte zu schützen. Der kriegstechnische Ausdruck für diese Formation war ‚testudo' = Schildkröte.

Vor allem ist Gelassenheit eine Schildkrötentugend. Eine griech. Rda. bringt dies zum Ausdruck: ‚sich so wenig stören lassen, wie sich eine Schildkröte von Mücken stören läßt'. Dies bringt noch ein Holzschnitt des 17. Jh. zum Ausdruck.

‚Sich so wenig stören lassen wie eine Schildkröte von Mücken'

Das Sprw. ‚Eile mit Weile' (‚Festina lente') war ein Lieblingsthema der Emblematik des 16. und 17. Jh. Es wird immer

‚Eher fliegt eine Schildkröte'

wieder durch die Schildkröte illustriert, häufig in binärem Gegensatz zu Flügeln oder geflügelten Wesen oder Gegenständen.

‚Immer langsam voran' (‚paulatim, paulatim', ‚Gemach, gemach!'). Wenn etw. bes. unwahrscheinlich ist, gebrauchten die Griechen das Wort ‚Eher fliegt eine Schildkröte'.

‚Eine Schildkröte mit dem Pegasus vergleichen', d. h. das Unähnlichste; hier das Langsamste mit dem Schnellsten. Ähnlich ‚Einer Schildkröte mit dem Pferde nachsetzen' betr. allg. die Anwendung ungeeigneter Mittel.

Ätiologische Erzählungen berichten davon, daß die Schildkröte ihren abgeflachten Panzer von einem mißglückten Flugversuch hat. In nicht wenigen weitverbreiteten Tiererzählungen wird der Schildkröte das Fliegen als Hochmut ausgelegt. Die fliegende Schildkröte ist ein Emblembild für Unmöglichkeit.

Die Schildkröte spielt in zahlreichen Mythen Afrikas, Asiens und Amerikas eine Rolle.

Das Märchen von Hase und Igel (KHM. 187) wird bei vielen Völkern als Wettlauf zwischen Hase und Schildkröte geschildert, wobei die langsame Schildkröte über den schnellen Hasen siegt. So auch noch in der Fabel von La Fontaine. Von etw. sehr Unwahrscheinlichem sagt man: ‚Die Schildkröte wird eher einen Hasen erlaufen', vgl. ndl. ‚De schildpad zou eerder den haas voorbij loopen'.

Ein Lehrgedicht aus dem 17. Jh. schildert den Parnaß, den Berg der Götter. Auf seinem Gipfel rasten Schwäne, die ohne große Mühe dort hinaufgeflogen waren. Mitten auf dem Weg sieht man eine Schildkröte. Auch sie wird den Gipfel erreichen und die Schwäne einholen.

Lit.: *O. Keller:* Die Schildkröte im Altertum (Prag 1889); *E. Schneeweiß:* Art. ‚Schildkröte', in: Hd. VII, Sp. 1071–1075; *S. Nadolny:* Die Entdeckung der Langsamkeit (München 1987); *R. Süss* und *M. Malter:* Vom Mythos der Schildkröte (Dortmund 1991).

Schiller. *So was lebt (und zappelt), und Schiller mußte sterben!* Ausruf der Empörung und Entrüstung über einen bes. Einfältigen, der durch den Vergleich mit Schiller noch wertloser erscheint. Seine Dummheit wird als Krankheit betrachtet, die aber nicht zum Tode führt. Wenn dies bedauert wird, so ist es natürlich nur im Scherz gemeint.

Ein Gedanke, eine Idee von Schiller nennt man einen bes. glücklichen Einfall. Er erscheint so vollendet, daß er eigentl. nur von Schiller stammen kann. Die Rda. ‚Das ist ein Gedanke von Schiller!' enthält gleichzeitig ein hohes Lob durch den Vergleich mit dem großen Dichter.

Die Wndg. *Auch Schiller ist ein Dichter* hat dagegen iron. Bdtg. Sie wird gebraucht, wenn einer mehr scheinen will, als er ist, und sich selbst für einen Dichter hält, von denen es nur wenige wirklich begabte gibt; ↗ Vielliebchen.

Wenn zwei Kinder zur gleichen Zeit denselben Gedanken äußern, so geben sie sich die Hand und sprechen zusammen: ‚Schiller oder Goethe'. Wählen beide die gleiche Reihenfolge der beiden Namen, so können sie sich etw. wünschen, was dann innerhalb einer bestimmten Zeit in Erfüllung geht. Wenn aber das eine Kind ‚Goethe oder Schiller' und das andere ‚Schiller oder Goethe' sagt, so wird's nichts mit dem Wünschen. (Vgl. Frankfurter Wb. [1982], S. 2686).

Lit.: *R. Weiss:* Gleichzeitigkeit. Was sagt man, wenn zwei Personen gleichzeitig dasselbe Wort aussprechen, in: Atlas der schweiz. Vkde., hrsg. von W. Escher und E. Liebl, Bd. II (Basel 1963), S. 571–576.

Schilling. *Jem. einen guten Schilling geben:* jem. verprügeln. Schilling ist nicht nur der Name einer seit dem MA. bekannten Münze, sondern bez. auch das Maß der Prügelstrafe. Nach dem ‚Codex Austriacus' (von 1766), Art. 49, § 5 und nach der ‚Constitutio Criminalis Theresiana' von 1768, Art. 6, § 3 entsprechen einem Schilling 30 Rutenstreiche. Ende 1594 wird einem Ansbacher Scharfrichter aufgetragen, „einem Jungen uf den Arsch ... einen zimblichen gueten schilling zu geben" (Münzen in Brauch und Aberglauben. Schmuck und Dekor – Votiv und Amulett – Politische und religiöse Selbstdarstellung [Mainz 1982], S. 233).

Schimmer. *Keinen (blassen) Schimmer von etw. haben,* auch *nicht den leisesten Schimmer haben;* nicht die geringste Kenntnis, keine blasse Ahnung haben, uneingeweiht sein. Schimmer wurde erst in nhd. Zeit zum Verb ‚schimmern' gebildet und bedeutet: ganz schwaches Licht, auch Dämmerung. Übertr. heißt es auch: Ahnung, Spur, kleinstes Teilchen, so z. B. bei Goethe (‚Plato als Mitgenosse einer christl. Offenbarung'): „Hätte Ion nur einen Schimmer Kenntniß der Poesie gehabt". Da das Wort Schimmer erst nach 1748 durch Dichter wie Klopstock und E. v. Kleist in der Lit. beliebt wurde, blieben auch die Rdaa. schriftsprachl. und fehlen in den Mdaa. Im 20. Jh. entstanden noch Steigerungen, indem fast gleichwertig andere Begriffe, die das Schwache und Wenige umschreiben, hinzugefügt wurden, z. B. *nicht den Schimmer einer Ahnung haben* oder *nicht den Schimmer der Ahnung einer Idee haben.* Bei Herm. Löns steht sogar iron.: „Keinen Schimmer von einem Schein von einem Dunst einer Ahnung haben".

Schimpf, schimpfen. Die Rda. *mit Schimpf und Schande* kann erst in nhd. Zeit entstanden sein, nachdem die urspr. Bdtg. des Wortes Schimpf (aus ahd. scimpf, mhd. schimpf): Scherz, Spaß, Kurzweil, Spiel, durch die Wörter Scherz und Spaß in frühmhd. Zeit übernommen worden war. Danach setzte sich langsam die heute allein noch gültige Bdtg. für Schimpf durch: Schmach, Ehrverletzung, Hohn,

Spott; jedoch blieb der urspr. Sinn bis ins 17. Jh. allg. bekannt. In Verbindung mit anderen Wörtern verwandter Bdtg. gebraucht Luther Schimpf in seinen Tischreden: „Sihe, wie du mich, mein frommes Weib und arme Kinderlein hast wöllen in Schimpff und Hohn und Spott setzen". Die alliterierende Verbindung mit dem Wort Schande kommt im 18. Jh. auf: ‚in Schimpf und Schande gerathen, bringen' (J. Chr. Adelung, Umständl. Lehrgebäude, 2 Bde. [Leipzig 1781/82]), ↗ Boden. Der rdal. Vergleich *schimpfen wie ...*: heftig schimpfen, schelten, dürfte nicht viel weiter als bis ins 18. Jh. zurückreichen. Aus dieser Zeit (bei Bürger und bei Wieland) ist auch die heute in ganz Dtl. geläufige Wndg. *schimpfen wie ein Rohrspatz* belegt (↗ Rohrspatz). Sehr oft wird in dieser Rda. auch auf bestimmte Berufsgruppen angespielt, insbes. auf solche, die allg. wenig Achtung genießen: Fuhrknecht, Brunnenputzer, Scherenschleifer, Kesselflicker, Fischweib, Kuppelweib usw.
Seit dem vorigen Jh. wird ‚schimpfen' noch in einer weiteren Bdtg. gebraucht, nämlich iron. als Synonym für ‚nennen', und zwar reflexiv in Verbindung sowohl mit Familiennamen als auch mit Titeln oder Berufsbez. Dabei wird der Familienname als eine Art Schimpfname apostrophiert. Sagt man dagegen von jem., er ‚schimpfe sich Arzt' oder ähnl., so heißt das, daß die betreffende Person ihre Berufsbez. oder ihren Titel zu Unrecht trägt.
In der Bdtg. ‚nennen' sagt man an der Lahn (Birkenfeld) von zwei Streitenden, die sich gegenseitig mit wenig schmeichelhaften Namen bedenken: ‚Do schempt ai Esel de annere Languhr'.
Vorzugsweise mit Geschichte, Herkunft u. Funktion von Schimpfwörtern, Flüchen u. anderer verbaler Aggression befaßt sich eine spezielle Zeitschrift zur Schimpfwortforschung (‚Maledictologie') mit dem Titel ‚Maledicta'.

Lit.: *P. Sartori:* Art. ‚schelten/schimpfen', in: HdA. VII, Sp. 1033–1040; *A. A. Roback:* A Dictionary of International Slurs. Aspects of Ethnic Prejudice (Cambridge [Mass.] 1944, Nachdr. Waukesha [Wis.] 1979); *R. Aman:* Bayerisch-österr. Schimpfwörterbuch (München ²1975); Maledicta. The International Journal of Verbal Aggression, ed. R. Aman, 1 ff. (Waukesha [Wis.] 1977 ff.); *F. Kiener:* Das Wort als Waffe. Zur Psychologie der verbalen Aggression (Göttingen 1984).

Schindel. ‚Es sind Schindeln auf'm (am) Dach', es gibt hier unberufene Zuhörer. Diese bair.-oesterr. Rda. wird bes. gern angewendet, wenn Kinder im Zimmer sind und neugierig zuhören wollen, für deren Ohren aber das Besprochene nicht bestimmt ist. Vgl. ndl. ‚Er zijn pannen op het dak'.
Das sind keine Schindeln auf mein Dach: das paßt nicht für mich, es entspricht mir nicht.
Er bleibt eine dürre Schindel: er wird nicht dicker, auch wenn er noch so gut lebt.

schinden. *Jem. (zu Tode) schinden:* einen mißhandeln und unsäglich quälen, ihm ständig neue Mühen und schwierigste Arbeiten aufbürden und dabei nur einen Hungerlohn zahlen, zu hohe Abgaben (Steuern) erpressen und dadurch weitere Lebensmöglichkeiten vernichten. Die Rda. bezieht sich auf die Tätigkeit des verachteten Schinders, der gefallenem Vieh die Haut abzog und wegen seiner Roheit auch bei Hinrichtungen grausamer Art vom Henker zu Hilfe gerufen wurde. Zur größeren Qual wurde dem Verurteilten

‚Jemand (zu Tode) schinden'

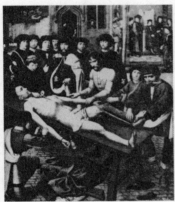

1/2 ‚Jemand (zu Tode) schinden'

die Haut in Streifen vom Leibe geschnitten, der danach völlig zerstückelt wurde. Walther von der Vogelweide (85,14) nennt schon das Schinden unter anderen grausamen Strafen:

Ich wil sîn ouch niht brennen.
noch zerliden noch schinden.
noch mit dem rade zerbrechen
noch ouch dar ûf binden.

Nach der Legende soll das Martyrium des Apostels Bartholomäus ebenfalls im Schinden bestanden haben, weshalb ihm als Attribute Haut und Messer bei Darstellungen beigegeben sind.

Luther kennt das Schinden bei Sakramentsfrevel sogar bei Kindern und berichtet davon: „wenn ein Kind oder leie ongefehr das sacrament anrüret im munde, und wolts vom gaumen mit einem finger lösen, so schunden und scheleten sie dem Kinde ... den finger und die haut abe". In seiner ‚Beschreibung der Lande Preußen' (Eisleben 1599) erzählt Schütz von einem strengen Richter, „das er ihn schinden und mit seiner haut den richterstul überziehen ließ". In übertr. Bdtg. erscheint schinden als mißhandeln, schänden und unterdrücken bereits im A.T. (2. Mos. 22,21), und Schiller schreibt über Franz Moor (‚Räuber' IV,5): „Der Sohn hat den Vater tausendmal gerädert, gespießt, gefoltert, geschunden!"

Er schindet eine Laus um des Balges willen: er ist außerordentlich geizig, sucht überall zu sparen und selbst mit unmöglichen Dingen Gewinn zu erzielen. Kirchhoff schildert einen Geizhals in seinem ‚Wendunmuth' (1,221) durch diesen Ausdr.: „auff solche art ... wohnete in einem stettlein ein reicher burger, der ... umb den balg einem ein lausz geschindt hette".

Häufig bezieht sich schinden auf das Erpressen und gewaltsame Eintreiben des Geldes oder auf das Übervorteilen durch einen Wucherer. In der ‚Hennenberger Landtafel' von 1595 (342) wird von dieser Art des Schindens berichtet: „da war ein pfleger zu Passenheim, den die unterthanen, umb seines schindings halben den geitzbauch nenneten, und was dieser erschunde, schicket er gen Nürnbergk".

Einen schinden und schaben bis auff den grat: einen bis zum Äußersten ausplündern und aussaugen. Diese Rda., die bei Erasmus (814), bei Mathesy (243[a]) und bei Tappius (203[a]) belegt ist (vgl. auch lat. ‚Radit usque ad cutem'), wird heute durch die Wndgn. ‚einem das Fell über die Ohren ziehen' oder ‚einen bis aufs Hemd ausziehen' ersetzt.

Grimmelshausen läßt im ‚Rathstübel Platonis' den Knän als Vertreter des Bauernstandes aussprechen, was viele Untertanen so empfunden haben mögen: „Es ist aber auch wahr, ein jeder rupft an uns, und will reich an uns werden, es ist ja deß

SCHINDER

Schindens und Schabens kein Ort und kein End". Die Alliteration ‚schinden und schaben' ist lit. seit dem 16. Jh. belegt und war eine überaus eindrückliche Metapher für eine umbarmherzige, die Untertanen bedrohende Obrigkeit.

Die Verbindung *schinden und schaben* steht in neueren Mdaa. für Knickern und Knausern der geizigen Reichen und der ständig Mangel leidenden Armen, die sparen müssen. Friedr. Hebbel schreibt 1891 (9,48) vorwurfsvoll: „Ich begreife dein Knickern, dein Schinden und Schaben nicht". Dagegen ließ Pestalozzi (‚Lienhard und Gertrud' 3,150) die Gertrud klagen: „ich bin sechzig Jahr alt und habe mein Lebtag schinden und schaben müssen wie eine Bettelfrau".

Sich schinden (und plagen) müssen: sich redlich mühen und plagen, sich abarbeiten, seinen Lebensunterhalt nur schwer verdienen. In Köln sagt einer, der sich rastlos mühen muß: ‚Mer muß sich der janze Daach schinde un ploge, dat mer sing Arbeit jedon kritt'. Die häufig von älteren Leuten getroffene Feststellung *Ich habe mich (jem. hat sich) in meinem (seinem) Leben genug geschunden* meint: ich habe einen ruhigen und sorglosen Lebensabend verdient, da ich genug Anstrengungen und Sorgen hinter mir habe.

Den geschundenen Hund schinden: einen Nackenden ausziehen wollen, die Erpressung über Gebühr weit treiben.

Etw. schinden: nicht bezahlen und doch in den Vorteil einer Sache kommen, auf Kosten anderer genießen, sich frei halten lassen. Die Wndg. wurde durch die Studentensprache verbreitet und auf viele Gebiete übertr., z. B. *eine Vorlesung (ein Kolleg) schinden:* eine Vorlesung heimlich besuchen, ohne die Gebühren zu bezahlen; *Eintrittsgeld, Fahrgeld, Gebühren schinden;* aber auch: *ein Lokal schinden:* in einer Wirtschaft mit anderen zusammentreffen und nichts verzehren. Den Leipziger Juristen wurde nachgesagt, daß sie *Vergleiche schinden* wollten, d. h. die streitenden Parteien unbedingt zu einem Vergleich überreden wollten. Eine moderne Wndg. ist *Zeilen schinden:* einen Zeitungsartikel in die Länge ziehen, da er nach der Zeilenanzahl honoriert wird.

Zeit schinden: notwendige Zeit zu gewin-

nen suchen, Aufschub erlangen, um eine Angelegenheit regeln zu können.

Eindruck schinden wollen: mit einer bes. Leistung, durch eine einmalige Anstrengung einen günstigen Eindruck erwecken wollen, sich Achtung und Lob verdienen.

Etw. (he)rausschinden: durch Knausern Gewinn erzielen wollen. Im Obersächs. meint die Feststellung ‚Der schind't aber!': er wiegt oder mißt beim Verkauf einer Ware viel zu knapp. Hatte jem. den Ruf des auf seinen Vorteil allzusehr bedachten Geschäftsmannes, verlangte man in seinem Laden scherzhaft eine geringe Menge, z. B. mit diesen Worten: „Für 10 Pfenn'ge Wurst, aber nich so schinden!"

Schinder. *Dem Schinder die Keule abkaufen:* schlechte Ware teuer bezahlen müssen, aus 2. oder 3. Hand kaufen und dabei übervorteilt werden. Diese Rda. ist auch mdal. verbreitet, so heißt es z. B. im Harz: ‚dem Schinder de Keil abkäfen', und im Obersächs., wenn sich einer übervorteilt vorkommt: ‚Da kooft mer ja'n Schinder de Keile ab!'

Er muß mit dem Schinder trinken: er ist verachtet und aus der Gemeinschaft ausgestoßen. Schinder und Scharfrichter wurden allg. gemieden und wohnten meist auch außerhalb der Stadt, nur Vertreter von unehrlichen Gewerben zählten zu ihrer Gesellschaft. Die Angehörigen von Berufen ohne bürgerliche Ehrenrechte mußten ihr Bier im Hausflur des Wirtshauses aus einer Kanne ohne Dekkel trinken, von der noch ein Stück abgeschlagen war. Verachtung und Vorurteil dieses Standes spiegelt auch das Sprw. ‚Abdecker und Schinder sind Geschwisters Kinder'.

Der Schindersknecht als Gehilfe des Henkers vertrat diesen in Verwünschungen und Flüchen und diente dabei gleichzeitig zur Umschreibung des mit einem Sprachtabu versehenen Teufels, der nicht genannt werden sollte: ‚Gang (geh) zum Schinder und Schaber!' ‚Gang zum Schinder an der Done!' heißt es in Ulm, und in Norddtl.: ‚Gao nao'n Schinn'r!', wenn man jem. unwillig abweisen will. Häufige Fluchformeln sind: ‚Hol der Schinder!' ‚Zom Schinner noch!' ‚Das ist zum Schinder holen', ‚es ist nicht mehr auszuhalten', oder ndd. ‚Dat di de Schinner hal!' und köl. ‚Der Schinner sall dich holle!' als Verwünschung zum Henker oder Teufel. Als Ausdr. der Überraschung und Verwunderung sagt man vom Vogtland bis zur Oberlausitz: ‚Das weeß doch der Schinner, wie dos kimmt!' In kurzen Ausrufen des Ärgers, des Unwillens und der Zurechtweisung spielt der Schinder in den Mdaa. eine besondere Rolle: ‚I wo Schinder!', ‚Hez Schinder!', ‚Pfit (pfui) Schinder!' und ‚De Schinn'r ôk!'

Sich den Schinder holen: sich eine gefährliche Erkältung zuziehen.

Jem. hat der Schinder geholt: der Teufel hat ihn geholt, er ist zugrunde gegangen, ist seiner Existenz beraubt worden, eine bes. in Preußen verbreitete Rda. Die ndd. Wndg. ‚Dat hat de Schinn'r haolt' meint ähnl., daß eine Sache verlorengegeben werden muß, daß etw. zum Teufel gegangen ist.

Den holt der Schinder nicht: er ist so gut eingerichtet und wirtschaftlich gesichert, daß sein Untergang nicht zu befürchten ist.

Den kann der Schinder nicht brauchen: selbst der Schinder (Henker oder Teufel) weiß nichts mit ihm anzufangen, er ist zu nichts nütze.

Auch zur Steigerung der Aussage wird der Schinder genannt, wobei es offenbleibt, ob damit Schinder, Henker oder Teufel gemeint ist: *Ich gebe dir eins (hinter die Ohren), daß du eine halbe Stunde vom Schinder träumst,* oder mit anderem Zusatz: *daß es dem Schinder drob möcht gruse.* ‚Auf, der Schinder will die Haut haben!' gilt in Meiningen als scherzhafter Weckruf.

Glänzen wie des Schinders Hose: ungeheuer schmutzig sein; bes. im Frankfurter Raum sagt man: ‚Deß klenzt wie 'm Schinner sei Hoose'.

In den bildl. Wndgn. der älteren Sprache ist meist der Leuteschinder gemeint, der andere plagt, aussaugt und beraubt: „und ich will deine Schinder speisen mit ihrem eigenen Fleische" steht schon bei Jes. 49,26. In Aventins ‚Chronik' (2, 462, 33) heißt es von Papst Joh. XXII.: „wiewol er allenthalben sein schinder und schaber, gelt im aufzuraspeln, an alle ort sendet". Ayrer schreibt 1646 (8, Keller): „ich mein,

er sey zum schinder worn, zicht uns die haut schir uber d ohrn".

Der hat seine Leute wie der Schinder seine Hunde: er läßt seine Dienstboten hart für sich arbeiten. Diese Rda. wird noch heute in der Gegend um Zwickau gebraucht.

Der Schinder hat Handschuhe an: es ist ein Tyrann, der unter dem Schein des Rechts andere unterdrückt, der seine Forderungen so geschickt stellt, daß seine Absichten nicht sofort erkannt werden, die Wndg. dient deshalb meist zur Warnung.

Du Schinderknecht!: gilt als Schelte für einen Tierquäler.

Lit.: *A. Keller:* Der Scharfrichter in der Kulturgesch., in: Bücherei der Kultur, 21 (o.O. 1921); *E. Angstmann:* Der Henker in der Volksmeinung, seine Namen u. sein Vorkommen in der mdl. Überlieferung, in: Teuthonista, Zs. f. Dialektforschung u. Sprachgesch., Reihe H 1 (Bonn 1928); *R. Schömer:* Art. ‚Abdecker', in: HdA. I, Sp. 19–21; *A. Steinegger:* Handwerker, Henker u. Galgen im alten Schaffhausen, in: Schweiz. Arch. f. Vkde. 44 (1947); *W. Danckert:* Unehrliche Leute. Die verfemten Berufe (Bern – München 1963); *J. Glenzdorf* u. *F. Treichel:* Henker, Schinder und arme Sünder, I.Teil: Beiträge zur Gesch. d. dt. Scharfrichter- und Abdeckerwesens; II. Teil: Scharfrichter und Abdeckerfamilien. Bd. I (Münster am Deister 1970).

Schinderei. *Etw. ist eitel (eine große) Schinderei:* es ist eine schwere Arbeit und Plakkerei, auch: eine große Anstrengung, z. B. beim Bergsteigen und Transportieren von Lasten. Urspr. wurde die Handlung des Schindens selbst, aber auch die Abdeckerei, der Wohnort des Schinders, mit Schinderei bez. Doch bereits im A. T. wurde das Wort in übertr. Sinne für Bedrückung durch harte Herren und Wucherer gebraucht, z. B. heißt es bei Jes. 3,5: „Und das Volk wird Schinderei treiben, einer an dem andern und ein jeglicher an seinem Nächsten". Im MA. verstand man auch Raub und Straßenräuberei darunter. Luther bezeichnete damit das betrügerische Vorgehen beim Ablaßhandel. In seinen ‚Tischreden' (9ª) heißt es: „dasz sie von des bapsts grewel, erbermlichen drangsal und zwang der armen gewissen, und untreglichen schinderey solten frey sein". Kirchhoff verstand die Prellerei des Geldgierigen darunter und stellte in seinem ‚Wendunmuth' (5) fest: „aus dem geitz entspringt betriegerey und schinderey".

Lit.: ↗Schinder.

Schinderhannes. *Es ist ein wahrer (zweiter) Schinderhannes:* er ist ein Räuber, ein für die öffentliche Sicherheit gefährlicher Mensch, der wegen seiner Klugheit andere immer überlistet und deshalb schwer zu fassen und überall gefürchtet ist.

In Hessen sagt man über einen moralisch schlechten Menschen: ‚Der kemmt direkt nachem Schinnerhannes', d. h. er ist fast genauso schlimm.

Der Schinderhannes hieß eigentl. Johann Bückler. Er war der Anführer einer berüchtigten Räuberbande am Rhein und wurde 1803 in Mainz hingerichtet. Als er einmal gefragt wurde, warum er Schinderhannes genannt werde, antwortete er, diesen Namen habe er sich nicht selbst beigelegt, „sondern der Pöbel, vermutlich weil sein Großvater ein Scharfrichter gewesen".

Daß sein zweifelhafter Ruf sich sogar über die dt. Grenzen hinaus verbreitet hatte, beweist eine ndl. Rda. ‚Dat is de troep van Schinder Hannes'.

Lit.: M. *Zender:* Schinderhannes und andere Räubergestalten in der Volkserzählung der Rheinlande, in: Rhein.-westf. Zs. f. Vkde. 2 (1953), S. 84 ff.; K. *Elwenspoek:* Schinderhannes, ein rhein. Rebell (Trier

JEAN BÜKLER
Schinderhannes

²1953); *C. M. Franke:* Der Schinderhannes in der dt. Volksüberlieferung (Diss. Frankfurt/M. 1958); *ders.:* Schinderhannes. Das kurze wilde Leben des Johannes Bückler neu erzählt nach alten Protokollen, Briefen und Zeitungsberichten (Düsseldorf 1984); *H. Boehncke* u. *H. Sarkowicz* (Hg.): Die deutschen Räuberbanden, 3 Bde. (Frankfurt/M. 1991).

Schindluder. *Schindluder mit jem. treiben (spielen):* ihn grob veralbern, eigentl.: ihn wie ein Aas behandeln, dem die Haut abgezogen wird, wie ein verächtliches, unnützes Wesen. Ein Schindluder war das gefallene Vieh oder todkranke Tier, das zum Schinder kam. ‚Luder' hieß das Fleisch von gefallenem Vieh, das als Lockspeise für Raubwild verwendet wurde. Vom gierigen Fressen des reichlich ausgelegten Luders entwickelte sich der Begriff ‚Schlemmerei'. Ein ‚luderlicher' Mensch, ein ‚Lüderjahn', verluderte (verschwendete) mit Essen und Trinken sein Geld.

Schindluder wird als grobes Schimpfwort gebraucht: in Köln in der Wndg. ‚Su e jemein Schindsluder!' Es ist gleichbedeutend mit ‚Schindaas' (südd. ‚Schinnoos'), das 1691 bei Stieler bezeugt ist, im Ausgang des 18. Jh. als student. Schimpfwort in Halle erscheint und heute in den Mdaa. weit verbreitet ist. Aber auch anerkennend und scherzhaft werden ‚Schindaas' und ‚Schindluder', oft auch im Diminutiv, verwendet: ‚E, gieh du alts Schindluder!' beinhaltet die Feststellung, daß es sich um einen Spaßvogel, einen Aufschneider, einen geriebenen Menschen handelt. ‚Na, du gutes Schindluderchen?' wird als Begrüßung eines Freundes in Obersachsen nicht übelgenommen. Mit dem Ausruf ‚Du kleenes Schindluder!' erkennt z. B. der Großvater in Sachsen die Klugheit seines Enkelkindes an, am Rhein heißt es schon 1859: ‚Du bes e klei Schinnösje', ein kluges Bürschchen. So werden diese Ausdr. auch bei Bürger und H. Heine in Briefen gebraucht: „Warum schreibt denn das kleine Schindluder nicht?" (Bürger, Briefe 1, 128) und „Da bin ich armes Schindluderchen schon wieder marode!" (H. Heine, 3, 25 Elster).

Schindluder machen bez. einen Streich, einen Spaß unter Freunden. Wenn aber einem die üble Behandlung zuviel wird, ruft er aus: ‚Ich lasse doch nicht Schindluder mit mir spielen!' Damit gibt er zu erkennen, daß er die Absichten der anderen durchschaut hat, seine Gutmütigkeit nicht ausnützen und sich nicht alles gefallen lassen will. In Thür. sagt man dafür ‚Schindleichs spielen'. Aber auch die Rda. *Schindluderei treiben mit jem.* ist allg. verbreitet. *Mit etw. Schindluder spielen:* von einem Ding, einer Sache schimpflichen Mißbrauch machen. In übertr. Bdtg. kann man mit seiner Kraft, seiner Gesundheit, mit seinem Leben Schindluder spielen, aber auch mit seinem Gewissen: „Er trieb nicht Schindluder mit Eid und Gewissen" stellte Gotthelf fest (‚Erzähl'. 3, 250).

Schinken. *Bei jem. einen Schinken im Salze liegen haben:* mit ihm noch eine Sache auszutragen haben, evtl. noch Strafe von ihm zu erwarten haben. Diese sprw. Rda. ist in den ndd. Mdaa. beliebt und gebräuchl. und läßt sich bis ins 16. Jh. zurück nachweisen. So erzählt z. B. der Hildesheimer Chronist Oldecop, die Florentiner hätten die Venezianer vergebens darum gebeten, beim Kaiser Karl Fürbitte für sie einzulegen, denn die Venezianer „hadden sulvest einen schinken im solte ligende". Der Satz bei Petri (II, 705): „Wer einen Schincken im Salz hat, der muß schweigen, wenn ander Leut reden", bedeutet etwa: wer sich einer Schuld bewußt ist oder wer eine Untersuchung oder Strafe zu fürchten hat, der soll sich ruhig und möglichst unauffällig verhalten. In der Altmark sagt man zu einem, mit dem man noch eine unangenehme Angelegenheit abzumachen hat: ‚Du hast noch 'n Schink' bi mi in 't Solt'. Ähnl. sagt man von manchen Leuten, daß sie ‚en fulen Schinken im Salte hebben', wenn mit ihnen ‚etw. faul ist', wenn sie nicht ganz ‚hasenrein' sind. Ist aber *der Schinken abgeklaubt* oder *der Schinken verschnitten,* so ist die unangenehme Sache vorbei und ins reine gebracht.

Wer jedoch *fremden Schinken mit seinem Messer schneidet,* lebt wie ein Schmarotzer auf Kosten anderer. Ebenso unangenehm ist es, mit einem Menschen Umgang zu haben, auf den das Sprw. paßt: ‚Wer seinen Schinken allein ißt, der mag auch sein Pferd allein satteln'; das span. Gegenstück dazu ist: ‚Quien e solas come el gallo, a solas ensilla el caballo'. Trifft einen zu Unrecht eine Strafe, so sagt man mitfühlend von ihm: ‚Der eine hat den Schinken gestohlen, den andern schlägt man mit der Schwarte'.

Das Wort Schinken wird oftmals verächtlich für Schenkel oder Bein gebraucht (‚Die hat aber Schinken'). Die peiorative Bdtg. gilt aber noch nicht für die Worte Christi im ‚Sterzinger Osterspiel' von 1526, wenn Christus zur Samariterin am Brunnen spricht:

Weib gib mir her zu trinken,
Ich bin so müed auf meinen schinken.

Will man in der Altmark ‚enem de Schink'n besén', so möchte man ihn nur auf den Hinteren schlagen. Das kommt auch zum Gaudium aller Buben im Spiel vom *Schinkenklopfen* vor, in dem jeder der Anwesenden einem ausgewählten Opfer einen kräftigen Schlag auf das Hinterteil geben darf, wobei der Leidtragende an der ‚Handschrift' den Urheber seiner Schmerzen erraten muß. Nicht so grob geht es bei den Kindern zu, die in einem beliebten Abzählvers ihre Spielpartner wählen:

Ich schneide, schneide Schinken,
Wen ich lieb hab', werd' ich winken.
Ich schneide, schneide Speck,
Wen ich lieb hab', hol' ich weg.

Sind die Kinder in Holstein zu unruhig am Tisch, dann werden sie gemahnt: ‚Hôl dine Schinken lîk', womit gemeint ist: ‚Halte deine Beine gerade', wie auf der Inschrift an einem holst. Grabe:

O Herre Gott im Himmelrîk,
Mak em doch sine Schinken lîk.

„Einen Schuncken nach einem Schwein werffen" schreibt schon Moscherosch und meint damit ‚mit der Wurst nach der Speckseite werfen'.

Als einen *alten Schinken* aber bez. man nicht nur verächtlich ein altes Buch (vgl. Schwarte), sondern auch ein kitschiges Kolossalgemälde. Vertritt einer auf dem Lande bei der Taufe für einen anderen die Patenstelle, so nennt man ihn *Schinkenvater.*

Schippe. *Einen auf die Schippe nehmen:* ihn verulken, Scherz mit ihm treiben, aber auch: ihn verspotten, grob verhöhnen. ‚Ich lasse mich doch nicht auf die Schippe nehmen!' ruft derjenige empört, der das hinterlistige Vorhaben, den Schabernack anderer schon vorher durchschaut hat. Vgl. frz. ‚mettre quelqu'un en boîte'.

‚Einen auf die Schippe nehmen'

Die Herkunft dieser Rda. ist umstritten. Küpper (II, 250) erklärt die aufgestellte Schaufel (Schippe) als Sinnbild für die Abweisung eines Freiers. Nach Wolf stammt der Ausdr. aus der Gaunersprache. Er meint urspr. die hinterhältige Vernehmungsmethode, durch leere Versprechungen und falsche Liebenswürdigkeit etwas herauszubekommen versuchen. Ähnl. Bdtg. hat auch die Rda. ‚jem. auf den Besen laden' (↗Besen). Vielleicht steht die Wndg. aber auch in Zusammenhang mit dem ‚Hänseln' bei Aufnahmebräuchen, worauf auch die Rda. ‚in die

1345

Schipp beißen' weist. Sie wird dann gebraucht, wenn ein junger Schlepper bei seiner Einstellung für seine Arbeitskollegen Bier oder Branntwein bezahlen muß (O. H. Werner: Der Saarbergmann in Sprache und Brauch [Diss. Bonn 1934], S. 48).

Dem Tod noch einmal von der Schippe gesprungen (gehopst) sein: heißt es von einem wider Erwarten genesenen Schwerkranken, oder dieser gebraucht die Rda. in scherzhafter Weise selbst, um zu sagen, daß er gerade noch einmal davongekommen ist. In Schleswig verwendet man eine ähnl. Rda.: ,He hett den Dood 'n Schipp (Scheffel) Hawer geben', er hat sich noch einmal vom Tode loskaufen können, ist von schwerer Krankheit genesen.

In Rheinhessen sagt man von einem Reichen, über den man sich ärgert: ,Der kriegt auch nur drei Schippe!' Man denkt an die Schaufeln Sand, die bei der Beerdigung auf den Sarg geworfen werden, also an die ausgleichende Gerechtigkeit des Todes, um sich über Geiz, Habsucht und Reichtum eines anderen zu trösten.

Jem. die Schippe geben: ihm den Abschied geben, ihn fortjagen. Lessing verwendete die Rda. in dieser Bdtg., denn er schrieb (Werke 3, 409): „So will ich kommen und die Bauern aufhetzen, daß sie ihm (dem Schulmeister) Knall und Fall die Schippe geben".

Der Ursprung der Rda. wird aus dem Frz. vermutet. Hier lautet die Wndg. ,donner de la pelle au cul à quelqu'un'. Über lat. ,pāla' (Schüppe) und frz. ,la pelle', die Haut, soll die dt. Rda. entstanden sein.

In Aachener Mundart heißt es: ,enge der schöpp gevve', jem. aus dem Dienst entlassen, wegjagen.

Schülersprachl. heißt *die Schippe kriegen:* von der Schule müssen, relegiert werden. Die junge berl. Rda. *Er winkt Schippen* bedeutet: er lehnt etw. ab, sie bezieht sich wahrscheinl. auf Schippe als schmollend oder trotzig vorgeschobene Unterlippe wie die Rda. *eine Schippe ziehen.*

Die Schippe (Schüppe) bekommen hieß früher: zur Schippe (Schupfe, Wippe) verurteilt sein. Diese Rda., die Stieler 1780 verzeichnet, weist auf eine alte Vorrichtung, mit der Verbrecher bestraft wurden: Sollte jem. des Ortes verwiesen werden,

Wippgalgen (,Schupfe' – ,Die Schippe bekommen')

wurde er auf eine Wippe gebracht und (symbol.) davongeschnellt. Noch 1773 war in Wien die ,Bäckerschupfe' in Gebrauch, mit der betrügerische Bäcker ins Wasser getaucht wurden. Auch im Straßburger Stadtrecht war eine ähnl. Strafe bekannt: „quicunque etiam vina injuste mensuraverit, de scupha cadet in merdam: = den sol man schupfen". (Vgl. Grimm, Rechtsaltertümer, 726); ↗ prellen.

Lit.: *R. Sprenger:* Up 'n Schüppestaule sitten, in: Zs. f. d. U. 7 (1893), S. 265–266; *Esser:* Die Schüppe geben, in: Zs. des Vereins für rhein. und westf. Vkde. 9 (1912), S. 46–50; *S. A. Wolf:* Wb. des Rotwelschen (Mannheim 1956), S. 137.

Schirm. *Den Schirm zumachen:* sterben. Diese Umschreibung für den Tod ist bes. im alem. Sprachgebrauch verbr. Die Schweizer kennen den Witz: „Warum bekommt der Katholik die letzte Ölung?" – „Das es nöd gixed (quietscht), wänn er de Schirm zuetuet"; ↗ zeitlich.

Einen Schirm in die Ecke stellen: verhüllend: einen Wind lassen.

Etw. auf dem Schirm haben: im Repertoire haben, wobei der Bildschirm gemeint ist.

Lit.: *E. Moser:* Der Schirm. Eine Kulturhist. Studie (1924); *W. Anderson:* Art. ,Schirm', in: HdA. VII, Sp. 1078–1080.

Schiß. *Schiß haben:* Angst haben. Angstgefühle können ja tatsächlich auf Magen und Darm schlagen und zu Durchfall führen. ↗ Scheiße, ↗ Wind.

Schlaf, schlafen. *Den Schlaf des Gerechten schlafen:* tief und ruhig schlafen, ohne sich stören zu lassen. Der ,Schlaf des Gerechten' ist wörtl. nicht in der Bibel zu finden, doch ist sinngemäß des öfteren die

SCHLAF, SCHLAFEN

Rede davon. So z. B. Sprüche 24,15: „Laure nicht als ein Gottloser auf das Haus des Gerechten, verstöre seine Ruhe nicht", oder 3. Mos. 26,6: „Ich will Frieden geben in eurem Lande, daß ihr schlafet und euch niemand schrecke". Vgl. auch Ps. 3,6.7; 4,9; Spr. 3,24. Die gleiche Redewndg. kennen auch andere Völker: engl. ‚the sleep of the just'; frz. ‚le sommeil du juste'; ital. ‚il sonno del giusto'.

‚Der Schlaf des Gerechten'

Den Seinen gibt's der Herr im Schlaf sagt man von einem, der ohne erkennbare Anstrengung etw. erreicht hat. Auch hier liegt ein Bibelwort zugrunde. Ps. 127,2 sagt: „Es ist umsonst, daß ihr früh aufstehet und hernach lange sitzet und esset euer Brot mit Sorgen; denn seinen Freunden gibt er's schlafend". Eine Kontamination beider Sprww. ist: *Dem Gerechten gibt's der Herr im Schlafe.*

Das fällt mir nicht im Schlaf (im Traum) ein ist eine sehr entschiedene Verweigerungsform: daran ist gar nicht zu denken. Selbst im Traum, in dem doch die unwahrscheinlichsten Dinge geschehen, könnte einem so etw. nicht einfallen; vgl. schon lat. ‚Ne per somnium quidem hoc velim'.

Der kann sanft schlafen, der keine Sorge hat ist etwa gleichzusetzen mit: ‚ein gutes Gewissen ist ein sanftes Ruhekissen'. Schon im MA. findet sich dieses Sprw. in zahlreichen Varianten.

Wer sehr fest schläft, von dem sagt man: *Er schläft auf beiden Ohren,* um anzudeuten, daß er sich durch keinerlei Lärm stören läßt. In Warschau heißt es jüd.-dt.: ‚Er schluft wie a Gehargenter' (ein Erschlagener, von hebr. hurog = erschlagen). Vgl. frz. ‚Il dort sur ses deux oreilles'. Gleicherweise sprechen wir von *schlafen wie ein Toter.*

‚Schlafen wie ein Murmeltier'

Zahlreiche rdal. Vergleiche gibt es für ‚fest und lange schlafen', vor allem solche, die aus dem Tierreich übernommen sind. So kann man *schlafen wie ein Bär,* der ja einen langen Winterschlaf hält, oder *wie ein Dachs, wie ein Murmeltier;* vgl. frz. ‚dormir comme un loir'; oder *wie eine Katze.*

Allg. gebräuchl. ist die Rda. *schlafen wie ein Ratz* (oder *eine Ratze),* wovon das Verbum ‚ratzen' für schlafen abgeleitet ist. Mit Ratz(e) ist nicht etwa eine Ratte gemeint, sondern der Siebenschläfer, der in Süddtl. auch die Schlafratz oder schlechtweg Ratz genannt wird und sich im Winter in einem schlafähnlichen Zustande befindet. Nach Brehm heißt der Iltis auch Ratz, und von diesem sagt er, er ruhe oder schlafe den ganzen Tag, woher die obige Rda. komme.

Wer tief und ohne sich zu bewegen schläft, *schläft wie ein Stock.* Spottend sagt man auch: *Er schläft wie ein Beamter.*

Jem. den Schlaf nicht austragen lassen: jem. bei einem kurzen Besuch zum Sich-Niedersetzen einladen.

Ich will drüber schlafen oder *Ich überschlaf es erst einmal:* ich will es genauer überlegen, möchte nichts überstürzen. „Wir wöl-

1347

len heut drüber schlaffen" (Franck I, 50); lat. ‚de mane consilium' (Sutor 118).

Von jem., der den ganzen Tag über schläft, sagt man: *Er schläft ein Loch in den Tag hinein.*

Den unruhigen, leichten Schlaf bez. man als *Hasenschlaf,* denn man sagt, die Hasen schliefen mit offenen ↗ Augen, sie seien auch im Schlaf noch wachsam. „Er schläft mit offnen Augen wie ein Hase" (Franck II, 73ª). Die Holländer sagen zu vorsichtig-wachsamem Schlaf: ‚slapen as de kraanvogels'.

Er schläft den ewigen Schlaf oder *er ist entschlafen* umschreibt den Tod eines Menschen. Diese Redewndg. geht auf Jer. 51,39 zurück: „Ich will sie ... trunken machen, daß sie fröhlich werden und einen ewigen Schlaf schlafen, von dem sie nimmermehr aufwachen sollen, spricht der Herr", ↗ zeitlich.

Schlafmütze nennt man seit dem 17. Jh. die leinene Kopfbedeckung, die nachts getragen wurde. Seit Lessing steht das

Schlafmütze

Wort fast häufiger für einen schläfrigen, trägen Menschen: eine Art pars pro toto, das den Träger nach dem Kleidungsstück benennt; vgl. frz. ‚Bonnet de nuit'.

Schlaflaus ↗ Laus.

Lit.: *C. Walter:* To lange geslapen. Ein Sprw. vom Spätaufstehen, in: Korrespondenzblatt der Ver. f. ndd. Sprachforschung 5 (1881), S. 207; *J. de Langhe:* Hij slaapt te Meneere Verstraete's en drinkt te Madam Verpompe's, in: Biekorf 34 (1928), S. 91; *L. Schmidt:* Sprw. dt. Rdaa., in: Österr. Zs. f. Vkde. 77 (1974), S. 118; *W. Schwarz:* Er schläft bis in die Motzen, in: Sprachdienst 18 (1974), S. 179; *Anon:* Er schläft bis in die Motzen, in: Sprachdienst 19 (1975), S. 112.

Schlafittchen. *Jem. beim Schlafittchen kriegen* (auch *packen, nehmen, halten*): jem. am Kragen oder Rockzipfel packen, ihn festhalten, erwischen; auch: ihn derb zurechtweisen. Die Herkunft ist nicht ganz sicher geklärt. M. Richey deutete 1743 in seinem ‚Idioticon Hamburgense' Schlafittchen als urspr. ‚Schlagfittich', also die Schwungfedern der Vögel: „Daher die Rda.: ‚eenen by der Slafittje kriegen', so viel bedeutet, als einen beym Flügel erwischen, das ist, beym Aermel oder beym Kleide zu packen kriegen". In gleicher Bdtg. heißt es ndl. ‚iemand zijne slagpennen uittrekken' oder ‚iemand bij de kladden grijpen'; engl. ‚to collar a person'.

Bes. in ndd. und mdt. Mdaa. ist die Rda. seit dem 18. Jh. verbreitet; zahlreiche Nebenformen zu Schlafittchen haben sich gebildet, so etwa ‚Schlafittel', ‚Slafitten' oder ‚Schlavitt' und durch Vermischung mit der Rda. ‚jem. beim Wickel kriegen': ‚bi'n Schlawickel kriegen' (Schlesw.-Holst.).

‚Jemanden beim Schlafittchen kriegen'

Neben Schlafittchen hört man vielfach auch: ‚einen beim ↗ Fittich kriegen'. In Grimmelshausens ‚Simplicissimus' heißt es in gleichem Sinne: „Ich hatte aber zu solchem End meine Sackpfeife kaum aufgeblasen, da ertappte mich einer aus ihnen beim Flügel" (3. Kap.). Die Form ‚Schlafittchen' war urspr. Dat. Plur., wurde jedoch später als solche nicht mehr verstanden und als Verkleinerungsform aufgefaßt, daher: beim Schlafittchen. In Königsberg soll statt Schlafittchen ‚Klaffêz' üblich gewesen sein, in Litauen ‚Klafittchen', ebenso in der Gegend von Hildesheim. Von diesen Formen leitet sich die folgende Erklärung her: hebr. ‚khâlif' = Kleid wurde in der Gaunersprache des MA. zu ‚Klaffot' = Rock, Kleid. Die Verkleinerung desselben würde Klafottchen heißen. Daraus wäre dann Klafittchen entstanden, wie es tatsächlich in einzelnen Gegenden Niederdtls. (z. B. im Braunschweigischen) erscheint. In anderen Mdaa. ist daraus ‚Klüftchen' geworden. Eine Umwandlung von ‚Klafittchen' zu ‚Schlafittchen' ist jedoch lautlich nicht zu rechtfertigen. Ganz unhaltbar ist auch die Erklärung H. Schröders (Streckformen S. 189), ‚slawitje', ‚slafitje' sei eine Streckform aus ndd. ‚slitje', der angeblichen Verkleinerungsform von ‚slip(pe)' = Rockzipfel. ↗ Kanthaken.

Schlafzimmeraugen, -blick. *Schlafzimmeraugen haben:* übernächtigt, müde aussehen, die Augen kaum offen halten können, meist von Frauen gesagt. Da ihr Aussehen auf einen unsoliden Lebenswandel schließen läßt und darauf, daß die Erlebnisse der Nacht Vorrang in ihrem Leben besitzen, können dadurch bei Männern sexuelle Wünsche erweckt werden. *Einen Schlafzimmerblick haben:* sein Gegenüber mit verschleierten Augen betrachten und damit seine Bereitschaft für erotische Abenteuer signalisieren.

Schlag, Schläge. *Jem. einen Schlag versetzen:* ihn sehr enttäuschen, ihn vor den Kopf stoßen, eigentl. ihn unvermutet angreifen, ihm Schmerzen zufügen; vgl. frz. ‚donner un coup à quelqu'un'.
Ähnl. ein *Schlag ins Gesicht für jem. sein:* eine äußerst unangenehme Überraschung, eine schwere Beleidigung, eine öffentl. Kränkung sein. Häufig hört man heute dafür auch in übertr. Bdtg. die Rda. *ein Schlag in die Magengrube sein,* deren sprachl. Bild an einen bes. wirkungsvol-

len, aber nach den sportlichen Regeln untersagten Angriff beim Boxen erinnert; vgl. frz. ‚un coup à l'estomac'.
Prügel hielt man lange für die beste Erziehungsmethode, auch heute noch heißt es in diesem Sinne von der Züchtigung: *Schade um jeden Schlag, der danebengeht!* Der Schlag wird andererseits aber auch dafür verantwortlich gemacht, wenn jem. beschränkt geblieben ist. Die Frage *Du hast wohl einen Schlag auf den Kopf bekommen?* gilt als mitleidiger Spott für einen dummen Menschen oder für einen, der sich plötzlich wie geistesgestört verhält; vgl. frz. ‚Tu as pris certainement un coup sur la tête'.
Ähnl. *einen Schlag (Hau, Hieb) weghaben, einen Schlag schräg haben* und scherzhaft *einen Schlag mit der Wichsbürste gekriegt haben* und mdal. im Ndd. ‚He het enen Slag van der Windmolen'. Vgl. ndl. ‚Hij heeft een' slag met den meelzak weg (van der Kamper molen weg)'.
Mit einem Schlag zwei Fliegen treffen: durch eine einmalige Bemühung doppelten Erfolg haben; vgl. frz. ‚faire d'une pierre deux coups'. Vgl. die Wndg. ‚Sieben auf einen ↗ Streich'. *Der Schlag gab Öl (kein Öl)* stellt man nach einem gelungenen (mißglückten) Unternehmen fest.

Welcher man auff eym weyer büscht

‚Ein Schlag ins Wasser'

Ein Schlag ins Wasser sein: eine wirkungslose, vergebliche Maßnahme sein. Die heute sehr geläufige Rda. ist erst seit dem 19. Jh. belegt. Sie umschreibt eine Tätigkeit, die keine nachhaltigen Folgen hat, also eine nutzlose Bemühung. Bereits

SCHLAG, SCHLÄGE

Walther von der Vogelweide gebraucht ein ganz ähnl. sprachl. Bild in seiner ‚Elegie‘, als er wehmütig der vergangenen Zeiten gedenkt:

als ich gedenke an manigen
　　　　　　wünneclîchen tac,
die mir sint enpfallen sam in daz
　　　　　　　　mêr ein slac,
iemer mêre ouwê!

Die Rda. ist wohl entstanden aus der älteren Wndg. ‚das Wasser mit Ruten schlagen‘, ndd. ‚mit der Rood in't Water slan‘. Im Wendthagenschen ‚Bauernrecht‘ von 1731 heißt es: „Nichts mehr ..., als wenn man mit einer Ruthen ins Wasser schlägt“, und Mommsen schreibt in seiner ‚Römischen Geschichte‘ (1894, 5, 50): „So sind auch die Ergebnisse seiner Siege wie ein Schlag ins Wasser verschwunden“. Vgl. frz. ‚un coup d'épée dans l'eau‘.

Keinen Schlag tun (arbeiten): nichts vollbringen, keine Hand rühren. Die Wndg. bezieht sich urspr. wohl auf das Fällen und Bearbeiten von Holz.

Einen Schlag machen: großes Glück haben, ein gutes Geschäft machen. Die Rda. erinnert an den früher üblichen Geschäftsabschluß durch Handschlag. Vgl. ndl. ‚zijn slag slaan (waarnemen)‘, eine günstige Gelegenheit wahrnehmen, um sich einen Vorteil zu verschaffen. Seit 1900 besitzt die Wndg. noch die weitere Bdtg.: seinem Vergnügen nachgehen, tüchtig zechen und schlemmen.

Bei einem Schlag haben: sich seiner Gunst erfreuen. Die Rda. leitet sich vermutl. aus der Soldatensprache her: der Essenausteiler gab dem begünstigten Soldaten eine Portion mehr. ‚Schlag‘ meint hier wohl die Bewegung des Auffüllens. Ähnl. *Schlag haben:* Erfolgsaussichten besitzen, vor allem in der Umgangssprache der Jugendlichen üblich.

Vom alten Schlage sein: von guter alter Art, von bewährter Treue und Rechtschaffenheit sein. Der Vergleich stammt aus dem Münzwesen wie die Rda. ‚von echtem ↗ Schrot und Korn sein‘. Lessing verweist deutlich auf diesen urspr. Zusammenhang, wenn er feststellt: „Die alten Jungfern sind wie die Münzen vom alten Schlage“.

Der Schlag i. S. v. Rasse, Menschenschlag (vgl. ‚Geschlecht‘ und ‚ungeschlacht‘) ist

gemeint in den Wndgn. *vom selben Schlage sein* und *von einem Schlage sein:* die gleiche Art besitzen. Diese Rdaa. haben häufig negativen Sinn: keiner ist besser als der andere. Auch die holst. Wndg. ‚Dat is ên vun dat rechte Slag‘ ist iron. gemeint und heißt soviel wie: der taugt nicht viel.

Das ist mein Schlag: stellt derjenige fest, dem ein anderer Mensch gefällt, in seiner Art bes. zusagt, der übereinstimmende Wesenszüge bei ihm entdeckt.

Auf den Blitzschlag beziehen sich mehrere Rdaa.: *wie vom Schlage getroffen (gerührt) sein:* im höchsten Grade bestürzt sein (auch ein Zusammenhang mit dem Schlaganfall wäre hier denkbar); vgl. frz. ‚Coup de foudre‘.

Mit einem Schlage, auf einen Schlag: plötzlich, ganz überraschend; vgl. frz. ‚tout d'un coup‘ oder ‚d'un seul coup‘.

Schlag auf Schlag: in rascher Folge hintereinander wie die Blitz- und Donnerschläge bei einem Gewitter, in übertr. Bdtg. ein Unglück nach dem anderen, dann aber auch: eine Pointe nach der anderen, so lit. z. B. von Gleim gebraucht. Er schreibt ‚Beim Lesen eines wizreichen Buchs‘:

Wiz auf Wiz!
Bliz auf Bliz!
Schlag auf Schlag!
Ob's auch einschlagen mag?

Der Schlag wird bald geschehen: ein Unglück steht nahe bevor.

Das ist ein Schlag ins Kontor: ein Ereignis, das wie ein Donnerschlag erschreckt, eine unangenehme Überraschung, eine große Enttäuschung. Beim Kartenspiel meint der Ausruf ein wider Erwarten verlorenes Spiel.

Einen Schlag warten: einen Augenblick zögern. Die Rda. leitet sich vom Glockenschlag her und veranschaulicht besser als ‚Augenblick‘ die genaue Zeitspanne zwischen zwei Glockenschlägen oder die Dauer des Glockenschlags selbst. In den gleichen Zusammenhang gehören die Wndgn.: ‚eine geschlagene Stunde‘ (Viertelstunde), ‚geschlagene zehn Minuten warten müssen‘.

Eine noch andere Wortbdtg. von Schlag zeigt die Rda. *den Schlag zumachen, wenn die Tauben fort sind:* erst etw. unterneh-

1350

men, wenn das Unglück bereits geschehen ist, ↗ Brunnen, ↗ Stall.

Einen Schlag mehr bekommen als der Hund heißt es scherzhaft auf die neugierige Frage der Kinder, was sie wohl zum Geburtstag bekommen werden.

Die Züchtigung der Kinder, Weiber und Dienstboten und die Prügeleien der Erwachsenen untereinander spielen in den Rdaa. und sprachl. Vergleichen eine große Rolle, wie die folgende Auswahl erweist.

Trockene Schläge bekommen: Prügel erhalten, die keine Blutungen und Verletzungen verursachen, so schon im germ. Recht unterschieden. Vgl. ndl. ‚het zijn blinde mans slagen'. Auch: *blinde Schläge führen:* keinen großen Schaden zufügen.

Schläge und faule Fische bekommen: von einem doppelten Übel betroffen werden, harte Bestrafung erleiden müssen. A. Tendlau (Sprww. u. Rdaa. dt.-jüd. Vorzeit, Frankfurt a. M. 1860, S. 627) vermutet, daß diese Rda. auf einer Erzählung (‚Fellmeier's Abende' XXII) beruhe: „Ein Herr befahl seinem Diener, auf den Markt zu gehen und Fische zu kaufen. Der Diener ging und kaufte todte Fische, die schon übel rochen. Darüber erzürnte sich der Herr und sagte zum Diener: Du hast die Wahl, entweder ißt du selbst die Fische oder erhältst hundert Schläge, oder du zahlst hundert Gulden. Der Diener wählte, die Fische zu essen. Als er aber einen Theil gegessen hatte, konnte er nicht weiter und bat, ihm das Essen zu erlassen und lieber die Schläge zu geben. Doch auch diese konnte er nicht bis zu Ende aushalten, er wollte lieber hundert Gulden Strafgeld geben. So hatte er alle drei Strafen erlitten, faule Fische gegessen, Schläge erhalten und Strafgeld gezahlt". Die Rda. kann aber auch an eine Strafart in Polen und Rußland erinnern, wo man den Gefangenen zu den Schlägen nur faule und stark gesalzene Fische gereicht haben soll, um sie den Durst noch qualvoller empfinden zu lassen.

Mehr Schläge als Brot erhalten: sehr streng erzogen werden.

Um die große Zahl der Schläge zu veranschaulichen, sagt man: *Es regnet (hagelt) Schläge auf den Rücken;* vgl. frz. ‚Les coups pleuvent sur le dos de quelqu'un'.

Allzu viele Schläge können absolut wirkungslos bleiben, weil der Bestrafte sie hinnimmt und rasch vergißt. Diese Tatsache umschreibt die Rda. *die Schläge abschütteln wie der Hund die Flöhe* überaus treffend. Vgl. wien. ‚Der beutelt die Schläg ab, wia de Hund d' Flöh'. Die Heftigkeit und Wirkung der Schläge werden ebenfalls rdal. geschildert: *Schläge bekommen, daß das Fell raucht, daß man den Himmel für einen Dudelsack (für eine Baßgeige) ansieht,* vgl. ndl. ‚Hij kreeg een' klap, dat hij den hemel voor eene viool, en de aarde voor een' strijkstok aanzag'; *Schläge nach Noten erhalten; Schläge kriegen, was das Zeug hält; Schläge (Prügel) bekommen wie ein Jagdhund, wie ein Esel, wie ein Tanzbär,* da man die Tiere auf diese Weise abrichtet. Die Zusammenstellung anderer Ausdrücke, die das Schlagen und Geschlagenwerden veranschaulichen, vermittelt einen Eindruck von der Beliebtheit dieses Themas und von der sprachl. Erfindungsgabe, z. B. in den Wndgn. ‚einem Bengelsuppe', auch ‚Prügelsuppe geben', so schon 1548 bei Burkard Waldis im ‚Esopus' (4, 74, 80) belegt:

Man kan ein schleffrigen Knaben
 Mit einer Prügelsuppen laben.

Scherzhaft sagt man auch: ‚einem etw. Prügelsaft verordnen' oder ‚einen mit Schlagbalsam versehen'.

Neben den gebräuchlichen Ausdrücken, wie ‚Prügel', ‚Schläge', ‚Hiebe', ‚Ohrfeigen', ‚Maulschelle', und den umg. und mdal. Wörtern, wie ‚Dresche', ‚Keile', ‚Holze', ‚Bimse', ‚Wichse', ‚Schmiere', ‚Fotzen', ‚Dachtel', gibt es zahlreiche Neubildungen, die auf die Schlagwerkzeuge anspielen: ‚Ungebrannte Asche', ‚Farrenschwanz', ‚Gabelwurzel', ‚Rutenelixier', ‚Steckenöl', ‚Trümelbraten', ‚Scheiterkraut', ‚Besenstil-Pasteten', ‚eine Portion Schlagwurst', ‚Schlägelküchlein', ‚Fausttäflein', ‚Fußmilch' und ‚Fünffingerkraut'.

Rdal. gibt man jem. ‚einen Deuter', ‚einen Fingerzeig', ‚eine böse Nuß auf den Kopf', ‚Kopfnüsse', ‚einen Kopfgroschen' oder ‚einen Nasenstüber'. In Niederösterr. verabreicht man ‚einen Schilling Streiche', in Westf. gibt es ‚Essigsaures' oder allg. auch ‚Jackenfett'. Iron. spricht man von einem ‚Fisch ohne Gräten' oder den ‚Knallschoten, die aus der flachen Hand wachsen', man ‚verabreicht den Genickfang' oder ‚einen Fünfthalerschein, an dem der Empfänger mehrere Tage zu wechseln hat', in Süddtl. macht man ‚warme Umschläge'.

Mit der Rda. *Nicht vor dem ersten Schlaganfall!* weist man eine Hilfeleistung zurück. Bei Ungeschicklichkeit seufzt man in Österr. ‚Es ist zum Schlagtreffen!'

Ein Schlaglicht auf eine Sache werfen: einen guten Einblick geben, das Augenmerk darauf lenken, bezeichnend für etw. sein. Das ‚Schlaglicht' war urspr. ein Malerausdr. aus dem 18. Jh., der den scharf begrenzten Lichteinfall bez. sollte. Ebenso ist der Begriff ‚Schlagwort' als Fachwort der Theatersprache zu verstehen, das sich heute allg. verbreitet hat und urspr. gleichbedeutend mit ‚Stichwort' gewesen ist. Heute meint man damit ein Wort, das in aller Munde ist und einen Sachverhalt ‚schlagartig' erhellt. Der Ausdr. ist nicht vor Jean Paul belegt.

Starke (leichte) Schlagseite haben: betrunken sein, nicht mehr gerade gehen können, torkeln. Das sprachl. Bild beruht auf dem Vergleich mit einem Schiff, das sich zur Seite neigt, wenn es nicht gut gebaut oder falsch beladen ist. Seit dem 17. Jh. bez. die Schlagseite in übertr. Bdtg. bereits die geneigte Lage selbst, erst im 20. Jh. ist aber das Bild für den taumelnden Betrunkenen aus der Seemannssprache entlehnt worden; vgl. ‚schief geladen haben', ↗ trinken.

Schlagzeilen machen: so großes Aufsehen erregen, daß sogar die Zeitungen auf ihren Titelseiten groß darüber berichten.

Lit.: *P. Sartori:* Art. ‚Schlag, schlagen', in: HdA. VII, Sp. 1091–1114; *L. Honko:* Krankheitsprojektile (FFC. 178) (Helsinki 1959); *W. Hävernick:* „Schläge" als Strafe (Hamburg ⁴1970); *O. G. Sverrisdóttir:* Land in Sicht (Frankfurt/M. 1987), S. 55.

schlagen. *Ehe ich mich schlagen lasse* ist eine Rda., mit der man dem Nötigenden nachgibt; *sich breitschlagen lassen:* sich nach anfänglichem Widerstreben zu etw. bereit erklären; *sich geschlagen geben:* vor allem heute in einer Diskussion keine Gegenargumente mehr vorbringen können. Vgl. frz. ‚se donner pour battu'.

‚Verschlagen' bedeutete eigentl. ‚durch Schläge in die falsche Richtung gebracht

werden, dann auch übertr. ‚zu weit wegtreiben, verstecken', daher die Ausdrücke *verschlagen werden:* an einen Ort gelangen, an den man nicht wollte, *verschlagen sein:* listig, durchtrieben (eigentl. wohl ‚versteckt') sein. Ebenso wie ‚ausschlagen' gehörte wohl auch ‚schlagfertig' urspr. zur Fachsprache der Fechtkunst (vgl. ‚parieren' = urspr. einem Hieb oder Stich geschickt ausweichen, ihn vereiteln).

Beschlagen sein: gute Kenntnis von einer Sache haben, seit dem 17. Jh. belegt, geht wohl vom gut beschlagenen Pferd aus. Vgl. frz. ‚être ferré'.

An seine Brust schlagen: schon bei den Griechen und Römern ein Zeichen der Betrübnis, vgl. Lukas 18,13; „Und der Zöllner ... schlug an seine Brust und sprach: Gott, sei mir Sünder gnädig!"

Sich etw. aus dem Sinn (Kopf) schlagen: eine Idee aufgeben, ebenso ‚sich einer Sache entschlagen'.

Sich mit seiner eigenen Rede schlagen: sich selbst widersprechen.

Er schlägt viel Holz sagt man von einem Aufschneider.

Sich etw. um die Ohren schlagen ↗ Ohr.

Von den Pflanzen ist die Wndg. genommen *Wurzeln schlagen:* lange stehen.

Sich in die Büsche schlagen ↗ Busch.

Eine Sonderbedeutung ‚in bestimmte Richtung gehen, nacharten', wie sie sich auch in den Wörtern ‚Geschlecht' und ‚ungeschlacht' zeigt, finden wir in den Wndgn. *in ein Fach schlagen* oder *aus der Art schlagen*. Der Schlag i. S. v. Menschenschlag ist auch gemeint in der Rda. *Er schlägt nach seinem Vater:* er hat große Ähnlichkeit mit ihm, artet ihm nach; schon ahd. ist diese Bedeutung bekannt: ‚nah tien foreron ze slahenne an iro tugede'.

Nun schlägt's 13! ist ein Ausruf der Verwunderung, denn eine Uhr schlägt höchstens zwölfmal; *wissen, was die Glocke geschlagen hat* oder *wieviel es geschlagen hat:* wissen, wie es um die Sache steht; wissen, wie man sich zu verhalten hat, die Folgen einer Handlungsweise kennen; diese Rda. muß noch aus der Zeit stammen, in der es keine Taschenuhren gab, wo man also auf den Glockenschlag der Turmuhr angewiesen war; bair. ‚Oetz wüssi wi viel's g'schloag'n hat'.

Zahlreich sind die rdal. Wndgn. für die Androhung von Schlägen und ihrer üblen Folgen, z. B. *jem. grün und blau (braun und blau) schlagen* (vgl. ndl. ‚iemand bont en blouw slaan' und engl. ‚to beat one black and blue'); *jem. windelweich schlagen; ihn ungespitzt in den Boden hineinschlagen; jem. krumm und lahm schlagen; ihm die Zähne einschlagen; schlagen, daß jem. nicht mehr sitzen kann, daß man ihm die Schwielen aufschneiden muß; einem den Buckel (Ranzen) vollschlagen* usw.

In der gehobenen Umgangssprache vermeidet man das Wort schlagen und verwendet Euphemismen, wie ‚jem. mit dem Stab Bekanntschaft machen lassen', ‚ihn die Rute kosten lassen', ‚ihn durch die hölzerne Mühle ziehen', ‚die Prügel kommen nicht von schlechten Eltern'.

In der Sprache der Straße ‚verholzt' man einen, ‚deckt ihn mit Prügel zu', ‚klopft ihn (weich) mürbe', ‚traktiert', ‚vermöbelt', ‚stäupt' und ‚stupst', ‚verbimst' und ‚verbleut' (von mhd. ‚bliuwen' = schlagen) und ‚zwiebelt ihn, bis er Wasser gibt'. Der Geprügelte ‚fängt einen' (= Schlag), ‚hat einen abbekommen', ‚einen geschmatzt' bzw. ‚geschmiert bekommen'. Der Schläger hat es ihm ‚ellenlang und daumendick verordnet'. Des weiteren kann man seinem Opfer ‚eine aufbremsen', ‚aufdämmen', ‚aufmessen', ‚aufsenken', ‚aufzählen', ‚runterlangen', ‚überziehen' und ‚versetzen', ‚einen (runter)pauken', ‚fegen', ‚(durch-)fäusteln', ‚boxen', ‚fuchteln', ‚fummeln', ‚eine keulen', ‚karbatschen', ‚klabastern', ‚klappsen', ‚schmieren', ‚reinhauen', ‚flatschen' und ‚verpassen'. Der Schläger ‚keult', ‚knocht', ‚knufft', ‚knüppelt', ‚pufft', ‚pritscht' und ‚rüttelt' den Geschlagenen, er ‚verbeult', ‚verballert', ‚vertobakt (Rotw.) ihn', ‚hämmert auf ihm rum', ‚leuchtet ihm heim', ‚tanzt auf ihm' und ‚schlägt ihn kaputt'.

Die Zuschauer beteiligen sich mit lautstarken Anfeuerungen an der Schlägerei: ‚Wisch ihm eins aus!', ‚Gib's ihm!', ‚Steck ihn ein!', ‚Zünd ihm eine!' Lautmalende Ausdrücke sind: ‚jem. patschen', ‚bummhasen', ‚bumpsen', ‚bumfasen' und ‚dätschen'. Auch kann man ‚einen derart schlagen, daß er in allen Farben schillert', ‚man (ab-, aus-, durch-, zer-,)bleut ihn' (eigentl. von mhd. ‚bliuwen' = schlagen,

‚Grün und blau schlagen' – ‚Verwamsen'

heute jedoch im Sinne der Farbenbedeutung verstanden).

Auf die Musik und Musikinstrumente zurückgehende Ausdrücke hängen wahrscheinl. mit der Vorstellung des jammernden und schreienden Geschlagenen zusammen: ‚einem die Flötentöne aus dem ff. beibringen', ‚einem eine fideln oder (rein)geigen', ‚einen nach Noten prügeln', ‚ihm ins Gesangbuch (Gesicht) schlagen, daß die Noten durcheinanderfallen'.

Auch ‚einem den richtigen (scharfen) Text lesen (singen)' (↗ Text) und ‚einem die Leviten lesen' (↗ Leviten) haben die Bdtg. ‚ihn prügeln'. Ferner sind iron.-bagatellisierende Redewndgn. gebräuchlich: ‚einen begrüßvogeln', ‚begrüßlusen' (beide Wndgn. schon 1806 belegt), ‚jem. jucken', ‚rupfen', ‚knipsen', ‚streicheln' und ‚lausen', ‚ihm die Ohren flöhen'.

Auf die Kleidung beziehen sich: ‚einem die Beinkleider strammziehen', ‚die Hosen (aus-)spannen', ‚ausstauben' und ‚ausfressen', ‚aufs Wams klopfen', ‚einem eine (gehörig) wamsen'. ‚Ich heb' dich aus dem Anzug' ist eine ebenso häufige Drohung wie das neuere ‚Ich verschale dich' (von Schale = Kleidung). Rhein. belegt sind: ‚Ich schlag' dich pfundweis' aus dem Anzug raus', ‚schlag dich noch aus Rock und Kamisol'.

Vergleiche mit den täglichen (handwerklichen) Arbeitsverrichtungen sind: ‚jem. in die Arbeit nehmen', ‚in die Mache nehmen', ‚ihn (durch-)gerben', ‚versohlen',

‚(durch-)walken', ‚(an-)streichen', ‚abbalgen', ‚schrammen', ‚abdecken', ‚jem. ansalben' (16. Jh.), ‚duschen', ‚tampen', ‚(durch-)wichsen', ‚verbolzen', ‚verledern', ‚verpflastern', ‚verrollen' (moderne Prägung, vielleicht von ‚Rollkommando'), ‚ihm eine bürsten', ‚ihm heimleuchten', ‚einheizen'. An die bäuerliche Arbeit lehnen sich an: ‚auf einen losdreschen', ‚einen (ver-)dreschen', ‚striegeln', ‚hacken', ‚einem eine dengeln' und ‚jem. trockenen Hafer geben'. Seltener scheinen Tiervergleiche zu sein: ‚Ich will dir gleich Bienen geben'. ‚Ich schlag' dich wie einen Bären', ‚wie einen Tanzbären', ‚wie ein Tanzpferd'.

Eine wichtige Rolle in der Schlägerterminologie spielen die Drohungen. Meistens übertreiben sie die Stärke des Drohenden. Der Bedrohte soll eingeschüchtert werden. Seine Körperteile werden durch verächtliche Ausdrücke ersetzt, sein Zustand nach der Durchprügelung wird in den schwärzesten Farben geschildert. Der vorrangige psychologische Zweck der Drohungen liegt weniger in der Einschüchterung des Gegners als vielmehr in der Stärkung des eigenen Mutes begründet: ‚einen prügeln, daß er sich bepinkelt', ‚daß er Öl pißt', ‚daß er Pomeranzen scheißt', ‚daß er Baumöl seicht', ‚daß er drei Tage Buttermilch pißt'. ‚Ich schlag dich, daß du dich überschlägst', ‚daß du Rad schlägst', ‚daß du dich dreimal um dich selbst drehst', ‚daß du acht Tage rund läufst', ‚daß du drei Tage Galopp läufst', ‚daß du die Wände hochläufst'. ‚Ich schlag dich, daß du scheel kuckst', ‚daß du die Heiligen Drei Könige für drei Spitzbuben ansiehst', ‚daß du nicht weißt, wohin du gehörst', ‚daß du den Himmel für einen Dudelsack ansiehst', ‚daß du den Himmel vor lauter Sternen nicht siehst', ‚daß du den Himmel nicht siehst', ‚daß du den Mond für einen Handkäs' ansiehst', ‚daß du meinst, die Sterne fielen vom Himmel und du hörtest die Engel im Himmel tanzen und pfeifen', ‚daß dir Hören und Sehen vergeht', ‚daß der Kopf brummt', ‚es vor den Ohren summt und vor den Augen flimmert', ‚daß du nicht mehr sitzen kannst', ‚daß dir vierzehn Tage das Liegen wehtut', ‚daß du toll und taub wirst', ‚daß du in die andere Woche guckst', ‚daß du

die Gänse in Paris gackern hörst', ‚daß du nach Gott verlangst', ‚daß du den Herrn nötig hast'. ‚Ich schlag dich zum Krüppel', ‚daß man aus dir die Riemen schneiden kann', ‚daß dir die Beine scheppern', ‚brei-', ‚leder-', ‚windelweich', ‚daß das Fell raucht', ‚krumm und lahm', ‚daß du Zwillinge bekommst', ‚zu Dreck', ‚zu Mus', ‚daß du alle viere von dir streckst', (‚tot bist'), ‚ungespitzt in den Erdboden rein', ‚kurz und klein'. ‚Ich lauge dich', ‚zerfleische dich', ‚will dich düründeln'. ‚Ich haue dich zusammen wie alt Eisen', ‚daß die Stücke herumfliegen', ‚daß man dich um die Haspel herumwinden kann'. Mit ‚Warte, du wirst mir etw. abbetteln!' droht man Schläge an, mit denen man dann ‚dem Geschlagenen aufs Lebendige kommt', ‚ihm einen Bruch' oder ‚ihn zu einem heiligen Leib schlägt'. Äußerst plastisch ist ‚Ich mach Kreenfleisch (= heiß abgekochtes Schweinefleisch mit Meerrettich gewürzt) aus dir'. Abstrusen Assoziationen entspringt der Ausdr. ‚Warte, ich will dich katholisch machen, du sollst Jesum Christum kennenlernen'.

Auf die geistige Verwirrung und den körperlich desolaten Zustand des Geschlagenen spielen auch einige rhein. Drohungen an: ‚Ich schlag dir ein paar, daß du dich hinter der Stubentür aufrichtest', ‚daß du dich in der anderen Woche wiederfindest'. ‚Ich schlag dich, daß du meinst, Ostern und Pfingsten fielen auf einen Tag', ‚daß du meinst, dein Kopf wäre eine Drehorgel', ‚daß du meinst, du säßest drei Tage hinter dem Mond', ‚daß du meinst, die Sterne tanzten', ‚daß du meinst, der Teufel käm auf Stelzen', ‚daß du meinst, du hörtest die Glocken zu Köln läuten', ‚daß du meinst, der Kopf brummte wie eine Baumsäge', ‚daß du meinst, die Zähne spielten Klavier', ‚daß du meinst, die Zähne flögen dir in den Hals'. ‚Ich schlag dich, daß du Backenzähne scheißt', ‚daß das Kaffeewasser im Arsch kocht', ‚daß dir Strümpfe und Schuhe abfallen', ‚daß dir vierzehn Tage kein Stehkragen mehr paßt', ‚daß es dir bis aufs siebente Fell geht', ‚daß die Sonne durch dich scheint'.

In den bildl. Redewendungen, bes. in den Drohungen, werden die einzelnen Körperteile mit den verschiedensten Bez. be-

1354

dacht, und ihre Beschädigungen werden farbig ausgemalt, so daß, wollte man den fiktiven Drohcharakter in Abrede stellen, ein Bild unumschränkter Grausamkeit entstände. Wndgn., die sich auf den Kopf beziehen: ‚einen vor die Platte‘, ‚den Kappeskopp‘, ‚die Rübe‘, ‚die Pflaume hauen‘, ‚einem aufs Dach steigen‘, ‚ihn auf den Dätz‘, ‚den Giebel‘, ‚das Tabernakel‘, ‚auf das Zifferblatt schlagen‘; ‚ich schlag dir den Hirnkasten ein‘; ‚ich schlag dir eine auf den Speicher, daß der Keller wackelt‘; ‚ich schlag dir auf den Kopf, daß du Plattfüße kriegst wie ein Gänserich‘; ‚ich schlag dir Knubbeln an den Kopf wie einem Holländerkäse‘; ‚ich schlag dich auf das Kapital, daß die Zinsen die Backen raufrollen‘; ‚ich schlag dich auf das Dach, daß die Pfannen rappeln‘; ‚daß der Giebel kracht‘; ‚ich schlag dich auf den Tabernakel, daß alle Heiligen wackeln‘; ‚ich schlag dich auf den Kopf, daß er platt wird wie ein Pfannkuchen‘.

Das Gesicht (Augen, Backen, Ohr, Mund, Nase) ist gemeint: ‚Ich schlag dir ins Gesicht, daß die Augen Feuer geben‘; ‚ich schlag dich auf ein Auge, daß dir ein Schienbein blau geht‘; ‚ich schlag dir eine auf die Backe, daß du sie auf der anderen Seite greifen kannst‘; ‚ich schlag dir einen um die Löffel‘, ‚geb dir einen hinters Ohr‘; ‚ich schlag dir einen Batzen in die Schnauze‘; ‚ich schlag dir auf den Rüssel‘; ‚ich schlag dir einen auf die Schnauze, daß die Zähne korporalschaftsweise zum Arsch rauskommen‘; ‚ich schlag dir alle Zähne zum Rachen rein‘; ‚ich schlag dir ins Landgericht, daß die Schreiber den Hals runterkugeln‘, ‚ich schlag dir in die Fresse, daß dir die Zähne zum Arsch hereinfliegen‘; ‚ich schlag dir in die Backenzähne, daß die Milch in der gesamten Nachbarschaft gerinnt‘; ‚ich schlag dir in die Fresse, daß dir die rote Brühe zum Arsch herauskommt‘; ‚ich schlag dir in den Rachen, daß du vierzehn Tage nach Atem schöpfst‘; ‚ich schlag dich, daß der Mund so dick wird wie der Arsch‘; ‚ich schlag dir das Maul so platt wie ein Abc-Buch‘; ‚Warte, dir poliere ich die Fresse!‘

Auf die Haut beziehen sich: ‚einem etw. am Leder flicken‘, ‚das Leder gar ma-

chen‘, ‚hart aufs Leder kommen‘; ‚einen (durch-, zer-)ledern‘; ‚einen pelzen‘; ‚einem auf den Pelz kommen‘, ‚den Pelz ausklopfen‘, ‚versengen‘; ‚einem das Fell lose machen‘, ‚verarbeiten‘, ‚gerben‘, ‚verledern‘, ‚schmieren‘ und ‚ziehen‘; ‚jem. was auf den Bast geben‘. Auf verschiedene Körperteile: ‚jem. den Rücken mit Knütteln traktieren‘, ‚messen‘; ‚einem den Buckel auswaschen‘, ‚die Hucke vollhauen‘; ‚einem die Rippen bekloppen‘, ‚ihm alle Rippen im Leibe entzweischlagen‘; ‚ich schlag dich, daß du deine Knochen hinten greifen kannst‘; ‚einem auf die Finger klopfen‘, ‚die Nieren losschlagen und ihm in die Herzgrube langen, daß der Mond hineinscheint‘; ‚dem Hintern Kirmes‘, ‚dem Arsch Kirchweih machen‘; ‚einem die Schinken besehen‘, ‚den Arsch bepflastern‘, ‚kalfatern‘, ‚den Staub aus dem Hintern klauben‘, ‚'s Quartier versohlen‘ (schwäb.); ‚ich schlag dich, daß dir der Arsch schwillt‘, ‚du den Arsch nicht mehr in die Hosen kriegst‘.

Als Beisp. für die vielen mdal. Ausdrücke sollen die berl. Wndgn. angeführt werden. Man droht einem, den man schlagen möchte: ‚Willst wol ne kleene Abreibung ham?‘ ‚Du krist eens an' Ballong, det de Jondel wackelt‘. ‚Krist jleich eens in de Batterie‘. ‚Sie könn' de scheenste Keile besehn‘. ‚Krist jleich eens uf't Dach‘. ‚Krist eens uf'n Deckel‘. ‚Dir soll der Deibel frikassieren‘. ‚Wat? Sie wolln mir dreckig kommen?‘ ‚Sie nich, verstehn Se, mir nich!‘ ‚Kommen Se mir nich dumm, sonst komm ick Ihnen noch dummer‘. ‚Hast wol lange keenen blutjen Einsatz jehatt?‘ ‚Den Kerl wer'k de Eisbeene knicken‘. ‚Dir hau ick in Fetzen‘. ‚Den wer'k de Flötentöne beibringen‘. ‚Den wer'k bei de Hammelbeene kriejen‘. ‚Det mir nich de Hand ausrutscht‘. ‚Riech mal an meine Handschuhnummer‘. ‚Een Hieb – de zweete wäre Leichenschändung‘. ‚Hast wol lange nich dein eijnet Jeschrei jeheert?‘ ‚Liebe mir, oder ick zerhack dir die Kommode‘. ‚Ick wer dir zu Karbenade verhaun‘. ‚Ick hau dir uf'n Kopp, dette durch de Rippen kiekst wie der Affe durch 'n Kefich‘. ‚Wo willst'n liejen?‘ ‚Lej mal deine Finger uf'n Amboss, ick will dir mal de Näjel manekiern‘. ‚Ihnen hat wol lange nich de Nase jeblut?‘ ‚Noch een Ton, un du bist pang-

1355

sionsberechtigt'. ,Ick hau dir eene, dette denkst, Ostern und Pfingsten fällt uf eenen Dag'. ,Den schlag ick mit 'n nassen Rejenschirm dot'. ,Riech mal an de Knospe (Faust)'. ,Dir wer'k 'n Schnörjel nach links drehn'. ,Denn kannste deine Knochen in 't Schnuppduch zu Hause dragen'. ,Lass dir man zusammenfejen'. ,Ick hau dir eene an deinen Resedatopp, det dir die Blieten noch vierzehn Dage wackeln'. ,Reich mir mal det Beil von de Kommode, ick wer der Kerl mal'n Scheitel ziehen'. ,Det soll dir sauer ufstossen'. ,Ick hau dir eene, dette aus de Pantinen kippst'. ,Wenn ick nich' in' Tierschutzverein wäre, hätt ick dir schon eene jeklebt'. ,Wir treffen uns nach neine'. ,Ick hau dir eene, dette 'ne Turmspitze for'n Zahnstocher ansiehst', oder: ,dette 'ne Stubeflieje for'n Doppeldecker ansiehst'. ,Ick lass dir ufjehn wie 'n Ballong'. ,Hast wol lange keen Veilchenbukett unter de Nase jehatt?'. ,Du krist eene, die sich jewaschen hat'. ,Den wer'k de Wurscht anschneiden'. ,Weeßte, vastehste! Det Aas steck ick mit 'n jefrornen Waschlappen dot!' ,Wünschen Se vielleicht noch wat?'

Lit.: *A. Gittée:* Hij slaat er op lijk Stoffel op zijn Katten, in: Vkde. 2 (1889), S. 226; *A. de Cock:* Hij slaat er op lijk Stoffel op zijn Katten (of: lijk de Diuvel op Geeraard), in: Vkde. 8 (1895/96), S. 140; *U. Holzmeister:* Vom Schlagen auf die rechte Wange (Matth. 5, 39), in: Zs. f. Kath. Theologie 45 (1921), S. 334–336; *A. Verdenius:* Slaan en zalven, in: De Nieuwe Taalgids 22 (1928), S. 205–209; *P. Sartori:* Art. ,Schlag, schlagen', in: HdA. VII, Sp. 1091–1114; *Meyer-Mauermann:* Der richtige Berliner (München ¹⁰1965); *J. Schaeffer:* Der lachende Volksmund, S. 45 f.; *W. Hävernick:* „Schläge" als Strafe (Hamburg ⁴1970). Maledicta. The International Journal of Verbal Aggression, ed. R. Aman, 1 ff. (Waukesha [Wis.] 1977 ff.); *Fr. Kiener:* Das Wort als Waffe. Zur Psychologie der verbalen Aggression (Göttingen 1984).

Schlager. *Das ist ein Schlager!:* das ist ein Erfolg, eine hervorragende Leistung. Die Bez. Schlager kommt aus der Sprache der Musik. Um 1850 hießen so in Wien Lieder aus Operetten und Singspielen, die durchschlagenden Erfolg hatten. Um 1900 wandelte sich die Erfolgsbez. in eine Gattungsbez.: der Versuch wird unternommen, Einzelstücke in Erfolgsabsicht zu fertigen; diese werden nun generell ,Schlager' genannt. Einzelstücke, die sich hier bes. hervorheben, heißen heute ,Hit' (engl.). In übertr. Bdtg. spricht man auch von einem ,Kassenschlager', was z.B. ein Buch, ein Film oder eine Ware im Kaufhaus sein kann oder eine Messeneuheit.

Lit.: *H. Chr. Worbs:* Der Schlager (Bremen 1963); *H. Fischer:* Volkslied-Schlager-Evergreen, in: Volksleben 7 (Tübingen 1965); *H. Bausinger:* Schlager und Volkslied, in: Handb. d. Volksl., Bd. I (1973), S. 679–690; *D. Kayser:* Schlager – Das Lied als Ware (Stuttgart 1975); *W. Mezger:* Schlager. Versuch einer Gesamtdarstellung (Tübingen 1975); *J. Hunkemöller:* ,Schlager', in: Das große Lexikon der Musik, hrsg. v. M. Honegger u. G. Massenkeil, Bd. VII. (Freiburg i. Br. 1976), S. 248–250.

Schlagseite ↗ Schlag, Schläge.

Schlamassel. *In den (die) Schlamassel kommen:* in eine schlimme Lage, in Bedrängnis, in höchst unangenehme Verhältnisse kommen, in Verlegenheit geraten. Seit dem 18. Jh. war die Wndg. auch mdal. üblich. In Ulm heißt ,ein in a Schlamass bringen', ihn ins Unglück stürzen. Bes. häufig braucht man heute die Rdaa. *im Schlamassel sitzen:* Pech haben; und *aus dem größten Schlamassel heraus sein:* die Gefahr, das Schwierigste überwunden haben, deshalb auch der Wunsch: *Nur raus aus dem Schlamassel!*
Das Wort Schlamassel kann aus dem aramäischen ,che-lâ-massâl' hervorgegangen sein, das Unglück bedeutet (= was nicht Glück ist). Eine andere Deutung weist auf die Zusammensetzung des neuhebr. ,mazol' = Geschick, Glücksstern mit dem nhd. ,schlimm' zu ,schlimm-mazol' = Unstern, Mißgeschick. Im Jidd. entstand daraus ,schlimasel' und zuletzt im Dt. Schlamassel in der Bdtg. von Unglück, Durcheinander, Gemengsel und Bedrängnis, vielleicht in der Anlehnung an ,Schlamm' und ,Masse'.

Lit.: *Avé-Lallemant:* Das dt. Gaunertum, Bd. IV, S. 571.

Schlampe(r). *Eine Schlampe (Schlampampe) sein:* eine unordentliche, schmutzige, plumpe, nachlässig gekleidete Frau sein, die auch als ,Schlumpe' oder ,Schlumpel' bez. wird. Die Rda. ist auch mdal. üblich, z.B. heißt es im Siebenb.-sächs.: ,Et äs en Schlamp'. Der Ausdr. wurde durch Christian Reuter bekannt. ,Frau Schlampampe' ist die Heldin seiner beiden satirischen Lustspiele: ,L'honnête Femme oder Die ehrliche Frau zu Plissine' (1695) und ‚La Maladie et la mort de l'honnête Femme das ist: der Ehrlichen Frau Schlampampe Krankheit und Tod' (1696).

Das Verb ‚schlampen' und seine Streckform ‚schlampampen', eine Schallnachahmung von ‚schmatzend essen' und ‚schlürfend trinken', waren in der urspr. Bdtg. von ‚schlemmen' schon lange vorher in Gebrauch. Joh. Fischart benutzte bereits 1575 im ‚Vorritt' seines ‚Gargantua' ein davon abgeleitetes Adj.: „Ihr meine Schlampampische gute Schlukker", und das Subst. ‚Schlamp' kennt er als Ausdr. für ein Schlemmermahl: „Jedoch gefiel jhm besser die Edelsässische weiss de virtute in virtutem von einem Schlamp zum andern" (‚Geschichtklitterung', S. 62, 17). Ein ‚Hundsschlamp' ist für ihn eine Mahlzeit ohne Wein.

Auf den urspr. Sinn von ‚schlampen' weist noch die preuß. Rda. *Er ist ein Schlampamper:* ein Schlemmer und Prasser. Allg. bezieht sich die Rda. in übertr. Bdtg. heute aber nur auf schlechte Charaktereigenschaften der Frau, die sich in ihrem vernachlässigten Äußeren zu zeigen scheinen. ‚Schlampen' und ‚schlampig' haben jetzt den neuen Sinn von ‚schlaff herabhängen', ‚liederlich' erhalten und beziehen sich auf Kleidung, Haare, aber auch auf die Handlungsweise der Frau, wie ein Reim aus Lauingen beweist:

Du alte Schlampampel,
Zünd' an dein Oellampel,
Zünd' an dein Lateren
Deam König zu Ehren,
'm König zu Eahra
Und andra zum Trutz,
Du alte Schlampampel,
Hast dein Oellampel
Nett butzt.

Das Wesen der liederlichen Frau wird bes. treffend mit der Wendung umschrieben: *Sie heißt Schlampe, obgleich sie nicht dabei war, als dieser Name ausgetauft wurde.*

Etw. ist eine (große, unmögliche) Schlamperei! Diese Rda. ist als Unmutsäußerung und Tadel einer Nachlässigkeit in der Ausführung von Aufträgen und der Arbeit allg. zu verstehen. Gemeint sind damit auch Vergeßlichkeit, Unzuverlässigkeit und Unpünktlichkeit.

Schlange. *Eine Schlange am Busen nähren (wärmen, erziehen):* jem. Gutes tun, den man für seinen Freund hält, der sich aber später als undankbar und verräterisch erweist, jem. zu Unrecht vertrauen, am scheinbar besten Freund den gefährlichsten Feind haben. Die Rda. war bereits im Altertum bekannt und bezieht sich auf Äsops Fabel 97: ‚Der Bauer und die Schlange', wo es im Text heißt: „Er nahm die Schlange und legte sie unter den Bausch seines Gewandes". Die Fabel bei Phaedrus (4, 19) geht auf Äsop zurück. Uns ist sie aus dem ‚Reinecke Fuchs' bekannt, Erasmus (IV,2) erzählt sie in folgenden Versen:

Sinu fovebat quidam agricola viperam
Gelu rigentem, at haec calorem
           ut senserat,
Ferit foventem, moxque perimit
             vulnere.
Ingrati ad hunc bene meritos
           tractant modum.

Ähnl. hieß es schon bei Petronius Arbiter (gest. 66 n. Chr.) in ‚Saturae' (77): „Tu viperam sub ala nutricas" = Du nährst unter deinem Flügel (in der Achselhöhle) eine Schlange. Im Lat. hieß die Rda. ‚Serpentem in sinu fovere'. Vgl. auch frz. ‚nourrir un serpent (une vipère) dans son sein', ndl. ‚een adder aan zijn borst koesteren' und engl. ‚to cherish a snake (a serpent, a viper) in one's bosom'.

Außer der Fabel müssen noch andere Vorstellungen auf die Rda. eingewirkt haben. So war der Schlangenbiß eine beliebte Selbstmordart, die bereits Kleopatra wählte. Hans Sachs spricht in seinen Gedichten (Bd. IV, Nr. 489, S. 371) von der ‚Schlange am Busen', die den Tod bringt, ebenso Kirchhoff in ‚Wendunmuth' (7, 73). Wahrscheinl. hat das poetischere Wort ‚Busen' für ‚Brust' das Wort ‚nähren' zu sich herangezogen; die Rda. kann deshalb auch mit einem ma. Bildmotiv in Verbindung gebracht werden. Schon in der karolingischen Kunst findet sich das Motiv der Schlangensäugerin. Die nackte Frau, die zwei Schlangen säugt und festhält, wurde im kirchlichen MA. im asketischen Sinn als die Nährerin von Voluptas und Luxuria gedeutet. Kohl sieht in dem Motiv den Nachklang der antiken Darstellung von der nährenden Erdenmutter

‚Eine Schlange am Busen nähren'

Terra und bringt damit auch die Melusinensage in Zusammenhang (Melusine kehrt in der späteren Sage zurück, um ihre Kinder zu nähren) und die ma. Darstellung eines weibl. Zwitterwesens, das zwei hochgebogene Fischschwänze in den Händen hält. Bei dem Wort ‚nähren' wurde wohl auch im Hinblick auf die Schlange daran gedacht, daß sie bei ihrem Biß nicht nur Gift in die Wunde spritzte, sondern das Blut ihres Opfers aussaugte. Innerhalb der christl. Symbollehre bedeutet die Schlange als Versucherin zum Bösen den ‚geistlichen' Tod des Menschen, wie D.-R. Moser (‚Verkündigung durch Volksgesang', S. 558) belegt: „Serpens significat mortem" (Petrus Cantor). Zudem bringt Moser ein Beispiel für die Bdtg. der Schlange als Sinnbild der ‚avaritia': Einer reichen, aber geizigen Bauersfrau legt sich als Bestrafung eine Schlange um den Körper; Strophe 10 des sog. ‚Schlangenliedes' lautet dann:

Ihr Christen seht das Wunder an,
Und nehmt euch ein Exempel dran,
Was Gott an dieser Frau
Für ein Schicksal begangen hat,
Die Schlange sich umschlungen hat,
An ihrer Brust thut saugen.

Hier ist die an der Brust saugende Schlange als Sinnbild der Unfruchtbarkeit zu verstehen.
Die auffallenden Eigenschaften einer Schlange wurden schon zeitig beobachtet und im Vergleich zur Charakterisierung eines Menschen herangezogen. Die Rda. *klug wie eine Schlange sein* ist bibl. Urspr. Von der Klugheit der Schlange und ihrer Fähigkeit zu reden spricht bereits 1. Mos.

3, 1, und bei Matth. 10, 16 rät Jesus seinen Jüngern: „Seid klug wie die Schlangen". Da die Schlange wegen ihrer Verführerrolle beim Sündenfall mit dem Bösen und dem ↗Teufel gleichgesetzt wurde, entstanden Wndgn. wie *listig, falsch wie eine Schlange sein,* auch einfach: *eine (wahre) Schlange sein,* die meist benutzt werden, um eine verräterische, heimtückische weibl. Person zu kennzeichnen. Vgl. ndl. ‚Het ist een regte otter'. Verborgene Gefahr und heimliche Laster meint die Wndg. *Es ist eine Schlange unter Blumen,* vgl. frz. ‚C'est un serpent caché sous les fleurs'. Ähnl. *Da liegt die Schlange im Grase!* Vgl. ndl. ‚Daar is een otter in't bolwerk' und ‚Da liegt der Hase im Pfeffer'.
Andere rdal. Vergleiche verbinden sich mit verschiedenen charakteristischen Verhaltensweisen der Schlange, z. B. *sich winden (ringeln) wie eine Schlange:* verlegen sein, nach Ausflüchten suchen, auch *beißen wie eine Schlange,* schon als Ausspruch Salomos bekannt: „Sieh den Wein nicht an, wenn er gelb wird, wenn seine Farbe im Glase schön leuchtet; er gehet lieblich ein, aber endlich wird er beißen wie eine Schlange", und auf Äußerungen von Zorn und Mißgunst bezogen, heißt es: *fauchen (zischen) wie eine Schlange. Der Schlange auf dem Schwanze stehen:* sie zum Angriff reizen, schon 1573 in der ‚Flöhhatz' von Joh. Fischart (S. 47/1680) und 1577 (S. 109/3756) gebraucht: „Man wird aufn schwanz der Schlangen stan". *Die Schlange am Schwanz fassen:* keine Gefahr scheuen, den Angriff wagen, vgl. engl. ‚He holds the serpent by the tail'. Die Rda. *einer Schlange das Gift nehmen:* sie ungefährlich machen, beruht auf der Gewinnung von Schlangengift zu Heilzwecken. In den Schlangenfarmen werden die Schlangen zum Beißen veranlaßt, wobei sie ihr Gift verspritzen, das sich dann erst wieder neu im Giftzahn sammeln muß.
Von einem Überängstlichen heißt es: *Er ist gewiß einmal von einer Schlange gebissen worden, weil er sich vor jedem Wurme fürchtet.* Neuere Wndgn. sind *Schlange stehen müssen:* sich in einer Reihe aufstellen und warten müssen, und *eine Schlange, die sich in den Schwanz beißt:* eine Sache, die kein Ende nimmt, die immer wieder von vorn beginnt, ohne daß

ein Ergebnis erzielt werden kann. Vgl. frz. ‚un serpent qui se mord la queue'.
Die bildl. Darstellung der Schlange galt auch als Symbol der Dauer und Ewigkeit. In der griech. Alchimie sah man in dem Ouroboros, der Schlange, die sich selbst in den Schwanz beißt, ein Wesen, das sich an sich selber erfreut (luxuriam in se ipso). Weiterhin hütet die Schlange den Goldapfelbaum der Hesperiden und den Baum der Erkenntnis im Paradies (Danckert IV, S. 1464–1465).

‚Eine Schlange, die sich in den Schwanz beißt'

Im Hain des Apoll in Epirus und auf der Akropolis wurden zu Ehren der Pallas Athene Schlangen gehalten, und der Heilgott Asklepios wurde meist mit einer Schlange dargestellt; sie galt als Sinnbild des Lebens, da man annahm, die Schlange verjünge sich bei ihrer jährl. Häutung. Dieses Bild wurde von den Römern übernommen. Der Äskulapstab mit der ihn umwindenden Schlange wurde zum Symbol der Heilkunst. Überall, wo die Römer Heilbäder errichteten, verbreiteten sie dieses Symbol.
Schlangen schießen: eine Umschreibung für faulenzen, noch heute im Westerwald gebräuchlich.
Etw. ist ein Schlangenfraß: eine Speise ist ungenießbar.

Lit.: *K. Knortz:* Reptilien und Amphibien in Sage, Sitte und Literatur (Annaberg 1911); *O. Keller:* Die antike Tierwelt 2 (Leipzig 1913), S. 284–305; *F. Seiler:* Das dt. Lehnsprw., Bd. I–IV (Halle 1921–24), Bd. I, S. 16; *E. Hoffmann-Krayer:* Art. ‚Schlange', in: HdA. VII, Sp. 1114ff.; *R. Kohl:* Das Melusinenmotiv (Bremen 1934); *H. Leisegang:* Das Mysterium der Schlange, in: Eranos Jahrbuch 7 (1939), S. 151–250; *K. v. Spieß:* Die Sagen von der Fisch- oder Schlangenjungfrau, in: Wiener Zs. 46 (1941); *H. Carl:* Sprachstudien an der Schlange, in: Muttersprache (1959), S. 5–9; *A. P. Hudson:* A snake can't staddle a log, in: North Carolina Folklore 9 (1961), S. 34–41; *A. Bhattacharyya:* The serpent in Bengali proverbs, in: Folklore Calcutta 2 (1961), S. 329–343; *J. A. Oliver:* Snakes in Fact and Fiction (New York 1964); *A. Otto:* Die Sprww. der Römer (Hildesheim 1965); *L. Röhrich:* Die Sagen vom Schlangenbann, in: Volksüberlieferung, Festschrift f. K. Ranke (Göttingen 1968), S. 327–344; *D. R. Barnes:* The bosom serpent. A Legend in American Literature and Culture, in: Journal of American Folklore 85 (1972), S. 111–122; *W. Danckert:* Symbol, Metapher, Allegorie im Lied der Völker, Bd. IV. (Bonn 1978), S. 1464–1476; *B. Garbe:* Vogel und Schlange: Variation eines Motivs in Rda., Fabel, Märchen und Mythos, in: Zs. f. Vkde. 75 (1979), S. 52–56; *D.-R. Moser:* Verkündigung durch Volksgesang. Studien zur Liedpropaganda und -katechese der Gegenreformation (Berlin 1981), S. 556–561; *H. Egli:* Das Schlangensymbol: Geschichte – Märchen – Mythos (Freiburg 1982); *W. H. Fischle;* Das Geheimnis der Schlange: Deutung eines Symbols (Fellbach-Öffingen 1983); *J. Milliet:* Un allaitement insolite, in: *J. Hainard* u. *R. Kaehr:* Des animaux et des hommes (Neuchâtel 1987), S. 87–118; *J. Leibbrand:* Speculum bestialitatis (München 1989), S. 134ff.

schlapp, Schlappe. *Sich schlapplachen:* so heftig lachen, daß man davon ermattet, müde und geschwächt wird, vgl. ‚sich krank lachen'.
Schlappmachen: kurz vor dem Ziel wegen großer Erschöpfung zurückbleiben, nicht mehr mithalten können, etw. wegen zu großer Anstrengung aufgeben.
Schlapp ist die ndd. Lautform für hd. ‚schlaff', die als von der Soldatensprache begünstigte Lehnform in die obd. Mdaa. eindrang. Auch im rdal. Vergleich wird schlapp verwendet: ‚Se is so slapp as'n Ribbelappen', vgl. ndl. ‚Het is zoo slap als een vaatdoek'.
Eine Schlappe erleiden (zugefügt bekommen): eine Niederlage hinnehmen müssen. Schlappe ist zum Schallwort schlapp für einen klatschenden Laut gebildet. Frühnhd. war ‚schlappe' der leichte Schlag mit der Hand, der ‚Klaps'. Von hier aus entwickelte sich zuerst in der Schweiz (1513) die heutige Bdtg. von einer leichten Niederlage. Schon Luther verwendet in seinen ‚Tischreden' (392[a]) die

1359

Wndg. ‚einem eine Schlappe beibringen'. Bei Pauli (‚Schimpff u. Ernst' XXXIII[b]) heißt es: „einem ein schlappen setzen". Noch heute: *einem (Gegner) eine Schlappe versetzen* oder *sich selber eine Schlappe beibringen:* an seiner eigenen Niederlage schuld sein. Vgl. lat. ‚Ipse mihi asciam in crus impegi'.

Eine Schlappern machen: schmollend den Mund verziehen, eine Schnute machen, die Unterlippe hängen lassen.

Schlappschwanz. *Ein rechter Schlappschwanz sein:* ein energieloser, schlaffer, auch einfältiger Mensch sein, der keinen Unternehmungsgeist besitzt und Schwierigkeiten und Anstrengungen scheut; vgl. frz. ‚une mauviette'.

Die Rda. beruht wahrscheinl. auf dem Vergleich mit einem Hund, der seinen Schwanz hängen läßt. Man deutet dies allg. als Zeichen, daß er nicht rassenrein, minderwertig, krank, schwach oder feige ist. Vielleicht ist aber auch das männl. Glied gemeint, das häufig als ‚Schwanz' bez. wird. Darauf deutet die Verwendung der Rda. als veräch†l. Bez. eines Mannes, dem Freunde und Kollegen bes. in sexueller Hinsicht keine Erfolge zutrauen.

Schlaraffenland (-leben). *Wie im Schlaraffenland sein (leben):* als Müßiggänger im größten Überfluß leben, ein Schlemmerleben führen; vgl. frz. ‚vivre comme au pays de Cocagne'.

Die Rda. bezieht sich auf das in Europa allg. bekannte Märchen vom Lande der Faulenzer (AaTh. 1930; vgl. KHM. 158). Von ihm stammen noch die folgenden Wndgn.: ‚ein Schlaraffenleben führen'; ‚sich die gebratenen Tauben in den Mund fliegen lassen'; ‚warten, bis einem die gebratenen Tauben ins Maul fliegen'.

Aus dem mhd. ‚slur' = fauler Mensch entwickelte sich im 14. Jh. das Schimpfwort ‚slûr-affe' für den üppig und gedankenlos lebenden Müßiggänger. Noch 1494 spricht Seb. Brant in seinem ‚Narrenschiff' (Kap. 108) vom „Schluraffenlandt" während es 1530 bei Hans Sachs (‚Fabeln' Nr. 6), „Schlaweraffen Landt" und „Schlauraffen landt" lautet:

Ein Gegend heißt Schlauraffenland,
Den faulen Leuten wohlbekannt.

Auch fliegen um (möget ihr glauben)
Gebratne Hühner, Gäns' und Tauben.

Grimmelshausen schildert dieses utopische Land auch im ‚Simplicissimus' (I,262): „Und als dann wirds in Teutsch-

‚Ein Schlaraffenleben führen'

1360

Das schluraffen schiff

land hergehen wie im Schlauraffen-Land, da es lauter Muscateller regnet und die Creutzer-Pastetlein über Nacht wie die Pfifferlinge wachsen! Da werde ich mit beyden Backen fressen müssen wie ein Drescher und Malvasier sauffen, daß mir die Augen übergehen".

Ins Schlaraffenland gehören: dorthin, wo Faule und Gefräßige erwünscht sind. Der Wndg. ‚Er wäre gut ins Schlaraffenland, da gibt man einem von der Stunde ein Pfund zu schlafen' entspricht im Engl.: ‚You'd do well in labberland, where they have half a crown a day for sleeping'.
Meidet einer gern jede Anstrengung, wird ihm iron. der Rat gegeben: ‚Geh ins Schlaraffenland, wo die gebratenen Tauben ins Maul fliegen', auch: ‚wo es Pfannkuchen regnet', ‚wo die Hühner Lobbenkräg tragen', ‚da man die Leute und die Hunde an die Würste henkt!' Die verschiedenen Zusätze zeigen, wie verbreitet die Vorstellungen vom Schlaraffenland sind.
Heinrich Mann nannte einen Roman ‚Schlaraffenland'.

Lit.: *Hans Sachs:* Sämtliche Fabeln und Schwänke, hg. v. E. Götze, Bd. I (Halle 1893) S. 8–11, Nr. 4 (1530); *F. J. Poeschel:* Das Märchen vom Schlaraffenlande, in: PBB. 5 (1878), S. 389–427; *C. Müller-Fraureuth:* Die dt. Lügendichtungen bis auf Münchhausen (Halle 1881, Ndr. Hildesheim 1965); *E. Schmidt:* Charakteristiken, 2. Reihe (Berlin 1901), S. 51–70; *J. Bolte:* Bilderbogen des 16. u. 17. Jh., Nr. 14: Das Schlaraffenland, in: Zs. f. Vkde. 20 (1910), S. 187–193; *Bolte-Polívka:* Anmerkungen zu den KHM. der Brüder Grimm, Bd. III (Leipzig 1918), S. 244–258; *E. M. Ackermann:* Das Schlaraffenland in German Literature and Folksong. Social aspects of an earthly paradise ... (Diss. Chicago [III.] 1944); *K. Lazarowicz:* Verkehrte Welt, Vorstudien zu einer Geschichte der dt. Satire (= Hermaea N. F. 15) (Tübingen 1963); *Röhrich-Brednich:* Dt. Volkslieder, Bd. II (Düsseldorf 1967), S. 488 ff.; *M. Müller:* Das Schlaraffenland. Der Traum v. Faulheit u. Müßiggang (Wien 1984); *W. Biesterfeld* u. *M. H. Haase:* The Land of Cokaygne, in: Fabula 25 (1984), S. 76–83; *D. Richter:* Schlaraffenland. Geschichte einer populären Phantasie (Köln 1984, Ndr. 1989); *P. Assion:* Schlaraffenland schriftlich und mündlich. Zur Wiederkehr von Märchenmotiven, in: L. Röhrich u. E. Lindig (Hg.): Volksdichtung zwischen Mündlichkeit und Schriftlichkeit, ScriptOralia 9 (Tübingen 1989), S. 109–123.

schlau. *Aus etw. (jem.) nicht schlau werden:* sich bei einer Sache oder einer Person nicht mehr auskennen; sich gewisse Dinge nicht erklären können.
Jem. ist ein Schlauberger: jem. ist bes. gescheit und pfiffig dazu; auch: ‚Schlaufuchs', ‚Schlaumeier'.
Bes. beliebt sind rdal. Vergleiche, um den Grad der Schlauheit eines Menschen zu veranschaulichen; hier sind vor allem Tiervergleiche am häufigsten, so wie: ‚schlau wie ein(e) ... Fuchs, Katze, Schlange, Luchs, Ratte, Iltis, Elster'.
Dummheit wird oft umschrieben mit: ‚schlau wie zehn Dumme'.
Lit.: *G. Grober-Glück:* Motive und Motivationen in Rdaa. und Meinungen. Textband. (= Atlas der dt. Vkde., Neue Folge, Beitr. 3) (Marburg 1974), §§ 87–90.

Schlauch. *Auf dem Schlauch stehen:* eine Sache nicht begreifen; ratlos sein.
Etw. ist ein Schlauch: eine Sache ist sehr anstrengend; nach einer solchen Arbeit ist man ‚geschlaucht'.

Schlawiner. *So ein Schlawiner!:* Ausruf, wenn man sich von jem. hereingelegt fühlt und dies nun entdeckt. Der Name kommt von ‚Slowene'; die slowenischen Hausierer, auf die diese Beschimpfung zurückgeht, galten als bes. gerissene Geschäftemacher.

schlecht. *Etw. schlecht und recht machen:* es einfach, aber richtig machen, schon bei Hiob 1,1: ‚Derselbe war schlecht und recht, gottesfürchtig und mied das Böse". In dieser alten Reimformel hat das Wort schlecht noch seine mhd. Bdtg. bewahrt: schlicht, eben, gerade, glatt, richtig. Luther benutzte die Formel ,schlecht und recht' in diesem alten Sinne, als er 2. Sam. 15,3 übersetzte: „Siehe, deine Sache ist recht und schlecht; aber du hast keinen, der dich hört, beim König" (ebenso Hiob 2,3). Ps. 25,21 heißt es: „Schlecht und Recht, das behüte mich; denn ich harre dein", und Luther übersetzt Luk. 3,5: „Was uneben ist, soll schlechter (d. h. ebener) Weg werden".

In der alten Bdtg. stand schlecht im Gegensatz zu krumm. In zahlreichen Sprüchen des MA. taucht es formelhaft auf, so zum Beisp. auch in Seb. Brants ,Narrenschiff' (19,46).

> Die zung die brucht man jn daz reht,
> Durch sie würt krum das vor was
> schlecht.

Das ist ein alter volkstümlicher Reim, der wenig anders schon 1350 in Boners ,Edelstein' (VII, 46) steht:

> Die valschen zungen hant daz reht,
> Sie machent krump, daz ê was slecht.

Im ,Renner' des Hugo von Trimberg (V. 13872) heißt es: „er vert über sleht und über krump". Von der Bdtg. ,einfach', ,bescheiden' ausgehend, wandelte sich der Sinn der Worte immer mehr ins Negative. ,Schlecht und recht leben' deutete die bescheidenen Verhältnisse an, wie etwa bei Lessing: „Er lebte schlecht und recht, ohn Amt und Gnadengeld, und niemands Herr noch Knecht".

Wenn wir heute sagen: ,Er schlägt sich schlecht und recht durchs Leben', so kommen wir der heutigen Bdtg. von schlecht schon sehr nahe, und bei der Redewendg. *mehr schlecht als recht* ist schlecht vollends zum Negativum geworden. Als Ersatz für die urspr. Bdtg. von schlecht schuf die Sprache aus dem Zeitwort ,schlichten' und dem Abstraktum ,diu slihte' ein neues Eigenschaftswort: ,schlicht'.

Lit.: *H. Peters:* Das mittelenglische Wortfeld schlecht/böse (Frankfurt/M. 1983).

Schleier. *Den Schleier nehmen:* ins Kloster gehen, Nonne werden; vgl. frz. ,prendre le voile'.

Volkstümlich ist die Wndg. nicht, sie lebt nur in gehobener Sprache; ist sie doch auch wahrscheinl. wesentlich jünger als die Sache, die sie bildl. bez. Von der höfischen Tracht her erhielt der Nonnenschleier (bis dahin nach lat. ,vēlum' mhd. ,wīhel' genannt) um 1300 im Deutschordensland den Namen: „Den sloier si von im entpfie Und gelobete gote küsch mē wesen" (,Passional' 659, 36 Köpke). Seit dem 15. Jh. erscheint in Schlesien die Zusammensetzung ,nunnenslawer', ,-sloer', von dort her bedeutet die Wndg.: Nonne werden.

Es liegt ein Schleier über etw. sagen wir, wenn eine Sache nicht klar erscheint. Schiller benutzt das Bild im ,Verschleierten Bildnis zu Sais'. Wir sprechen vom ,Lüften oder Heben des Schleiers', wenn wir die Wahrheit einer Sache herausfinden. Sehr hübsch spottet Bismarck über die, die es unter Umständen für gut halten, „sich in dumpfe Mutlosigkeit, in den Schleier der Schwermut zu hüllen" (,Reden' I, 245).

Einen Schleier über etw. werfen: eine Sache nicht bekannt werden lassen. Ndl. ,Laat ons daar mar een' sluijer over werpen'; vgl. frz. ,jeter un voile sur quelque chose'. Kurz vor 1910 entstand das Modewort *schleierhaft:* unklar.

Lit.: *G. Jungbauer:* Art. ,Schleier', in: HdA. VII, Sp. 1207–1215.

schleifen. *Schleifen und wenden können:* gewandt, betrügerisch sein. Agricola erklärt diese alte Formel (II,84):

„Schleiffen vnd wenden – d. i. liegen, triegen vnd verschlahen, das es leicht abgeht vnd nit saur wirt, dann schleiffen vnd wenden wil für sich ain yetliches ainen angenem menschen han. Zum schleiffen gehören zwu hende, dessgleichen zum wenden. Wer nun zwu schwäre arbeit auff ainmal vnd leichtig thun kann, der kan schleiffen vnd wenden, d. i. auff alle tail verschmitzet vnd abgeschliffen auf alle ecken. Vor dir ist er gut, hinter dir ist er dein Teufel".

Im Moers heißt diese Rda. ähnl.: ,He kann slīpen on dreien' (drehen).

Er schleift, aber nicht ohne Wasser: er kann auch nicht mehr als andere. Diese Rda. ist auch mdal. verbreitet. Im Sauerland heißt es z. B. ,Hei slīpet auk nie ohne Water'. Die Rda. ,He slīpt nig dröge' bedeutet dagegen in Bremen: er trinkt gern.

Die Vorstellung des Schärfens und Schleifens von Messern, Scheren und Waffen an der Schleifscheibe, die hinter den genannten Rdaa. steht, ist noch in einer Abb. in Murners ‚Schelmenzunft' von 1512 lebendig, während die dazugehörige Rda. *glatte (breite) Worte schleifen* nur noch

Glatte worter schleiffen

Die welt ist ietz des liste so fol
Wer sy vber listen sol
Der ist von kunsterichen synnen
Und müß me van ich selber krynnen
Ouch noch de recht schnierly greyffen
Und freylich glatte worter schleyffen

‚Glatte Worte schleifen'

übertr. Bdtg. besitzt. *Er schleift Worte* heißt: er versteht es, sich gewandt auszudrücken, er stellt alles als gut und richtig hin. In der älteren Sprache hatte diese Rda. noch mehr als heute den Nebensinn von Lüge und Betrug. So schreibt Luther (3, 388[b]): „wie denn die gottlosen jre Wort wissen zu wetzen, zu scherffen, und zu schleiffen". Auch in einem Fastnachtsspiel (Ausg. v. Keller, 386, 31) ist davon die Rede: „Und treiben mangerlei gewesch mit worten uber ort geschliffen". Bei Murner heißt es in seiner ‚Schelmenzunft' (37, 22, 15 Ndr.):

man find ietz meister, die dich leren
wie du deyn worter umb solt keren,
schliffen glatt und glitzendt gerben
und uff der zungen zierlich ferben.

So bedeutet auch ‚g'schliffes Mul haben': eine beredte, gewandte Zunge haben. *Ein abgeschliffener Kerl sein*: routi niert, pfiffig, betrügerisch sein, vgl. ‚abgefeimt'.
In neuerer Zeit spricht man auch von *geschliffenen Versen*; vgl. frz. ‚limer et perfectionner ses écrits' (Boileau); von einem *geschliffnen Geist, einer mörderisch geschliffenen Ironie* und *vom Schleifen des Verstandes*.
Er schleift sich selbst den Degen, womit er sich sticht: er bereitet sich selbst Unannehmlichkeiten oder seinen Untergang.
Etw. geht wie geschliffen: ganz leicht.
Jem. schleifen: ihn zu gesittetem Betragen erziehen, ihn abrichten, tüchtig zur Arbeit heranziehen, auch: scharf exerzieren. Schleifen meint hier auch in übertr. Sinne: die Unebenheiten beseitigen, eine glatte, wohlgefällige Oberfläche herstellen. Die Rda. hatte urspr. einen realen Hintergrund und weist auf einen alten Aufnahmebrauch bei der Übernahme eines Lehrlings in den Gesellenstand hin, bes. bei den Böttchern (vgl. Wissell II, 465 ff.).
Jem. zu Tode schleifen: ihn unsagbar quälen, eine ma. Strafe für Verbrecher und gefangene Feinde, die an Pferde gebunden wurden.
Ein geschliffener Mann sein, ein geschliffenes Wesen haben: gebildet, angenehm im Betragen sein. Häufiger ist die Wndg. in negativer Bdtg.: *Ein ungeschliffenes Wesen haben*: ungebildet, eckig im Betragen sein, vgl. ‚ungehobelt sein', ↗ Hobel.
Der *Nasenschleifer* behandelt die Leute, die in alles ihre Nase stecken; er schleift sie ihnen ab.
Etw. schleifen: in der älteren Sprache etw. zerstören, verderben, z.B. eine Stadt (Burg, Festung) schleifen. Stud. heißt *Kartell schleifen*: eine Forderung überbringen; *einen beim Kartenspiel schleifen*: ihm das Geld abnehmen. *Hier ist nichts zu schleifen*: hierbei ist nichts zu gewinnen. *Schleifen gehen*: zugrunde gehen, auch: sich heimlich davonmachen, sich vor seinem Dienst drücken. *Eine Sache geht schleifen*: sie mißlingt, geht verloren. Hinter dieser erst um 1910 aufgekommenen Wndg. steht die Vorstellung des unaufhaltsamen Abwärtsgleitens.
Jem. in eine Gesellschaft (ins Kino, vors Gericht) schleifen: einen Widerstrebenden (der die Beine am Boden schleifen und sich mit Gewalt ziehen läßt) mitnehmen.

1 ‚Nasenschleifer'
2 ‚Jem. schleifen'
3 ‚Zu Tode schleifen'

Die Zügel schleifen lassen: nicht mehr so streng sein, nicht mehr konsequent auf die Durchführung der Anordnungen achten; vgl. frz. ‚laisser flotter les rênes'.

Lit.: *W. Mezger:* Narrenidee u. Fastnachtsbrauch. Studien zum Fortleben des MA. in der europ. Festkultur (Konstanz 1991).

Schlendrian. *Beim alten Schlendrian bleiben:* mit nachlässiger Gleichgültigkeit an eine Arbeit herangehen, kein Engagement zeigen; bei Routinearbeiten ‚verfällt man gern in den alten Schlendrian'. Deshalb wird oft das Motto ausgerufen: ‚Kampf dem Schlendrian!': Kampf der schludrigen oder langsamen Arbeitsweise! Das Wort kommt aus dem mhd. slûdern: schlenkern, mit dem Material schludern und es vergeuden.

Sich dem Schlendrian hingeben: nur das Allernötigste tun, gern faulenzen.

Einen Schlendrian einreißen lassen: bei der Bummelei zusehen, nicht eingreifen, wenn durch die Fortführung alter Verfahrensweisen und Nachlässigkeiten Schaden und Verlust drohen.

‚Ins Schlepptau nehmen'

Schlepptau. *Einen ins Schlepptau nehmen* (früher: *aufs Schlepptau*) ist eine aus der Schiffahrt entlehnte Rda., die 1741 für den grönländischen Walfischfang bezeugt ist. Soviel wie: einen mitnehmen, um ihm behilflich zu sein, auch: ihn gegen seinen Willen mit sich ziehen, ihn von sich abhängig machen. Schiffe, die wegen Wind- oder Treibstoffmangels nicht vom Fleck kommen, müssen als Anhängsel eines kräftigeren und beweglicheren Schiffes in den Hafen geschleppt werden. Lastkähne werden von Schleppdampfern stromaufwärts gezogen. Dazu sind sie durch das Schlepptau mit dem Dampfer verbunden.
In einer Rede wandte Bismarck sich dagegen, „daß wir uns vom Bunde und Österreich ins Schlepptau nehmen ließen" (‚Fürst Bismarck als Redner' 2, 127).
Ndl. sagt man: ‚Hij neemt hem op het sleeptouw'. Etw. anderes ist: ‚eenen upt sleeptau krigen', zu einer Partie bereden (Schütze, Holst. Idiotikon, 1806, Bd. IV, S. 117): „He harr de Ol sin Seel glik opt Sleptau".

Lit.: *K. Groth:* De Waterbörs, Ges. W., Bd. III (1855), S. 94; *F. Kluge:* Dt. Seemannsprache (Halle 1911); *O. G. Sverrisdóttir:* Land in Sicht (Frankfurt/M. 1987), S. 129–131.

schleudern. *Jem. etw. entgegen (ins Gesicht) schleudern:* ihn offen beleidigen, ihm heftige Vorwürfe machen.

Jem. ins Schleudern bringen: ihn verunsichern, aus der Bahn werfen, seine schwache Stelle entdecken und ihn damit aus der Fassung bringen, z. B. durch unangenehme Fragen bei einer Prüfung, vor Gericht, bei einer Vorstellung oder Gegenüberstellung.
Ins Schleudern geraten: unsicher werden. Die Kontrolle über etw. verlieren. Der Ausdr. stammt aus der Sprache der Autofahrer.

Schleudersitz. *Auf dem Schleudersitz sitzen,* auch: *auf den Schleudersitz geraten:* die ungünstigste Position innehaben, nicht abgesichert sein und immer befürchten müssen, bei nächster Gelegenheit, seinen Arbeitsplatz, seine Stellung zu verlieren. Die Wndg. wird in übertr. Bdtg. gern auf Politiker bezogen, die bei einem Mißerfolg ihrer Partei (Fraktion) als erste, ‚ihren ↗Hut nehmen müssen'. *Sich wie auf dem Schleudersitz fühlen:* sich der akuten Gefahr bewußt sein, Furcht haben.
Sich mit dem Schleudersitz retten: den letzten Ausweg bei einer Katastrophe wählen, um z. B. bei einem Flugzeugabsturz doch noch mit dem Leben davonzukommen.

Schliche. *Die Schliche kennen:* genau alle Wege und Möglichkeiten kennen und zu nutzen wissen, um entweder heimlich oder auf Umwegen einen Vorteil oder ein Ziel zu erreichen. Die Rda. weist urspr. auf den Jäger, der alle Schleichwege (Schliche) des Wildes genau kennen muß. Noch in diesem alten Sinne gebraucht Schiller die Wndg. in seinem ‚Tell‘ (I,4): „Die Schliche kenn’ ich und die Felsensteige“.

Die Übertr. der Rda. erfolgte jedoch bereits in mhd. Zeit, wobei sie die Bdtg. von heimlichen Verfahren, Listen und Kunstgriffen erhielt. Im ‚Parzival‘ (78,5) heißt es:

Sie geloubten sich der sliche
die man heizet friwendes stiche:
heinlich gevaterschaft
wart dâ zefuort mit zornes kraft.

Jem. hinter (auf) seine Schliche kommen: herausfinden, was einer tut und welche Mittel er gebraucht, auch: seine heimlichen Absichten merken und seine wahre Natur erkennen. Im Ndd. heißt ‚Ek kenne dîne slêke‘, ich bin hinter dein Geheimnis gekommen, deine Winkelzüge und Kunstgriffe sind mir bekannt.

Einen auf die Schliche bringen: ihm auf die Sprünge helfen, ihm etw. begreiflich machen.

Lit.: *L. Röhrich* u. *G. Meinel:* Rdaa. aus dem Bereich der Jagd und der Vogelstellerei, S. 317.

schlicht. Schlicht tritt häufig in Zwillingsformeln auf wie: *schlicht um schlicht:* in direktem Tausch. Leistung gegen Leistung; es erscheint hier noch in seiner älteren Bdtg. von ‚direkt‘, ‚auf geradem Wege‘. Verstärkend gebraucht werden Wndgn. wie: ‚schlicht und ergreifend‘ oder ‚schlicht und einfach‘; ↗ schlecht, ↗ dicht.

Lit.: *O. Hauschild:* ‚Dicht an dicht‘ und ‚schlicht um schlicht‘, in: Muttersprache 53 (1938), S. 76–77.

Schliff. *Jem. hat Schliff:* er besitzt gute Umgangsformen, ↗ schleifen. *Schliff kriegen:* ein besseres Benehmen zeigen, gute Umgangsformen annehmen. *Einer Sache (jem.) den letzten Schliff geben:* einer Sache gefällige Form geben, sie zur vollendeten Schönheit bringen, einem Menschen zur Entfaltung aller positiven Eigenschaften verhelfen. Diese Rdaa. beziehen sich auf das Schleifen der Edelsteine und des Glases, wobei der Vorgang des Glättens und Verschönerns auf das menschl. Verhalten übertr. wurde. In der Schweiz sagt man von einem groben (ungehobelten) Menschen: ‚Er ist ein Schliffel‘.

Bei einer Sache Schliff backen: nichts erreichen, scheitern. Das Wort Schliff ist hierbei die Bez. für die unausgebackene, speckige Stelle in Brot oder Kuchen, die ungenießbar ist.

Schlinge. Der Sprache des Jägers sind die folgenden Rdaa. entlehnt: *in die Schlinge gehen:* auf einen versteckten Anschlag hereinfallen, frz. ‚tomber dans le lacs‘; *einem eine Schlinge legen, einen in die Schlinge führen:* einen durch List zu Fall, ihn hinterlistig in Gefahr bringen; ebenso frz. ‚dresser un piège à quequ’un‘, ‚poser un gluau (Leimrute) à quelqu’un‘ (vgl. auch ‚Falle‘, ‚Garn‘, ‚Netz‘).

Sich in seiner eigenen Schlinge fangen, vgl. das Sprw. ‚Wer andern eine Grube gräbt, fällt selbst hinein‘; diese Rda. ist auch schon lat. bekannt: ‚laqueo suo captus est‘, sowie auch frz. ‚être pris dans ses propres lacets‘ und ndl. ‚Hij is in zijn eigen strik gevangen‘.

Von der Schlinge des Galgens sind andere Rdaa. hergeleitet: *sich (den Kopf) aus der Schlinge ziehen:* den Gefahren einer schwierigen Lage geschickt zu entgehen wissen; eigentl. heißt es: den schon in die Schlinge geratenen Kopf noch herauszuziehen, bevor der Henker sie zuzieht. Schon bei Luther findet sich diese Rda. in bildl. Anwendung (‚Briefe‘ 3, 548): „Darumb der meister nicht daheimen gewest ist, der dir solchen vertrag gestellet, und solche stücklin drinnen nicht bedacht, hat gleichwohl den kopf aus der schlingen ziehen, und die sachen ganz auf Hornung schieben wollen, siehet aber nicht, dasz er gar mit dem hintern hinein gefallen ist“. Seitdem ist die Rda. sehr oft belegt, sie begegnet uns auch im Frz.: ‚se tirer d’un piège‘, ‚se tirer de la presse‘; im gleichen Sinne wird die Wndg. ‚den Kopf aus dem Halfter ziehen‘ gebraucht (z. B. ‚Zimmerische Chronik‘ II, 292).

Den Kopf in die Schlinge stecken: sich in größte Gefahr begeben; *jem. die Schlinge um den Hals legen:* etw. tun, damit jem. vernichtet wird; abgewandelt finden wir die Rda. bei Schiller (‚Tell‘ 3,2):

Doch wie mich retten – wie die
                    Schlinge lösen,
Die ich mir töricht selbst ums
                    Haupt gelegt?

Die Schlinge zuziehen: den letzten Schritt zu jem. Vernichtung oder Ergreifung tun. Umg. sagt man heute von einem Menschen, der einem wie ein beschwerliches, widerliches Anhängsel überallhin folgt: ‚Er ist eine Schlingpflanze'.

Lit.: *L. Röhrich* u. *G. Meinel:* Rdaa. aus dem Bereich der Jagd u. der Vogelstellerei, S. 316, 321 f.

Schlips. *Jem. auf den Schlips treten:* jem. kränken. *Sich auf den Schlips getreten fühlen:* beleidigt sein. *Jem. beim Schlips erwischen:* ihn gerade noch zu fassen bekommen. Diese Rdaa. beziehen sich auf das ndd. ‚slip' = Zipfel am Hemd oder Rock. Es ist also der Rockschoß gemeint, ebenso wie in der schlesw.-holst. Rda. ‚Pedd di man ni op'n Slips!', bilde dir nur keine Schwachheiten ein, oder hamb. ‚Nu pedd' di man nich up Slips'.

Schlips i. S. v. Halstuch, Krawatte ist erst 1840 aus dem Engl. in nhd. Texte Nord- und Mitteldtls. eingedrungen. Die neueren Rdaa. verwenden das Wort meist in dieser Bdtg.: *Spuck dir nicht auf den Schlips!:* bilde dir nichts ein; *das haut einen auf den Schlips!:* das ist unerhört; *eins auf den Schlips kriegen:* etw. Unangenehmes, einen Tadel zu erwarten haben; *einen hinter den Schlips (Binde) gießen:* ein Glas Alkohol trinken (↗trinken); vgl. frz. ‚S'en envoyer un derrière la cravate' (umg.).

Mit Schlips und Kragen erscheinen: korrekte Kleidung tragen, auch offiziell, formell auftreten, sich keine Nachlässigkeit erlauben.

‚Färtz mit Schlips' sagt man scherzhaft in der Gegend von Heidelberg, um damit etw. total Unnötiges, Überflüssiges zu bez.

Lit.: *A. Bach* in: Zs. f. Vkde. 51 (1954), S. 189.

Schlitten. *Unter den Schlitten kommen:* in elende Verhältnisse geraten, herunterkommen, in schlechter Gesellschaft sein und den sittlichen Halt verlieren. Die Rda. kann aber auch nur bedeuten: ins Hintertreffen geraten, in Nachteil versetzt werden. Die Wndg. ‚A öss ondern Schlitten g'kumm' bezieht sich in Böhm.-Friedland bes. auf das Geschäft und den Charakter. Die Rda. ‚unter den Schlitten kommen' ist bereits im ‚Rollwagenbüchlein' (111) vorgebildet: „sein Herz fuhr ihm auf dem Schlitten" (= war übermütig). Befindet es sich auf dem Schlitten, kann es natürlich leicht durch einen Unfall darunter fallen.

Im Schles. heißt die Rda. ‚hinter den Schlitten kommen': in einem Geschäft, einer Angelegenheit übervorteilt werden und deshalb zurückbleiben. Ähnl. in Leipzig: ‚von der Pritsche fallen', Amt und Stellung verlieren, anderwärts sagt man dafür auch: ‚unter die Räder kommen' (↗Rad) und ‚unter den Karren kommen'.

Die westf. Rda. ‚de Sliye vom Iyse hewwen' bedeutet: sein Ziel erreicht haben, sein Vermögen in Sicherheit wissen, vgl. ‚sein Schäfchen im trockenen haben', ↗Schaf.

Mit jem. Schlitten fahren: ihn grob, rücksichtslos behandeln, ihn gehörig zurechtweisen. Küpper meint, daß sich die junge Rda. auf das Rodeln beziehe, bei dem ein Mitfahrer keine Rücksichtnahme erwarten kann. Vgl. ‚jem. den Kopf waschen', ‚jem. den Marsch blasen'.

Scherzhaft sagt man: *Der Hund fährt Schlitten,* wenn er auf seinem Hinterteil rutscht, das ihn juckt. Die Schwaben kennen einen humorvollen Vergleich: ‚Er fährt Schlitten wie die Bettelleute, mit dem Hintern übers Bett na'.

Jem. muß vom Schlitten gehen: jem. muß aus einer Mannschaft, Partei, Gruppe ausscheiden.

Lit.: *D. R. Moser:* Maskeraden auf Schlitten. Studentische Faschings-Schlittenfahrten im Zeitalter der Aufklärung (München 1988).

Schlitzohr. *Jem. ist ein Schlitzohr:* jem. ist ein listiger, durchtriebener Mensch; vgl. frz. ‚enfant terrible'. Die Bez. eines gerissenen Burschen und Gauners als ‚Schlitzohr' mag ihren realen Hintergrund in der Tatsache haben, daß Betrüger früher durch Einschlitzen der Ohren bestraft und gekennzeichnet wurden.

‚Schlitzöhrchen' ist der Name eines Wassergeistes, Titelfigur von D.S. Nr. 63 und eines nach der Grimm-Sage gestalteten Sagengedichts von August Kopisch.

Schloß. *Einem ein Schloß vor den Mund legen (wollen):* ihn zum Schweigen bringen. Die Rda. ist bibl. Herkunft. Sir. 22,23 heißt es: „Oh, daß ich könnte ein Schloß an meinen Mund legen, und ein fest Siegel auf mein Maul drücken", und Sir. 28,28: „Warum machest du nicht vielmehr deinem Munde Tür und Riegel?"

‚Ein Schloß vor dem Mund haben'

Ebenso wird bei Micha 7,5 der Mund als Tür gedacht.
Walther von der Vogelweide lehrt die Knappen (87,9 f.):
  Hüetet iuwer zungen,
  daz zimt wol den jungen,
  stôz den rigel vür die tür
  lâ kein boese wort darfür.

Schloß vor den Mund! ist daher die kurze Aufforderung zur Verschwiegenheit. In Mozarts ‚Zauberflöte' wird danach gehandelt und dem lustigen Schwätzer Papageno ein wirkliches Schloß vor den Mund gelegt. Ein Grabfund deutet auf die Verwendung des Mundschlosses im hist. Strafvollzug.

Die Rda. *Man hat ihm ein silbern (gülden) Schloß vors Maul gelegt* bedeutet: man hat ihn bestochen, damit er schweigt.

Ein Schloß vor dem Mund haben: sehr schweigsam sein. Vgl. frz. ‚Il a la langue liée'. Dagegen bedeutet die Rda. *Er hat kein Schloß vor seinem Munde:* er kann nichts für sich behalten, oder: er spricht offen seine Meinung aus, ähnl. wie in der Rda. ‚kein Blatt vor dem Munde haben'. Vgl. ndl. ‚Hij heeft geen slot in den mond'.

Es ist ein Schloß an einem zerstörten Hause wird gesagt, wenn sich jem. unnötige Sorgen um Dinge macht, die wertlos sind.

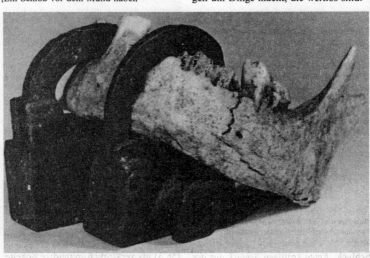

Mundschloß (Grabfund)

SCHLUCKER

Etw. unter sieben Schlössern haben: gut verwahrt, sehr sicher. Dagegen heißt es resignierend: *Und wenn ich's unter sieben(hundert) Schlössern hätte,* es würde mir doch entrissen werden. Vgl. ndl. ‚Al zou ik het ook achter zeven sloten heenhalen'. *Hinter Schloß und Riegel sitzen:* im Gefängnis sein; vgl. frz. ‚être sous les verrous'.

Häufig verwendete, stabreimende Zwillingsformeln sind: ‚Schloß und Schlüssel', ‚Schloß und Schrein', ‚Schloß und Stadt'.

Das Schloß als Bauwerk meinen die Rdaa.: *Ein Schloß auf einen bauen können:* großes Vertrauen auf ihn setzen. Heute ist dafür gebräuchlicher: ‚Häuser auf einen bauen'. Die Warnung *Man darf keine Schlösser auf ihn bauen* bezieht sich auf einen Unzuverlässigen oder einen Betrüger. *Ein Schloß auf Eis bauen:* auf unsicherem Grunde. Vgl. ndl. ‚kasteelen op het ijs bouwen'.

Schlösser in die Luft bauen (Luftschlösser bauen): unausführbare Dinge erhoffen und ausführen wollen. Vgl. dän. ‚At bygge slotte i luften' und ndl. ‚Kasteelen in de lucht bouwen'. Die Wndg. ‚spanische Schlösser bauen' hat die gleiche Bdtg.; vgl. frz. ‚bâtir des châteaux en Espagne'.

Etw., das nur in der Einbildung besteht, bezeichnen wir nach P. Linckes Operette ‚Frau Luna' als *Schloß im Mond.* In der Schlußscene empfiehlt Frau Luna der Braut Maria: „Gib acht auf deinen Schatz, daß er nicht wieder Schlösser im Monde baut", und die bekannte Schlußarie beginnt: „Schlösser, die im Monde liegen".

Lit.: *H. Freudenthal:* Art. ‚Schloß', in HdA. VII, Sp. 1215–1223.

Schloßhund. *Heulen wie ein Schloßhund:* stark weinen, aufheulen müssen vor Kummer, Schmerzen usw. Mit dem Schloßhund in dem rdal. Vergl. ist eigentl. der Hund, der an der Kette liegt, gemeint, ↗heulen.

Lit.: *F. Krämer:* Er heult wie ein Schloßhund; Versuch einer Deutung, in; Muttersprache 67 (1957), S. 292; *J. Goldbeck:* Er heult wie ein Schloßhund, in: Muttersprache 67 (1957), S. 463–464; *F. Krämer:* Nochmals ‚Er heult wie ein Schloßhund', in: Muttersprache 68 (1958), S. 252.

Schluck. *Einen kräftigen Schluck aus der Pulle verlangen:* hohe (Lohn-)Forderungen stellen; bes. seit Mitte der 70er Jahre geläufig im Zusammenhang mit den jährl. Lohntarif-Runden.

Gerhard Hauptmann nannte ein Scherzspiel ‚Schluck und Jau' (1900). Mit ‚Schluckspecht' bez. man jem., der gerne und oft viel Alkohol trinkt, ↗trinken.

schlucken. *Vieles (allzuviel) schlucken (müssen):* viel Unangenehmes ertragen (einstecken), sich nicht gegen Beleidigungen oder herabsetzenden Spott verteidigen wollen oder dürfen, sich seinen Ärger nicht anmerken lassen, seine Wut nicht zu äußern wagen, um nicht weitere Demütigungen oder Schlimmeres heraufzubeschwören, auch: nicht den Mut haben, seine eigene Meinung zu vertreten, ein Feigling sein. Die Wndg. wird entweder in der Ich-Form als eine Art Selbsterkenntnis gebraucht oder bedauernd im Hinblick auf andere. Sie spielt auf das oft zu beobachtende, falsche Verhalten eines (anscheinend) Wehrlosen an, der seine Erregung regelrecht ‚hinunterschluckt'. Die so unterdrückten Gefühle können krank machen, denn was einem ‚schwer (wie ein Stein) im Magen liegt', kann sogar zu Entzündungen und Geschwüren führen, ↗Magen. Das Gegenteil meint der Vorsatz: *Nicht mehr alles schlucken wollen:* aufbegehren, sich (endlich) zur Wehr setzen, sich nicht mehr alles gefallen lassen und die Folgen dafür auf sich nehmen.

Etw. hat viel (zuviel) geschluckt: ein Vorhaben (ein Bau, eine Reise) hat mehr gekostet als erwartet, es hat mehr an Kraft (Zeit) als vorgesehen erfordert.

Schlucker. *Ein armer Schlucker sein:* ein bemitleidenswerter Mensch sein, der so arm ist, daß er sich nicht jeden Tag ein warmes Essen leisten kann, oder der aus Not gezwungen ist, alles zu essen und zu trinken, was man ihm vorsetzt, und dabei schlechte Behandlung erdulden muß. Im 15. Jh. bezeichnete man mit Schlucker den Schlemmer, der sein Gut verpraßte. Die Wndg. ‚armer Schlucker' i. S. v. Schmarotzer gebrauchte zuerst Hans Sachs 1553 in einem Fastnachtspiel (58,3) als verächtlich mitleidige Schelte. Vgl. auch ndl. ‚Het is een goede slokker'.

1369

Im Mittelfränk. tanzen die Bauern einen Dreher zu folgendem Vierzeiler:

Oh ihr arma Bauramadli,
Oh ihr arma Schluckerli:
Müßt ihr nit Kartoffeln fressen
Wie die junge Suckerli
(Saugschweine).

Ein ‚armer Schlucker' ist ein Mensch, der nicht viel zu beißen und daher zu schlukken hat, darüber hinaus überhaupt ein sehr bedürftiger – auch ein geistig bedürftiger – Mensch. Im 16.–18. Jh. sprach man auch von *einem guten Schlucker.* Da man in dieser Zeit die Freude der Tafel würdigte und gern selbst genoß, milderte sich das Urteil darüber, so daß ein ‚guter Schlucker' zwar ein eifriger Trinker, aber ein guter und ehrlicher Kerl war.

Er ist ein guter (armer) Schlucker, er hat Haus und Hof verschluckt: Cholevius (‚Programm' 19) bemerkt dazu: „Der arme Schlucker (‚Sophiens Reise' 5,71 u. 6,478) wäre ein passendes Beispiel zu lucus a non lucendo, wenn er wirklich den Namen davon hätte, daß er das Wohlleben liebt, aber nichts zu schlucken hat. Natürlicher dächte man an einen Armen, der etwa ein ihm dargereichtes Schälchen Grütze gierig hinunterschluckt".

Lit.: *H. Walter:* Der arme Schlucker, in: Sprachdienst 18 (1974), S. 134; *L. Schmidt:* Der „arme Schlucker" und seine Konsorten. Zu einigen Wiener Sagen, Legenden und Schwänken, in: Österr. Zs. f. Vkde. 80 (1977), S. 299–301.

Schluß. *Schluß gemacht haben:* eine Beziehung beendet, eine Liebschaft abgebrochen, sich getrennt haben. Vgl. das bekannte Volkslied:

Ade zur guten Nacht!
Jetzt wird der Schluß gemacht,
daß ich muß scheiden.

Dagegen: *Schluß machen wollen:* sich das Leben nehmen wollen.

Der Weisheit letzter Schluß sein: das Ergebnis von Überlieferung und Lebenserfahrung. Die Wndg. beruht auf Goethes ‚Faust' (II, 5. Akt: Großer Vorhof des Palastes). Faust bekennt als Summe seiner Weisheit:

Nur der verdient sich Freiheit wie das Leben,
Der täglich sie erobern muß.

Jetzt ist Schluß der Vorstellung! heißt es scherzhaft, wenn etw. endgültig aus ist,

wenn es nichts mehr gibt. Die Wndg. beruht vermutl. auf dem Theaterbrauch, das Ende der Vorstellung durch einen Epilog bes. anzukündigen, wie es auch bei Jahrmarkts- und Zirkusdarbietungen üblich war.

Schlüssel. *Etw. unter seinem Schlüssel haben:* Macht über etw. besitzen. Die Rda. ist bibl. Herkunft. Bei Matth. 16,19 verheißt Jesus dem Jünger Petrus die Schlüsselgewalt: „Und ich will dir des Himmelreichs Schlüssel geben". Der Schlüssel wurde deshalb zum christl. Symbol (Schlüssel Petri, der Kirche) und die ‚Schlüsselgewalt' zu einem feststehenden Rechtsbegriff, die in der Rechtsprechung des Papstes als ‚Statthalter Christi auf Erden' und ‚Nachfolger Petri' eine wichtige Rolle spielt; vgl. frz. ‚avoir quelque chose sous clé'.

Die Rda. *die Schlüssel üben* bedeutet: ein Amt ausüben, denn der Schlüssel entwikkelte sich auch im außerkirchlichen Bereich zu einem Sinnbild der Gewalt, der Machtbefugnis, des Besitzes und eines hohen Amtes. So trug z. B. der Kammerherr einen goldenen Schlüssel hinten am Rocke zum Zeichen seiner Würde. Die Rda. *die Schlüssel kriegen:* Hausfrau werden, bezieht sich auf einen alten Rechtsbrauch: Wenn die Ehefrau zum erstenmal das Haus ihres Mannes betrat, erhielt sie die Schlüssel zu Schränken und Truhen, wobei ihr die Herrschaft über den Hausrat und das Gesinde übertr. wurde. Zum Zeichen ihrer Würde trug sie von nun an die Schlüssel an ihrem Gürtel (vgl. Grimm, Rechtsaltertümer, 176).

Einem die Schlüssel nehmen: jem. den Dienst aufkündigen, ihn davonjagen. Luther gebrauchte in seinen ‚Tischreden' (139) eine ähnl. Wndg.: „einem die Schlüssel vor die Füße (Tür) werfen".

Den Schlüssel zurückgeben: seine Stellung, das Haus verlassen. Hans Sachs forderte in seinem Fastnachtsspiel (1, 42, 173, Ndr.) in ähnl. Weise zum Gehen auf:

und du unflat, lang her mein schlüssel,
und komb mir nimmer inn mein hausz!

Die Schlüssel übergeben: seine Macht, seinen Besitz einem Mächtigeren oder dem Nachfolger überlassen. Bei der Übergabe einer Festung oder Stadt galt das Überrei-

‚Die Schlüssel übergeben'

chen des Schlüssels an den Sieger als Zeichen der Unterwerfung. Besuchte ein Fürst, ein Landesherr die Stadt, wurde ihm ebenfalls feierlich vom Bürgermeister der Stadtschlüssel überreicht, ein Brauch, der sich bis heute im rhein. Karneval erhalten hat, indem Prinz Karneval für die ‚drei tollen Tage' den Schlüssel der Stadt und damit die Gewalt über sie erhält; vgl. frz. ‚remettre les clés'.

Den Schlüssel suchen: ein Amt, Macht und Ansehen zu erlangen suchen. Die Rda. *Er hat die Schlüssel funden* heißt: er hat die erstrebte Stellung erhalten und daraufhin seine Einstellung, sein Verhalten geändert.

Von einem, der in demütiger Weise ein Amt sucht, sagt man auch: *Er sucht die Schlüssel Petri.* Die Rda. bezieht sich auf das Verhalten von Papst Sixtus V. vor seiner Wahl. Als Kardinal ging er an Krücken und scheinbar von Schwäche gebeugt. Man gab seinem Leben nur noch kurze Frist und wählte daher ihn. Danach erhob sich der ‚kränklich gebeugte' Mann gesund in seiner neuen Würde, und danach gefragt, wie diese plötzliche Verbesserung zu erklären sei, sagte er: „Ich ging gebücket, weil ich die Schlüssel des Petrus suchte, und nun habe ich sie gefunden".

Er hat den Schlüssel ins Feld: er kann gehen, wohin er will, er hat freie Pirsch. *Jem. den Schlüssel ins Feld geben:* ihm die Freiheit geben, damit er gehen kann, wohin es ihm beliebt; vgl. frz. ‚remettre à quelqu'un les clés des champs'; ‚Il a pris la clé des champs' u. ‚jeter les clés sur la fosse'.

Einem den Schlüssel aufs Grab legen (werfen): sich von der Erbschaft losmachen, die Schulden des Verstorbenen nicht übernehmen wollen, auch: sich öffentl. für zahlungsunfähig erklären (bes. im Dän.): die Rda. weist auf einen alten Rechtsbrauch, der in manchen Gegenden noch heute geübt wird: die Ehefrau, die die Schulden ihres verstorbenen Mannes nicht bezahlen wollte, legte oder warf ihm die Schlüssel aufs Grab oder auf die Bahre, um damit auszudrücken, daß sie keine Verpflichtungen ihm gegenüber mehr habe (Grimm, Rechtsaltertümer, 453). Der Brauch und ähnl. Rdaa. waren weit verbreitet. Vgl. lat. ‚Quis aberrit a janua' und ‚nolle alicujus hoeredem esse', frz. ‚jetter les clés sur la fosse' und ndl. ‚den sleutel op de dood-kist leggen'.

Man darf den Schlüssel nicht aufs Grab legen dient bes. in Rheinhessen als Warnung, nicht vorzeitig aufzuhören oder aufzugeben.

Alle Schlüssel an einen Haken hängen: den Erfolg einer Sache nur von einem Umstand, einer Person abhängig machen, etw. sehr Unsicheres wagen; vgl. ‚alles auf eine Karte setzen'.

Einem den Schlüssel zur Geldkiste übergeben: ihm unbegrenztes Vertrauen schenken, das mißbraucht wird; einem Erben oder Fremden die Möglichkeit selbst eröffnen, das angesammelte Vermögen zu verschleudern. Vgl. ndl. ‚Hij geeft hem den sleutel van zijne geldkist'. *Den Schlüssel in der Tasche haben:* sein Vorhaben leicht ausführen können.

Die Rda. *jem. mit dem Schlüssel richten:* ihn brandmarken, bewahrt die Erinnerung an einen alten Strafvollzug: dem Dieb wurde mit einem glühenden Schlüssel ein Zeichen eingebrannt, das zur Abschreckung und Warnung diente, ↗brandmarken.

Den Schlüssel zu einer Sache finden (kennen): den Sinn für richtiges Verständnis besitzen, die Erklärung für ein Geheimnis, eine Geheimschrift, das Verhalten

1371

eines Menschen haben. Bereits in der Bibel besitzt der Schlüssel diese übertr. Bdtg., denn Luk. 11,52 heißt es: „Weh euch Schriftgelehrten! Denn ihr habt den Schlüssel der Erkenntnis weggenommen", d.h. durch falsche Schriftauslegung wurde den Menschen die wahre Erkenntnis und damit der Weg zu Gott verschlossen. Vgl. frz. ‚trouver la clé de quelque chose'.
Die Rda. *den Schlüssel zum Herzen finden* steht in Zusammenhang mit der im Volkslied beliebten Vorstellung vom ‚Herzensschlüssel', der entweder verloren ist oder nur von einem bestimmten Menschen gefunden werden kann. Schon in einem Liebesbrief des Wernher von Tegernsee (12. Jh.) heißt es:

Dû bist beslozzen
in mînem herzen;
verlorn ist daz slüzzelîn;
dû muost immer drinne sîn.

Und in einem Lied aus Kärnten:

Mei Herzerl is treu,
Is a Schlösserl darbei,
Und an oanziger Bua
Hat 'n Schlüssel darzu. (E. B. II, S. 87).

Von einem Menschen, der zu nichts zu gebrauchen ist, sagt man im rdal. Vergleich: *Das ist ein Schlüssel, der nirgends hinpaßt.* Vgl. ndl. ‚Iemand, die niet deugen wil, is gelijk aan een' sleutel, die nirgends op past'.

Der Schlüssel gilt häufig als erotisches Symbol und ist eine verhüllende Bez. des Penis, während mit ‚Schloß' das weibl. Geschlechtsorgan umschrieben wird (vgl.

KHM. 67). *Der Schlüssel paßt nicht:* sie passen nicht zusammen. Die Rda. *Er soll mit seinem Schlüssel dies Schloß nicht öffnen* bezieht sich also auf den sexuellen Bereich. Vgl. ndl. ‚Hij zal zijn sleutel in dat slot niet steken'. Die im Preuß. übliche Feststellung *Er hat sich den Schlüssel verdreht* heißt: er hat die Syphilis bekommen.

Lit.: *J. Bolte:* Dû bist mîn, ich bin dîn, in: Zs. f. d. A. 34 (1890), S. 161–167; *E. Goldmann:* Art. ‚Schlüssel', in: HdA. VII, Sp. 1224–1228; *J. Meier:* Kleinigkeiten 1. Du bist mîn, ich bin dîn, in: Schweiz. Archiv f. Vkde. 11 (1907), S. 269–278; *A. Hauffen:* Das Bild vom Herzensschlüssel, in: Archiv für das Studium der neueren Sprachen u. Lit. 105 (1909), S. 10 ff.; *H. Bächtold:* Die Gebräuche bei Verlobung und Hochzeit, Bd. I (=Schriften der Schweiz. Gesellschaft f. Vkde. 12) (Basel–Straßburg 1914), S. 84 ff.; *H. Meyer-Benfey:* Das älteste dt. Liebeslied, in: Germ.-rom. Monatsschrift 25 (1937), S. 389–393; *A. Becker:* „Du bist mein, ich bin dein", in: Volk und Volkstum. Jb. f. Vkde. 3 (München 1938), S. 332–335; *A. Taylor:* I Am Thine and Thou Are Mine, Hommages à Georges Dumézil, Bruxelles (Collection Latomus XLV) (1960), S. 201–208; *L. Schmidt:* Volksglaube und Volksbrauch (Berlin 1966), Kap. ‚Brauch ohne Glaube', S. 290; *Röhrich-Brednich:* Dt. Volkslieder, Bd. II (Düsseldorf 1967), S. 340–342; *W. Mezger:* Narrenidee und Fastnachtsbrauch (Konstanz 1991).

Schlüsselkind. *Ein Schlüsselkind sein,* auch: *zu den Schlüsselkindern gehören:* viel allein sein und selbständig heranwachsen, aber auch: ohne Aufsicht u. notwendige Betreuung u. Zuwendung durch die Eltern allein zurechtkommen müssen u. deshalb manchmal sogar verwahrlosen. ‚Schlüsselkinder' war in den 50er Jahren die Bez. von Kindern berufstätiger u. alleinerziehender Mütter, die den Wohnungsschlüssel besaßen u. sich tagsüber selbst überlassen blieben.

Schlußlicht. *Das Schlußlicht machen:* als letzter hinterdreingehen, der Tabellenletzte beim Fußball sein. Die Rda. entstand erst in unserem Jh. in Verbindung mit einer Verkehrsregel: Der letzte einer marschierenden Kolonne muß zur Sicherheit ein rotes Licht tragen. Die Übertr. erfolgte auf verschiedene Lebensbereiche, so daß die Rda. heute bedeuten kann: die schlechteste Leistung beim Sport zeigen, der Klassenschlechteste sein, aber auch das zuletztgeborene Kind einer Familie sein. *Nur noch die Schlußlichter gesehen haben:* zu spät gekommen sein, eine günstige Ge-

Schlüssel als erotisches Symbol

legenheit verpaßt haben. Diese Wndg. bezieht sich urspr. auf das Versäumen eines Zuges; vgl. frz. ‚n'avoir plus vu que les feux rouges'.

Schlußstrich. *Den Schlußstrich unter etw. ziehen:* eine Sache beenden, abschließen. In der Familienchronik der Buddenbroocks von Thomas Mann zieht der letzte Sproß der Familie, nämlich Hanno, symbolischerweise selbst den Schlußstrich.

Schmachtlappen (-fetzen) ↗ Hungertuch.

Schmachtriemen. *Den Schmachtriemen anlegen (anziehen, umschnallen, enger schnallen):* wenig zu essen haben, sich gegen den peinigenden Hunger wappnen. Vgl. ndl. ‚den smachtriem aandoen'. Ähnl. Bdtg. hat die verbreitete Rda. ‚den Gürtel enger schnallen müssen'. Adelung erklärt 1780 in seinem ‚Versuch eines grammatisch-kritischen Wörterbuches' (Bd. IV, Sp. 165) das Wort. Schmachtriemen ist „ein breiter lederner Riemen der Fuhrleute, Reiter usf. den Unterleib damit zu gürten, wenn er leer ist, damit er auf dem Pferde nicht so erschüttert werde; von dem veralteten Hauptworte Schmacht, der Hunger". 1756 ist der Ausdr. osnabrückisch als ‚smachtreeme' bezeugt.

Schmäh. *Jem. am Schmäh halten:* jem. zum besten halten; mhd. ‚smaehe' bedeutet Beschimpfung, verächtliche Behandlung. Dagegen meint österr. ‚Schmäh': Sprüche, Scherze.

Lit.: *R. Aman:* Bayerisch-Österreichisches Schimpfwörterbuch (München ²1975).

Schmalhans. *Da (dort) ist Schmalhans Küchenmeister:* dort gibt es wenig zu essen, es gibt schlechte, knapp bemessene Kost. Diese weitverbreitete Rda. wird entweder als Entschuldigung der Armut oder als Tadel des Geizes und der Ungastlichkeit gebraucht und ist bereits seit dem 17. Jh. bezeugt.
Schmalhans als Personifizierung des Hungers ist zuerst 1663 lit. belegt bei Schupp (Schriften 31). Man glaubte vom Aussehen des Kochs auf die Qualität der Speisen schließen zu können und umge-

kehrt; bei einem wohlgenährten Küchenmeister erwartete man üppige Mahlzeiten; da, wo man nicht satt zu essen bekam, arbeitete vermutlich ein dünner Koch, ein ‚schmaler Hans', in der Küche. Der Name ist wahrscheinl. aus einem Scherz mit dem wirklich vorkommenden Familiennamen Schma(h)l entstanden, der mit dem häufigsten Vornamen ‚Hans' zusammengesetzt wurde, ↗ Hans. Vorbild dafür war wohl das nur wenig ältere ‚Prahlhans'. Der neu entstandene Begriff erhielt gleich mehrere Bdtgn., nämlich Mäßigkeit, Mangel und Hunger. In Grimmelshausens ‚Simplicissimus' erzählt der Held von sich selbst (I, 212): „So hätte mich auch der Schmalhans (= Hunger) trefflich gequält". Auch den Begriff ‚Hunger als Koch' verwendet Grimmelshausen. Im 7. Kap. des ‚Simplicissimus' heißt es: „... darin war die Armut selbst Hofmeisterin, der Hunger Koch, und der Mangel Küchenmeister". In einem Volkslied des Dreißigjährigen Krieges (J. W. v. Ditfurth, Nr. 75, Str. 3) wird Tilly verspottet:

Ein andermal bleib Hannes Schmal
Und nit so gierig schaue,
Denn wer zu voll das Maul nimmt wol,
Hat übel zu verdaue.

In diesem Zusammenhang erscheint die Wndg. als Mahnung, künftig bescheidener zu bleiben. Die Umstellung und getrennte Schreibung von ‚Hannes Schmal', die bis heute in dem meckl. Sprw. ‚Hans Smäl sett allens bi sick däl' weiterbesteht, machen deutlich, daß die Rda. von dem Familiennamen hergeleitet wurde und erst zur Zeit Grimmelshausens oder später ihre endgültige Fassung erhielt, die überall in Dtl. bekannt ist. Seit 1691 ist der Begriff ‚Schmalhans Küchenmeister' in breitem Gebrauch (Stieler 766) und greift bald auch auf die Nachbarsprachen über. Im Ndd. und Ndl. gilt gleichbedeutend ‚Schraalhans' von ‚schraal' = mager, dünn. Vgl. auch oesterr. ‚In dem Haus ist der Schmalhans Kuchlmaster'; ndl. ‚Schraalhans is kelder- (keuken-)meester' und frz. ‚Il n'y a ni pain ni pâte au logis – La marmite est renversée dans cette maison' (veraltet). Weniger verbreitet sind die Rdaa. *Hier führt Schmalhans das Zepter* und *Er muß schmalhansen:* er muß sich einschränken, er leidet Not.

1373

schmarotzen, Schmarotzer. *(Tüchtig)*
drauflosschmarotzen: auf Kosten anderer
leben, ohne sich dafür erkenntlich zu zeigen, auch: nicht arbeiten und sich vom
Staat ernähren lassen. Die Römer verglichen das Leben der Maus damit und sagten: ‚Muris in morem vivit'.
Die Herkunft des dt. Wortes ist noch un-
geklärt. In frühnhd. Zeit bedeutete
‚schmorotzen' wie ein Parasit leben (para-
sitari). Bei den Griechen war der ‚Parasi-
tos' ein Priester beim Gottesdienst des
Appollon und Herakles, der die Aufsicht
über die Getreideopfer hatte und für diese
Mühe einen Teil des Opfers erhielt. Daraus entwickelte sich die spätere Bdtg. von
Parasit, der auf Kosten anderer lebt und
ihnen nach dem Munde redet.
Ein Schmarotzer sein: ein Mensch sein,
der die Gastfreundschaft anderer aus-
nutzt, also auch ein ‚Tellerlecker',
‚Schwenkdenrüssel', ‚Leerdieschüssel'
sein, z. B. nennt Seb. Franck „Schmarotzer und Tellerlecker" gleichzeitig in seinem ‚Zeytbuch' (CLIXª). Heute hat der
Ausdr. noch eine Bedeutungsverschlech-
terung erfahren, da er allg. auf unnütze
Glieder der Gesellschaft angewandt wird;
vgl. frz. ‚parasite'.

Lit.: *L. Göhring:* Volkstümliche Rdaa. und Aus-
drücke (München 1937), S. 199, Nr. 362; *F. Kluge:*
Etymol. Wb.; *O. F. Best:* Das angebrochene Horn.
Überlegungen zur Bedeutungsgeschichte des Wortes
‚Schmarotzer', in: Studia Neophilologica 42 (1970),
S. 451–458.

Schmarre(n). *Er hat eine Schmarre bekommen:* er hat einen empfindlichen Nachteil,
einen schmerzlichen Verlust hinnehmen
müssen, der jedoch nicht zum völligen
Untergang geführt hat. Die Rda. bezieht
sich auf das Fechten der Studenten. Die
‚Schmarre' war urspr. die Wunde (Narbe),
der Hieb, den einer beim Raufen davon-
trug. Die Rda. *Er wird einmal einen
Schmarren davontragen* (mdal. ‚A wird a
mohl anne Schmerre davontragen, weg-
kriegen') meint, daß jem. nicht auf die
Dauer ohne Schaden bleiben wird.
Die Wörter Schmarre und Schmarren haben sich heute stark auseinanderentwik-
kelt, besitzen aber gleichen Urspr.: sie
sind zu ‚Schmer' und ‚schmieren' gebildet
worden. Vgl. die Rda. ‚jem. eine ↗ schmieren' und dän. ‚smøre' = Hiebwunde. Die

Bdtg. von Narbe hat ‚Schmarre' noch im
Südhess., Schwäb. und in der Schweiz bewahrt. Allg. ist ‚Schmarren' heute im Hd.
die Bez. für etw. Wertloses, für ein kitschiges Gemälde, für nichtige Äußerungen:
einen Schmarren daherreden: Unsinn reden; bes. bair. ‚So ein Schmarr'n!': welch
ein Blödsinn, was für ein Quatsch; *einen
Schmarren von etw. verstehen:* so gut wie
nichts davon verstehen. *Das geht dich
einen Schmarren an!:* Das geht dich nichts
an, du solltest dich nicht darum kümmern! Diese Wndgn. stehen mit den bes.
in Bayern und Oesterr. beliebten Mehl-
speisen in Zusammenhang. Weil sie sehr
häufig auf den Tisch kamen, erhielten sie
immer mehr den Sinn des Alltäglichen,
des gering Eingeschätzten und schließlich
des Wertlosen, was die übertr. Bdtg. der
Rdaa. deutlich zeigt.

Schmerz. *Hast du sonst noch Schmerzen?*
fragt man jem., der viele unerfüllbare
Wünsche hat. Diese rdal. Wndg. beruht
auf einer Stelle im 2. Aufzug (II, 8) der
Oper ‚Don Giovanni' von W. A. Mozart
(1790): „Weiter hast du keine Schmer-
zen?" (übers. von J. F. Rochlitz 1801). Das
geflügelte Wort: ‚Geteilter Schmerz ist
halber Schmerz' ist ein Zitat aus Chr. A.
Tiedges (1752–1841) ‚Urania' (1801). Der
ganze Vers lautet:
Sei hochbeseligt oder leide:
Das Herz bedarf ein zweites Herz,
Geteilte Freud' ist doppelt Freude,
Geteilter Schmerz ist halber Schmerz.
Ein Zitat ist ebenso: „Kurz ist der
Schmerz und ewig währt (eigentl. ‚ist') die
Freude". Es stammt aus Schillers ‚Jungfrau von Orleans' (1802); es ist der Schluß-
satz. Eine Wndg. der neueren Umgangssprache lautet: *Schmerz laß' nach!* Sie
wird ausgerufen, wenn jem. sehr erstaunt,
überrascht, enttäuscht ist; oft mit dem Zusatz: ‚der Doktor kommt!'

Schmetterling. *Wie ein Schmetterling von
Blume zu Blume (Blüte zu Blüte) flattern:*
die Gunst vieler Frauen genießen, seine
Partnerin häufig wechseln, flatterhaft,
treulos sein. Als ‚Schmetterling' wird auch
ein flatterhaftes Mädchen bez.

Lit.: *R. Riegler:* Art. ‚Schmetterling', in: HdA. VII, Sp.
1237–1254.

Schmidt. Das Berliner Tanz-Spottlied von Herrn Schmidt und seinen heiratslustigen Töchtern stammt aus der Biedermeierzeit und ist lit. im 19. Jahrh. häufig belegt (u. a. bei Theodor Fontane). Die erste Strophe lautet:

,Herr Schmidt, Herr Schmidt,
Was kriegt denn Julchen (Jule) mit?'
,Ein Schleier und ein Federhut,
Das kleidet Julchen gar zu gut'.

Es folgen noch entspr. Strophen auf Lottchen, Riekchen, Minchen, Rosalchen, Malchen, Christinchen und Hannchen. Entstanden ist das Lied nach glaubwürdiger Lokaltradition in Halle. Dort wohnte zwischen 1820 und 1830 unfern des damaligen Moritztores ein Fleischermeister Schmidt, der zahlreiche Töchter hatte und außerdem Zimmer an Studenten vermietete. Auf ihn und seine Töchter verfertigte ein übermütiger Studiosus den Text des Liedes. Die Melodie wurde von einem um 1790 gedruckten portugiesischen Militärmarsch übernommen, der im Zeitalter Napoleons nach Deutschland gelangt war. Der sog. ,Stiefelknechtsgalopp' fand im Vormärz in ganz Deutschland schnelle Verbreitung, bildete viele Varianten und machte den töchterreichen Herrn Schmidt sprw., zumal sich ein Neuruppiner Bilderbogen der Firma Gustav Kühn der Szene bemächtigte.

Der Allerweltsname Schmidt verleitete überdies zu zahlreichen weiteren Spottversionen, wie z. B.

Herr Schmidt, Herr Schmidt,
De sitt uppm Perd un schitt,
Un her ick em nich runnerräte,
Her he mi dat Schop beschäte.

Oder

Herr Schmidt, Herr Schmidt,
ich führ kein Dynamit ...

Lit.: *J. Bolte:* Der Hallische Stiefelknechtgalopp. Ein Tanzlied aus der Biedermeierzeit, in: Mitt. d. Ver. f. d. Gesch. Berlins 1926, Nr. 10–12, S. 2–9; *L. Richter:* Mutter, der Mann mit dem Koks ist da (Leipzig 1977).

Schmied. *Der Schmied seines Glückes sein:* sein Schicksal selbst in der Hand haben. Die Rda. beruht auf dem Sprw. ,Jeder ist seines Glückes Schmied', das sich bis zur Antike zurückverfolgen läßt. In lat. Form war es in einer heute verlorenen Sammlung des röm. Konsuls Appius Claudius

,Der Schmied seines Glückes sein'

Caecus (307 v.Chr.) bereits verzeichnet, denn in einer späteren Schrift des Pseudo-Sallust ,De re publica ordinanda' (1, 1) findet sich ein Hinweis darauf: „In carminibus Appius ait fabrum esse suae quemque fortunae". Plautus schreibt diese Fähigkeit, sein Glück selbst zu gestalten, ausschließlich dem Weisen zu (,Trinummus' II, 2,84). Vgl. frz. ,être le forgeron de son bonheur'.

Dafür hat der Schmied Zangen: eine Sache ist nicht so schwierig und gefährlich, wie sie aussieht, wenn man sie nur richtig anzugreifen weiß; wenn man das richtige Werkzeug kennt, besteht keine Gefahr, daß man sich dabei die Finger verbrennt. Die Wndg., die auch in Norddtl. mdal. als ,Davör hett de Smid Tangen' bekannt ist, geht wie S. Singer (,Sprww. des MA' I, S. 122) vermutet, auf ein ma. Sprw. zurück.

Zum Schmied und nicht zum Schmiedchen gehen: sich an den Meister und nicht an einen Stümper wenden, ↗Schmiede. Die Wndg. ist auch mdal. weit verbreitet; vgl. auch schweiz. ,'s ist besser me gang zum Schmid as zum Schmidli' und ndl. ,Het is beter, tot den smit te gaan dan tot het smeedige'. Vgl. frz. ,Il vaut mieux s'adresser au Bon Dieu qu'à ses saints'.

Lit.: *K. Jettmar:* Der Schmied im germ.Raum (Diss. Wien 1941); *M. Eliade:* Schmiede und Alchemisten (Stuttgart 1956); *E. Marold:* Der Schmied im germ. Altertum (Diss. Wien 1967); *L. Röhrich* u. *G. Meinel:* Rdaa. aus dem Bereich von Handwerk und Gewerbe, in: Alem. Jb. (Bühl/Baden 1973); *H. Beck:* Der kunstfertige Schmied, in: Medieval Iconography and Narrative (Odense 1980), S. 15–37; *F. Stöckle:* Vom Schmied – Solange die Esse noch glüht (Stuttgart 1989); *R. Plötz* (Hg.): Der Schmied als Roßarzt. Ausstellungskatalog Niederrhein. Museum f. Vkde. u. Kulturgeschichte (Kevelaer 1990); *H. Schopf:* ,Wenn i wuhi geh, geh i zun Schmied un nid zun Schmiedla', in: Volkskultur–Geschichte–Religion. Festschrift für Wolfgang Brückner (Würzburg 1990).

Schmiede. *Vor die rechte Schmiede gehen (kommen):* gleich an die richtige Stelle gehen (geraten), wo einem die gewünschte Auskunft und tatkräftige Hilfe und Unterstützung wirklich zuteil werden, wo Fachleute zur Verfügung stehen. Manchmal wird diese Wndg. auch iron. gebraucht i. S. v. derb abgefertigt werden, sich gerade an die falsche Stelle wenden, wo eine Abfuhr zu erwarten ist, vgl. auch die im negativen Sinne gebrauchte Rda. ,an den Richtigen geraten‘, d. h.: gerade an den Falschen.

Die Rda. läßt sich seit 1600 belegen, ist aber vermutl. älter. Da in der Schmiede vor allem die Pferde beschlagen werden, ist es ein merkwürdig vollständiges Gleichnis, daß derjenige auch bildl. ,gut beschlagen‘ ist, der vor die rechte Schmiede kam. Vgl. auch KHM. 163. Th. Mann gebraucht die beliebte Wndg. 1924 lit. in seinem ,Zauberberg‘ (4. Kap., S. 138): „kein Zweifel, ich bin vor die rechte Schmiede gekommen“. In Westf. drückt man den gegenteiligen Sinn der Rda. mit einem anderen sprachl. Bild aus: ,Hei is in de unrechte Apteik kumen‘. Die schweiz. Rda. ,Si sind mit enand vor der Schmide g'sii‘ bezieht sich auf die Eheschmiede und bedeutet: sie haben geheiratet. Vgl. frz. ,frapper à la bonne porte‘.

schmieden. *Etw. schmieden, solange es heiß ist:* nicht lange zögern, sondern die besten Chancen für sich zu nutzen suchen, eine Angelegenheit, die keinen Aufschub duldet, sofort in die Hand nehmen, um sie in seinem Sinne beeinflussen oder entscheiden zu können. Das sprachl. Bild beruht auf einem Vergleich mit der Arbeit des Schmiedes, der das glühende Eisen sofort bearbeiten muß, solange es sich noch formen läßt; vgl. frz. ,Il faut battre le fer pendant qu'il est chaud‘.

Nägel mit Köpfen schmieden: etw. zur Vollkommenheit, zum Abschluß führen, sich nicht mit Halbheiten zufriedengeben; so wie der Nagel erst brauchbar wird, wenn er am Ende seiner Fertigung durch den Nagelschmied mit dem Kopf versehen worden ist, ↗ Nagel.

Kann er nicht schmieden, so kann er doch den Blasebalg ziehen heißt es von einem, der nicht bes. geschickt ist, den man je-

doch für Handlangerdienste und untergeordnete Tätigkeiten gebrauchen kann, so wie der Schmied den Lehrling, der die eintönige, aber notwendige Aufgabe erhält, mit dem Blasebalg das Schmiedefeuer zu entfachen und es ständig glühend zu halten.

Er ist in Ruhla hartgeschmiedet worden: seine anfängliche Milde und Nachsicht hat sich in unnachgiebige Strenge verwandelt. Die Rda. bezieht sich auf die Sage vom zu milden Landgrafen, den der Schmied zu Ruhla mit den Worten „Landgraf, werde hart!“ hartgeschmiedet haben soll, DS. Nr. 55.

Lit.: ↗ Schmied.

Schmiere. *Schmiere stehen:* Wache halten, bei Diebstahl und anderen Vergehen und Verbrechen aufpassen, damit die Täter nicht überrascht und von der Polizei gefaßt werden.

Schmiere ist ein Ausdr. der Gaunersprache. Das Wort leitet sich von hebr. ,šim'rah‘ = Wache ab. In urspr. positiver Bdtg. geht die Wndg. auf Ps. 121,4 zurück: „Siehe, der Hüter Israels schläft noch schlummert nicht“. Der Herr Israels steht also in gutem Sinne ,Schmiere‘, indem er über die Menschen wacht und sie behütet.

Über neuhebr. ,šemīrā‘ = Bewachung gelangte der Ausdr. verändert zu ,Schmehre‘ in das Rotw., wo er seit 1714 bezeugt ist: „stehet wohl auf der Schmehre, denn also hätten sie die Wache geheißen“ (Kluge, Rotw., 1901, I, 177). Als nach der Übernahme in die Umgangssprache die urspr. Bdtg. nicht mehr bekannt war, wurde Schmiere mit ,schmieren‘ in Zusammenhang gebracht und die Rda. später sogar zu ,Butter (Käse) stehen‘ verwandelt.

In den Wndgn. *Schmiere kriegen* (vgl. ,Wichse kriegen‘) und *einem Schmiere geben* hat Schmiere den Sinn von Prügel, Schlägen. Vgl. ndl. ,iemand smeer geven‘ und engl. ,to give a person palmoil‘.

,Das ist eine Schmiere, die auf alle Stiefeln paßt‘ sagt man in Schlesien von einem charakterlosen Menschen, der sich zu allem gebrauchen und mißbrauchen läßt. Diese und die folgende Rda. weisen auf den Zusammenhang mit ,Stiefel‘ und ,Wagenschmiere‘ hin. *Tüchtig in der Schmiere sitzen:* in großer Verlegenheit, in einer höchst unangenehmen Lage sein.

Die ganze Schmiere bezahlen müssen: für alles einstehen, aufkommen müssen.

Bei einer Schmiere beginnen: seine Laufbahn als Schauspieler bei einem Vorstadttheater, einer verachteten Wanderbühne beginnen. Man spricht daher auch von ,Schmierenkomödiant', von ,Schmierenschreiber' u. ,Schmierentheater'.

schmieren. *Es geht wie geschmiert:* es geht vortrefflich, ohne Stockungen. Obersächs. sagt man: ,jem. liest wie geschmiert', also mühelos, ohne Anstoß und ohne steckenzubleiben. Die Rda. leitet sich vom Schmieren des Wagenrades ab. Dagegen stammt die Rda. *einen schmieren:* ihn bestechen, wohl eher von dem Einreiben der Hände mit Salbe her. Bei Seb. Franck (I, 79ᵇ) sind ,schmieren' und ,salben' getrennt, doch beide in gleicher übertr. Bdtg. verwendet: „Die habend beide den Richter bestochen vnnd die hend gesalbet; also gadts, waer baß schmirwet, der fart dest baß". Was unter der Salbe zu verstehen war, erklärt Freidank in seiner ,Bescheidenheit' (147, 17):

pfennincsalbe wunder tuot,

sie weichet manegen herten muot.

In Ottokars oesterr. ,Reimchronik' wird sogar von einer ,Handsalbe' berichtet, die „vierzic tūsent marc" betrug. Joh. Pauli rät 1546 in seinem Schwankbuch ,Schimpf und Ernst' (S. 20) geradezu: „Ir solten einmal dem Richter die Hend schmieren oder salben". Grimmelshausen benennt diese ,Salbe' sehr treffend in seinem ,Simplicissimus' (II, 80), wo es heißt: „Durch was vor Schmiralia ich die Medicos persuadiren wolte", und an anderer Stelle (III, 407): „daß beydes, der, so geschmiret und die, so den Schmiral angenommen, ihren Theil bekämen". Vgl. hierzu auch das Sprw. ,Schmieren und salben hilft allenthalben'. Die Rda. *Ich will ihm was schmieren* heißt: ich will ihm etw. extra geben; schon Grimmelshausen (,Springinsfeld') gebrauchte sie im Sinne von Trinkgeld, Bestechung, wenn er erzählt: „Er schmierte mir sechs Reichsthaler".

Ein weit verbr. Sprw., das auch von Abraham a Sancta Clara zitiert wird, war: ,Wer schmiert, der fährt'. Die ndd. Variante spricht den Zusammenhang mit den gut geschmierten Wagenrädern direkt an: ,Wagenrööd un Afkaten mööt goot smeert warrn'.

In Quellen des 17. und 18. Jh., aber auch schon im Eulenspiegel-Volksbuch taucht oft der Schwank von dem Bauern auf, der das Schmieren wörtl. nimmt und dem Richter oder Advokaten die Hände mit Schmalz oder Butter einreibt, worauf die Frau des Gesalbten noch ein Stück Leinwand zum Abwischen verlangt.

Er hat gut geschmiert: er ist betrunken. Ähnl. *sich die Kehle schmieren (ölen):* eins trinken; ostpreuß. sagt man dafür: ,He smért sik den Rache'.

Einem etw. in den Mund (ins Maul) schmieren: ihm vorher nahelegen, was er zu sagen hat.

Einem Honig ums Maul schmieren: ihm schmeicheln; Abb. ↗ Federlesen.

Einem eine schmieren: ihn schlagen, ihm eine Ohrfeige geben (vgl. hierzu: ,Schmiere geben, kriegen', ↗ Schmiere). Im Rheinland droht man Kindern eine Züchtigung mit den Worten an: ,Warte nur, du wirst gleich abgeschmiert!' *Einem den Buckel schmieren* heißt ebenfalls: eine Tracht Prügel geben. Auch die Rda. ,einem Jackenfett geben' steht mit der Vorstellung des Schmierens in Zusammenhang.

Die Wndg. *seine Schuhe mit Hasenfett schmieren:* sich drücken, sich schnell davonmachen, verrät etw. vom alten Glauben, daß Teile eines Gegenstandes oder eines Tieres besondere Kräfte und Fähigkeiten auf den Menschen übertr. können: die Schnelligkeit des Hasen soll durch sein Fett auf die Schuhe und damit auf den Menschen einwirken, damit dieser rascher fliehen kann. Vgl. auch ndl. ,zijn schoenen met hazevet smeren'.

Jemanden anschmieren hat die allgemeine Bedeutung von betrügen, wird aber speziell dann angewendet, wenn ein Mädchen ein Kind erwartet und deshalb von ihrem Liebhaber verlassen wird (,Er hat sie angeschmiert').

Lit.: *L. Schmidt:* Sprw. dt. Rdaa., in: Österr. Zs. f. Vkde. 77 (1974), S. 119; *E. Moser-Rath:* Art. ,Bestechung', in: EM. II (1979), Sp. 209–214; *dies.:* Lustige Gesellschaft (Stuttgart 1984), S. 185–186.

Schmiß. *Etw. hat Schmiß:* eine gute Idee hat Schwung, kommt gut an, gefällt; etw. klingt nicht alltäglich oder gewöhnlich; z. B. kann ein Musikstück ‚Schmiß‘ haben. *Etw. auf den ersten Schmiß hinwerfen:* etw. gelingt auf ‚Anhieb‘.
Einem einen Schmiß geben: Hieb, Schlag.
Schmisse kriegen (beziehen): Prügel bekommen.
In der Studentensprache bedeutet ein ‚Schmiß‘ die zurückbleibende Narbe von einer Mensur, wie sie bei sog. schlagenden Verbindungen üblich war und ist. ↗ Satisfaktion. Ein ‚schmissiges Gesicht‘ ist ein Gesicht voller Narben vom Fechten.
Einen Schmiß haben: scherzhaft im Bayer. und Schwäb. für verliebt sein: *sich einen gewissen Schmiß geben:* sich modisch kleiden.

Schmollis. *Schmollis trinken:* Bruderschaft schließen. ‚Schmollis‘ ist ein alter, heute nicht mehr gebräuchl. studentischer Trinkgruß. Der Gegengruß hieß: ‚Fiducit‘, aus lat. ‚fiducia sit‘: verlaß dich darauf. ↗ Prosit.

Schmollwinkel. *Sich in den Schmollwinkel zurückziehen:* sich grollend, gekränkt zurückziehen. Im ‚Schmollwinkel‘ sitzt jem., der sich von der Welt mißverstanden fühlt, die Schuld aber eher bei den anderen sucht. Das Grundwort ‚schmollen‘ ist eher lit. als umg. Ein Mädchen, das getadelt wurde oder Mißerfolg hatte, konnte ein ‚Schmollmündchen‘ ziehen. Dem steht die heutige Verhaltensforderung gegenüber, immer ein freundliches Gesicht zu zeigen (‚keep smiling‘).
Gottfried Keller nannte eine Novelle ‚Pankraz, der Schmoller‘ nach deren Helden, der melancholisch wurde aufgrund strenger und autoritärer Erziehung.
Der Schmollwinkel kann durchaus etw. zu tun haben mit der Ehrenstrafe, mit der man z. B. in der älteren Schulpädagogik ‚in die Ecke gestellt‘, d. h. vom Lehrer zeitweilig aus der Gesellschaft entfernt wurde; ↗ Ecke.

Schmu. *Etw. ist Schmu:* es ist Betrug, eine Täuschung, ein unrechtmäßiger Gewinn. Hd. ‚Schmu‘ und ndd. ‚smû‘ = leeres Gerede, Gerücht, haltlose Versprechungen gehen auf hebr. ‚šemû'a‘ = das Gehörte zurück. Über das Rotw. drang das Wort Schmu in die dt. Sprache ein, wo es seit 1729 bei Stoppe (‚Ged.‘ 2, 209) lit. bezeugt ist. Durch die Studentensprache, in der es seit 1781 bei Kindleben (‚Stud.-Lex.‘ 188) verzeichnet ist, wurde es über ganz Dtl. verbreitet. Die Bdtg. als ‚unlauterer Vorteil‘ entstand aus dem Lohn des Maklers, der durch seine Bemühungen, sein Gerede, den Kauf zustande brachte. Da er auch falsche Versprechungen bei seiner Überredungskunst nicht scheute und den Käufer häufig übervorteilte, erhielt Schmu den negativen Sinn des vorsätzlichen Betruges.
(Etw.) Schmu machen: etw. unterschlagen, veruntreuen. Schüler- und studentensprachl. hat die Wndg. *Schmu machen* die spezielere Bdtg. des Benutzens unerlaubter Hilfsmittel bei Klassenarbeiten und Prüfungen und des Abschreibens vom Heft des Nachbarn, um unrechtmäßige Vorteile zu erzielen und gute Leistungen vorzutäuschen.
Auch in mdal. Wndgn. ist der aus dem Hebr. übernommene Ausdr. zu finden, in Pommern heißt es z. B.: ‚he wett sinen Smu to maken‘, er weiß, wie er sich Vorteile erschleichen kann.
Dieselbe Bdtg. und Herkunft wie ‚Schmu‘ hat auch ‚Schmus‘. Das Wort ist bes. in der Frankfurter Gegend gebräuchl. in der Wndg.: ‚Schmuß von Enkenem‘: dummes Geschwätz. In der ‚Frankfurter Latern‘ von 1883, S. 10 heißt es: „Wann e Altfrankforter zu jemand segt, ‚Schmus von Enkenem!‘, so bewegt er daderrbei de Kopp hin un her un mecht mit der Hand e abwehrend Bewegung, als Gottersprich, ‚geh hin un sag de wärscht dagewese!‘; ‚Wie laaf ich uff!/Loß errsch!/Schmuß von Enkenem‘ will soviel besagen als wie ‚hör auf, man glaubt's doch nicht‘.“
Lit.: *S. A. Wolf:* Wb. des Rotwelschen (Mannheim 1956); Frankfurter Wb. 14 (1982), S. 2763–2766.

Schnabel. *Reden, wie einem der Schnabel gewachsen ist:* unumwunden reden. Mit deutlicher Beziehung auf den Vogelschnabel war statt ‚reden‘ urspr. ‚singen‘ gebräuchl., so bereits in der Reimvorrede zum ‚Sachsenspiegel‘ im frühen 13. Jh.:

Ja ist uns von den argen kunt
Ein wort gesprochen lange:
Der vogel singet als ime der munt
Gewaczen steit tzu sange.

Die Zeile ‚ein wort gesprochen lange‘
zeigt, daß die Rda. auf ein seit langem bekanntes Sprw. gleichen Inhalts zurückgeht. Zwar löst sich mit der Zeit das Sprw.
in die Rda. auf: „bey dem gesang kennet
man den fogel, denn er singet, wie yhm
seyn schnabel gewachsen ist" (Luther X,
1, 188), aber noch zur Zeit des Hans Sachs
(15. Fastnachtspiel) behauptet das Sprw.
neben der Rda. seinen Platz:

Auch ist vns noch ein sprichwort sagen,
Ein ider fogel sing all frist,
Wie im sein schnabel gwachsen ist,

und später noch äußert sich in Rollenhagens ‚Froschmeuseler‘ der Storch mit den
nämlichen Worten:

... Ich kan von singen nicht sagen,
Muß über meinen schnabel klagen;
Der vogel singt zu aller frist
Wie ihm der schnabel gewachsen ist.
(2. Buch, 2. Teil, Kap. 6)

Etwa im 17. Jh. kommt jedoch das Sprw.
außer Gebrauch, das Wort ‚singen‘ wird
durch ‚reden‘ ersetzt. So bedient sich Goethe in ‚Wilhelm Meisters Lehrjahren‘
(4. Buch, 19. Kap.) dieser Rda.: „... anstatt daß man bei anderen Gesellschaften
schon anfing, nur diejenige Prosa vorzu-
tragen, wozu einem jeden der Schnabel
gewachsen war".
Den Schnabel nicht aufmachen: nichts sagen. ↗ Mund.
Als Aufforderung zum Zuhören sagt der
Frankfurter: ‚Schnawwel zu un Leffel
(Ohren) uff!‘
Jem. nach dem Schnabel reden ↗ Mund.
Im hess. und pfälz. Raum heißt es: ‚Eem
noch em Schnawwel redde‘: so reden, wie
es der andere gerne hört.
Die Rda. *den Schnabel wetzen* ist schil-
lernd in ihrer Bdtg. und wird meist nur in
ihrem Kontext verständlich. Abraham a
Sancta Clara verwendet sie für jem., der
zotige Reden führt, und vergleicht einen
solchen Menschen mit dem Wiedehopf,
von dem man sagt, daß er sein eigenes
Netz beschmutze: „unzüchtige zotten ...
lernen, und nicht viel anders als ein wid-
hopff den schnabel jmmerzu im koth und
unflath wetzen" (‚Erzschelm‘ I, 1687,

S. 162). Die Rda. kann auch ausdrücken:
sich abwertend oder tadelnd über etw. äußern: „ach wertheste schöne, sie vergebe
meinem kiel, dasz er die feuchtigkeit seines schnabels an ihrem ruhm wetzen will"
(Weise, Erznarren, Ndr. 1878, S. 57).

schnackeln. *Es hat bei jem. geschnackelt:*
jem. hat nach längerem Nachdenken
einen Sachverhalt begriffen; ‚der Groschen ist gefallen‘; ‚es hat gefunkt‘.
Es hat bei ihr geschnackelt: sie ist schwanger geworden.
Es hat bei den beiden geschnackelt: zwei
Leute haben sich ineinander verliebt; ‚der
Funke ist übergesprungen‘. Alle drei
Rdaa. sind umg.
In Bayern bedeutet ‚schnackeln‘ auch: ein
schnalzendes Geräusch mit den Fingern
hervorbringen.

Schnalle. *Keiner Schnalle achten:* nichts
darauf geben, sich nicht darum kümmern
(scheren). Die Rda. war früher sehr häufig. In mhd. Zeit hatten ‚der schnall‘ und
‚die schnalle‘ die Bdtg. von ↗ Schnippchen. ‚Schnall‘ war das schallnachah-
mende Wort für die schnippende Bewegung der Finger. Das bei dieser geringschätzigen Geste entstehende Geräusch
wurde zur formelhaften Bez. eines nichtigen Dinges. Mehrfach ist der Ausdr. lit.
bezeugt, z. B. heißt es in Rollenhagens
‚Froschmeuseler‘ (D5ᵃ):

so acht ich doch das pochen all,
nicht umb einen vergebnen schnall,

ähnl. bei ‚Eulenspiegel‘ (XXXI): „Ich geb
vmb euch all nicht ein schnall".
Im Zusammenhang mit der Mode, an
Schuhen Schnallen zu tragen, steht die
Wndg. *Er geht über die Schnalle:* er geht
mit nach innen gekehrten Fußspitzen, ‚er
geht über den Onkel‘.
Von dem Verb ‚schnallen‘ (schnellen)
= foppen, prellen, betrügen entwickelte
sich die Bdtg. von Schnalle zu: lustiger
Einfall, Possen, Lügenmärchen. Das er-
klärt die folgenden Rdaa.: *einem eine
Schnalle anbinden:* ihn belügen (vgl. ‚jem.
einen Bären aufbinden‘; ↗ Bär), und
Schnallen machen: einem etw. weisma-
chen. Die Feststellung *Das ist eine
Schnalle* ist doppeldeutig, sie kann eine
Lüge, aber auch ein liederliches Weib

meinen. Schnalle war in älterer Sprache auch die Bez. für Schnabel, Maul, bes. für das Weibermaul. Hans Sachs gebrauchte das Wort in diesem Sinne (Werke V, 349ᵉ): „west ichs, ich geb jm eins auff dschnallen".

Außerdem hieß in der Jägersprache das weibl. Geschlechtsteil der Wölfin und Füchsin Schnalle, und die Gaunersprache verwendet heute noch das Wort i. S. v. ‚vulva‘. Die Übertr. erfolgte pars pro toto auf die Frau überhaupt, um sie negativ zu kennzeichnen. *Eine alte Schnalle sein* bedeutet demnach: eine alte Frau, eine liederliche Hure sein. Noch in der Ggwt. wird ein unansehnliches Mädchen eine *vergammelte Schnalle* genannt. In diesen Zusammenhang gehört auch die Wndg. *auf den Schnallenritt (das Schnallenrennen) gehen:* auf den ↗Strich gehen.

Ganz andere Bdtg. hat dagegen die österr. Rda. ‚Schnallendrücken gewesen sein‘, die gebraucht wird, wenn jem. auffallend viel Kleingeld besitzt. Hinter ihr verbirgt sich die scherzhafte Annahme, daß das Geld vom Betteln an vielen Haustüren stamme, weil mit Schnalle auch die Türklinke gemeint sein kann. Ähnl. kennzeichnet die bair. Wndg. ‚Er ist ein Schnallendrücker‘ den Schmeichler, dessen Worte genauso geringgeachtet werden wie der schnallende Laut der Türklinke oder des Schlosses.

schnappen. *Jem. schnappen:* ihn bei strafbarer Handlung überraschen, ihn verhaften, ähnl.: *sich jem. schnappen wollen:* ihn zu ernster Aussprache festhalten, auch: ihn bestrafen, prügeln. *Sich etw. schnappen:* sich schnell aneignen, sichern, sold. Rda. ebenso wie ‚Ihn hat's geschnappt‘, er ist verwundet worden.

Etw. geschnappt haben: es verstanden haben (vgl. auch ‚geschnallt‘).

Jetzt hat's (aber) geschnappt! sagt der, dessen Geduld zu Ende ist, der mit einer Sache oder Person endgültig Schluß machen will, weil ‚das Maß voll ist‘ oder der ständige Ärger zu einem Bruch zwingt. Die Rda. beruht entweder auf einem Vergleich mit dem schnappenden Schloß der Tür, wobei das Geräusch anzeigt, daß sie wirklich zugefallen ist, oder auf dem Vergleich mit dem Schnappen des Hahnes

bei der Flinte. Damit in Zusammenhang steht auch die Wndg. *Bei mir bist du geschnappt:* bei mir kannst du nichts ausrichten, ein bes. in Bayern gebräuchl. Ausdr. der Ablehnung und Abweisung.

Es hat geschnappt hat aber auch seit 1900 die Bdtg.: die Frau ist schwanger.

Nach dem Bettzipfel schnappen: vor Müdigkeit gähnen.

Schnappen hat in rdal. Vergleichen die Bdtg. von ‚essen‘ und ‚gierig zu erfassen suchen‘ und bezieht sich meist auf das Verhalten von Tieren: *Er schnappt danach wie der Hund nach Beinen an Ostertagen,* dieser ist nach der Fastenzeit bes. gierig nach Knochen; *er schnappt danach wie eine Maus nach Speck* (vgl. ndl. ‚Hij hapt als eene muis naar het spek‘); *er schnappt danach wie ein Fisch nach Wasser* (vgl. ndl. ‚Hij snapt ernaar als een vischje naar het water‘); *er schnappt danach wie die Gans nach dem Apfelbutzen;* aber auch: *Er schnappt danach wie der Teufel nach einer Seele,* dieser muß bes. flink sein, damit ihm die Seele nicht streitig gemacht wird.

schnarchen. Schnarcher, die andere stören, werden gern verspottet. Die übertreibenden Schilderungen beziehen ihre Vergleiche entweder aus dem Tierreich: *schnarchen wie ein Bär, Esel, wie ein Schwein, wie ein Walfisch oder Walroß,* oder zur weiteren Steigerung aus Technik und Industrie, z. B. *schnarchen wie eine Kreissäge, Sägemühle.* Die oberoesterr. Rda. ‚schnarchen as wan ma Lad'n schneiden thät‘ bezieht sich ebenfalls auf die Geräusche in einer Sägemühle.

schnattern. *Schnattern wie die Gänse (Enten):* aufgeregt durcheinander reden, meist abschätzig von Frauen gesagt. *Schnattern vor Kälte (Furcht):* zittern.

schnaufen, Schnaufer. ‚Dös leidt's Schnaufe net‘, sagt man im Obd., wenn es gefährlich ist, an eine Sache zu rühren, und es deshalb schon bedenklich erscheint, auch nur davon zu sprechen.

Sehr beliebt sind Tiervergleiche, um starkes Schnaufen zu charakterisieren, z. B. *Er schnauft wie ein Dachs, wie ein Fleischerhund,* vgl. ndl. ‚Hij snaauwt en bijt van zich als eene vleeschhouwers teef‘;

wie eine gestopfte Gans; in Österr. heißt es: ‚Er schnauft wie der Igel im Birnhaufen'; ganz ähnl. in Westf.: ‚He snüwt as en Tuniegel' (= Zaunigel), im Schwäb. sagt man: ‚Dear schnauft wie a Neascht voll Ig'l'. Eine noch größere Steigerung enthalten die Rdaa., die sich auf die Technik beziehen: *schnaufen wie ein Dampfroß, wie eine Lokomotive;* vgl. frz. ‚souffler comme une locomotive' sowie ‚souffler comme un boeuf'.

Die Feststellung *Der Schnaufer wird ihm bald ausgehen* hat übertr. Bdtg.: der Atem wird ihm ausbleiben, es geht zu Ende mit seinem Geschäft, er kann nicht mehr Schritt halten, er ist nicht mehr konkurrenzfähig, mit ihm selbst und seiner Kraft wird es bald vorbei sein. Zur Umschreibung von ‚sterben' gebraucht man auch die Wndg. *seinen letzten Schnaufer getan haben;* ↗zeitlich.

Schnauze. Die Übertrag. des Wortes Schnauze vom Tier auf den Menschen zur derben Bez. des Mundes war bereits im 16. Jh. vollzogen und ist bei Luther neben ‚Maul' bezeugt. Bes. in Norddtl. und Berlin ist der Begriff in verschiedenen Wndgn. beliebt, z. B. *eine große Schnauze haben:* das Wort führen, vorlaut oder frech in seinen Antworten sein; vgl. frz. ‚avoir une grande gueule'; oder: *sich die Schnauze fransig (fusselig) reden müssen* (↗Mund): sich übermäßig anstrengen müssen, um jem. zu überzeugen, viele Worte machen müssen. *Halt die Schnauze!* gilt als eindeutige Warnung, keine Erwiderung mehr zu wagen; vgl. frz. ‚Ferme ta gueule!' Ähnl. meint die Feststellung *Er (ich) hätte besser die Schnauze gehalten:* es wäre vorteilhafter gewesen, nichts zu sagen; vgl. frz. ‚Il aurait mieux fait de fermer sa gueule' oder ‚... de la fermer'. Neuere Wndgn. aus der Soldatensprache sind: *die Schnauze voll haben:* etw. gründlich satt haben (↗Nase), und *frei nach Schnauze:* nach eigenem Gutdünken, ohne viel zu prüfen und zu messen; sie haben sich bereits in ganz Dtl. eingebürgert.

Sich die Schnauze verbrennen: etw. unbedacht äußern und sich damit unbeliebt machen, ↗Mund.

Mit frisierter Schnauze sprechen: statt des gewöhnlichen Dialekts plötzlich Hochdeutsch reden; auch aus dem alem. Raum kommt: ‚Do bruuchts halt Männer mit Schnäuz!': hier sind entscheidungsfreudige und kompetente Männer vonnöten (*E. Strübin:* Zur dtschweiz. Umgangssprache, in: Schweiz. Archiv. f. Vkde. 72 [1976], S. 121).

Immer mit der Schnauze vorne sein: immer der Erste sein; derjenige sein, der die Aufmerksamkeit der anderen auf sich zieht.

Schnecke. Mit dem Vergleich *wie eine Schnecke* pflegt man verschiedene Handlungsweisen oder Fähigkeiten sowohl von Tieren als auch von Menschen zu charakterisieren. Am häufigsten begegnet uns die Anspielung auf die langsame Art, mit der sich die Schnecke fortbewegt, so z. B. bei Goethe (XII, 208):

Wir schleichen wie die Schneck' im
Haus,
Die Weiber alle sind voraus.

Aber nicht nur von der Fortbewegung spricht man in dieser Weise, sondern auch von anderen Tätigkeiten:

Der Bau gerieth dabey, wie man
Leicht denken kann, ins Stecken:
Die Maurer sahn einander an,
Und maurten wie die Schnecken

(J. A. Blumauer, Abentheuer des ... Aeneas, Bd. I [1784], 140).

In den Mdaa. finden sich zahlreiche Beisp. für die Schnecke als Sinnbild der Langsamkeit: schwäb. ‚Du laufst so stät, dir könnten die Schnecken nachreisen'; schlesw.-holst. ‚He krüppt dor lank as 'n Snick'. In der Eifel sagt man: ‚De geht esu lassem (langsam) wie en Schneck iwer er Broch' (Brachfeld) oder ‚Dat gäht ejo bal asu sihr, as wie en Schneck iwer her Broch Galopp läft'; els. entspr. ‚Der geht wie e Schneck iwers Ackerfeld'. Vielfach hat unser Vergleich auch in Ortsneckereien Eingang gefunden. Vgl. frz. ‚comme un escargot'.

Jem. zur Schnecke machen: jem. heftig schelten, grob anfahren, sehr streng behandeln, moralisch vernichten, ‚runterputzen'. Der Rda. liegt wohl die Vorstellung zugrunde, daß jem. durch rücksichtslosen Drill nur mehr wie eine Schnecke kriechen kann. Dieser Ausdr. hat erst in diesem Jh., wahrscheinl. aus dem Solda-

‚Jemand zur Schnecke machen'

Schneckengang, -post, -tänze, -tempo. *Es geht den Schneckengang:* etw. geht nur sehr langsam, träge vorwärts. Der Ausdr. verspottet nicht nur träge Lebewesen, sondern vor allem die sich oft endlos hinziehenden Verhandlungen und den schleppenden Gang innerhalb der Bürokratie. Vgl. ndl. ‚Het gaat den slakkengang'; vgl. frz. ‚Cela va à un rythme d'escargot'.

Auf (mit) der Schneckenpost fahren (kommen, reisen): eine überaus lange Reisezeit benötigen, kaum vorankommen. Wir nennen eine schlechte und langsame Beförderung von Personen, Gütern und Nachrichten eine ‚Schneckenpost', seit Börne 1821 die durch viele Rastpausen unterbrochene Fahrt der Thurn- und Taxisschen Postwagen in seiner ‚Monographie der deutschen Postschnecke' verhöhnte (Ges. Schriften, Teil 3 [Hamburg ³1840], S. 78–118). Ähnl. Vorstellungen von der Langsamkeit der Post spiegeln sich im Lied. Im ‚Vogelhändler' singt die Christel von der Post: „denn bei der Post geht's nicht so schnell". Vgl. auch den Kanon: „I fahr, i fahr, i fahr mit der Post! Fahr mit der Schneckenpost ..."

Es geht nur im Schneckentempo vorwärts: man kommt kaum voran. Diese moderne

tenjargon kommend, in der Volkssprache Fuß gefaßt. Aus der Sicht des Getadelten lautet die Rda. entspr. *zur Schnecke werden:* moralisch vernichtet sein, erschüttert sein oder auch abgeschwächt: erstaunt sein.

Gelegentlich gebraucht man zur Kennzeichnung einer scheuen, verschreckten Reaktion die Wndg. *sich ins Schneckenhaus zurückziehen:*

Nicht immer gleich
Ist ein galantes Mädchen,
Ihr Herrn, für euch;
Nimmt sich der gute Freund zu viel
heraus,
Gleich ist die Schneck' in ihrem Haus
(Goethe XIII, 14).

Die Wndg. ‚sich in (s)ein Schneckenhaus zurückziehen' meint bildl. auch: sich isolieren, auf Kommunikation verzichten, gern zu Hause bleiben. Vgl. ndl. ‚in zijn schulp kruipen'; frz. ‚rentrer dans sa coquille'; engl. ‚to draw in one's horns' (vgl. ‚die Hörner einziehen').

Der österr. Ausruf: „Ja, Schnecken" bedeutet, daß man sich getäuscht hat, ↗ Pustekuchen.

Im Schwäb. sagt man: ‚E fauler Schneck, wo sei Haus net trage mag' und meint damit die Verweigerung einer Person, Verantwortung zu übernehmen.

Schnecke sowie die Muschel sind Umschreibungen für die weibl. Geschlechtsteile.

Lit.: *Aigremont:* Muschel und Schnecke als Symbole der Vulva ehemals und jetzt, in: Anthropophyteia VI (1909), S. 35–40; *O. Keller:* Die antike Tierwelt 2 (Leipzig 1913), S. 519–543; *E. Schneeweis:* Art. ‚Schnecke', in: HdA. VII, Sp. 1265–1273; *S. Nadolny:* Die Entdeckung der Langsamkeit (München 1987); *J. Leibbrand:* Speculum bestialitatis (München 1989), S. 139ff.

1/2 ‚Mit der Schneckenpost fahren'

Wndg. wird bes. häufig bei Stauungen im Verkehr (Kreuzungen und Ampeln in der Stadt, Bauarbeiten an der Straße, Unfall) gebraucht, wenn der Autofahrer lange warten oder ‚Schritt fahren‘ muß. Im Elsaß und in der Pfalz sind mdal. Wndgn. mit *Schneckentanz* verbreitet. ‚Mache mir keine Schneckentänz vor!‘ Täusche mich nicht, suche keine Ausflüchte zu machen! warnt man in der Pfalz einen, den man durchschaut hat. Im Elsaß stellt man bei Lügen, Possen und Narrheiten fest: ‚Diss sinn Schnecketänz!‘, es ist sowenig wahr wie das Märchen von demjenigen, der Schnecken tanzen lehrte (Alsatia 48 [1851]).

Schnee. *Und wenn der ganze Schnee verbrennt!:* trotz alledem, oft mit dem Zusatz: *die Asche bleibt uns doch!* Dieser Ausruf dient bei gewagten Unternehmungen zur Bekräftigung, daß trotz möglicher Mißerfolge alles versucht werden soll, und zur Bekundung eines festen Entschlusses, z. B. beim Kartenspiel. Die Wndg. ist bes. in Berlin, Obersachsen und Schlesien in mdal. Form bekannt; Gerhart Hauptmann verwendet sie 1892 auch lit. in seinen ‚Webern‘ am Ende des V. Aktes. *Den Schnee für Salz verkaufen wollen,* auch: *einem Schnee für Baumwolle verkaufen:* ihn übervorteilen, betrügen wollen, eine wertlose Sache als begehrenswert darstellen und voller Eifer feilbieten. Schon Heinrich Bebel erzählt als eine ‚Res gesta atque sibi cognatissima‘, ein Bote habe einem neugierigen Frager als Neuigkeit aufgebunden, daß einer verbrannt worden sei, weil er Schnee hinter dem Ofen gedörrt und für Salz verkauft habe. Auch im ‚Lügenlied‘ des Suchenwirth heißt es (148, 72): „das salz seudet man auz snee“. Die Rda. *den Schnee im Ofen backen (dörren),* eine Umschreibung für törichtes und vergebliches Tun, begegnet häufig in der ma. Schwanklit., z.B. bei Seb. Franck (II, 13), in Paulis ‚Schimpf und Ernst‘ und in Kirchhoffs ‚Wendunmuth‘ (I, Nr. 236). Vgl. auch ndl. ‚Hij wil sneeuw in den oven bakken‘ und engl. ‚He roasts snow in a furnace‘. Ähnl. heißt es bei Keller in den Schwänken (5): „wer an der sunnen schnee will derren“, daß derjenige eine unnütze Arbeit versucht. Pieter

Bruegel bezieht sich in seiner Darstellung der gleichen Rda. auf Rabelais’ Stoffkreis der ‚Absurda und Praepostera‘. In Bayern und Oesterr. braucht man im gleichen Sinne die Wndg. ‚den Schnee selchen‘. *Das ist schwarzer Schnee:* es ist etw. völlig Unmögliches, das nie eintreten wird. Schon Hartmann von Aue gebraucht diesen Ausdr. in seinem ‚Büchlein‘ (614):

ich gloube an sîne wîsheit
hinnen fürder niht mê
dan an wizen koln und swarzen snê.

Schwarzen Schnee suchen: sich vergeblich abmühen. Die Antwort auf eine neugierige Frage nach einem ungewissen Zeitpunkt heißt ähnl.: *wenn schwarzer Schnee fällt,* also nie oder am St.-Nimmerleins-Tag, auch mdal. Im Westf. erhält die Wndg. noch einen scherzhaften Zusatz: ‚wann de schwarte Schnei fällt und de Lûs ’n Daler gelt‘. Im Obersächs. antwortet man auf die neugierige Frage, wann im Ort Kirchweih sei: ‚Kirmes fällt (bei uns) acht Tage vor’m ersten Schnee‘, d. h. dieses Fest wird überhaupt nicht gefeiert, ↗ Pfingsten.
Den Schnee des vorigen (vergangenen) Jahres suchen: sich um eine längst abgetane und vergessene Sache bekümmern, auch: *vom vorjährigen Schnee reden.* Vgl. ndl. ‚Hij praat van de sneeuw, die in het ander jaar viel‘. Schon François Villon fragte im 15. Jh. in der ‚Ballade des dames du temps jadis‘: „Mais où sont les neiges d’automne?“ *Das ist alter Schnee:* das ist altbekannt und uninteressant, vgl. lat. ‚anni nives praeteriti‘.
Schnee nach Lappland (Spitzbergen) tragen: etw. völlig Überflüssiges tun, vgl. ‚Eulen nach Athen tragen‘, ↗ Eule.
Wie Schnee an der Sonne bestehen: unbeständig und unzuverlässig sein; vgl. frz. ‚Cela fond comme neige au soleil‘.
Einen Schnee auf etw. fallen lassen: Zeit darüber vergehen lassen, damit es in Vergessenheit gerät, damit der Zorn verraucht.
In manchen Schnee gepißt haben: erfahren sein, in der Welt herumgekommen sein. Heute ist ‚Schnee‘ auch eine Umschreibung für die Kokain-Droge.

Lit.: *Zimmermann:* Art. ‚Schnee‘, in: HdA. VII, Sp. 1273–1278; *Ch. Sadoul:* Note sur le folklore de la neige, in: Folklore Brabançon 22 (1950), S. 226–232.

1383

Schneeballeffekt, Schneeballsystem. *Etw. hat einen Schneeballeffekt:* es findet rasche Verbreitung, eine Nachricht wird von einem zum anderen weitergegeben, der ebenso verfährt.

Das Schneeballsystem anwenden oder *nach dem Schneeballsystem funktionieren:* andere rasch verständigen u. alamieren durch die Weitergabe einer Mitteilung, z. B. üblich bei Pfadfindern u. ähnl. Gruppen u. Organisationen, auch: ein Gerücht ausstreuen. Das ‚Schneeballsystem‘ ist außerdem eine in Dtl. verbotene Form des Warenabsatzes, bei dem dem Käufer Vorteile eingeräumt werden, falls er weitere Kunden wirbt.

Schneekönig. *Sich freuen wie ein Schneekönig:* sich lebhaft, von ganzem Herzen freuen. Die Rda. bezieht sich auf unseren kleinsten Singvogel, den Zaun- oder Schneekönig, der auch im strengsten Winter bei uns bleibt und trotz Kälte und Schnee munter pfeift und singt. Er trägt auch noch andere Königsnamen wie Winter-, Dorn-, Nessel-, Meisen- und Schlupfkönig. Die vogtländische Wndg. ‚Er freut sich wie a kleener Schniekönig‘ macht durch das Adj. noch deutlicher, daß es sich um einen der zahlreichen Tiervergleiche handelt, wie z. B. auch ‚singen wie eine Heidelerche‘ und ‚schimpfen wie ein Rohrspatz‘. Die Rda. ist bes. in Schlesien, Sachsen und Thüringen verbreitet, wo Schneekönig aber auch als Spottname für den König Gustav Adolf gilt. Der Ausruf *Wenn der Schneekönig wiederkommt!* leitet sich als Niemals-Formel deshalb wohl eher vom Schneekönig als vom Zaunkönig ab, der unser Land ja nicht verläßt. Im Schlesw.-Holst. nennt man den Aufseher der zum Schneeschaufeln aufgebotenen Männer ebenfalls ‚Schneekönig‘ oder ‚Schneevogt‘.

Lit.: *E. u. L. Gattiker:* Die Vögel im Volksglauben (Wiesbaden 1989), S. 199.

Schneesieber. Als Schneesieber wird obersächs. und schles. ein besonders langsamer und ungeschickter Mensch bez., ein Bummler (preuß.). In der Begrüßung *Na, alter Schneesieber!* spiegelt sich die alte Vorstellung, die in den Kreis der Sagen von der Altweibermühle gehört: man glaubte, daß Unverheiratete im Himmel Schnee sieben müßten, wenn sie gestorben waren. Deshalb gilt dieser Gruß vor allem ledigen Burschen und Männern.

Wer freiled'g bleibt, muß im Himmel *Mit'n alten Mädeln Schnee sieben,* heißt es auch in Nordböhmen (Tieze, Unse liebe Hejmt 1, 38). In ähnl. Sinne nennt man in Schlesien einen alten Mann, der noch heiraten will, ebenfalls spöttisch einen alten Schneesieber. Schon 1652 verwendet der schles. Dichter Wenzel Scherffer (Geistliche und Weltliche Gedichte, S. 567) ‚Schnee sieben‘ als überflüssige Beschäftigung alter Junggesellen:

> Müßt’ ich dann anstat zu lieben
> Helffen dort den Schnee durchsieben.
> (Denn das soll die Arbeit seyn
> Alter Bursche, die nicht freyn!).

Lit.: *F. Sarasin:* Die Anschauungen der Völker über Ehe und Junggesellentum (Basel 1934).

Schneid(e). *Schneid haben:* Mut, Kraft haben, energisch auftreten, gern seine Kräfte mit Gegnern oder Nebenbuhlern messen, vor allem beim Kiltgang. Wer der Überlegene blieb, trug stolz zum äußeren Zeichen seiner Tapferkeit und seines Sieges die ‚Schneidfedern‘ am Hut, die er den anderen abgenommen hatte. Daher die oberösterr. Rda. ‚einem d’ Schneid abkaufen‘, ihn durch sein entschiedenes Auftreten entmutigen, und bair. ‚kein Schneid haben‘, feige sein. Die Übertr. erfolgte von der Waffe oder anderen schneidenden Werkzeugen. An die Schärfe einer Waffe erinnert noch deutlich die bair. Wndg. ‚Auf di hab i schon lang a Schneid‘, mit dir wollte ich schon längst anbinden, vgl. ‚eine Pike auf jem. haben‘, ↗ Pike. Durch die Soldatensprache ist die Wndg. um 1860 in die allg. Umgangssprache gedrungen, zusammen mit dem Adj. ‚schneidig‘ = tapfer. Die Mdaa. haben z. T. die fem. Form bewahrt, z. B. sagt man im Hunsrück: ‚De Kerl hot kän rechte Schneide‘. Die obersächs. Wndg. ‚Er hat keine Schneide zu etw.‘, bedeutet: er hat kein rechtes Vertrauen dazu, keine Lust darauf. Vgl. frz. ‚avoir du cran‘ (altfrz.: crâné: zackig).

Ihm ist die Schneide in den Finger gegangen (vgl. ‚sich ins eigene Fleisch schneiden‘): er hat sich selbst geschädigt, seine Waffe hat sich gegen ihn selbst gewendet.

Seb. Franck bezeugt 1541: „Nicht mit der Schneide, sondern mit der Scheide hauen". Dadurch wird einer verhöhnt, der seine Waffe nicht richtig zu benutzen weiß. Ähnl. das Sprw. ‚Wer sitzt auf der Schneide, sitzt schlecht und kommt zu Leide', d. h. wenn man sich auf gefährliche Angelegenheiten einläßt, kann man wohl zu Schaden kommen.

Gleichbedeutend ist die Rda. *auf des Messers Schneide stehen:* kurz vor der Entscheidung sein, sich zum Positiven oder Negativen wenden können. Die Wndg., die die Unsicherheit einer Situation treffend beschreibt, stammt aus der Antike. In der ‚Ilias' (X, 173) Homers heißt es schon: „Es steht auf des Messers Schneide".

Häufig ist auch die Vorstellung von der Zunge als schneidendem Instrument, z. B. schwäb. ‚Sie hat die Schneide auf der Zunge und er in den Fingern' oder ‚Das Maul schneidet wie geschliffen'. Schweiz. kann Schneide gleichfalls ein böses, schneidendes Maul sein. Dazu gehört das Sprw. ‚Scharfe Schwerter schneiden sehr, scharfe Zungen noch viel mehr'.

Anscheinend nur rhein. sagt man von einem zum Schmollen verzogenen Mund: ‚E micht en Schneide (Schnute), dat mer en Schweinstall drop baue kann'.

Übertr. spricht man auch von der *Schneide* (Schärfe) *des Todes, des Verstandes* und sogar *der Sehnsucht;* vgl. frz. ‚Le tranchant de l'esprit'.

Eine Schneide haben: scharf oder sauer schmecken, bes. in Süddtl. vom Wein, Bier oder Essig gesagt.

schneiden. *Sich schneiden:* sich falschen Hoffnungen hingeben, meist in burschikoser Rede i. S. v. ‚sich täuschen' gebraucht. Die Rda. ist im 18. Jh. verkürzt worden aus: sich mit dem Messer schneiden. Vgl. auch ‚sich in den Finger schneiden' (↗ Finger) und ‚sich ins eigene Fleisch schneiden' (↗ Fleisch). Vgl. frz. ‚se couper' i. S. v. sich unbedacht verraten.

Der Ausruf *Der wird sich schneiden!* enthält eine gewisse Schadenfreude des Klügeren und Vorsichtigeren, der den zukünftigen Fehlschlag voraussieht. In Schwaben sagt man statt schneiden ‚brennen'. Auch Schiller läßt in seinen ‚Räubern' (IV, 5) Schweizer zu Grimm sagen: „Da brennst du dich".

Jem. schneiden: ihn absichtlich übersehen, so tun, als ob man ihn nicht kennt, um jem. seine Verachtung zu beweisen. Die Rda. ist eine nach 1850 aufgekommene Übers. von engl. ‚to cut someone'.

Der kann schneiden: er versteht seinen Vorteil wahrzunehmen, ähnl. ndd. ‚He versteit dat Sniden', er weiß den Leuten das Geld abzunehmen, vgl. ‚seinen Schnitt machen' (↗ Schnitt). Die Rda. kann aber auch i. S. v. ‚aufschneiden' die Bdtg. von lügen besitzen, z. B. am Niederrhein und an der Mosel.

Von einem sehr scharfen Werkzeug oder Messer sagt man in treffenden Vergleichen: *Das schneidet wie Gift, wie ein Schermesser, wie eine Flöte,* die durchdringende Töne hat.

Jem. wie aus dem Gesicht geschnitten sein: ihm überaus ähnl. sehen, ↗ Gesicht.

Schneider. *Frieren wie ein Schneider:* sehr leicht frösteln, kälteempfindlich sein. Den Schneider hielt man früher wegen seines angeblich geringen Körpergewichts, seiner Schmächtigkeit, Schwäche und Kränklichkeit und vor allem wegen seiner Stubenhockerei ohne körperliche Ausarbeitung für weibisch, verzärtelt, überempfindlich und nicht genügend abgehärtet.

Essen wie ein Schneider: sehr wenig zu sich

‚Schneidergewicht' – ‚Essen wie ein Schneider'

nehmen. Die Schwächlichkeit der Schneider führte man auf mangelnde Nahrung zurück. Vor allem wenn die Schneider zu den Bauern auf Stör gingen und bei ihnen im Hause arbeiteten, fiel auf, daß sie sehr wenig vertragen konnten im Gegensatz zu dem kräftigen Appetit der Landarbeiter. Vgl. Schneiderspottlieder, z.B. E.B. Nr. 1634/35: ‚Schneider Jahrstag‘.

Laufen wie ein Schneider: sehr schnell laufen, nicht vom eigenen Körpergewicht gehemmt werden.

Sich wie ein Schneider am Ostertag tummeln: sogar an den Sonn- und Feiertagen arbeiten. Dies geschah bei den Schneidern häufig, wenn sie termingerecht etw. fertigstellen mußten.

Herein, wenn's (was) kein Schneider ist! ruft man scherzhaft, wenn jem. anklopft und man nicht weiß, wer hereinkommen wird. Vermutl. hat der seine Forderungen eintreibende Schneider den Anlaß zu dieser Rda. gegeben, eigentl. eine Parodie der Wndg. *Herein, wenn's ein Schneider ist!,* die in der Schneiderzunft eine wichtige Rolle spielte. Die Sitzungen der Schneidergesellen fanden bei offener Zunftlade statt. Es war also eine streng geschlossene Gesellschaft, zu der niemand sonst Zutritt hatte. Forderte jem. Einlaß, dann hieß es: ‚Herein, wenn's ein Schneider ist!‘ (Wissell II, S. 110).

Der Schneider hatte immer Schwierigkeiten, seine Rechnungen zu kassieren, er wurde oft abgewiesen und noch dazu verspottet. Darauf weisen verschiedene Rdaa.: *beim Schneider hängenbleiben:* seine Kleiderrechnung nicht bezahlen, Schulden haben; *dastehen wie ein geleimter (nicht bezahlter) Schneider* und *einen Schneidergang(-ritt) tun:* unverrichteterdinge zurückkehren, einen vergeblichen Gang tun, um Geld zu erlangen, seine Schulden einzutreiben. Sprw. wurde daher auch die Armut der Schneider: *den Schneider im Hause haben:* Mangel leiden, sich mit eigenen Sorgen quälen müssen. Auffällig war auch die lange, ungeregelte Arbeitszeit der Schneider, die oft bis tief in die Nacht nähen mußten. Daher sagt man rdal. übertr. *den Schneider auf den Augen haben* oder *Der Schneider kommt (kriecht) jem. in die Augen:* er wird schläfrig, die Augen fallen ihm zu.

Dem Schneider werden nur üble Eigenschaften nachgesagt, vor allem gilt er als diebisch und lügnerisch. So sagt man z.B. *Dem Schneider ist viel unter den Tisch gefallen:* er hat von dem Stoff, den er verarbeiten sollte, viel für sich behalten und für seine Kinder. Tatsächlich hatte der Schneider unter seinem Tisch eine Kiste für Stoffreste, das ‚Auge‘ oder die ‚Hölle‘ genannt, in das er auch manches noch brauchbare Stück fallen ließ. Man glaubte, daß aus diesem Grunde kaum ein Schneider in den Himmel käme. Deshalb heißt es, wenn etw. Seltenes geschieht, wenn bei Regen die Sonne scheint oder eine Stockung im Gespräch eintritt: *Nun kommt ein Schneider in den Himmel.*

Dem Schneider wurden auch Faulheit und Nachlässigkeit nachgesagt, ↗ Pfuscher.

Wenn die Nähte nicht halten, heißt es: *Der Schneider hat mit der heißen Nadel genäht,* paßt das Kleidungsstück nicht oder ist eine Sache ihrer ganzen Anlage nach verdorben, sagt man: *Der Schneider hat die Hosen verschnitten (das Maß verloren).* Auf den Pfuscher weisen die Wndgn. ‚Meister, ich bin fertig, darf ich trennen (flicken)?‘ und *Er ist einem Schneider durch die Werkstatt gelaufen:* er besitzt wenig Kenntnisse und Fertigkeiten in seinem Beruf.

Die Wndg. *den Schneider auskaufen (ausklopfen,* oberoesterr. ‚herauszwicken‘) bezieht sich auf den Brauch, jem., der ein neues Kleidungsstück zum erstenmal trägt, im Scherz zu schlagen oder zu kneifen.

Als verächtliches Schimpfwort gilt die einfache Feststellung *Er ist ein Schneider,* auch: *ein hinkender (windiger) Schneider,* denn so bez. den Schwächling und den Furchtsamen, den sogar ganz geringe Gegner, wie Läuse, Mücken, Spinnen oder Schnecken, in die Flucht schlagen können. Daher erscheint eben das Märchen vom ‚Tapferen Schneiderlein‘ (KHM. 20) als bemerkenswerte Ausnahme von der Regel. Eine bes. dt. Ausprägung des Handwerkerspottes ist der um 1400 in Süddtl. entstandene ‚Schneider-Geiß-Spott‘. Der 1. Hinweis darauf findet sich 1408 in einem Straßburger Ratsprotokoll, in dem ein Schneider-

SCHNEIDER

1–5 Schneider-Geiß-Spott
(‚Geißbuhler‘ – ‚Schneiderbock‘ – ‚Schneider, Schneider, meck, meck, meck‘)

Spottlied verboten wird. Urspr. handelt es sich um eine sexuelle und obszöne Anspielung auf den Schneider als ‚Geißbuhler'. Aus Oberschwaben ist belegt:

Der Schneider und die Geiß,
die machten eine Reis.
Der Schneider wollte reiten,
die Geiß, die wollt's nicht leiden,
die Geiß nimmt einen Seitensprung
und wirft den Schneider im Kuhdreck rum.

Erst im 16. Jh. wurde ‚Schneiderbock' der verallgemeinerte Spottname. Der Ritt des Schneiders auf dem Bock und der Kampf zwischen Schneider und Bock wurden nun Themen der bildl. und lit. Darstellungen. Vor allem in Spottversen und -liedern spielten sie bis zum 17. Jh. eine große Rolle und sind bis heute im allgemeinen Bewußtsein geblieben im Unterschied zu anderen Berufsschelten. Vgl. E. B. Nr. 1631/32: ‚Es wollt ein Schneider wandern wohl auf sein Schneidergeiß', und EB. Nr. 1636: ‚Es hatten sich 77 Schneider verschworn'. Man denke auch an rdal. Scherzworte wie „Schneider, Schneider, meck, meck, meck!" (Wilh. Busch).

Das Wort Schneider tritt andererseits euphemist. für Teufel ein, vor allem im Fluch: *Hol dich der Schneider!*

Aus dem Schneider (heraus) sein: über dreißig Jahre alt sein (vgl. ‚tief in den 29 stecken', ‚dreimal genullt haben'), nicht mehr ganz jung sein, bes. von alten Jungfern gesagt. Weiterhin bedeutet diese Rda.: aus den schlimmsten Geldverlegenheiten und Schulden heraussein, u. schülersprachl.: in den Stimmbruch kommen. Der Ausdr. stammt vom Kartenspiel, wo *Schneider werden* weniger als dreißig Augen bekommen hieß. Wer aus dem Schneider ist, hat demnach mehr als dreißig Augen, d.h. mehr als die Hälfte der unbedingt zum Gewinn nötigen. Auch in einem alten student. Bierspiel (‚Lustig, meine Sieben') spielte die Wndg. eine ähnl. Rolle: wer unter dreißig blieb, mußte das doppelte Quantum trinken, und auf seinem Platz wurde unter lautem Gesang eine Schere gemalt.

Die Wndg. *Schneider sein* bedeutet allg. leer ausgehen, keinen Jagderfolg haben, aber auch: am Tag nichts verkauft haben. Lit. Ursprungs ist der in der Anrede gebräuchl. Ausdr. *Gevatter Schneider und Handschuhmacher*. Bei Schiller heißt es in ‚Wallensteins Lager': „Sind Tieffenbacher, Gevatter Schneider und Handschuhmacher".

Den Schneider haben ist umg. eine verhüllende Umschreibung für die Menstruation.

Lit.: *E. K. Blümml* u. *F. S. Krauss:* Der Schneider im Vierzeiler Ausseer und Ischler Schnaderhüpfel (Leipzig 1906); *H. Klenz:* Schelten-Wb. (Straßburg 1910); *A. Keller:* Die Handwerker im Volkshumor (Leipzig 1912); *H. Gumbel:* Alte Handwerksschwänke (Jena 1928); *R. Wissell:* Des alten Handwerks Recht und Gewohnheit, 2 Bde. (Berlin 1929); *B. Salditt:* Der Schneider und die Geiß im Volksmunde bis zum 17. Jh., in: Hess. Bl. f. Vkde. 30 (1932), S. 88–105; *H. Hepding:* Zum Schneider-Spott, in: Hess. Bll. f. Vkde. 39 (1941), S. 67; *H. Rosenfeld:* Die Entwicklung der Ständesatire im MA., in: Zs. f. d. Ph. 71 (1951/52), S. 196–207; *M. Rumpf:* Dt. Handwerkerleben und der Aufstieg der Stadt (Stuttgart 1955); *W. Danckert:* Unehrliche Leute. Die verfemten Berufe (Bern – München 1963); *M. Eidel:* Schneiderlieder, in: Handbuch d. Volksliedes I, in: Motive, Freiburger folkloristische Forschungen, Bd. I (München 1973); *L. Röhrich* u. *G. Meinel:* Rdaa. aus dem Bereich von Handwerk und Gewerbe, in: Alem. Jb. (Bühl/Baden 1973); *G. Grober-Glück:* Motive und Motivationen in Redensarten und Meinungen. Textband. (Marburg 1974), S. 357–369 (= § 195–§ 200); *E. Moser-Rath:* Lustige Gesellschaft (Stuttgart 1984), S. 204–210.

Schneider von Ulm. ‚Der Schneider von Ulm' wurde sprw. wegen seines Wagemutes und seines Scheiterns als Erfinder, der sich den Menschheitstraum des Fliegens

‚Der Schneider von Ulm'

erfüllen wollte. Im Jahre 1811 verfiel er mit seinem Flugversuch dem öffentl. Spott, als dieser mißlang u. er in die Donau stürzte. Noch heute erinnern Verse daran:

Der Schneider von Ulm
hat's Fliege probiert,
Da hat ihn der Deifel
in d' Donau neig'führt.

Trotzdem kann seine Erfindung von beweglichen Flügeln als Vorläufer des 85 Jahre späteren Hanggleiters von Otto Lilienthal verstanden werden, so daß er im Grunde ein Vorkämpfer der heutigen Drachenfliegerei ist.

Lit.: Der Schneider von Ulm. Fiktion u. Wirklichkeit (Weißenborn 1986).

schneien. Die Wndgn. *einem plötzlich ins Haus schneien* oder *hereingeschneit kommen* gebraucht man, wenn man durch ein unverhofftes Glück überrascht oder durch unangemeldete Gäste belästigt wird. In der Kölner Mda. z. B. heißt dies: ‚Einem en et Hus jeschneit kumme'. *Aus einer anderen Welt hereinschneien* bedeutet: unerwartet erscheinen, völlig anders geartet, fremdartig sein. *Jetzt soll's gleich schneien!* gilt als Ausruf des Unwillens. *Morgen schneit's!* wird häufig verwendet, wenn etw. Erhofftes nicht eingetreten ist. So entgegnet man z. B. in Kamenz: ‚Ja, morgen schneit's', wenn man ausdrücken will, daß sich der andere sehr irrt, daß seine Erwartungen ebensowenig in Erfüllung gehen wie der für den nächsten Tag prophezeite Schneefall. *Im Sommer, wenn's schneit* ist deshalb auch die scherzhafte Antwort für einen lästigen Frager, der einen ungewissen Zeitpunkt genau wissen möchte.

Die Rda. *wenn's grün schneit* verweist auf etw. völlig Unmögliches und ist eine Umschreibung für ‚niemals'. Bes. beliebt sind solche ‚Niemals-Formeln' im Volkslied, wo beim Abschied auf die Frage nach der Rückkehr das harte ‚Niemals' vermieden wird. So heißt es z. B. in einer bekannten Wanderstrophe:

Wenn's schneiet rote Rosen
Und regnet kühlen Wein!

In anderen irrealen Vorstellungen stehen ‚schneien und regnen' oder ‚schneien und hageln' nebeneinander:

Wenn's Buttermilch regnet
Und Weinbeerlein schneit.

Im Schwäb. sagt man: ‚Ich komme, wenn's alte Weiber schneit und Katzen hagelt' oder ‚wenn's Katzen hagelt und Spitzstecke schneit', ↗ Pfingsten.

Aus dem bäuerl. Bereich stammt die Rda. *Es schneit Kühjungen (Bauernjungen):* es schneit bes. heftig. Das Subst. dient hierbei genauso zur Steigerung wie in der Wndg. ‚Es regnet Bindfäden'.

In Verbindung mit dem alten Volksglauben entstand die Rda. *Es hat ihr (ihm) in die Blume geschneit,* da es Glück bedeuten sollte, wenn es auf dem Weg zur Trauung plötzlich zu schneien begann. Dagegen heißt *Dem hat's auch auf die Flinten geschneit:* er hat Unglück gehabt. Als Zeichen des Elends gilt, wenn es einem *in die Bude, ins Haus* oder *in die Schuhe schneit,* er also keinen Schutz mehr besitzt.

Die Feststellung *Es (hagelt) schneit und hagelt (schneit) bei ihm mit Geld,* oft mit dem scherzhaften Zusatz: *daß es Beulen gibt,* veranschaulicht ein plötzlich wie ein Frühlingsgewitter erscheinendes Glück in Geldgeschäften. Die schwäb. Rda. ‚Es schniebt ihm's Geld' heißt: er erwirbt sehr leicht viel Geld. Die Kölner Wndg. ‚Et hät im op der Kopp jeschneit' bedeutet: sein Haar ist ihm schneeweiß geworden.

schnell, Schnelle. *Es geht so schnell wie's Heftelmachen (Haftelmachen):* Die Arbeit geht bei höchster Angespanntheit rasch voran. Bei der Herstellung von Hefteln und Schlingen für den Verschluß von Röcken und Kleidern mußten sich vor der Automatisierung in den Betrieben viele Personen flink in die Hand arbeiten, damit keine Stockung eintrat. Für einen fremden Beobachter war dies ein bewundernswürdiger, rascher Vorgang, dem er kaum mit dem Auge zu folgen vermochte. Die Rda., deren urspr. Bezug bei der fortschreitenden Industrialisierung verblaßte, wurde später entstellt zu: *Es geht so schnell wie's Katzenmachen,* ↗ Brezel, ↗ Heftelmacher.

Zahlreiche rdal. Vergleiche dienen zur Beschreibung hoher Geschwindigkeit: *Es geht schnell wie der Blitz* (vgl. frz. ‚rapide comme l'éclair'), *wie ein Gedanke; etw. schießt davon, schnell wie ein Pfeil; es*

kommt schnell wie der Wind. Vgl. lat. ‚velis equisque' (Cicero).
Der rdal. Vergleich ‚schnell, wie ein Gedanke' soll in den meisten Fällen die geschwindeste Art von Schnelligkeit ausdrücken. In der komparativischen Form wird die Vorstellungskraft von der beschriebenen Schnelligkeit noch gesteigert: *etw. fliegt schneller als ein Adler, ein Falke, eine Rakete; es geht schneller, als Spargel kocht.*
So schnell schießen die Preußen nicht! heißt es zur Beruhigung, ↗ Preußen.
Mit etw. schnell fertig sein: etw. ohne Überlegung rasch abtun, ein Urteil zu voreilig fällen. Die Rda. beruht auf einem Zitat aus Schillers Drama ‚Wallensteins Tod' (II, 2), wo es heißt:
  Schnell fertig ist die Jugend mit dem Wort.
Vgl. frz. ‚bâcler quelque chose'.
Ein schnelles Geschenk bringen: eine willkommene Gabe von letzter modischer Neuheit schenken.
Etw. auf die Schnelle erledigen: eine Arbeit ungern, unzuverlässig und flüchtig ausführen.
Jemanden auf die Schnelle besuchen: ihn nur auf einen Augenblick sprechen oder einen Blitzbesuch während einer Reise machen.

Lit.: *R. Köhler:* ‚Schnell wie der Gedanke', in: Euphorion 1 (1894), S. 47–51; *J. Stave:* ‚Auf die Schnelle', in: Wörter und Leute (Mannheim 1968), S. 136.

schniegeln ↗ geschniegelt.

schnieke. *Etw. (jem.) ist schnieke:* etw. (jem.) ist fein, sauber, adrett. Da das Wort urspr. ndl. nachgewiesen ist, heißt es richtigerweise: ‚Det is schnieke'. Man hat versucht, das Wort aus dem ndd. ‚snigger', ‚snicker': munter, hübsch, zierlich herzuleiten. Doch überzeugt eine Ableitung aus dem Rotw. mehr: Schneicke, Schnecke, Schnike (seit 1820) bez. hier das blendend weiße, glänzende Taschentuch oder Halstuch, das zu einer feinen Tracht gehört. So kann mit ‚schnieke' pars pro toto das ganze feine Herausputzen gemeint sein und als tertium comparationis das Saubere, Weiße.

Lit.: *S. A. Wolf:* ‚Det ist schnieke' und Verwandtes, in: Muttersprache 67 (1957), S. 229–231.

Schnippchen. *Einem ein Schnippchen schlagen:* ihm einen Streich, einen Possen spielen, seinen Plan vereiteln. Urspr. bezeichnete die Rda. nur eine gebräuchl. Gebärde, die Geringschätzung oder Spott ausdrücken sollte. Man ließ den 3. oder 4. Finger am Daumen hingleiten und führte einen Schnalzer gegen den anderen aus, indem man dazu nur dachte: Nicht so viel, nicht diesen Knips gebe ich auf dich, auf deine Meinung! So 1604 bei Eyering

Nachtwächter Wippchen
Schlägt ein Schnippchen.

‚Einem ein Schnippchen schlagen'

in ‚Proverbiorum Copia' (3. Teil, S. 59): „Ich geb nit ein Schnipgin drumb". Ndd. heißt es im gleichen Sinne auch ‚Knippken'. Bereits 1625 heißt es in Martin Rinckarts Drama ‚Bauernkrieg':
  Er schlug uns all nider ins Gras
  Und mir ein knipgen vor die Naß.
Mit einer gewissen Schadenfreude wird in Köln festgestellt: ‚Dem han ich e Schnippche jeschlage!', ich bin ihm zuvorgekommen, dem habe ich übel mitgespielt, ich habe ihn mit Spott abgewiesen.
Die Bedeutung der 1691 durch Stieler in ‚Der Teutschen Sprache Stammbaum' (S. 1894) gebuchten Rda. ‚einem ein Schnippchen schlagen' wird sich so entwickelt haben: Urspr. war das Schnippchenschlagen eine Geste der Nichtach-

SCHNUR

tung; einem Gegner gegenüber angewendet, bedeutete es: Ich fühle mich dir so überlegen, daß ich auf deine Feindschaft nicht viel gebe. Das Bewußtsein, den andern in die Tasche stecken zu können, ihm dies und das antun zu können, macht heute den Hauptinhalt der Rda. aus. In der Lit. erscheint das Schnippchenschlagen als symbolische Handlung, die sich gegen Gott und Welt richten kann. Bei Iffland („Mann von Wort' V, 5) steht die Aufforderung: „Schlagen Sie der gemeinen Welt ein Schnippchen!" Gottfr. Keller schreibt in seinem Roman ‚Grüner Heinrich' (Buch II, Kap. 11): „ich pflege dann höchst vergnügt ein Schnippchen gegen den Himmel zu schlagen und zu rufen: Siehst du, alter Papa! nun bin ich dir doch durchgewischt!" Die geistreichste Verwendung der Rda. findet sich in Goethes ‚Faust', wo im Maskenball (II, 1; V. 5582ff.) der Knabe Lenker, die Poesie, Schnippchen schlägt: „Hier seht mich nur ein Schnippchen schlagen".

Schnitt. *Seinen Schnitt bei etw. machen,* auch: *einen guten Schnitt machen:* einen beträchtlichen Gewinn erzielen, ein gutes Geschäft machen; ähnl. ‚seinen Schlag machen'. Die Rdaa. entstammen der bäuerl. Welt und beziehen sich auf die Getreideernte. Nach alter Rechtsauffassung gehörte das Getreide auf dem Felde dem Bauern erst dann, wenn es geerntet war. Es wurde nach dem Schnitt, der früher mit Sichel oder Sense erfolgte, verkauft, die Hauptgelegenheit des Bauern, Bargeld zu bekommen. War der Schnitt gut, so bedeutete das reichen Ertrag, der Bauer verdiente viel; vgl. ‚Geld wie Heu haben'. Da die Rda. vor allem aber die mehr oder weniger listige Art meint, sich einen Vorteil zu verschaffen, kann sie auch mit der im späten MA. häufigen ⁊ Beutelschneiderei der Gelddiebe in Zusammenhang gestanden haben. Vgl. ndl. ‚een slaatje uit iets slaan' oder ‚sijn snettjes weten te snijden' und frz. ‚faire son coup' und ‚beaucoup'; auch: ‚réussir son coup'.

Dagegen heißt *keinen großen Schnitt machen:* nicht viel bei einer Sache verdienen. *Jem. unter kurzem Schnitt halten:* ihn in strenge Zucht nehmen. Die Rda. vergleicht die menschliche Erziehung mit der Arbeit eines Gärtners, der durch das Schneiden der Bäume und Sträucher ihren Wuchs günstig zu beeinflussen sucht. Übertr. Bdtg. besitzt die Rda. *einen Schnitt ins Fleisch machen:* jem. Schmerzen zufügen müssen, um eine größere Gefahr zu beseitigen; wie ein Chirurg vorgehen müssen, der ein Geschwür entfernt, um einen Menschen nachhaltig zu ermahnen und zu seinem Vorteil zu verändern. Die Feststellung *Das war ein grober Schnitt* hat einen ähnl. Sinn: ein Tadel war sehr stark, eine notwendige Aussprache wirkte verletzend.

Schnitzer. *Einen Schnitzer machen:* einen groben Fehler machen. Die Rda. ist seit Luther bezeugt; man leitet sie her von den Holzschnitzern und Holzbildhauern. Durch zu grobe Schnittführung konnte das Werk ‚verschnitzt', d. h. entstellt und verunstaltet werden. Vgl. ndl. ‚een flater begaan' und frz. ‚faire une gaffe'. Ähnl. Bdtg. hat die aus dem Vorstellungskreis der Zimmerleute stammende Rda. ‚über die Schnur hauen' (⁊ Schnur). *Ein grober Schnitzer* ist in der Schülersprache auch ein Verstoß gegen die Regel, ein Fehler, der bei etw. Überlegung zu vermeiden gewesen wäre.

schnuppe. *Das ist mir schnuppe* ist hergeleitet von dem Fem. ‚Schnuppe' (= verkohltes Ende eines Dochtes) und bedeutet: das ist mir gleichgültig, bedeutet mir nichts, ist mir soviel wert wie eine Schnuppe. Dabei wird schnuppe als prädikatives Adj. gebraucht. Seit etwa 1850 ist die Rda. für Berlin belegt. ‚Mir is allens schnuppe' vermerkt Hans Meyer 1878 im ‚Richtigen Berliner'. Die Rda. ist heute in der allg. Umgangssprache mit regional unterschiedlicher Dichte vertreten. Schnuppe ist gleichbedeutend mit den ebenfalls in Berlin zuerst gebräuchlichen Ausdrücken ‚pipe', ‚schnurz', ‚pomade', ‚Wurst', ‚Jacke wie Hose'.

Lit.: *S. A. Wolf:* ‚Det is mir allens schnuppe', in: Muttersprache 66 (1956), S. 29; *Anon.:* ‚Das ist mir schnuppe', in: Sprachpflege 10 (1961), S. 153.

Schnur. *Über die Schnur hauen:* übertreiben, zu weit gehen, über den angemessenen Rahmen hinausgehen, das rechte

1391

Maß überschreiten; vgl. frz. ‚tailler au cordeau'.

Die Rda. bezieht sich urspr. auf die Schnur, die ein Zimmermann spannt, um einen Balken gerade zu behauen. Um die Schnur nicht zu beschädigen, wird sie zumeist mit roter oder weißer Kreide oder mit feuchter, zerstoßener Holzkohle eingefärbt und senkrecht auf das zu bearbeitende Holz abgeschnellt, wodurch eine gerade Linie entsteht. Schlägt der Zimmermann über die Schnur hinaus, so ver-

‚Über die Schnur hauen'

dirbt er möglicherweise den ganzen Balken, und doch muß er stets unmittelbar an der Schnur entlanghauen. So kennzeichnet die Rda. treffend, wie ein selbst geringfügiges Hinausgehen über das zulässige Maß großen Schaden bewirken kann (daher auch ‚sich verhauen', sich vertun).

In einem Fastnachtsspiel des 15. Jh. werden bestimmte verwerfliche Praktiken in unsere Rda. gekleidet:

der official ist kumen her
und wil verhörn man und frauen,
ob iemant über di schnur het gehauen
mit spil, mit wucher, mit feir
                  zusprechen
und was das gaistlich recht schol
                  rechen.

(Fastnachtsspiele des 15. Jh., ed. Keller, 769,6).

Seb. Franck rät in seiner Sammlung: „Stateram ne transgredieris" (1541): „Ubermache nit, haw nit über die schnur".

Luther gebraucht gern, „über die Schnur fahren": „wie mag ich mich gewis versehen, das alle meine werck gott gefellig sind, so ich doch zu weilen falle, zu viel rede, esse, trincke, schlaffe, oder je sonst uber die schnur fare, das mir nicht müglich ist zu meiden?" (Luther I,230a).

Oft wird noch erläutert, ob mehr oder weniger weit über das rechte Maß hinausgegangen wurde, so z. B. bei Hans Sachs (‚Gedichte' Bd. I, 1558, 542c):

Grob hab ich ubert schnur gehawt,
Derhalb man mir auch nit mehr trawt,

und in der ‚Zimmerischen Chronik' (Bd. II, S. 113, Z. 23–29): „Do befließe sich menigclich, das dem doctor der durst würde gelescht, und wiewol er ungern sich im trunk einließe, dann es war nur eitel weishait und vernunft umb in, iedoch ließe er [durch] die guete wörtlin sich dohin bringen, das er weiter, dan sein brauch, über die schnur heube und nit ußerm haus kommen kont, sondern sich uf den nechsten bank legte schlaffen".

Daß das Bild vom Zimmermann mit seiner Schnur von Predigern des späten MA. gern verwendet wurde, verwundert nicht, ließ es sich doch unschwer allegorisch ausdeuten: „was das bleyscheid und rechte kirchenschnur unnd masz belanget, sollet jr wissen, das der propheten und apostel lere, unser richtschnur unnd bleywoge und rötelstein ist, darnach wir alle andere abrisz oder muster in der kirchen abmessen sollen, auff das wir bawleut nicht über dise schnur hawen, oder den kirchenbaw nicht ungerad aufführen, ... denn der propheten und apostel schnur und rötelstein, rötet und weiset uns auffs blut unnd wunden Jesu Christi, disz ist das einige löszgelt und bezalung für unsere sünde" (Joh. Mathesius, Sarepta ..., 1571, 98b).

Von der Aufschneiderei ist die Rede in der ‚Continuatio des abentheuerlichen Simplicissimi' (14. Kap.): „... wann ich aber verständige Leut vor mir hatte/so hiebe ich bey weitem nit so weit über die Schnur". Von der Schlemmerei dagegen in den ‚Nuptialia' des H. Creidius (Bd. II, 214): „allein wie die masz zu allen dingen gut ist, so soll man auch sehen, dasz man hie (beim Hochzeitsmahl) nicht über die schnur haue, und etwa das hertz beschwere mit fressen und saufen".

Entweder in bewußt umgedeuteter oder aber mißverstandener Form findet sich die Rda. bei Abraham a Sancta Clara: „Die Kutscher oder Fuhrleut seind sonst solche Leut, welche nicht allein mit der Geißel umgehen, sondern gar oft auch über die Schnur hauen".

Nach der Schnur leben: unter Einhaltung des rechten Maßes, der gesellschaftlichen und sittlichen Normen leben.

Von der Schnur zehren: vom Grundstock seines Vermögens – und nicht nur von den laufenden Einkünften – zehren. Diese Rda. begegnet uns bereits am Ende des 13. Jh. in den Marienlegenden aus dem ‚Alten Passional' (hg. v. H.-G. Richert, ATB 64, [1965], XX, 32):

alsô lange er umme fuor,
und vertet (Var.: verzert,
verzerte) von der snuor,
unz (bis) er wart metalle blôz.

Die Rda. bezieht sich auf die frühere Gewohnheit, als Rücklage für Notzeiten Geldstücke auf eine Schnur aufzureihen. Zu diesem Zwecke durchbohrte man die Münzen oder versah sie mit einer Öse. Wer von seiner Schnur zehrte, verringerte sein Vermögen, geriet in Armut. In diesem Sinne sagt man obersächs. und erzgeb. von einem armen Mann: ‚Dar muß vun der Schnur zehrn'. Zuweilen ist die Rda. gleichbedeutend mit der Rda. ‚von der Hand in den Mund leben':

„Wo will aber ein faulentzer diese 3 pfennig nehmen, der nichts begehrt zu erwerben, sondern immer auff der bärnhaut liegt und aus der schnur zehret?" (Creidius: ‚Nuptialia' II, 1652, 277). Entspr. gebraucht man heute noch im Siegerland: ‚van de Schnur lewe'.

Bei der Rda. *Es geht wie am Schnürchen:* es geht reibungslos, flott vonstatten, kann man an den Rosenkranz denken, an dem Katholiken ihre Gebete abzählen und dessen Perlen wie von selber durch die Hand gleiten. Deshalb sagt man in der Kölner Mda.: ‚Dat muß immer förangohn wie de Schnur am Rusekranz?' Nicht weniger wahrscheinl. ist jedoch die Deutung, daß sich diese Rda. auf die Schnüre des Puppentheaters bezieht, an denen der Spieler seine Puppen nach seinem Willen bewegt. Man denke an den heute noch gebräuchl. Schnürboden im Theater; vgl.

‚Drahtzieher'. Die auffällige Verwendung der Diminutivform erklärt sich vielleicht aus einer älteren Wndg. ‚Es geht wie an Schnüren'. Auf die Schnüre des Puppentheaters nimmt Murner Bezug, wenn er in seiner ‚Narrenbeschwörung' schreibt:

Er hat ir stimmen an der schnier,
Ein jeder sunst syn ampt verlier

(ed. M. Spanier, Ndr. dt. Lit.-Werke 119–124, 1894).

Dagegen ist bei den folgenden Worten Kants (Sämtl. Werke, ed. G. Hartenstein, 1838 ff., Bd. X, 193) an den Rosenkranz zu denken: „der gemeine Mann hat das Mannigfaltige, was ihm aufgetragen wird, gemeiniglich besser auf der Schnur, es nach einer Reihe zu verrichten und sich darauf zu besinnen".

Einen schnüren oder in die Schnur nehmen: ihm Geld abnehmen, ihn in die Enge treiben, übervorteilen. Die Rdaa. leiten sich her von dem Handwerksbrauch der Maurer und Zimmerleute, denjenigen, der den Bau zum Zwecke der Besichtigung betritt, mit der Meßschnur einzufangen und ihm ein Lösegeld bzw. Trinkgeld abzuverlangen. Obersächs.-erzgeb. ‚Wenn sa mich a wing geschnirt hötten, do hött ich ver Fraad wos zun Besten gaam'.

Das geht über die Hutschnur↗ Hutschnur.

Lit.: *E. Weiß:* Die Entdeckung des Volks der Zimmerleute (Jena 1923); *L. Röhrich* u. *G. Meinel:* Rdaa. aus dem Bereich von Handwerk und Gewerbe, in: Alem. Jb. (Bühl/Baden 1973).

Schnurre, schnurren. *Einen über die Schnurre (Schnauze) hauen:* ihn schlagen und damit zum Schweigen bringen, ihn für sein loses Mundwerk bestrafen. Mdal., bes. im Obd., ist die Schnurre (Schnorre) die Bez. für Maul oder Schnauze und eine verächtlicher Ausdr. für Mund. Auch im Rotw. ist das Wort bekannt, der ‚Schnurrenputzer' ist in der Gaunersprache eine übliche Umschreibung für den Barbier.

Einen wieder in die Schnurre bringen: ihm einhelfen, ihm zu einem neuen Redefluß verhelfen. Die Wndg. wird dann gebraucht, wenn einer den ‚roten Faden verloren hat', wenn er bei einem Vortrag steckenbleibt. Vgl. frz. ‚apporter un bout de chandelle pour trouver ce qu'il veut dire'.

Auf die Schnurre gehen: mit Musik (mit der Schnurrpfeife) betteln gehen, umherziehen und andere für seinen Unterhalt sorgen lassen, seine schlechte Musik zum Vorwand nehmen, um Gehöfte zu betreten und um Gaben zu bitten.
Bei jem. etw. schnurren (schnorren), auch *jem. anschnorren:* mit Erfolg um etw. anhalten, ihm etw. abbetteln, ablisten. Die Wndg. wird heute auch von Kindern gesagt, die es durch Schmeicheleien verstehen, ihre Wünsche erfüllt zu bekommen. Das Verb schnurren geht zurück auf das mhd. ‚schnurren‘ = rauschen, mit Musik betteln, neben dem sich seit dem 18. Jh. auch die Form ‚schnorren‘ durchsetzte, das aus der Gaunersprache stammt.
Es sind Schnurren: es sind possenhafte Einfälle, Scherzlügen oder komische Anekdoten, aber auch: es sind Häscher der Universitätspolizei. Diese Mehrdeutigkeit der Rda. beruht auf einer stud. Sonderbez. Die Schnurre war früher der Name für die Knarre des Nachtwächters. Die Studenten des 18. Jh. nannten nach diesen Instrumenten die Häscher ebenfalls Schnurren, wie Kindleben 1781 für Halle, Göttingen, Jena und Tübingen in seinem ‚Studentenlexikon‘ (175) bezeugt (vgl. Zs. f. dt. Wortf., 12,289). Andererseits hieß der Possenreißer, der lustige Erzählungen, Schnurren, zum besten gab, bereits in ahd. Zeit ‚snurring‘ und im Mhd. ‚snurraere‘, so daß sich die Hauptbdtg. von Schnurre sprachl. sehr weit zurückverfolgen läßt.

Schnurrpfeifereien. *Das sind (doch nur) Schnurrpfeifereien:* das sind launige Späße, das sind lustige Einfälle und Erfindungen, auch abwertend gemeint: das sind geschmacklose, unnütze Gegenstände und Verzierungen, das ist lumpiger Flitterkram, eine minderwertige Leistung. Urspr. bez. man mit Schnurrpfeifereien das schlechte Spiel der Musikanten. Mit der Schnurrpfeife war der Dudelsack gemeint. Seine mit einer Pfeife hervorgebrachte Melodie wurde durch einen Brummbaß begleitet, der schnurrende, schnarrende Töne erzeugte. Diese Schnurrpfeiferei galt als wenig hervorragende Musikleistung. Unserer heute vorherrschenden Bdtg. als lustiges Zeug,

scherzhafte Erzählung liegt eine Vermischung des Ausdr. mit ‚ Schnurre‘ = lustige Geschichte zugrunde, an die man mehr als an den Brummbaß der Pfeifer denkt, die seit dem MA. für die Tanz- und Festmusik mit ihren Flöten, Schalmeien und Dudelsäcken sorgten.

Schnutzelbutzhausen. Schnutzelbutzhausen ist ein Spottname für ein kleines Dorf. Der Name ist schon für 1848 belegt in einem Lied mit dem Kehrreim:
So geht es in Schnutzel-Putz-Häusel,
Da tanzen die Ratzen und Mäusel.
In der Frankfurter Gegend wurden unerzogene, ungebildete Leute oft als aus Schnutzelbutzhausen kommend dargestellt, wie folgende rdal. Vergleiche zeigen: ‚Die Unterthanen der Schnutzelbutzhäuser Herzöge haben keine Sacktücher und fahren zweispännig über die Nase‘; ‚wie err uffsteiht, wie der Schnutzelbutzhäuser Herzog in der Charwoch‘; auch in Kinderlügenmärchen spielt Schnutzelbutzhausen eine Rolle.

Lit.: Frankfurter Wb. 14 (1982), S. 2809–2810.

schofel. *Etw. ist schofel:* es ist gemein, von niedriger Gesinnung, jem. ist nicht freigebig, eine Sache ist wertlos. Das Wort schofel stammt von hebr. ‚šafāl‘ = lumpig, wertlos, gemein ab. Es spielte im Rotw. eine Rolle und gelangte über die Studentensprache zur Verbreitung. Bei G. K. Pfeffel und Gottfr. Keller ist es lit. bezeugt. Das Subst. ‚Schofel‘ = Ausschußware wurde 1782 auch auf minderwertiges Schrifttum übertr. und durch A. v. Kotzebues ‚Kleinstädter‘ (4,2) von 1803 bekannt, wo es heißt: „Waren Sie rasend, als mein Oheim seine Lesebibliothek auskramte, zu sagen, es sei lauter Schofel?“

Lit.: *F. Kluge:* Etym. Wb. (Berlin ¹⁹1963), S. 674; *S. A. Wolf:* Wb. des Rotw., S. 296.

Scholi. ‚Mein lieber Scholi!‘ oder auch ‚Ja mein Scholi!‘ sagt man zu einem, den man gern leiden mag, der aber doch eher ein Träumer, vielleicht auch ein Narr ist. Diesen ‚Scholi‘ hat es wirklich gegeben. Es handelt sich um Ferdinand Joly (1765–1823), den man zu seinen Zeiten den ‚ausgejagten Studenten von Salzburg‘ nannte. Er stammte – worauf schon der

SCHÖNEBERG

Name hinweist – aus einer frz. Hugenot-tenfamilie. Infolge seiner Verwicklung in ein mysteriöses Vorkommnis wird er 1783 von der Salzburger Universität verwiesen. Er stirbt 1823 in Kay bei Tittmonig an der Salzach. Durch Jahrzehnte führte er ein unstetes Vagantenleben: Singend, dichtend und schauspielend hinterläßt er kaum sichtbare Spuren in Gehöften, Dörfern, selten nur in größeren Orten. Die wenigen erhaltenen Spiele, verfaßt in bildhafter Volkssprache, dazu etliche Lieder mit Melodien, einige saftige ‚Predigten‘ und kuriose Gedankensplitter zeugen von einer höchst eigenwüchsigen Begabung. Sein Onkel war Prior und Stiftsdirektor von Kremsmünster. Er selber war eher ein gesellschaftlicher ‚Aussteiger‘, wie man heute sagen würde, ein weiser Narr, ein Hanswurst, dessen Name mit der Geschichte des alpenländischen, insbes. des Erler Volksschauspiels verbunden ist.

Lit.: *A. Hartmann:* Volksschauspiele in Bayern und Österreich–Ungarn (Leipzig 1880); *C. Bresgen:* Der Scholi. Ein Salzburger Student, Vagant und Musikus um 1800 (Wien 1984); *ders.:* Das ‚Liederbuch‘ des Scholi (Wien 1984).

schön, Schönes. *Etw. ist zu schön, um wahr zu sein:* es ist eine herrliche Sache (Aussicht), die jedoch leider kaum verwirklicht werden kann; die anfängliche Begeisterung wird vom Zweifel am Erfolg gedämpft. Die Wndg. ist durch den Schlagerrefrain:

Das gibt's nur einmal,
Das kommt nicht wieder,
Das ist zu schön, um wahr zu sein

allgemein bekannt geworden. Vgl. frz. ‚C'est trop beau pour être vrai‘.
Einem schöntun: ihm schmeicheln, ähnl. *jem. schöne Worte (Augen) machen:* ihn übertrieben loben, ihm nach dem Munde reden (kokettieren). Vgl. ndl. ‚mooi weer spelen‘, freundlich wie schönes Wetter an einem Sonnentag, untertänig, dienstbeflissen sein; vgl. frz. ‚faire les beaux yeux à quelqu'un‘.
Schön heraus sein: glücklich zu preisen sein, eigentl. froh sein, nicht beteiligt, betroffen zu sein, nicht zur Verantwortung gezogen werden können; vgl. frz. ‚S'en être bien tiré‘.
Das Adj. schön wird gern zur iron. Umschreibung des Gegenteils benutzt, z. B. in den Feststellungen *Schön ist das!* Vgl. frz. ‚C'est du beau‘. *Das ist ja eine schöne Bescherung (Leistung), ein schöner Reinfall! Das sind ja schöne Aussichten (Geschichten);* vgl. frz. ‚Quelles jolies perspectives!‘
Auch in der Verbindung mit einem bestimmten Verb erhält ‚schön‘ negative Bdtg.: *bei jem. schön ankommen:* von ihm schlecht aufgenommen werden, abblitzen, Unwillen erregen; *jem. wird schön gucken:* er wird (unangenehm) überrascht werden; *etw. schön bleiben lassen:* sein Vorhaben bestimmt aufgeben müssen.
Subst. und Komparativ werden in der gleichen Weise benutzt: *etw. Schönes angerichtet (angestellt) haben; sich etw. Schönes geleistet (eingebrockt) haben; daraus wird etw. Schönes entstehen:* es wird kein gutes Ende nehmen, aber auch: *Das wäre ja noch schöner!:* das kommt überhaupt nicht in Frage, ein häufiger Ausdr. der Ablehnung; vgl. frz. ‚Il ne manquerait plus que cela‘, und: *Das wird ja immer schöner:* es wird immer schlimmer, unglaublicher.
Die Schönheit einer Frau wird in den rdal. Vergleichen gern übertrieben und gesteigert: *Sie ist schön wie der (junge) Tag,* vgl. frz. ‚Elle est belle comme le (beau) jour‘; *Sie ist schön wie ein Engel,* aber auch: *wie die Sünde,* d. h. also bes. verführerisch; mdal. ‚S‘ is (woar) su schîne, der Moaler het's nich schinner moalen kinnen‘ (schles.); ‚Sie is schön wie Anke von Tharau‘ (ostpreuß.). Scherzhaft sagt man in Schwaben zu einem Mädchen, das oft vor dem Spiegel steht, um es zu necken und zu verspotten: ‚Du bist schön, du schielst und blöckst d' Zähn‘.
Oft enthalten die Feststellungen über die Schönheit eines Mädchens oder einer Frau iron. Zusätze, die sie einschränken oder ganz in Frage stellen: *Sie ist so schön wie ein Engel und dumm wie eine Gans; sie ist schön, man darf sie aber nicht bei Tage (nur bei Kerzenlicht) sehen.*
Manchmal enthalten die Rdaa. auch einen gewissen Trost, der die mangelnde Schönheit vergessen läßt: *Ist sie gleich nicht schön, hat sie doch Geld im Kasten; sie ist nicht so schön zum Verlieben und nicht so häßlich zum Erschrecken.*

Schöneberg. *Es war in Schöneberg …* sagt man, wenn einem bes. angenehme,

1395

schöne Erinnerungen einfallen und man dieser vergangenen Zeit etwas nachtrauert. Die Bemerkung bildet die Refrainzeile eines Berliner Schlagers:

Das war in Schöneberg, im Monat Mai,
ein kleines Mädelchen war auch dabei.
Das hat den Buben oft und gern geküßt,
wie das in Schöneberg so üblich ist.

(Aus: R. Eberhard [Hg.]: Fritze Bollmann wollte angeln [Berlin 1980], S. 87–88).

schönfärben. *Etw. schönfärben, schönfärberisch darstellen, ein Schönfärber sein:* etw. in einem günstigeren Licht darstellen, etw. beschönigen, verharmlosen. ‚Schönfärber‘ war früher eine Berufsbez. (Gegensatz: ‚Schwarzfärber‘) für den mit leuchtenden Farben arbeitenden Färber.

Schönhausen. *Von Schönhausen sein:* sehr schön oder, iron. gemeint, bes. häßlich sein. Schönhausen gehört wie ↗ Schwarzburg zu den erfundenen Ortsnamen, in der scherzhaften Voraussetzung, daß alle Leute, die von dort kommen oder stammen, entspr. Eigenschaften besitzen müssen.
Sie ist einmal in Schönhausen gewesen, aber es ist schon lange her: sie war vielleicht früher eine Schönheit, doch jetzt ist nichts mehr davon zu erkennen. Vgl. ndl. ‚Zij is van Schoonhoven af (vorbij) gevaren, en te Seelijkendam aangekommen‘.

Schönheit. *Die Schönheit ist ihm (ihr) nicht nachgelaufen:* er (sie) ist überaus häßlich. Die Feststellung *Ihre Schönheit ist über den Mittag hinaus* (vgl. frz. ‚Cette beauté est à son midi‘) meint: es geht nun abwärts, die blühende Jugend ist bereits vorüber, sichtbare und unaufhaltsame Zeichen des zunehmenden Alters machen sich immer mehr bemerkbar. Ähnl. *Ihre Schönheit hat abgeblüht (ist verwelkt):* sie ist endgültig vorbei, unwiederbringlich verloren. Solche Vergleiche mit dem Werden und Vergehen einer Blume sind sehr beliebt, wie die folgenden Rdaa. erweisen, die positive Bdtg. besitzen: *zur vollen Schönheit erblüht sein; ihre Schönheit hat sich voll entfaltet (steht in schönster Blüte).*
Einen (kleinen) Schönheitsfehler besitzen: einen geringfügigen Mangel aufweisen. Die Wndg. kann auf Personen, Sachen

und in übertr. Bdtg. auch auf den geistigen Bereich bezogen werden, z.B. kann eine Arbeit, ein Vorschlag einen solchen Fehler besitzen. *Ein Schönheitspflaster auflegen:* durch den Kontrast eines kleinen Mangels die sonst makellose Schönheit noch mehr hervorheben. Die Wndg. bezieht sich auf eine vergangene Modeströmung des 17./18. Jh.: die Damen klebten sich einen künstlichen, dunklen Fleck aus schwarzem Taft auf die Wange, um die Schönheit der Haut und die Zartheit des Teints damit zu unterstreichen. Vermutlich geht dies auf eine Sitte der schönen Orientalinnen zurück, die bekannt und nachgeahmt wurde. Dies geschah zuerst in Frankr., wo diese Pflästerchen ‚mouche‘ (= Fliege) genannt wurden.

Schönste. *Er ist der Schönste vom Dutzend und wird obenauf gebunden* heißt es spöttisch, wenn sich einer mehr dünkt als die anderen und wie ein Musterstück bevorzugt behandelt werden möchte. Die Rda. erinnert an den Kaufmannsbrauch, ein bes. schönes Stück ihrer Ware auf der Verpackung außen anzubinden, ↗ Ausbund und ↗ Dutzend.
Sie ist die Schönste, wenn sie allein ist: sie ist so häßlich, daß sie hinter allen anderen zurückstehen muß und wie sie allein ist, fällt dies nicht auf. Die Ironie erfährt ihre Steigerung durch den Gebrauch des Superlatives und den vernichtenden Zusatz.

Schoof. *Om Schoof lije:* auf dem Sterbebette aufgebahrt sein. Die Rda. ist im Rheinl. verbreitet und erinnert an die frühere Art der Aufbahrung: vom Sterbebett aus wurde die Leiche direkt auf Stroh oder auf ein Brett gelegt, das mit einer Schicht Stroh bedeckt worden war. Schoof ist die mdal. Bez. für den Strohbund, die auf mhd. ‚schoup‘ = Stroh, das zusammengeschoben wurde, zurückgeht. ‚Et laid op et Schoof‘, die Sterbeglocke läutet; oder ‚Et laid Schoof‘, es läutet für den Verstorbenen, der aufgebahrt worden ist, heißt es im Rheinl., im Hunsrück sagt man ganz ähnl. mit einer lautlichen Veränderung ‚Et laid Schaop‘, ↗ zeitlich.

Lit.: *A. Wrede:* Rhein. Vkde. (Leipzig ²1922).

Schopf ↗ Glück, ↗ Zopf.

Schornstein. *Etwas in den Schornstein schreiben:* es verloren geben, eine unsichere Forderung der Vergessenheit anheimgeben. In Meckl. sagt man mit einem Zusatz: ‚Wi will 't nit in Schornstein schrieben, damit 't dei Haüner nich utkratzen'. Vgl. ndl. ‚Schrijf het in den schoorsteen, dan zal de haan het niet uit krabben'.

Weil die Schrift im Schornstein durch Rauch und Ruß unleserlich wird und damit die Erinnerung an ein Guthaben verlorengeht, gilt sie als genauso zwecklos wie die Kreideschrift an weißer Wand. Im östl. Ndd. bestehen beide Vorstellungen in Rdaa. nebeneinander: ‚Dat schriew möt Kahle ön e Schornsten' und ‚Dat schriew möt Kried an de Wand'. Vgl. lat. ‚alba linea signare', wobei zu ergänzen ist: auf weißer Unterlage. In Westf. heißt die trichterförmige Einfassung des Schornsteins über dem Herde ‚Bansen', daher sagt man dort: ‚Du kanns dat man innen Bansem schriewen'. Die gleiche Vorstellung von einer Aufzeichnung, die sofort wieder vergeht, beinhalten die Rdaa. ‚etw. in den Sand schreiben' und ‚in aqua scribere', die schon Catull (70, 3) verwendet. Im Bad. hat die Wndg. ‚Das muß man in den Schornstein schreiben' noch eine weitere Bdtg. Man gebraucht sie, wenn etw. sehr Seltenes geschieht, i. S. v. ‚etw. im Kalender ankreuzen'.

Der Schornstein raucht (wieder): Das Geschäft geht wieder gut. *Woher nur sein Schornstein raucht?* fragt man sich, wenn man sich über die Mittel eines anderen wundert, dessen Untätigkeit und geringes Einkommen bekannt sind. *Wovon soll der Schornstein rauchen?* gibt der zur Antwort, der auf seinen Fleiß, seine lange Arbeitszeit oder seine hohen Preise hin angesprochen wird. Vgl. ndl. ‚Daar moet de schoorsteen van rooken'. *Er sieht, wo der Schornstein raucht:* er sucht sich auf Kosten anderer zu ernähren. Verneinend heißt es bereits 1770 im ‚Bremisch-niedersächs. Wb.': ‚Daarvan will de Schornsteen nig roken', das bringt nichts ein. *Er hat alles durch den Schornstein gejagt (geblasen):* er hat sein Vermögen verlebt, verpraßt.

Scherzhaft sagt man von einem Mann, der stets mit der Tabakspfeife im Munde herumgeht: *Er ist ein wandelnder Schornstein.*

Vgl. auch ndl. ‚Het is een wandelnde schoorsteen', ⤻ Esse, ⤻ Kamin.

Schornsteinfeger (Kaminfeger, Rauchfangkehrer, Essenkehrer). Die Figur des Schornsteinfegers wird in rdal. Vergleichen wie ‚schwarz wie der Schornsteinfeger' oder ‚ein Gesicht wie ein Schornsteinfeger machen', d. h. ein finsteres Gesicht machen, gebraucht. Die Begegnung mit einem Schornsteinfeger (Angang) gilt allgemein als gutes Vorzeichen. Der Grund, daß der Schornsteinfeger einen günstigen Angang abgibt, liegt vor allem in seiner auffallenden Erscheinung und Berufstracht. Eine weitere Begründung mag damit zusammenhängen, daß früher die Schornsteinfegergesellen zu Neujahr die Jahresrechnung in den Häusern einkassierten und unter Glückwünschen Gaben für sich sammelten. Sie überreichten dafür bis in die jüngste Zeit ein Kalenderblatt, das einen Glückwunsch enthielt. So waren die Schornsteinfeger die ersten Neujahrsgratulanten.

Wegen seines geschwärzten Äußeren wird der Schornsteinfeger aber auch ‚der Schwarze' geheißen; in dieser Bez. fungiert er als Kinderschreck oder wird sogar mit dem Teufel gleichgesetzt. Dann gilt sein Anblick entsprechend als Unglück bringend. So sagt man z. B. im Frankfurter Raum: ‚Dann wann der erschte Mensch, der em morjens begegne deht, e Schornstääfeger oder e Strohdeckemann oder e alt Frää wär, da hät er an dem Dag Unglück' (Frankfurter Wb. 2822). Weiterhin soll es Unglück bedeuten, wenn man einen Schornsteinfeger ohne Leiter von hinten sieht. Der Beruf des Schornsteinfegers hat immer wieder auch Anlaß zu erotischen Anspielungen und Metaphern gegeben, wie in frivolen Schornsteinfegerliedern, z. B.:

Des Morgens wenn ich früh aufsteh
und zum Schornsteinfegen geh',
Dann beschau ich erst vorher
meinen Besen hin und her …
Guten Morgen, dicke Dern,
laß mich deine Röhre kehren,
Denn mein Besen ist bereit
heut zu fegen eng und weit.

Ähnl. Vorstellungen spielen auch im erotischen Schlager der Gegenwart noch eine

1397

Rolle, z. B. ‚Schornsteinfeger mag ein jeder …‘.

Lit.: *F. A. Stoett:* Schoornsteenveger zonder leer, in: De Nieuwe Taalgids 29 (1935), S. 119–121; *Jungwirth:* Art. ‚Kaminfeger‘, in: HdA. IV, Sp. 939–942; *H.-G. Griep:* Das Dach in Volkskunst und Volksbrauch (Köln 1983); *R. W. Brednich:* Erotisches Lied, in: Handbuch des Volksliedes I, 605 f.

Schoß. *Etw. in seinem Schoß tragen:* etw. ganz bes. lieben und pflegen, es behutsam behandeln und schützen. Die Rda. bezieht sich urspr. auf die Zärtlichkeit der Mütter zu ihren Kindern; vgl. frz. ‚porter quelque chose dans son sein‘.

So sicher wie in Abrahams Schoß sein: ohne Angst und Gefahr sein; häufiger sagt man dafür: *in Abrahams Schoß sitzen:* wie in der Seligkeit, wie im Paradies leben. Diese Wndg. beruht auf Luk. 16, 22, wo es heißt: „Es begab sich aber, daß der Arme starb und ward getragen von den Engeln in Abrahams Schoß“, ↗ Abraham. Schiller gebrauchte diesen Ausdr. lit. in der ‚Kapuzinerpredigt‘ (‚Wallensteins Lager‘, V. 550): „Wie machen wir's, daß wir kommen in Abrahams Schoß?“ Vgl. frz. ‚Dans le sein d'Abraham‘ und ‚dans le sein de Dieu‘.

In den Schoß der Familie zurückkehren: als Teil der Familie in ihrem Kreis wieder Sicherheit und Geborgenheit finden; nach langer Abwesenheit, nach Irrwegen und Enttäuschung Zuflucht suchen; vgl. frz. ‚revenir au sein de sa famille‘.

Im Schoß der Erde ruhen: im Innern der Erde verborgen, begraben sein; vgl. frz. ‚au sein de la terre‘.

Das ruht noch im Schoß der Götter (der Zeit, der Zukunft): es ist sehr ungewiß, es läßt sich nicht voraussagen. Diese Rda. ist eigentl. ein Zitat aus Homers ‚Ilias‘ (XVII, 514): „θεῶν ἐν γούνασι κεῖται“ = das liegt (ruht) noch im Schoße der Götter. Gebräuchlicher dafür ist aber die Kurzform ‚Das wissen die Götter‘, ↗ wissen.

Etw. ist einem in den Schoß gefallen: es ist einem sehr leicht gemacht worden. Eine Steigerung erfährt die Wndg. durch den Zusatz ‚als reife Frucht‘ oder ‚wie eine reife Frucht‘: jem. unerwartet, wie ein Geschenk zufallen. Vgl. ndl. ‚Het wordt hem zoo maar in den schoot geworpen‘.

Es ist einem nicht in den Schoß gefallen: es hat großer Anstrengung und Mühe bedurft; der Erfolg ist nicht leicht zu erringen gewesen und wirklich verdient.

Die Hände in den Schoß legen: nichts tun, abwarten und zusehen, ↗ Hand.

Ein Schoßkind des Glücks sein: ein vom Glück begünstigter Mensch sein. *Ein Schoßkind der Natur sein:* mit allen körperlichen und geistigen Vorzügen ausgestattet sein, mit allen Gaben verwöhnt worden sein.

Die Vorstellung vom ‚Schoßkind des Glücks‘ geht bis in die Antike zurück. Neid auf das von den Eltern bevorzugte Kind, das begabt, schön und liebenswert ist, spricht aus den Worten von Franz in Schillers ‚Räubern‘ (I, 1), als es ihm gelungen ist, seinen Bruder Karl in die Verzweiflung zu treiben: „Glück zu Franz! Weg ist das Schoßkind“.

Lit.: *R. B. Onions:* On the knees of the gods, in: Classical Review 38 (1942), S. 2–6.

Schote. *Einem in die Schoten gehen:* ihn bestehlen, betrügen, ihm ins Gehege kommen. Diese Rda. ist zweideutig, da z. B. in Sachsen die Frau verächtlich als Schote bez. wird. Die Rda. wäre demnach eine Umschreibung für den Ehebruch. In einem Hochzeitscarmen Henricis (1738) auf einen Auswärtigen, der eine Leipzigerin freit, heißt es:

Wer sich von diesem unterfinge
Und seinen Nachbarn ohne Scheu
Nur halbweg in die Schoten ginge,
Dem schlug man Arm und Bein entzwei.

Ein Vergleich mit dem Sprw. ‚Schoten am Wege und ein Weib am Fenster sind schwer zu hüten‘ läßt den Zusammenhang deutlicher werden und gibt eine Erklärung für die sächs. Bez. der Frau. Im Lied ist die Rede von den „Kirschen in Nachbars Garten“, die von einem anderen begehrt werden. Dagegen heißt *Es wird ihm niemand in die Schoten kommen:* sein Besitz, sein Weib ist nicht begehrenswert, er braucht keinen Betrug zu fürchten.

Jem. Schoten erzählen: jem. zum Spaß erfundene Geschichten erzählen. ‚Schote‘ in dieser Bdtg. hat nichts mit der pflanzlichen Schote zu tun, sondern kommt aus dem jidd. ‚schôte‘, hebr. ‚šōte‘ und bedeutet hier ‚dumm, töricht‘.

Schotten. *Die Schotten dicht machen:* etw. beschließen, zu Ende bringen, aufhören; Arbeitsschluß; auch: alle Türen und Fenster verriegeln. Die Rda. kommt aus der Seemannssprache. Dort bedeuten die Schotten die Riegel- und Schiebetüren der in Längs- und Querrichtung des Schiffsrumpfes laufenden, wasserdichten Stahlwand.

Schragen. *Den Schragen zum Markt richten:* eine Sache gut vorbereiten, um seinen Vorteil wahrnehmen zu können, sich die Gelegenheit zunutze machen, sich anpassen. Vgl. die ähnl. Rdaa. ‚den Mantel nach dem Winde hängen' und ‚mit dem Strome schwimmen'. Schragen ist die bes. in Oberdtl. bekannte Bez. für ein Gestell oder einem Tisch mit kreuzweise stehenden Holzfüßen, auf dem der Krämer auf dem Markt seine Ware auslegt, um Käufer anzulocken. Vgl. lat. ‚Scit uti foro' (Terenz). *Er weiß seinen Schragen gegen den Markt zu stellen:* er kennt die richtigen Mittel zum Erfolg, er weiß, wie man in der Welt vorankommt. Schragen gehört zur germ. Wurzel ‚skrag' = schräg sein. Die Bdtg. von mhd. und mnd. ‚schrage' = schräges Brett für die Aufbahrung des Verstorbenen hat sich bis heute in Rdaa. erhalten.
Er wird bald auf dem Schragen liegen: er wird bald sterben, auf der Bahre sein. Im obd. Gebiet sind ähnl. mdal. Wndgn. verbreitet, z. B. ‚auf 'n Schragn kumma', eine Umschreibung für sterben, ↗ zeitlich.

Schranke. *Gegen jem. in die Schranken treten:* ihm öffentl. gegenübertreten, ihn mit der Waffe, auch mit Wort oder Schrift angreifen; vgl. frz. ‚entrer en lice'.
Einen in die Schranken fordern: ihn zum Kampf herausfordern. Rechenschaft von ihm verlangen.
Für jem. in die Schranken treten hieß urspr.: stellvertretend den Kampf mit dem Gegner aufnehmen, um das Recht des Schwächeren (Frauen, Kinder, Greise) zu verteidigen (z. B. trat Lohengrin in den Zweikampf für das Recht der Elsa von Brabant ein), heute bedeutet es ganz allg.: sich für jem. einsetzen. Vgl. auch ndl. ‚in het krijt treden voor iemand' und frz. ‚entrer dans le balustre' (veraltet).

Diese Rdaa. gehen auf das Turnierwesen des MA. zurück, wo sich die Kämpfenden innerhalb der Turnierschranken gegenübertraten. Belegt ist die übertr. Anwendung aber erst in neuerer Sprache, so bei Schiller im ‚Don Carlos' (I. Akt, 9. Sz), wo es heißt: „Arm in Arm mit dir, so fordr' ich mein Jahrhundert in die Schranken".

‚Gegen jemand in die Schranken treten'

Die Rdaa. *von den Schranken an:* ganz von vorn beginnend, und *von den Schranken zum Ziel:* vom Anfang bis zur Vollendung, bis zum Erfolg, stehen mit den Schranken an der Rennbahn in Zusammenhang, die einen Verschlag bilden, an dem der Wettlauf beginnt.
Die Schranken überschreiten: weiter gehen, als recht und billig ist! Diese Rda. weist auf die altertümliche Gerichtshegung. Da die Gerichtsversammlungen urspr. unter freiem Himmel stattfanden, mußten Richter und Gerichtsplatz gegen den Andrang der Menge abgetrennt und gesichert werden. Dies geschah zuerst durch Haselstäbe, die im Kreis in den Boden gesteckt und mit Schnüren verbunden wurden (nach J. Grimm, ‚Rechtsaltertümer', S. 809), später wurde der Dingplatz von festen Holzschranken umgeben. Wer sie überschritt, wurde bestraft. In den ‚Salfelder Statuten' (Walch 1,42) wurde dazu bestimmt: „wer da ouch trete in daz ge-

stuele vor deme geheiten dinge ane loube des richters, der gibet zwene schillinge"; anderwärts galt sogar: „wer ins gericht frevntlich tritt, greift, fällt, hat fuß, hand oder hals verbrochen" (vgl. J. Grimm, ‚Rechtsaltertümer‘, S. 854).

Die Wndgn. *jem. in die Schranken zurückweisen:* ihn auf das rechte Maß von Anstand, Geschmack, Moral, Sitte oder Takt hinweisen, vgl. frz. ‚remettre quelq'un à sa place‘; und *sich mühsam in den Schranken halten:* sich gerade noch beherrschen können, stehen ebenfalls noch mit dem Gerichtswesen in Zusammenhang. Da dieser weitgehend vergessen wurde, mußte die neuere Rda. *jem. vor die Schranken des Gerichts zitieren (fordern, ziehen)* zur näheren Bestimmung den Zusatz ‚des Gerichts‘ erhalten; vgl. frz. ‚citer quelqu'un à la barre‘.

Die modernen Wndgn. *Das übersteigt alle Schranken!:* das läßt jedes herkömmliche Maß vermissen; vgl. frz. ‚Cela dépasse toutes les limites‘; *Schranken zwischen jem. erichten:* Hindernisse, Grenzen aufbauen, *alle Schranken niederreißen:* alles Hemmende aus dem Wege räumen, und die Feststellung, daß *einer Sache (keine) Schranken gesetzt* sind, besitzen nur noch übertr. Bdtg. Bei ihrer Anwendung wird kaum noch an ihren Urspr. gedacht. Vgl. auch ndl. ‚paal en perk aan iets stellen‘, engl. ‚to set bounds to‘ und frz. ‚mettre un frein‘, des bornes, le holà à quelque chose‘.

Schrapnell. *Ein altes Schrapnell sein:* eine nicht mehr attraktiv wirkende, ältere Frau sein (gleichwohl mit großer ‚Durchschlagskraft‘). Das Schrapnell bez. eigentl. ein Artilleriegeschoß. Es bestand aus einer dünnwandigen Metallhülle, mit Hartbleikugeln gefüllt. Das Geschoß wurde nach seinem Erfinder, dem engl. Offizier H. Shrapnel (1761–1842) benannt.

Schraube. *Eine Schraube drehen:* sich anstrengen und doch nicht zum Ziel gelangen können. Die Rda. wird gebraucht, wenn man auf eine Antwort dringt und doch weder Ja noch Nein erhalten kann; bereits Luther verwendete sie in seinen ‚Tischreden‘ (102ª).

Die moderne Wndg. *die Schraube über-* *drehen* hat in der Sprache der Erotik die spezielle Bdtg.: seine Freundin überfordern.

Eine Schraube ohne Ende ist eine Sache, bei der ein Abschluß nicht abzusehen ist; vgl. frz. ‚une vis sans fin‘. Die erst in neuerer Zeit aufgekommene Wndg. bezieht sich auf die Technik und wird meist dann gebraucht, wenn es sich um ständig steigende Ausgaben oder Steuern handelt. So meinte auch Bismarck die Steuern, als er sagte: „Diese Schraube hat ja gar kein Ende" (‚Reden‘ 8,370). *Einem die Schrauben ohne Ende ansetzen:* ihn immer wieder quälen und neue Forderungen an ihn stellen; die Rda. hängt vermutlich mit der Folter durch ↗ Daumenschrauben zusammen, durch die Geständnisse erpreßt wurden.

Seine Worte auf Schrauben stellen nennt man es, wenn sich einer so vorsichtig wie möglich ausdrückt, wenn er absichtlich zweideutig spricht.

Eine Sache steht auf Schrauben: sie ist unbestimmt, unentschieden und schwankend, verschiedene Lösungen bleiben offen. Vgl. ndl. ‚Het staat op losse schroeven‘.

Die Feststellung *Bei dem ist eine Schraube locker!* meint: es ist in seinem Kopfe nicht mehr alles in Ordnung, er ist nicht ganz zurechnungsfähig. Der Ausdr. ist auch mdal. verbreitet. In der Nordmarsch heißt es z. B. ‚Ham is en Skröw luas‘ und ostfries. ‚'n Schrufe los hebben‘. *Es ist eine Schraube los:* es ist etw. nicht recht in Ordnung. Vgl. ndl. ‚Daar is eene schroef los‘. Das Gehirn wird dabei mit einem Uhr- oder Maschinenwerk verglichen, wo jedes Schräubchen festsitzen muß, wenn es funktionieren soll.

In der Pfalz gilt als Umschreibung für die Dummheit eines Menschen der Ausdr. ‚Er hat eine Schraube im Kopf‘. Einen Menschen, der sich merkwürdig oder verrückt benimmt, bez. man auch kurz *als verdrehte Schraube,* ein Ausdr., der bes. auf das weibl. Geschlecht angewendet wird. Häufig wird die Sprache durch eine Geste ersetzt, indem mit der rechten Hand eine drehende Bewegung vor der Stirn ausgeführt wird.

Wird auf den Einzelnen oder auf das Volk Druck von oben ausgeübt, so gebraucht man als Ausdr. hierfür gerne das Bild der Schraube: ‚Die Steuerschraube wird angezogen' meint: die Steuern werden erhöht.

‚Die Steuerschraube anziehen'

schrauben, Schraubstock. *Jem. schrauben:* ihn durch Anzüglichkeiten in eine üble Lage bringen, ihn verlegen und lächerlich machen, ihn aufziehen. Die Rda. kann mit der Folterung in Zusammenhang gestanden haben, hat jedoch heute einen harmloseren Sinn erhalten. Vgl. jedoch engl. vulgärsprachl. ‚to screw' für Geschlechtsverkehr.
Geschraubt tun (reden): sich geziert, unnatürlich, gezwungen verhalten, sich hochtrabend ausdrücken, sich verdreht benehmen.
Die meckl. Rda. ‚jem. in'n Schrufstock nehmen', meint: ihn in eine Zwangslage bringen, ihn zu einem Geständnis zwingen, ein Geheimnis von ihm erpressen. Vgl. die ähnl. Wndgn.: ‚einen in die ⟶ Zange nehmen' und ‚einem ⟶ Daumenschrauben ansetzen'. Von dem Offenherzigen, dem redseligen Schwätzer, der doch alles ausplaudern muß, heißt es: *Man darf ihm keinen Schraubstock anlegen, er sagt, was er weiß.* Vgl. frz. ‚Il ne lui faut point donner la question pour savoir ses secrets' (veraltet).

Schreck. *Mit dem Schrecken davonkommen:* außer einem Schock oder Schrecken keinen weiteren Schaden bei einer gefährlichen Sache erleiden.
Schrecke läuten: am Vorabend hoher christl. Feste dreimal alle Glocken läuten lassen; bes. für schwäb. kath. Ortschaften bezeugt. Während dieses Geläuts vollbringt man verschiedene Verrichtungen, die im nächsten Jahr oder in der nächsten Zeit Glück bringen sollen: man bindet Stroh um die Bäume, füttert das Vieh, rüttelt den Essig. Der Ausdr. ‚Schrecke' i. S. v. stark läuten begegnet zum ersten Mal in dt. Sprache in einem Manuskript von St. Blasien aus dem 14. Jh.; Abt. Martin Gerbert hat daraus Teile in seiner ‚Monumenta Veteris Liturgiae Alemannicae' gedruckt: nachdem die Mönche sich am Weihnachtsmorgen erhoben, „accensis luminibus, pulsetur scilla cum duabus parvis campanis, quae compusatio vulgariter dicitur ‚schreki'". Im 15. Jh. entstand die latinisierte Form: ‚terrores pulsare'. Der ‚Schreck' wird oft personifiziert angeredet in Ausrufen wie: *Schreck laß' nach!* (oft mit dem Nachsatz: ‚der Doktor kommt') zur Beruhigung oder als Ausdr. des Erstaunens, ⟶ Schmerz; oder: *Ach du lieber Schreck!*

Lit.: *N. C. Brooks:* Schrecke läuten, in: Modern Language Notes 40 (1925), S. 76–79.

Schrei. *Der letzte Schrei sein,* auch: *nach dem letzten Schrei gekleidet sein:* die letzte Modeneuheit besitzen, sich auffallend kleiden. Die Wndg. ist eine Lehnübers. aus frz. ‚le dernier cri' u. beruht wohl auf der ‚schreienden' Reklame. Der Ausdr. ist nach dem 1. Weltkrieg neu aufgelebt.

schreiben. *Mit einem eisernen Griffel schreiben:* es unauslöschlich eingraben, es nicht in Vergessenheit geraten lassen. Die Rda. ist bibl. Herkunft. Hiob klagt sein Elend und die Härte seiner Freunde (Hiob 19,23.24): „Ach daß meine Reden geschrieben würden, ach daß sie in ein Buch gestellt würden, mit einem eisernen Griffel auf Blei und zu ewigem Gedächtnis in einen Fels gehauen würden!"
Dagegen meinen die Wndgn. *etw. mit Kohle (schwarzer Kreide) in den Schornstein schreiben* und *mit Kreide an die (weiße) Wand schreiben,* daß etw. rasch unleserlich wird, daß die Schrift wirkungslos ist, ⟶ Schornstein.
Es steht nirgends geschrieben noch gedruckt: es ist keine zwingende Vorschrift, kein Gesetz, kein Gebot Gottes, es ist nicht selbstverständlich. Vgl. lat. ‚Neque fictum, neque pictum, neque scriptum'.

1401

Zur Bestätigung der Wahrheit wird bes. in Predigten die Wndg. ‚es steht geschrieben‘ (in der Bibel) gebraucht. Die Frage „Wo steht das geschrieben?“, die Luther in seinem 4. und 5. Hauptstück des Katechismus stellt, erscheint humoristisch wieder in einem bekannten Liedtext:

Wo steht denn das geschrieben?

Man darf nur eine lieben.

Was ich geschrieben habe, das habe ich geschrieben: es ist unumstößlich. Die Wndg. wird auch in griech. und lat. Form zitiert: „ὃ γέγραφα, γέγραφα“ und ‚Quod scripsi, scripsi“, wie es in der Bibel steht. Es ist ein Ausspruch des Pilatus (Joh. 19,22), als er sich weigerte, die Schrift über dem Kreuze Jesu zu verändern. Vgl. frz. ‚Ce qui est écrit, est écrit‘.

Er kann schreiben, aber keine Federn schneiden: er ist mehr für die praktische Seite; er ist nicht mit der Planung, sondern mit der Durchführung eines Unternehmens beschäftigt.

Er schreibt: er ist schriftstellerisch tätig. Vgl. schweiz. ‚Er cha schriba wien Landama‘, er kann sehr gut schreiben, formulieren.

Eine kräftige Handschrift schreiben: tüchtige Ohrfeigen austeilen können.

Sich etw. hinter die Ohren schreiben: es sich nun endlich merken, eine Lehre aus etw. ziehen.

Rdal. Vergleiche werden gern gebraucht, um schlechte, unordentliche und unleserliche Schrift zu charakterisieren: *Er schreibt mit der Krähe um die Wette, als wären die Hühner über das Papier gelaufen;* vgl. frz. ‚pattes de mouches‘ (Fliegenbeine), auch: *wie ein Doktor.* Dagegen: *Er schreibt wie gestochen, wie gedruckt:* die Schrift ist so sauber und regelmäßig, als wäre sie für den Druck in eine Kupferplatte sorgfältig gestochen worden (L. Günther, Wörter und Namen, S. 61). Die schles. Wndg. ‚Er schreibt, daß ein Auge das andere nicht sieht‘, meint: er arbeitet sehr emsig und angestrengt.

Etw. ins unreine schreiben: einen Entwurf, ein Konzept anfertigen.

Einem steht etw. auf der Stirn (im Blick, im Gesicht) geschrieben: man kann seine Gedanken, Absichten erkennen, er verrät sich selbst; vgl. frz. ‚Cela se voit sur son front, à ses yeux, sur son visage‘.

Einem ist etw. wie auf den Leib geschrieben: es ist wie für ihn geschaffen. Die Wndg. meint in der Theatersprache vor allem eine Rolle, die sehr gut zu einem Schauspieler paßt, so als hätte sie der Autor extra für ihn geschrieben.

Traditionell gehört ‚schreiben‘ außerdem in den Bereich der erotischen oder skatologischen Bildhaftigkeit:

Mein Schatz ist ein Schreiber,

ein Schreiber muß sein,

bald spitzt er sein' Feder,

bald dünkt er's mir ein.

(Beleg aus Luzern, Schweizer Archiv). Feder und Tintenfaß, Embleme eines seit jeher viel verspotteten Berufsstandes, sind jedoch in ihrer zweideutigen Metaphorik im heutigen Kontext oft nicht mehr unmittelbar zu entschlüsseln.

Nicht wenige Redensarten und Wendungen sind Schriftmetaphern des Mündlichen, d.h. sie umschreiben mündliche Vorgänge mit Bildern des Schreibens. Dazu gehören Ausdrücke wie ‚Denkzettel‘, ‚Wegbeschreibung‘, etw. hat sich ‚ins Gedächtnis eingegraben‘.

Lit.: *Th. Gantner:* Kalligraphie – von der Schreibkunst zur Schulschrift. In: Schreibkunst. Ausstellungskatalog (Zürich 1981); *W. Sandermann:* Die Kulturgeschichte des Papiers (Berlin 1988); *B. Holbek:* What the Illiterate Think of Writing, in: *K. Schonsboe* and *M. I. Larsen (eds.):* Literacy and Society (Kopenhagen 1989), S. 183–195; *K. Müller:* ‚Schreibe, wie du sprichst‘. Eine Maxime im Spannungsfeld von Mündlichkeit u. Schriftlichkeit (Frankfurt/M.–Bern–New York–Paris 1990).

Schreibtischtäter. *Ein Schreibtischtäter sein:* nicht direkt als Ausführender Straftaten begehen, aber durch die berufliche Stellung als Berater, Planer, Beamter, Publizist usw. indirekt zu Verbrechen oder kriminellem Verhalten beitragen. Das Schlagwort vom ‚Schreibtischtäter‘ kam mit der Verfolgung nationalsozialistischer Kriegsverbrecher auf. Es wird heute auch scherzhaft oder (selbst-)iron. gebraucht, wenn einem der Praxisbezug fehlt, aber auch, wenn in Wirtschaft oder Politik weitreichende Entscheidungen ohne Sachkompetenz und Gespür für die Realisierbarkeit getroffen werden.

schreien. *Etw. schreit zum Himmel:* es klagt laut an und fordert Gottes strafende Gerechtigkeit heraus, wenn die irdische versagt. Diese Rda. und die ähnl. Wndg. *etw. ist himmelschreiend* beruhen auf 1. Mos. 4,10; 18,20; 2. Mos. 3,7.9; 22,22 und auf Jak. 5,4. Die alte Dogmatik leitete hiervon den Begriff der ‚schreienden Sünden‘, der ‚peccata clamantia‘, ab und zählte diese in den folgenden Versen auf:

Clamitat ad caelum vox sanguinis et
Sodomorum,
Vox oppressorum, viduae, pretium
famulorum.

(= Es schreit zum Himmel die Stimme
des Bluts und der Sodomer,
die Stimme der Unterdrückten, der
Witwe, der Arbeiter Lohn).

Das Schreien um Gehör und Hilfe, das vor dem irdischen und dem himmlischen Richter üblich war, ist auch in den Psalmen und Kirchenliedern bezeugt. Luther dichtete z. B. 1524 in Anlehnung an den Ps. 130 das Lied ‚Aus tiefer Not schrei ich zu dir‘.

Die Steine werden schreien ↗ schweigen.

Nach Rache (Strafe) schreien: Sühne verlangen, Vergeltung androhen; vgl. frz. ‚crier vengeance‘.

Etw. ist zum Schreien: es ist so komisch, daß man darüber laut und herzlich lachen muß.

Das sind schreiende Farben: es sind grelle Farben, die nicht zusammen harmonieren; vgl. frz. ‚des couleurs criardes‘. *Es ist mir zu schreiend:* es ist zu auffallend, zu bunt und grell.

In einem schreienden Gegensatz stehen: ein auffallender Widerspruch sein.

Viele rdal. Vergleiche dienen der genaueren Charakterisierung des Schreiens oder seiner Steigerung, wie die folgenden Beisp. beweisen: *Schreien (brüllen) wie ein Zahnbrecher* ↗ Zahnbrecher.

Schreien wie ein Hehmann: so laut schreien wie eine Sagengestalt, deren Namen sich auf ihren Ruf bezieht, mit dem sie einsame Wanderer schreckt.

Schreien, als wenn ein Walfisch zum Himmel flöge: als ob etw. ganz Außerordentliches passiert sei.

Schreien wie ein Blinder, der seinen Stock verloren hat: sich wie jem. gebärden, der völlig hilflos und daher verzweifelt ist. Vgl. frz. ‚crier comme un aveugle qui a perdu son bâton‘.

Schreien, als ob man am Spieße stäke: schreien, als habe man den Tod zu befürchten. Diese Rda. wird bes. häufig angewandt und oft von Kindern gesagt, die ihren Jammer übertreiben. Auch mdal. Wndgn. sind davon verbreitet, z. B. heißt es in Pommern: ‚He schrijet, als wenn he up'n Speer steke‘, und in Westf.: ‚Hei schrigget, ässe wenn'n am Spiete stäke‘. Ähnl. *Er schreit, als ob ihm das Messer an der Kehle stecke;* vgl. frz. ‚Il crie comme s'il avait le couteau sous la gorge‘, *als ob das Haus brenne;* vgl. frz. ‚Il crie comme s'il y avait le feu à la maison‘.

Er schreit wie ein Ketzer: vor lauter Qualen bei der Hinrichtung, vor allem bei dem üblichen Feuertod.

Er schreit wie eine in Kindesnöten.

Er schreit wie ein Besessener: so, als wäre ein böser Geist in ihn gefahren. Die Rda. ist bes. in Oesterr. verbreitet; vgl. frz. ‚Il crie comme un possédé‘.

Er schreit lauter als ein Stentor ↗ Stentor.

Bes. beliebt sind auch Tiervergleiche, z. B. *Er schreit wie ein Bock, der zum Markte geführt wird, wie ein Mülleresel, wie ein Bär, wie ein Hund vor dem Streich*, wie 99 Marder‘ (Leipzig); schwäb. ‚Dear schreit wia a Dachma(r)der, wia a g'stochene Sau‘; vgl. auch frz. ‚Il crie comme un putois‘ (Iltis).

Lit.: *L. Günther:* Wörter und Namen, S. 54: *E. Rath:* Der Hehmann, Herkunft und Bdtg. einer Waldviertler Sagengestalt (Wien 1953).

schreiten. *Zu etw. schreiten:* feierlich, im umständlichen Zeremoniell mit etw. beginnen, z. B. mit einer Abstimmung (‚zur Urne schreiten‘), einer Trauung, einer Preisverleihung, einer Testamentseröffnung.

Die Wndg. ‚Und das Unglück schreitet schnell‘ ist ein Zitat aus Schillers ‚Lied von der Glocke‘, das früher zum geistigen Allgemeinbesitz gehörte und sehr viel zitiert wurde.

Schritt. *Er macht Schritte wie der Breslauer Tod:* er macht ungeheuer große Schritte. Die Rda. bewahrt die Erinnerung an eine gräßliche Erscheinung vor Ausbruch der Pest, von der schles. Sagen berichten: um Mitternacht sei der Tod als ungeheuer großes Knochengerippe mit zwei Schritten über die Stadt Breslau hinweggeschritten.

Er hat den großen Schritt getan: er ist gestorben, eine euphemist. Umschreibung, die auf der Vorstellung beruht, daß der Weg ins Jenseits sehr weit sei. Vgl. ndl. ‚Hij heeft den grooten stap gedaan‘.

Es war nur ein Schritt zum Tode: die Gefahr, der Tod war sehr nahe, er kam plötzlich und völlig unerwartet. Die Rda. ist bibl. Herkunft. In seiner Furcht vor der ständigen Bedrohung seines Lebens durch Saul sagt David zu seinem Freund Jonathan, der nicht daran glauben will, daß sein Vater David nach dem Leben trachtet: „Es ist nur ein Schritt zwischen mir und dem Tode" (1. Sam. 20,3). Vgl. auch ndl. ‚Het was maar éene schrede van den dood‘.

Ähnl. *Es ist oft nur ein Schritt:* Leben und Tod, Glück und Unglück, Mitleid und Liebe, Erhabenheit und Lächerlichkeit liegen dicht nebeneinander. Napoleon I. machte diese Feststellung auf seiner Flucht aus Rußland mehrmals und sagte im Dez. 1812 zu seinem Gesandten de Pradt in Warschau: „Du sublime au ridicule il n'y a qu'un pas" (= Vom Erhabenen zum Lächerlichen ist nur ein Schritt). Er gab damit einem oft ausgesprochenen Gedanken die bleibende Form.

Einen Schritt vom Wege tun: unmoralisch, ungesetzlich handeln, sich außerhalb der geltenden gesellschaftlichen Regeln stellen, ‚vom Pfade der Tugend abirren‘. ‚Ein Schritt vom Wege‘ war der Titel eines 1873 erschienenen Lustspiels von Ernst Wichert, auch Theodor Fontanes Roman ‚Effi Briest‘ wurde 1939 unter dieser neuen und vielversprechenden Bez. verfilmt. Vgl. frz. ‚S'écarter du droit chemin‘.

Den entscheidenden Schritt wagen: etw. unternehmen, was zwar Gefahren in sich birgt, aber für die bessere Gestaltung der Zukunft unerläßlich ist; vgl. frz. ‚faire la pas décisif‘.

Den ersten Schritt tun: den Anfang machen, nach unangenehmen Auseinandersetzungen sich überwinden und den anderen versöhnlich entgegenkommen; vgl. frz. ‚faire le premier pas‘.

Einen Schritt in die richtige Richtung tun: erste Anzeichen dafür geben, daß man die Problematik einer Sache erkannt hat und sie richtig lösen will; heute im Zeichen der Entspannung bes. häufig in der Sprache der Politik, um Verbündete oder auch Gegner zu loben und zu ermutigen, den eingeschlagenen Weg weiter zu verfolgen.

Etw. einen (guten) Schritt weiterbringen: einen Teilerfolg erzielen, eine Angelegenheit fördern.

Den zweiten Schritt vor dem ersten tun: nicht folgerichtig vorgehen, eine Sache falsch beginnen, Zeit und Mühe am Anfang sparen wollen und dadurch jede Aussicht auf Erfolg verlieren.

Schritt halten mit jem. (etw.): nicht hinter jem. zurückstehen, ihm in seiner Leistung ebenbürtig sein, in gleicher Weise vorankommen, im Tempo seiner Entwicklung sich anderen angleichen, aber auch: den Fortschritt, die laufenden Veränderungen verfolgen und auf dem neuesten Stand der Erkenntnisse sein.

Einen aus dem Schritte bringen: ihn aus der Fassung bringen, eigentl. ihn stören, so daß er aus dem Gleichschritt mit anderen kommt.

Jeden Schritt zählen: sich gemessen und würdevoll verhalten, sich ja nichts vergeben und etw. zuviel tun. Die Rda. erinnert an die alte Hofetikette, die dem Fürsten oder Würdenträger genau vorschrieb, wie viele Schritte er seinem Besuch zur Begrüßung entgegengehen durfte. Die Anzahl der Schritte war dabei genau nach dem Rang des Besuchers und des Empfangenden abgestuft; vgl. frz. ‚a pas comptés‘.

Große Schritte machen: das natürliche, durch das Gesetz bestimmte Maß überschreiten. Vgl. die ähnl. Wndg. ‚Ausschreitungen begehen‘.

Einen guten (langen) Schritt am Leibe haben: sehr schnell gehen.

Kurze Schritte machen: kleinlaut werden, vgl. ‚kleine Brötchen backen‘ und lat. ‚gradum formicinum movere‘.

Sich jem. drei Schritt vom Leibe halten: jem. nicht zu nahe an sich herankommen lassen, nicht zu vertraut mit ihm werden wollen; vgl. frz. ‚tenir quelqu'un à distance‘.

Die Wndg. begegnet häufig als Aufforderung: *Bleib mir drei Schritt vom Leibe!:* Faß mich nicht an! Komm mir nur nicht zu nahe!

Sich alle weiteren Schritte vorbehalten: die nötigen Maßnahmen zur rechten Zeit treffen, es offenlassen, ob man etw. gesetzlich verfolgen lassen will, ob man jem. die Stellung künd igen muß.

Andere Schritte unternehmen müssen: schärfere Maßnahmen treffen, die den gewünschten Erfolg bringen.

Einen Schritt vor und zwei zurück gehen: so tun, als sei man mutig entschlossen, aber dann doch im entscheidenden Moment zurückweichen. Vgl. die ↗ Echternacher Springprozession.

Etw. Schritt für Schritt tun: ganz allmählich und vorsichtig, aber immer mehr und mehr vorankommen. Vgl. die Wndg. ‚langsam, aber sicher'; vgl. frz. ‚pas à pas'.

Jem. auf Schritt und Tritt verfolgen: ihm überallhin nachgehen, ihn nicht aus den Augen lassen. Die endreimende, formelhafte Wndg. meint eigentl.: jem. auf seiner Spur folgen und immer einen Schritt tun, wenn der andere einen gemacht hat. Vgl. die ähnl. Rda. ‚in jem. Fußstapfen treten'; vgl. frz. ‚être sur les talons de quelqu'un'.

schröpfen. *Jem. gehörig (ordentlich) schröpfen:* ihn übervorteilen (vgl. ndl. ‚gruizen': übervorteilen, wörtl.: zu Gries mahlen), ihm viel Geld abnehmen, eigentl. ihn tüchtig bluten lassen. Die Rda. erinnert an das ‚Aderlassen', das bei vielen Krankheiten angewendet wurde und als Allheilmittel galt. Der Bader setzte dazu dem Patienten Schröpfköpfe an, die sich vollsaugten und auf diese Weise krankes und überflüssiges Blut beseitigen sollten. Dieser Bezug wird in der längeren Wndg. *die Leute schröpfen wie der Bader die Weiberhaut* bes. deutlich. In der übertr. Bdtg.: den Leuten überflüssiges Geld abnehmen, hat sich die Rda. durch die Jahrhunderte bis heute erhalten, ↗ Aderlaß.

Sie schröpfen einander wie die Bauern im Kruge tun: sie schlagen sich in der Trunkenheit die Köpfe blutig.

Jem. einen Schröpfkopf setzen: ihn ausnutzen, ihn zwingen, Geld herauszurücken. Eine moderne und scherzhafte Neubildung zum Katalog der Heiligen ist ‚Sankt Schröpfius', der als Schutzheiliger der Steuerbehörde gilt.

Schrot. *Von altem (echtem) Schrot und Korn sein:* ein rechtschaffener, ehrlicher und zuverlässiger Mensch sein, der an den guten alten Gewohnheiten festhält, der ‚vom guten, alten Schlage' ist, ↗ Schlag.

Der rdal. Vergleich stammt aus dem Münzwesen. Schrot (zu ‚schroten' = abschneiden) bezeichnete das zur Prägung von einem Metallbarren abgeschnittene Stück (Bruttogewicht), dann einfach das Gewicht der Münze, im Gegensatz zu ihrem Feingehalt, der Gewichtsmenge des in ihr enthaltenen edlen Metalls, dem Korn. Bei der Wertsetzung einer Münze (Valvierung) wird nur das in ihr enthaltene Edelmetall, das Korn, berücksichtigt, was zu Unzuträglichkeiten etwa bei Goldmünzen führte, die ja hauptsächlich mit Silber legiert waren. Der Feingehalt der Münzen wurde regional verschieden und immer wieder neu gesetzlich geregelt. In der Münzordnung von 1397 für Straßburg heißt es z. B.: „daz man sollte usser 15½ lot rines silbers und eime halben lote zusatzes 65 grossen (Groschen) schroten". Die Rda. bedeutet urspr. die unverfälschte Art der Münze, ehe diese durch die ↗ Kipper und Wipper entwertet wurde. Der Ausdr. Schrot erhielt im 17. Jh. bereits die übertr. Bdtg. von Art und Weise, daher bildete man auch den Stabreim ‚Schrot und Schlag'. Im Westf. Frieden z. B. heißt es in diesem Sinne, daß

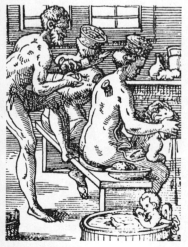

‚Einen schröpfen'

„der Catholischen Stiffter halb alles auff den Schrot deß letzten Tridentinischen Concilii reducirt werde". Grimmelshausen schreibt in seinem ‚Simplicissimus‘ (I,68): „Ich antwortete wieder auff meinen alten Schrot, ich wüste es nicht". Die bis heute erhaltene Rda. ist in übertr. Bdtg. erst aus dem 18. Jh. bezeugt. Ein Mann von echtem Schrot und Korn ist demnach ein Mann, der nach seiner äußeren Erscheinung und seinem inneren Wesen ganz echt ist und ganz dem entspricht, was er sein soll, was seiner Art gemäß ist, was man von ihm erwartet. Im 2. Teil des ‚Faust‘ (5. Akt) redet deshalb Mephistopheles auch die Teufel in dieser Weise an:

Ihr Herrn vom graden, Herrn vom
              krummen Horne,
Vom alten Teufelsschrot und -korne.

Vgl. auch frz. ‚un homme de bon aloi, un homme marqué au bon coin‘.

Lit.: *Fr. Seiler:* Dt. Sprichwörterkunde (München 1922, ²1967), S. 261; *H. Rausch:* Von echtem Schrot und Korn, in: Sprachfreund 4 (1955), Nr. 4, S. 4 (= Beilage zur Zs. Muttersprache); *L. Veit:* Das liebe Geld. Zwei Jahrtausende Geld- u. Münzgesch. (München 1969), S. 140; Münzen in Brauch und Aberglaube (Mainz 1982), S. 221.

Schub. *Einen auf den Schub bringen:* ihn zwangsweise entfernen, mit gelinder Gewalt fortschieben, urspr. ein Fachausdr. für das polizeiliche ‚Abschieben‘ von Übeltätern, Bettlern und Landstreichern. Sie wurden ‚per Schub‘ an die Grenze gebracht. Schub bedeutete aber früher auch die Verweisung eines Rechtsfalles an ein anderes Gericht, was zur Verzögerung führte oder die Sache gar in Vergessenheit geraten ließ. Bismarck meinte das Nimmerwiedersehen damit, als er (‚Reden‘ 6,315) feststellte: „Der Herr Vorredner hat zwei Bestimmungen ausdrücklich getadelt und sie damit auf den Schub ad calendas Graecas gebracht".

Jem. auf den Schub verfrachten: veralteter Ausdr. für das Wegschicken oder Ausweisen von Kranken, Sterbenden oder Bettlern aus Angst vor Seuchen (E. Moser-Rath: Lustige Gesellschaft [Stuttgart 1984], S. 251).

Auf Schub gehen hieß früher in der Gaunersprache einbrechen und stehlen.

Lit.: *A. Burkhart:* Kirschenpflücker im Winter und Schneeschipper im Sommer. Zeitgenössische Darstel-

lungen des Vagabundenlebens um die Jahrhundertwende (Mag. Arbeit, Freiburg i. Br. 1989).

Schublade *Etw. aus der Schublade holen:* etw. schon fertig Vorbereitetes, auch bereits Abgestandenes, oft Wiederholtes, zum Repertoire Gehöriges wieder aufwärmen, z. B. ein vorbereitetes Gesetz, ein Gutachten, auch: einen bisher unveröffentlichten Beitrag, ein Manuskript. Ähnl.: *Etw. in der Schublade (des Schreibtischs) liegen haben:* auf einen günstigeren Zeitpunkt der Veröffentlichung warten.

Schubsack. *Das hat seine geweisten Schubsäcke:* seine guten Gründe, seine besondere Bewandtnis, auch: seine zwei Seiten. Die im Obersächs. häufige Rda. meinte urspr.: es hat alles seine bestimmten Säcke (Taschen), in die es gehört, also seine bestimmte Ordnung. Schubsäcke nannte man tiefe Taschen von vielfacher Verwendung, es konnten z. B. Kleidertaschen, Zeitungsmappen oder Brotbeutel sein. In Christian Reuters satir. Lustspiel ‚Der ehrlichen Frau Schlampampe Krankheit und Tod‘ heißt es 1696: „Er wird gewiß einen Schubesack voll neuer Zeitung (= Nachrichten) mitbringen", an einer anderen Stelle dieses Stückes steht: „er greift in den Schubesack hinein, um Konzepte herauszuholen". Noch Schiller verwendet den heute fast unbekannten Ausdr. in seinem ‚Fiesko‘ (III,4): „Nun muß ich euch meinen Schubsack von Zeitungen stürzen". Wahrscheinl. trugen die Schubsäcke Bez., durch die auf die spezielle Bestimmung hingewiesen (geweist) wurde. Als die Schubsäcke außer Gebrauch kamen, erhielt sich nur die Rda. in ihrer übertr. Bdtg., daß alles seinen bestimmen Zweck besitze.

‚Geweist‘ ist das Partizip zu ‚weisen‘ = anweisen, bestimmen, das früher schwach gebeugt wurde, heute aber fast überall durch ‚gewiesen‘ verdrängt worden ist. In unserem ‚weisen‘ sind die Formen des schwach flektierenden ‚weisen‘ und des starken ‚wizen‘ = strafen zusammengeflossen, was sich bei dem Wort ‚verweisen‘ noch deutlich zeigt, das beide Bdtgn. besitzen kann. Man hat die Rda. mit den Taschenspielern in Zusammenhang gebracht, die für ihre einzelnen Kunststücke bestimmte Taschen besaßen. Die bei Wander angeführte Nebenform ‚Das hat seine gewußten Schubsäcke' spricht für diese Annahme.

Schuft, schuften. *Ein Schuft sein:* ein gemeiner Kerl sein, ein sittlich Verworfener, dem jede Schlechtigkeit und Gemeinheit zuzutrauen ist. Schiller gab sogar einem seiner Räuber den Namen ‚Schufterle' und charakterisierte damit seine Rolle und Stellung unter seinen Kameraden von vornherein.
An jem. zum Schuft werden: ihn treulos in der Not verlassen, bes. aber: ein Mädchen nicht heiraten, wenn eine Schwangerschaft eintritt.

Das Wort Schuft ist seiner Herkunft nach verschieden erklärt worden. Es könnte in Zusammenhang mit ↗ schofel stehen und von hebr. ‚schafat' = schlecht, gemein abgeleitet worden sein. Nach Kluge-Götze ist es ein ndd. Wort, das nach dem Ruf des Uhus ‚schûf ût', der als ‚schieb aus!' gedeutet wird, gebildet und auf die ebenfalls lichtscheuen Raubritter übertr. wurde. Das ndd. ‚schufft' (schofft) ist zuerst 1611 bei Helvig in der ‚Allg. Sprachkunde' (294) als Schelte für heruntergekommene Edelleute bezeugt und bis Anfang des 18. Jh. darauf beschränkt geblieben. Im späteren 18. Jh. werden im Ndd. (nach dem Bremer Wb., 4,725f.) ‚schuvut' und ‚schuft' nebeneinander für ‚Lumpenhund' gebraucht und dann ins Hd. übernommen.

Schuften müssen: sich mühsam plagen, hart, angestrengt arbeiten müssen. Der Ausdr. ist im 19. Jh. in der Studentensprache in launiger Anlehnung an Schuft als Nebenform aus ‚schaffen' entwickelt worden.

Schuh. Der Schuh hatte früher eine große Bdtg. in der Brautwerbung (vgl. Aschenputtel'; ‚Thidrekssaga', Kap. 61; ‚König Rother') damit in Verbindung steht wohl noch die schwäb. Sitte des Schuhweintrinkens, bei der am Hochzeitstag die ledigen jungen Männer versuchen, der Braut den Schuh zu rauben, der dann versteigert wird und von der Braut zurückgekauft werden muß; der Erlös wird vertrunken.

‚Fremde Schuhe', d. h. ein auswärtiger Bräutigam, werden in Oberhessen nicht im Haus einer Dorfschönen geduldet, ohne daß der Fremde sich durch Freihalten löst. Das Ausziehen des Schuhs war früher Symbol für das Auflassen von Gut und Erbe, vgl. Ruth 4,7; 5. Mos. 25,9; das Nachwerfen eines alten Schuhs diente der Abwehr böser Geister.
Der Schuh ist in der sprachl. Metaphorik häufig ein sexuelles Symbol; des Mannes Fuß wurde zum Penis, des Weibes Schuh zur Vulva. Deshalb kann die Wndg. *Schuhe anmessen* auch in erot. Sinne gebraucht werden; vgl. frz. ‚trouver chaussure à son pied'. i. S.v.: die richtige Frau finden.

‚Schuhe anmessen'

Dem Freund (der Freundin) den Schuh geben: sich von ihm (ihr) trennen. Diese Rda. ist bes. im alem. Raum belegt.
Der Beduine, der sich von seiner Frau scheiden läßt, sagt: ‚Ich habe meinen Pantoffel weggeworfen'. Ein Sprw., das den Mann vor Ehebruch warnt, lautet: ‚Man muß nicht die Füße in fremde Schuhe stecken'. Der Brautschuh gilt auch als Symbol der Jungfräulichkeit. Das Ausziehen der Brautschuhe als Hochzeitsbrauch hat dieselbe Bdtg. wie das Lösen des Brautgürtels. Den heute noch gebräuchl.

‚Wissen, wo einen der Schuh drückt'

Rdaa. liegt hauptsächlich der Schuh als Bekleidungsgegenstand zugrunde.
Den Schuh (Pantoffel, Strumpf) verloren haben: seine Unschuld (Jungfräulichkeit) eingebüßt haben, eine verhüllende Metapher aus dem sexuellen Bereich.
Sehr alt ist die Rda. *wissen, wo einen der Schuh drückt:* das heimliche Übel kennen; sie geht zurück auf Plutarch, der in seinen ‚Coniugalia praecepta' (c. 22) berichtet, ein Römer habe auf die Frage und Vorwürfe seiner Freunde, weshalb er sich von seiner schönen und keuschen Frau scheiden ließe, seinen Schuh vorgestreckt und geantwortet: „Auch dieser Schuh ist schön und neu, es weiß aber niemand, wo er mich drückt' (lat. ‚Nemo scit praeter me ubi me soccus premat').
Die Rda. hat sich sehr weit verbreitet: Seb. Franck verzeichnet sie bereits in seiner Sprww.-Sammlung (I,84ᵇ); Abraham a Sancta Clara schreibt: „Dieser Schuh thut einen jeden trucken", Seb. Brant (‚Narrenschiff' 111,67): „ich weisz wol wo mich drucket der schuch", Agricola (Nr. 61) führt das Sprw. an: ‚Es weyß niemand wo eynen der schuoch drucket / denn der yhn anhat' mit der Erklärung: „Den schaden empfind niemand / denn der yhn tragen muoß / vnd drinnen steckt. Zu dem so scheynet eyn schuch eusserlich hübsch / gleisset vor schwertze / vnnd drucket doch den der yhn an hat kummerlich vbel / eyn ander sihet das nicht / vun wiewol der still schweiget der yhn anhatt / vnd frissets in sich / so weyß ers doch". Auch Goethe gebraucht dieses Bild (28,277): „Wahrhaft gerührt und freundschaftlich Abschied nehmend vertraute er mir dann noch zuletzt, wo ihn eigentlich der Schuh drücke". In bezug auf Napoleon III. schrieb der ‚Kladderadatsch' (Nr. 9, 1859): „Er möchte, weil der Schuh ihn drückt, Europas Stiefel anprobieren". Die Rda. wird auch variiert zu ‚Wo drückt der Schuh?', welche Sorgen hast du? ‚Das ist nicht meine Schuhnummer', das liegt, paßt mir nicht; ‚das ist kein Schuh für meine Füße', das paßt mir nicht, die Sache sagt mir nicht zu; ndl. ‚Het is geen schoen naar zijnen voet'. Ebenfalls auf den zu engen Schuh bezieht sich die Drohung ‚Ich

will ihm ein Paar Schuhe anmessen, in denen er übel (nicht) tanzen kann'; ndl. ‚Ik zal hem een paar schoenen aanmeten, daar hij niet mede tansen zal'.

Das Bild wird dann auch umgekehrt; in einem Schuh, der paßt, fühlt man sich wohl; holst. ‚De Schôe sulln mi wol passen', das würde sich wohl für mich eignen; der passende Schuh aber muß nicht immer etw. Positives bedeuten, wie auch aus dem Sprw. ‚Wem der Schuh paßt, der zieht ihn sich an' hervorgeht; er kann durchaus auch eine negative Anspielung bezeichnen, durch die nur der getroffen wird, auf den sie gemünzt war, so z.B. in den Rdaa. ‚Der Schuh paßt dir'; altfries. ‚De skogh es skaapet to Di'; ‚Die Schuhe passen ihm besser als mir'; ndl. ‚Die schoenen passen u beter dan mij'. ‚Du sollst auch noch Schuhe für deine Füße finden', die Vergeltung wird nicht ausbleiben.

‚Wem der Schuh paßt, der zieht ihn sich an'

Sich diesen Schuh anziehen: eine Sache aufnehmen, sie zur eigenen Angelegenheit machen; ebenso: ‚Diesen Schuh sollen sich andere anziehen': die Verantwortung für etw. sollen die dafür Zuständigen übernehmen.

In allen diesen Rdaa. ist ausgesagt, daß gerade der Schuh meist nur einem Menschen richtig paßt; daher versteht der sein Handwerk nicht, der *alle Schuhe über einen Leisten* macht, denn er macht es sich zu bequem; übertr. bedeutet es: man kann nicht in jeder Situation dasselbe Mittel anwenden, sondern es muß auf die jeweilige Lage zugeschnitten sein. Bei Eyering (1601) heißt es:

er wil all schueh (man auch thut sagen) nur vber einen leisten schlagen.

Lat. ‚Eundem calceum omni pedi inducunt"; engl. ‚Every shoe fits not every foot'; im Sauerland sagt man: ‚Hä mäkt de Schau ümmer no innen Leisten'; vgl. auch ‚aus einer Büchse alle Speisen würzen', ‚mit einem Pflaster alle Schäden heilen'. Variiert wird das Bild in der Wndg. ‚große Schuhe für kleine Füße machen' (Montaigne), in wichtigem Ton von unwichtigen Dingen reden.

Im Eulenspiegel-Volksbuch, Historie 4, heißt es von einer sinnlosen Beschäftigung: „Helmstädter Schuhe flicken".

Wenn man ‚schon viele Schuhe zerrissen hat', so ist man nicht mehr jung und unerfahren; siebenbürg.-sächs. heißt es: ‚E hôt vil Schragen zerässen'.

Etw. an den Schuhen abgelaufen (zerrissen, verschlissen) haben, die Rda. stammt aus der Handwerkssprache der Zünfte: wer Meister werden wollte, mußte nachweisen, daß er drei Jahre auf der Wanderschaft gewesen war, in Gegenden, wo sein Handwerk bes. ausgeübt wird. Zweck war, daß der Geselle Neues hinzulerne und Erfahrungen sammle, daher auch die Bdtg. der Rda.: etw. aus eigener Erfahrung wissen; vgl. auch das Sprw. ‚was sich einer an den Schuhen abgelaufen hat, wächst ihm im Kopf doppelt nach'. Schon Luther gebraucht die Wndg. in diesem Sinne (5, 141): „so gar herrlich prangen sie (die Papisten) herein mit jrer kunst, und leren mich, was ich vor zwenzig jaren an den schuhen zurissen habe", und bei Th. Körner (‚Nachtwächter' 1. Auftr.) heißt es: „Was helfen aber die Bettelkünste? Ich lief sie mir längst an den Schuhen ab". Ndl. ‚Dat lap ik onder mijne schoenen' und ‚Zijne oude schoenen weten het wel'.

In Volkserzählungen ist es ein beliebtes Motiv, vor dem Erreichen seines Zieles dem Helden die Aufgabe aufzuerlegen, 3, 7 oder mehrere Paar (eiserne oder stei-

1409

nerne) Schuhe abzutragen (z. B. AaTh. 400, 425, 451, 552).

Sich die Schuhe (Schuhsohlen) nach etw. ablaufen: sich – meist erfolglos – um etw. bemühen; ndl. ‚Hij loopt zijne schoenen intwee, om ook in't spel te zijn'.

Ein alter Mensch braucht nicht mehr viele Schuhe, daher die Rda. *Er wird nicht mehr viel Schuhe zerreißen,* ndl. ‚Hij zal niet veel schoenen meer verslijten'; in dieselbe Richtung gehen auch die Wndgn.: *seine letzten Schuhe sind besohlt:* er wird bald sterben, *die Schuhe stehen lassen:* sterben, *in den Schuhen sterben:* plötzlich sterben; hess. ‚mit Schuh und Strümpfen in die Hölle fahren', sich bewußt ins leibliche und geistige Verderben stürzen; ‚in den Schuhen krepieren' dagegen ist Studentensprache und heißt soviel wie: plötzlich verschwinden, ohne seine Schulden zu bezahlen.

Jem. bekommt bald ein paar Schuhe: jem. soll bald aus dem Dienst entlassen werden. Der Anspruch auf neue Schuhe war früher bei Dienstbotenwechsel üblich; vgl. auch das ‚Ausgelohntmotiv' in den Zwergensagen: Die Zwerge kommen nicht wieder, wenn sie aus Dankbarkeit für ihre Hilfe Schuhe oder ein anderes Kleidergeschenk erhalten. Sie mißverstehen es als Zeichen, daß sie nicht mehr gebraucht werden.

Wer fest in seinen Schuhen steht, der weiß, daß er sicher gehen kann; *er steht nicht fest in seinen Schuhen* kann einmal heißen: er ist schon alt, zum andern aber: er befindet sich in einer unsicheren Lage; vgl. auch ‚aus den Schuhen (Latschen) kippen', schwach werden, umfallen. Vgl. das frz. Sprw. ‚C'est le cordonnier qui est le plus mal chaussé' (Der Schuster muß die schlechtesten Schuhe tragen.: ihm fehlt es selbst am Nötigsten).

Er steht in seinen eigenen Schuhen: er ist ein selbständiger Charakter und verdankt alles sich selbst.

In guten Schuhen stehen: in gutem Ruf, in glücklichen Umständen stehen; das Gegenteil dazu: *in keinen guten Schuhen stehen:* sich in schlechten Verhältnissen befinden, ebenso ital. ‚Non ha ne anche una buona scarpa in piè'.

In weiten Schuhen gehen: wohlhabend sein, ndl. ‚in een' ruimen schoen treden';

in festen Schuhen gehen: sich seiner Sache ganz sicher sein, ndl. ‚vast in zijn schoenen staan'; das Gegenteil dazu: ‚nicht fest in seinen Schuhen stehen', ndl. ‚Hij staat los in zijne schoenen'. Die Schuhe werden also hierbei auf den Charakter des Menschen bezogen, sie können daher auch mit anderen Adj. verbunden werden, z. B. mit ‚sauber, schmutzig, schlecht' usw.

In den gleichen Schuhen stecken: in den gleichen Verhältnissen leben, das Geschick teilen; ebenso: *Ich möchte nicht in seinen Schuhen stecken* (↗ Haut), ndl. ‚Ik wil niet in zijne schoenen staan'.

‚Nik in liken schoen gaan' sagt man in Bremen von einem, der Ränke gebraucht, der nicht ehrlich geradeaus geht.

Einem die Schuhe austreten heißt hess.: einem auf Schritt und Tritt in lästiger Weise folgen; sonst bedeutet es: einem auf dem Fuße nachfolgen und in dessen Schuhe treten, so daß dieser den Schuh verliert; bei Grimmelshausen (‚Simplicissimus') steht: „Er besorgt, ich möchte ihm vielleicht die Schuh gar austretten, sah mich derwegen heimlich mit missgönstigen neidischen Augen an und gedachte auf Mittel, wie er mir den Stein stossen und durch meinen Unfall dem seinigen vorkommen möchte". Das Positivum davon ist *einem (wieder) in die Schuhe helfen:* sein Fortkommen fördern; so bei Franck (‚Chronik' 262): „item sy (die Christen in Rom) hetten auch vor Paulo Narcissum, Andronicum, Juliam, die sy in Christo anleiteten bisz Pauli zuokunfft yhn gar in die schuoch und auff die füsz halff".

Seinen Fuß in eines andern Schuh haben: ihn am Fortkommen, an seinem Glück hindern.

Keine kleinen Schuhe anhaben: gut leben; ebenso *seine Schuhe mit Hasenfellen füttern,* ndl. ‚Hij heeft zijne schoenen met hazevellen gelapt'. ‚Es is em koa Schua g'reacht', er ist mürrisch, mit nichts zufrieden.

In keinen alten Schuh mehr taugen (passen): zu nichts brauchbar sein, in allem getadelt werden: auch mdal. ‚in kai schue me basse (guet sei)', ‚ar tögt in ken alt'n Schuah mehr', schweiz. ‚er ist i ke Schue ie gut'.

Einem etw. in die Schuhe schieben (gießen): jem. einer Tat bezichtigen, ihm die Schuld

SCHUH

an etw. geben. Die Rda. wird zurückgeführt auf die fahrenden Gesellen: wenn
sie etw. gestohlen hatten und es drohte
eine Durchsuchung, so schoben sie den
gestohlenen Gegenstand im gemeinsamen Nachtquartier einem anderen in die
Schuhe, um den Verdacht von sich abzulenken; ndd. ,weame wat in de Schau gei-
ten'; ndl. ,iemand iets in de schoenen
schuiven'.
Entspr. *etw. in die Schuhe nehmen:* die
Verantwortung eines anderen übernehmen; in diesem Sinne auch bei Brentano
(8,336): „Es soll mir eine Freude sein, allen Verdruß, alle Unbequemlichkeit, die
dieser Sache folgen könnten, ganz allein
in die Schuhe zu nehmen".
Dagegen umschreibt die Rda. *jem. in die
Schuhe brunzen* einen gemeinen Streich,
vgl. ähnl. ,jem. in die Suppe spucken'; ähnl.
schweiz. ,jem. in die Schuhe blasen',
einem eins auswischen.
Umgekehrt wird ein Schuh daraus sagt
man im Scherz, wenn einer etw. gerade
auf die entgegengesetzte Weise anfängt,
als es richtig wäre, ⌐ umgekehrt.
Mit Schuhen werfen: stark laufen; obd.
,d'Schue binde', sich auf und davon machen; ndd. ,eenem een paar Schoe geven',
einem den Laufpaß geben, ihn davonjagen.
Seine alten Schuhe wieder anziehen: zu
den alten Zuständen zurückkehren, ndl.
,Hij treekt zijne ouden schoenen weer
aan'; *Er hat vergessen, daß er in zerrisse-
nen Schuhen gegangen ist:* er will sich seiner geringen Herkunft nicht mehr erinnern.
Fränk. ,Dein Schuh wird mir auch einmal
g'recht', dich werde ich auch noch einmal
zu fassen bekommen.
,Die Schuhe mit Bast binden' zu müssen,
war ein Zeichen großer Armut; ähnl. ,die
Schuhe mit Rotz schmieren'; so schildert
Mathesy einen Geizhals mit den Worten:
„Ein Nagenranfft vnnd filtziger Küssen-
pfennig frisset daheim wie ein Saw, kleidet sich wie Codrus, schmiert die Schuhe
mit Rotz, flickt die Hosen mit Ablaßbrie-
fen". *Das Herz fällt in die Schuhe* (gebräuchlicher: *Hose*), so bei Martin Luther
(6,492): „... wenn sie es gleich so hart fü-
leten, das jnen das hertz in die schuch und
noch tiefer fellet".

Die Schuhe an jem. abwischen ist ein Zeichen der Verachtung, obd. ,Er wör ken
schue anner abwüscha', er verachtet sie so
sehr, daß er nicht einmal die Schuhe an ihr
abwischen will. *Sich wie einen Schuhwisch
behandeln lassen:* sich zu allem gebrauchen lassen, keinen Stolz haben.
Etw. für einen Schuhlumpen achten: es
sehr geringachten; Luther (,Hauspostille'
53): „Ein Christ soll sein Leben wie Johannes als einen Schuhlumpen achten".
*Nicht wert sein, jem. die Schuhriemen zu lö-
sen:* nicht würdig sein, selbst den niedrig-
sten Dienst zu leisten; die Rda. ist bibl.
Herkunft (Mark. 1,7; Luk. 3,16; Joh. 1,27
u. a.); Luther verwendet um ,Sendbrief
von Dolmetschen': „Urteileten dem guten
man sein werck die jhenige, so ym die
schuch hetten sollen wischen" (Weimarer
Ausg. 30,2, S. 634). Vgl. frz. ,N'être pas
digne de défaire la courroie de la chaussure de quelqu'un'.
Heute sagt man, um eine unzumutbare
Dienstleistung abzuweisen: ,Deinen
Schuhputzer mache ich noch lange nicht';
ndl. ,niet waard zijn iemands schoenriem
te ontbinden'. *Etw. ist um einen Schuhriemen zu teuer:* es ist wertlos.
Der Ausdr. ,Schuhnägel' wurde zuerst für
eine kräftige Sorte von Pillen gebraucht,
dann auch übertr. für Ungebührlichkei-
ten; daher die Rda. *ein ganzes Gericht
Schuhnägel verschlucken:* viele Ungebühr-
lichkeiten einstecken müssen; so heißt es
einmal im Wochenblatt der New Yorker
Staatszeitung (vom 10. Okt. 1863): „Die
Deutschen (in den USA) hatten schon
mehr als ein Gericht Schuhnägel (von seiten der Yankees) verschluckt". In Bremen
sagt man iron.: ,Dat is so gesund, as ene
Hand vull Schonagel'.
Die Einwohner von Meran werden
,Schuhverlierer' genannt, weil sie im Jahre
1499 nach der Schlacht an der Calven gegen die Engadiner den Rückzug nach Meran in ungebührlicher Eile angetreten
haben sollen. Ndd. ,sick up de Scholap-
pen geven', sich auf die Socken machen,
Reißaus nehmen; ,Schuhlappen' bezeichnete urspr. den Flecken am Schuh, dann
den Schuh selbst.

Lit.: *G. H. Goetz:* Dissertatio pervulgatum illud: Doctor Luthers Schuhe sind nicht allen Dorfpriestern gerecht (Lübeck 1725); *Aigremont:* Fuß- und Schuh-

Symbolik und -Erotik (Ndr. Darmstadt o. J.); *G. Jungbauer:* Art. ‚Schuh', in HdA. VII, Sp.1292–1353; *R. Forrer:* Archäologisches über den Schuh (Schönenwerd 1942); *W. Sulser:* Im Zeichen des Schuhs, in: Atlantis 33 (1961); *W. Till:* Schuh- und fußförmige Anhänger und Amulette (München 1971); *L. Röhrich* u. *G. Meinel:* Rdaa. aus dem Bereich von Handwerk und Gewerbe, in: Alem. Jb. (Bühl/Baden 1973). *W. Danckert:* Symbol, Metapher, Allegorie im Lied der Völker, Bd. II (Bonn 1976), S. 735 ff.; *K. Ranke:* Art. ‚Abtragen der Schuhe', in: EM. I, Sp. 40–42.

Schulbank. *Noch die Schulbank drücken müssen:* noch schulpflichtig sein, tüchtig lernen müssen; vgl. frz. ‚Aller encore à l'école'.

Ähnl. Bdtg. hat die Wndg. *Er mag noch etw. auf der Schulbank (herum)rutschen.* Sie wird gebraucht, wenn die Eltern der Meinung sind, daß ihr Sohn noch eine weiterführende Schule besuchen soll, entweder um seine Bildung zu vervollkommnen oder weil er für das Berufsleben noch nicht reif genug ist und auch seine körperlichen Kräfte noch wachsen sollen. Vgl. ndl. ‚Hij mag nog wel een jaartje of wat ter school gaan'. Von einem, der recht wenig gelernt hat, heißt es scherzhaft: *Er hat sich auf der Schulbank wenig Schiefer eingezogen.* Die Schulbank spielt in der Ausstattung der modernen Schulen keine Rolle mehr, doch der Ausdr. ist auf die Schulzeit allg. übertr. worden.

Schuld, schuldig. *Schuld an etw. tragen:* etw. Negatives, eine falsche Entwicklung, einen Unfall, ein Unglück verursacht haben. *Die Schuld bei sich selbst suchen müssen:* für etw. die Verantwortung übernehmen müssen, vor sich selbst ehrlich sein u. sich etw. eingestehen müssen. Ähnl.: *Die Schuld auf sich nehmen,* aber auch i. S. v.: einen anderen entlasten wollen; für andere leiden wie Christus. Dagegen: *Jem. die Schuld zuschieben:* einen anderen für sich leiden lassen, sich einen ↗Sündenbock suchen. *Sich keiner Schuld bewußt sein:* ein reines Gewissen haben.

Jem. eine Schuld vergeben: ihm verzeihen. Die Wndg. ist durch die Bitte im ‚Vater unser': „Und vergib uns unsere Schuld ..." Allgemeingut geworden.

Die Feststellung, daß sich am Ende ‚alle Schuld rächt' beruht auf den Worten des Harfenspielers in Goethes ‚Lehrjahren' (2, 12):

Ihr führt ins Leben uns hinein,
Ihr laßt den Armen schuldig werden,
Dann überlaßt ihr ihn der Pein;
Denn alle Schuld rächt sich auf Erden.

Dostojewski nannte seinen Roman von 1866: ‚Schuld und Sühne'.

Die Rda. *Mehr Schulden als Haare auf dem Kopfe haben* ist bibl. Herkunft, denn nach Psalm 40,13 heißt es von den Sün-

Sebastian Franck: Sprichwörter (Zürich 1545), Stichwort: Schuld, schuldig

den: „Ihrer ist mehr, denn Haare auf meinem Haupt".

Jem. nichts schuldig bleiben: in übertr. Sinne: jem. einen (verbalen) Angriff mit gleicher Münze heimzahlen, mit gleicher Schärfe reagieren.

Schuldigkeit. *Seine Schuldigkeit getan haben:* seine Kraft eingesetzt und seine Aufgabe so gut wie möglich erfüllt haben, aber auch: nicht mehr gebraucht werden und Undank erfahren müssen. Schiller gebrauchte die Wndg. in seinem ‚Fiesko‘ (III, 4) 1783, wonach wir auch zitieren: „Der Mohr hat seine Schuldigkeit getan; der Mohr kann gehen".
Seine (verdammte) verfluchte Schuldigkeit tun: eine selbstverständliche Pflicht erfüllen. Häufiger sagt man dafür: *seine verdammte Pflicht und Schuldigkeit tun,* ↗ Pflicht.

Schuldturm. *Jem. in den Schuldturm werfen:* wegen Zahlungsunfähigkeit ins Gefängnis bringen. Früher gab es speziell ein ‚Schuldgefängnis‘: in der Nürnberger Polizeiordnung aus dem 15. Jh. heißt es: bleibt der Schuldner mit der Rückzahlung säumig, „so sol er auff begern des clagers in den schultthurn gefüret ... werden". Hans Sachs dichtete in den Fastnachtspielen (Neudr. 3, 57, 50):
Ach, ich muß heut zwölff gülden han
oder in den schuldthuren gan.
Lit.: *Ch. Hinckeldey* (Hg.): Strafjustiz in alter Zeit (Rothenburg 1980), Kap. Geldstrafen, S. 173–175.

Schule. *Hinter (neben) die Schule gehen:* den Unterricht absichtlich versäumen; seit 1691 durch Stieler gebucht. Gemeint ist urspr.: statt ins Schulhaus daran vorbeigehen. Bei Platen heißt es (1839): „wenn ich nicht hinter die Schule gegangen wäre, so könnt ich lesen". Es gibt zahlreiche mdal. Varianten. Im Els. bez. man mit ‚Neweh d Schuel gehn‘ auch Ehemänner, die ‚neben hinaus‘ gehen. Vgl. ndl. ‚Hij heeft achter de haag geloopen‘ und frz. ‚faire l'école buissonnière‘. In gleicher Bdtg. sprechen wir von *die Schule schwänzen.* ‚Schwänzen‘, (eine Vorlesung) versäumen, ist um die Mitte des 18. Jh. aus rotw. ‚schwentzen‘ = herumschlendern, bummeln von Studenten übernommen

worden; durch Hagedorn und Schiller wurde es schriftsprachl.; vgl. frz. ‚sécher l'école‘ (Schülersprache).

Man hat ihn in die Schule gebracht (genommen): man hat ihn in Zucht und Ordnung genommen, ihn hart angefaßt. Hier wird die Schule als Erziehungsanstalt fürs Leben gesehen. Jidd. ‚Män hot ihn genömmen in Cheeder (= Schule) hinein‘. Schweiz. ‚I will di in d'Schuel füere-n, daß lehrsch läse‘, ich will dir zeigen, wer recht hat.

In die Schule gefoppt werden: durch Versprechungen zu einem Übel verlockt werden, wie man das Kind z. B. durch Süßigkeiten und Versprechen zum Besuch der Schule bringt. 1866 die jidd. Form ‚So werd me ins Cheeder geuzt‘.

Jem. noch in die Schule schicken müssen: ihn erst einmal die Anfangsgründe seines Berufs erlernen lassen; vgl. frz. ‚renvoyer quelqu'un à l'école‘.

Bei jem. noch in die Schule gehen können: bei einem noch viel lernen, sich seine Erfahrung zunutze machen können. Vgl. ndl. ‚Gij kunt bij hem nog wel school gaan‘.

Miteinander in eine Schule gegangen sein: sich gut kennen und dieselben Fehler besitzen. Vgl. lat. ‚Eodem in ludo docti sunt‘; frz. ‚être allé à l'école ensemble‘. Die Wndg. *Ich bin auch mal zur Schule gegangen* dient der empörten Zurückweisung überflüssiger Belehrungen.

Alle Schulen durchgemacht haben; sehr viel Lebenserfahrung besitzen, auch in negativer Bdtg. durchtrieben sein, es faustdick hinter den Ohren haben.

Eine Schule zuviel haben: dünkelhaft, eingebildet, närrisch sein; schwäb. ‚Er hat e Schul z'viel‘.

Von der alten Schule sein: sehr höflich, formvollendet sein. ‚Ein Kavalier der alten Schule‘ ist einer, der sich Damen gegenüber sehr galant und zuvorkommend verhält; meist anerkennend gesagt, z. B. ‚Man wäre heutzutage froh, man fände noch einen Kavalier der alten Schule‘. Zuweilen hat sich jedoch Anerkennung in Tadel gewandelt, und man benutzt die Wndg. als abfällige Bez. für einen Mann älteren Jahrgangs, der glaubt, sich alles, bes. Frauen gegenüber, erlauben zu können. Als Beispiel für diese Bedeutungsver-

1413

änderung ein Beleg aus der modernen dt. Lit.: „Der Mann, der hier das Wort führt, am Tischende der Runde vorsitzt, ein Chirurg um die sechzig, zu Scherzen immerzu aufgelegt, faßt die junge Frau des Kollegen beim Arm, um sie zu ihrem Platz zu geleiten, drückt beiläufig an ihrem Oberarm in Brusthöhe herum, mit der anzüglichen körperlichen Bedrängung, die dem Kavalier alter Schule immer erlaubt ist, um dann wenig später mit der Kellnerin seine Späße zu machen, blinkender Goldzahn, nennt die servierte Kasserolle mit Mixed Grill einen Panzerkreuzer und bekommt sofort einen Frostbeschlag auf die Augen, wenn diese zufällig auf seine Frau treffen" (Botho Strauß: Paare, Passanten, S. 69–70).

Einmal durch die Schule laufen wie die Sau durch den Kot; durch die Schule gegangen sein wie der Esel durch die Mühle: nur eine oberflächliche Bildung besitzen; nur wenig Nutzen von der Schule haben, vielerlei, aber nichts gründlich gelernt haben.

Aus der Schule schwatzen (oder jünger: *plaudern,* auch: *klopfen, waschen):* von Dingen reden, die eigentl. Geheimnisse eines bestimmten Kreises sind. Der urspr. Sinn der Rda. dürfte sein: die Wissenschaft eines besser unterrichteten Kreises vor dem Volke preisgeben, wobei man namentlich an das Wissen der Ärzte denken mag. Aber auch schon den Schülern der griech. Philosophenschulen war es nicht gestattet, das in der Schule Gelernte an Außenstehende weiterzugeben. Die Rda. findet sich 1512 bei Murner in seiner ‚Narrenbeschwörung‘ (55,2): „usz der schuolen sagen" und in der ‚Zimmerischen Chronik‘, Bd. 2, S. 465: „Das unsellig mendlin hat sein glück nit erkennen oder behalten künden, sondern sich vil berüempt und außer der schuel geschwetzt". Die Rda. ist weit verbreitet, wie die zahlreichen mdal. Belege zeigen. Els. ‚us der Schuel bapple‘ ‚ut'r Schaule kören‘ oder schweiz. ‚us der Schul schwätze‘. Andere europ. Sprachen kennen die Rda. ebenfalls, so ndl. ‚uit de school klappen‘, frz. ‚dire des nouvelles de l'école‘ (heute ungebräuchl.) oder engl. ‚to tell tales out of (the) school‘.

Schule machen: Nachahmer finden, so wie etwa die großen Maler des MA. und

der Renaissance ihre Malschulen hatten; vgl. frz. ‚Faire école‘

Jem. hat seine Schularbeiten gemacht: jem. hat sich für eine Aufgabe gut vorbereitet, hat sein Pensum geschafft; offenbar aus dem amer. ‚he has done his homeworks‘.

Aus dem bildungsbürgerlichen Zitatenschatz stammt die zu schulischer Leistung auffordernde Wndg.: ‚Nicht für die Schule, sondern für das Leben lernen‘. Tatsächlich lautet die Formel in den ‚Epistulae morales‘ 106 des Lucius Annaeus Seneca (4 v. Chr.–65 n. Chr.) genau umgekehrt: ‚Non vitae, sed scholae discimus‘.

Lit.: *O. Sutermeister:* Der Schulmeister im dt. Sprw. (Aarau 1878); *K. Knortz:* Der Schulmeister in Literatur und Folklore (Evansville [Ind.] 1899); *E. Reicke:* Lehrer und Unterrichtswesen in der dt. Vergangenheit (Leipzig 1901); *R. Beitl:* Volkskunde und Schule (Leipzig 1934); *L. Schmidt:* Volksglaube und Volksbrauch (Berlin 1966); *E. Moser-Rath:* Lustige Gesellschaft (Stuttgart 1984), S. 171–182.

Schulfieber. *Das Schulfieber haben:* angeblich erkrankt sein, Vorwände machen, um nicht zur Schule (Arbeitsstelle) gehen zu müssen, weil gerade eine Arbeit geschrieben wird oder sonst etw. Unangenehmes bevorsteht. In ihrer Aufregung und der Furcht, daß die Lügen über plötzliche Schmerzen von den Eltern durchschaut werden, kann bei den Kindern die Körpertemperatur tatsächlich vorübergehend etw. ansteigen. Zur Erläuterung dieser Schulkrankheit heißt es schon 1660 bei Corvinus (‚fons latinit.‘ 1,348[b]):

Bist so krank als ein Huhn:
Magst gern essen und nichts thun.

Schulfuchs. *Den Schulfuchs spielen,* auch: *wie ein Schulfuchs aussehen:* ein Stubengelehrter sein, sich steif und pedantisch verhalten, eine wertlose, weltfremde Gelehrsamkeit verteidigen. Hagedorn charakterisiert den Schulfuchs in seinen Versen (Werke 3,32):

Ein Schulfuchs hofft mit dürren
                                                    Gründen
Den Beyfall aller Welt zu finden:
Allein, er wird geprellt.

Vgl. auch frz. ‚faire le pédant‘.
Der Ausdr., der der Verspottung von Lehrern und eifrigen Nachahmern großer Künstler und Wissenschaftler diente, war in der dt. Lit. des 18. und 19. Jh. sehr be-

liebt und wurde u. a. von Herder, Bürger, Günther, Goethe und Schiller verwendet. Die Studenten verspotteten damit die Schüler, die sich ähnl. wie Füchse in ihrem Bau im Schulhaus verbergen mußten und noch keine student. Freiheit besaßen.
Aus einem Schulfuchs gleich einen geheimen Rat machen wollen: einem unerfahrenen Anfänger gleich eine unangemessen hohe Stellung geben, für die ihm die Voraussetzungen noch fehlen, auch: einem jungen Menschen falsche Hoffnungen machen, ein Ziel mühelos und rasch zu erreichen.

Schulgeld. *Das Schulgeld zurückverlangen, sich das Schulgeld zurückzahlen lassen:* nichts gelernt haben, eigentl. ohne jeden Erfolg die Schule besucht und das Geld dafür umsonst ausgegeben haben. Die Wndg. wird meist in der Form einer Aufforderung gebraucht: *Laß dir dein Schulgeld (Lehrgeld) zurückgeben!* Wer offensichtlich geringe Kenntnisse besitzt und sich dumm und ungeschickt bei einer Arbeit anstellt, bekommt dies gelegentlich als eine Art niederschmetternde Beurteilung zu hören. Die Wndg. ist zuerst 1899 im Els. Wb. belegt, wird heute noch oft gebraucht und ist in zahlreichen mdal. Varianten verbreitet. Im Rheinl. heißt es, wenn jem. etw. ganz Einfaches nicht weiß: ‚Bei wem bas de an de Schul gang? Loss der et Lehrgeld zerröck bezahlen' und in Schlesw.-Holst. ‚He schull sien Schulgeld man wedder halen'. Früher hatten die Kinder das festgesetzte Schulgeld dem Lehrer abzuliefern. Dies war bereits in der Antike so. Bei Petronius Arbiter (gest. etwa 66 n. Chr.) findet sich bereits die Sentenz „Iam scies, patrem tuum mercedes perdidisse" (= Du wirst bald merken, daß dein Vater das Lehrgeld umsonst ausgegeben hat). Vielleicht ist hierin das Vorbild für unsere Rda. zu suchen, obwohl sie erst spät bezeugt ist. Immermann führt aus, wieviel der Lehrer früher erhielt: „Er (der Schulmeister) ... hatte 30 Gulden jährlichen Gehalt, außerdem das Schulgeld, zwölf Kreuzer für den Knaben und sechs für das Mädchen" (Werke 1, 72, Boxberger). In übertr. Bdtg. hat bereits Schiller den Ausdr. lit. in seinem ‚Fiesko' (I, 9) verwendet: „Feige Memmen sind's oft, aber doch Kerls, die dem Teufel das Schulgeld mit ihrer armen Seele bezahlen".

Schulsack. *Einen Schulsack gefressen haben:* das ganze Wissen eingeheimst haben (ähnl.: die Bücher fressen, verschlingen). Schulsack war früher die Bez. der Tasche, in der die Kinder ihre Bücher zur Schule trugen. In Murners ‚Schelmenzunft' von 1512 werden diejenigen verspottet, die sich umsonst auf hohen Schulen umhergetrieben haben; das Kapitel ist überschrieben ‚Eyn schulsack fressen' und beginnt:

Das latein hab ich vergessen,
Wiewol ich hab ein schulsack fressen.

Einen guten (keinen) Schulsack haben heißt demnach: eine gute (keine) Schulbildung haben. Der Schulsack steht also für die in der Schule erworbenen Kenntnisse, die man im Schulsack ‚schwarz auf weiß' mit sich trug. Heute noch ist in der Schweiz die Rda. ‚e guete Schuelsak ha' geläufig.

Schulter. *Einem die kalte Schulter zeigen:* ihn abweisend behandeln, ihn zurücksetzen; kalt, gleichgültig gegenüber einem anderen auftreten; so tun, als kenne man ihn nicht; ihm die Hilfe versagen. Die Rda., die bes. in Norddtl. üblich ist, gilt als eine Lehnübers. aus dem Engl. ‚to show one a cold shoulder'. ‚Kalt' ist in der Bdtg. von ‚gefühllos' gebraucht. Ähnl. *auf kalte*

Schultern stoßen: auf Ablehnung, Teilnahmslosigkeit treffen.

Einen über die Schulter ansehen; ihn verächtlich, schief ansehen, ↗ Achsel, ↗ schief. Vgl. ndd. ‚Den süt se kûm över de Schullern an‘, ndl. ‚Hij kijkt hem over den linker schouder‘; frz. ‚regarder quelqu'un de haut‘.

Etw. auf die leichte Schulter nehmen: unbekümmert, leichtsinnig sein; etw. für unwichtig halten, es nicht ernst nehmen und vernachlässigen. Die Wndg. beruht auf einem Zitat aus den Satiren des Horaz (II, 3, 172): „ferre sinu laxo“, eigentl.: etw. nachlässig im Bausch (der Toga) tragen, ↗ Achsel.

Auf beiden Schultern (Wasser) tragen: es mit keinem verderben wollen; es mit verschiedenen Parteien halten. Vgl. lat. ‚Duabus se venditat partibus‘ (Phaedrus) und ndl. ‚Het is een man, die op twee schouders draagt‘. Ähnl. Bdtg. hat die Rda. *auf der rechten Schulter unsern Herrgott und auf der linken den Teufel tragen,* vgl. frz. ‚donner une chandelle à Dieu et une au diable‘ (veraltet). *Einem etw. auf die Schulter legen:* ihn belasten, ihm etw. aufbürden; vgl. frz. ‚charger les épaules de quelqu'un‘; ähnl. *alles auf seinen (den eigenen) Schultern liegen haben:* alle Last allein tragen müssen; vgl. frz. ‚porter un fardeau sur ses épaules‘. *Etw. auf seine Schultern nehmen:* die Verantwortung übernehmen wollen.

Breite Schultern haben: eine große Last ertragen können. Vgl. ndl. ‚Hij heeft breede schouders‘ und frz. ‚Il a de bonnes épaules, il portera bien tout‘.

Auf jem. Schulter stehen: sich auf jem. stützen, seine Erfahrungen oder wissenschaftlichen Erkenntnisse nutzen, seine eigene Arbeit darauf gründen und weiterführende Gedanken entwickeln. In einem alten Sprw. wird der Sinn dieser Wndg. bes. deutlich: ‚Wer einem andern auff den Schultern stehet, der kan weiter sehn dan er‘ (Petri II, 699).

Auf anderer Schulter treten: Vorteile durch andere haben; ihre Hilfe ausnützen und sie gleichzeitig unterdrücken; andere für den eigenen Aufstieg mißbrauchen, da dieser aus eigener Kraft allein nicht möglich wäre; vgl. lat. ‚alienis uti soleis‘.

Jem. auf die Schultern heben: ihn zum Anführer und Vorbild erheben (↗ Schild); ihn vor Begeisterung umhertragen und feiern. *Mit hängenden Schultern dastehen:* mutlos und traurig aussehen, kraftlos in sich zusammensinken.

Schulter an Schulter stehen: sehr dicht nebeneinander stehen, gemeinsam kämpfen und Angriffen standhalten; vgl. frz. ‚être debout côté à côté‘. Diese solidarische Haltung bez. man auch mit dem Schlagwort ‚Schulterschluß‘.

Lit.: *H. Bateson:* To look over the left shoulder, in: Folklore (London) 34 (1923), S. 241–242; *H. Fischer:* Die eheliche Verantwortung und das Schultersymbol, in: Antaios 1 (1960), S. 186–208.

Schund. *Schund- und Schmutzgeschichten erzählen:* verderbliche, aber wertlose Geschichten erzählen oder schreiben.

Zur ‚Schundliteratur‘ gehören Schriften, die ohne lit. Anspruch geschrieben wurden und nur das Sensationsbedürfnis der Masse befriedigen wollen. Der Ausdr. ‚Schund und Schmutz‘ wurde zwar durch das ‚Gesetz zur Bewahrung der Jugend vor Schund- und Schmutzschriften‘ vom 18.12.1926 verbreitet, war aber auch schon vorher umg. gebräuchl.

Lit.: *R. Joerden:* Art. ‚Schund und Schmutz‘, in: RGG. V (³1961), Sp. 1581–1584.

Schuppen. *Jem. fällt es wie Schuppen von den Augen:* er erkennt den wahren Sachverhalt, den er vorher nicht begreifen konnte; seine Verblendung hört auf, er sieht plötzlich klar. Die Rda. ist bibl. Urspr. Als der blinde Saulus durch Ananias im Auftrag Gottes geheilt wird und sich bekehrt, heißt es in der Apostelg. (9, 18): „Und alsobald fiel es von seinen Augen wie Schuppen, und er ward wieder sehend“. Vgl. auch KHM. 164 u. 186. Die Wndg. ist deshalb auch in anderen Sprachen geläufig, vgl. ndl. ‚De schellen vallen hem van de ogen‘; engl. ‚The scales are fallen from his eyes‘; frz. ‚Les écailles lui sont tombées des yeux.‘

Schur. *Jem. etw. zum Schur tun:* jem. Verdruß bereiten, absichtlich ein Ärgernis verursachen, ganz bewußt einen schlimmen Possen spielen; ein häufiger Ausdr. in den Mdaa. mit verschiedenen Lautformen (bair. Schuer, oesterr. Schuar, ndd.

SCHÜRZE

Schôr). Schur ist eine ablautende Bildung zu ‚scheren'. Als Fem. hat es meist seine urspr. Bdtg. von schneiden, scheren bewahrt, wie z. B. im Sprw. ‚Nach der Schur ist nicht mehr viel zu scheren'. Als Masc. hingegen tritt es in allen mdal. Redewndgn. mit übertr. Sinn als Schererei und Plage auf. Vereinzelt begegnet es so schon im Mhd.:

der wuoterîch sâ vur Augespure fuer,
mit roube tet er grôzen schuer.

(Alberus, St. Ulrichs Leben, 813) ‚I wer eam schon an Schurr antuan' heißt es in Kärnten. Wenn bei einem sehr ungleichen Ehepaar der jüngere Partner auf den Tod des älteren hofft, versucht dieser jenem ‚recht lange zum Schur zu leben'. *Nun zum Schur!* dient als Ausruf der eigenen Ermutigung und bedeutet: Nun erst recht!

In Sachsen hört man oft die Feststellung: ‚Das macht er mir (direkt) zum Schure', womit der Verärgerte oder Beleidigte ausdrücken will, daß er die böse Absicht des anderen durchschaut hat. Aber man kann auch versichern, daß man keinen Verdruß oder Verlust verspürt: ‚Das ist mir kein Schur'.

In der Schriftsprache ist ↗ Schererei geläufiger als Schur. Anzengruber gibt deshalb in einer Anmerkung dafür eine Erklärung, als er das Wort gebraucht: „Viel Schur hab' ich dir anthan". Der nordd. Ausspruch ‚Lat die ins erst so mennig Schûr af de Kopp gahn, as ik dan hebb' verwendet das Wort Schur so, daß es zweideutig erscheint: es kann die lange Zeit und Erfahrung des Menschen meinen, aber auch die Plagen und Scherereien, die er bisher aushalten mußte. Die Rda. heißt also: überwinde du erst einmal so viele Schwierigkeiten.

Die Schur haben: Dienst haben. In Schwaben ist diese volksetymol. Entstellung aus dem frz. ‚du jour' bekannt, z. B. ‚der Offizier von der Schur sein'.

Lit.: *E. Damköhler:* Jem. etw. zum Schure thun, in: Zs. f. dt. U. 12 (1898), S. 658–661; *G. Krause:* Jem. etw. zum Schure thun, in: Zs. f. dt. U. 13 (1899), S. 63–64; *D. Kummerow:* Nochmals ‚jem. etw. zum Schure thun', in: Zs. f. dt. U. 13 (1899), S. 67–68.

schurigeln. *Jem. schurigeln;* jem. ohne Grund u. Zweck durch Schikanen das Leben schwermachen, ihn zum Vergnügen

quälen, schulmeistern. Die Belege für ‚schürgeln', ‚schur(i)geln' reichen bis Anfang des 17. Jh. zurück.

Schürze. *Jeder Schürze nachlaufen:* in jede Frau verliebt sein, rasch entflammt sein und daher verschiedenen Mädchen oder Frauen seine Liebe erklären. Vgl. frz. ‚aimer le cotillon'. Ähnl. *hinter jeder Schürze her sein* und *in jede Schürze verliebt sein:* ein ↗ Schürzenjäger sein.

Die Schürze als Hauptbestandteil der Frauenkleidung ist zum Symbol geworden und steht pars pro toto für die Frau. In unseren Nachbarländern wird der gleiche Sinn in anderer Weise ausgedrückt. In Italien sagt man: ‚Attaca il majo ad ogni uscio', er pflanzt den Maibaum vor jeder Tür, d. h. er verehrt gleichzeitig viele. Vgl. auch frz. ‚Il est amoureux des onze vierges' (heute ungebräuchl.) und ndl. ‚Hij loopt altijd achter de meisjes'.

Jem. an der Schürze hängen: jem. auf Schritt und Tritt nachfolgen, ihn durch Anhänglichkeit belästigen, sich aufdrängen, ängstlich und unselbständig sein, keine Entscheidung allein treffen wollen. In der Schweiz heißt es von einem Freier, dessen zu häufige Besuche bei seiner Braut auffallen: ‚Er will'r a immer am Schurz stechn'.

Seiner Mutter immer noch an der Schürze (am Schürzenband, Schürzenzipfel) hängen: von ihr abhängig sein, sich gern bevormunden und leiten lassen. Die Rda. wird bes. auf Kinder angewendet, die sich nur schwer von ihrer Mutter trennen und von unselbständig gebliebenen Erwachsenen, die alles der Mutter wie bisher überlassen. Vgl. ndl. ‚aan iemands riem hangen', engl. ‚to hold by the apron-strings'; frz. ‚être toujours dans les jupons de sa mère'; ↗ Gängelband.

Die Schürzen sind hier klüger als die Hosen: die Frauen zeigen mehr Einsicht als die Männer. Vgl. frz. ‚l'esprit est tombé en quenouille dans cet endroit' (veraltet).

Sie trägt etw. unter ihrer Schürze: sie ist schwanger. Diese Rda. ist auch mdal. verbreitet, z. B. heißt es in Vorpommern von einem Mädchen, das ein Kind erwartet: ‚Und nu hett sei all wat ünner de Schört'. Ebenfalls zur Umschreibung dient die Wndg. *Der Schurz (die Schürze) wird ihr zu*

1417

kurz und die schwäb. Wndg. *„Sie hat a neue Schurz a'*.

Nicht nur die Frau als Ganzes wurde durch die Schürze symbolisiert, sondern auch die weibl. Geschlechtsteile. Daher ist *der Verlust der Schürze* synonym mit der Entjungferung. Verliert z. B. in Oldenburg eine Braut die Schürze, ‚so fleit die Freete af', d. h. die Brautschaft wird abgebrochen.

Auch im Volksglauben spielt die Schürze eine Rolle. Allg. heißt es, wenn einem Mädchen die Schürze abfällt, denkt der Schatz seiner. In Meckl. meint man, daß die Braut die Liebe ihres Verlobten verliert, wenn sich ihr Schürzenband von selbst löst. In Schlesien soll eine Weibsperson niemanden die Hand an ihrer Schürze abwischen lassen, weil derjenige ihr sonst gram wird.

Lit.: *D. H. Van:* Een schortje spannen, in: Biekorf 38 (1932), S. 223; *G. Jungbauer:* Art. ‚Schürze', in: HdA. VII, Sp. 1364–1378; *E. Legros:* Les ‚tabliers sans cordons" et les ‚larges tabliers" dans les expressions proverbiales, in: Enquêtes du Musée de la Vie Wallone 9 (1962), S. 243–249.

Schürzenjäger. *Ein Schürzenjäger sein:* ein in der Liebe nicht ernst zu nehmender Schmeichler der Frauen sein, der von ihnen meist abgelehnt wird, wenn sie ihn erkannt haben und nun seinen Versicherungen und Liebesschwüren keinen Glauben mehr schenken können; vgl. frz. ‚un coureur de jupons' und ‚courir le jupon'. Die Rda. ist um 1900 aufgekommen, ↗Schürze.

Schuß. *Einem vor den Schuß kommen:* jem. unversehens in den Weg laufen, der nur auf diese günstige Gelegenheit gewartet hat, um einmal mit ihm abrechnen zu können. Urspr. bezieht sich die Wndg. nur auf den Jäger, der sein Wild belauert, um es dann sicher erlegen zu können. In übertr. Bdtg. braucht Schiller die Rda. auch lit. So ruft der Musikus Miller in ‚Kabale und Liebe' (II, 4) in seinem Zorn auf den Sekretär Wurm aus: „Aber soll mir der Tintenkleckser einmal in den Schuß laufen!"

Ähnl. Sinn hat die Rda. *in die Schußlinie geraten:* ins Feuer, ins Gefecht geraten, in die Gefahr hineinlaufen, in übertr. Bdtg.: sich heftiger Kritik aussetzen. So verwen-

det Bismarck diesen Ausdr. in seinen Reden (6,38): „Der Herr Redner hat sich über Nacht künstlich in die Schußlinie gewisser von ihm mir zugeschriebenen Vorwürfe gestellt". Vgl. auch frz. ‚passer dans la ligne de mire de quelqu'un'.

Im Obersächs. meint man mit der Aufforderung: ‚Geh mir aus der Schußlinie!' steh mir nicht im Wege herum, störe mich nicht beim Arbeiten, hindere mich nicht bei meinem eiligen Hinundherlaufen!

Weit vom Schuß sein (sitzen, stehen): außer Reichweite, außer Gefahr sein, auch: sich durch seine Abwesenheit geschickt der Kritik entziehen, weit entfernt von der Stelle sein, wo man gerade dringend gebraucht wird. Vgl. lat. ‚Extra telorum jactum sedere'. Ähnl.: *über den Schuß sein:* an einer sicheren Stelle sein, wohin der Schuß nicht reicht. Vgl. ndl. ‚buiten schot blijven'; engl. ‚to be out of gun-shot'; frz. ‚rester hors d'atteinte'.

Zu weit vom Schuß sein: zu weit weg sein und deshalb die brennenden Probleme nicht gut genug kennen, um etw. richtig beurteilen zu können, eigentl.: weit vom Gefecht, weit hinter der Front sein.

Nicht zum Schuß kommen: keine Gelegenheit haben, sein Vorhaben durchzuführen, den günstigen Augenblick verpassen, gehindert werden, auch: keine Möglichkeit haben, eine fotografische Aufnahme (einen Schnappschuß) zu machen.

Zum Schuß kommen: zu seinem Ziel gelangen. Die Wndg. wird auch als verhüllende Umschreibung für die sexuelle Befriedigung des Mannes gebraucht. Daher auch: *gut in Schuß sein:* potent sein.

Seinen Schuß gut anbringen: die erwünschte Wirkung erzielen, seine Mittel gut und zweckentsprechend einsetzen, seinen Vorteil zu nutzen wissen. Vgl. frz. ‚assener bien son coup'.

Den ersten Schuß haben wollen: einen Vorsprung und damit die größere Chance haben wollen. Die Rda. bezieht sich auf das Duell mit Pistolen, wobei der erste Schütze im Vorteil war, weil er die Möglichkeit besaß, gleich beim erstenmal seinen Gegner zu verwunden oder zu töten und damit für sich ungefährlich zu machen. Die Bedingungen beim Duell waren verschieden und wurden vorher genau ausgehandelt und festgelegt: entweder hatte der Beleidigte den ersten Schuß, oder es wurde darum gelost, manchmal schossen die Gegner auch gleichzeitig.

Nicht auf den ersten Schuß fallen: standhaft sein, sich nicht vorschnell ergeben, solange noch etw. Hoffnung bleibt. Diese Wndg. bezieht sich urspr. wohl auf die Belagerung einer Festung oder Stadt, die standhaften Widerstand leistet. Vgl. ndl. ‚Hij valt niet met het eerste schot'.

Einen Schuß in den Himmel tun: etw. Unnützes und Unsinniges tun. Wahrscheinl. besteht bei dieser Rda. ein Zusammenhang mit dem noch heute in einigen Gegenden üblichen Wetterschießen, das das Unwetter vertreiben soll. Fremde, die diesen Brauch nicht kennen, verurteilen ihn und machen ihn als wertlos verächtlich. Ähnl.: *Es ist ein Schuß in die Luft:* es ist ein ziel- und planloses Vorgehen, es bleibt wirkungslos. Vgl. frz. ‚C'est un coup tiré en l'air'.

Der Schuß geht nach hinten (los): eine Maßnahme richtet sich gegen jem. selbst. *Der Schuß geht daneben:* etw. schlägt fehl. Ein Schlager der Ggwt. nutzt die Wndg. im Refrain mehrfach als bloße Feststellung und schließlich als Spott:

Im Leben, im Leben

geht mancher Schuß daneben.

Der Schuß ins Schwarze ↗ schwarz.

Jem. einen Schuß vor den Bug geben (setzen): jem. durch Worte oder Taten nachdrücklich warnen, ihn zur Änderung seines Verhaltens zwingen. Die Wndg. beruht auf der Kriegführung zur See. Durch einen Warnschuß dicht vor den Bug wurde ein fremdes Schiff zur Kursänderung gezwungen oder aufgefordert, sich zu ergeben.

Es ist ein Schuß unter Wasser: es ist ein verborgener, gefährlicher Angriff. Auf See waren diese Geschosse am gefürchtetsten, weil man oft nicht rechtzeitig bemerkte, wenn der Schiffsboden ein Leck erhielt. Vgl. ndl. ‚Hij geeft hem een schot onder water'.

Keinen Schuß (Pulver) wert sein: nichts taugen, schlechte Charaktereigenschaften haben, für bes. ehrlos gelten. Ein Soldat, der wegen eines schweren Vergehens verurteilt werden sollte, hatte meist einen ‚ehrlichen Tod' durch die Kugel zu erwarten. Es war eine Art Auszeichnung gegen-

über den anderen Hinrichtungsarten, wenn er zum Tod durch Erschießen, ‚zu Pulver oder Blei begnadigt' wurde. War einer nicht einmal einen Schuß wert und die Kugel für ihn zu schade, so daß er gehängt wurde, dann mußte er sich eines abscheulichen, unmenschlichen Verbrechens schuldig gemacht und diese Verachtung verdient haben.

Einen Schuß (weg) haben (bekommen): betrunken, närrisch sein, auch: verliebt und übermütigster Laune sein. Bei dieser Wndg. ist an die Geschosse der Krankheitsdämonen, aber auch an die Pfeile Amors zu denken, ↗ Bilwis. Die mdal. Rda. aus der Steiermark ‚ea hod an Schuß' meint: er ist launisch, überspannt. Ähnl.: *Er hat einen Schuß zuviel:* er ist verrückt. Vgl. frz. ‚Il a un coup de hache' (veraltet).

Einen Schuß Leichtsinn im Blut haben: unbekümmert leben, nicht an die Folgen für die Zukunft denken. Die Wndg. beruht auf der alten Vorstellung, daß die Zusammensetzung der Körpersäfte für Charakter und Temperament des Menschen verantwortlich ist. Die Rda. dient somit der scherzhaften Entschuldigung eines Leichtsinnigen. Der Grund für sein Verhalten wird in seiner Blutbeschaffenheit gesucht, er selbst kann also nichts dafür und vermag sich auch nicht zu ändern.

Einen Schuß tun: plötzlich stark zu wachsen beginnen.

Etw. in Schuß bringen: eine Sache kräftig vorwärtsbringen, ordnungsgemäß herrichten, reparieren. Die Rda. ist vom Geschütz hergenommen, das für den Abschuß vorbereitet und hergerichtet, auf das Ziel eingestellt wird. Vielleicht besteht auch ein Zusammenhang mit der Weberei und der Einrichtung des Webstuhles, da ‚Schuß' auch die Bez. für die Querfäden eines Gewebes ist. Vgl. frz. ‚mettre quelque chose en branle' (in Schwung bringen).

Etw. in Schuß haben (halten): es gut in Ordnung, im Gang haben, eine Sache funktionsbereit und brauchbar erhalten.

Im Schuß sein: in Betrieb, in Gang sein, laufen, auch: ganz gesund sein. Dagegen: *nicht recht im Schuß sein:* nicht recht in Ordnung sein, sich nicht ganz wohlauf fühlen.

Sich einen Schuß verabreichen: in der Drogenszene: sich eine Dosis Heroin spritzen. Mit dem ‚goldenen Schuß' wird die Injektion einer tödlichen Dosis Heroin bez. Im amer. heißt ‚Schreckschuß': ‚crack shot'.

Lit.: *L. Honko:* Krankheitsprojektile (= FFC. 178) (Helsinki 1959); *A. Taylor:* Crack shot, in: Western Folklore 19 (1960), S. 130; *L. Röhrich* u. *G. Meinel:* Rdaa. aus dem Bereich der Jagd u. der Vogelstellerei, S. 320f.

Schüssel. *Die Schüssel leer finden* oder *nur leere Schüsseln finden:* nichts mehr vorfinden; keinen Anteil erhalten, eigentl.: zu spät zum Essen kommen, wenn nichts mehr übriggeblieben ist. Vgl. lat. ‚Ne bolus quidem relictus' (Erasmus, 517); frz. ‚être obligé de diner par cœur'; engl. ‚to dine with Duke Humphrey' und ndl. ‚de Hond in de pot vinden', in dem Augenblick kommen, wenn der Hund den Topf ausleckt und die Knochen erhält.

Vor leeren Schüsseln sitzen: Hunger leiden müssen; vgl. frz. ‚danser devant le buffet' (vor dem (leeren) Küchenschrank tanzen).

‚Eine reine Schüssel und nichts drin haben' heißt es in der Niederlausitz von einer Bäuerin, die viel putzt und zu wenig Zeit und Interesse für die Landwirtschaft hat.

Aus einer Schüssel essen: zusammengehören, gleiches Schicksal haben, die gleichen Meinungen und Ziele haben, zusammenhalten, eigentl.: zu der bäuerlichen Hausgemeinschaft gehören, die miteinander vertraut war und aus einer großen Schüssel aß. Vgl. lat. ‚eodem bibere poculo' und ndl. ‚Zij eten uit éénen schatel'.

Aus zwei Schüsseln zugleich essen: von zwei Seiten Vorteile haben, aus zwei Stellungen Gehalt beziehen; vgl. frz. ‚manger à tous les râteliers' (aus allen Futterkrippen sowie ‚s'emparer de l'assiette au beurre' (nach der Butterschüssel greifen).

Immer der erste in der Schüssel sein wollen: nur an sich denken, sich das Beste vorwegnehmen, sich unverschämt vordrängen und etw. beanspruchen, was einem nicht zukommt. Vgl. auch das Sprw. ‚In der Schüssel der erste, aus dem Bett der letzte'.

Einem die große Schüssel vorsetzen: ihn bevorzugen, ihm die größten Vorteile zuwenden.

Einem etw. in die Schüssel bieten (bringen, legen, werfen): ihn unterstützen, ihm Zuwendungen machen, zu seinem Lebensunterhalt beitragen, auch: ihn auf seine Seite bringen, ihn bestechen. Vgl. ndl. ‚Iemand iets in zijn schotel schaffen', engl. ‚to lay a thing in one's dish' und frz. ‚mettre les petits plats dans les grands': jem. köstlich bewirten. ↗ Tablett.

Es hat ihm gut in die Schüssel geregnet: er hat eine große Erbschaft erhalten, er ist über Nacht (im Schlafe) reich geworden. Vgl. ndl. ‚Het heeft veel geregend in zijne kom'.

Verdeckte Schüsseln auftragen: seine Absichten nicht verraten, sich mit einem Geheimnis umgeben. Vgl. ndl. ‚Met gedekte schotels opdischen' und die ähnl. dt. Wndg. ‚seine Karten nicht aufdecken'.

In seine eigene Schüssel schauen: sich um sein Haus, um seine eigenen Angelegenheiten zuerst kümmern.

Das ist eine Schüssel aus seiner Küche: das stammt unbedingt von ihm, das kann nur er fertiggebracht haben, das ist ein Streich, der ihm ähnl. sieht. Vgl. frz. ‚C'est un plat de son métier'.

Dir hab' ich schon lang' was auf der Schüssel: mit dir habe ich noch etw. abzurechnen. Die Wndg. wird als Drohrede gebraucht. Die wien. Rda. ‚Sie ist aus der zehnten Schüssel' meint: sie ist eine sehr entfernte Verwandte.

Lit.: *A. Haberlandt:* Art. ‚Schüssel', in: HdA. IX (Nachtr.), Sp. 396–399.

‚Aus einer Schüssel essen'

Schuster. *Auf Schusters Rappen reisen (reiten, ankommen):* zu Fuß gehen. Die schwarzen Schuhe wurden scherzhaft die Rappen des Schusters genannt. Abraham a Sancta Clara brauchte diese Rda. bereits lit. in seinem „Judas' (I, 197): „Auf deß Schusters Rappen reiten". Gottfried Seume dichtet sinngemäß (Werke, I, 212):

Darauf lief ich, wie ein Don Quischott,
Hinab, hinan die Erde,
Bald Kuhschritt und bald Hundetrott,
Auf meines Schusters Pferde.

Früher sagte man auch statt dessen: ‚auf seiner Mutter Fohlen reiten', z. B. heißt es in Behaims ‚Buch der Wiener' (203,29):

Wir musten all zu fußen gan,
man sach viel manchen werden man
reiten auff seiner muter voln.

Diese Wndg. ist bereits in mhd. Zeit belegt. In Heinrichs von Freiberg ‚Tristan' wird Keie, als er zu Fuß anstatt zu Pferde heimkehrt, von einem anderen Ritter verspottet:

Twar als alt als ich bin,
so gesach ich iuch, ritter wert,
geriten nîe so guot ein pfert,
als ir nu tuot in dirre zît.
ir und iuwer rössel sît
zwâr mît einander geborn
„Keie uf siner muoter vüln
ist gesezzen!" einer sprach,
darnach aber ein ander jach:
er ritet der zwelfboten pfert.

Die letzte Zeile der Spottrede wird heute meist in lat. Form als ‚per pedes apostolorum', zu Fuß wie die Apostel, gebraucht. In Köln nennt man die Füße deshalb die ‚Apostelpferde', und die ndd. Rda. ‚Spann din Apostelpeerd an!' meint: mach dich auf die Beine! Diese Wndg. wird schon 1653 von Johann Wilhelm Lauremberg in seinen ‚Schertzgedichten' (4. Gedicht, V. 141) lit. verwertet:

Ick quam in eine vörnehme Stadt
up mine Apostel Peerde gereden.

Vgl. ital. ‚andare sul cavallo di San Francesco': auf dem Pferd des heiligen Franziskus reiten. Die Rda. ist ebenfalls spöttisch gemeint, weil die armen Franziskanermönche zu Fuß gingen, im Unterschied zu den reichen Benediktinern, die zu Pferde reisen konnten. Vgl. auch frz. ‚aller su la haquenée des cordeliers' (veraltet).

Ein Schuster sein: ein Pfuscher sein, der nur Flickarbeit oder ein unvollkommenes Werkstück herstellen kann, weil er nichts Rechtes gelernt hat. Schuster galt früher als Schimpfwort für die ungeschickten Schuhmacher und wurde dann erweitert auf alle die bezogen, deren schlechte Arbeit man verächtlich machen wollte. Waldis (Werke II, 19,9) verwendet den Ausdr. auch lit.:

Denn mich daselbst kein visch nit kent
Vnd nit mehr einen Schuster nennt.

Vgl. frz. ‚travailler comme un sabot' (wie ein Holzschuh arbeiten).

Einen Schuster machen: einen mißlungenen Versuch machen, etw. durch seine Arbeit oder Einmischung grundsätzlich verderben. Ähnl. meint die Wndg. *etw. zusammenschustern:* ohne Geschick und Neigung etw. nur notdürftig bewerkstelligen; vgl. frz. ‚saboter quelque chose'.

Schuster werden: im Spiel doppelt verlieren, ↗Schneider; *spielen wie ein Schuster:* schlecht, ohne rechte Aufmerksamkeit spielen, nichts davon verstehen; vgl. frz. ‚jouer comme un sabot'.

Sie hat ihm den Schuster gegeben: sie hat ihn abgewiesen, ihm den Abschied gegeben.

Schuster und Schneider werden dem nicht mehr viel anzupassen haben, aber der Tischler: er wird bald sterben.

Er will Schuster werden, um sich die Schuhe selber machen zu können: er will alles selbst tun, ist geizig und will andere nichts verdienen lassen.

Auch mdal. Wndgn. sind verbreitet, z. B. sagt man in Norddtl. ‚pralen as de Schoster mit enem Leest', wenn jem. sehr arm ist und sich dessen noch rühmt. Macht jem. große Umstände oder führt weitschweifige Gespräche, so heißt es in Bremen: ‚He rekked idt uut, as de Schoster dat Ledder'.

Jem. etw. zuschustern: ihm etw. zukommen lassen, zu seinem Unterhalt etw. beisteuern.

Nicht wissen, zu welchem Schuster man gehen soll: unentschlossen sein, sich schwer für das eine oder andere Übel entscheiden können. Diese Rda. ist bes. in Obersachsen bekannt.

Die Mahnung *Schuster, bleib bei deinem Leisten!* gilt dem, der ohne Sachverstand

‚Schuster, bleib bei deinem Leisten!'

Kritik übt und sich unberufen in alles einmischt, ↗ Leisten. Die Wndg. ist griech. Urspr. und sehr alt. Sie beruht auf einem Ausspruch des Malers Apelles, der zur Regierungszeit Alexanders d. Gr. seine Gemälde öffentl. auszustellen pflegte und sich verbarg, um die Urteile anzuhören. Als ein Schuhmacher getadelt hatte, daß bei den Schuhen auf dem Bilde eine Öse fehlte, fügte der Maler sie hinzu. Dadurch ermutigt, versuchte der Schuhmacher noch weitere Kritik, wurde aber von Apelles zurechtgewiesen. Die Rda. wirkt bis in den neuzeitlichen Schlager weiter:

Schuster, bleib bei deinem Leisten,
Schöne Mädchen kosten Geld.
Leider kostet stets am meisten,
Was nur kurze Dauer hält.

Vgl. auch ndl. ‚Schoenmaker, houd u bij uwe leest'; engl. ‚let the cobbler stick to his last' und frz. ‚chacun doit se mêler de son métier, les vaches sont bien gardées; mêlez-vous de vos pantoufles'; auch: ‚Mêle-toi de tes oignons!' (wörtl.: Kümmere dich um deine eigenen Zwiebeln).

Lit.: *Jungwirth:* Art. ‚Schuhmacher', in: HdA. IX (Nachtr.), Sp. 391–394; *L. Röhrich* u. *G. Meinel:* Rdaa. aus dem Bereich von Handwerk und Gewerbe, in: Alem. Jb. (Bühl/Baden 1973); weitere Lit. ↗ Schuh.

Schutt. *Etw. in Schutt und Asche legen:* eine Sache total vernichten. Die Zwillingsformel verdeutlicht die vehemente Zerstörung, indem sie betont, daß sowohl Erschütterung (Erdbeben, Bomben und Granaten) als auch Feuer eine Sache (Haus, Stadt) vernichtet haben. Die Wndg. wurde bes. in Kriegszeiten als Drohung dem Gegner gegenüber gebraucht, sein Land völlig verwüsten zu wollen. In älterer Zeit verwendete man dafür auch die Formeln ‚Schutt und Staub' oder ‚Schutt und Trümmer'.

Schutzengel. *Jem. hat einen Schutzengel (gehabt):* er ist auf wunderbare Weise behütet, vor Schaden bewahrt worden, bei einem Unfall unverletzt geblieben. Man sagt dies insbesondere von einem Kind, das einer drohenden Gefahr, die es nicht erkennen konnte, entronnen ist, das vor einem Abgrund rechtzeitig zurückwich. Die Schutzengel-Vorstellung begegnet mehrfach bereits in der Bibel: Gute Engel üben gegenüber den Menschen ein Schutzamt aus (Ps. 90,11; Hebr. 1,14). Ihre Aufgaben sind: Abwendung von Gefahren des Leibes u. der Seele, Fernhaltung teuflischer Anfeindungen, Einflö-

‚Einen Schutzengel haben'

SCHWABE

ßung guter Gedanken, Darbringung der Gebete vor Gott (Tob. 12,12), Fürbitte u. Beistand im Tod. Theologisch gewiß ist, daß wenigstens jeder Gläubige (seit Empfang der Taufe) dauernd einen Schutzengel hat (vgl. Matth. 18,10 u. Apostelgesch. 12,15), der ihn ein Leben lang begleitet. Die Idee eines individuellen Schutzengels (in Verbindung mit Matth. 18,10 u. der Lehre des Thomas v. Aquino: Summa theol. I, S. 113, a. 1) wurde erst im Spät-MA. zum Bildgut. Vom 17.–19. Jh. war die Darstellung dieses Themas sehr beliebt u. verbreitet. In der populären Druckgraphik werden Kinder mit ihrem Schutzengel gezeigt, der sie an der Hand auf rechten Wegen leitet. Eindringlich hat Humperdinck diese allg. Vorstellung in seiner Märchenoper ,Hänsel u. Gretel' gestaltet. Die von ihren Eltern im Wald schutzlos alleingelassenen Kinder singen vertrauensvoll gemeinsam den Abendsegen, der auf einem Kindergebet beruht:

Abends will ich schlafen gehn,
Vierzehn Engel um mich stehn:
Zwei zu meinen Häupten,
Zwei zu meinen Füßen,
Zwei zu meiner Rechten,
Zwei zu meiner Linken,
Zweie, die mich decken,
Zweie, die mich wecken,
Zweie, die mich weisen
zu Himmels Paradeisen.

Bes. beliebt ist das Schutzengel-Motiv bis zur Ggwt. geblieben: In einem Schlager von 1989 heißt es:

Schutzengerl, Schutzengerl,
bleib doch bei mir!

Ein Schlagerlied von 1990 hat das Schutzengel-Motiv ebenfalls aufgegriffen:

Jedes Kind hat einen Engel,
der es schützt u. der es hält.

Lit.: *H. Lange:* Art. ,Engel' II,3, in: Lexikon f. Theologie u. Kirche, hg. v. M. Buchberger, Bd. III (Freiburg i. Br. 1931), Sp. 675–676; *K. Hofmann:* Art. ,Schutzengel', in: Lex. f. Theol. u. Kirche, Bd. IX (Freiburg i. Br. 1937), Sp. 360; *E. Lindig:* Das Hinzelmannbuch von 1704 (Staatsexamensarbeit Freiburg i. Br. 1978), S. 127–131.

Schwabe. *Die Schwaben fechten dem Reiche vor:* sie wollen immer in vorderster Kampflinie, überall an erster Stelle stehen, wie es ihrer sprw. Tapferkeit zukommt, die schon Caesar gerühmt hat. Die Schwaben sind stolz auf diesen hist. bezeugten Charakterzug, der zu ihrem Vorrecht führte, in der Schlacht anzuführen und entscheidend zum Sieg beizutragen. Mehrfach wird dies in der mhd. Lit. erwähnt, z. B. im ,Rolandslied' und in der ,Kaiserchronik'. In den DS. Nr. 456: ,Warum die Schwaben dem Reich vorfechten' heißt es zur Erklärung: „Die Schwaben haben von alten Zeiten her unter allen Völkern des deutschen Reiches das Recht, dem Heer vorzustreiten. Und dies verlieh Karl der Große ihrem Herzoge Gerold (Hildegardens Bruder), der in der blutigen Schlacht von Runzefal vor dem Kaiser auf das Knie fiel und diesen Vorzug als der älteste im Heer verlangte. Seitdem darf ihnen niemand vorfechten. Andere erzählen es von der Einnahme von Rom, wozu die Schwaben Karl dem Großen tapfer halfen. Noch andere von der Einnahme Mailands, wo der schwäbische Herzog das kaiserliche Banner getragen und dadurch den Vorrecht erworben". *Ein wackrer Schwabe forcht sich nit:* ein echter Schwabe trotzt jeder Gefahr, heißt es recht selbstbewußt. Die Wndg. ist urspr. ein Zitat aus Ludwig Uhlands Gedicht ,Schwäbische Kunde', in dem es heißt, als ein Schwabe von mehreren türkischen Reitern auf seinem Zug ins Heilige Land angegriffen wird:

Der wackre Schwabe forcht sich nit,
Ging seines Weges Schritt vor Schritt,
Ließ sich den Schild mit Pfeilen
spicken
Und tät nur spöttlich um sich blicken...

Durch das gleiche Gedicht sind die *Schwabenstreiche* berühmt geworden. Der Held, der mit einem Schwertstreich einen Türken zerschlagen hat, antwortet auf die Frage Barbarossas, wer ihn solche Streiche gelehrt habe:

Die Streiche sind bei uns im Schwang;
Sie sind bekannt im ganzen Reiche:
Man nennt sie halt nur
Schwabenstreiche.

Die ,Schwabenstreiche' sind aber auch noch in ganz anderer Bdtg. als lustige Schwänke bekannt geworden. In KHM. 119: ,Die sieben Schwaben' werden die Abenteuer der Sieben berichtet, die mit einem großen Spieß bewaffnet einen Dra-

1423

‚Die sieben Schwaben'

chen bekämpfen wollen. In ihrer Angst halten sie einen Hasen für ein Untier und wollen einer den anderen vorschicken, ganz im Gegensatz zu der angeblichen Tapferkeit, die man ihnen nachsagt.
Einen Schwabenstreich (ein Schwabenstücklein) machen bedeutet daher: sich ungeschickt, töricht, überängstlich anstellen. Vielleicht stehen damit auch die Wndgn. in Zusammenhang: ‚Die Schwaben haben nur vier Sinne' (weil sie ‚riechen' mit ‚schmecken' bezeichnen) und ‚Der Schwabe wird erst im 40. Jahr klug', ↗ Schwabenalter.
Der Schwabe muß allzeit das Leberlein gegessen haben: er wird immer verdächtigt, ihm wird die Schuld zugeschoben. Die Wndg. bezieht sich auf das Märchen ‚Vom Schwaben, der das Leberlein gefressen'. Der Schwabe leugnet hartnäckig gegenüber seinem Reisegefährten (Christus), das Leberlein beim Zubereiten des Lammes genommen zu haben, und behauptet, es habe keines besessen. Er gesteht erst, als ihm auch der zweite Geldanteil noch zufällt, da er dem gehören soll, der das Leberlein gegessen hat (L. Bechstein: Sämtliche Märchen [Darmstadt 1966], S. 31).
Gott verläßt keinen Schwaben: selbst in höchster Not und Gefahr ergibt sich immer noch ein Ausweg, eine Rettung. Sprw. ist auch die Reiselust der Schwaben geworden. So sagt man: ‚Die Schwaben und bös Geld führt der Teufel in alle Welt'. Da man den Schwaben auch gern wegen seiner Mda. in der Fremde verspottet, sagt er dazu ruhig: ‚Ein Schwabe wird doch noch schwäbeln dürfen'.
Über die Schwaben gibt es viele Sprww., von denen noch einige angeführt werden sollen: ‚In Schwaben ist die Nonne keusch, die noch nie Kind gewann'; ‚Stirbt dem Schwaben die Frau am Karfreitag, so heiratet er noch vor Ostern wieder' oder das Sagte-Sprw.: ‚D' Supp ist's best, sagte der Schwab, wenn sie aber zuletzt käme, äße niemand mehr davon'. ‚Schwäb. Gruß' ↗ Arsch.

Lit.: *M. Radlkofer:* Die sieben Schwaben und ihr hervorragendster Historiograph Ludwig Aurbacher

(Hamburg 1895); *G. M. Kueffner:* Die Deutschen im Sprw. (Heidelberg 1899), S. 74 ff.; *A. Keller:* Die Schwaben in der Gesch. des Volkshumors (Freiburg i. Br. 1907); *H. Moser:* Schwäb. Volkshumor (Stuttgart 1950, ²1981); *T. Troll:* Deutschland, deine Schwaben (Hamburg ¹⁷1972); *L. Röhrich:* Der Witz. Figuren, Formen, Funktionen (Stuttgart 1977), S. 249–259.

Schwabenalter. *Ins Schwabenalter kommen:* 40 Jahre alt werden und endlich zu Verstand kommen. Die Rda. bezieht sich auf ein altes Sprw., nach dem die Schwaben erst mit 40 Jahren gescheit werden sollen. Auch der schwäb. Humanist Joh. Bohemus urteilte bereits 1520 in seinen ‚Omnium gentium mores‘ (61ᵇ) über seine Landsleute: „Sero resipiscunt". Vgl. das Sprw. ‚Der Schwabe wird erst im vierzigsten Jahre klug‘. Dies ist nicht nur als Verspottung und Schelte aufzufassen, da es auch ein gewisses Lob enthält durch die Feststellung, daß die Schwaben auf jeden Fall später kug werden, was auf viele andere nicht einmal im Alter zutrifft. Als Rda. ist der Ausdr. erstmalig bei Wieland belegt, der in einem Briefe vom 14. August 1773 an Fr. H. Jacobi schreibt: „Ich habe nun endlich das Schwabenalter erreicht, und ich bekenne williglich, daß ich wenig Lust habe, mich alle Augenblicke hofmeistern zu lassen". Auch Goethe erwähnt in einem Brief vom 6. September 1787 diesen Volksscherz über das Schwabenalter. Noch in der Ggwt. ist als Spruch verbreitet:

Mir Schwobe werdet erscht
mit 40 gscheit.
Die andere net in Ewigkeit.

Er hat das Schwabenalter noch nicht bedeutet entweder: er ist noch nicht 40 Jahre alt, oder: er ist noch immer nicht zu Verstande gekommen, obwohl noch Hoffnung darauf besteht. *Mit den Schwaben klug werden:* erst im reifen Mannesalter zur Einsicht gelangen. Dagegen ist die Feststellung *Er hat Schwabenverstand* eine Umschreibung für Dummheit, so wie das Sprw.: ‚Die Schwaben mangeln eines Sinnes‘. Vgl. lat. ‚Abderitica mente est‘. Wilh. Wackernagels Nachforschungen, seit wann die Schwaben für so dumm gelten, führten auf Kirchhoffs ‚Wendunmuth‘ von 1563 zurück.

Lit.: *A. Keller,* Die Schwaben in der Gesch. des Volkshumors (Freiburg 1907), S. 69 u. 110; *T. Troll:* Deutschland, deine Schwaben (Hamburg ¹⁷1972).

schwach, Schwäche, Schwachheit. *(Etw.)* *schwach auf der Brust sein,* eine scherzhafte Umschreibung für: ohne Geld sein, das früher im Beutel steckte, heute aber in der Brieftasche an der Brust getragen wird. Die urspr. Bdtg. der Rda. war: gefährlich krank sein, an der Schwindsucht leiden, ein Schwächling sein, der Sport scheut und körperliche Anstrengungen zu meiden sucht.

Etw. schwach bleiben: etw. schuldig bleiben, weil man ‚schwach bei Kasse ist‘.

Sich schwach machen: sich heimlich aus einer Gesellschaft davonschleichen, vgl. ‚sich dünn machen‘, ‚sich drücken‘.

Jem. schwach machen: jem. willensschwach machen, ihn erweichen und rühren, so daß er nachgibt, sich verleiten oder verführen läßt, aber auch: jem. die Fassung, die Geduld rauben. Bes. so zu verstehen sind die Ausrufe: ‚Mach mich nicht schwach!‘ und ‚Das ist zum Schwachwerden!‘

Zum schwachen Geschlecht gehören: eine Frau sein, die körperlich für weniger leistungsfähig gehalten wird. Die Wndg. bezieht sich aber auch auf das Vorurteil von der geistigen Schwäche der Frau, da sie sich als leicht nachgiebig erweist und Angriffen wenig Widerstand entgegensetzt. Das Adj. schwach kann aber in dieser Wndg. auch i. S. v. gering, minderwertig gebraucht werden, indem sich der Mann seiner Stärke und Überlegenheit bewußt ist und sich vom weibl. Geschlecht distanziert. Vgl. frz. ‚faire partie du sexe faible‘.

Jem. an der schwachen Seite fassen ↗ Seite.

Etw. in einer schwachen Stunde tun ↗ Stunde.

Seine Schwächen besitzen: negative Seiten, angreifbare Punkte haben. Oft wird die Wndg. zum eigenen Trost über seine Unzulänglichkeiten und Sünden gebraucht, indem man feststellt, daß ‚jeder seine Schwächen besitze‘. Vgl. frz. ‚avoir ses faiblesses‘.

Eine Schwäche für etw. (jem.) haben: eine Vorliebe für etw. (jem.) haben, sehr begierig darauf sein, von jem. sehr eingenommen (begeistert) sein. Vgl. ndl. ‚een zwak voor iets (iemand) hebben‘; frz. ‚avoir un faible pour quelque chose (quelqu'un)‘; engl. ‚to have a weakness for‘.

Die Warnung *Bilde dir keine Schwachhei-*

ten ein! heißt: mache dir keine falschen Hoffnungen, eigentl.: denke nur nicht, eine schwache Stelle bei uns zu finden, so daß wir uns zu Torheiten verleiten lassen und deine Wünsche doch noch in Erfüllung gehen könnten.

Schwachstelle ↗ Achillesferse.

Schwadroneur, schwadronieren. *Ein Schwadroneur sein:* ein mundfertiger Vielredner, ein Schwätzer, ein Aufschneider und Prahler sein; vgl. frz. ‚un hâbleur‘ (span. ‚hablar‘).
Bekannter ist der Ausdr. *schwadronieren* für: unnützes Zeug reden, viele Worte machen, prahlen, der aus der Fechtschule stammt. Er hatte urspr. die Bdtg.: mit dem Degen wild hin und her fahren, planlos um sich hauen, um die Feinde von sich fernzuhalten. Um 1780 entstand unter dem Einfluß des älteren ‚schwadern‘ = viel schwatzen, das auf lat. ‚suadere‘ = zureden zurückgeht, und ‚Suada‘ = wortreiche Sprache in Studentenkreisen die Übertr. auf Geschwätz und Prahlerei. Als erster verwendete Goethe 1775 den Ausdr. in diesem neuen Sinne im ‚Urfaust‘ (V. 1379) lit., und Kindleben verzeichnete ihn 1781 in seinem Studenten-Lexikon (177). Wie sich die Übertr. vom planlosen Fechten auf das Wortgefecht vollzogen hat, zeigt eine Briefstelle Lichtenbergs von 1787 (Briefe 2,314): „Entwürfe gegen seine Sätze werden seiner Vertheidigung die gehörige Richtung geben, da er jetzt blos schwadronirt, und wohl noch nicht selbst weiß, wohin er seine individuellen Hiebe richten soll“.

Schwager. *Schwager, fahr zu!:* beeile dich, fahre schneller, laß die Pferde traben! Diese Anrede des früheren Postillions hat mit der Verwandtschaftsbez. nichts zu tun. Schwager war allg. in der vertraulichen Begrüßung und Anrede beliebt. Bei Seb. Brant heißt es im ‚Narrenschiff‘ (XVII, 22 f.):
Wer pfennig hat, der hat vil fründ,
Den grüßt und swagert yedermann.
Im 13. Buch von ‚Dichtung und Wahrheit‘ erzählt Goethe, wie er selbst über sein Mißverständnis des Ausdr. Schwager von einem angesehenen Geschäftsmann, der seinen ‚Götz‘ beurteilte und sein Geschichtsverständnis sehr lobte, aufgeklärt wurde. Dieser wies den Dichter darauf hin, daß Götz kein Schwager Sickingens sei.
Goethe suchte seine Annahme damit zu rechtfertigen, daß Götz in seiner eigenen Lebensbeschreibung den Sickingen Schwager nenne. Doch der Besucher belehrte ihn, daß dies nur eine Rda. sei, um ein näheres freundschaftliches Verhältnis auszudrücken.
Die Anwendung des Ausdr. auf den Postillion kam zuerst Anfang des 18. Jh. unter Jenaer Studenten auf und beruht auf einem Mißverständnis. Vor rund 400 Jahren vermittelten die Thurn-und Taxisschen Postknechte die Post zwischen Augsburg und Italien. Sie mußten mit Pferden umgehen können und stammten deshalb meist von Bauernhöfen, die Pferdezucht trieben und in Bayern ‚Schwaigen‘ genannt wurden. Diese Postreiter nannte man nun ebenfalls wie die Senner auf der Bergschwaige Schwaiger, in bair. Mda. auch Schwager. Mittel- und norddt. Studenten, die den Namen ‚Schwaiger‘ nicht kannten, der auf ahd. ‚sweigari‘ = armentarius zurückgeht und nur noch in süddt. Mdaa. fortlebt, hörten nur das Wort Schwager heraus. Es war zu Beginn des 18. Jh. die studentische Anrede des Nichtstudenten, während ‚Bruder‘ als Anrede der Studenten untereinander üblich war. Die häufige Verbindung von ‚Schwager Postillion‘ führte dann dazu, daß Schwager die Bdtg. von Postillion erhielt. Vgl. auch Goethes Gedicht ‚An Schwager Kronos‘. In diesem Gedicht wird der griech. Gott Kronos (Chronos) zum Pferdelenker des Lebensgefährts(-wagens), dessen Fahrt schließlich zwangsläufig in der Unterwelt endet:
Töne, Schwager, ins Horn,
Raßle den schallenden Trab,
Daß der Orkus vernehme: wir kommen,
Daß gleich an der Türe
der Wirt uns freundlich empfange.

Schwalbe. *Eine Schwalbe macht noch keinen Sommer:* es ist äußerst gewagt und oft sogar recht verhängnisvoll, von einem vereinzelten Anzeichen oder einer einmali-

SCHWALBE

1–4 ‚Eine Schwalbe macht noch keinen Sommer' – Brauchtümlicher Frühlingsumzug mit der Schwalbe in Griechenland

1427

gen Erscheinung (Handlungsweise) aus, allg. Schlüsse zu ziehen oder leichtsinnig, sorglos und voreilig zu handeln. Die Wndg. stammt bereits aus der Antike. In seiner Fabel ‚Der verschwenderische Jüngling und die Schwalbe' erzählt Äsop von einem jungen Mann, der in kurzer Zeit sein Erbe durchgebracht hatte. Als er die erste Schwalbe im Frühling sah, hoffte er, daß die warme Jahreszeit beginnen müsse und verkaufte als letzten Besitz seinen Mantel, da er ihn für nun entbehrlich hielt. Als noch einmal kalte Tage kamen und die erste Schwalbe sogar erfror, fühlte sich der Jüngling von ihr betrogen. Unter der Kälte leidend, schalt er auf die Unschuldige und machte die bittere Erfahrung, daß eben eine Schwalbe noch keinen Sommer macht. Aristoteles hat die griech. Wndg. in seiner ‚Nikomachischen Ethik' (I, 6) überliefert: „Μία χελιδὼν ἔαρ οὐ ποιεῖ".

‚Eine Schwalbe macht noch keinen Sommer'

Auch in der griech. Vasenmalerei ist die Beobachtung der Schwalbenankunft und ihre freudige Begrüßung dargestellt worden. In Dtl. ist die Wndg. seit mhd. Zeit bekannt, z. B. heißt es im ‚Ritterspiegel' (Zingerle, 135): „Ein swalbe ouch nicht bringet den lenzin wan si komit geflogin"; auch in mdal. Formen ist sie verbreitet: ‚En Swulk mâkt ken Sommer' (ndd.) oder ‚Êne Schwolbe macht kin Summer' (schles.). Die weite Verbreitung und Übers. der antiken Wndg. zeugt für ihre Beliebtheit, vgl. ndl. ‚Eene zwaluw maakt geen zomer'; engl. ‚One swallow makes no summer, nor one wood-cock a winter'; schwed. ‚En swala gör ingen sommar'; frz. ‚Une hirondelle ne fait pas le printemps'. Die Schwalbe gilt bis heute allg. als Verkünderin des Frühlings oder des Sommers. Ihre Rückkehr wird noch gegenwärtig in Griechenland am 1. März bes. gefeiert. Bei ihren Umzügen führen Kinder und Jugendliche künstliche Schwalben mit, sie singen dabei Schwalbenlieder und heischen Gaben.

Auch in den dt. und ndl. Städten war es früher die Pflicht der Turmwärter, auf die erste Schwalbe zu achten, sie durch Blasen zu begrüßen und ihre Ankunft öffentl. als frohes Ereignis anzukündigen. Von einem Übervorsichtigen und Pessimisten, der schwer von der Wendung zum Besseren zu überzeugen ist, heißt es rdal. *Er muß viel Schwalben sehen, bis er glaubt, daß es Frühling sei.*

Schwalben schießen: aufschneiden, prahlen, lügen, da es äußerst schwierig ist, eine Schwalbe im Fluge zu treffen.

Schwalben (Sperlinge) unter dem Hute haben: unhöflich sein und den Hut beim Grüßen nicht ziehen, so als habe man Angst, daß einem die darunter sitzenden Schwalben fortfliegen könnten.

Schwalben bekommen: scherzhaft für Ohrfeigen bekommen, vor allem im Obersächs. und Thür. üblich. Vgl. auch die in diesem Gebiet übliche Strafandrohung: ‚Du wirst gleich eine geschwalbt kriegen'.

Lit.: *K. Knorz:* Die Vögel in Geschichte, Sage, Brauchtum und Literatur (München 1913); *O. Keller:* Die antike Tierwelt, Bd. 2 (Leipzig 1913), S. 114–118; *E. Ingersoll:* Birds in Legend, Fable and Folklore (New York 1923, Ndr. Detroit [Mich.] 1968); *A. Taylor:* Art. ‚Schwalbe', in: HdA. VII, Sp. 1391–1399; *A. v. Vietighoff-Riesch:* Die Schwalbe, bes. die Rauchschwalbe in Glaube und Brauch, in: Rhein. Jb. f. Vkde. 4 (1953), S. 205–244; *A. Taylor:* The Proverb (Kopenhagen 1962), S. 29; *K. Spyridakis:* Eine Schwalbe macht noch keinen Sommer (Τὸ Ἆσμα τῆς χελιδόνος), (Athen 1969); *M. Kuusi:* Towards an international Type-System of Proverbs, in: FFC 211 (1972), S. 29–30; *W. Mieder:* Das Sprw. im Volkslied, in: Jb. des Oesterr. Volksliedwerkes 27 (1978), S. 68; *C. H. Tillhagen:* Fåglarna i folktron (Vögel im Volksglauben) (Stockholm 1978); *E. u. L. Gattiker:* Die Vögel im Volksglauben (Wiesbaden 1989), Sp. 212–244.

Schwamm. *Schwamm drüber!:* Nichts mehr davon! Es sei vergeben und vergessen, eigentl.: die mit Kreide auf dem schwarzen Brett angeschriebene Zechschuld sei ausgelöscht. Der Malerdichter Karl Stauffer-Bern bezeichnete den Ausruf im Mai 1883 als „neueste Berliner Redensart". Sie wurde durch den Bühnenerfolg von Millöckers Operette ‚Der Bettelstudent' von 1882, deren Text F. Zell schrieb, in ganz Dtl. verbreitet. Das Bild war aber schon vorher bekannt. So heißt es z. B. bei Goethe: „mit dem Schwamm über alles hinzufahren, was bisher auf die Tafel der Menschheit verzeichnet worden war" (Ausg. letzter Hand, Bd. 53, S. 64).

Einen Schwamm im Magen haben: viel trinken können, da angeblich ein Schwamm die Flüssigkeit aufsaugt. Vgl. ndl. ‚Hij heeft eene spons in zijne keel'; frz. ‚Il a l'estomac comme une éponge'.

Er kann sich mit dem Schwamm frisieren: er ist kahlköpfig. Die junge berl. Rda. verspottet durch einen sprachl. Scherz den Glatzköpfigen.

Es ist ein wahrer Schwamm von einem Menschen: der Einfältige und Leichtgläubige wurde schon in altröm. Zeit damit charakterisiert. Heute hat die Rda. auch die noch negativeren Bdtgn. eines Menschen, der wie ein Schwamm weich, kraftlos und zerbrechlich ist, und daher leicht zu beeinflussen, aber auch schwer zu fassen ist. Als ‚der ganze Schwamm' werden im Obersächs. verächtlich wertloser Vorrat, nicht mehr benötigte Waren und veraltete Gegenstände bez.

In die Schwämme gehen (kommen): verlorengehen. Die Rda. ist eine landschaftliche Nebenform zu ‚in die Pilze gehen' (↗ Pilz, ↗ Binse).

‚Da kann man ja die Schwämmchen kriegen!', der obersächs. Ausruf des Ärgers und besonders der Ungeduld leitet sich von der Kinderkrankheit ‚Schwämmchen' = Mundfäule her.

Schwan, schwanen, Schwansfeder. *Es schwant mir,* auch: *Mir schwant etw. (nichts Gutes):* ich ahne etw., eine Sache fängt an, mir klarer zu werden, ich erwarte Schlimmes, sehe ein kommendes Unglück voraus, habe böse Vorahnungen, auch: ich habe nur eine dunkle Erinnerung an etw. Meist dient die Wndg. zur Vordeutung auf etw. Unheilvolles, so auch in einem Lied auf die Schlacht von Trier im Jahre 1675:

De Dütschen stännen aß en Pahl
Un schlögen wohl twe- und drehmahl
In ene Stäh den Hanen
De sik det nicht vermoen währn,
Begun darbie to schwanen.

Das Wort schwanen findet sich nur im Dt. und ist zuerst in ndd. Form 1514 im ‚Schichtbuch der Stadt Braunschweig' (132, Scheller) belegt: „Ome hadde so etwas geswanet". In hd. Form ist der Ausdr. im ‚Tacitus' von J. Micyllus (221ᵃ) bezeugt, der 1535 in Mainz erschienen ist, danach findet er sich aber während vieler Jahrzehnte nur bei lateinkundigen Schriftstellern. 1582 braucht Hayneccius in seiner Komödie ‚Hans Pfriem' die Wndg.: „Vors letzte schwant mir mächtig sehr, wie ich mich aller Gewalt erwehr" und in Grimmelshausens ‚Simplicissimus' heißt es schon ganz im heutigen Sinne: „Dem Simplex schwahnt der sach, drum hat er kein gefallen".

Von den Universitätsstädten aus ist das Wort erst seit Ende des 18. Jh. in die Mdaa. gedrungen, und zwar stets mit langem â wie bei ‚Schwan', mit dem es deshalb von Jacob Grimm in seiner ‚Dt. Mythologie' (I, 354) in Zusammenhang gebracht wird. Er führt schwanen auf die angebliche prophetische Begabung des Schwanes zurück, auf die der germ. Glaube an die Verwandlung von Jungfrauen in weissagende Schwäne und der Ausdr. ↗ Schwanengesang hindeute.

Doch der Ausdr. hat nichts zu tun mit den weissagenden Schwanenjungfrauen im ‚Nibelungenlied' oder den Schwänen in der ‚Gudrun'. S. Singer deutet ihn als eine im 16. Jh. entstandene gelehrte Nachbildung von ‚es ahnt mir' hervorgerufen durch die antike Sage vom Schwanengesang, dem Gesang, den der sterbende Schwan hören läßt, weil er die Seligkeit des Lebens im Jenseits vorausahnt. Axel Lindquist versuchte 1913 eine etymol. Deutung der Wndg. Er glaubt, daß durch eine irrige Worttrennung im mdt. Gebiet aus den wänt mir' das Wort ‚swanet' entstanden sei. Da der Ausdr. aber in den Mdaa. stets mit tonlangem â

1429

SCHWANENGESANG

erscheint, scheidet die Möglichkeit einer verschobenen Silbengrenze aus.

Vermutl. ist das Wort eine gelehrte Scherzübers. des lat. ‚olet mihi' = es ahnt mir, das im Studentenwitz mit dem ähnl. klingenden ‚olor' = Schwan verbunden wurde. Auf die volksetymol. Deutung, die ‚schwanen' mit ‚Schwan' in Verbindung bringt, weisen auch die Rdaa.: *Mir wachsen die Schwansfedern* und: *Ich habe (kriege) Schwansfedern:* ich merke es schon lange. Ähnl. heißt es 1725 bei Henrici (Picander) in der ‚Weiberprobe' (S. 76): „Er hat Ihnen Schwahnfedern aufgesetzet", d. h. er hat sie auf eine Ahnung gebracht, hat sie gewarnt.

‚Mein lieber Schwan!' ist eine spöttische Anrede oder Ausruf des Erstaunens. Eigentl. gehört dieser Ausdr. zu einem Zitat aus der Oper ‚Lohengrin' von Richard Wagner (1847): „Nun sei bedankt, mein lieber Schwan!"

Lit.: *J. Grimm:* Dt. Mythologie, I. S. 354; *S. Singer,* in: Zs. f. dt. Wortf. 3 (1902), S. 10 und 234; *O. Keller:* Die antike Tierwelt, Bd. 2 (Leipzig 1913), S. 213–219; *A. Lindquist,* in: Beitr. 38 (1913), S. 339 und 39 (1914), S. 398; *Fr. Seiler:* Dt. Sprichwörterkunde (München 1922, ²1967), S. 236; *A. Verwaetermeulen:* De zwanen houden schole, in: Biekorf 38 (1932), S. 178; *E. Hoffmann-Krayer:* Art. ‚Schwan', in: HdA. VII, Sp. 1402–1406); *E. u. L. Gattiker:* Die Vögel im Volksglauben (Wiesbaden 1989), S. 519–522.

Schwanengesang. *Es ist sein Schwanengesang(-lied):* sein letzter Auftritt als Schauspieler oder Sänger, seine letzte Rede kurz vor seinem Tode, das letzte Werk eines Schriftstellers oder Gelehrten. Die Rda. läßt sich bis ins klassische Altertum zurückverfolgen. Die Griechen hielten den Schwan für ein prophetisches Tier, dem Apollon die Gabe der Weissagung geschenkt habe. Sie glaubten, daß die Schwäne deshalb auch ihren eigenen Tod ahnten und kurz vorher bewunderungswürdige Klagelaute hören ließen. Schon Aischylos verglich die letzten bedeutungsvollen Worte eines Menschen mit dem Todeslied des Singschwans (Cycnus musicus), indem er im ‚Agamemnon' (V. 1445) Klytämnestra von der Seherin Kassandra sagen ließ: „Daß sie nach Art des Schwanes letzte Todesklage zu singen anhob". Cicero wendete denselben Vergleich in ‚De oratore' (III, 2,6) auf den Redner L. Crassus an, der kurz danach starb, als

er eine Rede gehalten hatte: „Illa tanquam cycnea fuit divini hominis vox et Oratio" (= Das war gleichsam die Schwanenrede des außerordentlichen Mannes). Vgl. Plato, Phaedon, Cap. 35; Cicero, Tusc. I, 30, 73. Der singende Schwan war auch bei den Germanen bekannt, doch hielt man dies bis zur Mitte des vorigen Jh. für eine Sage, weil keine singenden Schwäne beobachtet werden konnten. Dies erklärt sich daraus, daß es in Europa zwei Arten von Schwänen gibt, wovon nur die stumme Art des Höckerschwans auf Dtls. Seen und Teichen zu finden ist. Der Singschwan kommt bei uns nicht vor, er brütet im Norden. Er kann laute Töne wie ein Blasinstrument hervorbringen und wechselt zwischen einem starken hohen und einem schwächeren tiefen Ton ab. Wenn mehrere dieser Schwäne zusammen auf einem Teiche ihre Töne hören lassen, so entsteht durch den Wechsel in der Tonfolge der Eindruck eines Gesanges. Hierzu schreibt Brehm: „Der Schwanengesang ist in der Tat oftmals der Grabgesang dieser schönen Tiere; denn da diese in tiefen Wassern ihre Nahrung suchen müssen, ist oft Nahrungsnot – in der Kälte Erstarrung …; aber bis an ihr Ende lassen sie ihre klagenden und doch hellen Laute hören".

Bei Heinrich von Veldeke und Heinrich von Morungen finden sich Textstellen, die Bekanntschaft mit dem Liede des Schwanes kurz vor seinem Tode voraussetzen, doch dies kann auf röm. Einfluß zurückgehen. Konrad von Würzburg vergleicht in seiner ‚Goldenen Schmiede' (V. 976–983) das Singen des sterbenden Schwans mit dem Ruf des Gekreuzigten zu Gott:

man seit uns allen daz der swan
singe swenne er sterben sol,
dem tet din sun geliche wol
an dem heren criuze fron:
ely, den jammerlichen don,
sang er des males, unde schrei
daz im sin herze wart enzwei
gespalten von des todes maht.

Sehr auffällig ist jedoch, daß das Subst. Schwanengesang in übertr. Bdtg. sich erst aus der Mitte des 16. Jh. belegen läßt, was wahrscheinlich auf den Einfluß von Ciceros ‚De oratore' beruht, da das Werk in

1430

dieser Zeit viel gelesen wurde. Auch Fischart kannte diese Vorstellung, denn er schrieb 1577 in der ‚Flöhhatz' (S. 5/66): „Wan singt der Schwan, so stirbt er dran". Die Vorstellung vom Schwanengesang ist auch außerhalb Dtls. verbreitet. Vgl. ndl. ‚Hij zingt zijn zwanenzang'; engl. ‚It is the swan song'; frz. ‚C'est le chant du cygne'; schwed. ‚Han haar gjört sin sidsta swanesang'.

Lit.: *Büchmann; W. Danckert:* Symbol, Metapher, Allegorie im Lied der Völker, Bd. IV (Bonn 1976), S. 1354–1357; *Fr. Goethe:* Das Sympathie-Tier Schwan, in: Museum und Kulturgeschichte (Festschrift für Wilhelm Hansen) (Münster 1978), S. 331–342; *C.-H. Tillhagen:* Fåglarna i folktron (Stockholm 1978), S. 314–315; weitere Lit. ↗ Schwan.

Schwang. *Im Schwange sein:* allg. üblich sein, in Umlauf sein, von vorübergehendem Gebrauch, einer Mode gesagt, eigentl.: in schwingender Bewegung sein, gegenüber Dingen, die ruhen und die Zeiten überdauern. Die Wndg. ist seit frühnhd. Zeit bezeugt. Schwang ist aus dem mhd. ‚swanc' = Schwung, Hieb, Streich hervorgegangen, zeigt aber eine Angleichung an ‚schwingen', mit dem es wie ‚Schwung' im Ablaut steht und dem es früher seiner Bdtg. nach auch völlig entsprach. Seit dem 18. Jahrhundert wurde Schwang im freien Sprachgebrauch durch ‚Schwung' abgelöst und ist heute nur noch auf feste Wndgn. beschränkt.
Im Schwange gehen: gegenwärtig vorhanden und gebräuchl. sein.
In Schwang kommen (bringen): im allg. Gebrauch sein, etw. aufbringen, zu einer Mode machen. Vgl. ndl. ‚in zwang komen (raken, brengen)'; engl. ‚to be in vogue, to bring into use' und frz. ‚être, mettre en vogue'.
Für den Schwang halten: die Gefahr abwenden, einen Schlag aufhalten. Die Rda. bezieht sich auf das Schwingen des Schwertes, ebenso der Ausdr. ‚überschwenglich'. Er gehört zu mhd. ‚überswanc', das war urspr. der Schlag, den einer noch über den Schlag des anderen, also noch besser als dieser, schlug, ebenso wie ‚unübertrefflich' von dem besten Wurfe mit der Lanze, dem besten Schusse gesagt wurde.

Lit.: *Anon.:* Im Schwange sein, in: Sprachpflege 10 (1961), S. 153.

Schwank. *Jem. einen Schwank aus seinem Leben erzählen:* ihm von einer lustigen, merkwürdigen, ihm durchaus nicht nur zur Ehre gereichenden Angelegenheit berichten, einen tollen Streich erzählen. Das nhd. Wort Schwank ist die direkte Fortsetzung des mhd. ‚swanc' mit den verschiedenen Bdtgn.: Schwung, Hieb, lustiger Streich und die Erzählung davon. Göhring (Nr. 386) weist auf den Zusammenhang mit ‚schwenken' hin. Er meint, daß Schwank urspr. das in die Höheschwenken der Bauerndirnen in den ausgelassenen Fastnachtsspielen und Possen bez. habe, was deren Höhepunkt darstellte. Als dies immer mehr bei den Spielen in den Hintergrund trat, sei Schwank als Bez. für die Posse erhalten geblieben und habe sich zum Namen für harmlos-lustige Bühnenstücke und heitere Geschichten erweitert.

Lit.: *H. Bausinger:* Schwank und Witz, in: Studium Generale 11 (1958), S. 699, 710; *ders.:* Bemerkungen zum Schwank und seinen Formtypen, in: Fabula 9 (1967), S. 118–136; *E. Straßner:* Schwank (Stuttgart 1969); *E. Moser-Rath:* ‚Lustige Gesellschaft'. Schwank und Witz des 17. und 18. Jh. in kultur- und sozialgeschichtlichem Kontext (Stuttgart 1984).

Schwanz. *Den Schwanz einziehen (hängenlassen):* kleinlaut werden, bedrückt, verzagt, mutlos sein. Die Rda. bezieht sich auf das Verhalten des Hundes, der wegen Krankheit und Schwäche, aber auch aus Furcht und meistens in Erwartung einer Strafe den Schwanz einzieht oder hängenläßt, den er normalerweise stolz erhoben trägt. Bereits Erasmus von Rotterdam (‚Adagia' Nr. 695) führt 1528 diese Wndg. in lat. Form auf: „Inter crura caudem subicit = Er zieht den Schwanz zwischen die Schenkel. Die Herkunft des Bildes in der Rda. wird durch die Vergleiche *Er klemmt (zieht) den Schwanz ein wie ein Hund* und *Er läßt den Schwanz hängen wie ein begossener Hund* (↗ Pudel) verdeutlicht und bestätigt. Die Rda. ist auch mdal. verbreitet, z. B. heißt es im Siebenb.-Sächs.: ‚de Schwoanz änzän'. Vgl. auch ndl. ‚Hij laat den staart hangen', und ‚met hangende pootjes terugkomen'; frz. ‚la queue basse'.
Etw. auf den Schwanz schlagen (klopfen): es sich unrechtmäßig aneignen, beiseite bringen, einen heimlichen Gewinn beim Ein- oder Verkauf machen. Die Rda.

scheint mit dem Viehverkauf zusammenzuhängen: ,auf den Schwanz des verkauften Tieres rechnen'; hineingespielt mag noch haben: *einen Schwanz machen*: treulos sein, das Wort brechen, eigentl: einen Umweg machen, nicht geradeaus gehen, woraus dann die Bdtg. ,betrügen' entstanden ist. *Einem eins auf den Schwanz geben*: ihn demütigen, schon in Murners ,Schelmenzunft' (26) bezeugt: „Auch wie er uns mit list darneben eines uff den schwantz was werde geben" (Kloster I, 859).

Einem auf den Schwanz treten: ihn beleidigen (↗ Schlips). Zeigt sich jem. schnell gekränkt und empfindlich, heißt es von ihm: *Er fühlt sich auf den Schwanz getreten* oder *Der hat aber einen langen Schwanz, der fühlt sich dauernd draufgetreten.*

Einen (etw.) beim Schwanz fassen: es gerade noch schaffen, jem. (etw.) festzuhalten. Vgl. ndl. ,Hij trekt se bij den start'. Die Rda. hat daneben die Bdtg.: jem. an seiner empfindlichsten Stelle angreifen, packen. *Mit dem Schwanz wedeln (schmeicheln)*: sich wie ein Hund einschmeichelnd benehmen in der Hoffnung, einen Vorteil zu erschnappen. Vgl. lat. ,cauda blandiri'. Der rdal. Vergleich *mit dem Schwanz wedeln und mit den Zähnen beißen wie die falschen Hunde* verdeutlicht wieder die Herkunft des Bildes.

Der Schwanz kommt nach! Eine Warnung, daß das Ende noch nicht gekommen oder sehr Unangenehmes noch zu erwarten ist. Schwanz steht hier wie in der folgenden Rda. für Ende und Schluß: *Am Schwanz ist er steckengeblieben*: der Abschluß einer Sache bringt oft unerwartete Schwierigkeiten und Verzögerungen. Vgl. lat. ,Toto devorato bove in cauda deficit'.

Kein Schwanz ist da (zu sehen): es ist niemand anwesend. Urspr. bezog sich diese Feststellung wohl auf das fehlende Nutzvieh im Stall; da Schwanz aber auch zu einem beliebten Schimpfwort wurde (Du Schwanz! Du ↗ Schlappschwanz!), trat das Wort auch stellvertretend für Mensch ein, ohne in dieser Rda. die verächtliche Bdtg. beizubehalten; vgl. frz. ,Je n'en ai pas la queue d'un'.

In der Sprache der Erotik ist ,Schwanz' die Bez. für Penis. Daher die Rdaa.: *Sein Schwanz wedelt schon lange nicht mehr*: er ist impotent; *mit dem Schwanz bellen*: pervers sein und: *sich in den Schwanz beißen*: Autofellatio betreiben (Borneman: Sex im Volksmund).

Es ist zum Schwanz ausreißen ↗ Bein.
Das Pferd beim Schwanz aufzäumen ↗ Pferd.
Salz (Pfeffer) auf den Schwanz streuen ↗ Salz.

schwänzen. *Schwänzen*: eine Unterrichtsstunde, ein Kolleg absichtlich versäumen, ohne Genehmigung der Schule fernbleiben, ohne sachlichen Grund und Entschuldigung eine verpflichtende Veranstaltung nicht besuchen. Vgl. frz. ,faire l'école buissonnière'. Das schwache Zeitwort schwänzen gehört zu der Intensivbildung ,schwankezen' von ,schwanken' i. S. v. sich schlendernd bewegen, ziellos herumgehen. Das rotw. ,schwentzen' = herumschlendern, müßiggehen mit der Absicht, eine günstige Gelegenheit auszuspähen, entwickelte sich daraus mit dieser Nebenbdtg. im 16. Jh. Es ist bereits 1510 im ,Liber Vagatorum' bezeugt (Kluge, Rotwelsch, 1901). In der Sprache der fahrenden Schüler erhielt der Ausdr. schwänzen die heutige Bdtg. von bummeln, um 1750 ist das Wort bei Studenten belegt. Durch das Schwänzen drückten die Studenten ihre größte Mißachtung gegenüber den bürgerlichen Philistern aus, die sie prellten, betrogen und ignorierten. Sie schwänzten auch einen unbeliebten Professor, indem sie sein Kolleg nicht besuchten. Heute ist die Wndg. bes. in der Schülersprache verbreitet und erscheint deshalb meist in der Form *die Schule schwänzen*.

Die Nebenbdtg. von prellen, die aus der Gauner- und Studentensprache stammt, hat sich mdal. erhalten. So heißt es z. B. in Solothurn: ,Er schwänzt e', er übervorteilt ihn.

Schwarm, Schwarmgeist. *Immer einen ganzen Schwarm um sich haben*: viele Anhänger, Gleichgesinnte um sich versammeln, viele Kinder bei sich haben, bes. aber: als Frau viele Anbeter besitzen, umschwärmt werden, ↗ schwärmen. Das sprachl. Bild bezieht sich auf den Bienenschwarm, bei dem eine Vielzahl von Insekten die Königin ,umschwärmt'.

Sein ganzer Schwarm sein: der Gegenstand, die Person seines höchsten Interesses, seiner Begeisterung und Verehrung sein; vgl. frz. ‚être son idôle'.

Sein früherer Schwarm gewesen sein: eine frühere Geliebte von jem. sein. *Sein neuester Schwarm sein:* der gegenwärtig am meisten bewunderte Gegenstand seiner heftigen Zuneigung, seine neueste Freundin sein. Diese Wndg. besitzt einen geringschätzigen Unterton. Sie wird häufig in der Frageform gebraucht und auf jem. bezogen, der gar zu leicht zu ‚entflammen' ist und den Wechsel liebt.

Nur seinen Schwarm im Kopfe haben: immer an sein Mädchen denken und dadurch unaufmerksam sein, nicht konzentriert arbeiten können, ↗ Salz.

Ein Schwarmgeist sein: ein (junger) Mensch sein, dessen Begeisterungsfähigkeit leicht irregeleitet werden kann, der unklaren, aufrührerischen Ideen, die die Welt verbessern sollen, bes. auf philosophischem, politischem und religiösem Gebiet, zugeneigt ist. Der Ausdr. Schwarmgeist beruht auf einer Schrift Luthers, die 1527 unter dem Titel ‚Das diese wort Christi (das ist mein leib usw.) noch fest stehen widder die Schwermgeister' in Wittenberg erschienen ist.

schwärmen, Schwärmer. *Für jem. (etw.) schwärmen:* sich für jem. (etw.) überaus stark begeistern, jem. glühend verehren und seiner Bewunderung häufig Ausdr. geben, jem. lieben und anbeten und eine weit über das gewöhnliche Maß gehende und deshalb oft belächelte Neigung zu jem. zeigen. Das sprachl. Bild beruht auf der Beobachtung der Bienen, die beim Schwärmen unruhig werden und erregt sind. Die Übertr. erfolgte auf das gesteigerte Gefühlsleben des Menschen, das ihn ebenfalls in Unruhe versetzt.

Ausschwärmen, ins Gelände schwärmen: ein Gebiet erkunden. Die Wndg. stammt aus der Soldatensprache. Einzelne Soldaten werden beim ‚Ausschwärmen' von ihrer Kampftruppe gesondert ausgeschickt, um das Gelände zu sichern und ihre Kameraden vor einem plötzlichen Angriff der Feinde zu warnen. Diese Wndg. bezieht sich ebenfalls auf das Schwärmen der Bienen: ein Teil des Volkes trennt sich

ab und bildet mit einer jungen Königin ein neues, das sich an einer anderen Stelle niederläßt.

Die Nacht hindurch schwärmen, auch: *ein Nachtschwärmer sein:* nicht nach Hause finden, nachts seinen Vergnügungen nachgehen, auch: einen unmoralischen, lockeren Lebenswandel führen, eigentl. wie ein Nachtfalter sich nur im Dunkeln wohlfühlen; vgl. frz. ‚un papillon'.

Ein (sonderbarer) Schwärmer sein: ein Mensch mit absonderlichen Neigungen sein, ein begeisterungsfähiger Mensch sein, der seine Ideen verwirklichen zu können glaubt und andere davon überzeugen und dafür gewinnen will, der aber von real und nüchtern Denkenden nur mitleidig belächelt oder verspottet wird. Der Ausdr. ‚sonderbarer Schwärmer' ist ein Wort König Philipps aus Schillers ‚Don Carlos' (III. Akt, 10. Sz.).

Schwarte. *Einem die Schwarte klopfen (gerben):* ihn tüchtig verprügeln, vgl. auch: ‚einem das Fell gerben', ↗ Fell. Ähnl. heißt es bei Mathesy (66⁶): „Einem auf die Schwarten greiffen", und bei Frommann (III, 369): „Einem wuat op de Swoate gîwen".

Schwarte steht oft derb für ‚Haut'. Die Wndg. klingt heute schlimmer als früher, denn noch in mhd. Zeit bezeichnete man mit ‚swarte' eine behaarte Körperstelle, vor allem die Kopfhaut und dann die menschliche Haut allg., und in der Medizin ist der Ausdr. noch immer geläufig (z. B. in ‚Kopfschwarte').

Früher wurden auf allen Bauernhöfen Schweine gehalten, deren borstiges Fell ‚Schwarte' heißt; allgemein bekannt und vielseitig verwendbar ist die ‚Speckschwarte'. Sollten Schweinshäute zu Leder verarbeitet werden, mußte man ‚die Schwarte klopfen' und dann weiterbereiten. Das Schweinsleder wurde zum Einbinden von Folianten gebraucht, die man deshalb oft ‚alte Schwarten' nannte. „Na, was liest du denn da für eine alte Schwarte?" Daher stammt auch der Ausdr. ‚schwarten' für viel lesen.

Daß die Schwarte kracht (knackt): ein Kraftausdr. für tüchtig, gewaltig, meist in der Verbindung: arbeiten (zahlen) müssen, daß ..., eigentl. sich so anstrengen müssen, daß dabei die Haut platzt. Aus dem 16. Jh. ist die Rda. bei O. Schade („Satiren und Pasquille aus der Reformationszeit' Bd. III, S. 68) belegt: „Nüt bessers, man thet in die roten hütlin ab, daß in die schwart kracht". Auch Thomas Murner verwendet die Rda., z.B. in seiner ‚Narrenbeschwörung' (21,74) und im ‚Lutherischen Narren' (2127, Ausg. von Merker 393). Bei Winterholler (I, 791, vgl. Zachers ‚Zeitschrift für deutsche Philologie' 17,23) steht: „Die Scythen, welche Hunger und Durst leiden, daß ihnen die Schwarten krachten". In Murners ‚Mühle von Schwindelsheim' (V. 1114) hieß es dagegen anders: „drincken, das die lenden krachen".

Deutlich erkennbar ist die Grundbdtg. von Schwarte in einer Stelle aus den ‚Proben der Poesie' des Leipzigers Amaranthes (Corvinus), der 1711 (Bd. II, S. 311) schrieb:

So geht es an ein Schlagen,
Daß ihm die Haut und Schwarte kracht.

Daß die Schwarte raucht: so sehr, daß man stark schwitzt und die Haut förmlich dampft, daß einem ‚das Fell raucht', ↗ Fell. Im Jahre 1683 ließ man z. B. die am Kahlenberg bei Wien besiegten Türken klagen:

Der tapfre Markgraf auch,
Nach seinem Heldenbrauch,
Der hieb uns auf die Schwarten,
Daß darvon ging der Rauch.

Jem. etw. vor die blanke Schwarte sagen: jem. etw. unverblümt, klipp und klar sagen; ohne großes Drumherumreden zum Wesentlichen kommen.

Eine tüchtige Schwarte haben: verächtl. Bez. für ein lebhaftes Mundwerk. Die bes. obersächs. und rhein. Rda. entstand aus einer volksetymol. Entstellung von lat. ‚suada' = Beredsamkeit, ↗ Suade.

schwarz, Schwarze. *Etw. schwarz auf weiß haben (besitzen),* auch: *es einem schwarz auf weiß geben:* ein Schriftstück, eine Urkunde, eine genaue Aufzeichnung haben, jem. ein Beweisstück, eine schriftliche Versicherung oder Bestätigung geben, einen Schuldschein ausfertigen, eine Vereinbarung notariell festlegen. Was mit schwarzer Tinte auf Papier geschrieben oder mit Druckerschwärze gedruckt steht, gilt mehr als das gesprochene Wort, das in Vergessenheit geraten oder verdreht werden kann. Die Wndg. wird oft in der Form eines Zitates aus Goethes ‚Faust' (I, V. 1966 f.) gebraucht:

Denn was man schwarz auf weiß besitzt,
Kann man getrost nach Hause tragen.

Vgl. auch ndl. ‚iets zwart op wit hebben', engl. ‚to have it black on white' und frz. ‚mettre du noir sur du blanc', auch: ‚avoir quelque chose noir sur blanc'.

Scherzhaft wird der Ausdr. auch in einem Sagte-Sprw. verwendet: ‚Ich will dir's schwarz auf weiß geben, sagte der Schornsteinfeger zur Müllerin, da küßte er sie'.

Einem schwarz für weiß vormachen, auch: *aus schwarz weiß, aus weiß schwarz machen:* einen bewußt zu täuschen suchen, eine Tatsache in ihr Gegenteil verkehren wollen, einen gegen seinen Willen und besseres Wissen doch zu etw. überreden. Ähnl. *schwarz weiß nennen* und *Es muß ihm allezeit weiß schwarz und schwarz weiß sein:* er ist immer gegenteiliger Meinung und verdreht die Tatsachen. Vgl. lat. ‚Nil intra est oleam, nil extra est in nuce duri'. Im ‚Eulenspiegel' (XL, 5550) ist die Wndg. lit. gebraucht: „Vnd hat offt schwartz für weiß geredt".

Einer sagte schwarz, der andere weiß: sie haben sehr widersprüchliche Meinungen, sie können zu keiner Übereinstimmung finden und sagen aus Prinzip immer gerade das Gegenteil; vgl. frz. ‚L'un disait blanc, l'autre noir'.

Er ist weder schwarz noch weiß: man weiß nicht recht, was man von ihm halten soll, er ist unentschieden, er ergreift nicht eindeutig Partei, verhält sich neutral.

Schwarz und weiß aus einem Tiegel malen: doppelzüngig sein.

Da kannst du warten, bis du schwarz wirst: da kannst du lange warten, eigentl.: bis du tot bist, wobei sich schwarz auf das Verfärben der verwesenden Leiche bezieht. In der Gaunersprache bedeutet deshalb ‚verschwarzen' auch sterben.

Sich schwarz ärgern oder *schwarz werden (vor Ärger):* sich (fast) zu Tode ärgern. Die Rdaa., die seit dem späten 18. Jh. auch lit. verwendet werden, sind verhüllende

Wndgn. für das sich Verfärben des Toten. Bes. deutlich ist dieser Zusammenhang bei dem Ausdr. ‚der schwarze Tod' für die Beulenpest, da sich bei dieser Krankheit der Körper des Sterbenden mit dunklen Flecken bedeckte. Vgl. dagegen: frz. ‚se fâcher tout rouge' (wörtl. sich ganz rot ärgern).

Schwarz sein: kein Geld (mehr) besitzen, ↗Schwarzburg, aber auch: betrunken sein, vielleicht im Hinblick auf die Verdunklung des Bewußtseins durch den Alkohol gesagt. Im Obersächs. kennt man dazu folgenden witzigen Vergleich: ‚Ihr seid schwarz, ich bin illuminiert'. Die Feststellung, daß jem. ‚schwarz sei' kann darüber hinaus noch bedeuten, daß er einen schlechten Charakter (eine ‚schwarze Seele') besitzt. Seit dem 19. Jh., vor allem seit dem Kulturkampf, umschreibt man mit dieser Wndg. die Zugehörigkeit zur kath. Konfession oder auch zur Zentrumspartei, wahrscheinl. im Hinblick auf die schwarze Amtstracht der kath. Geistlichen.

Schwarz sein vor Hunger: ausgezehrt, mager und bleich aussehen. Im MA. wurde das Adj. schwarz gern mit bleich und fahl verbunden. Vgl. ndl. ‚zwart zien van de honger' und engl. ‚black fasting'. Im Ndl. gibt es dazu auch ein scherzhaftes Sagte-Sprw.: ‚Dat is iemand, die zwart van den honger is, zei Roelof, en hij zag een moor gaan'. *Jem. wird es schwarz vor den Augen:* er verliert das Bewußtsein; die ersten Anzeichen einer nahenden Ohnmacht sind tatsächlich Sehstörungen und Bewußtseinstrübungen.

Jem. schwarz machen (malen): seine schlechten Eigenschaften hervorheben, ihn verdächtigen und verleumden, ihn im ungünstigsten Licht erscheinen lassen, ‚ihn anschwärzen'. Vgl. ndl. ‚iemand zwart maken (afmalen, afschilderen)'; frz. ‚peindre en noir les actions de quelqu'un'; engl. ‚to blacken a person's reputation (name)', ‚to paint something black'. Eine Steigerung bedeutet die Wndg. *einen so schwarz machen wie der Teufel:* nichts Gutes an ihm lassen, ihn wie das verkörperte Böse hinstellen. Im Gegensatz zur lichten Farbe der Engel und dem reinen Weiß der Unschuld wurde und wird der Teufel bildl. schwarz dargestellt. Vgl. ndl. ‚Hij veegt hem zoo zwart, dat zijns vaders varkens niet van hem zouden lusten'; frz. ‚distiller sur la vie de quelqu'un un venin dangereux'.

Einen schwarz machen (oder *brennen*): nennt man auch eine Partie bei dem Spiel ‚Sechsundsechzig', falls der Gegner nicht zum Anlegen kommt. Dazu sagt man auch ‚einen geistlich machen'.

Etw. in den schwärzesten Farben schildern

‚Jemand schwarz machen (malen)' – ‚Sich gegenseitig anschwärzen'

(malen), auch: *schwarz in schwarz malen:* etw. überaus pessimistisch darstellen, das Negative, Sündhafte bei anderen zur Abschreckung hervorheben oder um sich selbst um so reiner und tugendhafter vorzukommen. In der Erkenntnis ihrer Selbstüberhebung sagt Gretchen in ,Faust I' („Am Brunnen'):

> Wie konnt' ich über andrer Sünden
> Nicht Worte genug der Zunge finden!
> Wie schien mir's schwarz, und
>   schwärzt's noch gar,
> Mir's immer doch nicht schwarz
>   g'nug war.

Vgl. frz. ,dépeindre quelque chose sous les couleurs les plus noires'.

Schwarz angeschrieben sein: schlecht beurteilt, unbeliebt sein, einen ungünstigen Eindruck hinterlassen haben, bei Freunden oder Vorgesetzten verleumdet, in Ungnade gefallen sein. Ähnl. Bdtg. haben die Wndgn. *ans schwarze Brett (↗ Brett) kommen:* öffentl. getadelt werden; *im schwarzen Buch (auf der schwarzen Liste) stehen* (↗ Buch). Im schwarzen Buch wurden alle Straftaten verzeichnet, sein Name rührt wahrscheinl. von seinem urspr. schwarzen Einband her, der dann auch symbolische Bdtg. erhielt. Vgl. auch ndl. ,met een zwarte kool aangetekend staan', ,in het zwarte boek (verdomboekje) staan'; engl. ,to mark black' und frz. ,être sur la liste noire'.

Ins schwarze Register kommen, im schwarzen Register stehen: als Straftäter aktenkundig gemacht werden, ↗ Register.

Alles schwarz sehen: äußerst mißgestimmt und pessimistisch sein, keinen Ausweg oder Hoffnungsschimmer erblicken; vgl. frz. ,voir tout en noir'. *Für jem. schwarz sehen:* seine böse Zukunft ahnen, seine Mißerfolge und seinen Untergang. Ähnl.: *durch eine schwarze Brille sehen:* sich einer Weltschmerzstimmung hingeben, sich über nichts freuen können.

Den Teufel schwärzer machen, als er ist: eine Sache schlimmer schildern, als sie in Wirklichkeit ist, sich die Folgen noch schrecklicher ausmalen, durch Haß oder Furcht alles übertreiben.

Zahlreich sind die rdal. Vergleiche, in denen die schwarze Farbe eine Rolle spielt, z. B. *etw. (jem.) ist schwarz wie nasse Erde, wie Kohle, wie Pech, wie ein Schornstein,* wie ein Kachelofen; vgl. frz. ,noir comme du charbon, comme de l'ébène, comme un nègre'.

Umg. bez. ,schwarz' auch katholisches Denken wie überhaupt einen klerikalen Anstrich. Dagegen dient der Slogan ,Black is beautiful' in den USA der schwarzen Bevölkerung als Wahlkampfslogan und Eigenwerbung.

Negative Wertung enthalten die Wndgn. *schwarz sein wie ein Essenkehrer (Kaminkehrer), wie ein Pechjunge, wie ein Zigeuner* und bes. *schwarz sein wie ein Zyklop, wie der Teufel;* vgl. ndl. ,Hij ziet er zoo zwart en verbrand uit, als of hij familie van Lucifer was'.

Die Rda. *schwarz wie das Grab* hat Schiller in ,Kabale und Liebe' (2,3) lit. verwendet: „Schwarz wie das Grab grau'te mich eine trostlose Zukunft an".

Schwarz ist die Farbe der Trauer, deshalb umschreibt die Wndg. *jem. geht schwarz,* daß er einen Angehörigen verloren hat, daß er Trauerkleidung trägt.

Das Heimliche, Unerlaubte wird gern im Schutze der Dunkelheit ausgeführt. Die Wndg. *schwarz über die Grenze gehen:* ohne Paß in das Ausland zu kommen suchen, zeigt diesen Zusammenhang noch am deutlichsten. In den anderen Rdaa. steht das Adj. schwarz nur noch in übertr. Bdtg. für unerlaubt: *schwarz arbeiten:* ohne Auftrag seiner Firma und ohne Steuern und Sozialabgaben zu bezahlen, meist an den freien Wochenenden oder am Abend, auch *etwas schwarz verdienen; schwarz bauen:* ohne behördliche Genehmigung; *schwarz brennen:* unerlaubt Schnaps brennen; *schwarz fahren:* ohne Fahrkarte, aber auch ohne Führerschein; *schwarz gehen:* wildern; *schwarz hören:* Vorlesungen besuchen, ohne Gebühren zu zahlen, auch: Rundfunk hören, ohne das Gerät anzumelden; *etw. schwarz verkaufen:* unter der Hand, unter dem Ladentisch, ohne den eingenommenen Betrag in die Registrierkasse aufzunehmen; vgl. frz. ,vendre au marché noir'; *schwarz wohnen:* ohne polizeiliche Anmeldung. Auch verschiedene Substantivierungen sind dazu gebildet worden, wie ,Schwarzbauten', ,Schwarzbrennerei', ,Schwarzfahrer', ,Schwarzhörer', ,Schwarzschlachtung' usw.

SCHWARZBURG, SCHWARZENBERG

Nach dem Krieg spielte der ‚Schwarze Markt‘ eine wichtige Rolle für den Schleich- und Tauschhandel von kaum zu beschaffenden Waren, die für entspr. hohe Preise angeboten wurden. Die Bez. ‚Schwarze Kasse‘ ist heute allg. üblich. Man versteht darunter entweder eine unerlaubte Nebenkasse, deren Bestand nicht in den Büchern registriert wird, oder auch veruntreute Gelder.

Das Adj. schwarz kann auch die übertr. Bdtg. von böse, verdorben, ungünstig annehmen. Die Wndg. *ein schwarzes Herz besitzen* läßt sich bis zur Antike zurückverfolgen. In der ‚Ilias‘ Homers (I, 103) wird von dem zürnenden Agamemnon gesagt: „Von gewaltigem Zorn wurde sein schwarzes Herz erfüllt". Ähnl. sprechen wir auch von ‚schwarzen Gedanken‘, einem ‚schwarzen Plan‘, einer ‚schwarzen Tat‘ (Büchmann); vgl. frz. ‚avoir des idées noires‘.

Der ‚schwarze Mann‘, eine Schreckfigur für Kinder, kann sowohl die Bez. des Schornsteinfegers als auch des Teufels oder eines unheilvollen Dämons sein. Die unpädagogische Maßnahme, Kindern damit zu drohen, hat im Kinderspiel ‚Wer fürchtet sich vorm schwarzen Mann?‘ ihren Niederschlag gefunden, ist jedoch darin völlig verharmlost worden, da sich auch im Spiel eben kein Kind mehr davor fürchtet. Die einfache Feststellung: *schwarz bleibt schwarz* besitzt eine zusätzliche übertr. Bdtg.: ein einmal verdorbener Mensch ist selten zu bessern, auch die Wndg. *schwarz macht schwarz* bedeutet noch etw. anderes: das Böse (der Verdorbene) verführt auch andere.

In festen Fügungen mit bestimmten Substantiven sind rdal. Wndgn. entstanden: *immer das schwarze Schaf sein:* für den Schuldigen, den Übeltäter gelten, derjenige sein, der seiner Familie Ungelegenheiten bereitet, der oftmals von ihr verstoßen wird, ↗ Schaf.

Einem den schwarzen Peter zuschieben (zuspielen): es so einrichten, daß ein anderer das Unerfreuliche zu tun oder die Schuld, den Verlust auf sich zu nehmen hat, ↗ Peter.

Der Ausdr. ‚schwarzer Tag‘ geht auf lat. ‚dies ater‘ zurück. Es ist der ungünstige Tag, an dem Unheil droht, an dem einem

alles, was man nur anfängt, von vornherein mißlingt. Es besteht hierbei noch deutlich ein Zusammenhang mit der ‚Tagwählerei‘ und der Einteilung der Wochentage in ‚schwarze‘ und ‚weiße‘, d. h. in ungünstige und glückliche, die man vor wichtigen Vorhaben zu beachten hatte. Dagegen beruhen ‚Schwarze Kunst‘ und ‚Schwarzkünstler‘ auf einer volkstümlichen Deutung von ‚Nekromantie‘ (= Totenbeschwörung). Durch die Schreibweise ‚Negromantie‘ wurde das Wort zu ‚Nigromantie‘ verändert i. S. v. Magie und Zauber. Unter ‚Schwarzer Kunst‘ versteht man heute aber auch den Buchdruck.

Jem. könnte vor Berthold Schwarz gelebt haben: er ist ein Schwachkopf, so daß er das Schießpulver bestimmt nicht erfunden hätte, ↗ Pulver.

Ins Schwarze treffen: größten Erfolg haben, ins Ziel treffen, seinen Zweck erreichen, das Richtige tun (sagen); vgl. frz. ‚mettre dans le mille‘ (wörtl. in die Mitte der Zielscheibe, wo die Zahl Tausend steht, treffen) und ‚mettre au plein‘. Ähnl.: *ein Schuß ins Schwarze sein:* genau das Richtige, ein Haupttreffer. Die Wndgn. stammen aus der Schützensprache, sie bezeichnen den Meisterschuß in den Mittelpunkt, das Schwarze der Zielscheibe, ↗ Nagel.

Nicht soviel wie das Schwarze unter dem Nagel haben: gar nichts besitzen, sehr arm sein; *jem. nicht das Schwarze unter dem Nagel gönnen:* ihm nicht das geringste zukommen lassen wollen, ↗ Nagel.

Lit.: *A. Bos:* Mettre au plein, in: Romania 19 (1890), S. 301–302; *B. S. Puckle:* Funeral customs – their origin and development (London 1926, Nachdr. Detroit [Mich.] 1968); *C. Mengis:* Art. ‚schwarz‘, in: HdA. VII, Sp. 1431–1455; *O. Lauffer:* Farbensymbolik im dt. Volksbrauch (Hamburg 1948); *F. Lecoy:* Plus noir que gros, in: Romania 70 (1948/49), S. 145–157; *S. Ek:* Bleikna som bast, svartna som jord. Uttryck för vrede eller sorg i norska folkvisor (= Erblassen wie der Bast, schwarz werden wie die Erde. Ausdrücke für Zorn oder Trauer in den norwegischen Volksliedern), in: Saga och sed (1959), S. 44–51; *J. Hanika:* Der Wandel schwarz-weiß als Erzähl- und Brauchmotiv, in: Bair. Jb. f. Vkde. (1961), S. 46–60; *L. Röhrich:* Art. ‚Tagewählerei‘, in: RGG. VI (³1962), Sp. 604f.

Schwarzburg, Schwarzenberg. Scherzhaft wird eine unangenehme Eigenart eines Menschen mit dem Namen einer Stadt in Verbindung gebracht, so als ob dieser die Erklärung und Entschuldigung für das

1437

Verhalten ihrer Einwohner sei, bes. in Obersachsen verbreitet.

Aus Schwarzburg sein: unsauber, ein Schmutzbartel sein. Ähnlich hieß in der Jenaer Studentensprache ein Mitteloser ‚Schwarzenberg' und ein Reicher ‚Lichtenstein'.

Schwärze, schwärzen. *Einen in die Schwärze bringen:* ihn beschuldigen, verleumden, ihn in den schwärzesten Farben schildern, um ihm zu schaden und ihm Hindernisse und Unannehmlichkeiten zu bereiten. Vgl. die Rda. ‚einen in die ↗Tinte bringen'.

Jem. schwärzen: ihn beschuldigen. Die veraltete Wndg. ist schon bei Fischart bezeugt und wird heute durch ‚anschwärzen' ersetzt.

Über die Grenze schwärzen: unerlaubt die Grenze überschreiten, Schmuggel treiben. Der Ausdr. schwärzen bezieht sich hier auf die Gewohnheit gewerbsmäßiger Schmuggler, ihre Gesichter schwarz zu schmieren, um von den Grenzern nicht erkannt zu werden.

Schwarzfärber. *Er ist ein Schwarzfärber:* was andere denken, sagen oder tun, stellt er immer als schlechter dar, als es in Wirklichkeit ist; er besitzt ein Vorurteil, versucht anderen zu schaden, ist pessimistisch eingestellt.

Schwede. *Ein alter Schwede sein:* ein Schlaumeier, ein gerissener Kerl sein. In Berlin wird der Ausdr. ‚alter Schwede' als gemütliche und scherzhafte Anrede verwendet für einen guten Bekannten, der zu leben versteht, seinen Vorteil wahrnimmt und sich überall mit Witz und Pfiffigkeit durchsetzen kann. Heinrich v. Treitschke gab im Sommer 1879 anläßlich einer Vorlesung über die Geschichte des preuß. Staates an der Berliner Universität eine Erklärung der häufigen Rda.: nach Beendigung des Dreißigjähr. Krieges habe der Große Kurfürst bewährte und erfahrene alte schwedische Soldaten für sein Heer als Ausbilder anwerben lassen. Weil sie sich bes. gut auf ‚fürtrefflichen Drill' verstanden, wurden sie meistens als Unteroffiziere eingestellt. In der Soldatensprache wurden diese schwed. Korporale kurzweg ‚die alten Schweden' genannt. Diese Bez. wurde dann allg. gebräuchl. (Büchmann). Auch von der Studentensprache ist der Ausdr. hergeleitet worden. In der schwedischen Zeitung ‚Sörda Skäne' vom 7. August 1915 gab E. Gleye folgende Erklärung: unter einem ‚ollen Schwiet' verstanden die Dorpater Studenten in Anlehnung an das aus dem Frz. abgeleitete Wort ‚suitier' einen student. Draufgänger, der die Ungebundenheit des akademischen Lebens über ein erfolgreiches Studium stellte. Im 18. Jh. bedeutete ‚suite' einen Studentenstreich. Durch volkstüml. Umdeutung und Weiterbildung des burschikosen Ausdrucks ‚Alter Schwietjeh' ist möglicherweise ‚Alter Schwede' entstanden. ‚Du kleiner Schwede!' gilt im Obersächs. auch als gutmütiges Scheltwort für kleine Kinder.

Schwede ist in manchen Gegenden Dtls. auch zum Scheltwort geworden in Erinnerung an die Verheerungen durch schwedische Truppen im Dreißigjährigen Kriege und die grausamen Mißhandlungen von Wehrlosen durch schwedische Soldaten. *Die Schweden kommen!* heißt es noch heute in Sachsen und Bayern bei nahender Gefahr. *Einem den Schweden wünschen:* einem größtes Unglück wünschen. Eine verbreitete Verwünschungs- und

Der Schwartzferber.

Fluchformel heißt: *Daß dich der Schwede!*
Sie wird auch mdal. gebraucht, z. B. ostfries. ‚Dat du den Sweden kriegst!‘
Schwedische Gardinen ↗ Gardine.
*Das (den) haben die Schweden liegen gelas-
sen:* es ist etw., das nichts taugt oder das zu
schwer zum Fortbringen ist, sonst hätten
es sicher die plündernden Schweden mit-
genommen. Die bes. im Bergischen und
am Rhein bekannte Rda. hat ebenfalls ihren Urspr. im Dreißigjährigen Kriege und
erinnert an die Verwüstungen, die die
Schweden mit den verbündeten Franzosen in Dtl. nach dem Tode Gustav Adolfs
angerichtet haben. Wenn sie einen Ort
heimgesucht hatten, waren meist nur
noch Steine liegengeblieben, weil alles
niedergebrannt und ausgeraubt worden
war. Fragte man nach einem auffälligen
Felsblock, war deshalb die scherzhafte
Antwort in späterer Zeit: ‚Den haben die
Schweden liegen gelassen‘. Da die Find-
linge Norddtls. in der Eiszeit tatsächlich
vom Inlandeis aus dem Norden mitgebracht wurden, ist vielleicht die Kenntnis
dieser Tatsache mit der Erinnerung an die
Schweden selbst, von denen man seit dem
großen Krieg nichts Gutes erwartete, in
der Rda. verbunden worden, die nun
einen scherzhaften Sinn als Antwort auf
eine törichte Frage erhalten hat.

Lit.: *H. Küpper:* Alter Schwede, in: Muttersprache 52
(1937), S. 380–383.

Schwedenkopf. *Einen Schwedenkopf tragen:* keine Perücke, sondern kurzgeschnittenes Haar tragen und sich damit
als fortschrittlich und natürlich erweisen.
„Der Herzog ist wohl, trägt, wie Du vielleicht schon weißt, einen Schwedenkopf",
berichtet Goethe im April des Jahres 1770
in einem Brief an seinen Freund Merck
und läßt Mephistopheles zum Baccalau-
reus (‚Faust‘ II, 2. Akt, V. 6731 ff.) sagen:
Am Lockenkopf und Spitzenkragen
Empfandet Ihr ein kindliches Behagen.
Ihr trugt wohl niemals einen Zopf?
Heut’ schau ich Euch im
Schwedenkopf!
Kurzgeschnittenes Haar – wohlverstan-
den bei den Männern – ist in Dtl. unter
dem Namen Schwedenkopf geläufig gewesen. In der Zeit der Allongeperücken
erregte der Schwedenkönig Karl XII. mit

seinem kurzgeschnittenen Haar Aufsehen. Sein Naturscheitel oder Schwedenkopf begann in der 2. H. des 18. Jh. Mode
zu werden, als der von Friedrich Wilhelm I. 1713 in Preußen eingeführte Zopf
die runde Perücke abgelöst hatte und zum
Kopfschmuck der feinen Kavaliere und
zur vorgeschriebenen Haartracht der Armee geworden war.

Schwedentrunk. *Den Schwedentrunk erhalten,* auch: *einem ein Schwedentränklein
vorsetzen (eingießen):* eines qualvollen Todes sterben müssen, unmenschlich gefoltert werden. Die Rda. erinnert an die
Greuel des Dreißigjährigen Krieges. Die
Schweden sollen zuerst ihre unglücklichen Opfer durch Einfüllen von Jauche zu
Geständnissen gezwungen haben, ehe sie
sie zu Tode marterten. Der Schwedentrunk wurde dann auch von anderen
Truppen übernommen und als Foltermit-
tel bei Gericht verwendet. In der Chronik
von Forst (Niederlausitz) findet sich eine
auf das Jahr 1630 bezügliche Schilderung
des Schwedentrankes: „Zur Zeit, als die
Kroaten hier lagen, wurde der eisgraue
Kirchen- und Hospitalvorsteher Johann
Seidner von ihnen zu Tode gemartert. Er
wurde am 11. Oktober von ihnen auf
der Gasse ergriffen, in sein Haus geführt und barbarisch gemishandelt, damit
er die vermauerten Kirchenschätze anzeige. Weil er dies zu thun verweigerte, haben sie den alten Mann gebunden, zu
Boden geworfen, ihm durch ein zwischen
die Zähne getriebenes Stück Holz den
Mund weit aufgesperrt und Spülicht und
Pfützenwasser in grosser Menge einge-
gossen, sind ihm dann auf den Leib gesprungen, daß es wieder heftig herausge-
spritzt ist, und haben diese Marter so
lange wiederholt, bis er seinen Geist elen-
diglich aufgegeben hat. Diese Folter hieß
der schwedische Trank".

Schweigen, schweigen. *Dann ist Schweigen
im Walde:* darauf erfolgt keine Antwort;
es entsteht bei einem Gespräch ratlose
Stille. Vgl. die Rda. ‚ein ↗Engel geht
durchs Zimmer‘. Die Wndg. soll auf dem
gleichnamigen Gemälde von Arnold
Böcklin beruhen; sie ist seit dem Ende des
19. Jh. geläufig und heute allg. in Dtl. und

‚Das Schweigen im Walde'

Österr., bes. bei Schülern und Studenten, üblich.
Einen früheren Beleg als Böcklins Gemäldetitel bietet jedoch eine Zeile aus Goethes ‚Wanderers Nachtlied': die verbalisierte Form lautet hier: „die Vögelein schweigen im Walde".
Ludwig Ganghofer (1855–1920) hat einen Roman von 1899 mit ‚Das Schweigen im Walde' betitelt. In vielen dt. Sprww. wird das Schweigen zu einer Tugend erhoben, so z.B. ‚Schweigen und denken mag niemand kränken'; oder: ‚Schweigen, dulden, lachen hilft zu manchen Sachen'.
Schweigegebote sind schon in der Bibel belegt (Hiob 13,5 und Spr. 17,28: „Auch ein Tor, wenn er schwiege, würde für weise gehalten und für verständig, wenn er den Mund hielte").
Bekannt geworden ist eine Nachbildung aus den ‚Philosophiae Consolationes' des Boëthius (um 476–524): „Si tacuisses, philosophus mansisses". Dahinter steht folgende Geschichte, die Boëthius berichtet (Kap. 2, S. 7): „Als jem. einen Mann, der den falschen Namen eines Philosophen nicht zur Übung wahrer Tugend, sondern aus hochmütiger Eitelkeit führte, mit Schmähungen angegriffen und hinzugefügt hatte, er werde bald wissen, ob jemand ein Philosoph sei, da trug der Angegriffene einige Zeit lang Geduld zur Schau. Dann aber fragte er, gleichsam über die erlittene Schmähung höhnend: ‚Merkst du nun endlich, daß ich ein Philosoph bin?' Darauf sagte der erste: ‚Ich hätt's gemerkt, wenn du geschwiegen hättest'" (Intellexeram, si tacuisses); übers. von K. Büchner (Leipzig 1939).
Der Rest ist Schweigen: es ist das Ende. Die Wndg. bezieht sich auf die letzten Worte Hamlets in Shakespeares Drama: „The rest is silence"; vgl. frz. ‚Et le reste est silence'.
Sich in Schweigen hüllen: die Neugierde anderer nicht befriedigen, so tun, als wisse man von nichts, keinerlei Andeutungen machen, nichts verraten. Ähnl.: *Schweigen bewahren:* sich nichts anmerken lassen, seine Gefühle meisterhaft beherrschen, alle Äußerungen zurückhalten.
Schweigen gebieten (fordern): bei einer heftigen Auseinandersetzung, bei einem Tumult Ruhe gebieten, um selbst zu Wort zu kommen, aber auch: jem. dringend auf seine Schweigepflicht hinweisen; vgl. frz. ‚Imposer le silence'.
Das Schweigen brechen: ein lange gehütetes Geheimnis endlich doch preisgeben, zur Aufklärung einer wichtigen Angelegenheit beitragen; vgl. frz. ‚Rompre le silence'.
Jem. zum Schweigen bringen: jem. töten, dessen Aussage man fürchten muß.
Es herrschte ein eisiges (gespanntes, unerträgliches) Schweigen: durch das plötzliche Verstummen wurde Ablehnung ausgedrückt, höchste Spannung erzeugt; vgl. frz. ‚silence glacial'.
Die Wndg. von dem *beredten Schweigen* geht zurück auf Ciceros 1. Rede ‚In Catilinam', wo es bereits im Jahre 63 v. Chr. (8, 21) heißt: „Cum tacent, clamant" = gerade ihr Schweigen ist laute Anklage.
Wenn diese schweigen, werden die Steine schreien: wenn die Menschen kein Mitleid haben, wird sich die Natur erbarmen. Die Wndg. beruht auf einem Ausspruch Jesu (Luk. 19,40) und auf einer Legende, die von Jacobus de Voragine in der ‚Legenda aurea' (Kap. 181) in der 2. H. des 13. Jh. berichtet wird: Beda Venerabilis (gest. 735) habe sich im hohen Alter, als er blind geworden sei, führen lassen. Sein Führer gab in einem steinigen Tale vor, daß eine große Menschenmenge auf eine Predigt Bedas warte. Dieser ließ sich täu-

schen. Am Ende seiner Predigt hätten die
Steine ‚Amen‘ gerufen, ↗Stein. Vgl. lat.
‚Saxa loquuntur‘ (Büchmann).

In sieben Sprachen schweigen, auch: *in
allen Sprachen schweigen:* unbedingt
schweigen, keine einzige Antwort geben,
die Aussage verweigern. Die Rda. beruht
auf einem Ausspruch F. A. Wolfs, der von
seinem Schüler, dem berühmten Philologen Immanuel Bekker, als von dem
„Stummen in sieben Sprachen“ berichtete
(Büchmann). Vgl. ndl. ‚in zeven (alle) ta-
len zwijgen‘, ↗Sprache.

Davon schweigt des Sängers Höflichkeit:
über das Weitere spricht man besser
nichts, eine Mitteilung wird aus Klugheit
oder Schonung vermieden. Ein Studentenlied, das um 1840 viel gesungen wurde,
trägt den Kehrreim: „Dies verschweigt
des Sängers Höflichkeit“, der aber vermutlich auf der älteren Rda. beruht.

Zur Bestätigung, daß jem. die schwere
Kunst des Schweigens vollendet beherr-
sche und man ihm voll vertrauen könne,
werden rdal. Vergleiche gebraucht: *Er
schweigt wie ein Stein, den man ins Wasser
geworfen hat,* vgl. lat. ‚Pythagoreis tacitur-
nior‘; *er kann schweigen wie ein Spiegel, an
dem das Glas fehlt,* vgl. ndl. ‚Hij weet te
zwijgen als een spiegel, waaraan het glas
ontbrekt‘; *er kann schweigen wie ein abge-
schlachtet Huhn,* vgl. ndl. ‚Hij kan zwijgen
als en hoen, dat de keel is afgestoken‘.

Am häufigsten gebraucht wird die Wndg.
schweigen wie das Grab: ein Geheimnis
auf keinen Fall preisgeben.

Die Rda. *schweigen wie eine Maus* begeg-
net bereits im 16. Jh. im Liederbuch der
Hätzlerin (II, 8, 357): „Schweigen als ein
Maus“.

Lit.: *Anon.:* Mit Schweigen verrät man sich nicht,
wer schweigt, scheint einzuwilligen, in: Beiträge zur
populären Rechtsgelehrsamkeit 2 (1788), S. 287–409;
Anon.: Doen zwijgen, in: Biekorf 39 (1933), S. 159;
Jungwirth: Art. ‚Schweigen‘, in: HdA. VII, Sp.
1460–1470; *E. Hertzsch, G. Mensching:* Art. ‚Schwei-
gen‘, in: RGG. V (³1961), Sp. 1605–1606; *V. Roloff:*
Reden und Schweigen (München 1973); *U. Ruberg:*
Beredtes Schweigen in lehrhafter u. erzählender dt.
Lit. des MA. (Münster 1978); *K. Knüssel:* Reden und
Schweigen in Märchen und Sagen (Diss. Zürich 1980).

Schwein. *Schwein haben:* (unverdientes)
Glück haben.

Die Wndg. hat verschiedene Deutungen
erfahren. Man bringt sie z. B. mit dem
Kartenspiel in Zusammenhang, in dem
früher das As auch ‚Sau‘ genannt wurde
und die Schellendaus-Karte auch die
Abb. eines Schweines trug, ↗Sau. Lit. Be-
weise dafür stammen schon aus dem
16. Jh. Abraham a Sancta Clara eifert in
einer seiner Predigten: „So sind in den
Karten vier Säu: Eichel-Sau, Schellen-
Sau, Herz-Sau, Gras-(Laub-)Sau, und
weil die Säu mehr gelten als der König, so
ist ja das ein säuisch Spiel“. Zincgref erzählt in seinen ‚Apophthegmen‘ (III, 285),
daß einer zu jem. sagte, der sich aufs höchste verschwor: „Das het man wol mit
einem Unterbuben stechen können und
wäre unvonnöthen gewesen, die Saw vor-
zusetzen“. Die Rda. würde demnach bedeuten: die höchste Karte im Spiel besitzen, gewinnen können, und wäre dann
verallgemeinert zu: Glück haben. Göhring (Nr. 390) ist dagegen der Meinung,
daß man ein bes. großes Glück im Sinne
der sonst üblichen Verstärkungen, wie bei
saudumm, saugrob, ein ‚Sauglück‘ genannt habe. Dieses wäre dann zu ‚Schweineglück‘ ähnl. wie bei ‚Schweinegeld‘
verfeinert worden, woraus dann die ver-
kürzte Form ‚Schwein haben‘ hervorgegangen sei. Möglicherweise ist der Urspr.
der Rda. auch in dem ma. Wettspielen und
in einem Brauch bei den alten Schützenfesten zu suchen: neben den wertvollen Eh-
renpreisen für die Sieger wurde auch dem
letzten und schlechtesten Teilnehmer ein
Preis überreicht, der in der Regel ein
Schwein war.

Die Preise bestanden anfänglich oft aus
Tieren, später aus goldenen Kleinoden
und aus Geld und steigerten sich im Laufe
der Jahre immer mehr. So wird von einem
Rennen in München im Jahre 1448 berichtet: „Das vordist pferdt gewan ain
Scharlach-Tuch, das ander darnach ain
Sperber mit seiner Zuegehörung, das drit
ain armbst (Armbrust), vnnd das lest
(letzte) pferdt ain Saw“. Ähnl. ist bei den
Schützenfesten und anderen bürgerlichen
Waffenfesten das Schwein regelmäßig
der letzte Gewinn gewesen, ein Trostpreis,
der aber Spott einbrachte.

Heute ist für die Bdtg. der Rda. der Gewinn das Wesentliche. Aber lange hat
man den urspr. gemeinten Spott noch
deutlich gefühlt. Der letzte Sieger ist ja ei-

gentl. ein Besiegter, und der bei den schlechtesten Aussichten unerwartet erzielte Gewinn war nur ein sehr zweideutiger Triumph. Er wurde unter spöttischen Glückwünschen neben einer Fahne überreicht, die statt des Wappens ein Spottbild trug. Unter dem Spotte der Bürger, vor allem der Jugend, mußte der Preisträger das Schwein durch die Stadt nach Hause führen. Wenn es ein Ferkel war, versteckte er es gern in den weiten Ärmeln, wie Seb. Brant im ‚Narrenschiff‘ (75,61) berichtet:

> Wer schießen wil und fält des rein,
> Der dreit die suw im ermel heim.

Ganz deutlich erscheint die zugrunde liegende Vorstellung noch in der ‚Zimmerischen Chronik‘ (III, 233): „So hatten doch die herren zum wenigsten die saw davongetragen und behalten", und so konnte auch ein reformatorisch gesinnter Schweizer Dichter den Dr. Eck, der bei der Disputation in Baden mit seinen sieben Thesen besiegt worden war, verspotten:

> Es wäre gar z'vil der eren,
> Das da sollt ein einig man
> Ein schwein mit siben färlin dran
> Gewinnen mit sim leren.

Mehrfach wird im 17. Jh. mit ‚Sau‘ geradezu eine Niederlage bez.; nach der Eroberung von Ofen 1686 rief man den besiegten Türken zu: „Seraskier, treib heim die Sau!", und nach dem Sieg an der Sau (Save) 1683 über den Türken sang dt. Volkswitz von ihm:

> Konnt nirgend, schau, als an der Sau
> Ein größre Sau aufheben.

1639 verzeichnet Lehmann (S. 708 ‚Schimpff 5): „Der die Saw mehrführt, der darff vor Schimpff nicht sorgen". Auch als der letzte Preis längst nicht mehr in einem Schwein, sondern in einem Geldpreis bestand, blieb der Name erhalten. Die Rda. ist davon abzuleiten, denn sie besitzt urspr. den Sinn: eines unverhofften Glückes teilhaftig werden, ohne es eigentl. verdient zu haben.

Das Schwein am Schwanze haben: das Glück haben und es festhalten.

Das falsche Schwein geschlachtet haben: einen Mißgriff getan haben, der nicht mehr gutzumachen ist, einen unverzeihlichen Fehler begangen haben. Die Wndg.

soll nach 1945 von Winston Churchill im Hinblick auf die Entwicklung der sowjet. Politik geprägt worden sein.

In Sachsen heißt es von einem Prediger, der nach seiner Versetzung an dem neuen Ort dieselben Vorträge hält wie am früheren: ‚Er bringt seine geschlachteten alten Schweine‘.

Wir werden das Schwein schon töten: wir werden die Sache schon erledigen. Die Wndg. ist im 1. Weltkrieg entstanden, als die Tiere heimlich (↗schwarz) von nicht berufsmäßigen Schlachtern getötet wurden. In übertr. Bdtg. meint die Rda., daß man eine schwierige Sache auszuführen imstande sei, auch wenn man keine spezielle Ausbildung dafür besitzt. Die Wndg. dient zur Ermutigung, wenn jem. am Erfolg zweifelt. Vgl. ndl. ‚Wij zullen dat varken wel wassen‘ (waschen).

‚Ick scher de scaepen dien anderen verckens‘ (Ich schere die Schafe, die anderen die Schweine [Ferkel]) ist die ndl. Version der Rda. und die Bildunterschrift eines niederländischen Bilderbogendetails, dessen dt. Variante ‚Viel Geschrei und wenig Wolle‘ lautet, ↗Geschrei.

Ihn kann man nehmen, um die Schweine zu zählen: er hat stark nach außen gebogene Beine. Die Rda. bezieht sich auf den Schweinekauf der Viehhändler. Beim Ankauf einer größeren Menge ließen diese die Schweine durch ihre gespreizten Beine laufen, um sie so besser zählen zu können. Im Ndd. heißt ein Mann mit O-Beinen ‚Ferkenfänger‘.

Das kann kein Schwein lesen: die Schrift ist sehr schlecht, es ist völlig unleserlich geschrieben. Die Rda. soll sich nicht auf die verschmierte Schrift, die man einem Schwein zuschreiben könnte, sondern nach einer ätiologischen Sage auf einen Familiennamen beziehen: Im 17. Jh. lebte in Schlesw. eine Gelehrtenfamilie namens Swyn. Sie war sehr hilfsbereit, und deshalb kamen die Bauern vertrauensvoll mit Briefen und Urkunden zu ihr, um sich Schriftstücke vorlesen oder abfassen zu lassen. Wenn aber selbst ein Angehöriger der Familie Schwein eine unleserliche Schrift nicht entziffern und ihren Sinn nicht verstehen konnte, sagten die Bauern: ‚Dat kann keen Swyn lesen!‘

Ähnl.: *Daraus wird kein Schwein klug (ge-*

SCHWEIN

scheit): das versteht niemand. *Das frißt (glaubt) ja kein Schwein:* das begreift (glaubt) kein Mensch. Im 19. Jh. entstand die Formel *kein Schwein* mit der Bdtg. niemand aus der Wndg. ,Kein Schwein ist im Stall' als Verkürzung. Die letzten Wndgn. können ebenfalls noch auf die Familie Swyn bezogen sein, oder Schwein hat bereits die allgemeine Bdtg. von ,niemand' angenommen. Vgl. frz. ,Pas un chat' (keine Katze).

Das Schwein stehlen und die Borsten um Gottes willen verschenken: heuchlerisch von seinem unberechtigten Überfluß etw. abgeben, das man leicht entbehren kann. Vgl. ital. ,rubar il porco, e darne i piedi per ,amor di Dio'. Ähnl.: *das Schwein stehlen und die Füße als Almosen geben.*

Noch keine Schweine miteinander gehütet haben: sich noch nicht gut genug kennen, um sich von einem anderen duzen zu lassen. Vgl. frz. ,Nous n'avons pas encore gardé les cochons ensemble'. Meist erfolgt die scharfe Zurückweisung plumper Vertraulichkeit durch die Frage: ,Wo haben wir denn zusammen die Schweine gehütet?'

Jem. ist ein Schwein (Schweinigel): er ist unsauber und unflätig, von niedriger Gesinnung, er reißt gern Zoten; vgl. frz. ,C'est un cochon' oder ,... un porc' (i. S. v. er reißt gerne Zoten).

Ähnl.: *sich wie ein Schwein benehmen;* verstärkend wird die rdal. Vergl. erweitert zu: ,sich benehmen wie das Schwein auf dem Sofa'; obersächs. ,ein Hans von Schweinfurt sein': sich menschenunwürdig verhalten; vgl. frz. ,se conduire comme un cochon'. Ähnl. die Rdaa.: *Haben wir Schweine am Tisch?* Oder: *Er frißt wie ein Schwein,* wenn einer beim Essen schmatzt und auch sonst schlechte Tischmanieren hat. Die Wndgn. werden als starker Schimpf und grobe Beleidigung empfunden, wenn sie einem tadelnd oder verächtlich direkt ins Gesicht gesagt werden. Normalerweise ist ,faules Schwein!' ebenfalls ein Schimpfwort. In den Darstellungen der ,verkehrten Welt' jedoch wird folgerichtig das Schwein als ,fleißig' dargestellt, indem es spinnt oder andere Hausarbeiten verrichtet (vgl. Bringéus). Dagegen erscheint die Feststellung *Er ist (nur, auch) ein armes Schwein* stark gemil-

dert und verharmlost, denn sie enthält Mitleid mit einem armen, bedauernswerten Menschen, dem ,es dreckig geht'. Die rdal. Vergleiche *bluten wie ein Schwein* und *schwitzen wie ein Schwein* dienen nur der Steigerung und beruhen auf der Beobachtung, daß ein Schwein viel Blut beim Schlachten verliert und im Brühkessel stark zu schwitzen scheint. Vgl. frz. ,saigner ...' oder ,suer comme un bœuf' (Ochse).

Voll (besoffen) wie ein Schwein sein: sehr betrunken, seiner Sinne nicht mehr mächtig sein. Die seit dem 16. Jh. bezeugte derbe Rda. spielt auf die Freßgier der Schweine an und besitzt Schimpfwortgeltung. Die weniger bekannte Wndg. *Das Schwein läuft mit dem Faßhahn weg* richtet sich satirisch gleichfalls gegen die Trunkenbolde, die ihre klare Urteilsfähigkeit beim Trinken einbüßen und Vergeudung und Verschleuderung ihres Besitzes nicht mehr verhindern können. Vgl. fläm. ,Het varken (de zeug) loopt met den tap weg'. Auch Bruegel hat auf seinem Rdaa.-Bild dargestellt, wie das Schwein den Faßhahn mit den Zähnen faßt, weil es glaubt, dies sei etw. zu fressen. Beim Auslaufen des Weines entsteht natürlich großer Schaden, ↗ Sau.

In der Jugendsprache sind bes. Tiervergleiche aufgekommen, wenn man z. B. sein Erstaunen zeigen will. Analog zu Sprüchen wie ,Ich glaub', mein Hamster bohnert', ... mein Rotkehlchen singt', gibt es auch den Spruch: ,Ich glaub', mein Schwein pfeift'.

Bei jem. zeigt sich der innere Schweinehund: sein schlechter Charakter, Feigheit und Gemeinheit werden erst bei einer Bewährungsprobe offensichtlich. *Seinen inneren Schweinehund bekämpfen (besiegen, überwinden):* seine eigene Schwäche, seine erbärmliche Gesinnung, die selbstsüchtigen Gefühle und den Mangel an Idealismus selbst erkennen und zu überwinden suchen. Der Ausdr. kommt in General Schleichers Antrittsrede als Regierungschef vor, von wo ihn Göring übernommen hat (Küpper).

Die meisten zusammengesetzten Substantive wie ,Schweinearbeit', ,Schweinebande', ,Schweinekerl', ,Schweineköter' und ,Schweinestall', besitzen verächtliche

1443

Bedeutung, während ‚Schweinegeld‘ und ‚Schweineglück‘ eine Steigerung ausdrükken, ähnl. bez. man mit ‚Schweinsgalopp‘ oder ‚Schweinstrab‘ einen bes. schnellen Lauf.

Sprw. wurde auch Nietzsches Umdeutung des Pauluswortes (Titus 1, 15): „Den Reinen ist alles rein". In seinem Buch ‚Also sprach Zarathustra‘ (3. Teil, Kap. 14) schreibt er: „Den Reinen ist alles rein – so spricht das Volk. Ich aber sage euch: den Schweinen wird alles Schwein!", d. h. auch das Reine wird von ihnen in den Schmutz gezogen (Büchmann).

Zu Kindern, die überall dabeisein u. mithelfen wollen, sagt man gelegentlich scherzend: „Ja, du bist lieb, du darfst auch mit. Wenn wir die Schweine waschen, darfst du die Seife tragen".

Lit.: *H. Dunger:* Schlein haben, Schwein haben, Schleim haben auf jem., in: Zs. d. allg. dt. Sprachvereins 17 (1902), S. 167–169; *O. Keller:* Die antike Tierwelt 1 (Leipzig 1909), S. 388–404; *Esser:* Teilen wie ein Schweinsfuß, in: Zs. f. rhein. u. westf. Vkde. 9 (1912), S. 64–65; *E. E. Ericson* and *W. Fischer:* Speaking of swin, in: Anglia, Beiblatt 47 (1936), S. 346–347; *L. Herold:* Art. ‚Schwein‘, in: HdA. VII, Sp. 1470–1509; *J. E. Miller:* To ‚luck out‘ (Schwein haben), in: American Speech 29 (1954), S. 303–304; *F. C. Sillar* and *R. M. Meyler:* The Symbolic Pig. An Anthology of Pigs in Literature and Art (Edinburgh 1961); *H. Rosenfeld:* Das Schwein im Volksglauben u. in der Spielkartenillustration, in: Börsenblatt für den dt. Buchhandel 18 (1962), S. 622–625; *A. Fenton:* Pork in the rural diet of Scotland, in: Schweiz. Archiv v. Vkde. 68/69 (1972/73), S. 98–110; *N.-A. Bringéus:* Sömnens och lättjans skamlighet, in: Rig. 1974, S. 73–90; *M. Rumpf:* Zur Entwicklung der Spielkartenfarben in der Schweiz, in Dtl. und in Frankr., in: Schweiz. Arch. f. Vkde. 72 (1976), S. 1–32, bes. S. 11; *R. Hauschild* u. *H. Schuh:* ‚Ich glaub‘, mich knutscht ein Elch!‘ Sprüche aus der Bundeswehr (Herford ⁴1980); *H. Henne* u. *G. Objartel* (Hg.): Bibliothek zur hist. dt. Studenten- und Schülersprache (Berlin 1984); *Th. Kleinspehn:* Warum sind wir so unersättlich? Über den Bedeutungswandel des Essens (Frankfurt/M. 1987), bes. Kap. I, 4: „Die ‚innere Sau‘ oder der Umgang mit dem Tierischen der Nahrung, S. 70 ff.; *J. Leibbrand:* Speculum Bestialitatis (München 1989), S. 141 ff.

Schweiß. *Etw. im Schweiße seines Angesichts tun müssen:* sich abmühen, eine lange qualvolle Arbeit verrichten müssen. Die Wndg. ist ein Bibelwort. Bei der Verfluchung nach dem Sündenfall spricht Gott zu Adam: „Im Schweiße deines Angesichts sollst du dein Brot essen", d. h., nur durch harte und oft erfolglose Arbeit kann er dem kargen Boden nach der Ver-

treibung aus dem Paradies Früchte abringen (1. Mos. 3, 19). Vgl. ndl. ‚in het zweet zijns aanschijns‘; engl. ‚in the sweat of thy brow (face)‘; ndl. ‚à la sueur de son front‘. *Der Boden ist mit Schweiß gedüngt:* er ist unter großen Mühen bearbeitet worden.

Daran hängt der Schweiß von Generationen: der Erfolg ist nur als Ergebnis des Fleißes und der Anstrengung vieler zu verstehen, die sich lange Zeit darum mühten und auf deren Erfahrungen aufgebaut wurde.

Ähnl.: *Das hat viel Schweiß (der Edlen) gekostet:* es hat vieler Anstrengung und Überlegung der hervorragendsten Männer bedurft. *Das ist des Schweißes der Edlen wert:* das Ziel ist wirklich erstrebenswert, die Anstrengung um eine gute und aussichtsreiche Sache wird sich in der Zukunft auszahlen. Die Wndg. ist ein Zitat aus Klopstocks Ode ‚Der Zürchersee‘ (1750), in der wiederholt gesagt wird, die Dichterunsterblichkeit sei „des Schweißes der Edlen wert" (Büchmann).

Das hat ihn nicht viel Schweiß gekostet: es war für ihn eine einfache Sache, er hat sich dabei nicht überanstrengt. Vgl. lat. ‚citra pulverem‘.

Die Früchte seines Schweißes ernten: den Erfolg seiner Bemühungen sehen, belohnt werden; vgl. frz. ‚récolter les fruits de son labeur‘ (Arbeit).

Keinen Schweiß riechen können: schwere Anstrengungen scheuen, faul und träge sein, eine scherzhafte Entschuldigung des Arbeitsscheuen, die auch mdal. verbreitet ist, z. B. heißt es in Norddtl.: ‚He mag sîn egen Swêt net ruken‘. Vgl. auch ndl. ‚Hij mag (kan) zijn zweet niet ruiken‘.

Schweizerkrankheit ↗ Heimweh.

Schwelle. *An der Schwelle von etw. stehen:* an einer wichtigen Grenzlinie angelangt sein, einen neuen Lebensabschnitt beginnen, kurz vor einem Neubeginn zur Rückbesinnung noch etw. verhalten. Vgl. frz. ‚être au seuil de quelque chose‘.

Die Wndg. wird heute oft und gern bei bes. Anlässen gebraucht. Wir sprechen z. B. davon, daß jem. an der Schwelle des Mannesalters, des Todes stehe, daß an der

Schwelle des 20. Jh. eine neue Entwicklung begonnen habe.

Die moderne Rda. bewahrt die Erinnerung an die große Bdtg. der Schwelle im Volksbrauch und Volksglauben. An ihr werden bestimmte Übergangsriten ("rites de passage") verrichtet, z.B. wird noch heute die Braut zu Beginn der Ehe über die Schwelle ihres neuen Heims getragen. Die Schwelle galt auch als Grenze für die bösen Geister, die dem Hause fernbleiben mußten.

Jem. (etw.) auf der Schwelle begrüßen: Besucher nicht ins Haus hereinbitten, sondern sie unhöflich an der Tür empfangen, um sie bald wieder loszuwerden. Heute sagt man dafür häufiger: "Jem. vor der Tür stehen lassen' oder ,an der Tür abfertigen'. Dasselbe meint die Wndg.: *An der Schwelle auf die ,Schnelle'.* Es bedeutet aber auch: nur oberflächliche Bekanntschaft mit etw., z.B. mit einem großen Wissensgebiet, machen.

Jem. Schwelle nicht mehr betreten wollen, auch: *keinen Fuß mehr über diese Schwelle setzen:* sein Haus, seine Wohnung nicht mehr betreten, jem. nach einer großen Beleidigung streng meiden. Vgl. frz. ,Ne plus vouloir mettre les pieds chez quelqu'un' (wörtl. jem. Haus nicht mehr betreten wollen).

Er kommt mir nicht mehr über die Schwelle: er darf sich bei mir nicht mehr sehen lassen. Oft wird die Wndg. in Form eines direkten Befehls gebraucht: *Daß du mir nicht mehr über die Schwelle kommst!:* Laß dich hier nicht mehr blicken! Vgl. frz. ,Ne remets plus les pieds chez moi!'

Er ist auf der Schwelle (schon) gefallen: gleich zu Beginn seines Unternehmens hatte er Mißerfolg. Vgl. lat. ,in porta impingere'. Ähnl.: *Er ist auf der Schwelle schon müde geworden:* Kraft und Mut haben ihn schon zu Anfang verlassen.

Erst vor der Schwelle niederfallen (zusammenbrechen): nach beendetem Geschäft, bei der fast glücklich vollendeten Heimkehr noch einen Unfall haben, seine letzte Kraft verlieren.

Die Schwelle des Bewußtseins kaum (nicht mehr) erreichen können: eine Empfindung kaum wahrnehmen können, auf nichts mehr reagieren; vgl. frz. ,le seuil de la conscience'.

,Schwellenangst haben', übertragen: jede Angst vor etwas Neuem oder Unbekanntem.

Lit.: *L. Weiser-Aall:* Art. ,Schwelle' in: HdA. VII, Sp. 1509–1543; *A. v. Gennep:* Übergangsriten (frz. ,Les rites de passage') (Frankfurt/M. 1986).

Schwemme. *Sich nach der Schwemme wieder im Dreck (Kot) herumwälzen:* sich nach der Reinigung sofort wieder beflecken, nach kurzer Reue und Besserung wieder dem Laster verfallen, nach der Absolution erneut sündigen. Diese Rda. mit ihrer ausgesprochen moralisch-religiösen Bdtg. beruht auf einem alten Sprw., das im 2. Brief des Petrus (2,22) auf die Irrlehrer bezogen wird, von denen es heißt: "Es ist ihnen widerfahren das wahre Sprichwort: ,Der Hund frißt wieder, was er gespieen hat' und ,Die Sau wälzt sich nach der Schwemme wieder im Kot'". Das Subst. ,Schwemme' ist von ,schwemmen' = schwimmen machen abgeleitet und bez. den Ort der Handlung, eine tiefere Stelle im Gewässer, und das Waschen im Fluß selbst.

In die Schwemme wurden die Pferde geritten und von den Knechten gesäubert, Schweine und geschorene Schafe trieb man ebenfalls hinein, außerdem diente sie früher auch als Badeplatz der Menschen, als es noch keine öffentl. Freibäder gab. Da die Schwemme aber auch zur Bez. des Gasthauses, der Wirtsstube, in der nur einfache Gäste verkehrten, des billigen Restaurants in einem vornehmen Hotel, das die Bediensteten der Reisenden aufsuchten, diente und man einfache Bierlokale so benannte, entstanden Rdaa. mit humorvoll übertr. Bdtg. Sie dienten der euphemist. Umschreibung des Trinkens und des häufigen Aufenthaltes in einem Lokal, wie z.B. *einen in die Schwemme reiten:* selbst ins Wirtshaus gehen oder einen anderen zum Trinken auffordern; *den Mund (die Zunge) in die Schwemme reiten:* viel trinken, eigentl. den Mund mit Alkohol überschwemmen, waschen. Will man wissen, ob einer ein Wirtshausgänger ist, fragt man scherzhaft: *Er ist wohl oft in die Schwemme geritten?* ↗trinken.

Selbst in obszönem Sinne wurde das Wort verwendet, wie ein lit. Beleg (Fastnachtsspiele, Ausg. v. Keller, 143,8) erweist:

1445

Eur frau erkennt zu aller Zeit,
Das ir in ein fremde schwem reit.

In die Schwemme kommen: in eine unangenehme Zwangslage, in höchste Bedrängnis geraten; vgl. die moderne Wndg. ‚in der Patsche (Tinte) sitzen'. Zur Erklärung dieser Rda., die einen ganz gegenteiligen Sinn besitzt, kann man die tatsächlich bezeugte Wortbdtg. von Überschwemmung heranziehen, die dem Betroffenen gefährlich werden oder Schaden bringen kann. Wahrscheinlicher ist es jedoch, daß die Rda. die Erinnerung an die ma. Strafe des Schwemmens bewahrt. Der Übeltäter wurde dazu auf einen Knüttel oder in einen Korb gesetzt und dann ins Wasser geschleudert, das an der Stelle der Schwemme so tief war, daß er keinen Grund mehr fand. Erst kurz vor dem Ertrinken wurde der auf diese Weise Bestrafte wieder herausgezogen. Außerdem fand in ganz ähnlicher Weise die ‚Wasserprobe' statt, mit der man eine angeklagte Hexe erkennen und überführen wollte. Sie galt dann als schuldig, wenn sie nach dem Eintauchen sofort wieder oben schwamm. Vor allem darauf bezieht sich wohl die Wndg. *jem. in die Schwemme bringen:* ihn in Unannehmlichkeiten bringen, ihn seiner Strafe zuführen.

schwer. *Es schwer haben:* mit Schwierigkeiten zu kämpfen haben, ein mühevolles Leben führen, von Sorgen belastet sein. *Es schwer mit jem. haben:* schlecht mit dem anderen auskommen, oft Ärger und Streit haben, auf wenig Verständnis und Hilfsbereitschaft rechnen können, ihn ständig unterstützen (betreuen) müssen, ihn als große Belastung empfinden. Urspr. bez. das Adj. schwer das Gewicht, das in übertr. Bdtg. auch die drückende Last, die Sorge und Qual umschreiben kann. Deutlicher ist dies noch in der älteren Rda. *etw. liegt einem schwer.* Wir ergänzen heute: *auf dem Herzen, auf der Seele,* auch: *im Magen,* d.h. es bereitet Kummer oder Unbehagen und Angstgefühle. Die Wndg. *etw. liegt schwer auf einem* hat Schiller lit. in den ‚Piccolomini' (3,3) gebraucht: „Schwer lag auf mir des Scheidens Bangigkeit".

Schwer in der Hand liegen: schlecht zu bewältigen sein, Anstrengung und Ermü-

dung verursachen. Urspr. stammt die Wndg. aus der Reitersprache. Wenn das Pferd beim Reiten immer den Kopf hängenläßt, ‚ist (liegt) es schwer auf der Hand', d.h. die Hand des Reiters, die die Zügel hält, muß ständig fest zupacken und ermüdet zu. schnell. Vgl. ndl. ‚zwaar op de hand sijn'; frz. ‚être pesant à la main'; engl. ‚to be heavy in hand'.

Die Rda. *jem. eine schwere Hand auflegen (fühlen lassen):* ihn mit Strenge erziehen, ihm wenig freien Willen lassen, ihm Übermut und Leichtsinn nicht durchgehen lassen, ist bibl. Ursprungs. In Ps. 32,4 heißt es: „Deine (des Herrn) Hand war Tag und Nacht schwer auf mir".

Etw. schwernehmen: von einer Kritik (einem Tadel) getroffen, tief beeindruckt, von Trauer, Verzweiflung erfüllt sein, sich nicht ohne weiteres über etw. Unangenehmes hinwegsetzen können; vgl. frz. ‚prendre quelque chose au tragique'.

Alles zu schwer nehmen: sich unnötige Gedanken machen, sich mit Zweifeln oder Gewissensbissen quälen. *Einem das Herz schwermachen* ↗ Herz.

Etw. schwer tragen: eine Unglücksnachricht kaum fassen, einen Verlust kaum verwinden können. Die Wndg. erscheint bereits in der mhd. Dichtung in übertr. Bdtg.: Im ‚Tristan' Gottfrieds von Straßburg (V.13 665) heißt es:

doch truog erz in dem muote
leitlîchen unde swâre.

Vgl. auch *schwer an etw. tragen:* tief bekümmert sein.

Einem schwer sein (werden): für ihn sehr schwierig, kaum durchführbar, höchst unangenehm sein; *zu schwer sein für jem.:* seine Kräfte übersteigen, seinem Leistungsvermögen nicht entsprechen. *Jem. fällt etw. schwer:* er kann seine Aufgaben nicht ohne Anstrengung und Mühe bewältigen, er braucht viel Zeit und Kraft dafür, er besitzt ein schlechtes Gedächtnis, er muß ständig lernen, wiederholen und üben, um mit anderen Schritt zu halten. Vgl. auch die Wndgn. *einem nur schwer eingehen:* ihm kaum verständlich und faßbar sein, *nur schwer zu begreifen sein* und *sich schwertun mit etwas.* Jem., der sich ungeschickt anstellt, der einen Sachverhalt nicht gleich erfaßt, nennt man ‚schwer von Begriff'.

Schwer geladen haben: betrunken sein, schwerfällig gehen, hin und her schwanken (torkeln), eigentl. sich wie ein beladener Wagen, wie ein volles Frachtschiff bewegen.

Oben so schwer wie unten sein: einen Rausch, einen ‚schweren Kopf‘ haben. Vgl. engl. ‚He is top-heavy‘, ↗trinken. Der rdal. Vergleich *Er ist so schwer wie Blei* (ndl. ‚Het is zoo zwaar als lood‘) wird in übertr. Bdtg. bereits von Walther von der Vogelweide (76,3) verwendet:

> die tôren sprechent sniâ snî.
>
> die armen liute owê owî.
>
> des bin ich swaere alsam ein blî.

Um ein großes Körpergewicht eines Menschen anschaulich zu machen, sagt man auch (vor allem in Mitteldtl.): *Er ist so schwer wie ein toter Mann,* da sich ja bekanntlich Tote nur schlecht heben und tragen lassen und schwerer geworden zu sein scheinen. Vgl. frz. ‚Il a le poids d'un âne mort‘ (wie ein toter Esel).

Das Adj. ‚heiß‘ kann mit ‚schwer‘ gleichgesetzt werden, weil es ähnl. Folgen haben kann: man läßt einen Gegenstand fallen, an dem man sich die Hände verbrennt oder den man wegen seines Gewichts nicht halten kann. Wer von der Hitze eines Topfes, den er aufheben möchte, überrascht wird, ruft z. B.: *Au, ist der aber schwer!,* bevor er ihn rasch losläßt.

Wenn etw. nur äußerst zögernd und mühevoll vorangeht, spricht man im rdal. Vergleich von einer *schweren Geburt,* die Entbindungszeit wird euphemist. umschrieben, denn man sagt, daß eine Schwangere ihrer *schweren Stunde* entgegensehe.

Um die Unmöglichkeit einer Sache deutlich zu machen, kennt man in Ostpreußen den Vergleich ‚So schwoar, as wenn de Bock lamme sull‘.

Zur Umschreibung der Schwangerschaft selbst wird die Wndg. *schwer gehen* benutzt, die bereits 1660 bei Corvinus (‚Fons latinit.‘ 1,305ᵃ) belegt ist: „so spricht der deudsche man und mutterzunge, das weib gehet schwanger, oder gehet schweer, oder ist schwanger“.

Schweres Geschütz auffahren ↗Geschütz.
Die schwere Not bekommen ↗Schwerenöter.

Schwerenöter. *Ein Schwerenöter sein:* ein leichtsinniger und gerissener Kerl sein, der allerhand auf dem Gewissen hat und es mit der Moral nicht allzu genau nimmt, der sich aber andererseits wegen seiner besonderen Fähigkeiten und ungewöhnlichen Eigenschaften widerwillige Anerkennung und Bewunderung verdient. Urspr. war Schwerenöter ein erniedrigender Schimpfname, der einen durchaus nichtswürdigen Menschen bezeichnete, der eigentl. die schwere Not, d. h. die Fallsucht oder Epilepsie, verdient hätte. So heißt es z. B. auch in einer Verwünschung: *Die schwere Not (die* ↗*Kränke) sollst du kriegen!* Im 18. Jh. ist Schwerenöter als grobes Schimpfwort auch lit. bezeugt, z. B. 1778 bei Hermes in ‚Sophiens Reise‘ (6, 212), und bes. im rhein.-westf. Raum verbreitet. Im 19. Jh. ist das Wort allg. bekannt und in seiner Bdtg. gemildert, weil auch der urspr. Sinn von ‚schwere Not‘ verblaßte. Der Wert des Wortes hob sich immer mehr, und seine Bdtg. schlug ins Gegenteil um. Das erklärt sich daraus, daß solche Burschen, die eigentl. die Fallsucht, den Galgen oder die Hölle zu erwarten haben, sich stark vom Alltagsmenschen unterscheiden und sich durch bes. Eigenschaften hervortun. So enthält der Ausdr. Schwerenöter heute eine ähnl. Anerkennung wie ‚Teufelskerl‘ und ‚Galgenstrick‘.

Gern den Schwerenöter spielen: sich gern, bes. vor Frauen, aufspielen und so tun, als sei man noch schlimmer als sein Ruf, um das Interesse auf sich zu lenken; sich selbst für unwiderstehlich halten und deshalb glauben, sich insbes. dem weibl. Geschlecht gegenüber mehr als andere herausnehmen zu dürfen.

Schwert. *Ein zweischneidiges Schwert sein:* von bes. Schärfe sein, aber auch: eine Sache sein, die ihr Gutes wie ihr Schlechtes hat, die verschiedene Konsequenzen besitzt. Bereits bei Sir. 21,3 heißt es: „Wie ein zweischneidiges Schwert ist alle Ungerechtigkeit; für ihren Hieb gibt's keine Heilung“. Vgl. frz. ‚une épée à deux tranchants‘ oder ‚une arme …‘.

Scharf wie ein zweischneidiges Schwert sein: alles durchdringend und scheidend. Dieser urspr. bibl. Vergleich bezieht sich

1447

auf die Rede und vor allem auf das Wort Gottes. In den Sprüchen Salomos steht bei Kap. 5, V. 3-4: „Denn die Lippen der Hure sind süß wie Honigseim, und ihre Kehle ist glätter als Öl, aber hernach bitter wie Wermut und scharf wie ein zweischneidiges Schwert". Bei Hebr. 4,12 heißt es: „Denn das Wort Gottes ist lebendig und kräftig und schärfer denn kein zweischneidig Schwert, und dringt durch, bis daß es scheidet Seele und Geist, auch Mark und Bein, und ist ein Richter der Gedanken und Sinne des Herzens". Ähnl. wird auch vom ‚Schwert des Geistes' gesprochen: „Nehmet den Helm des Heils und das Schwert des Geistes, solches ist das Wort Gottes" (Eph. 6,17).

Häufig wird die verletzende Schärfe des bösen Wortes durch ‚die spitze Zunge', aber auch durch das Schwert im Munde umschrieben. Fischart gebraucht diese Wndg. 1578 in seinem ‚Ehezuchtbüchlein' mehrmals lit.: „Zweyschneidend schwerter zwischen den zaenen" (S. 203,7), und: „Das ist, das schwerd nit im maul füren" (‚Ehez.' S. 266,33 f.). Bereits Luther kennt die Rdaa. *das Schwert im Munde führen*: scharfe Reden führen, verletzend wirken (‚Tischreden', 178ᵇ), und *Er führt das Schwert im Maul.*

Sein Schwert in die Waagschale werfen: eine Auseinandersetzung gewaltsam beenden, eine Entscheidung auf drastische Weise erzwingen. Die Wndg. beruht auf einer Begebenheit in der Antike, die Livius (V,48), Florus (I,13) und Festus (S. 372, Ausg. v. O. Müller) überliefert haben: Der Gallierkönig Brennus, der 390 v. Chr. die Römer an der Allia besiegt hatte, warf mit den Worten „Vae victis!" (= Wehe den Besiegten) höhnisch noch sein Schwert in die Waagschale, als sich die besiegten Römer sträubten, die auferlegten 1000 Pfund Kriegskontribution in Gold nach den zu schweren Gewichten der Feinde abzuwiegen (Büchmann). Die Rda. findet in der polit. Sprache bis in die Neuzeit Verwendung.

Das Schwert mit beiden Händen fassen: seine ganze Kraft zusammennehmen, tüchtig zupacken, angreifen. Die Wndg. ist bereits in Luthers ‚Tischreden' (273ᵇ) bezeugt.

Das Wort Schwert steht sinnbildlich für Krieg, Feindschaft, Entzweiung, Gewalt und Gefahr, z. B. heißt es bei Matth. 11,34: „Ich bin nicht gekommen, den Frieden zu bringen, sondern das Schwert".

Sich mit dem Schwerte gürten: sich kampfbereit machen, dann allg.: sich auf alles vorbereiten. Die Wndg. bezieht sich auf die Bibelstelle bei 2. Mos. 32,27: „Gürte ein jeglicher sein Schwert um seine Lenden". Vgl. frz. ‚se ceindre de son épée' oder ‚ceindre son épée'.

Etw. mit dem Schwerte erlangen: nur durch Gewalt Erfolg haben. Ähnl. ‚mit dem Schwerte (Petri) dreinschlagen'. Vgl. frz. ‚emporter une chose à la pointe de l'épée'.

Etw. mit dem Schwerte teilen: eine Sache mit Gewalt entscheiden, Gesetz und Gerechtigkeit außer acht lassen.

An das Schwert gebunden sein: an den Soldatenstand, das Kriegshandwerk gefesselt sein.

Es hängt ein Schwert über seinem Haupt: er schwebt in unmittelbarer Gefahr. Vgl. ndl. ‚Hem hangt een zwaard boven het hoofd'. Die Rda. bezieht sich auf das Schwert des Damokles, was noch deutlicher in der Wndg. wird: *Das Schwert des Damokles schwebt über ihm:* ihn kann jeden Augenblick ein Unheil treffen; ↗ Damoklesschwert; vgl. frz. ‚L'épée de Da-

‚Sein Schwert in die Waagschale werfen'

‚Schwerter zu Pflugscharen' – Denkmal vor dem UN-Gebäude in New York

mokles est suspendue au-dessus de sa tête'.

Zwischen zwei Schwertern stehen: zwischen zwei Gefahren, in größter Bedrängnis sein, zwischen zwei Übeln wählen müssen.

Er will mit zwei Schwertern fechten: er will bes. viel Erfolg haben, auf verschiedene Weise verdienen, verliert aber dabei alles, weil er seine Mittel unmöglich gleichzeitig einsetzen kann. Vgl. ndl. ‚Hij wil met twee zwaarden vechten'.

In sein eigen Schwert fallen: in seine eigene Falle gehen, gegen sich selbst reden. Eine ähnl. Wndg. gebraucht Waldis (III, 22, 18) auch lit.: „Wir han mit vnserm eygnen schwerdt vns selb geschlagen solche wunden". Vgl. auch frz. ‚Il s'est enferré lui-même'. Die Feststellung *Er wird mit dem eigenen Schwert geschlagen:* seine Arglist, die dem Feinde bereitete Waffe, kehrt sich gegen ihn selbst, wurde schon von Hartmann von Aue im ‚Iwein' (V. 3224) gebraucht: „in het sîn selbes swert erslagen". Bei Waldis (II, 9, 29 und I, 38 50) findet sich zu der Rda. noch eine nähere Erklärung: „Werden von andern selb betrogen, mit ihren eignen schwerd geschlagen". Ähnl.: *einen mit seinem eigenen Schwerte töten.*

Das Schwert (gern) in die Scheide stecken: einen Streit beenden, friedfertig sein.
‚Schwerter zu Pflugscharen' ist ein in der internationalen Friedensbewegung gängiger Spruch. Er ist einer Jesajastelle (2, 4) entnommen, wo es heißt: „Jahwe, so sagt der Prophet voraus, wird in seinem kommenden Reich richten unter den Heiden und strafen viele Völker. Da werden sie ihre Schwerter zu Pflugscharen und ihre Spieße zu Sicheln machen". Die ehemalige Sowjetunion schenkte der Institution der Vereinten Nationen in New York eine Plastik, welche dieses Bibelwort versinnbildlicht. Daraufhin wurde der Spruch und sein Symbol zum Motto der kirchlichen Friedensbewegung in der ehemaligen DDR. In der Bundesrepublik gab es teils ernsthafte, teils ironisch gemeinte Varianten: ‚Panzer zu Schulbussen', ‚Uniformierte zu Menschen', ‚Patronen zu Lokkenwicklern' u. a.

Lit.: *H. Schneider:* Schwerter und Degen (Bern 1971); *E. Moser-Rath:* Lustige Gesellschaft (Stuttgart 1984), S. 109; *D. W. Sabean:* Das zweischneidige Schwert. Herrschaft und Widerspruch im Württemberg der frühen Neuzeit (Berlin 1987).

Schwiegermutter. Man wird *eine böse (bucklige) Schwiegermutter bekommen* heißt es, wenn man zufällig in einer größeren Gesellschaft an der Tischecke (am

Tischbein) sitzen muß. Für den ‚Atlas der dt. Volkskunde' wurden die Rdaa. über den Platz an der Tischecke in ganz Dtl. erfragt (ADV-Frage 234ᶜ) und verkartet. Es

ergeben sich dabei zwei Hauptverbreitungsgebiete: in Norddtl. heißt es vor allem: ‚sieben Jahre warten‘, ↗ warten oder ‚ledig bleiben‘, und in Mitteldtl. ist die Rede von der ‚bösen Schwiegermutter‘. In Schlesien gibt es eine eigene Wndg. ‚über Eck bald weg‘, in Süddtl. dagegen soll man entweder ‚bald oder gar nicht heiraten‘.

Ähnl. beim Nachfüllen der Kaffeetassen: „Trink den Rest erst aus, sonst bekommst du eine böse Schwiegermutter“. – „Das macht nichts, die brauch’ ich ja nicht zu heiraten!“ – „Nein, die gibt’s zu!“

Im selben Sinne lautet eine Scherzfrage: „Was ist flüssiger als Wasser?“ – „Die Schwiegermutter; die ist überflüssig“.

Den umgekehrten Sinn hat der Refrain eines bekannten Karnevalsschlagers von Willi Ostermann: „Wenn du noch eine Schwiegermutter hast, betrachte sie als eine süße Last. ... wo kämen all die Mädchen her, gäb es keine Schwiegermütter mehr“.

Lit.: *E. Fuchs:* Die Frau in der Karikatur (München 1906); *G. Grober-Glück:* Zur Verbreitung von Rdaa. und Vorstellungen des Volksglaubens nach den Sammlungen des Atlas der dt. Vkde., in: Zs. f. Vkde. 58 (1962), S. 41–71; *K. Huffzky:* Wer muß hier lachen? Das Frauenbild im Männerwitz (Darmstadt-Neuwied 1979); *E. Müller:* Das Bild der Frau im Märchen (München 1986); *E. Moser-Rath:* Art. ‚Frau‘, in: EM. V, Sp. 100–137.

schwimmen. *Schwimmen lernen, wenn das Schiff gescheitert ist:* eine Maßnahme ergreifen, wenn es bereits zu spät ist. Vgl. die Rda. ‚den Brunnen zuschütten, wenn das Kalb hineingefallen ist‘, ↗ Brunnen.

Er kann auch in seichtem Wasser schwimmen: er weiß sich in jeder Lage zu helfen. Das Gegenteil besagt die schweiz. Wndg. ‚Er mag weder z’ schwümme noch z’ wate cho‘, ihm mißlingt alles, er ist ein Pechvogel.

Mit dem Strom schwimmen: sich anpassen, sich von der allg. Meinung leiten lassen, Widerstände meiden, ↗ Strom.

Wider den Strom schwimmen: sich einer Entwicklung entgegenstellen; vgl. frz. ‚nager à contre-courant‘. Die Wndg. ist bibl. Herkunft. Bei Sir. 4,31 steht die Mahnung: „Strebe nicht wider den Strom“. Vgl. auch Juvenal (4,89): „Nunquam direxit brachia contra torrentem“, ↗ Strom.

In etw. schwimmen: sich im größten Überfluß befinden, z. B. ‚im Geld schwimmen‘, auch in übertr. Sinne: ‚in einem Meer von Wonne schwimmen‘, ‚in Seligkeit‘, ‚im Glück schwimmen‘. Auch zur Steigerung eines konkreten Vorganges wird die Wndg. gebraucht, z. B. ‚in Tränen schwimmen‘; ‚in seinem Blute schwimmen‘, sehr viel Blut verloren haben, davon überströmt sein; vgl. frz. ‚nager dans quelque chose‘.

Mit etw. schwimmen: sich nicht sicher wissen, im Text steckenbleiben, bei einer Prüfung Pech haben und über ein Gebiet gefragt werden, von dem man nur ungenaue Kenntnis besitzt. Die Wndg. ist seit 1800 unter Schülern, Studenten, Schauspielern und Rednern verbreitet. Sie beruht auf der Beobachtung, daß jem., der nicht weiterweiß, dies durch schwimmartige Armbewegungen offenbart. Er verhält sich unwillkürlich dabei so, als habe er den festen Boden unter seinen Füßen verloren und müsse nun seine Unsicherheit durch entsprechende Schwimmbewegungen überbrücken.

Ähnl.: *ins Schwimmen geraten (kommen):* aus dem Konzept kommen, ins Schleudern geraten, keine fundierten Kenntnisse besitzen und seine Phantasie zu Hilfe nehmen müssen.

Jem. ins Schwimmen bringen: ihn unsicher machen, aber auch: ihn zu Tränen rühren.

Etw. schwimmen lassen: darauf verzichten, sich etw. entgehen lassen. Die Rda. ist um 1900 belegt und gilt als eine Parallelbildung zu: ‚etw. sausen lassen‘.

Jem. schwimmen lassen: ihn im Stiche lassen, ihn belasten. Die Wndg. stammt urspr. aus der Gaunersprache, in der ‚schwimmen müssen‘ auch ‚ins Gefängnis müssen‘ bedeutet.

Wie ein Fisch schwimmen: sehr gut schwimmen können, sich im Wasser wie in seinem eigentl. Element wohl fühlen. vgl. frz. ‚nager comme un poisson‘.

Ähnl. Sinn hat die Rda. *wie ein Pfannkuchen in der Butter schwimmen:* Ähnl.: ‚Die Kartoffeln schwimmen im Fett‘: man hat zuviel Fett zum Braten genommen.

Immer oben schwimmen wollen: immer den größten Vorteil für sich beanspruchen, immer Glück haben und eine höhere Stellung als andere einnehmen wollen. Abraham a Sancta Clara gebrauchte

SCHWÖREN

eine ähnl. Wndg. öfter lit., in seinem ‚Judas‘ (I, 436) heißt es: (will allzeit) „oben schwimmen, wie das Pantoffel-Holtz". In seiner Schrift ‚Etwas für Alle‘ (237) stellt er fest: „Der Weiber Natur mit dem Pantoffel-Holtz gleichet, so in allweg nur will oben schwimmen", hier i.S.v. immer Recht haben, die Herrschaft im Hause an sich reißen wollen.

Jem. schwimmt es vor den Augen: er kann nicht deutlich sehen, das Bild im Auge ist unscharf, es ‚verschwimmt‘.

Zahlreich sind die Vergleiche, die einen ungeschickten Schwimmer oder einen Nichtschwimmer verspotten: *Er kann schwimmen wie eine bleierne Ente, er schwimmt mit der bleiernen Ente um die Wette,* ↗ Ente; *er schwimmt wie ein bleiernes Fischlein,* mdal. in Ulm: ‚Er ka schwimm wie a bleiern Fisch‘.

Er schwimmt wie ein Wetzstein: er eignet sich für ein Geschäft ganz und gar nicht. Vgl. schweiz. ‚Er cha schwümme wie ’ne Wetzstei‘ und ostfries. ‚He kann swemmen as ’n Backstên (as ’n Mölenstên)‘.

Lügenlieder realisieren gelegentlich diese Metapher:

> Ein Amboß und ein Mühlenstein,
> Die schwammen bei Köln wohl über
> den Rhein.

(vgl. Röhrich-Brednich II, S. 500).

Lit.: *F. K. Mathys:* Wassersport. Kleine Historie der Wassersportarten (Basel 1975).

Schwindsucht. *Sich die Schwindsucht an den Hals ärgern:* sich sehr ärgern, sich selbst krank machen vor lauter Ärger und Unannehmlichkeiten. Lessing gebraucht die Wndg. 1748 lit. im ‚Misogyn‘ (1,6): „Ich fürchte, daß ich mir noch die Schwindsucht über dein Plaudern an den Hals ärgern werde".

Die Schwindsucht im Gehirn haben: ein Schwachkopf sein, den Anschein erwekken, als würde das Gehirn ständig abnehmen. In dieser Rda. ist bereits eine Übertr. der Krankheit auf einen Bereich erfolgt, dem sie nicht zu schaden vermag.

Die Schwindsucht im Beutel (Geldbeutel) haben: ständig sein Geld vertun, nie lange Geld bei sich halten können, ohne Mittel sein. Die Rda. ist schon 1678 in Kramers ‚Dictionarium‘ verzeichnet. Ähnl. sagt man dafür heute auch noch: *Mein Beutel*

(mein Portemonnaie) hat die Schwindsucht: er leert sich zusehends. Scherzhaft wird dabei dem Beutel die Schuld an dem Geldmangel gegeben. Vgl. frz. ‚avoir le diable dans sa bourse‘. Abraham a Sancta Clara gebraucht diese und ähnl. Wndgn. in seinen Werken oft, z.B.: „Wann der Beutel die Schwindsucht bekommt" (‚Judas‘ III, 551, V, 84). „Sein Brod-Korb hatte stets die Schwindsucht" (‚Lauber-Hütt‘ I, 177).

Lit.: *R. Hessky:* ‚Ich habe die Schwindsucht im Geldbeutel‘ – zur synchronischen Motiviertheit von Phraseologismen, in: Germanistisches Jahrbuch DDR – UVR (Budapest 1982), S. 51–57.

Schwitzen. Um starkes Schwitzen zu beschreiben, gibt es iron. rdal. Vergleiche wie: *schwitzen wie ein Apfelbutzen im Kühlschrank, schwitzen wie ein Braten, ein Handkäse, ein Schwein* u.a.

In den Schwitzkasten kommen ist eine Drohung, oft allerdings scherzhaft gemeint. Der Schwitzkasten ist ein ärztliches Gerät zum Schweißerzeugen der Kranken. Von daher leitet sich auch ab: *Jem. im Schwitzkasten haben:* jem. beim Kämpfen derart umschlungen haben, daß er sich nicht mehr wehren kann.

schwören. *Hoch und heilig schwören,* auch: *sich hoch und teuer verschwören:* etw. unter Berufung auf alles, was einem bes. wert ist (Götter, Sterne, Gesetz, Weib, Kind, Ehre, Seligkeit), mit der zum Schwur erhobenen Hand versprechen und bekräftigen. Vgl. frz. ‚jurer par tous les dieux‘ (bei allen Göttern schwören) oder: ‚jurer ses grands dieux‘.

Die Rda. *bei Himmel und Erde schwören* steht vermutlich mit der Warnung Jesu vor leichtfertigem Schwören (Matth. 5,34–35) in Zusammenhang.

Bei Christus (bei allen Heiligen) schwören: mächtige Zeugen für die Wahrheit anrufen, um zu überzeugen. Man glaubte allg., daß ein falscher Eid durch die Angerufenen bestraft würde, deshalb schwor man auch ‚bei Gott und dem Teufel‘, ‚bei Himmel und Hölle‘, ‚bei allen guten und bösen Mächten‘. Vgl. ndl. ‚bij hoog en laag zweren‘, ‚zweren bij God en duivel‘, ‚bij kris en kras zweren‘; frz. ‚jurer par tous les dia-

1451

‚Bei Christus und allen Heiligen schwören'

schwört das Blaue vom Himmel herunter. Vgl. lat. ‚per solis radios, tarpejaque fulmina jura'.

Das heißt nicht hoch geschworen: er bemüht sich nicht um geachtete, geheiligte Zeugen, deshalb scheint es ihm nicht allzu ernst zu sein, man darf ihm nicht trauen. Schon bei Seb. Franck (II, 131ᵃ) heißt es: „Er schwert nit thewer, jm ist nit ernst".

Er schwört beim Schwein des heiligen Antonius: er schwört nicht sehr hoch, er ist leichtfertig. Vgl. ndl. ‚Hij zweert bij den tand van Sint Pleun' oder ‚Hij sweert bij Sint Anthonies zwijn'.

Stein und Bein schwören ↗ Stein.

Aus der Stadt, aus dem Land schwören: sich durch Eid verpflichten, Stadt oder Land zu verlassen.

Übers (ans) Meer schwören: geloben, als Teil der Sühne oder Buße für ein Verbrechen, eine Wallfahrt ins Heilige Land für die Seele des Getöteten zu machen. Die Rda. ist im 15. und 16. Jh. häufig belegt (vgl. Beck, 1900, S. 586). Danach wurden die Rdaa. gebildet: *Über (an) den Rhein schwören:* als Buße für einen Totschlag eine Wallfahrt nach Aachen unternehmen

bles', oder ‚tous les saints du paradis'; engl. ‚to swear by all that is holy (sacred)'.

Er schwört Bocksdarm und Bockslung: er schwört bei allem möglichen, eigentl. beim Teufel, für den der Bock als Umschreibung eintritt. Diese Wndg. findet sich bereits bei Murner in der ‚Schelmenzunft' (2, in Kloster, I, 829):

Ich schwür bocksdarm vnd auch
               bockslung,
Der prediger hat eine falsche zung.

Einen Meineid zu leisten, galt und gilt als besonders schwere Sünde. Es hieß, daß der Teufel selbst die Schwurhand halte und ihm der falsch Schwörende verfallen sei. Daher auch die Selbstverwünschung beim Schwören, um die Wahrheit der Aussage zu bekräftigen: ‚Der Teufel soll mich holen, wenn ich nicht die Wahrheit sage'; ↗ Teufel.

Wenn jem. ohne Bedenken oft und falsch schwört, wird in verschiedenen Rdaa. vor ihm gewarnt, z. B. *Er schwört dem Teufel ein Ohr ab* oder *Wenn's bei ihm zum Schwören kommt, so verliert der Teufel ein Ohr:* er lügt mit Leichtigkeit. Vgl. ndl. ‚Hij zal zweren, dat de duivel Henrik heet' und engl. ‚He 'll swear the devil out of hell'. Ähnl. Sinn haben die Wndgn.: *Er schwört des Henkers Großmutter ein Bein ab* (vgl. Grimmelshausens ‚Vogelnest' I) und *Er*

‚Der Teufel soll mich holen ...' (‚sich verschwören' beim Meineid)

und: *über (an) die Donau schwören:* eine Bußfahrt nach Regensburg zur ‚schönen Maria‘ oder nach Inchenhofen zum hl. Leonhard unternehmen.

Auf jem. schwören: ihm unbedingt Vertrauen schenken; vgl. frz. ‚jurer par quelqu'un‘.

Auf des Meisters Worte schwören: die Worte des Lehrers für unwiderrufliche Wahrheit halten, nicht daran zweifeln und sich kritisch damit auseinandersetzen. Diesen Rat erteilt Mephisto dem Schüler (‚Faust‘ I, ‚Schülerszene‘), doch die Wndg. ist viel älter. Sie erscheint bereits 20 v. Chr. in den ‚Episteln‘ des Horaz (I, 1, 14) als: „iurare in verba magistri“.

Lit.: *P. Beck:* Zu dem Ausdr. ‚schwören‘ (übers Meer, über den Rhein, über die Donau schwören) in Grimms deutschem Wörterbuch, in: Euphorion 7 (1900), S. 586; *ders.:* Übers Meer, über den Rhein, über die Donau schwören, in: Diöcesanarchiv von Schwaben (1902), S. 29–30; *R. Lasch:* Der Eid (Stuttgart 1908); *H. Fehr:* Art. ‚Eid‘, in: HdA.II, Sp. 659–672; *R. M. Smith:* He that will swear will lie, in: Modern Language Notes 65 (1950), S. 442–443; *A. Erler:* Art. ‚Eid‘, in: HRG. I, Sp. 861–863; *W. Brückner:* Art. ‚Eid, Meineid‘, in: EM. III, Sp. 1125–1140.

Schwulitäten. *In Schwulitäten geraten:* in Bedrängnisse kommen; das Wort ist urspr. eine studentische Scherzbildung zu ‚schwül‘. Schon Ende des 19. Jh.s ist bei F. Kluge (Studentensprache, S. 38) das jüngere ‚in Schwulibus‘ belegt.

Schwung. *Schwung haben:* kraftvoll, mitreißend sein, voller Begeisterung, Triebkraft, Initiative sein und deshalb alle Hindernisse leicht überwinden. Ähnl.: *alles mit Schwung tun:* Freude und Mut besitzen, sich seine anfängliche Begeisterung durch Rückschläge nicht nehmen lassen, mit Lust und Liebe an einer Aufgabe arbeiten und andere dazu ermuntern und anregen. Dagegen: *jem. fehlt aller Schwung:* er ist mißmutig, lustlos und tut nur, was er unbedingt erledigen muß, er besitzt keine neuen Ideen und zukunftsweisenden Pläne, er lähmt auch die Freude anderer.

In Schwung sein (kommen, geraten): lebhaft tätig sein, viel leisten und bestens vorankommen, intensiv und unaufhörlich arbeiten, auch: in guter Stimmung sein und eine ganze Gesellschaft unterhalten können, zu gedeihen anfangen, eine kräftige Aufwärtsentwicklung nehmen. Vgl. ndl. ‚voor den wind gaan‘; frz. ‚être en forme‘.

Jem. auf den (in) Schwung bringen: einen Nachlässigen anfeuern, bewirken, daß jem. in seiner Tätigkeit intensiver wird, daß die Arbeit vorangeht. Schwung meint das Schwingen und allg. das rasche Bewegen unter einem starken Antrieb, das oft durch ein Schwungrad an der Maschine erst ermöglicht und intensiviert wurde. Ähnl.: *etw. in Schwung bringen:* eine Sache in Gang bringen, eine Angelegenheit kräftig vorantreiben.

Einem die Schwungfedern ausrupfen: ihm Hab und Gut, die Mittel zu seiner Existenz nehmen, ihm den Mut lähmen, ihm die Kraft und die Voraussetzungen zur Ausführung hochfliegender Pläne nehmen, eigentl. einen Vogel am Wegfliegen hindern. Die Rda. ist auch mdal. verbreitet, z. B. heißt es von einem Übermütigen und Leichtsinnigen in Schlesien: ‚Ma muss'n die Schwungfadern a wing oasrefen‘; vgl. frz. ‚plumer quelqu' un‘.

Scylla. *Aus der Scylla in die Charybdis geraten:* aus einer Gefahr gerettet werden und in eine größere kommen. Vgl. ndl. ‚van Scylla in Charybdis vervallen‘; vgl. frz. ‚tomber de Charybde en Scylla‘, auch die parodistische Form: ‚tomber de canif en syllabe‘ (wörtl.: vom Taschenmesser in die Silbe fallen).

Daneben werden im Dt. noch ähnl. Wndgn. gebraucht: *der Scylla entfliehen und in die Charybdis fallen:* mit übergroßer Ängstlichkeit einem Übel zu entgehen suchen und dann, alle Vorsicht vergessend, in eine unerwartete zweite Gefahr geraten. In der Umkehrung heißt es auch: *der Charybdis entfliehen und in die Scylla geraten,* so bereits im mlat.: „Incidis in Scyllam, cupiens vitare Charybdim“ = während du wünschest, der Charybdis zu entgehen, verfällst du der Scylla. Dieser Vers aus der 1178–82 verfaßten ‚Alexandreis‘ (5, 301) des Gualtherus ab Insulis ist einem griech. Sprw. bei Apostolius (‚Paroemiogr. Graeci‘ 16, 49) nachgebildet, das auf die Odyssee zurückgeht. Vgl. auch engl. ‚in trying to avoid Charybdis to drift into Scylla‘.

Die Wndg. *zwischen Scylla und Charybdis*

1453

sein bedeutet dagegen: sich zwischen zwei gleich großen Gefahren oder Unannehmlichkeiten befinden, in auswegloser Lage sein.

Alle diese Rdaa. beziehen sich auf die ‚Odyssee' XII, 85–110, in der Homer als erster die Gefahren in der Straße von Messina schilderte. Die Scylla, eine gefährliche Klippe, galt in der griech. Sage als Seeungeheuer mit sechs Köpfen und zwölf Füßen, das die Seeleute von den Schiffen riß. Ihr gegenüber befindet sich die Charybdis, ein verderbenbringender Meeresstrudel, den man sich als Riesin dachte.

Lit.: *Waser:* Skylla und Charybdis in der Lit. und Kunst der Griechen und Römer (Diss. Zürich 1894); *K. Reinhardt:* Von Werken und Formen (Godesberg 1948), S. 70; *Büchmann.*

Sechs. *Immer gerade durch die Sechse gehen:* die ehemalige Arbeitswoche von sechs Tagen immer gut und fleißig hinter sich bringen. Obwohl die Sprww.sammlungen und Wbb. zu dieser in der Schweiz im 18. Jh. bezeugten Rda. nichts beitragen, sie nicht einmal erwähnen, ist hier nicht an das naheliegende Würfelspiel zu denken. Einen Anhaltspunkt liefert nämlich ein Vers Walthers von der Vogelweide (Lachmann 58,19), wo es heißt: „si (die Frau Minne) besouche wâ die sehse sîn: von mir hâts in der wochen ie den sibenden tac". Schon hier sind die ‚Sechse' die Bez. für die Arbeitswoche, ↗ sieben.

Den sechsten Sinn haben ↗ Sinn.

Eine Grimmsche Version des weit verbreiteten Märchens von den Menschen mit den wunderbaren Eigenschaften trägt den Titel ‚Sechse kommen durch die ganze Welt' (KHM. 71; vgl. B. P. II, S. 79–96).

Lit.: *Anon.:* Er ging immer gerade durch die Sechse, in: Schweiz. Vkde. 9 (1919), S. 11–12; *H. Bender:* Unser sechster Sinn (Stuttgart ³1972) u. *V. Voigt:* The Number Six in Hungarian Proverbs: an Attempt at Interpreting the Systematic Nature of Proverbs, in: Proverbium paratum 1 (1980), S. 82–96.

See. *Der wird mir keinen See anbrennen:* er kann mir keinen großen Schaden zufügen, seine Feindschaft achte ich für ungefährlich.

Er geht gerade durch den See: er ist aufrichtig, er hat einen festen Charakter und läßt sich durch nichts von seinem Wege

abbringen; was er einmal begonnen hat, führt er unbeirrt zu Ende, er handelt ohne Verstellung.

Er ist ein grundloser See: er ist sehr verschlossen, schwer zu durchschauen, seine Handlungsweise ist sehr undurchsichtig. Vgl. das Sprw. ‚Stille Wasser gründen tief'.

Die See ausschöpfen wollen: etw. Sinnloses vorhaben, sich mit einer nutzlosen und erfolglosen Arbeit abgeben, vgl. ‚Eulen nach Athen tragen', ‚Wasser in den Rhein schütten', ↗ Eule, ↗ Wasser. Vgl. auch ndl. ‚de see met sponsen opdroogen'.

Den See von Camarino bewegen: mit Vorbedacht, freventlich ein Unglück heraufbeschwören. Die Rda. spiegelt den Volksglauben, daß dann ein Ungewitter entsteht, wenn man vorsätzlich etw. in den See wirft und ihn somit erregt und aufwühlt. In übertr. Bdtg. hat die Rda. die Erinnerung an den See in Sizilien bewahrt, der sich in einen Sumpf verwandelt hatte und zur Ursache vieler Krankheiten wurde. Da man meinte, daß von ihm die verheerende Pest ausginge, wurde das Orakel befragt, ob es nicht besser sei, den See völlig trockenzulegen. Apoll verbot, ihn aufzurühren, aber gegen den Orakelspruch wurde er doch entwässert. Die Pest hörte zwar auf, doch nun konnten die Feinde ungehindert in das Land eindringen.

Von einem, dem alles im Leben mißlingt, heißt es: *Wenn er auf die See gehen wollte, würde kein Wasser dort sein.* Vgl. ital. ‚Se io andassi al mare, lo troverei secco'.

Wenn reiche Leute klagen, sagt man: *Die See ist ohne Wasser.*

Die See geht bei ihm hoch: er ist sehr erregt, aber auch: er ist in einer gefährlichen Situation.

Mdal. Wndgn. stammen bes. aus Norddtl.: ‚Dat Läben is jüst so up un dol as de See', Glück und Unglück wechseln sich ab, es geht herauf und herunter. Auf die ständige Bedrohung der Küste weist die ostfries. Rda. ‚He mênt, üm kann kên Sî to hoch lôpen', er glaubt, daß ihm nichts wirklich gefährlich zu werden vermag.

Das kann jeder Seehund sagen: das weiß jeder.

Lit.: *F. Kluge:* Wb. der Seemannssprache (Halle 1911); *W. Stammler:* Seemanns Brauch und Glaube, in: Dt. Philologie im Aufriß, 2. Aufl. Bd. III,

Sp. 2901 ff; *O. G. Sverrisdóttir:* Land in Sicht. Eine kontrastive Untersuchung dt. u. isländ. Redensarten aus der Seemannssprache (Frankfurt/M. 1987), S. 166–167.

Seele. Eine große Anzahl von Rdaa. hat sich des Begriffes Seele bedient, jedoch in ganz verschiedener Bdtg. Mit der Vorstellung vom Sitz der Seele im Körper des Menschen hängen die Rdaa. zusammen, in denen vom Ausfahren der Seele beim Tode die Rede ist, ↗zeitlich.
Er hat seine Seele ausgehaucht: er ist gestorben, lit. bei Seb. Brant (‚Narrenschiff'): „bis das die sel fert uß dem mund". Vgl. frz. ‚Il a rendu l'âme'.

‚Die Seele aushauchen'

Die Seele sitzt ihm auf der Zunge: er liegt im Sterben. Luther (3, 397 b) sagt: „Denn es sind etliche so verseumblich, daß sie nicht eher lassen fordern, bis die seel auf der zungen sitzt". Seb. Franck verzeichnet in seiner ‚Sprww.-Sammlung' (II, 152b): „Die seel under den zeenen haben". Von einem Alten, der scheinbar alles überlebt, sagt man: *Die Seele ist ihm angewachsen (angeklebt);* vgl. frz. ‚Il a l'âme rivée (festgeschraubt) au corps' (Er kann nicht so bald sterben).
Eine große Anzahl an Rdaa. läßt sich aus dem ‚Arme-Seelen-Glauben' erklären, nach dem die in Schuld Verstorbenen diese Schuld im Fegefeuer oder auch als Geister abbüßen müssen. Durch Gebet und Fürbitte kann der Gläubige zur Erlösung beitragen.
Nun hat die arme Seele Ruh sagt man etwa, wenn ein Kind nach langem Quälen das Gewünschte erhalten hat, was es verlangte. Ebenso wie die erlöste ‚arme Seele' hält es nun Ruhe. Daneben steht: *Nun hat die liebe Seele Ruh,* wohl nach Luk. 12, 19: „Liebe Seele, du hast einen großen Vorrat auf viele Jahre; habe nun Ruhe", ↗Ruhe.
Er setzt seine Seele auf die Übertür sagt man vom Kaufmann, der Gewichtsbetrug macht; ähnl. beim betrügerischen Bäcker: *Er hat seine Seele ins Brot gebacken.* Gewichtsbetrug war eine jener Sünden, die nach dem Tode mit ruhelosem Umherirren der Seele oder mit dem Fegefeuer bestraft wurden; ebenso der Meineid. Von einem Meineidigen heißt es noch heute in Schlesw.-Holst.: ‚He hett Seel und Seligkeit verswaren'.
Das *Schwören bei seiner Seele* ist wohl als alter Rechtsbrauch anzusehen. Schon im ‚Iwein' Hartmanns von Aue (1236) heißt es: „des sî mîn sêle iuwer pfant". Bis ins 18. Jh. hinein ist das ‚Schwören bei oder in eines anderen Seele' belegt, so in einer Dresdener Urkunde aus dem Jahre 1719: „zur erhuldigungs- und lehenspflicht, daz er solch in unsre seelen ablegen solt". Vgl. frz. ‚jurer par son âme'.
In den Verkürzungen *Meiner Seel!* oder *Mein Seel!* ist diese Beteuerung noch heute lebendig. Oft treten sie in abgewandelten Formen wie ‚mein Sechs', ‚mein ↗Six' auf. Die Rda. *auf dein Seel' und Gewissen,* noch bei Seb. Franck zu finden (vgl. frz. ‚en mon âme et conscience'), wird heute in der Regel ersetzt durch ‚auf Ehre und Gewissen'. Beim Schwur setzte man die Seele zum Pfand. Diese Vorstellung liegt auch in den Rdaa. *seine Seele dem Teufel verpfänden, verkaufen;* vgl. frz. ‚vendre son âme au diable'. Wer sich dem Teufel ‚verschwor', verpfändete ihm seine Seele. Aus der Vorstellung vom Pakt mit dem Teufel und der von der Armen Seele lebt die Rda. *hinter etw. her sein wie der Teufel hinter der armen Seele,* ↗Teufel.
Die Seele als Sitz des Gemütes und Gewissens liegt den Rdaa. *jem. etw. auf die Seele binden, legen* zugrunde: ihm etw. eindringlich ‚ans Herz' legen, es seiner Obhut anvertrauen. Lit. verwendet von Schiller im ‚Don Carlos' (4, 21): „Sagen Sie ihm, daß ich Menschenglück auf seine Seele lege".
Im Ndd. wird die Wndg. noch in anderer

1455

Bdtg. gebraucht, denn eine neugierige, schwatzhafte Frau erhält auf ihre Fragen häufig die Antwort: ‚Das werde ich dir auch gerade auf die Seele binden!': Das wirst du von mir niemals erfahren, vgl. ‚jem. etw. auf die Nase binden', ↗ Nase.

Ganz offensichtlich sah man im Herzen den Sitz der Seele, ja man setzte beide Begriffe gleich. Dies erklärt die Auswechselbarkeit der beiden Begriffe, z.B. *etw. auf dem Herzen, auf der Seele haben;* oder *sich etw. vom Herzen, von der Seele reden.*

Ein Herz und eine Seele sein sagt man von zwei Personen, die in ihren Anschauungen völlig übereinstimmen. Apostelg. 4,32 heißt es: „Die Menge aber der Gläubigen war ein Herz und eine Seele".

Eine ebensolche völlige Übereinstimmung drückt sich aus in *zwei Seelen und ein Gedanke.* Diese Rda. geht zurück auf Friedr. Halms (1806–71) Drama ‚Der Sohn der Wildnis' von 1842 (II):

Zwei Seelen und ein Gedanke
zwei Herzen und ein Schlag.

Ähnl. heißt es in Shakespeares ‚Sommernachtstraum' (II, 2, 50): „Two bosoms and a single troth".

Von ganzem Herzen und von ganzer Seele wünscht man etw., also ‚mit seinem ganzen Wesen'; gekürzt aus Matth. 22,37: „Du sollst lieben Gott, deinen Herrn, von ganzem Herzen, von ganzer Seele und von ganzem Gemüte", ein Wort, das im Lutherischen Katechismus oft vorkommt. Vgl. frz. ‚de tout son cœur et de toute son âme'. In gleicher Bdtg.: *aus tiefster Seele etw. hoffen.*

Eine Seele von Mensch nennt man einen, der bes. gütig ist. Ähnl.: *eine treue, gute, geduldige Seele.*

Als *durstige Seele* bez. man heute in scherzhafter Abwandlung von Ps. 107,9 den Trinker.

Die Seele des Geschäftes ist der, ohne den das Geschäft nicht bestehen könnte, der also die Hauptsache, die Triebfeder darstellt; vgl. frz. ‚l'âme de l'affaire', ‚l'âme du complot' (Hauptführer).

Mit *Seelchen* bezeichnete man im 18. Jh. ein zartes, empfindsames Mädchen; heute wird die Ausdr. pejorativ (z. B. v.: sentimental, ohne viel Geist gebraucht.

Jem. ist eine schöne Seele: jem. hat ein ausgeglichenes Gemüt, ist gutherzig, freige-

big, intelligent. Der Begriff der ‚schönen Seele' geht auf die Antike zurück und kommt über Shaftesbury und Wieland zu Schiller und Goethe, welche ihn jedoch unterschiedlich fassen. Schillers Ideal der ‚schönen Seele' ist eine Harmonie zwischen dem natürlichen und geistigen Sein des Menschen, quasi ein Übereinstimmen des Menschen mit sich selbst.

Goethe überträgt auch den Begriff des Schönen vom Sinnenhaften in den seelischen Bereich; er überschreibt das 6. Buch der ‚Lehrjahre' (1795/96) mit: ‚Bekenntnisse einer schönen Seele', meint aber hier die fromme, den Herrnhutern verbundene Freundin seiner Mutter, Susanna Katharina von Klettenberg (1723–74).

Ein *Seelenwärmer* ist eine Strickjacke, urspr. das Rücken und Brust bedeckende dreieckige Trachtentuch.

Mit *Seelenverkäufer* bezeichnete man urspr. den Sklavenhändler, der mit Menschen, also mit Seelen, handelte. Wohl in der Zeit der Auswanderung nach Amerika übertrug man die Bez. auf die für die Überfahrt gekauften Schiffe, die wegen Geldmangels meist alt und brüchig waren und oft das Reiseziel nicht erreichten.

Eine große Zahl an Worten hat sich mit dem Ausdr. Seele verbunden, z. B. Seelenadel, Seelengröße, Seelenruhe, seelenvergnügt, Seelenverwandtschaft usw. Auch manche Rda., die urspr. nichts mit der Seele zu tun hatte, wurde durch diesen Begriff verstärkt. So hieß es für ‚einem etw. dringend ans Herz legen' im 16. Jh. noch nicht ‚ihm etw. auf die Seele binden', sondern man sagte bloß: ‚es einem einbinden'. In der ‚Hildesheimer Chronik' von Oldecop (S. 98) steht: „Und dusse befeil war allen hemelich eingebunden und befolen".

Lit.: *W. Feldmann:* Modewörter des 18. Jh.s, in: Zs. f. dt. Wortforschung 6 (1904/05), S. 101–119; 299–353; *M. v. Waldberg:* Studien und Quellen zur Geschichte des Romans. Bd. 1: Zur Entwicklungsgeschichte der „schönen Seele" bei den spanischen Mystikern (Berlin 1910); *O. Tobler:* Die Epiphanie der Seele in der dt. Volkssage (Diss. 1911); *E. Rohde:* Psyche. Seelenkult und Unsterblichkeitsglaube der Griechen (Tübingen 10/1925); *E. Moser-Rath:* Art. ‚Arme Seele' in: Handwb. d. Sage, Bd. I, Sp. 628–641; *J. Sailer:* Die Armen Seelen in der Volkssage (Diss. München 1956); *I. Paulson:* Die primitiven Seelenvorstellungen der nordeurasischen Völker (Stockholm 1958); *G. Thomann:* Die

SEHEN

armen Seelen im Totenbrauch und Totenglauben des altbayerischen, insbes. des oberpfälz. Raumes (Diss. Würzburg 1969); *J. Le Goff:* Die Geburt des Fegefeuers (Stuttgart 1984).

Seemannsgarn ↗ Garn.

Segel. *Mit vollen Segeln fahren:* alle Mittel ins Werk setzen, um seinen Zweck zu erreichen; vgl. die Worte des Musikus Miller in Schillers ‚Kabale und Liebe‘ (I, 1): „(Da) geht ihm ein Licht auf, wie meinem Rodney, wenn er die Witterung eines Franzosen kriegt, und nun müssen alle Segel dran und drauf los“. Vgl. frz. ‚mettre toutes voiles dehors‘ sowie ‚faire force de voiles‘ (mit vollen Segeln).
In gleicher Bdtg: *alle Segel setzen:* alle Kräfte anspannen, oder: *mit Segeln und Rudern fahren:* allen Fleiß und alle Mühe anwenden.
Das ist Wind in seine Segel: das fördert seine Absichten.
Er kann noch Segel setzen: er hat noch nicht alle Möglichkeiten erschöpft, ist noch nicht am Ende.
Man muß die Segel nach dem Winde richten, mit dem Winde segeln: die günstige Gelegenheit nutzen, sich den Gegebenheiten des Augenblicks anpassen, ↗ Wind. Vgl. frz. ‚avoir le vent dans les voiles‘, i. S. v. in einer günstigen Lage sein, aber: ‚avoir du vent dans les voiles‘, i. S. v. Schlagseite haben.
Jem. den Wind aus den Segeln nehmen: ihn hemmen, lahmlegen. Das geschieht beim Segeln, indem man mit seinem Boot sich zwischen Wind und Segel des anderen Bootes schiebt, ihm also tatsächlich ‚den Wind aus den Segeln‘ nimmt, ↗ Wind.
Vor jem. die Segel streichen: nachgeben, sich für überwunden erklären, wie ein Schiff, das sich dem Feinde ergibt. Das Einholen der Segel war ein altes Zeichen der Aufgabe (vgl. ‚Flagge‘). Bereits im 16. Jh. heißt es in der ‚Hildesheimer Chronik‘ von Oldecop (S. 159): „De Engelschen streken ere segeln“; auch das Lat. kennt die Wndg.: ‚vela contrahere‘ (Cicero, Tusculanae disputationes, 4, 9); ebenso im Frz.: ‚caler la voile‘; ndl. ‚Hij heeft het zeiltje gestreken‘.
Die Segel aufspannen: sich aus dem

Staube, auf und davon machen; vgl. frz. ‚mettre les voiles‘.
Die Segel den Winden überlassen: eine Sache, sein Schicksal dem Zufall überlassen.
Die Segel wenden: seine Ansicht ändern.

Lit.: *O. G. Sverrisdóttir:* Land in Sicht (Frankfurt/M. 1987), S. 93–98 u. 186–187. Weitere Lit. ↗ See.

Segen. *Dazu hast du meinen Segen!* kann ernst gemeint sein und bedeutet dann, daß man ein Unterfangen gutheißt; oder aber man meint es iron. i. S. v. ‚probiere es ruhig einmal, aber du wirst schon sehen, was dabei herauskommt‘. *Meinen Segen hast du dazu nicht* bedeutet eindeutig, daß man ein Unternehmen, einen Plan ablehnt. Der Segen oder das Segnen gehört zu fast allen gottesdienstlichen Handlungen. Urspr. zugrunde liegt die Vorstellung, daß durch den Segen eine Übertragung numinoser Kräfte stattfindet.
So spendet Segen noch immer die Hand: eine Sache ist noch immer nützlich und brauchbar. Diese Wndg. ist ein Zitat aus Theodor Fontanes Ballade ‚Herr von Ribbeck auf Ribbeck im Havelland‘. Das Gedicht schließt mit den Zeilen:

So spendet Segen noch immer die
        Hand
 Des von Ribbeck auf Ribbeck im
        Havelland.

Im Engl. und Amer. umschreibt man mit: ‚Out of God's blessing into the warm sun‘, daß es einem immer schlechtergeht, daß man vom ↗ Ochsen auf den Esel kommt. Schon Shakespeare schreibt 1605/06 im ‚King Lear‘ II, 2, 168: „Thou out of heaven's benediction comest to the warm sun“.

Lit.: *R. W. Bond:* Out of God's blessing into the warm sun, in: Athenaeum 15 (1903), S. 220–221; *P. L. Carver:* Out of Heaven's Benediction to the warm sun, in: Modern Language Review 25 (1930), S. 478–481; 29 (1934), S. 173–176; *F. Ohrt:* Art. ‚Segen‘, in: HdA. VII, Sp. 1582–1620; *S. Morenz u. a.:* Art. ‚Segen und Fluch‘, in: RGG. V (³1961), Sp. 1648–1652.

sehen. *Nichts sehen, nichts hören, nichts sagen:* völlig passiv, meinungslos, desinteressiert sein; auch: etw. verheimlichen wollen, so tun, als sei nichts geschehen. Zurück geht dieser sprw. Ausdr. auf ein mittellat. Sprw.: ‚Audi, vide, tace, si tu vis vivere pace‘ (Walther, I, S. 194–195); daß allerdings der bildl. Ausdr. drei Affen

1457

sind, von denen sich einer die Augen, der andere die Ohren, der dritte den Mund zuhält, hat eine andere Quelle: 1957 haben zwei Forscher völlig unabhängig voneinander den Ursprung der drei Affen im Fernen Osten entdeckt. Archer Taylor wies nach, daß die Geschichte der drei Affen nach Japan, evtl. nach China führt, während der Japanologe André Wedemeyer Japan als Ursprungsland festlegte.

1/2 ‚Nichts sehen, nichts hören, nichts sagen'

Zur Entstehung des Affensymbols läßt sich sagen: In der japanischen Sprachformel ‚mi-zaru, kika-zaru, iwa-zaru' (nicht sehend, nicht hörend, nicht sprechend) entspricht ‚zaru' dem dt. Wort ‚nicht', aber es läßt sich auch leicht mit dem japanischen Wort für Affe, ‚saru', verwechseln, so daß aus der dreimaligen Negativ-Endung leicht drei Affen werden konnten.

Lit.: *A. Taylor:* Audi, Vide, Tace and the Three Monkeys, in: Fabula 1 (1957), S. 26–31; wieder in: ders.: Comparative Studies in Folklore (Taipei 1972), S. 287–292; wieder in: Selected Writings on Proverbs by Archer Taylor (hg. W. Mieder), FFC. 216 (Helsinki 1975), S. 165–171; *A. Wedemeyer:* Das japanische Drei-Affen-Symbol und der Koshin-Tag, in: Jb. des Museums für Völkerkunde zu Leipzig 16 (1957), S. 28–56; *W. Mieder:* Die drei weisen Affen und das Sprw. ‚Nichts sehen, nichts hören, nichts sagen', in: Muttersprache 90 (1980), S. 167–178; ders.: The Proverbial Three Wise Monkeys, in: Midwestern Journal of Language and Folklore 7 (1981), S. 5–38; ders.: The proverbial Three Monkeys. Hear no evil, see no evil, speak no evil, in: ders.: Tradition and Innovation in Folk Literature (Hannover – New York 1987), S. 157–177.

Seide. *Keine (gute) Seide bei etw. spinnen:* keinen Nutzen bei etw. haben, kein Glück, keinen Erfolg mit etw. haben. Unter ‚Seide spinnen' verstand man, abgeleitet von der konkreten Bdtg., ‚Rohseide verarbeiten': eine feine und sorgfältige Arbeit tun, etwa im Gegensatz zur Verarbeitung der groben Wolle. Vgl. ndl. ‚bij iets geen zijde spinnen' und frz. ‚ne pas tirer grand denier de quelque chose' und ‚filer un mauvais coton' (schlechte Baumwolle spinnen, i. S. v. sich in einer schwierigen Lage befinden).

1560 heißt es in den ‚Schönen, weisen Klugreden': „Wer kann allzeit seiden spinnen? Seiden ist weych und zart, wer die seiden spinnen soll, der musz hübschlich mit umbgehn, dasz ers nit verderbe unnd nichts vergesse, also spinnet seiden, wer auff all sein red weiszlich acht hat, bedenckt mit vernunfft, was er reden, thun und lassen soll. Her widerum, wer sich nit allweg fürsihet in reden und wircken, der spinnet nicht seiden, sondern grob sackgarn". Schon in Thomas Murners ‚Großem lutherischem Narren' findet sich 1522: „Er hat nit allzeit seidin gespunnen". Ebenso 1538 in Seb. Francks ‚Chronik der Teutschen': „sie haben aber warlich einen übel genug hauß gehalten und nit allweg seiden gespunnen". Genauso noch schwäb. ‚keine Seide spinnen', nicht bloß Gutes tun; els. ‚mer kann nit als furt Sid spinnen'.

Verneint bedeutete die Formel also: grob, unhöflich sein. J. Brenz in ‚Von Milderung der Fürsten' (Augsburg 1525): „er wißt wol, das er gegen seinen Vnderthonen auch nit allweg Seyden hett gespunnen".

Seide spinnen bedeutete auch: leichte Arbeit tun. In diesem Sinne heißt es 1580 bei Tob. Stimmer (‚Comedia'): „Da ist kein Feyrtag noch Seidenspinnen / Im Schweiß muß er sin Brot gewinnen".

In der Bdtg. ‚keinen Vorteil bei etw. haben' ist ‚Seide spinnen' in verneinter Form seit dem 17. Jh. belegt: „Der König hir hatt woll, wie man sagt, gar keine Seide bey dem Krieg gespunden" (Briefe der Liselotte, hg. v. Holland, Bd. I, S. 120). „Er wird dabei keine Seide spinnen / hac re finem equidem prosperum non consequetur" (C. E. Steinbach, Vollst. dt. Wb. II, 1734).

Die beiden spinnen keine gute Seide: sie vertragen sich nicht miteinander.
Im Volkslied begegnet die Wndg. ‚Seide spinnen' in übertr. Bdtg. auf Mädchen bezogen. Von der ermordeten Schwester sagt der nach ihr befragte Mörder:

„Dort oben auf jener Linde,
Schwarzbraune Seide tut sie spinnen".
(Wunderhorn).

Sein Schicksal (die Sache usw.) hing am seidenen Faden: er war in höchster Gefahr, ein guter Ausgang der Sache war höchst zweifelhaft, ↗ Faden; vgl. frz. ‚tenir à un cheveu' (Haar), ↗ Haar. Das Motiv des ↗ Damoklesschwertes findet sich auch in zahlreichen dt. Volkserzählungen, doch abgewandelt zum ‚Mühlstein am seidenen Faden'.

Seife, Seifenblase, Seifensieder. *Einen ohne Seife scheren (rasieren):* ihn grob (falsch) behandeln, auch euphemist. gebraucht für köpfen; vgl. ‚einen trocken scheren', ↗ scheren.

Er geht nach Seife: mit seinem Leben geht es zu Ende. Die Teilnehmer an den Kreuzzügen brachten jerusalemische Seife mit; da es aber so wenige waren, die heimkehrten, wurde der Zug nach Jerusalem mit Sterben gleichgesetzt und iron. mit dem Holen der Seife in Verbindung gebracht. Vgl. ndl. ‚Hij is om zeep'.

Abjemacht, Seefe ist eine vorwiegend schles. und berl. Rda., deren Urspr. man in dem frz. ‚C'est fait' suchte. Wahrscheinl. handelt es sich um eine lautliche Angleichung an das im 19. Jh. beliebte ‚Abjemacht, Sela', nachdem die Bdtg. des Wortes ↗ Sela aus dem Gedächtnis des Volkes entschwunden war.

Bei Plänen, Hoffnungen u. ä., die zunichte geworden sind, spricht man davon, sie seien *zerplatzt wie Seifenblasen.* Die Seifenblase galt als Vanitas-Symbol und gilt als Sinnbild des Unbeständigen und Nichtigen. In dieser Bdtg. heißt es bei Hebbel:

Das nenn ich eine hübsche Phrase,
So bunt wie eine Seifenblase,

und bei Schiller (‚Räuber' V,2): „... Wo sind deine hochfliegenden Pläne? Sinds Seifenblasen gewesen, die beim Hauch eines Weibes zerplatzen?"

Wie ein Seifensieder denken geht zurück auf Schillers Drama ‚Wallensteins Lager' (11): „Schad um die Leut! Sind sonst wackre Brüder ... Aber das denkt wie ein Seifensieder".

Von einem, der bei der Arbeit laut singt, sagt man, er sei *ein munterer Seifensieder* oder auch *wie Johann, der muntere Seifensieder.* Entnommen ist diese Gestalt dem Gedicht ‚Johannes, der Seifensieder' von Friedrich v. Hagedorn (1708–54). Übrigens übernahm Hagedorn die Gestalt aus La Fontaines Fabel ‚Le savetier et le finan-

‚Zerplatzen wie eine Seifenblase'

cier', wobei er irrtümlich ‚savetier' statt richtig mit ‚Flickschuster' mit ‚Seifensieder' (frz. savonnier) übersetzte.

Der Seifensieder war auch zugleich Kerzenzieher. Daher erklärt sich wohl die Rda. *Mir geht ein Seifensieder* (statt: Licht) *auf*. Man setzte den Hersteller für das Produkt. Der Ausdr. ist 1810 zuerst für die hallesche Studentensprache belegt. Bei Wilh. v. Kügelgen (‚Jugenderinnerungen', Reclamausg. S. 87): „es mußte erst eine glückliche Anschauung kommen oder mit anderen Worten ein großer Seifensieder aufgehen".

Wander berichtet, in Prag habe man statt Seifensieder ‚Gasbeleuchtung' gesagt. Berl. heißt es in gleicher Bdtg.: ‚Mir jeht'n Talchlicht uf' oder ‚Mir jeht 'ne Jasfabrik uf', ↗ Licht.

Lit.: *F. A. Stoett:* Om zeep gaan, in: Tijdschrift voor Nederlandse Taal- en Letterkunde 15 (1896), S. 122–127; *A. de Cock:* Om zeep gaan, in: Vkde. 9 (1896/97), S. 197; *A. Taylor:* ‚No Soap', in: Western Folklore, 16 (1957), S. 198–200; *ders.:* ‚No soap' once more, in: Western Folklore 20 (1961), S. 124; *F. Bertrich;* Kulturgeschichte des Waschens (Düsseldorf 1966); *W. Mezger:* Narrenidee u. Fastnachtsbrauch (Konstanz 1991).

Seil. *Einem das Seil über die Hörner werfen:* ihn mit List einfangen, da man seine Kraft fürchtet, eigentl. wie einen jungen Stier fesseln, da man ihn nicht anders überwältigen kann und anzupacken wagt; dann auch: einen berücken, betrügen. Bes. gern wendet der Volksmund diese Rda. auf einen an, der sich verlobt hat, sich also von einem Mädchen hat ‚einfangen' lassen. So heißt es z. B. bremisch von einem Verlobten: ‚Hei het sek dat Säl ümm de Hören smiten laten'. Ähnl. schrieb schon Grimmelshausen in seinem ‚Simplicissimus' (II,182): „Ein junger Schnautzhann, dem sie das Seil über die Hörner warff", und Hans Sachs in der ‚Eulenbeiz': „Man hat mirn strick ant hörner bracht". 1639 wird die Wndg. auch von Lehmann (S. 940, Zusatz 2) gebraucht: „Zusagen steht im Willen, aber das halten hat das Seil an Hörnern". Bismarck wandelt den Ausdr. etw. ab, meint aber auch sich fangen, überlisten, festnageln lassen: „Wir werden uns wegen dieser Fragen von niemand das Leitseil um den Hals werfen lassen" (‚Reden' 12,183).

Die Rda. begegnet auch in der Form *einem das Seil über den Kopf werfen* und in der Kurzfassung *einem das Seil überwerfen,* so bei Murner in seiner ‚Narrenbeschwörung' (69): „Vber einen das seil werffen" i.S.v. übervorteilen.

Über das Seil werfen: jem. betrügen, ist vielleicht als eine Art Kurzform der vorigen Rdaa. nach dem Muster ‚über den Tölpel werfen' gebildet. Hans Sachs verwendet neben der anderen auch diese Rda., Seb. Franck (I, 104ᵃ) schreibt auch: „Vber das seil werffen", und in der ‚Bayrischen Chronik' (DXIVᵇ) findet sich ein ausführlicher Beleg: „Hertzog Ludwig von Ingelstatt vermeint ... Keyser Carl hett seinem Vettern Hertzog Otten in solchem Kauff mercklich vber das seil geworffen, hett jm nicht die strick an den Glocken bezalt". Alem. heißt betrügen auch: ‚ein' am Seil abilau'.

Auf dem Seil tanzen (gehen): in unsicherer Lage sein, sich auf ein gefährliches Unterfangen einlassen. In Ulm sagt einer, der weiß, daß er sich in Gefahr begibt wie ein Seiltänzer, der bei einer Ungeschicklichkeit abzustürzen droht: ‚Heut muess i aufs Soil!' Vgl. auch lat. ‚ire per extentum funem' (Horaz); frz. ‚danser sur la corde raide'.

‚Auf dem Seil tanzen'

Er geht im Seil: er verdient sich sein Brot schwer. Die Rda. erinnert an die schwere Arbeit der Schlepper, die eine Leine um den Leib geschlungen hatten und damit ein Schiff stromauf ziehen mußten. Da

‚Im Seil gehen' – ‚Am selben Seil (Strang) ziehen'

Seil in enger etymol. Verwandtschaft zu ‚Siele' steht, ist die Rda. nur eine Abwandlung der bekannteren Wndg. ‚in den Sielen gehen (sterben)', ↗ Siele.

An einem (am gleichen) Seil (Strang) miteinander ziehen: miteinander die gleiche Tätigkeit vollziehen, ein gemeinschaftliches Geschäft (Verbrechen) ausführen, mitschuldig sein und das gleiche Schicksal tragen, auch: gemeinsame Interessen verfolgen, eines Sinnes sein. Die Rda. ist auch mdal. verbreitet. In Bedburg heißt es z. B. ‚De träcken ê Sel', wenn zwei gut übereinstimmen und zusammenhalten, vgl. auch: ‚unter einer ↗ Decke stecken'. Häufig erscheint diese Rda. auch ins Negative gewendet, um große Uneinigkeit auszudrücken: *Sie ziehen nicht an einem Seil* oder *Sie ziehen wohl an einem Seil, aber jeder an einem andern Ende,* so daß sich die Kräfte gegenseitig aufheben und nichts erreicht werden kann; vgl. frz. ‚tirer à hue et à dia' (Hüh und hott ziehen).

An diesem Seil muß man nicht ziehen: man sollte sich nicht daran beteiligen, auch: die Sache nicht verkehrt anfangen. Ob das Glockenseil oder Leitseil gemeint ist, bleibt ungewiß. Pestalozzi verwendet die Rda. *am rechten Seile ziehen* lit. (Werke XII, 127). *Er hat mehr als ein Seil zu seiner Kunst:* er hat mehrere Mittel in Bereitschaft, er wird sich im Notfall zu helfen wissen; vgl. frz. ‚avoir plus d'une corde à son arc' (mehr als ein Seil an seinem Bogen haben). Vgl. auch frz. ‚se mettre la corde au cou', i. S. v. auf seine Freiheit verzichten, heiraten, sowie ‚tirer sur la corde', i. S. v. einen Vorteil mißbrauchen, und ‚parler de corde dans la maison d'un pendu': in der Wohnung eines Gehängten vom Seil sprechen, i. S. v. unüberlegt reden.

Immer dasselbe Seil spinnen: die alte Sache weiterbetreiben, erledigte Probleme wieder aufgreifen.

Er will ein Seil durch ein Nadelöhr ziehen: er versucht Unmögliches. Die Rda. erinnert an die Bibelstelle: Matth. 19, 24: „Es ist leichter, daß ein Kamel durch ein Nadelöhr gehe, denn daß ein Reicher in den Himmel komme", wobei ‚Kamel' die Bez. für ein dickes Seil war, was oft mißverstanden wurde; ↗ Nadel.

Seiler. *Des Seilers Braut heiraten:* gehängt werden. *Er wird mit des Seilers Halstuch beschenkt werden:* man wird ihn zum Galgen verurteilen. Diese Wndg. wird z. B. im ‚Judas der Erzschelm' (II) gebraucht. Vgl. ndl. ‚Door een hennepen venster kijken'. Bes. häufig ist die Rda. *Er wird eine Seilerstochter heiraten,* da man den Strick des Henkers wegen eines Sprachtabus als ‚des Seilers Tochter' bezeichnete. Bei Braun steht dazu in der ‚Bibliothek des Frohsinns' (Bd. III, H. 2^b, Nr. 50, S. 173) eine erklärende Erzählung: „Von zwei Dieben wurde einer zum Galgen, der andere zum Auspeitschen verurtheilt. Als jener unter dem Galgen stand, fragte dieser: ‚Was soll ich deiner Mutter sagen?' – ‚Sage ihr, ich habe mich mit einer Seilers-

tochter verheirathet, und du habest auf meiner Hochzeit getanzt'". Die Brüder Grimm verwenden die Rda. *mit des Seilers Tochter Hochzeit halten* mehrfach in ihrer Märchensammlung (KHM. 4, KHM. 192, KHM. 199).
Der Ausdr. ist auch in die Lit. eingedrungen. Joh. Chr. Günther schreibt: „Des Seilers Tochter wird seine Braut", und bei J. P. Hebel heißt es: „Er wird mit des Seilers Tochter kopuliert". Noch 1872 berichtet die ‚Allgemeine Modezeitung' (Nr. 10, S. 150): „So wollte der Magistrat gern ein Exempel statuiren, und Gripschgrapsch wurde verurtheilt, mit des Seilers Tochter copulirt zu werden, die hiess Jungfer Strick". Vgl. auch: ‚mit Jungfer Hänfin (Strick) Hochzeit machen' (↗ Hanf) und ndl. ‚Hij is aan Lijntjes dochter getrouwd'.

Lit.: *E. Angstmann:* Der Henker in der Volksmeinung, seine Namen und sein Vorkommen in der mdl. Überlieferung, in: Teuthonista, Zs. f. Dialektforschung u. Sprachgesch., Reihe H 1 (Bonn 1928); *W. Danckert:* Unehrliche Leute. Die verfemten Berufe (Bern – München 1963).

Seinen. *Den Seinen gibts der Herr (Gott) im Schlaf (schlafend):* manchen fällt das Glück in den Schoß, ohne daß sie sich darum bemühen müßten, oft iron. gesagt. Die Wndg. ist bibl. Herkunft und bezieht sich auf Ps. 127,2. Diese Stelle lautet in der heutigen Ausg. der Lutherbibel: „Es ist umsonst, daß ihr früh aufstehet und hernach lange sitzet und esset euer Brot mit Sorgen; denn seinen Freunden gibt er's schlafend", was besagen soll, daß Gott seinen Segen dazu geben muß, wenn das Menschenwerk nicht vergeblich gewesen sein soll, und daß er andererseits ohne menschliches Zutun reich machen kann, wen er will. Die moderne Übers. der Züricher Bibel hat fast den gleichen Wortlaut wie die heutige volkstümliche Wndg., die wohl erst gegen Ende des 18. Jh. aufgekommen ist: „... den Seinen gibt er's im Schlafe". Dem Sinne nach übereinstimmende Wndgn. hat Seb. Franck bereits in seinen ‚Sprichwörtern' verzeichnet: ‚Wem's Gott gönnt, der wird schlaffend reich' und ‚Gott bescheert vber nacht'. Vgl. auch frz. ‚Les biens viennent en dormant à ceux que Dieu aime'.
Die Wndg. wird durch den Erzähltyp ‚Was mir von Gott ist zugedacht, das wird mir wohl ins Haus gebracht' veranschaulicht.

Lit.: *G. Henßen:* Was mir von Gott ist zugedacht, das wird mir wohl ins Haus gebracht. Zum Formwandel einer Schatzsage, in: Zs. f. Vkde. 53 (1956/57), S. 157 ff.

Seite. *Etw. auf die Seite bringen:* etw. heimlich entwenden, stehlen, eigentl. etw. unauffällig neben sich stellen, so daß es nicht mehr gesehen wird und dadurch in Vergessenheit gerät und es dann nicht mehr auffällt, wenn es verschwindet. Vgl. frz. ‚mettre quelque chose du côté de l'épée' (veraltet) und frz. ‚mettre quelque chose de côté', i. S. v. ‚etw. beiseite legen'.
Etw. auf der Seite haben: etw. gespart haben, Vermögen besitzen.
Sich auf die Seite machen: sich schnell und heimlich entfernen.
Jem. auf die Seite bringen (räumen, schaffen): ihn töten, weil er lästig, unbequem oder gefährlich ist, eigentl. ihn wie ein Hindernis ‚aus dem Wege räumen'.
Jem. auf die Seite nehmen: ihn aus einem Kreis von anderen Gesprächspartnern an eine unbeobachtete Stelle führen, um ihm eine vertrauliche Mitteilung zu machen; vgl. frz. ‚prendre quelqu'un à part'.
Jem. auf seine Seite bringen (ziehen): ihn beeinflussen und veranlassen, daß er sich einer bestimmten Ansicht, Gruppe anschließt, ‚Partei ergreift', wenn eine Auseinandersetzung droht; die Gunst und den Einfluß eines anderen für sich gewinnen. Vgl. ndl. ‚iemand aan zijne koord krijgen'; frz. ‚mettre quelqu'un de son côté'.
Sich auf jem. Seite schlagen (stellen), auch: *jem. zur Seite treten (springen):* ihm Recht geben, für ihn eintreten, ihn unterstützen, seine Worte bekräftigen. Die Rdaa. bewahren die Erinnerung an einen alten Rechtsbrauch: wer sich des Angeklagten vor Gericht annehmen wollte, mußte sich als Zeuge oder Bürge neben ihn stellen; vgl. frz. ‚se mettre du côté de quelqu'un'.
Jem. mit etw. in die Seite treten: jem. beipflichten, ihm helfen. Die seit dem Ende des 19. Jh. bezeugte Wndg. ist eine scherzhafte Entstellung der vorigen Rda.
Einem zur Seite gehen: achthaben auf jem., ihn schützen, ihm schnelle Hilfe lei-

sten. Im Ndd. hat die Rda. auch den Sinn von ‚Nebengänger' bei der Trauung, also: Trauzeuge.

Seite an Seite stehen: gemeinsam handeln; vgl. frz. ‚être côté à côté'.

Einen bei seiner schwachen Seite fassen: ihn dort angreifen, wo er leicht verwundbar ist, eigentl. ihn von seiner ungeschützten Körperseite her im Kampf bedrängen; in übertragener Bdtg.: die Schwäche und Unvollkommenheit eines anderen kennen und seinen Vorteil ausnutzen (z. B. seine übergroße Gutmütigkeit, seinen übertriebenen Gerechtigkeitssinn, seine Habsucht und Eitelkeit). Vgl. ndl. ‚Hij pakt (vat) hem aan zijne zwakste zijde aan'.

Ähnl. *einem die weiche (schwache) Seite abgeben:* seinem Gegner selbst seine Mängel offenbaren, ‚sich eine Blöße geben'.

Nicht die stärkste Seite von jem. sein: etw. sein, das er nicht bes. gut beherrscht, das er nicht gern tut.

Sich auf die faule (rauhe, schlechte) Seite legen: träge (unfreundlich) werden, sich dem Laster ergeben. Die Wndg. ist seit dem Ausgang des 17. Jh. bezeugt.

Die Feststellung *Er hat sich auf die schwere Seite gelegt* meint dagegen: er ist zu der Partei übergegangen, die in der Mehrzahl ist und deshalb den größten Vorteil bietet; vgl. frz. ‚Il s'est mis du côté du plus fort'.

Auf die große (kleine) Seite gehen: umschreibend ebenso wie ‚ein großes (kleines) Geschäft verrichten'.

An jem. grüner Seite sitzen: von jem. sehr geschätzt sein, ihm sehr nahe sein; jem. auf die linke Seite, die Herzseite, setzen, um zu verdeutlichen, daß man ihm sehr gewogen ist. Bekannt aus dem schwäb. Volkslied:

Mädele ruck, ruck, ruck
an meine grüne Seite,
I hab di gar so gern,
i mag di leide.

Vgl. ndl. ‚aan iemands groene zijde zitten, ↗ grün'.

Jem. etw. (jem.) an die Seite stellen können: es vergleichen können; neben dem Wert des anderen nicht zurückstehen müssen. Dagegen: *Dem kann nichts zur Seite gestellt werden:* es gibt nichts Gleichwertiges, es ist ausgezeichnet und deshalb einmalig.

Sich von seiner besten Seite (manchmal auch: ‚von seiner ↗ Schokoladenseite') *zeigen:* sich bewußt vorbildlich benehmen; in einer Gesellschaft glänzen wollen; seine Vorzüge deutlich machen und seine Mängel verbergen; vgl. frz. ‚se montrer de son meilleur côté'.

Jem. von dieser Seite noch nicht kennen, auch: *einen von einer ganz anderen (neuen) Seite kennenlernen:* über einen bisher verborgenen Charakterzug überrascht sein.

Eine Sache von allen Seiten betrachten: zur genauen Beurteilung alle Gesichtspunkte beachten; genauestens prüfen und alle Konsequenzen erwägen.

Einer Sache eine neue Seite abgewinnen: Neues, Positives und Interessantes entdecken.

Etw. von der guten (besten) Seite ansehen: in allen Dingen das Positive zu sehen versuchen, optimistisch sein; vgl. frz. ‚prendre les choses du bon côté'. Ähnl.: *Alles von den leichten (heiteren) Seite nehmen:* nichts schwernehmen, sich nicht bedrükken lassen. Dagegen: *Alles auf die schlimme Seite nehmen:* alles für schwieriger und tragischer halten, als es in Wirklichkeit ist; vgl. frz. ‚prendre quelque chose au tragique'.

Seine zwei (guten und schlechten) Seiten haben: Vorteile und Nachteile zugleich besitzen, zwiespältig sein; nicht ohne weiteres für gut oder schlecht befunden werden können, auch: *zwei Seiten einer Medaille;* vgl. frz. ‚avoir son bon et son mauvais côté'.

Etw. von dritter (anderer) Seite erfahren: etw. von jem. erfahren, von dem man es nicht hören möchte; etw. nicht direkt erfahren, sondern auf Umwegen.

Etw. von unterrichteter Seite wissen: etw. aus Quellen haben, denen direkte Informationen zugrunde liegen, so daß man sich darauf verlassen kann.

Sich die Seiten halten: sehr kräftig lachen; vgl. frz. ‚se tenir les côtes'.

Lange Seiten haben: viel essen oder trinken können, viel vertragen können; vgl. frz. ‚avoir les côtes en long', i. S. v. nicht bücken können, daher schlecht körperlich arbeiten können.

Auf allen Seiten beschlagen sein: auf allen

Gebieten Kenntnisse besitzen, sich im Leben zurechtfinden. Vgl. siebenb.-sächs. ‚Dî äs af alle Sêgten beschloen‘.

Auf beiden Seiten Wasser tragen: es mit keiner Partei verderben wollen. Murner gebrauchte in seiner ‚Schelmenzunft‘ (21) eine ähnl. Wndg.: „Auf beiden seiten auf einem stecken reiten“, d. h. Gott und dem Teufel gleichzeitig dienen.

Auf beiden Seiten hinken: unbeständig, bestechlich sein. Vgl. ndl. ‚Hij hinkt op beide zijden‘. Seb. Franck verwendete bereits 1531 in seinem ‚Zeytbuch‘ (CCXXXVᵇ) diese Rda. „Auf beyden seyten hincken“.

Jem. von der Seite (her) ansehen: ihn verachten, ihm nur einen kurzen, bösen Blick zuwerfen.

Auf die Seite sehen, wie eine Gans, die Äpfel sucht: begehrlich nach etw. schielen, auch: seinen Kopf steif geradeaus gerichtet halten und nur einen Blick auf etw. (jem.) werfen, wenn man sich unbeobachtet glaubt. Das sprachl. Bild ist sehr alt und beruht auf guter Beobachtung. Bereits Geiler von Kaysersberg schrieb dazu: „Man sagt gemeiniglich: So sieht ein Entrich, eine wilde Ente, mit einem Auge auf das Erdreich, wo die Speise ist, und mit dem andern Aug’ an den Himmel, wo der Sperber ist“. Ähnl.: *auf eine Seite sehen, wie der Hund, der an einem Bein nagt:* in eine Richtung blicken, um einen anderen nicht grüßen zu müssen, weil man ihn ja offensichtlich nicht gesehen haben kann.

Jem. (dumm) von der Seite anreden (anquatschen): mit jem. aufdringlich, frech zu sprechen beginnen; einen Unbekannten plötzlich auf der Straße anreden, um seine Aufmerksamkeit auf sich zu lenken.

Zur Seite sprechen: sich an einen bestimmten Zuhörer wenden und leise eine Bemerkung machen, die nicht für die Ohren anderer bestimmt ist, auch: hinter der vorgehaltenen Hand sprechen. Die Wndg. stammt aus der Theatersprache und meint den Schauspieler, der sich nicht an seine Partner, sondern direkt an das Publikum wendet, so als würde der eigentl. Betroffene diese Bemerkung nicht verstehen können.

Sela. *Sela! Abgemacht!* wird ausgerufen, wenn man zum glücklichen Ende einer Sache gekommen ist. Sela ist ein hebr. Wort, das soviel wie ‚abgemacht‘ bedeutet. In den Psalmen begegnet der Ausdr. 71mal, zuerst in Ps. 3,3; seit dem 16. Jh. wird er auch im Dt. verwendet. Man erklärt das Wort als Bez. des Finales eines musikalischen Vortrags (Büchmann). Die Wndg. ist auch lit. bezeugt. Noch bei Julius Voß (gest. 1832) und Adolf Glaßbrenner (gest. 1876) heißt es: „Abjemacht, Sela“; ↗ Seife.

Seitensprung. *Seitensprünge machen:* aus der Ehe ausbrechen, verbotene sexuelle Beziehungen unterhalten; verhüllende u. verharmlosende Umschreibung für normwidriges Verhalten.

Eigentl. bez. der Ausdruck. ‚Seitensprung‘ einen Sprung in seitlicher Richtung, im 18. Jh. in übertr. Bdtg. ein Abweichen von einer festen Linie, einen dummen Streich. Erst im 19. Jh. wird das Wort, ausgehend von Österreich, auch in moralischer Hinsicht gebraucht.

selbst. *Selbst tun, selbst haben:* was man sich selbst zugefügt hat, muß man auch ertragen, für die Folgen seiner Handlungen muß man persönlich einstehen. Diese Wndg. war urspr. eine Rechtsformel. Es ist bereits in mhd. Zeit als ‚Selbe taete, selbe habe‘ bezeugt (vgl. J. Grimm, Dt. Rechtsaltertümer, 34). Auch Seb. Franck hat die Wndg. als ‚Selbs thon, selbs gehon‘ in seinen ‚Sprichwörtern‘ (43b und 58b) verzeichnet. Vgl. auch ndl. ‚Self doen, self hebben‘. Das schweiz. Sagwort ‚Selber tô, selber g’hâ, seit der Erdwyblimâ‘, das nach Form und Sinn völlig der Rechtsformel entspricht, bezieht sich auf die im Alpenraum mehrfach bezeugte ‚Selbtan-Sage‘. Sie ist mit der ‚Niemand-Episode‘ der ‚Polyphemsage‘ zwar verwandt, doch bilden ihre Varianten in der Volksüberlieferung Mittel- und Nordeuropas eine homerunabhängige Tradition. Der Inhalt der kurzen, lokalisierten und sagenhaften Erzählungen (vgl. Sammlungen von Jecklin, Ranke und Vonbun) ist folgender: Ein Mensch begegnet einem Unhold (Fänggin, Erdweiblein, Unterirdische, Wassergeist) und lügt ihm vor, sein Name sei „Selb“ oder „Selbst“. Er quält ihn oder klemmt den Unvorsichtigen in einen ge-

1464

spaltenen Baumstamm ein, weil er sich bei der Arbeit durch sein ständiges Fragen belästigt fühlt. Auf das Geschrei des Dämons eilen dessen Verwandte herbei und fragen, wer ihm Leid zugefügt habe. Als er schreit: „Selb!", rufen sie: „Selb tô, selb hô!" oder so ähnl. und lassen ihn in seiner qualvollen oder hilflosen Lage allein zurück, weil sie meinen, jeder müsse die Suppe auslöffeln, die er sich selbst eingebrockt habe.

Sich selbst helfen: sich nicht auf andere verlassen, vgl. das Sprw. ‚Hilf dir selbst, so hilft dir Gott'; vgl. frz. ‚Aide-toi, le ciel t'aidera'; u. die Wndg. *Selbst ist der Mann.*

‚Zu sich selbst kommen'

‚Hilf dir selbst, so hilft dir Gott'

An sich selbst zuletzt (zuerst) denken: überaus große Hilfsbereitschaft zeigen, für sich kaum etw. beanspruchen (seinen Vorteil im Auge haben); vgl. frz. ‚penser à soi en dernier'. Vermutl. hat die lit. Verwendung in Schillers ‚Wilhelm Tell' (I, 1): „Der brave Mann denkt an sich selbst zuletzt", zur Verbreitung beigetragen; ähnl.: *seiner selbst vergessen,* auch i. S. v. geistesabwesend sein, nicht seiner Persönlichkeit gemäß handeln.

Zu sich selbst kommen: aus einer Ohnmacht (einem (bösen) Traum) erwachen, auch: nach einem Gefühlsausbruch (nach Zorn oder Verzweiflung) wohlüberlegte Entschlüsse fassen, sich auf sein eigentl. Wesen besinnen; sich seines sinnlosen (unwürdigen) Tuns bewußt werden. In der bildl. Darstellung ist die Rda. ganz wörtl. genommen; vgl. frz. ‚revenir à soi'.

Sich selbst besiegen: seine negativen Charaktereigenschaften und hemmungslosen Triebe mit Erfolg bekämpfen, seine Leidenschaften zähmen, dagegen: *sich selbst betrügen:* sich gegen besseres Wissen etw. vormachen, die Augen vor der Wirklichkeit verschließen, ähnl.: *sich selbst beschwichtigen* u. *sich vor sich selbst zu rechtfertigen suchen.*

Dagegen: *sich selbst anklagen (bezichtigen):* sich Vorwürfe machen, auch: seinem Gewissen folgen u. etw. eingestehen.

Mit sich selbst ins Gericht gehen: seine Handlungsweise kritisch prüfen.

Mit sich selbst reden: laut reden, wenn man allein ist.

Der Ausdr. ‚selbstredend' meint hingegen, daß *sich etw. von selbst versteht.*

Mit sich selbst Zwiesprache halten: seine Beweggründe erforschen, seine wahren Gefühle ergründen.

Lit.: *S. Singer:* Schweizer Märchen. Anfang eines Kommentars (= Untersuchungen zur neueren Sprach- und Literaturgesch. 33) (Bern 1903), S. 20ff.; *O. Hackman:* Die Polyphemsage in der Volksüberlieferung (Helsingfors 1904); *L. Röhrich:* Die ma. Redaktionen des Polyphem-Märchens (AaTh. 1137) und ihr Verhältnis zur außerhomerischen Tradition, in: Fabula, 5 (1962), S. 48–71; *ders.:* Erzählungen des späten MA. und ihr Weiterleben in Lit. und Volksdichtung bis zur Ggwt., Bd. II (Bern – München 1967), S. 213ff. u. S. 447ff.; *M. Lüthi:* Volksliteratur und Hochliteratur (Bern – München 1970), S. 100–113, Kap. ‚Zum Thema der Selbstbegegnung des Menschen in Volksdichtung und Hochliteratur'.

Selbsterkenntnis. ‚Selbsterkenntnis ist der erste Schritt auf dem Weg zur Besserung‘, sagt man als iron. Kommentar zu jem., der sich über sich selbst ärgert, ↗ Nase.

Lit.: *L. Schmidt:* Der Vogel Selbsterkenntnis zwischen Volkskunst und Rda., in: Österr. Zs. f. Vkde. 55 (1952), S. 134–144.

Semester. *Jem. ist ein älteres Semester:* jem. ist nicht mehr jung. Das Semester ist eigentl. das akademische Studienhalbjahr, nach dessen Anzahl die Studiendauer berechnet wird; lat. ‚semester‘: Dauer von 6 Monaten.
Die rdal. Wndg. dient zur euphemist. Umschreibung des vorgerückten Alters oder zur humorvollen Charakterisierung eines Menschen. Witzig ist dabei die Charakterisierung eines älteren Menschen mit dem jugendlichen Maßstab eines Studenten.

Semmel. *Abgehen wie warme Semmeln:* gut abgehen, sich schnell verkaufen lassen, sehr begehrt sein. Der rdal. Vergleich beruht auf der Beobachtung, daß bes. frische Ware, die gerade fertig wurde, die noch warm aus dem Backofen kommt, bes. rasch ausverkauft ist, weil die Kunden schon darauf gewartet haben. In übertr. Bdtg. bezieht sich die Rda. auf die Töchter aus einem Hause, die sich rasch hintereinander verheiraten. So sagt man z. B. rdal. in Berlin: ‚Den jehn seine Döchter ab wie bei'n Bäcker de warme Semmeln‘. Gottfr. Keller gebraucht im ‚Fähnlein der sieben Aufrechten‘ dafür die Wndg. „wie frische Wecken“. Auch auf Hervorbringungen im geistigen und künstlerischen Bereich findet die Rda. Anwendung. Karl Philipp Emanuel Bach (1714–88), Johann Sebastian Bachs dritter Sohn, gab dafür schon ein Beisp. Er schrieb in Erinnerung an seine in Leipzig verbrachte Jugend an seinen Verleger Breitkopf: „Meine Sonaten und mein Heilig gehen ab wie warme Semlen, bey der Börse vor dem Naschmarkt, wo ich vordem mancher Mandel Pretzel den Hals gebrochen habe“. Vgl. frz. ‚partir comme des petits pains‘.
Das Gegenteil dieser Rda. ist die Wndg. ‚etw. ausbieten wie sauer ↗ Bier‘.
Er hat seine Semmel zuerst gegessen: er hat das Beste vorweggenommen, das Gute bereits erhalten und nichts Besseres mehr zu erwarten; vgl. frz. ‚Il a mangé son pain blanc le premier‘.

Sendepause. *Jetzt ist Sendepause:* das Gespräch stockt, geht nicht mehr weiter. Ebenso wie ‚Funkstille‘ ist ‚Sendepause‘ ein Ausdr. der Telemedien; er bez. das Unterbrechen oder Abschalten eines Programms in Radio oder Fernsehen ↗ Engel. Die Wndg. kann jedoch auch auf Personen bezogen werden. *Jem. hat (macht) Sendepause:* er hüllt sich in Schweigen. Diese Rda. wird auch oft als unmißverständliche Aufforderung gebraucht: ‚Du hast jetzt Sendepause!‘: Du solltest jetzt nichts mehr sagen, dich nicht in das Gespräch einmischen.

Senf. *Einen langen Senf über etw. machen:* viele unnütze Worte machen, ein weitschweifiges, unklares Gerede ausführen. Im gleichen Sinne wird statt Senf auch ‚Meerrettich‘ in den Mund gebraucht. Wenn Senf hier nicht ein bloßer Scherz ist, gebildet nach ‚Brei‘, ‚Kohl‘ und ‚Quark‘, die ebenfalls bildl. für umständliche, dumme oder unpassende Ausführungen und Bemerkungen stehen, so wird Adelungs Vermutung (Versuch eines grammatisch-kritischen Wörterbuches 1780, Bd. IV, Sp. 433) als zutreffend gelten können: „Senf stehet für Senfbrühe, und lang bedeutet, wie in anderen Fällen, mit vielem Wasser verdünnet“. Vgl. wien. ‚a langi Soß machen‘, eine lange Rede halten; frz. ‚faire tout un fromage de quelque chose‘ (Käse).
Häufig wird die Rda. in der imperativischen Form als Warnung verwendet: *Mach keinen Senf!:* spiele kein Theater, reg dich nicht so auf, vermeide eine lange Auseinandersetzung!
Vilmar (‚Idiotikon von Kurhessen‘ S. 382) sagt, daß die Rda. *Senf machen* in älterer Zeit eine nicht seltene sprachl. Formel für ‚nichtige Rdaa. vorbringen‘ gewesen sei. Er stellt sie mit der Wndg. *eine Senfmühle heimbringen:* nichts ausgerichtet haben, zusammen, die in einer (wahrscheinl. von einem Hersfelder verfaßten) Chronik bezeugt ist. Auch in den ndd. Mdaa. ist die Rda. verbreitet, z. B. heißt es in Pommern und Holst.: ‚en(en) langen Semp maken‘.

1466

Er macht mir viel (gelehrten) Senf vor: er kramt umständlich seine große (überflüssige) Gelehrsamkeit aus. Vgl. ndd. ‚He makt mi vêl gelêrten Semp vör'.

Einen Senf dazu anrichten: durch seine Einmischung eine Angelegenheit nur noch verschlimmern.

Den Senf überzuckern: etw. Unangenehmes in eine mildere Form bringen, einen notwendigen Tadel etw. abschwächen.

Seinen Senf dazugeben: ungefragt seine Meinung zu etw. äußern, eigentl. etw. als Würze hinzufügen, was zu der angerichteten Speise passen sollte, ohne es immer zu tun. Diese seit etwa 1700 belegte Wndg. erklärt die alte Rda. vom ‚Senf bezahlen', womit eben der Senf gemeint ist, der als unnützer Rat sogar Schaden bringen kann. Damit ist diese Wndg., die auch mdal. verbreitet ist, als Ablehnung fremder Einmischung zu verstehen. Vgl. auch: ‚seinen ↗ Dreier dazugeben'; ndl. ‚ook een duit in't zakje doen' oder ‚zijn boontje bijleggen'; frz. ‚Y mettre son grain de sel' (Salzkorn).

Dieser Senf steigt in die Nase: der Spaß ist zu grob, er verursacht Ärger und Zorn. Vgl. ndl. ‚De mostaard kriebelt hem in den neus'; frz. ‚La moutarde lui monte au nez'. Im Ndd. heißt es auch: ‚Senf macht frech!' Der Käufer verlangt im Geschäft zum Scherz: ‚... und ein Glas Senf, aber nicht von dem ‚frechen'!'

Jem. wird durch den Senf gezogen: ‚er wird durchgehechelt', ‚durch den ↗ Kakao gezogen'.

Die ndd. Rda. ‚enem Semp up de Titt smeren', jem. eine Sache verleiden, bezieht sich auf die Entwöhnung des Kindes von der Mutterbrust, wozu diese mit Senf bestrichen wurde, um durch den scharfen Geschmack dem Kind das Trinken zu verleiden.

senkrecht. *Sich senkrecht halten:* lange gesund bleiben. Die Rda. ist auch als Wunschformel belegt: ‚Halt dich senkrecht!': bleib gesund und sorge dafür, daß du nicht gleich auf das Krankenlager mußt (‚in die Waagrechte').

Senkrecht, urspr. ‚senkelrecht' ist vom Senkblei hergenommen, auch: ‚Senkel' genannt.

Einen in den Senkel stellen: jem. stark zurechtweisen, anpfeifen, zur Ordnung ermahnen.

Einen Menschen, der beruflich eine blitzschnelle Karriere macht, nennt man einen ‚Senkrechtstarter'.

Sense. *Jetzt (dann) ist Sense:* jetzt ist endgültig Schluß damit, hör auf!, und: *Bei mir ist (endgültig) Sense:* ich habe es satt, aus, ich mache nicht mehr mit, ich mache Feierabend, ich werfe meine Arbeit hin. Die berl. Rda. ‚Det is Sense' hat darüber hinaus noch die Bdtg:: das ist Unsinn, das ist ein Irrtum. Diese neueren, zuerst in der Soldatensprache bezeugten Wndgn. sind in ihrem Urspr. noch nicht geklärt. Küpper (II, S. 265) meint, daß der Ausdr. Sense nur eine sprachl. Formulierung der begleitenden Gebärde ist, die Ablehnung und Abweisung ausdrückt. Beim Sprechen wird der rechte Arm wie beim Mähen mit einer Sense rasch seitwärts bewegt. Vielleicht beruht die Rda. aber auch auf einem Schnitterzuruf, die Sense bei einer Pause oder beim Feierabend wegzulegen, also die Arbeit einzustellen.

Eine alte Sense sein: ein energieloser, unfähiger Mensch sein. Diese Rda. ist ebenfalls im 1. Weltkrieg zuerst bei den Soldaten aufgekommen, um Spott und Verachtung auszudrücken.

Eine ganz moderne Wndg. ist: *eine wüste Sense übers Parkett hauen:* wild und ausgelassen tanzen.

Sensenmann. *Der Sensenmann kommt:* der Tod naht. Wie der ‚Schnitter Tod' wird auch der ‚Sensenmann' als euphemist. Umschreibung des von allen Gefürchteten seit Jahrhunderten gebraucht. Die Sense löste mit der Zeit die Sichel als Attribut des Todes ab, wie bildl. Darstellungen erweisen.

Auch in der Sage spielte der Tod als Sensenmann bes. bei Pestepidemien eine Rolle, manchmal besaß er sogar eine Helferin, die Tödin, die das seiner Sense zum Opfer Gefallene zusammenrechte. Diese Vorstellung ist bis in unser Jahrhundert lebendig geblieben, wie eine erst 1977 veröffentlichte Sage aus Niederbayern erweist: „Zu der Zeit, als das große Sterben war, haben Leute den Tod auf einer Wiese bei Schweinhütt mähen sehen. Sein Weib hat gerecht. Was durch den Rechen fiel, blieb stehen, d. h. starb nicht". (E. Böck: Sagen aus Niederbayern [Regensburg 1977], S. 258, Nr. 432: ‚Der Tod und seine Frau').

‚Der Sensenmann kommt'

Der Sensenmann hält reiche Ernte: viele Opfer sind zu beklagen, z. B. bei Kriegen, Krankheiten und Katastrophen. Das im Grunde tröstliche Bild der Ernte verweist auf das schicksalhafte, aber naturgegebene Werden und Vergehen hin.
Die Vorstellung vom ‚Schnitter Tod' ist am bekanntesten aus dem Volkslied:

Es ist ein Schnitter heißt der Todt,
Hat gewalt vom Grossen Gott
(Röhrich-Brednich II, 143 ff.).

Lit.: *W. Block:* Der Arzt und der Tod in Bildern aus sechs Jahrhunderten (Stuttgart 1966); *K. B. Heppe u. a.* (Hg.): Bilder und Tänze des Todes. Ausstellungskatalog (Paderborn 1982); *G. Condrau:* Der Mensch und sein Tod (Zürich 1984).

Servus ↗ Gruß.

Sesam. Sesam ist eine in den Tropen u. Subtropen angebaute Ölpflanze. Die reife Fruchtkapsel öffnet sich, so daß die Samen herausfallen. Die Zauberworte *Sesam öffne dich!* (‚Sesam öffne die Tür') stammen aus der Erzählung ‚Ali Baba und die 40 Räuber' aus den Märchen von ‚Tausendundeiner Nacht'. Im verwandten Grimmschen Märchen ‚Simeliberg' (KHM. 142) lautet der Zauberspruch, der nicht vergessen werden darf: ‚Berg Semsi, Berg Semsi, tu dich auf' (bzw. ‚tu dich zu'). Entstellt ist die schwäb. Fassung bei E. Meier (Nr. 53): ‚Simson tu dich auf' (B.P.III, S. 138).

Sester. *Vom Sester kein Maß verstehen:* bei einem Thema so mitreden, als verstehe man etw. davon, obwohl man keine Ahnung hat. Ein Sester (aus lat. sextarius) ist ein Hohlmaß für Wein und Getreide; es ist ein Sechstel vom größeren Maß.
‚Sester' ist auch als Bez. für jegliches Gefäß im bad. Raum verbreitet gewesen. In der folgenden Rda. wird es abwertend für Kopf gebraucht: *Jem. hat nichts im Sester:* er ist sehr dumm.

setzen. *Sich gut setzen:* vorteilhaft einheiraten. Die Rda. ist auch in mdal. Form bes. im Rheinl. üblich. Sie bewahrt die Erinnerung an einen alten Hochzeitsbrauch, der rechtliche und symbolische Bdtg. hatte: der Einheiratende brachte mit anderem Hausrat den Brautstuhl, der mit seinem Namen versehen war, mit in sein neues Heim und schaffte sich damit einen festen Platz im Hause, der ihm kaum mehr genommen werden konnte. Indem er sich zum erstenmal daraufsetzte, erhielt er alle ihm gebührenden Rechte und war dadurch gleichzeitig als Mitglied der Familie anerkannt. Dieser Rechtsanspruch endete erst, wenn man ihm ‚den ↗ Stuhl vor die Türe setzte'.
Sich mit einem setzen: sich gütlich einigen, auch mdal. bezeugt, z. B. pomm. ‚sick mit enen setten'. Die Wndg. ist vermutlich als Verkürzung der Rda. *sich mit jem. an einen Tisch setzen:* mit ihm verhandeln, um eine Übereinkunft, ein Abkommen zu erzielen, entstanden. *Jem. über andere setzen:* ihn bevorzugen und bes. schätzen, ihm eine höhere Stellung verschaffen. Die Rda. erinnert an die früher streng eingehaltene Tischordnung nach Rang und Namen, vgl. frz. ‚placer quelqu'un au-dessus des autres'.
Die Einladung, sich zu setzen, erfolgt oft scherzhaft, z. B. heißt es *Setz dich, du bist groß genug!* oder *Setz dich auf deine vier Buchstaben!* Auf die Frage, wohin man sich setzen solle, wenn ein Stuhl fehlt, hört man: *Setze dich, wo du stehst, und hänge die Füße herab!* Die mdal. Wndgn. sind weit derber, im Preuß. z. B. gibt es die Aufforderungen ‚Sett di op't Loch, dat de Mües nich rön krupe' u. ‚Sett di op e Narsch, wo dine Mutter heft als Brut gesete'.

Etw. (jem.) in die Welt setzen: ein Gerücht aufbringen (ein Kind gebären), ohne sich um die weiteren Folgen zu kümmern.

Jem. auf freien Fuß setzen: ihn aus der Haft entlassen, dagegen: *einen setzen:* ihn ins Gefängnis bringen.

Jem. matt setzen: ihm keinen Ausweg mehr lassen. Die Rda. bezieht sich urspr. auf das Schachspiel, bei dem der König des Gegners schachmatt gesetzt werden muß.

Auf etw. setzen: Geld bei einem Spiel, einem Rennen, einer Lotterie zum Einsatz geben in der Hoffnung auf einen großen Gewinn.

Auf jem. setzen: ihm das größte Vertrauen schenken.

Etw. muß sich (erst) setzen: es bedarf einer gewissen Zeit, um sich einzuprägen, so wie sich Flüssigkeiten erst langsam klären, wenn sich der Bodensatz gebildet hat. Damit in Zusammenhang steht wohl auch die Wndg. *sehr gesetzt sein:* für sein Alter reif, besonnen sein, also nicht mehr aufbrausend wie gärende Flüssigkeiten.

Da setzt es etw.: es gibt Verweise, Schläge, oft in Form einer Drohung: *Gleich wird es etw. setzen!*

Die aus Rheinhessen stammende Wndg. ,Beim Setze werd' sichs wiese!', der Schaden wird sich schon noch herausstellen, du wirst es bald merken, soll auf einem Ausruf einer Frau aus Bermutshain beruhen. Als sich ein Hühnerhabicht, der auf ihrem Hof in die Falle gegangen war, befreite, wobei ihm die Falle die Beine abschlug, rief sie ihm nach: ,Fläig dou nur fort, beim Setze werd sichs wiese'.

Lit.: *H. Hepding:* Schildbürgergesch. und andere Schwänke aus Hessen, in: Hess. Bl. f. Vkde., 18 (1919), S. 10; *K. Rumpf:* Hessische Brautstühle, in: Volkswerk 1942, S. 37–53.

Show. *Jem. die Show stehlen:* jem. aus dem Vordergrund verdrängen, jem. um die beabsichtigte Wirkung bringen, indem man die Aufmerksamkeit auf sich zieht. Wie das Wort ,show' kommt auch die Rda. aus dem Engl.; vgl. ,to steal the show'. Im späteren 19. Jh. wurde der Begriff ins Dt. übernommen in der Bdtg. von Darbietung, buntes Unterhaltungsprogramm.

Eine große Show abziehen: sehr angeben, sich in Szene setzen, Aufsehen erregen.

Mach' keine Show: sagt man und meint: ,Spiel dich nicht auf, sei vernünftig!'.

Etw. ist nur Show: eine Sache ist nur vorgespielt, nicht echt, verdient keine Glaubwürdigkeit.

sicher. *Auf Nummer Sicher sein (sitzen):* Strafgefangener sein. *Jem. auf Nummer Sicher bringen:* dafür sorgen, daß jem. seine gerechte Strafe erhält und ins Gefängnis muß. Die Wndg. ,Nummer Sicher' dient hier als euphemist. Umschreibung.

Auf (Nummer) sicher gehen (spielen): sich auf kein Risiko einlassen. Vgl. frz. ,Il a mangé du pain du roi' (veraltet).

Sicher ist sicher!: Prüfen wir es noch einmal nach, seien wir lieber etw. vorsichtig.

Aber sicher, sagte Blücher!: ganz bestimmt ist es so.

Jem. ist nicht sicher: es ist nicht gewiß, ob er zahlungsfähig ist, ob er das Geliehene zurückgibt, er gilt als wenig vertrauenswürdiger Geschäftspartner.

Jem. (etw.) ist uns sicher: er hält unbedingt zu uns, eine Sache, die uns interessiert, kann uns nicht mehr entgehen.

Seiner selbst sicher sein: sich genau kennen und wissen, daß man sich nicht umstimmen lassen wird, daß man etw. beherrscht und mit Erfolg durchführen wird, daß die eigenen Kräfte ausreichen.

Etw. sicherstellen: etw. entwenden. Die umg. Wndg. ist ein Euphemismus, sie meint eigentl.: etw. wegnehmen, bevor es ein anderer für sich beanspruchen kann. In der Behördensprache bedeutet ,sicherstellen' u. ,Sicherstellung' etw. beschlagnahmen. Vgl. frz. ,mettre en sécurité', i. S. v. vor Schaden schützen.

Rdal. Vergleiche, die die absolute Sicherheit bestätigen, sind häufig, z. B. *Das ist so sicher als zweimal zwei vier ist;* vgl. frz. ,C'est sur comme deux et deux font quatre'.

Das ist so sicher wie das Amen in der Kirche ↗ Amen; *das ist so sicher wie die Steuer* sagt man bes. in Rheinhessen; *er ist so sicher wie die Maus im Kornhaufen:* er ist gut verborgen; *er ist so sicher wie in der Kirche,* die Wndg. bezieht sich auf das ,Jus Asylis', das jedem Verbrecher gewährt wurde, wenn es ihm gelungen war, sich an einer geweihten Stätte zu verbergen.

Das spiegeln beispielsweise heute noch die Straßennamen z. B. um den Osnabrücker Dom: ‚die kleine Domsfreiheit' und ‚die große Domsfreiheit'. ‚Sünder', die sich dahin geflüchtet hatten, waren ‚in Sicherheit'.

Auch um die gesteigerte Gefahr auszudrücken, werden rdal. Vergleiche benutzt, die sofort als paradox erkannt werden: *so sicher wie eine Laus zwischen zwei Daumen; wie eine Forelle unter zehn Hechten; wie eine Taube vorm Geier; wie die Maus bei der Katze.* Die größte Unsicherheit wird im Schwäb. umschrieben mit dem rdal. Vergleich: ‚Mancher isch so sicher wia d'r Frosch em Storchaschnabl'.

Sicherheit. *Sich in Sicherheit bringen:* nur an sich denken und sich aus der Gefahrenzone zurückziehen.

Sich in Sicherheit wiegen: überzeugt sein, daß alles ungefährlich ist, sich nicht verfolgt fühlen, was sich dann meist als Irrtum herausstellt.

Sicherheit (im Auftreten) haben: sich in jeder Lage richtig zu verhalten wissen, bei Verhandlungen gewandt sein, sich in allen Gesellschaftskreisen angemessen bewegen können.

Etw. mit tödlicher Sicherheit wissen: hundertprozentige Gewißheit haben.

Etw. mit schlafwandlerischer Sicherheit tun: instinktmäßig das einzig Richtige tun, nicht von seinem Wege abirren, wie ein Schlafwandler, der die schwierigsten Wege ohne Gefahr zurücklegen kann, wenn er nicht erschreckt und geweckt wird.

Jem. alle Sicherheiten bieten können: eine gefestigte Stellung, ein großes Vermögen besitzen.

Keine Sicherheit geben können: keine Vermögenswerte zum Ausgleich seiner Schulden besitzen, niemand zum Bürgen bekommen, ein schlechter Geschäftsmann ohne Kredit sein, keine festen Einnahmen haben.

Sie. *Dazu muß man Sie sagen:* davor muß man Achtung haben, es ist hervorragend, einmalig und bewunderungswürdig. Die Anrede ‚Sie', die Hochachtung ausdrücken soll, wird scherzhaft von Personen auch auf Dinge übertr. Dies geschieht auch in mdal. Wndgn., z. B. sagt man in Meckl. zu einem Dicken mit einem beachtlichen Bauch: ‚Tau dinen Buuk möt'n all Sei seggen'.

Im Ndd. heißt es auch: ‚Wenn meine Frau ‚Sie' zu mir sagt, dann ist was los!' (Der Nachsatz kann variieren).

Eine Sie sein: ein weibl. Wesen sein. Der Ausdr. wird häufig auf Tiere angewandt, deren Geschlecht nicht sofort zu erkennen ist.

Sieb. *Durchs Sieb gehen:* durchkommen, unbehelligt bleiben, eine Grenze, Kontrolle glücklich passieren, eigentl. durch die Löcher des Siebes unbemerkt mit durchrutschen. Das Sieb diente urspr. zum Sondern und Reinigen und spielte deshalb auch im älteren Brauchtum eine Rolle. Bei Abraham a Sancta Clara ist der Begriff Sieb bereits auf das moralische Gebiet übertr. worden, denn er rät: „deswegen ihr lieben Eltern, gebt ein Sieb ab, und tut euere guten Kinder von den bösen Gesellen absöndern".

Die Wndg. ist auch mdal. verbreitet, z. B. els. ‚Do ischt guet bezahle, wenn mr unbeschroijn durchs Sib geht'. In Sachsen bedeutet ‚durchs Sieb gucken' oder ‚gesiebte Luft atmen' im Gefängnis sitzen, wobei an die Gitterstäbe der Gefängniszelle gedacht wird, ähnl. heißt es auch: ‚durch den Garnsack gucken'.

Neben das Sieb gefallen sein: sein Ziel verfehlt haben. Die Rda. *durchs Sieb gefallen sein* hat die spezielle Bdtg. von unverheiratet geblieben sein und damit als Frau das eigentl. Ziel nicht erstrebt oder erreicht haben.

Auch in den Jenseitsvorstellungen spielt das Sieb eine wichtige Rolle: unverheiratete Mädchen und Junggesellen werden nach ihrem Tode zu einer unnützen Arbeit verurteilt. Als spiegelnde Strafe für ihr unfruchtbar und unnütz gebliebenes Leben müssen sie sich mit einer erfolglosen Arbeit abmühen und ‚Wasser im Siebe tragen', ↗ Wasser.

Die Rda. *mit einem Siebe Wasser schöpfen* bezieht sich entweder ebenfalls auf diesen Volksglauben oder meint das aussichtslose Abmühen an sich. Vielleicht enthält diese Wndg. auch eine Anspielung und

Erinnerung an das Faß der Danaiden und seinen siebartig durchlöcherten Boden. Als Beweis für die Unschuld wurde das Wassertragen im Siebe manchmal auch im Gottesurteil gefordert, im Märchen erscheint es häufig als bes. schwere Probe, als eine für unlösbar gehaltene Aufgabe für den Helden, der sich bewähren muß.
In ein Sieb pissen: vergebliche Dinge tun. Ein rdal. Vergleich lautet: ‚Ein armer Mann hat so viele Kinder, wie ein Sieb Löcher'.
Das Sieb laufen lassen: durch abergläubische Mittel einen Diebstahl aufdecken, einen Schuldigen ermitteln. Vgl. frz. ‚faire tourner le sas' (veraltet).
Die Koskinomantie (Sieborakel) war schon in der Antike bekannt. Die Rda. weist auf einen Brauch, der bei uns seit dem 16. und 17. Jh. lit. bezeugt ist. Die älteste Beschreibung dafür gibt Georg Pictorius aus Villingen in seiner Abhandlung ‚De speciebus magiae ceremonialis' (Basel 1563): Das Sieb wurde auf eine Schere oder Zange gesetzt und diese nur mit zwei Fingern in die Höhe gehalten. Nach einem Gebet oder Zauberspruch nannte man der Reihe nach die Namen aller Verdächtigen. Begann das Sieb bei einem Namen zu zittern oder sich gar zu drehen, galt der Betreffende für schuldig, und man klagte ihn an. Man glaubte auf diese Weise, durch das Sieb Hinweise auf geheime Verbrechen und unbekannte Täter zu erhalten, aber auch etw. über zukünftige Ehepartner, über Geburt und Tod zu erfahren. In Predigten wurde deshalb oft gegen diesen Volksbrauch gewettert. Bes. Hexen und Zauberer galten als erfahrene Siebdreher und wurden manchmal nur aus diesem Grunde verurteilt, wenn sie die Ausübung dieses Brauches zugegeben hatten. Bei Grimmelshausen heißt es z. B. auch von einem zauberkundigen Profos im ‚Simplicissimus' (II, 22): „Er war ein rechter Schwarzkünstler, Siebdreher und Teufelsbanner". Das Sieb galt überhaupt allg. als Attribut der Hexen, die es zum Fliegen durch die Luft gebrauchten. Außerdem nutzte ein Sieb, wenn man die Hexen beobachten wollte. Dazu mußte man ‚durch das Sieb sehen'. Diese Vorstellung verbindet Goethe mit dem Siebdrehen, denn er gebraucht die Wndg. *durch das Sieb sehen,* um einen Dieb zu entdecken, die sonst in dieser Bdtg. nicht rdal. bezeugt ist. Im ‚Faust' erteilt in der Hexenküche der Kater der Katze folgenden Rat:

Sieh durch das Sieb,

Erkennst du den Dieb.

Ein Gedächtnis wie ein Sieb haben: ein nur lückenhaftes, schlechtes Gedächtnis haben; ähnl.: *sein Gehirn ist wie ein Sieb:* es läßt alles durch, er merkt sich nichts, weil es offenbar Löcher besitzt, vgl. frz. ‚avóir la tête comme une passoire'.
Eine derb-humoristische Umschreibung für ‚Sommersprossen haben' ist die moderne Wndg. *Ihn haben sie durch das Sieb angeschissen,* auch: ‚Der Teufel hat durch ein Sieb geschissen'.

Lit.: *F. Eckstein:* Art. ‚Sieb', in: HdA. VII, Sp. 1662–1686.

sieben. *Tüchtig sieben:* bes. hohe Prüfungsanforderungen stellen, um nur eine kleine Auswahl der Tüchtigsten zu treffen, eigentl. das Sieb sehr lange rütteln, damit viel hindurchfällt oder -läuft. Zur Entschuldigung für jem., der eine Aufnahmeprüfung oder ein Examen nicht bestanden hat, heißt es oft: *Aber es ist auch tüchtig gesiebt worden!* Die Übertr. der Rda. erfolgte schon früh auf Prüfung und

‚Aussieben'

Läuterung des Menschen, doch in der Bdtg. eines Examensgrundsatzes wurde ‚sieben' erst nach 1850 allg. üblich. So sagen die Prüfer, die nur wenige Bewerber zulassen können: *Wir werden tüchtig sieben müssen.*

Sieben. *Eine böse Sieben sein:* eine böse, zanksüchtige Frau, eine ↗Xanthippe sein,

die ihrem Mann das Leben zur Hölle macht, in diesem Sinne auch: *mit einer bösen Sieben leben müssen:* eine unglückliche Ehe führen.

Für die Entstehung des Ausdrucks ‚böse Sieben‘ und seine Anwendung auf die streit- und herrschsüchtigen Ehefrauen gibt es verschiedene Theorien. So hat man z. B. einen Zusammenhang mit der Sterndeutung des MA. vermutet. Das ganze Himmelsgewölbe wurde, soweit es in der Geburtsstunde eines Menschen, dem das Horoskop gestellt werden sollte, sichtbar war, in zwölf Abteilungen, die sogenannten Häuser, eingeteilt, wobei das siebente Haus besondere Bdtg. für die Ehe besaß. Wurde diese unglücklich, so sagte man: ‚Er ist mit einer bösen Sieben behaftet‘, und gab den Sternen die Schuld. Nachdem die urspr. Bdtg. verlorengegangen war, sei die Bez. dann auf die Ehefrau übergegangen, mit der das Zusammenleben sehr schwer war.

Vermutl. stammt der Ausdr. jedoch von einem alten Kartenspiel, wie die folgenden Belege zeigen, auf die K. Kant (Zs. f. dt. Wortf. VI, 98 ff.) hingewiesen hat. Seit dem Ende des 15. Jh. ist das ‚Karnöffelspiel‘ bezeugt, dessen Karten neben der Zahl ein Bild trugen. Die ‚Sieben‘ war die Trumpfkarte und zeigte das Bild des Teufels. Mit ihr konnte man alle anderen 47 Karten, Papst, Kaiser, Kardinäle usw., stechen; sie selbst konnte von keinem Blatt gestochen werden und wurde ‚Teufel‘ oder ‚böse Sieben‘ genannt. Zur Bekämpfung des bes. bei den Landsknechten beliebten Spiels verfaßte 1562 Cyriakus Spangenberg sein Buch ‚Wider die böse Sieben in Teufels Karnöffelspil‘. Darin schreibt er (A 4b): „der Teuffel heißt im Karnöffelspil Siben“.

Noch im 16. Jh. tritt das Bild eines bösen Weibes an die Stelle des Teufels. Jodocus Ammans ‚Charta lusoria‘, die er 1588 in Nürnberg gestochen hat, gibt dafür den Beweis. Die erste Sieben zeigt folgendes Bild: ein böses Weib höhnt einen Korbmacher, der im Begriff ist, sie mit einem Knüttel zu schlagen. Über der Karte stehen zwei lat. Distichen:

Nulla uxore mala res est deterior, ausu
Quae superat pestem, et nigra
aconita, suo.

Desine, fuste malum qui pellere
niteris, uno
Pulso, bis quinis panditur hospitium.

Unter dem Bild stehen als Übers. 8 dt. Verse von dem ‚Kayserlichen Coronirten Poeten‘ Janus Hainricus Schröterus von Güstrow:

Nichts ergers kan auff diser Erdn/
Dann ein böß Weib erfunden werdn/
Welch alle gifft/wie herb die sind/
Mit jrer boßheit vberwind.
Laß ab/der du mit Prügeln starck/
Außtreiben wilst all boßheit argk/
Schlegst du gleich einen Teuffel drauß/
Besitzen zehen dasselbe Hauß.

H. Ullrich (Zs. f. dt. Wortf. 6, S. 379) verweist zur Erklärung des zankenden Korbmacherehepaares auf der Spielkarte ‚Sieben‘ auf einen Schwank des Martinus Montanus in seinem ‚Wegkürtzer‘ von 1565. Auch Hans Sachs hat den Stoff in einem Meisterlied behandelt (‚Meistergesangbuch‘ 11, 228). Bei Montanus hat die Geschichte folgenden Inhalt: Ein Korbmacher fordert eines Tages nach Fertigstellung eines Korbes seine Frau auf, die Worte zu sagen: ‚Gott sei gelobt, der Korb ist gemacht!‘ Sie weigert sich halsstarrig, deshalb erhält sie eine grobe Züchtigung. Der vorübergehende Vogt erzählt dies seiner Frau, die ebenfalls erklärt, dies nicht zu sagen, worauf er sie schlägt. Mit ihrer Magd, die es dem Knecht sagt, geschieht das gleiche. Montanus stellt am Schluß der Erzählung fest: „Also ward des Körbelmachers frau, die vögtin und ir magd, alle drei auf ein tag, eins korbs wegen, dapfer geschlagen. Wann man aber die halsstarrigen Weiber alsamen schlagen solt, wurden nit genuog bengel da sein, man must auch etwan stein und andere instrumente brauchen“.

Vielleicht nun wurde wegen dieser bekannten Geschichte gerade die Korbmachersfrau zum Typus der Halsstarrigen, der ‚bösen Sieben‘ auf der Spielkarte. Daß die ‚böse Sieben‘ zur Schelte eines bösen Weibes wurde, ist zuerst 1609 in Johann Sommers Hauptwerk, der satirischen Weltbetrachtung ‚Ethnographia mundi‘ (2. T., S. 15), schriftlich nachgewiesen: „Ist denn deine Fraw so eine böse Siebene vnnd eine solche böse Wettermacherin?“ Die Bez. kann also, vom Kartenspiel ausgehend, übertr. und verallgemeinert worden sein.

Am Anfang des 17. Jh. lief auch das Witzwort um: ‚Sieben Greten machen dem Teufel die Hölle heiß'. Das für Sachsen schrecklichste Jahr des Dreißigjährigen Krieges war 1637; man nannte es deshalb auch ‚die böse Sieben'. Joachim Rachel trug zur Verbreitung des Ausdrucks bei, indem er über das erste seiner oft aufgelegten ‚Teutschen satirischen Gedichte' (zuerst 1664 erschienen) schrieb: ‚Das poetische Frauenzimmer oder Böse 7'. Darin verspottete er sieben verschiedene Frauenzimmer, das mürrische, das schmutzige, das verschmitzte, das schimpfende, das herrschsüchtige, das plaudernde und das hochmütige. Rachel führt in dieser Satire einen kirchlichen Gedanken weiter aus: Nach Matth. 12,45 wurden die sieben Todsünden als Teufel betrachtet („sieben andere Geister"); später stellte man neben sie noch sieben weibl. Todsündenteufel, wobei man sich auf Luk. 8,2 berief: „... nämlich Maria, die da Magdalena heißt, von welcher waren sieben Geister ausgefahren ..." Ein Vorbild für Rachel sind auch die neun bösen weibl. Typen in der Satire des Simonides von Amorgos gewesen, wie H. Klenz (‚Die Quellen Rachels' [Diss. Freiburg 1899]) nachweist. Auch Thom. Murner hat bereits 1519 in seiner ‚Geuchmatt' unter dem Titel ‚Die syben bösen wyber' ein ähnl. Thema gestaltet und führt aus Sage und Gesch. die Römerin Tullia, Potiphars Weib, die Königinnen Jesabel, Herodias, Semiramis, Jobs Weib und die Königin Alba als bes. negativ an. Die sieben Todsünden wurden auch als ‚Töchter Luzifers' bez. und erschienen als weibl. Gestalten im 17. Jh. in Marlowes ‚Faust' auf der dt. Schaubühne. Fr. Seiler meint deshalb, daß unsere Wndg. als verkürzter Ausdr. verstanden werden muß und daß es genauer heißen müßte: ‚eine von den bösen Sieben' (Fr. Seiler, Dt. Sprichwörterkunde [Ndr. München ²1967], S. 278). 1662 erschien auch in Zeitz eine Druckschrift unter dem Titel: ‚Die böse Sieben, von welchen heutzutage die Unglückselige Männer grausahmlich geplaget werden, fürgestellet in einem Wunderbahren Gesichte durch ein Mitglied des hochlöb-

lichen Schwanenordens', und so hat der Ausdr. bis heute weitergewuchert.

Ganz andere Bdtg. besitzen einige mdal. Wndgn.: ostfries. ‚t is'n malle söven' heißt: er ist verdreht, verrückt, ähnl. schlesw.-holst. ‚He mutt na Nummer söben', er ist nicht ganz richtig im Kopfe, er sollte besser in einer Anstalt untergebracht werden. Im A.T. wurde die Zahl ‚sieben' auch zur Steigerung gebraucht, z.B. heißt es: „Der hat sieben Greuel im Herzen"; vor allem aber galt sie auch als heilige Zahl (vgl. 7 Planeten, Siebengestirn, 7 Wochentage, siebenarmiger Leuchter der Juden usw.).

Einer aus der siebenten Bitte sein ↗ Bitte; *ein Buch mit sieben Siegeln* ↗ Siegel; *im siebenten Himmel sein* ↗ Himmel; *sieben auf einen Streich* ↗ Streich.

Lit.: *W. H. Roscher*: Die Sieben- und Neunzahl in Kultus und Mythos der Griechen (Leipzig 1904); *H. Willert*: Eine böse Sieben, in: Zs. f. d. U. 18 (1904, S. 509–510; *K. Kant*: Zur bösen Sieben, in: Zs. f. dt. Wortf. 6 (1904/05), S. 98f.; *H. Ullrich*: Zur bösen Sieben, in: Zs. f. dt. Wortf. 6, S. 379; *J. H. Graf*: Die Zahl Sieben (Bern 1917); *L. Kretzenbacher*: Die heilige Rundzahl 72. Zur Zahlenmystik in Legende und Sakralbau, in Volksglauben u. Rda., in: Blätter f. Heimatkunde 26 (Graz 1952), S. 11–18; *E. Koelwel*: Die böse und die heilige Sieben, in: Sprachpflege 6 (1957), S. 65–67; *O. Schnitzler*: The Particularity of the Number Seven and the Origin of the Seven Days Week, in: Folklore Research Center Studies I (Jerusalem 1970), S. 73–80; *A. Dreizehnter*: Die rhetorische Zahl: Quellenkritische Untersuchungen anhand der Zahlen 70 und 700 (München 1978).

siebengescheit. *Er ist siebengescheit,* auch: *ein Siebenkünstler:* er dünkt sich selbst überklug, er hört das Gras wachsen, er versteht mehr als andere, ist hochbegabt. Die Wndg. wird entweder anerkennend oder iron. gebraucht. Urspr. bezieht sie sich auf das Studium der ‚Sieben Freien Künste', worauf auch die mhd. Wndg. ‚er kann wol siniu sibeniu', er beherrscht alles, weist. Im gleichen Sinne sprechen wir auch von ‚neunmalklug', ↗ neun.

Lit.: *F. Seiler*: Dt. Sprichwörterkunde (Ndr. München ²1967), S. 273.

Siebenmeilenstiefel. *Das geht ja (wie) mit Siebenmeilenstiefeln:* es geht sehr schnell vorwärts, etw. macht große Fortschritte; *Siebenmeilenstiefel anhaben:* große Schritte machen können, eine weite Strecke überraschend schnell zurücklegen, sich seinem Ziel mit Riesenschritten nähern; vgl. frz. ‚avoir des bottes de sept'.

Mit Siebenmeilenstiefeln voraus sein: anderen weit überlegen, kaum noch einzuholen sein. Vgl. auch lat. ‚Sedecim pedibus superat'. Die Rdaa. beziehen sich auf das Märchen ‚Der kleine Däumling'. Dieser hilft seinen Brüdern aus der Gewalt eines Menschenfressers. Als dieser die fliehenden 7 Brüder verfolgt und nach vergeblichem Suchen einschläft, zieht ihm der Däumling die Wunderstiefel von den Füßen, die die Eigenschaft haben, an jeden Fuß zu passen. Von ihnen heißt es bei Bechstein: „Das waren Stiefeln, wenn man damit sieben Schritte tat, so war man eine Meile gegangen, das war nichts Kleines" (L. Bechstein, Sämtliche Märchen [Darmstadt 1966], S. 162); vgl. B.P. I, S. 330, 442, 499).

Adalbert von Chamisso hat seinem Helden in ‚Peter Schlemihls wundersame Geschichte' (1814) als letzten Trost ein Paar Siebenmeilenstiefel zukommen lassen.

Siebensachen. *Seine Siebensachen packen:* seine wenigen Habseligkeiten zusammenpacken, um damit abzureisen, auszuziehen oder eilig zu verschwinden, auch: in aller Hast aufräumen, Umherliegendes zusammenraffen; vgl. frz. ‚emballer son saint-frusquin' oder ‚emballer ses frusques' (seine Lumpen packen).

Die Zahl ‚sieben' spielt in der volkstümlichen Anschauung von jeher eine wichtige Rolle, sowohl als heilige Zahl, wie in der Bibel und überhaupt im Orient, als auch als böse Zahl, die gefürchtet und als Unglückszahl möglichst gemieden wurde. In der 1. H. des 12. Jh. hat der oesterr. Priester Arnold eine Dichtung ‚Von der Siebenzahl' verfaßt, in der er die besonderen Eigenschaften dieser Zahl hervorhebt. In unserer seit dem 17. Jh. bezeugten Rda. steht das Zahlwort für eine geringe Menge, für wenig. Oft wird die Wndg. in der Form einer Aufforderung gebraucht: *Pack deine Siebensachen!:* Geh! Verschwinde für immer! Der Ausdr. ‚Siebensachen' diente früher auch zur euphemist. Umschreibung der Geschlechtsteile. Im Bair.-Oesterr. lautet die Wendung ‚seine sieben Zwetsch(g)en packen'. Vgl. auch ndl. ‚zijn biezen pakken' oder ‚zijn matten oprollen' und engl. ‚to pack up one's traps'.

Seine Siebensachen herumschleppen, wie die Katze ihre Jungen: seinen wertvollsten Besitz immer bei sich tragen, seine Habseligkeiten überallhin mitnehmen, viel unterwegs sein und nicht wissen, wo man unterdessen seine Sachen lassen könnte.

Siebenschläfer. *Er ist ein Siebenschläfer:* er ist ein Langschläfer, eigentl. er ist einer von den sieben Schläfern, deren Gedächtnistag auf den 27. Juni fällt. Die Wndg. geht auf die Legende von den sieben Jünglingen zurück, die bei der Christenverfolgung unter Decius um das Jahr 251 in eine Höhle des Berges Kalion bei Ephesus flüchteten, dort einschliefen und vermauert wurden. Unter der Herrschaft

‚Siebenschläfer'

Kaiser Theodosius' II. erwachten sie erst im Jahre 447 wieder, als diese Höhle zufällig eröffnet wurde, um bald darauf aber, „vom Glorienschein der Heiligkeit umgeben", zu sterben. Gregor von Tours erzählt dies u. a. gegen Ende des 6. Jh., in dt. Sprache ist das mhd. Gedicht ‚von den siben schlafaeren' wohl der erste Beleg (Aa Th. 777). Auch in den Mdaa. ist die Rda. bekannt, z. B. heißt es im Schles.: ‚A îs a rechter Sîbeschläfer'. Im Ndl. bestehen die Wndgn. ‚Het is er een van de zeven slapers', in der sprachl. Formulierung noch deutlicher als im Dt. auf die Legende bezogen, und ‚Het is een negen-slaper', ein Beweis für das Nebeneinander der wichtigen Zahlbereiche von neun und sieben, die einander in den Wndgn. durchdringen und ersetzen können, vgl. die Ausdrücke

‚siebengescheit‘ und ‚neunmalklug‘, ↗sieben und ↗zweiundsiebzig.

Die frz. Wndg. ‚Il dort comme un loir‘ bezieht sich nur auf den Siebenschläfer als Tier. Der Siebenschläfertag spielt auch im Volksglauben eine Rolle: wenn es an diesem Tage regnet, soll es danach noch sieben Wochen schlechtes Wetter sein. In einem bair. Hauskalender heißt es z. B.: ‚Nach den Siebenschläfern richten sich sieben Tage und sieben Wochen‘, und eine meckl. Bauernregel lautet mdal.: ‚Wenn et up Säbenslöper rägent, denn rägent et sêben Wêken, un wenn âk mant all Dâge en pâr Droppen fallet‘.

Man glaubt auch, daß ein Blatt mit den Namen der Siebenschläfer (Maximinianus, Malchus, Martinianus, Constantinus, Dionysius, Johannes, Serapion) gegen Schlaflosigkeit helfen könne, wenn man es einem heimlich unter das Kopfkissen lege (Zs. f. Vkde. 8, 1898).

Lit.: *P. Sartori:* Art. ‚Siebenschläfer‘, in: HdA. VII, Sp. 1702–1704.

Siebzehn. *Ein falscher Siebzehner sein:* ein hinterlistiger, unglaubwürdiger Mensch sein. Die Rda. ist in Oesterr. seit dem frühen 19. Jh. belegt. Dort gab es schon im 18. Jh. Siebzehnkreuzerstücke. Sie gerieten in den zwanziger Jahren des 19. Jh. in Verruf, weil sie für neue Zwanzigkreuzerstücke ausgegeben wurden; daher entstand die Rda.

Im romantischen Märchen: ‚Der Preis einer Lebensstunde‘ (Text: Karl Meisl, Musik: Josef Lanner; Uraufführung 1836) heißt es in einer Frauenarie:

Die flatternden Männer,
Die falschen Siebzehner,
Sie wissen zu schwören,
Um uns zu betören …

↗Fünfziger.

Lit.: *L. Schmidt:* Sprw. dt. Rdaa. in: Oesterr. Zs. für Vkde. 77 (1974), S. 120–121.

sieden. *Es (er) ist weder zu sieden noch zu braten* (und auch nicht gut roh zu essen): etw. (jem.) ist in keiner Form zu gebrauchen. Vgl. frz. ‚Cet homme n'est bon à rien; n'est bon ni à rôtir ni à bouillir‘ (veraltet). Von einem Eigensinnigen heißt es ebenfalls: *Der ist nicht zu sieden und nicht zu braten:* sein Starrsinn ist nicht zu bre-

chen, oder: *Den mögt ihr sieden und braten:* den könnt ihr trotz der schärfsten Maßnahmen nicht ändern oder umstimmen.

In Ulm sagt man abweisend: ‚Jetzt kannst's siede oder braute‘, jetzt kannst du daraus machen, was du willst; jetzt mußt du sehen, wie du zurechtkommst. Vgl. frz. ‚Vous en ferez des choux ou des raves‘ (veraltet).

Er will sie sieden und braten: er hat Schlimmes mit ihnen vor, doch es sind nur leere Drohungen. Sieden und Braten war jedoch früher eine tatsächlich durchgeführte, grausame Hinrichtungsart. Bes. auf Ketzer und Falschmünzer wurde sie angewendet, um sie als ‚Teufelsbraten‘ mundgerechter für den ↗Teufel zu machen. Im ‚Welschen Gast‘ (Cod. pal. 389, 194ᵃ) wird erzählt, der Herzog von Oesterreich lasse Ketzer sieden und braten, damit sich der Teufel nicht die Zähne verbeiße: „[enwil] niht daz der vâlant zebreche sîne zend zehant“.

Jem. siedet das Blut: er ist erregt vor Zorn oder Leidenschaft; vgl. frz. ‚Cela me fait bouillir‘ (‚le sang dans les veines‘).

Ähnl. spricht man auch von einem ‚siedenden Haß‘, der das Blut in Wallung geraten läßt.

Die schwäb. Rda. ‚'s ist mer siedig heiß n'aufg'stiege‘, ich habe mich plötzlich unter heftigem Schrecken an etw. erinnert, beruht auf der Beobachtung, daß es einem bei einem unangenehmen Gedanken plötzlich heiß wird, weil einem das Blut in den Kopf schießt.

Häufig wird die rdal. Formel auch im Partizip gebraucht: *Da gibt's Gesottenes und Gebratenes:* da geht es hoch her wie auf einem Fest. Els. heißt es von einem, der in Saus und Braus lebt: ‚Der lebt in Sottis und Brotis‘.

In der Übertr. auf den Menschen liebt auch Goethe das Wortpaar, denn er schreibt:

Gesotten oder gebraten!
Er ist ans Feuer geraten.
Gebraten oder gesotten!
Ihr sollt nicht meiner spotten.
Was ihr auch heute getröstet,
Ihr seid doch morgen geröstet.

Du kommst mir gesotten: du kommst mir gerade recht, eigentl. du kommst mir in

1475

den Weg, wie dem Schlaraffen die gebratene Taube in den Mund fliegt.

Lit.: *J. Grimm*: Dt. Rechtsaltertümer II, S. 284 f.

Siegel. *Sein Siegel an etw. heften:* eine Sache für gut befinden, sie bestätigen, sie durch Unterschrift und Siegel bekräftigen und beglaubigen. Die Rda. bezieht sich auf die frühere Gewohnheit, Urkunden und Briefe mit einem Siegel zu versehen, um die Echtheit des Inhalts zu verbürgen. Urspr. wurden große Siegel mit Kordel oder Band an dem Pergament befestigt, bis in der 2. H. des 16. Jh. Prägestempel für das Papier aufkamen. Vgl. auch ndl. ‚zijn zegel aan iets hechten (hangen)‘; engl. ‚to put the seal upon a thing‘.

Sein Siegel auf etw. drücken (setzen): einer Sache Nachdruck verleihen, aber auch: ihr den Stempel persönlicher Eigenart aufprägen. Diese Wndg. ist etw. jünger, denn sie hat die neuere Art des Siegelns mit einem Stempel zur Voraussetzung. Vgl. ndl. ‚zijn zegel op iets drukken (zetten)‘ und engl. ‚to set one's seal to a thing‘.

Er muß überall sein Siegel draufdrücken: er bildet sich ein, daß alles seiner besonderen Zustimmung bedürfe, er macht sich wichtig und mischt sich gern ein.

Jem. Brief und Siegel auf etw. geben: etw. rechtskräftig machen. Diese Wndg. stammt aus der alten Rechtssprache und beruht auf einer Bibelstelle bei Jer. 32, 44, wo es heißt: „Dennoch wird man Äcker um Geld kaufen und verbriefen, versiegeln und bezeugen"; ↗ Brief.

Einem etw. unter dem Siegel der Verschwiegenheit mitteilen: etw. zum unverletzlichen Geheimnis erklären, unbedingte Verschwiegenheit dafür fordern; vgl. frz. ‚confier quelque chose à quelqu'un sous le sceau confidentiel‘ oder ‚... du secret‘.

Ein Buch mit sieben Siegeln sein: geheimnisvoll und unverständlich sein, eine bibl. Redensart, die auf Offenb. 5, 1 ff. zurückgeht, ↗ Buch.

Etwas ist besiegelt: (früher auch: *versiegelt):* es ist eine beschlossene Sache, es ist nicht mehr zu ändern, es bleibt unumstößlich. Auch: *etw. ist versiegelt und verbrieft.*

Lit.: *K. Thiele-Dohrmann:* Unter dem Siegel der Verschwiegenheit. Die Psychologie des Klatsches (Düsseldorf 1975).

Siele. *In den Sielen sterben:* während der Arbeit sterben, aus einem erfüllten, tätigen Leben gerissen werden; ohne sich eine Ruhepause im Alter zu gönnen, bis zum Tode arbeiten. Der Vergleich bezieht sich auf das Zugtier, das, während es angeschirrt ist, tot zusammenbricht.

Siele ist ein vorwiegend ndd. Wort für Riemenzeug, ledernes Geschirr der Ochsen und Pferde. Verbreitet wurden Wort und Rda. durch Bismarck, der am 4. Februar 1881 in einer Rede vor dem Preuß. Abgeordnetenhaus den Gedanken an seinen möglichen Rücktritt mit den Worten zurückwies: „Ein braves Pferd stirbt in den Sielen!"

In den Sielen gehen: stets hart arbeiten müssen wie ein Lasttier, aber auch wie ein Schiffsschlepper, ohne einmal ‚ausspannen‘ zu können, ohne von einer ständigen Last (Bedrückung) befreit zu werden, ↗ Seil.

‚In allen Sîlen trecken‘, ‚in allen Sätteln gerecht sein‘, ↗ Sattel. Diese bes. in Braunschweig verbreitete Rda. enthält das Lob, daß jem. viele Kenntnisse besitzt und überall zu gebrauchen ist.

Siemann (Simandl). *Er ist ein Siemann,* auch: *Er ist der Doktor Siemann:* er steht unter dem Regiment seiner Frau, er muß tun, was sie befiehlt. Siemann oder Simandl ist in den bair.-oesterr. Mdaa. ein Ausdr. für den Pantoffelhelden, abzuleiten von Sie-Mann; ↗ Pantoffelheld.

In der Lit. eingeführt erscheint dieser scherzhafte Volksausdr. zum erstenmal durch Adam Schubart in ‚Haussteuffel, das ist der Meister SIEman usw.‘ (Frankfurt/M. 1565). Um die Mitte des 18. Jh. bildeten sich in Wien ‚Simandlsbruderschaften‘, Gesellschaften heiterer Männer, die in der Regel am wenigsten an dem Gebrechen litten, das sie verspotteten. Davon zeugen noch die Rdaa. ‚zur Simandlbruderschaft gehören‘ und ‚ein Simandl von Krems sein‘. In Krems soll noch heute eine solche Bruderschaft bestehen, die jedem Verheirateten ein Simandl-Diplom mit 17 Paragraphen ausstellen darf. Ein Brunnen in Krems stellt eine Frau mit ihrem Simandl dar.

Der Name ‚Simandlbruderschaft‘ ist nicht nur mit dem Wort ‚sie‘, sondern

1/2 ‚Siemann'

auch mit ‚sieben' in Zusammenhang gebracht worden. In einem alten, zu Pantoffelhausen gedruckten Buche ‚Geschichte und Statuten der weltberühmten Simandlbruderschaft' wird von deren Gründung berichtet: „Es sollen einst sieben Brüder, alle von sehr kleinem Wuchse gewesen sein, sämmtlich verheirathet und unter der Herrschaft ihrer Weiber stehend und sehr streng gehalten. Wenn es ihnen einmal gar zu arg wurde, kamen die sieben Märtyrer an einem bestimmten Orte zusammen, um sich ihre Leiden zu klagen und sich zur Geduld zu ermahnen. Allmählich schlossen sich andere Männer ähnlichen Schicksals als Leidensgenossen an. Dies war der Kern der Gesellschaft, die sich von den ursprünglichen sieben Manndeln die Sini- (mdal. für sieben) Mandlbruderschaft nannte".

Lit.: *J. Bolte:* Doktor Siemann und Doktor Kolbmann, zwei Bilderbogen des 16. Jh., in: Zs. d. Ver. f. Vkde. 12 (Berlin 1902), S. 296–307.

‚Simandl-Brunnen'

Silber, silbern. *Sein Silber ist zu Schaum geworden:* sein wertvoller Besitz, sein Vermögen hat sich in nichts aufgelöst, das vermeintlich Echte hat sich als bloßer Schein herausgestellt. Die Rda. ist bibl. Herkunft. Bei Jes. 1, 22 heißt es: „Dein Silber ist Schaum geworden und dein Getränk mit Wasser vermischt".

All sein Silber und all sein Gold ist ihm durch die Kehl gerollt: er hat sein Vermögen durchgebracht, sein Geld vertrunken.

Wie Silber glänzen: blank sein, einen metallischen Glanz besitzen. Der Vergleich wird häufig poetisch gebraucht, z. B. spricht man vom Fluß, den Haaren, dem Mondlicht, daß sie wie Silber glänzen.

Einen Silberstreifen am Horizont sehen: ein Zeichen beginnender Besserung (bes. in politischen, wirtschaftlichen Dingen), einen Anlaß zu Hoffnungsfreudigkeit besitzen, eigentl. den ersten Lichtschimmer am Morgen freudig begrüßen. Die Wndg. beruht auf einer Äußerung des dt. Politikers Gustav Stresemann auf einem Parteitag am 17. Februar 1924 in Elberfeld: „er sehe zum erstenmal einen Silberstreifen an dem sonst düsteren Horizont". Vgl. frz. ‚voir une lueur à l'horizon' (Schimmer am Horizont).

Ein silbernes Lachen besitzen: ein helles, fröhliches Lachen ertönen lassen, ähnl.: *eine silberne Stimme haben:* eine klare, hohe Stimme haben, gut singen können; vgl. frz. ‚avoir une voix argentine' (gehobene Sprache).

Einen Silberblick haben: schielen.

Etw. auf dem Silbertablett überreichen: etw. bes. anzupreisen wissen, es einem ‚schmackhaft' machen, so daß man es kaum ablehnen kann.

Etw. versilbern: etw. verkaufen, zu Geld machen, eigentl. in Silbermünzen umwandeln. So ‚versilbert' Simplicissimus die Pferde und stellt „das übrige dem Geistlichen zu mit der Bitte, solches in der nächsten Stadt zu versilbern" (‚Simplicissimus' IV, 6). In gleichem Sinne spricht Murner im ‚Lutherischen Narren' (S. 75) von ‚vermüntzen'.

Ein silbernes (goldenes) Nichtschen ↗ nichts.

singen. *Er singt nicht seines Vaters Liedlein:* er ist völlig aus der Art geschlagen, er hält sich nicht an überlieferte Gewohnheiten und alte Bräuche, vgl. lat. ‚Haud canit paternas cantiones'.

Er hat davon singen gehört, weiß aber nicht wo (in welchem Walde): er ist nur oberflächlich von einer Sache unterrichtet, er hat kaum eine Ahnung davon und will mitreden, vgl. ‚etw. läuten gehört haben'.

Aus dem Singen ins Pfeifen kommen: vom Thema abschweifen, auf etw. kommen, das nicht zur Sache gehört. In Pommern bedeutet eine ähnl. Wndg. Anerkennung: ‚De kann singen un fläut't datô', er ist überaus geschickt, so daß es ihm zuzutrauen ist, daß er selbst unmöglich Scheinendes fertigbringt.

Guter und schlechter Gesang wird durch eine ganze Reihe rdal. Vergleiche gekennzeichnet: *singen wie eine Heidelerche, wie eine Nachtigall:* eine hohe, klare und geübte Stimme besitzen; im Ndd. sagt man bewundernd: ‚Singen kann dat Wicht, do is'n Nachtigall 'n Beest (Kuh) giärgen'; vgl. frz. ‚chanter comme un rossignol', auch: *singen wie ein Kantor, wie nach Noten:* richtig singen, sich im Gesang nicht beirren lassen.

Singen wie die Vögel im Hanfsamen: sorglos, voller Freude sein und seinem Wohlbefinden durch Singen Ausdr. verleihen.

Singen, wie einem der Schnabel gewachsen ist: sich keine Vorschriften machen lassen, ohne bes. Schulung seiner Stimme lustig drauflossingen, keine Bedenken haben, sich zu blamieren, vgl. lat. ‚Cantat avis quaevis, sicut rostrum sibi crevit', ↗ Schnabel.

Hat jem. eine mißtönende Stimme und ist es für jeden eine Zumutung, seinem Gesang zuhören zu müssen, heißt es übertreibend: *Er singt, wie ein altes Pferd hustet;* vgl. ndl. ‚Hij zingt als een oud paard' und frz. ‚chanter comme une (vieille) casserole' (singen wie ein alter Kochtopf), oder *Er singt den Eselsgesang; er singt so schön wie ein rostiger Brunnenschwengel, wie die Katze, wenn man ihr auf den Schwanz tritt.* In einer Mainzer Lokalposse heißt es mdal.: „Er singt wie e Bachstelz, die die Schnuppe hat". Um anschaulich auszudrücken, daß jem. überhaupt keine musikalische Begabung besitzt, sagt man schweiz. ‚Er cha singe wie der Wetzstein schwimme' („wie e Chue pfife').

1478

Beliebte formelhafte Wndgn. sind: *singen und beten, singen und springen, mit Sing und Sang.* Am bekanntesten und ältesten ist wohl die stabreimende Zwillingsformel *singen und sagen.* Karl Lachmann schreibt 1833 in seiner Abhandlung ‚Über Singen und Sagen' (Kleinere Schriften, Bd. I, S. 461 ff.): „Die zwiefache Tätigkeit des Dichters, Singen und Sagen, ist in den ältern Zeiten der deutschen Poesie als so wesentlich verbunden betrachtet worden, daß die sprichwörtliche Zusammenstellung beider Ausdrücke noch jetzt dauert, da doch von dem Singen der Dichter selten noch die Rede sein kann". Er zeigt, wie sich die beiden Begriffe erst allmählich gesondert haben. Noch in der Karolingerzeit konnte sogar dem Gedanken Wort und Weise zugeschrieben werden; aber im weiteren Verlauf des MA. tritt neben die gesungene Poesie, die sich immer mehr auf das Lied beschränkt und an deren Hand sich die Musik selbst zunächst weiterentwickelt, die gelesene Dichtung. Die Formel ‚singen und sagen' stammt jedoch urspr. aus dem christl. Bereich. Sie ist die Übers. von kirchenlateinisch ‚cantare et dicere (psalmum)', d. h. einen Psalm singen und sagen, Gott anbeten, loben und preisen. Auf diesen alten Zusammenhang weist auch die bis heute übliche Feststellung *Da hilft kein Singen und kein Sagen (Beten):* es ist alles zwecklos, es gibt keine Abhilfe. Martin Opitz gebraucht die Formel in diesem Sinne, wenn er dichtet:

Kein Singen und kein Sagen
Vermag den Tod zu jagen

(Werke 2, 122).
Die christl. Verkündigung in Wort und Ton versteht auch Luther unter dieser sprachl. Formel, denn in seinem ‚Kinderlied auff die Weihenachten' von 1535 (‚Vom Himmel hoch …') heißt es:

Der guten mehr bring ich so viel,
Dauon ich singen vnd sagen wil.

Spielleute und Minnedichter haben aber bereits vor ihm die allg. geläufige Wndg. auch auf den weltlichen Bereich übertr. und dann ‚singen' auf den Vortrag lyrischer, ‚sagen' auf den epischer Dichtungen bezogen. Offenbar waren die Worte früher noch austauschbar, denn Seb. Brant schreibt im ‚Narrenschiff' von 1494 (65, 66):

Die drucken alles das man bringt,
Was man von Schanden sagt und singt.

Noch Burkard Waldis gebraucht die Wndg. in dieser alten Form 1548 in seinem ‚Esopus' (4, 66, 110):

Von himelisch und jrdschen Dingen,
Davon wir offt hörn sagen und singen.

Goethe benutzt die Formel ‚singen und sagen' mehrfach lit. Sie umschreibt bei ihm das Dichten und das Verbreiten von Nachrichten durch den Dichter als ein ganzheitliches und allseitiges Wirken, wie z. B. in seinem ‚Hochzeitslied':

Wir singen und sagen vom Grafen so gern,
Der hier im Schlosse gehauset.

In manchen Rdaa. werden die beiden Begriffe ‚singen' und ‚sagen' absichtlich und ganz bewußt einander entgegengesetzt und ganz konkret als verschiedene Formen menschlicher Äußerung verstanden, wobei der urspr. Bezug zur religiösen oder weltlichen Dichtung verlorengegangen ist. In der Theatersprache z. B. heißt es bei einem ausländischen Gast auf die Frage ‚Kann er deutsch?' oft scherzhaft: *Singen, nicht sagen!* Dies beruht wohl auf der Beobachtung, daß ein Ausländer sich leicht die durch Reim und Melodie gebundenen Texte der Fremdsprache einprägen kann, während ihm der Wortschatz der Umgangssprache bei einer Unterhaltung weitgehend fehlt. Die negierte Zwillingsformel ‚Singen, nicht sagen' gehört meist in einen größeren Textzusammenhang und wird deshalb selten allein aufgezeichnet. Bes. deutlich ist dies bei der wien. Rda. ‚Wannst es net sagen kannst, so tue's singen!', die mit schwankhaften Erzählungen in Verbindung steht. Meist sind es Lehrlingsgeschichten, von denen Leopold Schmidt einige Varianten veröffentlicht hat, z. B. aus Wien: Der Lehrbub ist ein Stotterer. Er kommt aufgeregt aus dem Keller und versucht, etwas zu melden: „I-i-i-". Der Lehrherr wird ungeduldig und herrscht ihn an: „Wannst es net sagen kannst, so muasst es singen!" Das wirkt, der Lehrbub fängt an zu singen: „Im Keller brennt der Spiritus" (ungefähr nach der Melodie von ‚In München steht ein Hofbräuhaus'). Eine niederoesterr. Fassung, aus Krems mitgeteilt, hat den gleichen Handlungsverlauf. Auch hier ist es

1479

ein Stotterer, der eine wichtige Nachricht überbringen will, sie aber in der Aufregung nicht sagen kann. Es ist ein alter Bauer, der zu seiner Frau stürzt. Sie schneidet sein Stottern energisch ab, er solle es singen, wenn er es nicht sagen könne. Und nun beginnt der Alte: „Alte, unser Häusl brennt, jupeidi, jupeida!" Die Wirkung des Schwankes beruht jedesmal auf dem gleichen grotesk-komischen Motiv des Widerspruchs zwischen Erzählinhalt und Erzählform der beabsichtigten Nachricht. Schreckliche Dinge: ein Brand im Keller, der Brand des eigenen Hauses, sollen mitgeteilt werden und wirken, da die Nachricht gesungen wird, unwiderstehlich komisch. Grundvoraussetzung für die Verwendung dieses Motivs ist, daß der Überbringer der Nachricht sie nicht herausbringt, sie nicht ‚sagen' kann. Der Schwank stützt sich dabei auf die völlig wirklichkeitsgetreue Beobachtung, daß der Stotterer u. U. tatsächlich anstandslos singen kann, weil die Hemmung, die ihn sonst übermannt, dabei überwunden wird. Deshalb sagt man auch zu einem Stotterer in Rheinhessen in der Kurzform: ‚Ei, so sing!'

Der Schwank scheint geschichtslos, doch gibt es eine interessante frz. hist. Anekdote aus dem 17. Jh., die eine gewisse Parallelität aufweist: 1677 wurde Concini, Marschall von Ancre, der Günstling der Königin Maria Medici von Frankreich, auf Befehl des Königs Ludwig XIII. erschossen. Als die blutige Tat der Königin mitgeteilt wurde, fragte man sie, die selbst höchst Erregte, wie man die Nachricht Concinis Frau sagen solle. Jemand fragte die Königin: „Wie wird man die Marschallin in Kenntnis setzen?" – „Ich habe anderes zu denken, laßt mich in Ruhe", schrie Maria, „wenn man es ihr nicht sagen will, soll man es ihr vorsingen" (Carl J. Burckhardt, Richelieu – Der Aufstieg zur Macht [München 1935], S. 109). Die Wirkung wäre ebenfalls komisch gewesen, wenn man der rdal. Aufforderung der Maria von Medici nachgekommen wäre und die Nachricht von der Ermordung Concinis seiner Frau gesungen hätte. Die Überlieferung des volkstümlichen Ausrufes der Königin gibt der rdal. Grundlage des Schwankes eine gewisse hist. Tiefe.

Noch weiter zurück führt ein urkundlicher schweiz. Beleg von 1459, in dem ein Zögernder aufgefordert wird: „Gang sing ims! Du bist nit als manlich, das du ims getörest sagen" (‚Schweiz. Idiotikon' VII, 1193).

In Wien begegnet auch eine kürzere Form dieser Rda.: ‚Dös müassens ma aber singen!', die jedoch eine andere Bdtg. besitzt. Es geht nicht um das Nicht-sagen-Können, sondern es wird damit das Mißtrauen gegen die Ausführungen eines anderen ausgesprochen. Was hier gesungen werden soll, ist eine unglaubwürdige Nachricht, die nicht ernst genommen werden kann. Für diese wien. Rda. sind bereits Belege aus dem 19. Jh. bezeugt.

Bekannter ist die berl. Beteuerung ‚Det kannste singen!', die wie die allg. dt. Wndg. *Das kann ich dir singen:* darauf kannst du dich verlassen, das ist sicher, genau entgegengesetzte Bdtg. besitzt. Vermutl. ist sie eine moderne Weiterentwicklung der Rda. ‚von etw. ein ↗ Lied(chen) singen können'.

Einem das Benedicimus singen ↗ Placebo; *einem das Gaudeamus singen* ↗ Placebo; *einem den Görgen (Georg) singen* ↗ Georg; *einem den Judas singen* ↗ Judas; *Placebo singen* ↗ Placebo.

Lit.: *K. Lachmann:* ‚Über Singen und Sagen', in: Kleinere Schriften, Bd. I (1833), S. 461 ff.; *J. Schwietering:* Singen und Sagen (Diss. Göttingen 1908); *G. Thurau:* Singen und Sagen. Ein Beitrag zur Geschichte des dichterischen Ausdrucks (Berlin 1912); *L. Spitzer:* Singen und Sagen – Schorlemorle (Zwillingsformeln), in: ders.: Stilstudien, Bd. I (München 1928), S. 85–100; *L. Schmidt:* Singen, nicht sagen. Zwischen Rda. und Schwank, in: Volkslied, Volkstanz, Volksmusik, 49 (Wien 1948), S. 67 f.; *M. Willberg:* Die Musik im Sprachgebrauch, in: Muttersprache (1963), S. 201 ff.; *E. Klusen:* Singen. Materialien zu einer Theorie (= Perspektiven zur Musikpädagogik und Musikwissenschaft 11) (Regensburg 1989), S. 68–74.

Sinn. *Mit jem. eines Sinnes sein:* völlig mit seinen Ansichten übereinstimmen; *anderen Sinnes werden:* sich überzeugen, umstimmen lassen, seine vorgefaßte Meinung, Absicht ändern.

Keinen Sinn für etw. haben, auch: *einem geht der Sinn dafür ab:* kein Verständnis (Gefühl) für etw. aufbringen können, einen völlig unbeeindruckt (kalt) lassen; vgl. frz. ‚N'avoir pas le sens de quelque chose'.

In den folgenden Wndgn. steht Sinn für Kopf oder Verstand: *Jem. in den Sinn kommen;* vgl. frz. ‚venir à l'esprit de quelqu'un‘, auch: *einem durch den Sinn fahren:* einem plötzlich wieder einfallen, sich Gedanken um etw. (jem.) machen müssen, aber auch: eine neue Idee haben. Ähnl.: *etw. im Sinne haben:* etw. beabsichtigen, neue Pläne haben; vgl. frz. ‚avoir quelque chose derrière la tête‘.

Etw. kommt einem nicht in den Sinn: man denkt nicht im entferntesten daran, die Wndg. wird meist als beruhigende Versicherung gebraucht, wenn einer Sorge und Zweifel über das Verhalten des anderen äußert. Vgl. ndl. ‚Het komt mij niet eens in den zin‘; frz. ‚Quelque chose ne vient pas à l'esprit de quelqu'un‘.

Etw. kommt einem nicht aus dem Sinn: man muß ständig daran denken, es bedrückt, beschäftigt einen immerzu, die Erinnerung verblaßt nicht, eine liebevolle Bindung bleibt trotz räumlicher Trennung bestehen. Diese Wndg. begegnet auch im Liebeslied, z. B. lautet eine bekannte Str.:

Du, du liegst mir im Herzen,
Du, du liegst mir im Sinn.
Du, du machst mir viel Schmerzen,
Weißt nicht, wie gut ich dir bin.

Etw. will einem nicht in den Sinn: man kann es sich nicht vorstellen, man begreift nicht, daß so etw. möglich ist, daß man sich so in einem Menschen getäuscht hat.
Jem. steht (nicht) der Sinn nach etw.: sein Wunsch, Interesse, Verlangen richtet sich (nicht) darauf. Ähnl.: *etw. ist jem. ganzes Sinnen und Trachten:* ihm gilt sein ganzes Bestreben. Diese Wndg. ist wahrscheinl. dem bibl. Ausdr. ‚Dichten und Trachten‘ (1. Mos. 6, 5) nachgebildet worden. Ebenfalls bibl. Herkunft sind die Rdaa. *nichts Gutes im Sinne haben* (Sir. 11, 34) und *Böses im Sinne haben* (Ps. 7, 15).
Sich etw. aus dem Sinn schlagen: hoffnungslose Wünsche und fruchtlose Gedanken aufgeben, sich bewußt neuen Zielen und der Zukunft zuwenden. Diese Wndg. erscheint in dem bekannten Wanderlied ‚Es, es, es und es‘, in dem es heißt:

Drum schlag ich Frankfurt aus dem Sinn
Und wende mich, Gott weiß, wohin ...

Vgl. frz. ‚se sortir quelque chose de la tête‘.

Etw. ist ganz in (nach) seinem Sinne: es entspricht seinen Anordnungen, seiner Denkart, die Handlungsweise verdient sein Wohlgefallen.
Neuere Wndgn. sind: *Das ist nicht der Sinn der Sache:* das war damit nicht beabsichtigt, und *Das ist nicht im Sinne des Erfinders:* das ist nicht das Richtige, nicht ‚der Zweck der Übung‘.
Weder Sinn noch Verstand haben: keine schlüssige Beweiskraft besitzen, den logischen Zusammenhang vermissen lassen, ohne sinnvolle Begründung und deshalb bedeutungslos sein. Vgl. ndl. ‚slot noch zin hebben‘; frz. ‚n'avoir ni rime ni raison‘ oder ‚ni queue ni tête‘; engl. ‚to be without rhyme or reason‘. Ähnl.: *etw. ohne Sinn und Verstand tun:* planlos beginnen, die Folgen des Handelns nicht vorher bedenken.
Einen sechsten Sinn für etw. haben: eine Ahnung, einen sicheren Instinkt, eine fast übernatürlich erscheinende Fähigkeit besitzen, immer das Richtige vorauszusehen und sich in seinen Handlungen darauf einzustellen. Seit 1920 bez. man mit dem 6. Sinn auch den Unsinn, der über die normalen fünf Sinne hinausgeht, aber auch den Geschlechtstrieb. Auch sonst ist es rdal. üblich, den Geistesgestörten und Verschrobenen scherzhaft mit mehr als den üblichen Sinnen auszustatten. Mdal. heißt es z. B. ostpreuß. ‚He heft sewe Sönne: fif dwatsche on twê nich recht kloge‘ und schles. ‚Er hat sieben Sinne, drei tolle und vier verrückte‘. Dagegen spielt die Fernsehsendung ‚Der siebte Sinn‘ auf einen angeblich vorhandenen ‚Verkehrssinn‘ an, der nur weiterentwickelt und ausgebildet werden muß.
Meistens wird der Schwachsinnige durch das Fehlen einiger oder aller Sinne charakterisiert: *wie von Sinnen sein,* auch: *nicht bei Sinnen sein:* wahnsinnig, verstört, verrückt sein, eigentl. besinnungslos, ohne Bewußtsein sein; vgl. frz. ‚N'avoir pas tout son bon sens‘ (wörtl.: seinen gesunden Menschenverstand verloren haben).
Scherzhaft heißt es von einem geistig Minderbemittelten: *Er hat seine fünf Sinne alle drei* (vgl. ndl. ‚Hij heeft zijne vijf zinnen alle drie‘) oder *Er hat drei Sinne wie ein Bär.* Von einem Zerstreuten dagegen sagt

man: *Ein Sinn ist ihm ausgeflogen, der andere sitzt noch auf dem Neste* oder *seine Sinne sind auf Reisen; er hat seine fünf Sinne nicht beieinander,* vgl. lat. ‚Communi sensu plane caret' (Horaz) und ndl. ‚Zijne zinne zijn van huis' und ‚Hij heeft zijne vijf zinnen niet bij elkander'.

Die Wndg. *Er hat seine Sinne in die Wäsche gegeben* verzeichnet bereits Seb. Franck in seiner Sammlung (II, 69ᵇ): „Sie haben jre Sinn ausszuwaschen geben".

Dagegen: *seine fünf Sinne zusammenhalten (nehmen):* seine Aufmerksamkeit auf eine Aufgabe konzentrieren, seine Fassung bewahren, sich in der Gewalt haben.

Etw. mit allen Sinnen aufnehmen: etw. genießen, vollständig zu erfassen suchen, von gespannter Aufmerksamkeit sein.

Seinen Sinnen unterworfen sein: seiner Begierden und Triebe nicht mächtig sein.

Lit.: *H. G. Adler:* Die fünf Sinne im Spiegel der Sprache, in: Muttersprache (1963), S. 222–233; *H. Bender:* Unser sechster Sinn (Stuttgart ³1972).

Sintflut. *Nach mir (uns) die Sintflut:* die Konsequenzen, die Folgen für die Zukunft sind mir (uns) gleichgültig; die Sorge um eine unheilvolle Entwicklung, um ein allg. befürchtetes Unglück drückt mich (uns) nicht, da ich dies doch nicht mehr erleben werde; nach uns geschehe, was da will. Die Rda. ist aus dem Frz. in unsere Sprache übernommen worden. Sie ist eine Übers. des Ausspruches „Après nous le déluge!", den Jeanne Antoinette Poisson, die Marquise von Pompadour, 1757 nach der Schlacht bei Roßbach getan haben soll, und zwar nicht frivol wie im heutigen Sinne, sondern vorahnend. Die Wndg. war bald darauf schon gebräuchl., denn bereits am 18. Aug. 1758 schreibt der Abbé de Mably in seinen ‚Droits et devoirs du citoyen' (6. Brief) über das frz. Parlament: „L'avenir les inquiète peu: après eux le déluge" *(Œu*vres XI, Paris 1794/95, S. 445). Es handelt sich also nicht um ein Bibelzitat, sondern ein Bild der Bibel wird in der Rda. auf die Ggwt. übertragen.

Mit der Sintflut beginnt ein neues Bundesverhältnis zwischen Gott und Mensch. Deshalb ist die Sintflut für alle frühere Geschichtsschreibung ein weltgeschichtliches Ereignis. Das erste Zeitalter der Menschheitsgeschichte reicht von Adam bis Noah, das zweite von Noah bis Abraham.

Nach Hans Lamer (Wb. der Antike [Leipzig 1933], S. 37) ist die bisher vergeblich gesuchte Quelle des Ausdr. viel älter. In einem Epigramm des Straton (2. Jh. n. Chr.) findet sich bereits eine sinngemäß ähnl. Stelle. In seiner ‚Anthologia Palatina' (XI, 19,6) heißt es: „Trinke und liebe! Nach meinem Tode soll Deukalion meine Knochen überspülen!" Gemeint ist hierbei die griech. Vorstellung von der Sintflut, bei der Deukalion und sein Weib Pyrrha allein überlebten und aus Steinen neue Menschen schufen (Büchmann).

Da möchte doch eine zweite Sintflut kommen: es sollte am besten alles untergehen; es ist so übel, daß Gott Veranlassung genug hätte, in seinem Zorn zum zweiten Male alles zu vernichten. Ähnl. Verwünschungen sind: ‚Da sollte doch gleich der Donner (Blitz) dreinschlagen, das Wetter dreinfahren'; ndd. ‚ein Donnerwetter sollte reinschlagen'.

Die Rda. weist auf die verbreitete Vorstellung von der Möglichkeit einer Wiederholung der Sintflut. Tatsächlich fürchtete man im 16. Jh. eine katastrophale Weltüberflutung. Der angesehene Astrologe Johann Stöfler hatte diese im Jahre 1518 dem Kaiser Karl V. für den Febr. 1524 angekündigt, weil zu dieser Zeit eine Verbindung von Saturn, Jupiter und Mars im Zeichen der Venus eintreten werde. Viele suchten sich davor zu schützen, flüchteten auf Berge, bauten Schiffe und sammelten an hochgelegenen sicheren Orten Lebensmittel, in der höchsten Angst verloren sogar einige den Verstand oder nahmen sich das Leben.

Neuere Wndgn. sind: *Das ist seit der Sintflut nicht geschehen:* es ist schon sehr lange her, auch: es ist ein äußerst seltenes Ereignis, und: *Das ist noch von (schon vor) der Sintflut her:* es ist sehr altmodisch, es ist ‚vorsintflutlich'; vgl. frz. ‚antédiluvien'.

Lit.: *M. Walcott:* After me the deluge, in: American Notes and Queries 1, 11 (1855), S. 16; *R. Andree:* Die Flutsagen (Braunschweig 1891); *H. Usener:* Die Sintflutsagen (Bonn 1899); *M. Winternitz:* Die Flutsagen des Alterthums und der Naturvölker, in: Mitteilungen der Anthropolog. Gesellschaft in Wien 31 (1901), S. 305–333; *J. G. Frazer:* Ancient Stories of a Great Flood, in: Journal of the Royal Anthropol. Institute 46 (1916), S. 231–283; *J. Riem:* Die Sintflut in Sage und

Wissenschaft (Hamburg ²1925); *H. Baumann:* Schöpfung und Urzeit des Menschen im Mythus der afrikanischen Völker (Berlin 1936); *J. C. Whitcomb* and *H. M. Morris:* The Genesis Flood (Grand Rapids [Mich.] 1961); *W. A. Oesch:* Après nous le déluge (nach uns die Sintflut), in: Proverbium 16 (1971), S. 575; *L. Röhrich:* Noah und die Arche in der Volkskunst, in: Fakten und Analysen. Festgabe für Leopold Schmidt zum 60. Geburtstag (Wien 1972), S. 433–442; *A. Dundes* (Hg.): The Flood Myth (Berkeley – Los Angeles – London 1988) (mit weiterer Lit.).

Sisyphus. *Eine wahre Sisyphusarbeit* nennen wir noch heute wie Properz („Sisyphios labores', Lachm. III, 17, 7) eine bes. schwere und qualvolle Arbeit, die zur Erfolglosigkeit verdammt scheint und deshalb niemals zu einem Abschluß gebracht werden kann. Auch in anderen europ. Sprachen wurde die Sisyphusarbeit zu einem festen Begriff, vgl. ndl. ‚een Sisyphusarbeid'; frz. ‚un travail de Sisyphe' und engl. ‚Sisyphean task (labour)'.

Den Stein des Sisyphus wälzen: übermenschliche Anstrengungen machen, sich vergeblich abmühen, auch leeres Stroh dreschen.

Beide Rda. beziehen sich auf die Hadesstrafe des Sisyphus, von der Homer in der ‚Odyssee' (XI, V. 593–600) berichtet. Sisyphus, des Äolus Sohn, war der König von Korinth. Er war verschlagen und schlecht und galt bei Homer für den gewinnsüchtigsten aller Menschen. Odysseus erzählt

‚Sisyphusarbeit'

deshalb, daß er auch den Sisyphus in der Unterwelt sah. Zur Strafe für seine Schlechtigkeit mußte dieser mit Kopf und Händen ein Felsstück einen hohen Berg hinaufwälzen, von dem es aber immer wieder in die Tiefe rollte, so daß er wieder von vorn beginnen mußte.

Lit.: *J. Kern:* Danaiden- u. Sisyphusarbeiten in der dt. Volksüberlieferung, in: Sudetendt. Zs. f. Vkde. 7 (1934), S. 23 ff.

sitzen. *Sitzenbleiben:* als Schüler nicht in die nächsthöhere Klasse aufgenommen werden, weil die Leistungen zu schwach sind. Das Zeugnis erhält den Vermerk: ‚Wird nicht versetzt!' Vgl. frz. ‚redoubler (une classe)' (wörtl.: [eine Klasse] wiederholen).

Die Wndg. kann aber auch auf den Teig bezogen werden, der durch die Hefe nicht ‚gegangen' ist, und es wird enttäuscht festgestellt: *Der Kuchen ist sitzengeblieben.* Meistens denkt man jedoch bei dieser Rda. an das Mädchen, das beim Tanz nicht aufgefordert wird oder das überhaupt keinen Freier findet, die eine alte Jungfer wird. Von einem hübschen oder reichen Mädchen, das nicht in diese Verlegenheit gerät, heißt es daher: *Die wird nicht lange sitzenbleiben:* sie wird bald heiraten.

Auf (mit) etw. sitzenbleiben: eine Ware nicht verkaufen. Das sprachl. Bild bezieht sich auf die Marktfrauen, die neben ihrer Ware sitzen und auf ihre Kunden warten, die an den Nachbarständen Preis- und Gütevergleiche anstellen, bevor sie sich zum Kauf entschließen. Wer minderwertige Ware hat, findet keinen Absatz. Die Wndg. ist allg. kaufmannsprachl. geworden in der Bdtg. etw. nicht loswerden, es als Ladenhüter zurückbehalten.

Ein Mädchen sitzenlassen: ein gegebenes Eheversprechen nicht einlösen, ein Mädchen im Stich lassen, untreu sein, ein geschwängertes Mädchen nicht heiraten, aber auch in allg. Bdtg.: nicht aus der Verlegenheit helfen. Die Wndg. ist bibl. Herkunft. Bei Sir. 22, 4 steht: „Eine vernünftige Tochter kriegt wohl einen Mann, aber eine ungeratene Tochter läßt man sitzen, und sie bekümmert ihren Vater" (Büchmann); vgl. frz. ‚laisser tomber une fille'.

Etw. nicht auf sich sitzenlassen: einen Vorwurf, eine abträgliche Bemerkung, Falsches, Kränkendes und Ehrabschneidendes nicht unwidersprochen lassen, sich zu rechtfertigen und von einem Verdacht zu reinigen suchen. Vgl. frz. ‚Je n'en aurai pas le démenti'.

Jem. sitzen: sich porträtieren lassen, einem Maler als Modell dienen.

Über etw. sitzen: ausdauernd und lange, angestrengt an etw. arbeiten, sich auf schwierige Aufgaben konzentrieren, sich

1483

einen Lern- oder Prüfungsstoff gut einprägen.

Sitzen müssen: im Gefängnis sein, verkürzt aus: ‚gefangensitzen müssen‘, oft noch weiter verkürzt zu einfachem ‚sitzen‘. *Zu sitzen kriegen:* mehrere Jahre Freiheitsentzug zu erwarten haben, nicht nur mit einer Geldstrafe davonkommen. Scherzhaft gebraucht man die mehrdeutige Wndg. *Er sitzt* auch, um zu sagen, daß er gerade an einer Sitzung teilnimmt oder, wieder doppeldeutig, ‚eine Sitzung hat‘, d. h. die Toilette benutzt.

Etw. muß sitzen: man muß es sich fest ins Gedächtnis einprägen, es muß so intensiv gelernt werden, daß es zum unverlierbaren Besitz wird.

Einem noch zwischen Fell und Fleisch sitzen: noch nicht endgültig überwunden, durchdacht, noch zu keinem festen Entschlusse reif sein; *zwischen den Stühlen sitzen* ↗ Stuhl.

Weder sitzen noch liegen können: es vor Schmerzen und Ungeduld in keiner Lage lange aushalten, nicht wissen, wie man die Folgen einer Krankheit oder Schlägerei überstehen soll. Die Wndg. wird oft als Drohung gebraucht: *Ich schlage dich, daß du drei Tage weder sitzen noch stehen kannst!* ↗ schlagen.

Als Warnung ist die Feststellung zu verstehen: *Da sitzt ein Habicht auf der Hecke!*: Nehmt euch in acht, es ist ein Aufpasser da, es gibt unbefugte Zuhörer!

Ja, da sitzt es und hat Mützchen auf! Diese Wndg. wird gebraucht, wenn man etw. sucht, was man an einem bestimmten Ort glaubt gesehen zu haben, und es dann doch nicht finden kann. Dieser Ausruf bezieht sich auf die Volksüberlieferung von den Zwergen, die ein unsichtbar machendes Käppchen oder Mützchen besitzen (vgl. L. Bechstein, Dt. Sagenbuch, S. 515; Grässe, Sagenschatz, S. 377).

Einen sitzen haben: betrunken sein. Die Rda. ist verkürzt aus: *einen Affen sitzen haben* ↗ Affe; vgl. auch: *den Schelm im Nacken sitzen haben* ↗ Nacken.

Etw. sitzt gut (wie angegossen): ein Kleidungsstück paßt sehr gut, dagegen: *Das sitzt wie ein Hopfensack:* es ist plump, unkleidsam und paßt überhaupt nicht, ist nur wie eine Hülle, in die man etw. hineinstopfen kann, das Kleidungsstück hat weder einen angemessenen guten Schnitt noch Schick.

Die meist schadenfroh klingende Feststellung *Das hat gesessen!* kann sehr Verschiedenes meinen: der Schuß hat getroffen, die Ohrfeige hat gesessen, der Vorwurf, die kränkende, scharfe Bemerkung hat ihren Zweck nicht verfehlt.

Entscheidend für die Charakterisierung der Eigenschaften und persönlichen Verhältnisse ist es, wo und wie jem. sitzt: z. B. *im Glashaus sitzen:* in exponierter, gefährlicher Stellung sein, in der man nichts riskieren sollte, ↗ Glas; *auf den Ohren sitzen:* nichts hören (wollen), ↗ Ohr; *an der Quelle sitzen:* sehr günstig, vorteilhaft, ↗ Quelle; *auf dem hohen Roß sitzen:* eingebildet sein; *fest im Sattel sitzen:* gesichert sein, die Lage beherrschen, ↗ Sattel; *in der Tinte sitzen* ↗ Tinte; *auf dem trockenen sitzen:* in mißlicher Lage sein, kein Geld besitzen, dagegen: *im trocknen sitzen:* wohl geborgen sein, ↗ trocken.

Sehr anschaulich sind die folgenden rdal. Vergleiche. Vom Geizigen heißt es: *Er sitzt auf dem Geld wie der Bock auf der Haferkiste,* vgl. ndl. ‚er op zitten als de bok op de haverkist‘. Verkürzt heißt es auch: *auf dem Geld sitzen. Wie die Henne auf den Eiern sitzen:* nur sehr ungern aufstehen, nichts hergeben wollen. Von jem., der seinen Besuch allzulange ausdehnt, den nichts zum Gehen bewegen kann, heißt es im Schwäb.: ‚Er bleibt sitzen wie eine Häslaus (Kleiderlaus)‘.

Von einem, der im Überfluß lebt, der es sich gut sein läßt, sagt man: *Er sitzt wie der Hase im Kraut, wie die Made im Speck* ↗ Speck; holst. ‚He sitt as de Lûs in Schorf‘ oder sauerländisch ‚Hei sittet as de Mius oppet Kommissbräud‘.

Wenn einer eine schlechte Figur auf dem Pferd macht, eine lächerliche Reithaltung besitzt, spottet man mdal. ostfries. ‚He sitt up't Perd as de Esel up'n Plûmbôm‘; westf. ‚Er sitzt auf dem Pferde wie ein Frosch auf dem Kuhschiß‘ oder ostpreuß. ‚Er sitzt auf dem Pferd wie die Kneifzange auf der Sau‘.

Eine äußerst bedrängte, gefahrvolle Lage wird durch folgende Wndgn. verdeutlicht: *wie auf glühenden Kohlen sitzen* ↗ Kohle; *wie auf Nadeln sitzen* ↗ Nadel; *wie die Laus zwischen zwei Daumen (Nä-*

geln) sitzen, vgl. ndl. ‚Hij zit gelijk eene luis tusschen twee nagelen‘; *wie auf dem Pulverfaß sitzen* ↗ Pulver; *wie der Teufel im Weihwasser sitzen:* sehr unbehaglich, vgl. ndl. ‚Hij zit gelijk de duivel in een wijwatervat‘.

Lit.: *F. Hempler:* Psychologie des Volksglaubens (Königsberg 1930); *P. Geiger:* Eigentum und Magie, in: Volkskundliche Gaben, John Meier zum 70. Geburtstage dargebracht (Berlin – Leipzig 1934), S. 36–44; *H. Frommberger:* Das Sitzenbleiberproblem (Dortmund 1955); *A. Kern:* Sitzenbleiberelend und Schulreife (Freiburg ⁵1966); *L. Schmidt:* Bank, Stuhl und Thron, in: Antaios XII, 1 (1970), S. 85–103; *S. Wienker-Piepho:* Der „Aufhock" kên Baden – Regionalismen populärer Dämonologie am Beispiel eines unvergänglichen Sagentyps, in: Bad. Heimat, Heft 3 (1990), S. 467–479.

Sitzfleisch. *Kein (rechtes) Sitzfleisch haben:* nicht lange stillsitzen können, keine Ausdauer und Neigung zu sitzend ausgeübten Arbeiten haben. Die Rda. ist bereits 1691 durch Stieler in ‚Der Teutschen Sprache Stammbaum‘ (503) bezeugt und ist auch mdal. verbreitet, z.B. heißt es in Pommern: ‚He hett kên Sitzflêsch‘. Daneben besteht auch die Wndg. *kein Sitzleder haben;* in der Steiermark sagt man: ‚Ea hod kuan Sitzleda‘.

Die Rdaa. *gutes Sitzfleisch (Sitzleder) haben* und *über (dauerhaftes) Sitzfleisch verfügen* drücken das Gegenteil aus: fleißig und ausdauernd sein. Die Rdaa. werden meist auf Schüler, Studenten und Gelehrte angewendet. Joh. Christian Günther (1695 bis 1723) meint damit den Schriftsteller, wenn er dichtet:

Wie tieff man hier und da des Mannes
    Schatten küsse,
Der, weil ihm die Natur viel
    Sitzefleisch gemacht,
Den Stuhl nicht frieren läßt vom
    Morgen in die Nacht,
Mehr Bücher drückt als kennt.
    (‚Gedichte‘, 1735, S. 409)

Die Wndg. *Sitzfleisch haben* gebraucht man heute aber auch, wenn Gäste nach einer Einladung nicht an den Aufbruch denken.

Six. *Meiner Six!,* auch: *Mein Six!:* eine volkstümliche Beteuerungsformel, die neben ‚Meiner Treu‘ und ‚Meiner Seel!‘ gebraucht wird. ‚Meiner Six!‘ gilt als scherzhafte Verstümmelung und verhüllende Entstellung des älteren ‚Meiner Seel!‘ und weist auf eine ähnl. Bildung wie ‚verflixt‘ neben ‚verflucht‘. Nachgewiesen ist die Formel seit 1729 bei Stoppe (‚Gedichte‘, Bd. II, S. 87): „Ah wird mei Sixi! droa gedencka, wie Juncker Hannsa Kaspers Koch".

G. A. Bürger verwendet in seinem Gedicht ‚Der Kaiser und der Abt‘ den Ausruf ‚Mein Sixchen!‘ gleichwertig neben der Anrufung von Maria und Joseph. Da die Wndg. in diesem Zusammenhang eines Gesprächs mit dem Abt begegnet, ist dies ein Beweis, daß ‚Mein Six!‘ für ‚Meiner Seel!‘ eintreten konnte. In der 16. Str. des Gedichtes heißt es:

„Herr Abt", sprach Hans Bendix, „was
    mögt Ihr Euch grämen?
Ihr schwindet ja wahrlich dahin wie
    ein Schemen.
Maria und Joseph! Wie hotzelt Ihr ein!
Mein Sixchen! Es muß Euch was
    angethan sein".

Später wurde die Wndg. zu ‚Meiner Sechs(e)!‘ verändert, weil der urspr. Sinn verlorengegangen war. Sie hat nichts mit dem ahd. ‚sahs‘ = Messer, Schwert zu tun, ebensowenig mit einem alten Rechtsbrauch.

Skelett. *Ein Skelett im Schrank (Hause) haben:* Sorge und Schande im Hause haben; die Rda. ist auch im Engl. vorhanden: ‚to have a sceleton in the cupboard‘. Mit ‚sceleton‘ wird hier eher das Schreckgespenst der Schande und Not bez. als ein Skelett im wörtl. Sinne.

Ein lebendiges Skelett sein: sehr abgemagert sein: auch: *nur noch ein Skelett sein:* vgl. ‚nur noch ↗ Haut und Knochen sein‘.

Skorpion. *Einen mit Skorpionen züchtigen:* ihn mit den strengsten Mitteln bestrafen, eine äußerst schmerzhafte Züchtigung durchführen. Die Rda. ist bibl. Urspr. In 1. Kön. 12, 11 läßt Salomos Sohn dem um Erleichterung flehenden Volk keine Hoffnungen: „Mein Vater hat euch mit Peitschen gezüchtigt; ich will euch mit Skorpionen züchtigen". Mit Skorpionen sind hierbei schmerzliche Wunden schlagende Geißeln gemeint, die aus Lederriemen bestanden und mit Stacheln versehen waren. Vgl. auch ndl. ‚met

schorpioenen geselen' und engl. ‚to cha-
stice a person with scorpions'.

Lit.: *J. Leibbrand:* Speculum Bestialitatis, (München 1989), S. 145 ff.

Snellert. *Das geht mit dem Snellert:* eine
Fahrt oder Bewegung ist ungewöhnlich
schnell. Die Rda. ist eigentl. nur auf der
Delmenhorster Geest im Oldenburgi-
schen gebräuchl., hat aber einen interessanten Ursprung. ‚Dat geit mit'n Snellert'
bezieht sich auf das Schnellertsschloß im
Odenwald. Der Schnellerts ist durch das
wilde Heer berüchtigt, das nach der Sage
mit Pferdegetrappel, Hörnerschall und
Peitschenknall und mit solcher Kraft und
Schnelligkeit den Berg hinab und nach
der Burg Rodenstein stürmte, daß bei to-
taler Windstille Staub aufflog. Zog das
wilde Heer aus dem Schnellerts, so stand
Krieg bevor.

Lit.: *W. Ramsauer:* ‚Dat geit mit'n Snellert', in: Zs. d.
Ver. f. Vkde. 10 (1900), S. 228–229; *F. Panzer:* Bair. Sa-
gen und Bräuche 1; (Ndr. Göttingen 1954), S. 162 f.;
F. Mössinger: Die Sage vom Rodensteiner (Darmstadt 1962).

Socken. *Sich auf die Socken machen:* sich
davonmachen, schnell weglaufen; vgl.
‚sich auf die Sprünge machen' und ‚die
Beine in die Hand nehmen'. Diese Rda. ist
bes. in Mitteldtl. verbreitet, allg. bekannter ist: ‚sich auf die Strümpfe machen'
(↗ Strumpf).
Bert Brecht verwendet die Rda. lit. in seiner ‚Mutter Courage'. Mit Socke war
urspr. ein niedriger, leichter Schuh gemeint, der im Lat. als ‚soccus' bez. wurde.
Jägersprachl. heißt aber auch der unterste
Teil der Hasenpfote Socke. Die Rda.
könnte demnach auch auf einem Vergleich beruhen: so schnell flüchten wie
ein Hase.
Einem auf die Socken helfen und *einen auf
die Socken bringen:* ihn das Laufen lehren,
ihn wegjagen, auch: ihn mit vielen Aufträgen und Laufereien ‚in Atem halten'. Vgl.
‚jem. Beine machen', ↗ Bein. Die Feststellung *Er ist mir auf den Socken* heißt: er verfolgt mich, er hat mich fast eingeholt. Die
Rda. ist wie das gleichbedeutende ‚Er ist
mir auf den Fersen' bereits im 16. Jh. bezeugt; vgl. frz. ‚Il est sur mes talons'
(wörtl.: Er ist mir auf den Fersen).
Aus der Soldatensprache des 2. Weltkrie-

ges stammt die Wndg. *mit qualmenden
Socken laufen:* angestrengt marschieren,
so davoneilen, daß die Socken heiß werden, auch eine humorvolle Steigerung
von: sich warm laufen. Es kann aber auch
gemeint sein, daß einer unruhig auf eine
Nachricht wartet, daß ‚ihm der Boden unter den Füßen brennt'.
Auf Socken gehen (reiten): sehr vorsichtig
zu Werke gehen, jem. aushorchen. Schon
Luther gebraucht die Wndg. in seinen
‚Tischreden' (31ᵃ); vgl. frz. ‚Y aller sur la
pointe des pieds' (wörtl.: auf den Fußspitzen zu Werke gehen).
Von den Socken sein: sehr verwundert
sein, völlig außer Fassung geraten. Ähnl.
heißt es im Obersächs. ‚vor Schreck aus
den Latschen kippen'. Vgl. auch ndl. ‚van
de sokken vallen'.
‚Er ist mit den Socken geschossen' sagt
man in Braunschweig, um einen Dummen
zu bezeichnen.

Sod. *In Sod kommen:* in die Patsche, ins
Unglück geraten. In dieser bes. in Bayern
verbreiteten Rda. ist Sod, das zu ‚sieden'
gehört und eigentl. Kochbrühe bedeutet,
ins Negative übertr. worden.
Die Hände im Sode haben und *in allem
Sode die Hände haben wollen:* bei etw.
(überall) beteiligt sein (wollen). Im 16.
und 17. Jh. ist der Ausdr. sehr geläufig gewesen. Luther verwendet ihn sehr häufig:
„wo kumpt die frembd pflicht her, die der
papst darüber fodert, und will auch ynn
dem heymlichen mittel die hand ym sode
haben" (VIII, 184, Weimarer Ausg.). 1745
heißt es in einer Übers. nach Fielding:
„Wir würden gar bald ins Spital wandern,
wenn ich euch die Hand im Sode ließe".
Vgl. frz. ‚mettre la main à la pâte' (wörtl.:
mit der Hand den Teig mitkneten). Dagegen bedeutet *die Hände nicht im Sode haben:* an einer schmutzigen Sache, an
einem betrügerischen Handel nicht teil-
nehmen.
*In seinem Sode aufwachsen (dahinleben,
liegen),* auch: *leben wie Hans im Sode:*
nach seiner angeborenen rohen Art, in
Unbildung und Unsauberkeit, ganz nach
seiner natürlichen Bequemlichkeit, seinen Gelüsten leben, waren im 18. Jh. beliebte Rdaa., die heute veraltet sind, aber
auch lit. bezeugt sind. In einer Übers. Bo-

des (,Klinkers Reisen' II, 171) heißt es
z. B.: „So mögen sie meinethalben in ihrem eigenen Sode fortwaten".

Sodom. *Es geht zu wie in Sodom und Gomorrha:* es geht lasterhaft, unmoralisch,
sündhaft zu. Die beiden bibl. Städte Sodom und Gomorrha liegen am Südende
des Toten Meeres. Sie wurden nach
1. Mos. 19 von Jahwe wegen ihrer Laster-
haftigkeit zerstört. ,Sodom und Gomorrha' erscheinen in der Bibel oftmals
als warnendes Beispiel der Sünde und des
göttlichen Strafgerichts (Ps. 10,7; Matth.
11,23 f. u. ö.). Ein Nebenmotiv ist die zur
Salzsäule erstarrte Frau des Lot. Sodom
und Gomorrha sind bereits im A. T.
sprichwörtl. (Jes. 1,9). Früh schon wird
Sodom auch zum Gleichniswort für das
verderbte Jerusalem (Offenb. 11,8), dann
allg. für ,böse Welt'.

Lit.: *J. Penrose Harland:* Sodom and Gomorrha, in:
The Biblical Archaeologist 5 (1942), S. 17–32 und 6
(1943), S. 41–54; *O. Eißfeldt:* Art. ,Sodom und Godom
und Gomorrha', in: RGG. VI, Sp. 114–115.

Sohle, versohlen. *Auf fremden Sohlen gehen:* die Vorarbeiten, Verdienste von anderen für sich nutzen, auch: fremde Sitten
annehmen. Mit den Sohlen waren urspr.
Schuhe in der Art von Sandalen gemeint,
die aus einer Sohle bestanden und um den
Fuß gebunden wurden. Da die Griechen
ohne Schuhe zu Tische saßen, kam es vor,
daß einer aus Eile oder Trunkenheit
fremde Sohlen ergriff.
Auf frischen Sohlen gehen: gut vorankommen, mit neuer Kraft etw. zu erreichen suchen.
Sich die Sohlen schmieren: Vorbereitungen zur Abreise treffen, sich zum Sterben
anschicken. Vgl. frz. ,graisser ses bottes'
(veraltet).
Ähnl. heißt *Er geht auf den letzten Sohlen:*
er stirbt bald. Vgl. engl. ,He goes on his
last legs'. *Er hat schon manche Sohle ab-*
oder *durchgelaufen:* er ist schon weit herumgekommen, hat viel erlebt, ist alt.
Es brennt ihm unter den Sohlen, auch: *Die
Sohlen brennen ihm:* ,er steht wie auf Kohlen', die Zeit drängt sehr, er brennt vor
Ungeduld; vgl. frz. ,Il est sur des charbons
ardents' (wörtl.: Er steht auf glühenden
Kohlen).

Sich die Sohlen wundlaufen: sich sehr um
etw. bemühen, viele Gänge unternehmen,
,sich die Schuhsohlen ablaufen'.
*Sich etw. an den Sohlen (Schuhsohlen) ab-
gelaufen haben:* etw. gründlich kennen.
Sich an jem. Sohlen heften: ihm unermüd-
lich folgen, ihn verfolgen und nicht aus
den Augen lassen; vgl. frz. ,Ne pas quitter
quelqu'un d'une semelle'.
In Niederösterr. sagt man für barfuß gehen: ,Er geht auf deutscher Sohle'.
Auf leisen Sohlen kommen: geschlichen,
unbemerkt kommen, häufig in der Dich-
tersprache verwendet.
Aus der Soldatensprache des 1. Weltkrieges stammt die Wndg. *eine kesse Sohle
aufs Parkett legen:* schwungvoll tanzen.
Jem. tüchtig versohlen: ihn schlagen, eine
Umschreibung neben vielen anderen aus
verschiedenen Berufen, wie z. B. ,einen
verwichsen'.

sollen. *Es hat nicht sollen sein:* das Glück
(Wiedersehen) erscheint als unmöglich.
Der Ausspruch enthält eine resignierende
Feststellung und den Glauben, daß der
Mensch sein Schicksal vorbestimmt sei.
Die Wndg. wird meist in dieser verkürzten
Form gebraucht und bezieht sich auf Jo-
seph Viktor v. Scheffels Versepos ,Der
Trompeter von Säckingen, im Sang vom
Oberrhein', wo es im 2. Stück heißt:

Behüt dich Gott! es wär' zu schön
　　　　　　　　　　　gewesen.
Behüt dich Gott! es hat nicht
　　　　　　　　　　　sollen sein!

Sommer. *Im Sommer seines Lebens stehen:* sich in den besten Jahren befinden,
in der Mitte des Lebens sein.
Sich scheiden wie Sommer und Winter:
sich stark voneinander unterscheiden; ,da
scheydet sichs denn wie sommer und winter' (Luther, Weim. Ausg. 24, 12, 18).
Den Sommer stecken: beim Frühlingsfest
am Sonntag Laetare stecken Kinder mit
frischergrünten Zweigen und geschmück-
ten Stäben den Sommer, halten Umzüge
und singen Sommerlieder, auch: *den
Sommer singen.* Bis zur Mitte des 19. Jh.s
hatten nur einzelne kleine Kindergruppen
ein mit bunten Bändern verziertes Som-
merbäumchen oder eine Puppe, die ,Som-
merdocke', mit herumgetragen, damit von

1487

Haus zu Haus den Sommer angekündigt und dafür Gaben erhalten. Diese Form ist für das 17. Jh. auch für Heidelberg bezeugt, bis dort 1893 eine eigene Organisation einen großangelegten Sommerzug schuf.

Ein Sommertheater veranstalten: unwichtige Dinge aufgreifen und in den Medien hochspielen; auch: sich selbst ins Gespräch bringen, sich in den Vordergrund spielen. Während der Urlaubszeit im Sommer fehlt es den Journalisten oft an aufregenden Neuigkeiten; dann werden, bes. in der sog. ‚Regenbogenpresse‘, Un-

‚Sommertheater‘

wichtigkeiten aufgebauscht. ‚Bonner Sommertheater‘ nennt man das selbstschädigende u. das Ansehen der Regierung herabsetzende Auftreten einzelner Politiker während der sommerlichen ‚Sauren Gurkenzeit‘, wenn sie mit Interviews unnötig Staub aufwirbeln.

Ins Sommerloch fallen: in Vergessenheit geraten; nach der langen Sommerpause sich an bestimmte Dinge nicht mehr erinnern, ↗ Winter.

Lit.: *W. Liungman:* Der Kampf zwischen Sommer und Winter (Helsinki 1941); *H. Siuts:* Die Ansingelieder zu den Kalenderfesten (Göttingen 1968); *F. Sieber:* Deutsch-westslawische Beziehungen in Frühlingsbräuchen. Todaustragen und Umgang mit dem ‚Sommer‘ (Berlin 1968).

Sonne. *Die Sonne scheint!* ist bes. in Sachsen und Nordböhmen eine übliche Mahnung zur Vorsicht beim Reden, wenn Kinder anwesend sind, aber gleichzeitig auch ein Wink für die unberufenen Zuhörer, sich zu entfernen (↗ Schindel).

Nicht wert sein, daß einen die Sonne bescheint: ein schlechter Kerl sein, der (nach Ansicht anderer) eigentl. nichts Angenehmes mehr erleben dürfte und dem deshalb selbst Licht und Wärme der Sonne fehlen sollten. Schon 1540 verwendet Jörg Wickram das Bild: „Du schandtlicher treuloser verräter, welcher du nit widrig bist, das dich die sonn anscheint". Die Rda. ist auch im Ndd. bekannt: ‚De es net wert, dat de Sonne op en scheint‘. Oft wird dem Nichtsnutzigen auch der Mondschein mißgönnt, z. B. heißt es in Ostfriesland: ‚Dî schal gîn sün of mân beschînen‘.

Nicht leiden können, daß die Sonne ins Wasser scheint: einem anderen nichts gönnen, ihm das Glück neiden, böse sein, weil ein anderer etw. genießt, so als ob die Sonne nur für einen selbst bestimmt sei. Die Rda. gilt auch zur Charakterisierung eines Mißmutigen und Schlechtgelaunten, z. B. sagt man in Holstein: ‚He kann

‚Nicht leiden können, daß die Sonne ins Wasser scheint‘

nich lieden, dat de Sünn in't Water schient!‘ Bei Burkard Waldis (I,64,21) heißt es: „Sie hassens wie ein offner Feindt, das yhn die sonn ins wasser scheint". Vgl. auch ndl. ‚niet kunnen zien (velen), dat de zon in het water schijnt‘ und engl. ‚to be like the dog in the manger‘.

Er sieht gern die Sonne ins Wasser scheinen: er kümmert sich um nichts, ist völlig gleichgültig; in der Barmer Gegend meint man mit der Wndg. ‚He süht gern de Sonne en't Water schiinen' einen hinterlistigen, verschlagenen Menschen.

Zur Charakterisierung eines ständig mißgelaunten Menschen, den seine Umgebung nie freudig erregt und voller Unternehmungslust erlebt, werden verschiedene Rdaa. verwendet: *Er läßt das ganze Jahr keine Sonne von sich scheinen; in seiner Sonne ist allzeit Finsternis.* Sehr treffend heißt es schon bei Seb. Franck (II, 34ª): „Es hat jn nie kein Sonn beschienen". Bes. die Mdaa. sind reich an solchen Wndgn., die die manchmal zu beobachtende schlechte Laune umschreiben, so sagt man z. B. in Aachen: ‚Be dem schingk och net alle Dag de Sonne', und in Schwaben: ‚Er hat die Sonne heut noch nicht gesehen'.

Der Müßiggänger genießt sein Nichtstun und vor allem den Sonnenschein. Von ihm sagt man am Rhein: ‚Er lit en de Sonne en lätt sech de Speck wasse', in Köln läßt sich der Faulpelz ‚die Sonn en de Hals schinge', und in Bonn heißt es von einem Faulen: ‚em steht de Sonne zu huh'.

Dem Langschläfer ist auch der Stand der Sonne keine Mahnung zum Aufstehen: *Die Sonne scheint ihm ins Bett. Er läßt sich die Sonne in den Hals (Magen) scheinen:* er hat nichts zu essen und versucht auf diese Weise, etw. Warmes in den Magen zu bekommen. Die Rda. ist mdal. weit verbreitet, z. B. gibt man in Köln den Rat: ‚Laß der de Sonn' in der Hals schinge, dann kriszte och jet Wärms en der Mage', und in Schlesw.-Holstein: ‚Legg di up'n Rück un laat di von de Sonne in't Muul schienen, denn hesst wat Warms in'n Lief'.

Es ist ihm die Sonne eher im Haus als (denn) das Brot: er ist sehr arm. Bereits Geiler von Kaysersberg verwendet in seinem ‚Narrenschiff' (52) diese Rda. und schreibt: „So du arm bist und auch vil Kinder hast, aber wenig Brot darzu, also daß dir die Sonne ehe im Hauss ist weder das Brot, ist fürwahr kein Freund da". Humorvoll übertreibend schildern die Rdaa. einen bes. mageren Menschen: *Die Sonne scheint bei ihm durch,* oder schwäb. ‚Er ist so mager, daß die Sonne durch ihn durchscheinen kann'. Am Rhein sagt man: ‚Der es so därr, daß de Sonn der

dorch scheinet', oder auch: ‚em scheint de Sonn dorch de Rebbe'.

Jem. schlagen, daß die Sonne durch ihn scheint: ihn sehr schlagen. Die weitverbreitete Rda. wurde bereits in mhd. Zeit von Neidhart von Reuental (57, 1) verwendet: „Er slahes daz diu sunne durch sî schîne". Im Rheinl. erfährt dieser Ausdr. noch eine Verstärkung durch verschiedene Zusätze: ‚Eich hauen dich dorch Sonne un Mond' oder ‚datste dorch Sonne on Mond feahrscht' (Cochem) und ‚dat de mens, de gängs dörch Sonn en Mond' (Eupen).

Um einen tölpelhaften oder einfältigen Menschen zu kennzeichnen, sagt man z. B. im Rheinl.: ‚De kann jo noch net de Sonne vom Moen am helle Dag ongerschede', und in Schlesw.-Holst.: ‚He sit dorher as de Venus vör de Sünn', also sehr schüchtern, unscheinbar und dumm.

Wie Butter in der Sonne bestehen ↗ Butter.

Die Sonne viereckig sehen: im Gefängnis sitzen und die Sonne deshalb nur durch die Gitterfenster sehen können. In Schlesw.-Holst. heißt es weniger humorvoll: ‚He is dor, wo keen Sünn un Maan hinschient'.

Die Sonne für einen Dudelsack halten: betrunken sein, dasselbe meint die Rda. *Er sieht zwei Sonnen* ↗ trinken.

Der Sonne die Augen ausbrennen wollen: bei hellem Tage Licht brennen, unsinnige Verschwendung treiben.

Wider die Sonne reden: gegen etw., was klar und offensichtlich ist, vorgehen, es wegleugnen wollen. Vgl. lat. ‚Adversus solem ne loquatur' (Pythagoras). Dasselbe meinen die Rdaa. *die Sonne vom Himmel wegleugnen* und *der Sonne das Licht bestreiten,* vgl. lat. ‚Ex omnibus aliquid, in toto nihil'.

Der Sonne Licht zuführen: etw. völlig Überflüssiges tun. Vgl. ndl. ‚Hij wil de zon verlichten'. Ähnl.: *der Sonne ein Licht anzünden;* die Rda. wird dann gebraucht, wenn einer große Gelehrte belehren will, wenn etw. völlig Klares nochmals auseinandergesetzt wird, wenn durch Lobreden Berühmtes noch gefeiert werden soll. Vgl. lat. ‚soli lumen inferre'. Gleiche Bdtg. hat die Wndg. *die Sonne mit Fackeln (einer Laterne) erleuchten.* Vgl. lat. ‚solem adjuvare facibus', ndl. ‚Hij steekt der zon eene kaars aan' und frz. ‚montrer le soleil avec un flambeau' (veraltet oder nur noch landschaftlich gebräuchl.).

Die Sonne aufhalten wollen: etw. Unmögliches versuchen, in den unvermeidlichen Gang eines Geschehens eingreifen wollen. Diese Rda. ist bereits Seb. Franck bekannt (II, 133ª): „Die sonnen auffhalten". Von einem, der eine Bewegung aufhalten möchte oder der anderen nichts gönnt, heißt es auch: *Er möchte der Sonne verbieten zu scheinen* und *Er möchte andern vor der Sonne stehen:* er will ihnen also das Licht versperren, ihr Glück verhindern; vgl. frz. ‚Ote-toi de mon soleil' (wörtl.: ‚Geh von meiner Sonne', i. S. v.: Störe mich bei der Durchführung meiner Pläne nicht!).

Die Sonne anbeten: einem huldigen, dessen Macht und Ansehen steigen, sich dem aufgehenden Gestirn zuwenden. Die Rda. bezieht sich auf die Gewohnheit vieler Orientalen, die aufgehende Sonne anzubeten. In übertr. Bdtg. wurde die Wndg. bereits in der Antike gebraucht, z. B. heißt es bei Plutarch im ‚Pompeius' (14,3): „Τὸν ἥλιον ἀνατέλλοντα πλείονες ἢ δυόμενον προσκυνοῦσιν" (= Es gibt mehr, die die aufgehende Sonne anbeten als die untergehende). Vgl. auch frz. ‚adorer le soleil levant' (veraltet) und engl. ‚to worship the rising sun'. ‚Sonnenanbeter' nennt man auch Leute, die sich aus kosmetischen Gründen gerne der Sonne aussetzen u. der Freikörperkultur huldigen.

Die Sonne im Gesicht haben: geblendet werden, in übertr. Bdtg.: Hindernisse zu überwinden haben. Vgl. lat. ‚solem ab oculis habere' und frz. ‚avoir le soleil aux yeux'. Häufig steht die Sonne als Umschreibung für Glück, angenehme Verhältnisse und Leben: *Sonne und Wind im Rücken haben:* günstige Voraussetzungen besitzen, nicht geblendet und vom Wind vorangetrieben werden, also: gut vorankommen. Vgl. lat. ‚Sol et ventus a tergo sunt' und frz. ‚Le soleil et vent sont au dos' (veraltet), dafür ist frz. ‚le vent en poupe' (wörtl.: der Wind im Heck des Schiffes) allg. gebräuchl.

Die Sonne hat ihm zu lang geschienen: das Glück war ihm zu lange hold, so daß es ihm nun wieder schlechter geht.

Seine Sonne ist untergegangen: das Glück ist vergangen, die Zukunft erscheint trübe. Vgl. ndl. ‚Zijne zon heft uitgeschenen'.

Sonne und Mond sind ihm entgegen: er hat nur Unglück zu erwarten. Vgl. ndl. ‚Zon en Maan is hem tegen'.

Die Sonne geht in seinem Staat nicht auf: er besitzt nichts. Die Rda. entstand aus einer scherzhaften Umwandlung der Worte Philipps in Schillers ‚Don Carlos' (I, 6): „Die Sonne geht in meinem Staat nicht unter".

Die Sonne wirft lange Schatten: der Abend des Lebens naht. Vgl. ndl. ‚De zon maakt lange schaduwen'.

Es wird dich noch nach dieser Sonne frieren: du wirst dich noch nach den angenehmen Verhältnissen zurücksehnen. Die Rda. wird auch mdal. gebraucht, z. B. fränk. ‚Dî wird's nu noach der Sunna friar'n'. Sie war bereits Hans Sachs bekannt: „Mich will gleich nach der Sonnen frieren". Albrecht Dürer schrieb ebenfalls nach seiner Rückkehr aus Italien in übertr. Sinne: „O wie wird mich nach der Sunnen frieren, hier bin ich ein Herr, daheim ein Schmarotzer".

Die Sonne scheinen lassen, wenn es Zeit ist: dem günstigsten Zeitpunkt nicht vorgreifen, den besten Moment abwarten und nichts übereilen. Vgl. auch ndd. ‚de Sunne nich eher schinen lat'n als et Tid is'.

Seine Sonne scheinen lassen über Gerechte und Ungerechte ↗ Schein.

Die Sonne scheint noch über den Zaun: der Ausgang steht noch nicht fest, ‚es ist noch nicht aller Tage Abend'. Vgl. schlesw.-holst. ‚De Sünn schient noch öwer en'n Tuun'.

Sonne im Herzen haben: allezeit fröhlich und vergnügt sein, das Leben von der besten Seite betrachten. Die Wndg. wurde durch ein Gedicht Caesar Flaischlens bekannt, das den Titel ‚Hab' Sonne im Herzen' trägt und 1899 veröffentlicht wurde, oft iron. ergänzt:

Hab Sonne im Herzen
Und Zwiebel im Bauch,
Dann kannst du gut scherzen,
Und Luft hast du auch.

Geh mir aus der Sonne!: Geh mir aus dem Licht, versperre mir nicht die Aussicht, auch: Geh mir aus den Augen! Diese Aufforderung und die Wndg. *ein Platz an der*

1490

Sonne werden mit dem Gespräch in Zusammenhang gebracht, das Diogenes mit Alexander dem Großen in Korinth geführt haben soll, worin Diogenes, nach einem Wunsch befragt, Alexander bat, ihm aus der Sonne zu gehen. Der Ausdr. ‚der (ein) Platz an der Sonne‘, die Möglichkeit zu einem unbeschwerten Leben, wird heute in der Werbung gern verwendet.

Die Sonne spielt auch in verschiedenen Niemalsformeln eine Rolle: *eher würde die Sonn aus ihrer Bahn weichen,* ehe das geschieht, oder *wenn die Sonne still steht; wenn die Sonne in die Hölle scheint.* Hierbei wirken wohl auch Vorstellungen vom Eintreten des Jüngsten Gerichtes ein, über dessen Zeitpunkt keine konkreten Angaben gemacht werden können und das deshalb auch zur volkstümlichen Umschreibung des ‚Sankt Nimmerleinstages‘ benutzt wird. ‚Daz in der sunne vert‘ galt in mhd. Zeit für das kleinste Stückchen, die geringste Kleinigkeit als rdal. Vergleich mit den Staubteilchen, die im schräg einfallenden Sonnenstrahl grell beleuchtet und dadurch erst sichtbar werden.

Andere rdal. Vergleiche widersprechen sich sogar, so heißt es allg.: *so redlich wie die Sonne sein, so rein wie die Sonne sein.* Dagegen steht aber die Wndg. *so falsch wie die Sonne sein,* in Norddtl. sagt man z. B. auch mdal.: ‚He is so falsch as de Sünn‘. *Wie die Sonne im Jänner sein:* ohne Kraft sein, eine ironische Bezeichnung für einen Menschen ohne Energie und Tatkraft.

Die Verbindung von Sonne und Mond dient der Verdeutlichung eines großen Gegensatzes: *Es ist wie Sonne und Mond gegeneinander.* Vgl. lat. ‚Lumen lucernae obscuratur luce solis‘.

Die Sonne bringt es an den Tag: das Licht macht sichtbar, was verborgen bleiben sollte, was im Schutze der Dunkelheit geschah. Diese Wndg. wird entweder voller Genugtuung als Feststellung gebraucht, wenn etw. bekannt wurde, oder sie soll die Gewißheit ausdrücken, daß auf die Dauer nichts zu verheimlichen ist. Bes. verbreitet wurde sie durch ein Gedicht Chamissos mit diesem Titel und Kehrreim, das 1827 in Gubitz’ ‚Gesellschafter‘ erschien. Chamissos Quelle war ein Märchen der Brüder Grimm (KHM.115) mit der Überschrift: ‚Die klare Sonne bringt’s an den Tag‘. Dem Sinne nach ist der Ausdr. jedoch viel älter. Bibelverse (Luk. 12,3 und Mark. 4,22) und verwandte antike Sentenzen gelten als Grundlage. Bereits 1215 schrieb Thomasin in seinem ‚Welschen Gast‘ (V. 8261):

Swaz man nahtes tuon mac,
Daz meldet gar der liehte tac.
Vil dicke man der naht schant
An dem tage wol bevant.

Ungefähr zur selben Zeit heißt es bei Freidank (2,8):

Ez sî übel oder guot,
Swaz ieman in der vinster tuot,
Od in dem herzen hât erdâht,
Daz wirt doch gar ze liehte brâht.

↗ Tag.

‚Die Sonne geht zu Gnaden‘: die Sonne geht unter; schon in Jörg Wickrams ‚Goldfaden‘ von 1557 (hrsg. v. Bolte, S. 269) heißt es: „biss auff den Abent, das die sonn zu genaden gieng“.

Auch in Agricolas Sprww.sammlung erscheint das Sprw. und wird auch erklärt: „es werete biss die sonne wolt zu gnaden gen i. e. undergehn und der welt ir gnade und schein versagen und zu ruhe gehen“ (737). Wie Walz nachweist, ist die Wndg. im 16. und 17. Jh. sehr verbr. (S. 11). ‚Gnade‘ ist dabei in seiner alten Bdtg. von ‚ruhiger Lage‘ zu verstehen. So ist auch L. Spitzers Interpretation: „das Verschwinden oder der anscheinende Tod der Sonne“ (S. 506) abzulehnen, „for Gnade and its plural in the old Language meant rest“.

Lit.: *J. Bolte* u. *G. Polívka:* Anmerkungen zu den KHM. der Brüder Grimm, Bd. II (Leipzig 1915), S. 531 ff.; *F. Boll:* Die Sonne im Glauben und in der Weltanschauung der alten Völker (Stuttgart 1922); *V. Stegemann:* Art. ‚Sonne‘, in: HdA. VIII, Sp. 31–71; RGG. VI, Sp. 856 ff. *L. Spitzer:* Die Sonne geht zu Gnaden, in: Modern Language Notes 52 (1937), S. 506–508; *J. A. Walz:* Die Sonne geht zu Gnaden, in: Modern Language Notes 54 (1939), S. 8–13; *Singer* I, S. 141 und II, S. 158; *A. Taylor:* Die Sonne tanzt am Ostermorgen, in: Hess. Bll. für Vkde. 41 (1950), S. 195; *M. Kuusi:* Regen bei Sonnenschein, FFC.171 (Helsinki 1957); *R. Wolfram:* Beiträge zur Diskussion über die Sonne und Mond im Volksglauben, in: Mitteil. der anthropol. Ges. in Wien 95 (1965); *L. Röhrich:* Sonnen-Folklore, in: Le soleil (Lausanne 1973, dt.: Die Sonne. Licht u. Leben, hg. v. J. Jobé, Freiburg i. Br. 1975), S. 89–150; *G. H. Lemke:* Sonne, Mond und Sterne in der dt. Lit. seit dem MA. (Bern – Frankfurt/M. 1981).

1491

Sonnenschein. *Den Sonnenschein verbieten:* etw. Sinnloses tun, den Gang der Natur aufhalten wollen, ↗ Sonne.

Er kann beim hellen Sonnenschein hinters Licht führen: jem. täuschen und betrügen können, obwohl es eigentl. unmöglich erscheint. Die Rda. enthält gegenüber der Wndg. ‚einen hinters Licht führen‘ eine große Steigerung, ↗ Licht.

In mdal. Wndgn. spielt der Sonnenschein ebenfalls eine Rolle. Im Rheinl. wird Armut und mangelnder Besitz damit umschrieben: ‚He het twenteg Morgen Sonneschin en verzig Morgen Moneschin‘ oder ‚De het sieve Morgen Sonneschien en et Vermüege‘. Zu der bekannten Rda. ‚Einfälle wie ein altes Haus haben‘ gibt es im Ndd. noch treffende Zusätze: ‚Dat is‘n ol Huus, dat bi Sünschien ümfallt‘ oder ‚He het Infäll as‘n ool Hus, dat bi Sünschien ümfällt‘, ↗ Haus.

Sonntagskind. *Ein Sonntagskind sein:* ein Glückskind sein, dem alles gelingt und dem selbst das Unglück zum Guten ausschlägt, weil ihm bei seiner Geburt überirdische Gaben zuteil wurden; vgl. frz. ‚un chançard‘ (wörtl.: ein Glückskind).

Der am Sonntag Geborene galt schon bei Griechen und Römern als Glückskind. Die Römer nannten ihn ‚fortunae filius‘ oder ‚albae gallinae filius‘ = das Kind der weißen Henne, da weiße Tiere allg. als glückbringend verehrt wurden (vgl. auch frz. ‚C‘est le fils de la poule blanche‘).

Bei den Germanen hatte das ‚Donnerstagskind‘ diese bevorzugte Stellung. Es stand unter dem bes. Schutz des Gottes Thor und besaß die Fähigkeit, Geister zu sehen, was vom späteren christl. Volksglauben in Dtl. zuerst übernommen wurde. Joh. Fischart schrieb davon 1574 in ‚Aller Praktik Großmutter‘ (126): „Ich bin ein Sonntagskind; ich sehe kein Gespenst, ohn die Magd im Unterhembd“. Weil die Sonne alles sieht und an den Tag bringt, schrieb man dem am Sonntag Geborenen die Fähigkeit zu, alles sehen und sogar in die Zukunft blicken zu können. Mit der Einführung der Planetenwoche erhielt alles, was mit dem größten Gestirn zusammenhing, erhöhte Bdtg., bes. dann, als der Sonntag mit dem christl. ‚Tag des Herrn‘ verschmolz.

Im Volksglauben wurden jedoch Einschränkungen nötig, denn nicht jeder, der am Sonntag geboren worden war, erwies sich später als Glückskind. So gibt es z. B. im Siebenbürg.-Sächs. die resignierende Feststellung, die gleichzeitig ein Trost sein soll: ‚Et git gör wīnich Sangtichkäindjer‘. Es kommt eben dabei auf einen bestimmten Tag im Jahr oder auf eine bestimmte Uhrzeit bei der Geburt an. Sagen und Märchen berichten häufig von Sonntagskindern: nur sie können mit dem Geisterreich in Verbindung treten, Erlösungen vollbringen, die Wunderblume finden und Schätze heben, ihre Träume gehen in Erfüllung, sie bringen auch anderen Menschen Glück und gelten selbst für talentvoll, gescheit, reich und schön. Hauff verwendet diese Vorstellungen lit. in seiner Erzählung ‚Das kalte Herz‘.

Die engl. Rda. ‚to be born in a caul‘: in der Fruchtblase geboren werden, hat dieselbe Bdtg. wie ‚als Sonntagskind geboren werden‘. Im nordd. Sprachraum gibt es dafür auch die Rda. ‚mit einem Helm geboren sein‘. Kluge-Mitzka (1967, S. 263) führt als Bez. für ‚Glückskind‘ die Rda. ‚ein mit einer Glückshaube geborenes Kind‘ auf. Im Engl. ist die Rda. seit 1540 belegt. Auch Swift gebraucht die Rda. 1738: „I believe you were born with a caul on your head, you are such a favourite among the ladies“.

Lit.: *G. Jungbauer:* Art. ‚Sonntagskind‘, in: HdA. VIII, Sp. 114–120; Atlas der dt. Volkskunde, Lieferung I: Karten über Wochentage als Glücks- u. Unglückstage, hg. v. *H. Harmjanz* u. *E. Röhr* (1937–39); *R. Beitl:* Der Kinderbaum (Berlin 1942); *R. Wolfram:* Brauchtümlich bevorzugte Wochentage für die Abhaltung bäuerlicher Hochzeiten, in: Oesterr. Volkskundeatlas, 2. Lieferung (1965), Bl. 32; *L. Weiser-Aall:* Svangerskap og Fødsel i nyere Norsk Tradisjon (Oslo 1968).

Sophie ↗ Eisheilige.

Sorte. ‚Von die Sorte jehn zwölwe uf‘s Dutzend‘ sagt der Berliner scherzhaft, um einen recht durchschnittlichen und in keiner Weise hervorragenden oder auffallenden Menschen zu kennzeichnen, vgl. auch den Ausdr. ‚ein Dutzendmensch sein‘.

An der Sorte ist nichts zu verderben! Die Feststellung, bei der die Betonung auf ‚der‘ liegt, umschreibt die mangelnde Qualität. Eine Sache ist so schlecht, daß sie nicht mehr verschlechtert werden kann. Eine sprachl. interessante Form der Steigerung begegnet in dieser Rda., die seit dem 19. Jh. ihren verächtlichen Nebensinn von einer Warenart auf die Menschenart übertr. hat.

S. O. S. Das in der Funktelegrafie übliche Zeichen (...----...) wurde als internationales Notsignal der Schiffe vereinbart, weil es sich auffallend von den übrigen Zeichen im immer stärker werdenden Funkverkehr unterschied. Daß es nach dem Morsealphabet gerade ‚S-O-S‘ war, ergab sich rein zufällig. Die Buchstaben haben keine Bedeutung, sind also keine Abkürzung des engl. ‚Save our souls!‘ (= Rettet unsere Seelen); diese Worte sind eine sekundäre Textunterlegung. Im Dt. entstanden weitere scherzhafte Umdeutungen zu: *So oder so!* und *Sauf oder stirb!* oder *Schlips, Oberhemd, Socken* als Geschenklösung zu Weihnachten für den Mann. Im heute üblichen Funksprechverkehr lautet der Notruf ‚Mayday‘.

Lit.: *W. Stammler:* Seemanns Brauch und Glaube, in: Dt. Philologie im Aufriß, Bd. III (Berlin 1957), S. 1850.

Span. Der Span ist wie das ↗ Kerbholz die älteste Form eines urkundlichen Verzeichnisses, um Schulden und Leistungen durch Einschneiden darauf einzutragen und zu verrechnen. *Über den Span fordern:* übermäßige Bezahlung verlangen, entwickelt weiter, so daß *über Span* allg. den Begriff des Verstoßes gegen eine rechtmäßig geltende Abmachung, somit überhaupt des Unrechtes enthält: *Etw. übern Span bezahlen müssen:* höhere Forderungen begleichen müssen, als eigentl. berechnet und gerechtfertigt war. *Das geht (doch) über den Span:* das ist mehr, als berechtigt und zu ertragen ist. Vgl. auch obersächs. ‚Das is mer übern Span‘, das ist zu arg, ähnl.: ‚Das geht über die ↗ Hutschnur‘.
Von der Bdtg. Span = Kerbholz entwickelte sich der Sinn von Span = Vermögen. *Späne haben* heißt demnach: viel Geld haben, vgl. auch siebenb.-sächs.: ‚E hôt Spên‘. *Jem. einen Span einhauen:* ihn verleumden, ins Gerede bringen, anschwärzen, wohl auch im Sinne des un-

rechtmäßigen Einkerbens gemeint. Auch mdal. verbreitet, z. B. schles. ‚A werd'm schunn an'n Spoan ei'hau'n‘.
Die veraltete Wndg. *einen Span wider jem. haben:* einen Anlaß zum Streit, Ärger, Groll haben, geht auf mhd. ‚span‘ = Spannung, Zerwürfnis, Streitigkeit zurück und hängt auch mit ‚spanen‘ = locken, reizen zusammen, von dem auch ‚abund widerspenstig‘ stammen. In Jörg Wickrams ‚Rollwagenbüchlein‘ aus dem 16. Jh. heißt es in diesem Sinne von einem Ratsherrn, der 15 Jahre verheiratet, aber kinderlos geblieben war, daß „deßhalben offt etwas spans bey inen sich erhob“. Diese Bdtg. hat sich auch in neueren Wndgn. erhalten: *mit jem. einen Span haben:* noch etw. mit ihm auszumachen haben, *den alten Span (beilegen) begraben:* den alten Groll, Streit vergessen, und *den Span teilen:* die Mißhelligkeiten ausgleichen, bei einem Streit von jeder Seite etw. nachgeben, Kompromisse schließen. Damit hängt wohl auch der Ausdr. *Späne machen:* Einwände, Schwierigkeiten (eigentl. Streit auf Grund anderer Ansichten) machen, zusammen, und nicht, wie Lehmann meint, mit mhd. ‚span‘ = Holzspan, der 1639 anführt (S. 719, ‚Schwätzen‘ 12): „Kan er nicht zimmern, so hawet er doch Späne, machts wie ein vngeschickter Zimmermann, der viel späne hawet“.
Die Rda. *Die Späne fliegen nur so* ist mehrdeutig: die Arbeit geht tüchtig vorwärts; es gibt sehr viel Abfall, Wertloses wird ohne Rücksicht beseitigt, wobei an die Arbeit des Zimmermanns, Tischlers oder Bildhauers (‚Holzschnitzer‘) gedacht wurde, vielleicht aber auch an die Spechte, die ‚Zimmerleute des Waldes‘, ↗ Hobel.
Zieh dir keinen Span ein: bilde dir nichts ein.

Lit.: *K. Gleissner:* Das geht über die Hutschnur, in: PBB. 58 (Halle 1934), S. 296 f.

spanisch. *Das kommt mir spanisch vor* wird von einer Sache gesagt, die befremdend, unangenehm, wohl auch komisch wirkt. ‚Das wird dir spanisch vorkommen‘, du wirst dich wundern. Als Karl V. (1519–56), ein Spanier seiner Abstammung und Erziehung nach, die dt. Kaiser-

1493

krone trug, fanden manche span. Sitten, Moden, Glaubenssatzungen, die den Deutschen bis dahin unerhört waren, in Dtl. Eingang. Damals wird die Rda. aufgekommen sein, bezeichnend für ein – wenn auch geringes – bewußtes Fühlen der eigenen Art gegenüber aufgedrängtem fremden Brauch. Die Rda. ist auch in die Lit. und die Mdaa. eingedrungen: Bei Grimmelshausen heißt es im ‚Simplicissimus‘ (Bd. I, S. 167): „Bey diesem Herrn kam mir alles widerwertig und fast Spanisch vor". Auch Abraham a Sancta Clara verwendete den Ausdr. öfter, z. B. im ‚Judas‘ (I, 78, 94, III, 144, 173, 363, IV, 364). Bei Celander (‚Die verkehrte Welt‘, 1713, S. 461) steht: „Dem Wirth kam solche Zeitung ganz spanisch vor". Vgl. frz. ‚C'est de l'hébreu pour moi‘ (hebräisch).

Da geht es spanisch zu und *Da sieht es spanisch aus:* also seltsam, unverständlich, unordentlich. Vgl. auch ndl. ‚Het gaat er Spaansch toe‘ und ‚Het ziet er Spanisch uit‘. Wenn den Spaniern Eigenheiten ihres Volkes merkwürdig erscheinen, sagen sie spöttisch: ‚Cosas de España‘, oder daß ihnen etw. griech. vorkomme, wenn es fremdländisch ist oder unglaubwürdig. Die mehr drohende Rda. *einem spanisch kommen* erinnert an das Auftreten der Spanier in Westeuropa in der 2. H. des 16. Jh. Goethe gebrauchte die Wndg. nur in Beziehung auf die span. Kleidung, wenn er Egmont zu Klärchen sagen läßt: „Bist du zufrieden? Ich versprach dir, einmal spanisch zu kommen" (‚Egmont‘ III, 2). Bei unvollkommener Beherrschung der frz. Sprache heißt es in Frankr.: ‚Vous parlez français comme une vache espagnole‘, urspr. ‚un basque espagnol‘ (wie ein spanischer Baske), oder: ‚... comme un basque l'espagnol‘ (so schlecht, wie ein Baske spanisch spricht), also auf baskische Fremdarbeiter bezogen. Ein Traumgebilde der Zukunft umschreiben die Franzosen mit: ‚faire des châteaux en Espagne‘; dies ist bei La Fontaine in der Fabel vom Milchmädchen lit. belegt (AaTh. 1430, vgl. Milchmädchenrechnung).

Das sind spanische Dörfer ↗ Dorf, vielleicht in Anlehnung an ‚böhm. Dörfer‘.

Jem. span. Stiefel anziehen ↗ Stiefel.

Stolz wie ein Spanier ↗ stolz.

Lit.: *E. H. Zeydel:* Das kommt mir Spanisch vor, in: Journal of English and German Philology 21 (1922), S. 335–340.

sparen. *Sparen, wenn man am Boden ist:* wenn es bereits zu spät ist, eigentl.: wenn alle Vorräte aufgebraucht sind, so daß der Boden des Gefäßes sichtbar wird. Vgl. lat. ‚Post rem devoratam ratio‘.

Hierzu gibt es eine weithin bekannte Sprichwortverdrehung: ‚Spare in der Not, dann hast du Zeit dazu‘ gegen das Original: ‚Spare in der Zeit, dann hast du in der Not‘.

Vom unnützen Sparen an der verkehrten Stelle berichten mehrere Rdaa: *Er spart am Zapfen und läßt es am Spundloch wieder heraus; er spart für den alten Mann, er nimmt einen Kreuzer ein und vertrinkt drei; sie sparen löffelweis und verzehren scheffelweis,* vgl. ndl. ‚Zij sparen 't met lepels, en verteren 't met schepels‘.

Er spart für die lachenden Erben heißt es von einem Geizigen und einem, der sich selbst nichts gönnt, ohne Dank dafür erwarten zu können. Vgl. ndl. ‚Zij sparen voor neefjes en nichtjes‘. Ähnl. Bdtg. hat der schwäb. Spruch:

Spare, spare,
Häusle baue,

iron. parodiert zu:

Spare, spare,
Hund verkaufe,
Selber belle.

Der Rat *Das kannst du dir sparen!* besagt, daß jede Bemühung, jedes weitere Wort vergebens sein wird, während die Feststellung *Das hättest du dir sparen können* meint, daß bei besserer Überlegung und klügerem Vorgehen Ärger, Anstrengung und Aufregung vermeidbar gewesen wären.

Mir bleibt aber auch nichts erspart! ruft der vom Schicksal Verfolgte verzweifelt aus, wenn neue Schwierigkeiten auftauchen und er die Wahrheit des Sprw. ‚Ein Unglück kommt selten allein‘ bei sich selbst erleben muß; vgl. frz. ‚Rien ne m'est épargné‘.

Auf Sparflamme setzen: etw. kürzen.

Auf Sparflamme weiterkochen: sehr sparsam wirtschaften, auch: zurückhaltend mit jem. umgehen.

Das Sprw. ‚Vom Sparen ist noch niemand

reich geworden' meint, daß Reichtum nicht dem anständigen Sparer zuteil wird, sondern nur dem entweder mutigen oder skrupellosen Spekulanten.

Sparren. *Einen Sparren (im Kopf) haben:* verschroben, nicht ganz normal sein, im ‚Oberstübchen' nicht ganz richtig, leicht verrückt sein. Diese Rda. gehört zu den vielen umschreibenden Wndgn. für die als tabu geltende Geisteskrankheit und bezieht sich in ihrem Vergleich auf das in Unordnung geratene oder schadhaft gewordene Sparrenwerk (Gebälk) des Dachstuhls, da auch sonst vielfach ‚Dach' und ‚Kopf' in Rdaa. gleichgesetzt werden (↗ Dach); vgl. KHM. 81.

Die Rdaa. *einen Sparren zuviel haben* und *einen Sparren zuwenig haben,* auch: *die Sparren nicht alle haben* stehen wahrscheinl. in Zusammenhang mit der längeren, aber veralteten Wndg. *einen Sparr(e)n zuviel oder zuwenig haben,* die bereits Hans Sachs kennt: „Ich mein, der docktor hab eins sparrn im kopf zu wenig oder zu vil". Auch Grimmelshausen gebraucht in seinem ‚Simplicissimus' (Buch I, Kap. 27) diese Rda.: „als wenn er einen Sparren zu viel oder zu wenig gehabt hätte". Noch 1776 heißt es bei Hermes in ‚Sophiens Reise von Memel nach Sachsen' (Bd. 6, S. 431): „Sie haben einen Sparren zu viel oder zu wenig".

Sparren nach Norwegen führen: eine unnütze Arbeit verrichten, da Norwegen ja als Holzlieferant bekannt war. Vgl. ‚Eulen nach Athen tragen' (↗ Eule).

Lit.: *L. Spitzer:* Er hat einen Sparren (Span). Antike und romanische Parallelen, in: ders.: Essays in Historical Semantics (New York 1948), S. 67–133.

spartanisch. *Spartanisch leben:* genügsam, hart, einfach, anspruchslos leben. Die Wndg. kommt von der ungewöhnlich harten Erziehung und Lebensweise der Spartiaten. Vom vollendeten 7. Lebensjahr an wurden ihre Söhne in strenger staatlicher Zucht zur Kriegsführung und zum Gehorsam erzogen; zu den gemeinsamen Mahlzeiten hatten die Spartiaten einen Naturalbeitrag zu leisten. Wer das nicht konnte, verlor das Vollbürgerrecht. ‚Spartanisch' als Ableitung des griech. Städtenamens Sparta ist schon im 17. Jh. vereinzelt nachweisbar.

Spaß. *Jem. den Spaß versalzen (verderben):* jem. sein Vorhaben vereiteln, seinen Gewinn zunichte machen. Die Rda. ist bereits im 17. Jh. in Grimmelshausens ‚Simplicissimus' lit. bezeugt. Ähnl.: *Der Spaß hat ein Ende:* das Spiel ist aus. Vgl. frz. ‚tirer le rideau'. Das plötzliche Umschlagen von überschäumender Freude in Ernst, in eine unangenehme Wirklichkeit wird durch mehrere Rdaa. umschrieben: *aus Spaß Ernst machen,* vgl. lat. ‚Res in seria versa est'; *da hört der Spaß auf!:* das geht zu weit, führt zur ernsthaften Beleidigung; *das ist kein Spaß!* gilt als Mahnung an einen Leichtfertigen, die Sache, die Worte nicht nur als Scherz aufzufassen, ähnl. bei der Wndg. *Spaß beiseite!,* die im Obersächs. durch den scherzhaften Zusatz ‚Ernst, komm du her!' wieder etw. abgemildert wird. Vgl. ndl. ‚alle gekheid op een stokje!', gemeint ist der Narrenstock; frz. ‚plaisanterie à part' und engl. ‚(all) joking apart'.

Spaß muß sein bei der Leiche ↗ Leiche.

Das war ein dummer (teurer) Spaß!: die Sache ist übel ausgegangen (es war sehr kostspielig).

Jem. versteht keinen Spaß: er ist humorlos, faßt harmlose Scherze falsch auf. Vgl. frz. ‚Il n'entend point raillerie' (veraltet); die moderne Wndg. lautet: ‚Il ne comprend pas la plaisanterie'.

Bei etw. (in einer Sache) keinen Spaß verstehen: nur in einer bestimmten Angelegenheit empfindlich reagieren, auch: seinen ernsten Willen ernsthaft durchsetzen.

Mit solchen Späßen komm mir nicht mehr! gilt als Ablehnung eines unvernünftigen Ansinnens.

Etw. tun aus Spaß an der Freud: eine Sache aus Vergnügen tun, ohne einen praktischen Zweck oder einen Nutzen dabei zu verfolgen; auch: etw. ‚aus Jux und Dollerei'.

Mit etw. ist nicht zu spaßen: es sind ernste Gefahren vorhanden. Die Rda. wird heute häufig als Warnung bei gewissen Krankheitssymptomen verwendet. Vgl. auch lat. ‚Per ignem incedis'; frz. ‚Il ne faut pas plaisanter avec cela'.

Ein Spaßvogel sein: ein lustiger Mensch voller witziger Einfälle sein, der eine ganze Gesellschaft zum Lachen bringen kann; vgl. frz. ‚un plaisantin'.

spät. *Wer zu spät kommt, den bestraft das Leben,* geflügeltes Wort v. Michail Gorbatschow.

Spaten. *Einen Spaten einen Spaten nennen:* eine Sache beim rechten Namen nennen, ↗ Kind.

Diese wörtl. Übers. der eigentl. engl./amer. Rda. taucht erst seit kürzester Zeit in Dtl. auf, und zwar, wie W. Mieder nachweist, in der Journalistensprache. Die engl. Rda. ‚to call a spade a spade' ist sehr weit verbr. und läßt sich auch ziemlich gut bis zu Erasmus' ‚Apophthegmata' (1531) zurückverfolgen. Hier heißt es: "Ficus ficus, ligonem ligonem vocat". In das Engl. kam die Rda. durch die Erasmusübers. von Nicholas Udall, welcher ‚ligo': die Rodehacke, im Engl. mit ‚spade' wiedergegeben hat: "to call a spade by another name than a spade".

Lit.: *J. M. Edmonds:* On calling a spade a spade, in: Publications of the Cambridge Philological Society, Nr. 157–159 (1936), S. 5–7; *B. M. Metzger:* To call a spade a spade, in Greek and Latin, in: Classical Journal 33 (1937/38), S. 229–231; *J. P. Heironimus:* On calling a spade ‚an agricultural implement' in Latin, in: Classical Journal 33 (1937/38), S. 426–427; *W. Mieder:* Einen Spaten einen Spaten nennen, in: Der Sprachdienst 22 (1978), S. 121–122.

Spatz. *Die Spatzen pfeifen es auf (von) den Dächern:* das Geheimnis ist stadtkundig, es ist bereits in aller Munde (↗ Dach). Vgl. auch frz. ‚C'est le secret de la comédie'. Küpper hält die Rda. für eine Weiterbildung von Prediger Salomo 10,20, wo zur Vorsicht gemahnt wird: "Fluche dem König nicht in deinem Herzen, und fluche dem Reichen nicht in deiner Schlafkammer; denn die Vögel des Himmels führen die Stimme fort, und die Fittiche haben, sagen's weiter". Die Rda. ist aber erst im 19. Jh. belegt.

Der Spatz will die Nachtigall singen lehren wird gesagt, wenn Unerfahrene oder Unwissende ihnen geistig Überlegene belehren wollen. Vgl. lat. ‚Pica cum luscinia certat' oder ‚Sus cum Minerva certamen suscipit'.

Aus einem Spatz eine Nachtigall machen: einem zu unverdientem Ansehen verhelfen. Vgl. ndl. ‚Eene musch tot een' nachtegaal verheffen'.

Auf Spatzen mit Kanonen schießen: bei einem geringen Übel unangemessen starke Gegenmittel anwenden. Die Rda. soll auf einen Ausspruch des Grafen Andrassy von 1871 zurückgehen. In einem Gespräch mit Bismarck über die Jesuiten soll er gesagt haben, daß er sie nicht für so gefährlich hielte und es nicht liebe, "mit Kanonen auf Spatzen zu schießen".

Du hast wohl Spatzen unterm Hut? wird der gefragt, der bei einer Begrüßung den Hut nicht abnimmt. Scherzhaft wird dabei unterstellt, daß ihm sonst die Spatzen wegfliegen könnten (↗ Hut). *Einen Spatz(en) gefrühstückt haben:* verrückt, schlechter Laune sein. *Spatzen im Kopf haben:* törichte Gedanken hegen. *Einem die Spatzen ausnehmen:* ihm die Flausen vertreiben, seinen Dünkel verjagen.

Ich bin kein heuriger Spatz! sagt man in Wien, um anzudeuten, daß man genügend Erfahrung besitze.

Auch in rdal. Vergleichen spielt der Spatz eine Rolle: *ein frecher (süßer) Spatz sein, wie ein Spatz essen:* sehr wenig zu sich nehmen, auch: *ein Spatzengehirn besitzen:* ein kleines Gehirn besitzen, sehr wenig Verstand, ein schlechtes Gedächtnis haben.

Sprw. heißt es: ‚Besser den Spatz in der Hand als die Taube auf dem Dach', d.h. besser einen kleinen, aber sicheren Gewinn als große Hoffnungen, die sich nicht erfüllen. Ähnl. im Ndl.: ‚Beter een vogel in de hant als thien in de loght'.

‚Besser den Spatz in der Hand als die Taube auf dem Dach'

Es machen wie der Ulmer Spatz: geschickt zu Werke gehen.

Eine Ulmer Sage berichtet, wie sich Handwerker beim Bau des Ulmer Münsters von einem Spatzen haben belehren lassen müssen. Die Handwerker standen vor dem Problem, daß ein langer, zum Münsterbau benötigter Balken der Breite nach nicht durch das sogenannte Gaisbergtor zu transportieren war. Kurz bevor der Beschluß, das Tor abzureißen, ausgeführt werden konnte, zeigte ein zu seinem Nest fliegender Spatz, wie er einen langen Strohhalm im Schnabel der Länge nach durch eine enge Stelle transportierte. Aus Dankbarkeit sollen die Ulmer einen Spatzen mit einem Strohhalm im Schnabel aus Stein gehauen und aufs Münsterdach gestellt haben. Zudem sollen sie nach der Geschichte zu dem Spitznamen ‚die Spatzen‘ gekommen sein (Meier 1852, Bd. II, S. 362, Nr. 403).

Der schwäb. rdal. Vergleich: ‚'s isch, als scheißt e Spatz ins Meer‘ bedeutet: eine Sache ist ganz belanglos, unwichtig.

Lit.: *J. Sansom:* Living Dog better than a dead Lion, in: American Notes and Queries 1,2 (1850), S. 62; *W. Underhill:* A bird in the hand above five in the bush, in: American Notes and Queries 4,11 (1873), S. 214; *A. F. Robbins:* Whether to cherish a bird in the hand or two in the wood, in: American Notes and Queries 10,2 (1904), S. 22–23; *W. E. Peuckert:* Art. ‚Sperling‘, in: HdA. VIII, Sp. 235–250; *L. Röhrich:* Denkmalerzählungen, in: EM. III (1981), bes. Sp. 424; *E. u. L. Gattiker:* Die Vögel im Volksglauben (Wiesbaden 1989), S. 96–107.

Speck. *Er sitzt im Speck:* er hat reichlich zu essen, es geht ihm sehr gut; ähnl.: *wie die Made im Speck leben:* im Überfluß schwelgen können, ↗ Made.

(Keinen) Speck in der Tasche haben: (kein) Geld haben. Vgl. auch das Sprw. ‚Wer Speck in der Tasche hat, der hat das Recht‘.

Das ist der rechte Speck!: Das ist der rechte Mann, der das fertigbringt. Die Rda. wird meist iron. gebraucht wie der Ausruf: ‚Du bist mir gerade der Rechte!‘

Das ist kein Speck für sein Maul (seinen Schnabel): das schmeckt ihm nicht, damit kann man ihn nicht reizen, auch: das gefällt (paßt) ihm nicht. Vgl. ndd. ‚Dat is kên Speck vör min Bek‘ und ndl. ‚Dat is geen spek voor zijnen bek‘.

Das gibt keinen andern Speck: ein anderer Nutzen ist nicht aus der Sache zu ziehen. Schon bei Murner (‚Vom großen lutherischen Narren‘) heißt es: „Die beschornen buben sieden solt in braunen ruben, dan

sie sein feisst vnd darzu queck, so geben sie sunst kein andern speck“. Ähnl. Bdtg. hat die Feststellung *Das gibt keinen Speck in die Wurst (Erbsen):* das gibt keinen Nutzen, keine Verbesserung.

Speck wird gern sprw. und rdal. mit anderen Speisen in Verbindung gebracht, vor allem in den mdal. Wndgn.: schwäb. ‚Do goht der Speck auf d' Würst‘, der Speck ist teurer als die ganze Wurst, übertr.: die Ausgaben und Anstrengungen sind größer, als die ganze Sache wert ist; bair. ‚Der is m'r grad e Speck aufs Kraut‘, mit dem werde ich sehr leicht fertig; els. ‚Dis is'm Speck in d' Erbse‘, ‚das ist Wasser auf seine Mühle‘ (↗ Wasser); pomm. ‚He lat sik nich dat Speck utn Kol teen‘, er läßt sich seinen Vorteil nicht nehmen, er paßt auf und weiß sein Recht zu wahren. Um 1700 hieß es bereits im Altmeißnischen: ‚Das reimt sich wie Speck zur Mährde‘, das paßt bes. schlecht zusammen, denn ‚Mährde‘ hieß eine Kaltschale von verdünntem Sirup und Rosinen.

Sie sind dabei als Speck und Äpfel (Bohnen): sie gehören nicht zu den Hauptbeteiligten, sie sind entbehrliche Mitläufer, sind Überzählige (vgl. ‚der Dreizehnte im Dutzend sein‘), eigentl.: sie sind nur wie eine Zutat beim Hauptgericht, die fehlen kann.

Für Speck und Bohnen mitmachen: für geringgeachtet werden, keinen Lohn verdienen und eine Art ‚Gnadenbrot‘ erhalten. Vgl. ndl. ‚voor spek en bonen meedoen‘.

Das ist Speck in Butter gebraten: es ist entweder sinnlose Verschwendung oder etw. Zweckloses, das zum zweiten Male geschieht. Ähnl.: *den Speck spicken:* des Guten zuviel tun.

Den Speck in der Hundehütte (im Hundestall) suchen: sich an die verkehrte Stelle wenden, sich vergeblich bemühen.

Mit Speck schießen: mit Lug und Trug vorgehen. Früher soll tatsächlich mit Speck geschossen worden sein. Die verheerende Folge war z. B. die Verursachung eines Brandes auf einem feindlichen Schiffe. Die Bdtg. entwickelte sich vom Schießen mit scharfen Geschützen zu bluffen, aufschneiden und lügen. Vgl. hess. ‚Er scheust mit Speck‘, er ist ein Lügner, und ndl. ‚Hij schiet met spek‘ oder ‚een spekkoegel op't geweer hebben‘.

Mit der Wurst nach der Speckseite werfen ↗ Wurst.

Sich den Speck (gut) einsalzen: sich gegenseitig tüchtig verprügeln. Bereits Johann Fischart ('Geschichtklitterung', in Kloster VIII, 132) gebrauchte diese Rdaa.: „Darumb gebe es auch nachmals so fein Kiefferwerck, dass sie einander den Speck dapffer einsaltzen".

Das ist Speck auf die Falle: es ist ein Lockmittel, ein gefährlicher, hinterlistiger Anschlag. Vgl. Murner („Schelmenzunft' 27): „ein specklein auf die fallen legen". Vgl. ‚Mit Speck fängt man Mäuse'.

‚Mit Speck fängt man Mäuse'

Der ist mit keinem Stückchen Speck zu fangen: er ist nicht zu überlisten, die gewöhnlichen Mittel durchschaut er.

Jem. geht ran an den Speck: er packt eine Aufgabe energisch an. Diese Rda. steht wie die Aufforderung *Ran an den Speck!:* Mutig drauflos! in Zusammenhang mit dem Speck in der Mausefalle, vor dem die Maus oft ängstlich zögert. Die urspr. Bdtg. der Gefahr ist in diesen Wndgn. heute jedoch weitgehend verlorengegangen. Vgl. frz. ‚rentrer à quelqu'un dans le lard', i.S.v. ‚jem. zusetzen'.

Den Speck riechen ↗ Braten.

Einem Speck (eine Speckschwarte) durchs Maul ziehen: ihm schmeicheln, ihm Erfreuliches vorspiegeln, um ihm einen Anreiz zu geben, als Rda. bes. in Sachsen häufig. Die Standhaftigkeit gegen alle Verlockungen versichert die ostpreuß. Wndg. ‚Se könne mi Speck op'n Nase binde!', d.h. ich tue es trotzdem nicht.

Sich den Speck wachsen lassen: faul sein, ein gemächliches Wohlleben führen, eine bes. in Oberoesterr. häufige Rda. Allg. verbreitet ist die jüngere Wndg. *Speck ansetzen:* dick werden. Oft wird unerklärliche körperliche Zunahme scherzhaft als ‚Kummerspeck' bez.

Die Reimformel *Speck und Dreck* bez. entweder geringschätzig den armseligen Besitz eines Menschen (vgl. auch ‚Habchen und Babchen') oder dient zur Verstärkung von ↗ Dreck.

Die wien. Rda. ‚vor einem (etw.) Speck haben', Angst haben, ist als Verkürzung aus ‚Respekt haben' entstanden. Auch in scherzhaften Vergleichen spielt der Speck eine Rolle. So heißt es z.B. von einem Kind, wenn es einen Ausschlag am Mund hat, daß es *Speckgriefen genascht* habe. Strahlt jem. über das ganze Gesicht, dann *glänzt es wie eine Speckschwarte,* vor allem auch dann gesagt, wenn es mit einer Salbe eingerieben worden ist.

‚Ich habe wol Speck in der Tasche?' fragt der Berliner, wenn einer ständig in seiner Nähe bleibt, als würde er angelockt.

Lit.: F. Eckstein: Art. ‚Speck', in: HdA. VIII, Sp. 142–148.

Speichel. Ein Zeichen der Erniedrigung, der Demütigung und des Schmeichelns ist das *Speichellecken:* Der, auf den es zutrifft, ist der ‚Speichellecker'. So schreibt der barocke Kirchenlieddichter Joh. Rist: „Dein Mund wilt lauter Gall und Höllenwermuth schmecken, / des Feindes Speichel lecken". Ernst Christoph Steinbach bucht 1734 in seinem Dt. Wb.: „anderer Leute Speichel lecken, aliorum salivam lingere". Ähnl. Bdtg. hat die Wndg. ‚Staub lecken', die sich bei Luther häufig findet (Ps. 72,9; Jes. 49,23: „deiner Füße Staub lecken"; Mich. 7.17). Sie geht aus von der Geste des Auf-die-Erde-Niederfallens als besonderer Demutsbezeigung vor einem Herrn. Bei Gotthelf findet sich in ‚Uli der Pächter' „Füße lecken" für schmeicheln (vgl. Jes. 49,23).

Er muß Speichel schlingen: er muß hungern, bes. in Thür. bekannte Rda.

Lit.: *F. Graz:* Speichelleckerei, in: Zs. f. d. U. 14 (1900), S. 210–211; *L. Deubner:* Art. ,Speichel', in: HdA. VIII, Sp. 149–155.

Spendierhosen. *Die Spendierhosen anhaben:* in Geberlaune sein, für andere mitbezahlen. Abraham a Sancta Clara verwendet ,Spendir-Hosen' bereits in seinem ,Narren-Nest' (II, 37). Der Ausdr. ist wahrscheinl. durch die Studentensprache bekanntgeworden und bereits im 17. Jh. in allen dt. Landschaften zu finden; im Nordd. steht dafür auch ,Spender-Büxen', z. B. schles. ,Hoite hoat a de Spendirhosen oan', dagegen ,de Spandêrbüxe anhebb'n' in der Altmark. Die Rda. beruht auf der scherzhaften Vorstellung, als wäre die Freigebigkeit nicht Sache des Charakters, sondern läge an den bes. Hosen und deren Schneider. Das Gegenteil besagt die Wndg. *nicht die Spendierhosen anhaben:* nichts ausgeben wollen, die kaum mdal. verbreitet ist, z. B. siebenbürg.-sächs. ,E hôt net de Spändîrhuesen an'.

Sperenzien. *Sperenzien (Sperenzchen) machen:* Umstände, Schwierigkeiten, leere Ausflüchte machen, auch: sich zieren, sich sträuben. Die in vielen Mdaa. verbreitete Wndg. wird heute als scherzhafte Weiterbildung von ,sich sperren' empfunden; obersächs. ist z. B. ,Sperrenzien machen' belegt. Wie die älteren Nebenformen ,Speranzen' und ,Sparanzen' aber bezeugen, geht der Ausdr. auf ital. ,speranza' und mlat. ,sperantia' = Hoffnung zurück; vgl. Johann Gottwerth Müllers Roman ,Siegfried von Lindenberg' von 1779 (Bd. I, S. 71): „Das kömmt von den Speranzen, sieht er! fiel ihm der Edelmann ins Wort". ,Er ist ein Sperenzchenmacher' heißt es in Ostpr. für einen, der gar zu viele Bedenken hat und Schwierigkeiten bereitet. In der Oberlausitz bedeutet ,Sperrenzeln machen' dumme Streiche ausführen. Es ist dem bair. ,Speranzel' gleich, das Lieblingskind, aber auch Schelm und Narr meinen kann. So heißt dort: ,oan zu sein'm Speranzl machen', ihn betrügen oder foppen.

Spesen. *Spesen machen:* bei der Berufsausübung zu erstattende Kosten, Aufwendungen haben. Das spöttische Sprw. ,Außer Spesen nichts gewesen' wird häufig bei sogenannten Verhandlungstreffen zitiert, die nur Geld kosten, aber zu keinem Ergebnis kommen. ,Spesen' kommt aus ital. ,spese' (Ausgabe, Aufwand) und ist seit dem 17. Jh. im Dt. belegt.

Speyer. *Nach Speyer appellieren:* sich übergeben, sich erbrechen; witzige Anspielung auf den Ortsnamen Speyer zu ,speien', ⟋ Ulrich.

Sphinx. *Rätselhaft wie eine Sphinx sein:* eine undurchschaubare Sache, ein unergründlicher Mensch, geheimnisvoll sein. Die Sphinx ist ursprüngl. das sagenhafte Ungeheuer der vorderasiat. und ägypt. Mythologie, sodann vor allem der griech. Ödipussage, ein Mischwesen aus Mensch und Tier, mit geflügeltem Löwenleib und Frauenkopf, das denjenigen tötete, der das von ihm aufgegebene Rätsel nicht lösen konnte. Die mit der Sphinx verbundene ,geheimnisvolle Rätselhaftigkeit' hängt vermutlich mit der bereits von den antiken Autoren bezeugten sakralen Schweigepflicht über mythische und kultische Vorstellungen zusammen. Dieses Phantasiewesen hat eine erstaunliche lit. Wirkung gehabt und zum Symbol eines tiefgründigen und exklusiven Wissens, aber auch zum Inbegriff von unberechenbarer Gefährlichkeit geworden. Die berühmte ägypt. Sphinx von Giseh bei Kairo ist von zahlreichen Künstlern noch mit den Filmstars des 20. Jh.s in Verbindung gebracht worden, um den Frauentyp des gefährlich-undurchsichtigen ,Vamps' zu charakterisieren.

Lit.: *L. Laistner:* Das Rätsel der Sphinx, 2 Bde. (Berlin 1889); *H. Demisch:* Die Sphinx. Geschichte ihrer Darstellung von den Anfängen bis zur Gegenwart (Stuttgart 1977); *L. Edmunds:* The Spinx in the Oedipus Legend (= Beiträge zur klass. Philologie 127) (Königstein/Ts. 1981).

Spiegel. Der Ausdr. Spiegel wurde früher häufig in einem übertr. Sinne gebraucht, indem man Werke pädagogischer oder moralischer Tendenz als Spiegel menschlichen Verhaltens bezeichnete. Diese Werke gaben meist Beisp. zu einer bestimmten ständischen oder religiösen Lebensführung, wie es z. B. noch der Begriff

1499

des ‚Fürstenspiegels' ausdrückt oder auch heute noch in dem Wort ‚Beichtspiegel' enthalten ist. Auch als Titel von Rechtsbüchern wurde das Wort Spiegel gebraucht, z. B. im ‚Sachsenspiegel' oder dem ‚Schwabenspiegel', die das geltende Recht und damit die Norm des Zusammenlebens angaben.

Jem. den Spiegel vorhalten: ihm zeigen, daß er auch mit menschlichen Fehlern behaftet ist. In diesem Sinne verwendet schon Seb. Brant in der Vorrede zu seinem ‚Narrenschiff' (V.31–37) die Rda.:

> Den narren spiegel ich diß nenn,
> In dem ein yeder narr sich kenn:
> Wer yeder sey, wurt er bericht,
> Wer recht in narrenspiegel sicht,
> Wer sich recht spiegelt, der lert wol,
> Das er nit wis sich achten sol.
> nit uf sich haltten, das nit ist.

Sich etw. hinter den Spiegel stecken (das kann er sich hinter den Spiegel stecken) stammt von der Gewohnheit her, daß man Glückwunschkarten, angenehme Briefe u. ä. mit einem Ende hinter den Spiegel steckte, um sie so ständig vor Augen zu haben. So heißt es in Gottlieb Wilhelm Rabeners Schriften (1777, Bd. 2, S. 81): „Ich lasse mir alle Morgen, wenn ich mir die Haare zurichte, ein Stück von Ihren Schriften vorlesen, welche ordentlich hinter dem Spiegel liegen"; dagegen bei A. F. E. Langbein (Sämtliche Schriften, 1835–37, Bd. 29, S. 39): „Ich will ihm ein Blättchen senden, das er gewiß nicht an den Vorhang heften soll". Auch: „Das wird er nicht jeden Vorbeigehenden lesen lassen". Die Rda., die heute meist negativ (‚Den Brief wird er sich nicht hinter den Spiegel stecken') gebraucht wird, kann sowohl in positivem wie in negativem Falle ausdrücken, daß man jem. eine unangenehme Warheit sagt, bzw. ihm seine Meinung über ihn zu verstehen gibt.

Spiegelfechten (Spiegelfechterei) wird schon früh in bildl. Sinne für leeres Getue, Heuchelei, Betrug gebraucht. So heißt es im 16. Jh. in Thomas Murners ‚Narrenbeschwörung' (70,66):

> Valsch und bschiß in allen landt
> Die geistlichteit getrieben handt
> Und machent nun ein spiegelfechten.

Urspr. ist ‚Spiegelfechten' ein Scheingefecht, eine Fechtübung vor dem Spiegel,

wobei der Fechter die Genauigkeit und Gewandtheit seiner Bewegungen selbst im Spiegel prüfen konnte. Diese Übung ist kein ernster Kampf; darum hat man nach ihr dann leichtes Kriegsgeplänkel, dann auch Scheinangriffe, schließlich das Erwecken eines falschen Scheins als Spiegelfechterei bez. Diese Entwicklung begann schon im 16. Jh. So sagt Oldecop (9): „Und juwe spiegelfechten vor der gemeine, ift gi nicht wetten, we den geloven betalen schall und mot, is undüchtig".

Als Vorspiegelung eines wirklichen Kampfes, aber doch wohl in übertr. Bdtg. steht der Ausdr. bei Grimmelshausen (‚Simplicissimus' III, 10): „Mein Bürschlein, es seyn keine Kinder darin (in der Festung), sie werden diesem Spiegelfechten nicht glauben". Hier soll ein wirklicher Kampf vorgespiegelt werden, denn Simplex will durch Doppelhaken, Fässer und andere Geräte die Feinde glauben machen, daß die Belagerer grobes Geschütz besäßen.

Els. *in de Spegel lögn':* auf dem Grundbuchamt Erkundigungen nach jem. Vermögen einziehen.

Kaum ein anderer Märchenvers ist so oft aus dem Zusammenhang gerissen zitiert und rdal. gebraucht wie der aus dem ‚Schneewittchen-Märchen':

> Spieglein, Spieglein an der Wand,
> Wer ist die Schönste im ganzen Land?

mit dem die Königin im Grimmschen Märchen (KHM.53) ihren Zauberspiegel befragt. Unzählige Male ist das Motiv auch in Cartoons und Werbung aufgegriffen und transformiert worden.

Lit.: *E. Böklen:* Sneewittchenstudien (Leipzig 1915); *G. Róheim:* Spiegelzauber (Leipzig – Wien 1919); *Bieler:* Art. ‚Spiegel', in: HdA. IX (Nachtr.), Sp. 547–577; *G. F. Hartlaub:* Zauber des Spiegels (Stuttgart 1951); *Anon.:* Sich etw. nicht hinter den Spiegel stecken, in: Sprachpflege 10 (1961), S. 91; *St. S. Jones:* The structure of Snow White, in: Fabula 24 (1983), S. 56–71; *ders.:* The New Comparative Method: Structural and Symbolic Analysis of the Allomotifs of ‚Snow–White' (= FFC. 247) (Helsinki 1990); *L. Röhrich:* Wandlungen des Märchens in den modernen Bildmedien, Comics und Cartoons, in: Märchen in unserer Zeit, hg. v. *H.-J. Uther* (München 1990), S. 11–26.

Spiel. *Alles (etw.) aufs Spiel setzen:* einen hohen Einsatz wagen, leichtsinnig sein, etw. riskieren. In bildl. Übertr.: ‚sein Leben aufs Spiel setzen'. Vgl. lat. ‚omnem iacere aleam', frz. ,jouer à tout perdre' (veraltet), heute: ,mettre tout en jeu'.

Die Rda. stammt vom Karten- und Würfelspiel, vgl. ,in die ↗Schanze schlagen', eigentl. alles auf einen Wurf setzen, auch: ,alles auf eine ↗Karte setzen'. Jakob Michael Reinhold Lenz gebraucht die Wndg. lit., indem er Spiel und Karte nebeneinanderstellt. In den ,Soldaten' (III, 10) schreibt er: „Einem so unglücklichen Hazardspiel zu Gefallen Ihr ganzes Glück, Ihre ganze Ehre, Ihr Leben selber auf die Karte zu setzen".

Auf dem Spiele stehen, auch: *im Spiele sein:* gefährdet, ein großes Wagnis sein, einen ungewissen Ausgang nehmen können. Bismarck gebraucht die Wndg., um festzustellen, daß sich das Risiko gelohnt habe (,Reden' 3, 19): „Die glänzenden Erfolge der Armee haben nur unsern auf dem Spiel stehenden Einsatz gewissermaßen erhöht".

Ähnl.: *ein gefährliches (gewagtes) Spiel spielen:* unerlaubte Mittel anwenden, sich selbst gefährden. Schiller gebraucht die Wndg. lit. In seinem Drama ,Maria Stuart' (4, 6) läßt er Leicester sagen: „Ich habe ein gewagtes Spiel gespielt". Vgl. auch ndl. ,Hij speelt een gewaagd spel'; frz. ,jouer un jeu dangereux'.

,Das Spiel mit dem Feuer' ↗Feuer.

Das Spiel zu weit treiben: den Einsatz immer mehr steigern, die Grenzen des Vernünftigen, Zulässigen überschreiten.

Das Spiel gewonnen geben: eine Sache vorzeitig aufgeben, weil sie aussichtslos scheint. Diese Wndg. ist in ähnl. Form und in ironischem Sinne bereits bei Thomas Murner bezeugt, der in seiner Schrift ,Vom großen lutherischen Narren' die Niederlage umschreibt: „So hon wir dan das spil gewunnen, wie suer milch, die da ist zerrunnen". Vgl. auch ndl. ,het spel gewonnen geven'; frz. ,abandonner la partie' (wörtl.: das Spiel aufgeben). Wir sagen heute dafür: *Das Spiel verloren geben:* resignieren, am Erfolg zweifeln, sich an etw. Aussichtslosem nicht weiter beteiligen, aufgeben, auch: sich der Polizei stellen, wenn eine Flucht unmöglich scheint. Vgl. auch ndl. ,het spel verloren geven'.

Ähnl. meint die Feststellung *Das Spiel ist aus,* daß es keinen Sinn mehr hat weiterzumachen, daß die Hintergründe aufge-

deckt worden sind und ein schlimmes Ende gekommen ist. Die Wndg. ist bereits lat. bei Ovid bezeugt: ,Ludus habet finem'. Vgl. auch frz. ,Il faut tirer le rideau'; oder ,Les jeux sont faits'.

Ein deutlicher Bezug zum Kartenspiel zeigt sich auch in den folgenden Wndgn.: *Das Spiel in Händen haben:* seiner Sache gewiß sein, eigentl. so gute Karten haben, daß am Gewinn des Spieles nicht mehr zu zweifeln ist; vgl. frz. ,avoir des atouts (die Trümpfe) en main'; *ein doppeltes (falsches) Spiel spielen:* unehrlich handeln, beide Seiten zu täuschen suchen; vgl. frz. ,jouer double jeu'; *jem. Spiel durchschauen:* seine bösen Pläne und Absichten erkennen; *ein verdecktes Spiel spielen:* täuschen und betrügen wollen; dagegen: *ein offenes Spiel spielen:* offen und ehrlich handeln, vgl. ,seine Karten aufdecken', ↗Karte; vgl. frz. ,abattre ses cartes' (wörtl. ,seine Karten zeigen'); *ein abgekartetes Spiel sein:* eine vorher besprochene und bereits entschiedene Sache sein. Dazu gehört auch die Feststellung: *Das Spiel hat sich gewendet:* eine Sache hat sich zum Schlechten verändert, vgl. ,Das Blatt hat sich gewendet', ↗Blatt.

Einige Rdaa. beruhen auf einem Vergleich mit dem musizierenden Spiel. In diesem Sinn steht 1649 in der Sammlung bei Gerlingius unter Nr. 156: ,Ne vites Musicam'. Verderbe uns nicht die Musicam oder das Spiel". In übertr. Bdtg. meint heute die Wndg. *jem. das Spiel verderben:* sein Vorhaben vereiteln, ↗Spielverderber. Auch die Rdaa. *seine Hand im Spiele haben:* mitbeteiligt sein; *sich ins Spiel mengen:* sich einmischen; *mit im Spiele sein:* Einfluß besitzen; vgl. frz. ,être de la partie'; *überall im Spiel sein (wie Pilatus im Credo):* alles mitentscheiden können, gehören in diesen Zusammenhang.

Einen aus dem Spiele lassen: ihn in Ruhe lassen, nicht erwähnen oder ihn nicht in eine unangenehme Angelegenheit mit hineinziehen; *aus dem Spiele bleiben:* ausgeschaltet, unbeteiligt bleiben.

Jem. (etw.) mit ins Spiel bringen: ihn (etw.) zur Wirkung kommen lassen, seinen Einfluß geltend machen, aber auch: ihn mit in eine schlimme (gefährliche) Sache verwickeln.

Gute Miene zum bösen Spiel machen: sei-

1501

nen Ärger nicht zeigen, so tun, als sei nichts gewesen, mit einer unangenehmen Sache, durch die Ereignisse gezwungen, zufrieden sein, ↗ Miene.

Oft wird sogar der Kampf ein Spiel genannt, so schon im ‚Heliand' (V.4685): „ik gibu mîn ferah furi thik an uuâpno spil" (= ich gebe mein Leben für dich ans Waffenspiel). Auf das ritterliche Kampfspiel des Mittelalters geht auch die Redensart ‚einem böse mitspielen' zurück, ↗ mitspielen.

In der mhd. Dichtung wird das Wort Spiel für Kampf und Turnier gebraucht. So droht z. B. Kandin seinem Schwager Tristan in Heinrichs von Freiberg ‚Tristan' (V. 3856):

Ist daz ich genzlich ervar,
daz du mîn swester smaehen wilt,
eins spiles wirt mit dir gespilt,
daz dîne friunt beginnen klagen.

Derselbe Dichter ist sich aber der eigentl. Bdtg. des Wortes Spiel wohl bewußt und setzt es dem Ernst gegenüber. In V.1612ff. des ‚Tristan' schreibt er:

da wart mit schilden und mit spern
ritterernst, nicht ritterspil
gepflogen und geübet vil.

Unsere Rdaa. *ein leichtes Spiel mit jem. (etw.) haben:* leicht mit ihm fertig werden können (‚etw. spielend bewältigen'); vgl. frz. ‚avoir beau jeu avec quelqu'un'.; *freies Spiel haben* und *sein Spiel mit jem. treiben:* ihn necken, quälen, nicht ernsthaft mit ihm verhandeln, lassen sich diesem Bdtg.- Bereich des Kampfes und der Auseinandersetzung zuordnen.

Die Wndg. *Genug des grausamen Spiels!* beruht auf einem Zitat aus Schillers Ballade ‚Der Taucher'. Die Tochter bittet den König, das Schicksal nicht herauszufordern und den Knappen nicht noch einmal in den Abgrund des Strudels zu schicken, mit den Worten: „Laßt, Vater, genug sein das grausame Spiel!"

Lit.: *J. Lewalter:* Dt. Kinderlied und Kinderspiel (Kassel 1911); *J. Huizinga:* Homo ludens (³Basel – Brüssel – Köln – Wien o.J.); *R. Peesch:* Das Berliner Kinderspiel der Gegenwart (Berlin 1957); *F. G. Jünger:* Die Spiele (München 1959); Freiburger Dies Universitatis: Das Spiel – Wirklichkeit und Methode (Freiburg 1966); *C. Meyer:* Die Kinderspiele (Zürich 1970); *B. Sutton-Smith:* Die Dialektik des Spiels (Schorndorf 1978); *W. Salmen:* Der Spielmann im Mittelalter (Innsbruck 1983); *W. Einsiedler:* Das Spiel der Kinder (Bad Heilbrunn/Obb. 1991).

Spielball. *Zum Spielball werden:* machtlos hin- und hergeworfen werden (vom Schicksal), zu einem willenlosen Werkzeug werden, den Launen der Mächtigen unterworfen, ausgeliefert sein.

spielen. *Etw. nur spielen:* etw. vortäuschen, z. B. Ruhe, Zuversicht, Reue, Überlegenheit.

Was wird hier gespielt?: Was geht hier eigentlich vor? So fragt derjenige, der sich nicht täuschen lassen will, der Verdacht geschöpft hat u. die Hintergründe durchschauen möchte.

Mit jem. (mit den Gefühlen eines anderen) spielen (wie die ↗ Katze mit der Maus): es nicht ernst meinen, ihn täuschen, sich an seinen Qualen weiden, ihn in Hoffnung wiegen u. schließlich verlassen, oft in Hinblick auf ein Liebesverhältnis gesagt, dessen Scheitern vorauszusehen ist.

Goethes Faust (‚Faust' I, Studierzimmer), der sein bisheriges Gelehrtendasein als Last empfindet, bekennt gegenüber Mephistopheles:

Ich bin zu alt, um nur zu spielen,
Zu jung, um ohne Wunsch zu sein.

Dagegen: *Hingebungsvoll (selbstvergessen) spielen:* wie ein Kind ganz in seinem Spiel aufgehen, ohne auf seine Umgebung zu achten.

Mit dem Feuer spielen ↗ Feuer.
Mit dem Leben spielen ↗ Leben.

Spielverderber. *Ein Spielverderber sein:* anderen die Freude an etw. nehmen, sich nicht mehr beteiligen. Die Bez. gilt unter Kindern als ungeheure Anschuldigung, die einen als Miesepeter u. Quertreiber abstempeln kann. Oft hört man daher die Aufforderung: *Sei doch kein Spielverderber!,* wenn ein Mitspieler keine Lust (mehr) hat u. die anderen im Stich läßt, ihr Vorhaben stört.

Kein Spielverderber sein wollen: sich widerwillig bereitfinden mitzumachen, sich gutmütig überreden lassen, sich nicht ausschließen wollen, um Vorwürfen zu entgehen.